KB201246

하나님의 구속사적 경륜으로 본

횃불 언약의 성취

10대 재앙과 출애굽 그리고 가나안 입성

THE FULFILLMENT OF
THE COVENANT OF THE TORCH:

THE TEN PLAGUES, THE EXODUS, AND THE ENTRY INTO CANAAN

in Light of
God's Administration
in the History of Redemption

Huisun
Seoul, Korea

하나님의 구속사적 경륜으로 본

횃불 언약의 성취

10대 재앙과 출애굽 그리고 가나안 입성

나용화 박사(Ph.D.)

(前) 개신대학원대학교 총장
(現) 개신대학원대학교 명예교수

평강제일교회 원로 목사이신 휘선 박윤식 목사님께서는 2007년 부터 '하나님의 구속사적 경륜을 통해서 본 언약'을 중심 주제로 삼아, 지금까지 일곱 권의 책을 저술한 바 있습니다. 80대의 고령에도 불구하고 매년 한 권 이상의 책을 쓰신 것은, 하나님의 은혜와 성령의 감동이 없이는 불가능한 기적입니다.

박 목사님께서는 신명기 32:7 "옛날을 기억하라. 역대의 연대를 생각하라. 네 아비에게 물으라. 그가 네게 설명할 것이요 네 어른들에게 물으라. 그들이 네게 이르리로다"라고 하신 하나님의 말씀을 붙잡고서, 2007년 「창세기의 족보」, 2008년 「잊어버렸던 만남」, 2009년 「영원히 꺼지지 않는 언약의 등불」, 2009년 「영원한 언약 속의 신비롭고 오묘한 섭리」, 2010년 「하나님의 오묘한 섭리 속에 담긴 영원한 언약의 약속」, 2011년 「맹세 언약의 영원한 대제사장」, 2012년 「영원한 만대의 언약 십계명」을 출간하셨고, 금년(2013년)에는 「횃불 언약의 성취」(10대 재앙과 출애굽, 그리고 가나안 입성)를 저술하신 것입니다.

대부분의 사람들이 인생의 일들을 정리하는 81세의 연로한 나이에 박 목사님께서 저술을 시작하여 7년간 줄곧 쉬지 않고 여덟 권째 책을 출판하신 것은, 후학들에게는 큰 도전이자 격려가 됩니다. 박 목사님께서 옛날 메모 형식으로 남겨 놓은 자료들을 정리하여 구속사의 핵심인 언약을 인생의 막판에 10년 계획으로 저술하신 것은, 종교 개혁자 칼빈을 연상케 합니다. 칼빈은 대표적 저서인 「기독교강요」를 젊은 시절에 간략하게 저술하여 20여 년이 지난 후 자신의 인생의 막판에 최종판을 마무리한 바 있습니다. 하나님의 교회를 위하여 자신의 모든 것을 쏟아 내어 하나님의 구원의 진리를 명쾌하게 저술하였던 것입니다.

휘선 박윤식 목사님은 옛날 6.25 전투에 참여하여 큰 상처를 입으시어 건강상 연약한 부분이 있으시고, 더욱이 고령이신지라 활동상 많은 제약이 있을 것임에도 불구하고 구속사 시리즈를 7년째 저술해 내신 것은, 오직 하나님의 영광과 교회를 위한 목사님의 간절한 열심의 산물입니다.

구속사 시리즈 제8권인 「횃불 언약의 성취」는 제2권 「잊어버렸던 만남」(2008년)의 후속편으로서 창세기 15장에 기술된 아브라함의 횃불 언약을 체계적으로 정리하여, 그 언약이 10대 재앙과 출애굽 사건 그리고 가나안 입성 등을 통해 역사적으로 성취된 것을 성경대로 체계화하였습니다. 본 서를 읽기 전에 먼저 "출애굽과 광야 노정"을 정리해 놓은 도표를 보면 박 목사님께서 성경을 얼마나 깊이 연구하셨으며, 출애굽 사건에 대한 구속사적 이해가 얼마나 명쾌한가를 한눈에 알 수 있습니다. 도표만 보아도 감동과 감격을 느끼며, 박 목사님의 해박하심과 섬세하심에 그저 기가 막힙니다.

그리고 저자의 서문을 읽자마자 웬일인지 눈물이 쏟아졌습니다.

추천사를 쓰는 중에도 눈물이 흘러내려 뺨을 적십니다. 본 서를 박 목사님께서 저술하실 때 받으신 성령의 깊은 감동과, 하나님의 말씀인 성경과 구속의 역사에 나타난 하나님의 언약적 사랑에 대한 박 목사님의 간절한 열심이 가슴으로 전달되어 느껴집니다. 하나님의 말씀인 성경에 대한 박 목사님의 뜨거운 열심, 하나님을 깊이 사랑하는 박 목사님의 신앙심, 하나님의 언약에 몰입되어 감격을 누리는 박 목사님의 형언할 수 없는 희열이 서문에서 느껴집니다. 하나님의 말씀 속에서 하나님의 사랑을 흠뻑 받아 만면에 복된 미소가 가득하고 거룩한 빛이 아침 햇살처럼 번진 박 목사님의 행복한 얼굴이 선명하게 떠오릅니다.

2009년 박 목사님의 신학과 신앙을 검증하는 일을 맡아 박 목사님을 처음 뵈었을 때, 그분의 목회와 삶이 하나님의 말씀과 교회를 향한 열심 때문에 고난과 눈물의 연속이었음을 발견한 바 있습니다. 그러나 이제 구속사 시리즈 제8권 「횃불 언약의 성취」를 만나고서는, 박 목사님이 고난과 눈물의 골짜기를 통과하시는 가운데 예레미야 선지자처럼 하나님의 말씀의 깊은 비밀을 발견하고서 그 말씀을 원없이 먹음으로 기쁨과 즐거움을 누리시고(참고-렘 15:16), 시편 84편의 고라의 자손처럼 하나님의 은총의 이른 비가 눈물 골짜기를 샘이 되게 하고 나아가 연못을 이루는 복을 누리고 계심을 발견하게 되었습니다. 하나님께서 미리 준비하시고 친히 그곳으로 인도하시는바 '찾아 두었던 땅'(겔 20:6)을 박 목사님은 본 서에서 감격스럽게 바라보고 계십니다.

본 서 「횃불 언약의 성취」는 바로 왕에게 내린 10대 재앙과 이스라엘 백성의 출애굽 사건과 가나안 입성에 대한 체계적인 연구의 세계적인 산물입니다. 그러나 더욱 귀한 것은 거기에 박 목사님의 신앙과 목회와 삶이 녹아 있기에 독자로 하여금 깊은 영적 감동을 느끼게 하는 것입니다. 본 서가 주는 하나님의 구속사에 대한 깊은 이해와 성령의 감동이 독자들에게도 있어지기를 기원하면서, 본 서를 널리 추천하는 영광과 기쁨을 세계의 모든 독자들과 함께 누리고 싶습니다.

(前) 개신대학원대학교 총장
(現) 개신대학원대학교 명예교수　　나 용 화　박사

| 저자 서문

AUTHOR'S FOREWORD

박윤식 목사

한겨울 동안 얼어붙은 대지를 뚫고 파란 새싹이 올라오고 진달래와 개나리로 수놓는 봄, 작열하는 태양빛에 녹음으로 우거진 여름, 황금 물결의 논과 만산홍엽의 산이 어우러진 가을, 하나 둘 마지막 낙엽이 지고 나면 매서운 찬바람과 하얀 눈으로 동토가 되는 겨울! 봄 여름 가을 겨울 사계(四季)의 끝없는 변화는, 실로 우리네 인생의 변화를 보는 듯합니다. 10-20대의 젊은 청년 때 일제 강점기를 지나 6.25전쟁에 참전하여 생사의 고비를 수없이 넘겼고, 또 보릿고개의 배고픔을 넘나들었던 때가 엊그제였는데 어느새 90세를 바라보는 황혼이 되었습니다. 참으로 인생이 짧고 덧없음에 절로 마음이 숙연해집니다. "내가 해 아래서 행하는 모든 일을 본즉 다 헛되어 바람을 잡으려는 것이로다"(전 1:14)라고 했던 전도서 기자의 고백이 그렇게 마음에 와 닿을 수 없습니다. 그러나 신앙을 가진 우리에게 소망이 있음은, 예수님께서 우리에게 영원한 생명을 주시고 천국의 기업을 선물로 주셨기 때문입니다. 십자가에서 우리를 대신하여 피를 흘리시고 구속 사역을 완성하신 예수님만이, 우리의 산 소망이요(벧전 1:3) 영광의 소망이십니다(골 1:27).

구속사는 창세 전부터 정해 놓으신 하나님의 작정에 근거합니다.

구속사는 하나님의 작정에 따라 예수 그리스도의 죽으심과 부활하심을 중심으로, 타락한 죄인들을 구원하시는 전체 역사입니다. 하나님의 구속사는 인간의 패역과 불신, 그리고 사단의 온갖 방해에도 불구하고, 결코 중간에 끊어짐이 없이 계속적으로 전진해 왔습니다. 이러한 하나님의 구속사를 연결하는 고리는 하나님의 언약입니다. 하나님의 구원 역사를 시대마다 끊어짐이 없이 연결한 것은 언약과 그 언약의 성취입니다. 언약은 구속사의 뼈대를 이루면서 시대마다 새롭게 체결되었습니다. 에덴 동산에서 있었던 여자의 후손 약속을 비롯하여, 노아 언약, 아브라함 언약, 이삭 언약, 야곱 언약, 시내산 언약, 모압 언약, 제사장 언약, 다윗 언약, 소금 언약, 예레미야의 새 언약, 에스겔의 언약 등 수많은 언약들이 체결되었습니다.

　이상의 모든 언약 가운데 구속사의 중추적 역할을 하는 언약이 창세기 15장의 횃불 언약입니다. 저는 구속사 시리즈 제2권 「잊어버렸던 만남」에서, 횃불 언약과 그 성취에 대하여 기술한 바가 있습니다. 그러나 그때 지면의 제약으로 자세히 저술하지 못해 마음한 구석에 죄송한 마음이 있었습니다. 이번에 구속사 시리즈 제8권 「횃불 언약의 성취」에서 다시 정리하고 보충해서 풍성하게 그 세부 내용들을 저술하게 되니, 참으로 감사할 따름입니다. 본 서는 「잊어버렸던 만남」의 후속편이라 할 수 있으며, 애굽에 내린 10대 재앙과 출애굽 과정, 그리고 광야 생활과 가나안 입성이 어떻게 성취되었는지를, '땅'을 중심으로 규명하고 있습니다.

　특히 주전 1446년 1월 15일 밤(유대식 계산 방법)에 출애굽하여 3

월 1일에 시내 광야에 도착하기까지(출 19:1의 히브리어 원문에 근거)
의 여정은, 성경에 자세히 기록되어 있음에도 불구하고, 각 지점에
도착한 구체적인 날짜와 그곳에서의 행적이 그동안 불확실하였는
데, 이번에 본 서를 통해 다소나마 선명하게 정리된 것은 하나님의
강권적인 은혜의 역사일 뿐입니다. 독자들은 구속사 시리즈 제2권
「잊어버렸던 만남」과 제7권 「영원한 만대의 언약 십계명」을 먼저
읽고 본 서를 읽으시면, 약속하신 대로 모든 것을 어김없이 실행하
시는 하나님의 역사에 영적으로 눈이 열리고, 하나님의 주권 은총
의 승리를 확신하게 될 것으로 사료(思料)됩니다.

　하나님께서는 횃불 언약을 성취하시기 위하여 애굽에서 400년
동안 종살이하던 이스라엘 백성을 출애굽 시키셨습니다. 당시 세계
최대 강국이었던 애굽의 압제하에서 이스라엘이 해방되어 가나안
에 들어간다는 것은, 인간의 생각으로는 도저히 불가능한 상황이었
습니다. 그러나 하나님께서는 언약을 성취시키기 위하여, 10대 재
앙이라는 놀라운 표징과 이적을 일으키시고 바로 왕과 애굽 백성을
완전히 굴복시키셨습니다. 10대 재앙을 일으키시고 이스라엘 백성
을 출애굽 시키신 전능하신 여호와 하나님은, 오늘날 우리와 우리
의 삶 속에도 역사하시는, 영원한 언약의 하나님이십니다.
　하나님께서는 이 시대에도, 하나님의 백성을 압제하는 애굽과 바
로 왕과 같은 모든 악의 세력을, 여전히 크신 권능으로 이기시고 자
기 백성을 보호하십니다. 애굽에 10대 재앙을 일으키셨던 하나님께
서는 오늘도 그 크신 권능으로 이 땅의 모든 불의와 압제에서 성도

들을 구원하시는 산 기적을 일으키고 계십니다. 10대 재앙을 통해서 애굽의 신들을 심판하신 하나님께서는, 세상 마지막 때에도 이 세상의 황금 만능주의, 탐욕주의, 인본주의, 혼합주의 같은 세상 신들을 반드시 심판하실 것입니다.

저는 10대 재앙이 언제 일어났는지를 정확하게 밝히기 위하여, 세계적 신학자들의 많은 저서를 찾아보았지만 뚜렷한 해답이 없었습니다. 대충 몇 달 정도 되었다는 식의 답변밖에는 찾지 못했습니다. 그러나 하나님의 놀라우신 도우심과 성령의 강한 조명으로 오직 성경만을 붙잡고 깊이 연구하는 가운데, 애굽에 내린 10대 재앙을 시작부터 끝까지 그 전체 과정과 그 날짜까지도 정리할 수 있게 되었으니, 참으로 감사할 뿐입니다. 하나님께서 저같이 어리석고 미련한 것을 택하시어 일하심에 몸 둘 바를 모를 지경입니다.

실로 저의 삶은 고난과 눈물의 연속이었습니다. 얼토당토않은 오해 속에서 일부 특정한 사람들에 의해 치욕스러운 명예 훼손을 당하기도 하였습니다. 그러나 하나님께서는 그 고난과 눈물을 통해 저를 성경 속으로 인도하셨습니다. 성경 속에서 만나는 말씀마다 그 진정한 의미를 깨닫고자 기도로 몸부림쳤고, 그 결과 하나님의 생명수 샘을 맛볼 수 있었고, 하나님의 은택의 단비를 만날 수 있었습니다. 시편 84:6의 "저희는 눈물 골짜기로 통행할 때에 그곳으로 많은 샘의 곳이 되게 하며 이른 비도 은택을 입히나이다"라고 하신 말씀을, 온 생애 속에서 체험할 수 있었습니다.

성경을 읽으면 읽을수록, 깊이 연구하면 할수록 얼마나 기쁘고 즐거운지(렘 15:16), 성령의 주권적인 도우심으로 예수 그리스도의 은혜와 그 복음의 비밀에 탄복하며 영적으로 매일매일 감사 감격 속에 살 수 있었습니다. 하나님께서는 성경 속에서 놀라우신 말씀의 세계가 마치 영화처럼 살아서 움직이며 부딪쳐 오는 은혜를 쏟아부어 주셨습니다.

그동안 하나님께서 주신 은혜를 원고지에 기록해 두었었는데, 이제 수십 년 세월에 낡고 빛 바랜 원고지 속의 내용들이 다듬어지고 보강되어 이렇게 활자화하게 되어 참으로 감개무량합니다. 책은 저자의 통일된 사상을 온전히 파악하는 데 많은 도움을 줍니다. 말로 들을 때는 듣는 자가 잘못 듣고 오해할 수도 있지만, 책을 읽는 사람은 그 저자의 중심 뜻을 분명하게 전달 받아 오해 없이 올바로 헤아릴 수 있습니다. 본 구속사 시리즈가 지금까지 제가 추구해 온 그대로, 오직 성경 중심의 보수 개혁주의 신앙 노선에 대한 정확한 인식의 토대가 되기를 간절히 소망합니다. 또한 이 부족하고 허물 많은 저서가 한국 기독교 역사에 다소라도 유익이 되기를 간절히 기도하고, 하나님을 사랑하고 성경을 깊이 알고자 사모하는 독자들에게 실제적 도움이 되는 친절한 안내자가 되기를 두 손 모아 간절히 소망합니다.

마지막으로 졸저가 나오기까지 저의 원고를 정리하고 편집하고 교정하면서, 마치 옥동자를 해산하듯 고생과 충성을 아끼지 않은 손길들에게 진심으로 감사를 드립니다.

하나님께서는 이스라엘 백성을 애굽 땅에서 인도하여 내어서 그들을 위하여 "찾아 두었던 땅"으로 인도하셨습니다(겔 20:6). 오늘 우리 성도들에게도 하나님께서 만세 전에 찾아 두었던 땅 곧 천국이 예비되어 있습니다(마 25:34). 부디 전 세계 예수 그리스도의 몸 된 교회들이, 노도와 같이 밀려오는 죄악의 물결을 이기고 믿음을 지킴으로, 하나님께서 예비해 두신 영원한 천국에 입성하시기를 간절히 소망합니다(딤후 4:7-8).

2013년 10월 3일
천국 가는 나그네길에서
예수 그리스도 안에 있는 작은 지체 **박 윤 식** 목사

| 차례

제 1 장

언약의 중심 – 횃불 언약

The Center of the Covenants:
the Covenant of the Torch

언약의 중심 - 횃불 언약
THE CENTER OF THE COVENANTS:
THE COVENANT OF THE TORCH

  횃불 언약은 주전 2082년 아브라함의 나이 84세에 체결되었으며 그 내용은 창세기 15장에 기록되어 있습니다.

  하나님께서 아브라함과 체결하신 언약을 '횃불 언약'이라고 부르는 이유는, 아브라함이 바친 쪼갠 제물 사이로 횃불이 지나갔기 때문입니다(창 15:17). 당시 중근동 지역에서 약속을 체결할 때 제물을 쪼개어 약속을 체결한 두 사람 사이에 두었는데, 이것은 만약 이 약속을 어기면 '이 짐승처럼 쪼개짐을 당하게 된다'는 의미였습니다(렘 34:18-21). 아브라함과 언약을 체결할 때, 쪼갠 제물 사이로 지나간 횃불은 하나님의 임재를 나타냅니다(사 10:17, 62:1). 횃불 언약에서 하나님의 임재를 나타내는 횃불이 지나간 것은, 하나님께서 반드시 이 언약을 성취시키겠다는 강력한 의지를 나타낸 것입니다.

  횃불 언약은 아브라함과 언약을 체결하는 시점부터 시작하여 4대 만에 아브라함의 자손이 다시 가나안에 돌아오기까지의 과정에 대하여 기록하고 있습니다(창 15:16). 그 내용 가운데는 애굽 종살이, 출애굽, 가나안 입성이라는 구속사적으로 중요한 사건들이 포함되어 있습니다. 횃불 언약은 성경에 등장하는 언약들 가운데 중심적 언약으로 그 안에는 놀라운 구속사적 경륜들이 담겨 있습니다.

I
횃불 언약의 중요성

THE IMPORTANCE OF THE COVENANT OF THE TORCH

1. 아브라함과의 일곱 번 언약

The seven covenants made with Abraham

하나님께서 아브라함에게 "너는 너의 본토 친척 아비 집을 떠나 내가 네게 지시할 땅으로 가라"(창 12:1)라고 명령하셨습니다. 아브라함이 75년 동안 의지했던 혈연과 지연, 그리고 삶의 버팀목이 되어 준 모든 것을 버리고, 하나님만을 절대적으로 의지하고 새롭게 출발하라는 것입니다. 아브라함은 자신이 살던 땅을 두 번 떠났는데, 첫 번째는 아버지 데라의 주도 하에 "하란에 있기 전" 갈대아 우르를 떠난 것이고(창 11:31, 15:7, 행 7:2-4上), 두 번째는 갈대아 우르를 떠나 오랫동안 머물러 살던 하란을 떠난 것입니다(창 12:1-4, 행 7:4). 하란을 떠날 때 그의 나이 75세였습니다(창 12:4).

본토 친척 아비 집을 떠나게 될 아브라함에게, 하나님께서는 약속을 주시기 시작했습니다. 하나님께서는 아브라함과 일곱 번에 걸쳐서 언약을 체결하셨습니다. 그 언약의 내용을 구체적으로 살펴보면 다음과 같습니다.

첫째, **하란에서 아브라함(75세, 주전 2091년)을 부르시고 첫 약
속을 하셨습니다(창 12:1-3).**

하나님께서 아브라함을 하란에서 다시 부르실 때 그에게 첫 약
속을 하셨습니다. 그 내용은 "내가 네게 지시할 땅"(창 12:1)이 있다
는 사실과 아브라함을 통해 "큰 민족"(창 12:2ᵃ)을 이루게 하시며,
아브라함 자신은 "복의 근원"(원문에는 '복')이 된다는 약속이었습
니다(창 12:2ᵇ). 아브라함은 하란에서 하나님의 부르심을 받았을 때
에 순종하여 아비 데라의 집을 떠났으며, 장래 기업으로 받을 땅 곧
'하나님께서 지시하실 땅'을 향하여, "갈 바를 알지 못하고" 오직
믿음으로 나아갔습니다(창 12:1, 히 11:8).

둘째, **세겜 땅에서 아브라함(75세, 주전 2091년)에게 처음으로
가나안 땅을 약속하셨습니다(창 12:7).**

아브라함이 마침내 가나안 땅에 들어갔고, 그 땅을 통과하여 "세
겜 땅" 모레 상수리나무에 이르렀습니다(창 12:5-6). 이때 하나님께
서 아브라함에게 "이 땅을 네 자손에게 주리라"라고 약속하셨습니
다(창 12:7). 하나님께서 주실 땅을 처음으로 밝혀 주신 것입니다. 이
에 아브라함은 자기에게 나타나신 여호와를 위하여 그곳에 단을 쌓
았습니다(창 12:7ᵇ).

이후로 아브라함은 벧엘 동편 산으로 옮겨 장막을 쳤는데, 서쪽
은 벧엘이고 동쪽은 아이였습니다. 그곳에서도 아브라함은 여호와
를 위하여 단을 쌓고 여호와의 이름을 불렀습니다(창 12:8). 아브라
함은 장막을 옮길 때마다 지금까지 자기의 발걸음을 인도해 주신
하나님께 감사하며, 앞으로도 전적으로 이끌어 주시기를 바라고 모
든 것을 맡기며 간절한 기도를 올렸을 것입니다.

이후 아브라함은 세겜에서 점점 남방으로 옮기다가 그 땅에 심한 기근이 닥치자 애굽으로 내려가게 됩니다(창 12:9-10). 그런데 아브라함은 거기서 뜻하지 않은 큰 환난을 당하였습니다. 애굽으로 내려간 아브라함은, 자기 아내 사래의 아름다운 외모 때문에 "애굽 사람이 나는 죽이고 그대는 살리리니, 원컨대 그대는 나의 누이라 하라 그리하면 내가 그대로 인하여 안전하고 내 목숨이 그대로 인하여 보존하겠노라"라고 할 만큼, 애굽인들을 몹시 두려워하였습니다(창 12:11-13). 그의 예상대로 애굽 사람들이 아브라함의 아내 사래의 빼어난 모습을 보았고, 바로의 대신들도 그녀를 보고 바로 앞에 칭찬하므로, 마침내 바로 왕이 사래를 궁으로 취하여 들였습니다(창 12:14-15). 이에 바로 왕은 아브라함을 후대하여 양과 소와 노비와 암수 나귀와 약대를 주었습니다(창 12:16).

아브라함이 약속의 땅 가나안을 등지고 애굽에 내려간 것은 약속에 대한 신앙이 흔들렸기 때문입니다. 급기야 아내의 순결을 빼앗길 뻔했던 위기의 순간, 하나님께서 아브라함의 아내 사래의 연고로 바로와 그 집에 큰 재앙을 내리시어, 그들이 그 아내 사래와 그 모든 소유를 아브라함에게 돌려보내게 하셨습니다(창 12:17-20). 약속하신 성별된 후손을, 하나님의 주권적인 보호하심 속에, 훗날 사래를 통해 낳을 수 있게 되었습니다.

그 후 아브라함은 애굽에서 올라와 다시 '전에 장막을 치고 처음으로* 단을 쌓았던 벧엘과 아이 사이'에 이르러, 거기서 여호와의 이름을 불렀습니다(창 13:1-4).

---

* 아브라함이 가나안 땅에서 처음 단을 쌓은 곳은 세겜이었다(창 12:6-7). 그런데 창세기 13:4에서는 아브라함이 "처음으로 단을 쌓은 곳"이 '벧엘과 아이 사이'라고 말씀하고 있다. 세겜에서는 하나님께서 나타나신 것을 기념하여 단을 쌓았고, 벧엘과 아이 사이에서는 하나님께 공식적으로 예배를 드리기 위해 단을 쌓았던 것이다(창 12:8-9).

부름 받은 후 아브라함의 이주 경로(창 11:31-12:25)
Abraham's Migration Route after God's Calling (Gen 11:31-12:25)

히브리서 11:8 "믿음으로 아브라함은 부르심을 받았을 때에 순종하여 장래 기업으로 받을 땅에 나갈새 갈 바를 알지 못하고 나갔으며"

Hebrews 11:8 "By faith Abraham, when he was called, obeyed by going out to a place which he was to receive for an inheritance; and he went out, not knowing where he was going."

①	우르	아브라함을 1차 부르심(창 11:31, 15:7, 행 7:2-4ㄴ)
②	하란(우르에서 909㎞)	아브라함(75세)을 2차 부르심(창 12:1-4, 행 7:4)
③	세겜(하란에서 610㎞)	땅에 관한 언약을 받고 단을 쌓음(창 12:6-7)
④	벧엘과 아이 사이	장막을 치고 단을 쌓음(창 12:8-9)
⑤	애굽(벧엘에서 438㎞)	기근을 만나 애굽으로 내려감(창 12:10-20)
⑥	벧엘과 아이 사이	애굽에서 올라와 단을 쌓음(창 13:1-13)
⑦	헤브론(벧엘에서 46㎞)	롯이 떠난 후에 헤브론으로 장막을 옮기고 단을 쌓음(창 13:14-18, 14:13, 18:1)
⑧	그랄	남방으로 이사하여 그랄에 우거함(창 20장)
⑨	브엘세바	그랄 왕 아비멜렉과 언약을 맺고 브엘세바(맹세의 우물)의 영구 소유권을 받음(창 21:22-34)
⑩	헤브론	아브라함은 헤브론 막벨라 굴을 매입하여 그곳에 그의 아내 사라(향년 127세)를 장사하였고, 아브라함도(175세 향수) 그곳에 장사됨(창 23:1-20, 25:7-10)

셋째, **헤브론에서 아브라함**(83세, 주전 2083년)**에게 다시 가나
안 땅을 약속하시고, 자손에 대하여 약속하셨습니다**(창
13:15-18).

아브라함과 조카 롯이 벧엘과 아이 사이에 거할 때, 그들의 소
유가 많아져서 동거할 수 없게 되자, 롯이 요단으로 옮겨 가고 그들
은 헤어졌습니다(창 13:5-6, 11). 이때 하나님께서는 아브라함에게 다
시 가나안 땅을 약속하시고 또 자손에 대하여 약속하셨습니다(창
13:14-17). 이 약속을 받고 아브라함은 장막을 옮겨 헤브론에 있는 마
므레 상수리 수풀에 이르러 거하였으며, 거기서 여호와를 위하여
단을 쌓았습니다(창 13:18). 창세기 13장 사건이 일어난 시기는, 아브
라함 83세(주전 2083년) 전후였을 것입니다. 창세기 13장에 이어지
는 창세기 14:1은 "당시에"로 시작하고, 창세기 14장에 이어지는 창
세기 15:1은 "이후에"로 기록한 것을 보아 창세기 13, 14, 15장은 모
두 비슷한 시기에 일어난 것입니다.[1] 단, 창세기 14장에서 동방 4개
국 연합군과 그들에 의한 가나안 6개 족속의 멸절, 그리고 가나안
5개국 왕들과의 접전 전쟁의 규모가 매우 컸던 사실을 보아, 아마
도 창세기 13장에서 하나님의 약속이 주어진 시기는 대략 아브라함
83세(주전 2083년) 전후였을 것입니다.

헤브론(חֶבְרוֹן, Hebron)은 '친구, 동맹'이란 뜻으로, 예루살렘 남쪽
30㎞ 지점에 자리잡고 있으며, 아낙 사람 중에 가장 큰 아르바 사람
이 거하는 성읍이었으므로(민 13:22) '기럇아르바'(뜻아르바의 성읍)로
도 불렸습니다(창 23:2, 35:27, 수 14:15, 15:13-14). 헤브론에는 아브라함
과 사라, 이삭과 리브가, 야곱과 레아가 묻힌 막벨라 굴이 있습니다
(창 23:1-20, 25:7-10, 49:29-32). 이곳은 통일왕국 시대에 다윗이 왕으
로 기름부음 받은 곳이기도 합니다(삼하 5:1-3, 대상 11:1-3). 다윗은 통

치 초기 첫 수도 헤브론을 중심으로 7년 6개월간 유다 지파를 다스
렸습니다(삼하 5:4-5, 왕상 2:11, 대상 3:4).

**넷째, 헤브론에서 '횃불 언약'(아브라함 84세, 주전 2082년)을
통해 자손과 가나안 땅에 대한 약속을 재확증하셨습니다
(창 15장).**

아브라함이 가나안 땅에 들어온 이후 헤브론에 거하고 있을 때
큰 전쟁을 만났습니다. 그 전쟁은 동방에서 온 4개 동맹국과 가나
안 5개국 간의 전투로, 성경에 소개된 최초의 국가간 연합전투였습
니다(창 14장). 성경은 '횃불 언약'에 대한 기사를 "이후에"(창 15:1)
라는 말씀으로 시작하고 있습니다. 여호와께서 아브라함에게 찾아
오셔서 구속사에서 가장 중차대한 횃불 언약을 체결하셨는데, 그
시점이 창세기 14장의 사건 "이후에"였던 것입니다. '이때' 여호와
의 말씀이 이상 중에 임하여, 아브라함은 "아브람아 두려워 말라 나
는 너의 방패요 너의 지극히 큰 상급이니라"라고 하시는 음성을 듣
게 됩니다(창 15:1下).

하나님께서는 "네 몸에서 날 자가 네 후사가 되리라"(창 15:4)라
고 자손을 약속하시고(창 15:1-6), 가나안 땅에 대한 약속을 재확증
하셨습니다(창 15:7-21). 횃불 언약은 아브라함의 자손들이 장차 반
드시 겪게 될 역사에 대한 예고였습니다. 그것은 아브라함과 언약
을 맺는 그 순간부터 시작하여 아브라함의 자손이 다시 가나안에
돌아오기까지의 역사입니다. 횃불이 쪼갠 고기 사이로 지나간 그날
에, 하나님께서 아브라함에게 특별히 가나안 땅에 대하여 약속하시
기를 "이 땅을 애굽강에서부터 그 큰 강 유브라데까지" 그의 자손
에게 주신다고 말씀하셨고(창 15:18), 그 땅의 경계선 안에 살고 있는

10족속을 말씀하셨습니다(창 15:19-21). 이들은 장차 이스라엘 자손이 싸워 이겨야 할 토착민들이었습니다.

다섯째, 헤브론에서 '할례 언약'(아브라함 99세, 주전 2067년)을
        체결하셨습니다(창 17:9-14).

아브라함의 나이 99세에(창 17:1), '할례 언약'을 체결하셨습니다(창 17:9-14). 할례(circumcision)는 거룩하신 하나님과 이스라엘 백성 사이의 언약의 표징입니다(창 17:11, 행 7:8, 롬 4:11). 하나님께서는 할례를 명하시기 전에 아브라함과 그의 자손을 상대로 영원한 언약을 세우시면서, "내가 내 언약을 나와 너와 네 대대 후손의 사이에 세워서 영원한 언약을 삼고 너와 네 후손의 하나님이 되리라 내가 너와 네 후손에게 너의 우거하는 이 땅 곧 가나안 일경으로 주어 영원한 기업이 되게 하고 나는 그들의 하나님이 되리라"라고 말씀하셨습니다(창 17:7-8).

여섯째, 헤브론에서 이삭 탄생에 대하여 다시 약속하셨습니다
        (창 18:10).

하나님께서 아브람(뜻고귀한 아버지)을 아브라함(뜻열국의 아버지)으로, 그의 아내 사래(뜻여주인, 나의 공주)를 사라(뜻열국의 어미)로 개명해 주신 다음(창 17:15), 아브라함에게 사라를 통해 아들 이삭을 낳게 하시겠다고 말씀하셨습니다(창 17:16-22). 그 후에 마므레 상수리 수풀 근처에서 아브라함에게 나타나셔서(창 18:1), 그의 아내 사라를 통한 이삭의 탄생을 다시 약속해 주셨습니다. 창세기 18:10에서 "기한이 이를 때에 내가 정녕 네게로 돌아오리니 네 아내 사라에게 아들이 있으리라 하시니 사라가 그 뒤 장막 문에서 들었더라"라고

말씀하고 있습니다. 그리고 하나님께서는 "아브라함은 강대한 나라가 되고 천하 만민이 그를 인하여 복을 받게 될 것"이라고 확약하셨습니다(창 18:18).

일곱째, 브엘세바에 거하는 동안 이삭을 제물로 드린 후에, 모든 언약들에 대하여 최종 확증을 하셨습니다(창 22:15-18).

아브라함은 99세 되었을 때에(참고-창 17:1, 24), 약 20년 가까이 정착해 살던 헤브론(창 13:18)을 떠나 남방으로 이사하여 가데스와 술 사이의 '그랄'(גְּרָר: 정지하는 곳)에 우거하였습니다(창 20:1). 그랄은 가사의 남쪽, 지중해 해안 근처의 성읍으로(창 10:19), 아비멜렉이 통치하였으며(창 20, 26장), 남 유다 왕 아사가 구스 군을 그랄까지 추격한 적이 있습니다(대하 14:13). 그랄의 위치는 "가데스와 술 사이"(창 20:1)였습니다. '가데스'(קָדֵשׁ: 거룩한 곳)는 브엘세바 남쪽 약 80㎞ 지점에 있으며(참고-창 14:7, 민 20:3-13), '술'(שׁוּר: 성벽)은 애굽 북동쪽 국경 지역에서 가까운 가나안 남부 지역입니다(참고-창 16:7, 25:18, 출 15:22, 삼상 15:7, 27:8).

아브라함이 그랄 왕 아비멜렉과 조약을 체결함으로써 브엘세바 우물의 영구적인 소유권을 가지게 되었는데(창 21:22-33), 아브라함이 블레셋 족속의 땅에서 여러 날을 지내었다는 기록을 볼 때(창 21:34), 아브라함은 그랄에 우거하다가 그 근처인 브엘세바에서 정착했을 것으로 보입니다. 아브라함은 이삭을 바칠 때에도 이삭을 바친 후에도 계속 브엘세바에 거한 것입니다(창 22:19).

아브라함은 하나님의 명령대로 모리아 한 산에서 이삭을 제물로 드리게 됩니다(창 22:1-14). 이때 하나님께서는 지금까지의 언약들을 최종 확증하셨습니다(창 22:15-18). 그 내용은 아브라함의 씨가 크게 성하여 하늘의 별과 같고 바닷가의 모래와 같게 하신다는 것과(창 22:17ᵃ), 그 씨가 대적의 문을 얻으며(창 22:17ᵇ), 그 씨로 말미암아 천하 만민이 복을 얻는다는 것이었습니다(창 22:18).

　이렇듯 하나님께서 한 개인과 언약을 체결하신 횟수가 가장 많은 사람이 아브라함입니다. 이것은 아브라함과 맺으신 언약이 구속사에서 차지하는 비중이 매우 크고, 그 내용들은 구속사의 중심이 되고 있음을 말해 줍니다. 이스라엘 백성은 애굽에서의 종살이, 그리고 출애굽과 가나안 정복, 이후 왕정 시대, 포로기에 이르기까지 모든 역사 속에서, 아브라함과 체결된 하나님의 언약에 근거하여 하나님의 은혜와 도우심을 구하였습니다(출 32:13, 왕상 18:36, 대상 29:18, 느 9:7-8). 또한 하나님께서는 아브라함과 맺으신 언약을 기억하시고 구속사를 진행하셨습니다(출 2:24-25, 6:3-5, 레 26:42, 44-45, 신 9:5, 왕하 13:23, 대상 16:15-18, 눅 1:72-73).

　모든 언약들의 중심에 아브라함과의 언약이 서 있고, 아브라함과의 언약의 중심에 횃불 언약이 서 있습니다. 신학자 에릭 사우어(Erich Sauer)는 횃불 언약이 구속사의 중심적인 언약임을 간파하고 "구원사의 관점에서 볼 때, 이것(횃불 언약)은 구약에서 가장 중요한 언약 체결이다(창 15:9-18)"라고 설파하였습니다.²⁾ 횃불 언약은 이스라엘 자손과 그들에게 약속하신 땅의 회복을 약속하셨고, 궁극적으로 영적 이스라엘과 그들에게 약속하신 하나님 나라 입성을 보여 주고 있습니다.

2. 횃불 언약의 배경 - 싯딤 골짜기의 전투(창 14장)
The background of the covenant of the torch: the battle of the valley of Siddim (Gen 14)

횃불 언약이 기록되어 있는 창세기 15장의 첫 구절은 "이후에"라는 말씀으로 시작합니다(창 15:1). 그러므로 횃불 언약의 정확한 이해를 위해, 그 배경이 되는 창세기 14장을 알아야 합니다. 창세기 14장은, 동방 4개 동맹국이 가나안 5개국을 침략하여 점령한 후에, 아브라함이 그 강력한 동방 4개국을 물리친 놀라운 승전 역사를 기록하고 있습니다. 성경에 기록된 최초의 국가간 전쟁은 싯딤 골짜기의 전투입니다(창 14:8-9). 싯딤 골짜기는 "염해"로 불렸으며(창 14:3), 그 뜻은 '울창한 숲으로 된 골짜기, 소금 계곡' 등으로, 사해 남쪽에 위치하며 역청(천연 아스팔트) 구덩이가 많은 지역입니다(창 14:10).

침략자는 동방의 네 나라 왕들이고(창 14:1), 침략을 받은 자는 가나안 남부 사해 연안에 있는 다섯 나라 왕들이었습니다(창 14:2). 침략 동기는 사해 연안 5개국 동맹군이 그돌라오멜을 12년간 섬기다가 제13년에 배반하자, 이를 응징하기 위해 제14년에 엘람 왕 그돌라오멜이 동방의 세 나라(시날 왕 아므라벨, 엘라살 왕 아리옥, 고임 왕 디달)와 동맹하여, 가나안의 다섯 나라(소돔, 고모라, 아드마, 스보임, 벨라)를 친 것입니다(창 14:4-5ᵃ).

동방의 동맹국들은 사해 연안 다섯 왕과 접전하기 전에 가나안 여섯 족속을 먼저 쳤습니다(창 14:5-7). 그들은 북에서 내려오면서 순서대로 르바 족속(아스드롯 가르나임), 수스 족속(함), 엠 족속(사웨 기랴다임), 호리 족속(세일산)을 쳤고, 아카바만에 있는 엘바란을 거

*성경에 기록된 최초의 국가간 연합 전투
싯딤 골짜기의 전투 (창 14장)
(횃불 언약 직전: 약 주전 2082년, 아브라함 84세)
The Battle of the Valley of Siddim (Gen 14)
*The first biblical record of a battle between nations

다메섹 북쪽(חוֹבָה, 세몰. 창 14:15 '좌편') 80km 지점에 위치한 **호바**까지 추격 / 창 14:15
Pursued as far as **Hobah** located 80km north of Damascus / Gen 14:15

75km

시돈 Sidon

다메섹
Damascus
창 14:14~15

두로 Tyre

단 Dan/창 14:14

아스드롯 가르나임
Ashteroth-karnaim
르바 족속
Rephaim / 창 14:5

하솔 Hazor

악고 Acco

갈릴리 바다
SEA OF
GALILEE

함 Ham

수스 족속 Zuzim
창 14:5

4 아브라함이 집에서 길리고 연습
한 자 318명을 거느리고 동방
4개국 왕들을 추격(창 14:13~16)
Abraham pursued the four kings of the east with 318 trained men born in his house (Gen 14:13-16).

가 191km

도단
Dothan

5 아브라함이 승전하고
돌아올 때 살렘 왕
멜기세덱으로부터 떡과
포도주를 받고 십일조를
바침(창 14:17~20)
When Abraham returned victorious in battle, he received bread and wine from Melchizedek and gave him a tenth of all (Gen 14:17-20).

욥바
Joppa

세겜
Shechem

나

벧엘 Bethel

아이
Ai

강

요

단

숙곳
Succoth

Jordan River

2 동방의 4개국 왕들이
가나안 6개 족속을
정벌한 경로(창 14:5~7)
Route of the four kings of the east during their conquest of the six Canaanite tribes (Gen 14:5-7).

사웨 골짜기 (왕곡, 王谷)
VALLEY OF SHAVEH
창 14:17

여리고
Jericho

예루살렘
Jerusalem

사웨 기랴다임
Shaveh-kiriathaim

엠 족속 Emim/창 14:5

대 해(지중해)
THE GREAT SEA
(MEDITERRANEAN SEA)

가사 Gaza

베들레헴 Bethlehem

마므레 Mamre
창 14:13, 24

448km

사해
DEAD SEA

1 가나안 5개국이
그돌라오멜에게
반란을 일으킴(창 14:4)
The five Canaanite nations rebelled against Chedorlaomer (Gen 14:4).

3 싯딤 골짜기에서 동방
4개국 왕들과 사해 연
안 가나안 5개국 왕들의 접전
(창 14:8~12)
The four kings of the east arrayed for battle in the valley of Siddim against the five Canaanite kings of the Dead Sea coast (Gen 14:8-12).

헤브론
Hebron

엔게디
Engedi

브엘세바
Beersheba

68km

안

싯딤 골짜기
VALLEY OF SIDDIM
창 14:3, 8, 10

소돔 Sodom / 창 14:2, 8, 10~12, 17, 21~22
고모라 Gomorrah / 창 14:2, 8, 10~11
벨라(소알) Bela (Zoar) / 창 14:2, 8
아드마 Admah / 창 14:2, 8
스보임 Zeboiim / 창 14:2, 8

107km

하사손다말(다말)
Hazazon-tamar
(Tamar)

동방의 4개국 왕들이 통과한 7개 지역과
정복한 6개 족속/창 14:5~7

엔미스밧(가데스)
En-mishpat (Kadesh)

아말렉 족속
Amalekites
창 14:7

아모리 족속
Amorites
창 14:7

세

일

산

세일산
Mt. Seir

MT. SEIR

아스드롯 가르나임	르바 족속
함	수스 족속
사웨 기랴다임	엠 족속
세일산	호리 족속
엘바란	(없음)
엔미스밧(가데스)	아말렉 족속
하사손다말(다말)	아모리 족속

동방의 4개국 왕들
창 14:1
① 시날 왕 아므라벨
② 엘라살 왕 아리옥
③ 엘람 왕 그돌라오멜
④ 고임 왕 디달

가나안 5개국 왕들
창 14:2
① 소돔 왕 베라
② 고모라 왕 비르사
③ 아드마 왕 시납
④ 스보임 왕 세메벨
⑤ 소알 왕 벨라

131km

호리 족속
Horites
창 14:6

N

엘바란 El-paran
창 14:6

아카바만
GULF OF AQABA

→ 동방 4개국 왕들의 공격로
⤏ 아브라함이 동방 4개국 왕을 추격한 길
→ 동방 4개국 왕이 돌아간 길
⤏ 아브라함이 승전하고 돌아온 길
● 그돌라오멜에게 반란을
일으킨 가나안 5개국
✸ 전투 장소

쳐 거침없이 진격하여 아말렉 족속(엔미스밧=가데스), 아모리 족속(하사손다말)까지 쳐서 점령했습니다. 가나안 6개 족속을 완벽하게 점령하기 위해서, 그들은 팔레스타인 전 지역뿐만 아니라 아카바 만에 이르는 지역까지 매우 큰 반경으로 움직였습니다. 다메섹에서 남쪽으로 아카바 만의 엘바란까지는 약 448㎞, 엘바란에서 가데스까지는 약 131㎞, 가데스부터 싯딤 골짜기까지는 약 107㎞ 거리였습니다.

마침내 싯딤 골짜기에서 동방의 네 왕과 사해 연안의 다섯 왕이 접전하였습니다(창 14:8-9). 접전 결과, 반란을 일으킨 가나안 사해 연안의 5개 동맹국이 대패하였습니다. 가나안 5개 동맹국은 지형지물을 통해 적을 궁지에 몰아넣으려는 계략으로 역청 구덩이가 많은 골짜기를 전투 장소로 잡았는데, 오히려 자신들이 그 역청 구덩이에 빠지고 일부는 산으로 도망하였습니다(창 14:10).

동방 네 왕들은 소돔과 고모라의 모든 재물과 양식을 빼앗아 갔고, 소돔에 거하는 아브라함의 조카 롯도 사로잡고 그 재물까지 노략하여 갔습니다(창 14:11-12). 롯은 세상 물질을 사랑하여 아브라함을 떠나 소돔 성의 악한 사람들(창 13:13-14ㄴ)과 가까이 지내고 있었는데, 거기서 그동안 모았던 많은 재물을 다 빼앗기고, 자기 자신과 아내와 자식들까지 비참한 포로 신세가 되고 말았습니다. 아브라함과 헤어질 때 요단 들판을 선택한 롯은 소돔 가까이에 이르러 장막을 쳤지만 그 장막을 옮겨, 끝내는 소돔 중심부에 들어가 살았습니다(창 13:12). 비록 아브라함의 조카 롯이 선택한 땅이 풍요로운 곳이었지만(창 13:10), 거기는 악한 사람들이 사는 곳이었고(창 13:13), 전쟁의 위협이 도사리고 있는 곳이었습니다.

아브라함은 전쟁 중에 도망해 온 한 사람으로부터 조카 롯이 사로잡혔다는 소식을 듣게 되었고, 그는 '집에서 길리고 연습한 자 318명'을 거느리고 그돌라오멜의 4개국 동맹군을 추격했습니다(창 14:13-14). 그가 자기 가신 318명을 거느리고 출전한 것은, 그 자신의 허욕이나 야심 때문이 아니고, 골육에 대한 순수한 사랑의 발로였습니다(참고-창 13:8).

가나안의 모든 족속이 뭉쳤지만 강력한 군사력을 가진 동방 4개국 앞에서 맥없이 패배하였습니다. 그러한 동방의 강력한 군사들을 상대로 아브라함이 집에서 연습하고 길린 종 318명을 이끌고 나가서 승전할 확률은 매우 희박했습니다. 그러나 아브라함은 하나님께서 함께해 주신다는 확신을 가지고, 318명을 이끌고 마치 기드온 300용사처럼 나가서 생명을 걸고 추격하였습니다. 아브라함은 마므레(Mamre)에서 단(Dan)까지 약 191㎞를 쫓아가서, 그 가신을 나누어 밤을 타서 그들을 쳐서 파하였습니다(창 14:14-15). 아브라함의 급습을 받은 저들은 속수무책이었습니다. 그리고 아브라함은 재침략의 여지를 없애기 위하여 호바(Hobah)까지 쫓아가서, 빼앗겼던 모든 재물과 조카 롯과 부녀와 인민을 다 찾아왔습니다(창 14:15下-16).

엘람 왕 그돌라오멜의 4개국 동맹군은, 가나안 사해 연안의 5개국 동맹군을 격파한 강력한 군대인데, 아브라함은 318명의 적은 숫자로 그들을 호바까지 쫓아가 격파했습니다. 하나님께서 아브라함에게 지혜와 능력을 주신 결과입니다. '호바'의 뜻은 '은신처'이며,[3] 다메섹 북쪽(שְׂמֹאול, 세몰)으로 약 80㎞ 떨어진 곳이었습니다.[4] 가나안 땅의 북부 경계선은 다메섹 북쪽의 유브라데강이며(창 15:18), 호바는 바로 그 유브라데강 근처입니다.[5] 당시 아브라함은 '유브라데'

를 건너온 "히브리 사람"으로 불렸습니다(창 14:13).

가나안에 거주하는 요단 골짜기와 사해 주변 왕들이 모두 동방의 왕들에게 굴복했지만, 유일하게 아브라함만 그들을 완전히 물리쳤습니다. 이렇듯 아브라함이 유브라데강 근처의 호바까지 올라가서 침략군을 쫓아낸 것은, 장차 이스라엘 백성이 하나님의 능력으로 아무리 강한 대적도 약속의 땅에서 완전히 몰아내며 그 땅을 차지할 수 있다는 사실에 대한 강력한 전조(前兆)였습니다.[6]

아브라함이 하나님의 전적인 은혜로 대승을 거두고 돌아와서 사웨 골짜기(왕의 골짜기)에 이르렀을 때, 살렘 왕 멜기세덱을 만났습니다. 아브라함이 침략자들을 유브라데 근처 호바까지 쫓아가서 내쫓은 후에, 살렘 왕 멜기세덱이 아브라함에게 찾아온 것은 매우 의미심장합니다. 이 멜기세덱에 대하여 히브리서 7:1-2에서는 "지극히 높으신 하나님의 제사장이라 여러 임금을 쳐서 죽이고 돌아오는 아브라함을 만나 복을 빈 자"이며, "첫째 의의 왕이요 또 살렘 왕이니 곧 평강의 왕"이라고 기록하였습니다. 살렘 왕 멜기세덱이 떡과 포도주를 가지고 나와서 아브라함을 축복하였고, 아브라함은 그에게 십분 일을 바쳤습니다(창 14:17-20, 히 7:1-7).

한편, 아브라함을 영접하러 나온 소돔 왕(창 14:17)은 처자식과 백성을 다시 찾은 상황에서 감사했던 나머지, 아브라함에게 "사람은 내게 보내고 물품은 네가 취하라"라고 말했습니다(창 14:21). 이때 아브라함은 소돔 왕의 재물을 '한 실이나 신들메라도 막론하고 내가 취하지 아니하리라'고 천지의 주재시요 지극히 높으신 하나님 앞에 손을 들어 맹세했습니다(창 14:22-23). 아브라함은 소돔 왕 때문에 치부하였다는 말을 듣지 않겠다는 것이었습니다. 더 나아가 아브라함은 세상 재물보다 천지의 주재요 지극히 높으신 하나님 앞에 자신의 신앙 지조를 더욱 중요하게 여겼습니다. 천지의 주재이신 하나님이 세상 모든 소유의 주인이심을 알기 때문에 보이는 물질에 조금도 현혹되지 않았습니다.

아브라함이 이끄는 318명의 맹공격과 추격을 받아 동방 4개 동맹국이 패했지만, 그들은 재침공할 수 있는 가능성이 컸습니다. 큰 전쟁을 이긴 승전의 기쁨도 잠시였고 또다시 전운이 감도는 위기 상황이었습니다.

'이때'를 가리키는 말씀이 창세기 15:1의 "이후에"였던 것입니다. "이후에", "여호와의 말씀이 이상 중에" 아브라함에게 임하여 횃불 언약이 체결되었습니다. 하나님께서는 아브라함에게 찾아오셔서 맨 처음 "아브라함아 두려워 말라 나는 너의 방패요 너의 지극히 큰 상급이니라"라고 말씀해 주셨습니다(창 15:1). 이것은 아브라함의 마음속에 두려움이 있었다는 증거이며, 하나님께서는 횃불 언약의 체결을 통해 아브라함 속에 있는 두려움을 없애 주시고 이전에 주셨던 언약들을 반드시 이루시겠다고 확증해 주셨습니다.

II
횃불 언약의 체결 시기와 표징
THE TIMING AND THE SIGN OF THE RATIFICATION OF THE COVENANT OF THE TORCH

1. 횃불 언약의 체결 시기
The timing of the ratification of the covenant of the torch

(1) 아브라함 나이 84세

횃불 언약(창 15장)이 체결된 것은, 아브라함이 동방의 왕들과 가나안 왕들의 전쟁을 통하여 조카 롯을 구하고, 멜기세덱을 만난 후입니다(창 14장). 횃불 언약이 체결된 후의 사건은 아브라함이 애굽 여인 하갈을 취한 사건입니다(창 16장). 아브라함이 75세부터 가나안 땅에 거하기 시작하여(창 12:4), 아브라함이 하갈을 취할 때는 "아브라함이 가나안 땅에 거한 지 십년 후이었더라"라고 말씀하고 있습니다(창 16:3). 그러므로 아브라함이 하갈을 취한 때에는 아브라함의 나이가 85세였고, 하갈이 아브라함에게 이스마엘을 낳아 준 때는 아브라함의 나이 86세였습니다(창 16:16). 횃불 언약이 체결된 것은 아브라함이 하갈을 취하기 전이므로, 그때 아브라함의 나이는 84세였을 것입니다.

일반적으로 횃불 언약(창 15장)이 체결되기 전에 있었던 큰 전쟁(창 14장)은, 아브라함의 나이 84세 때의 사건으로 알려져 있습니다.

신학자 라이트풋(John Lightfoot)도 창세기 14장의 사건을 아브라함 나이 84세에 일어난 것으로 보았습니다.[7] 그러므로 창세기 14장과 창세기 16장 사이에 위치하고 있는 횃불 언약은, 아브라함 나이 84세에 체결된 것으로 볼 수 있습니다.

(2) 주전 2082년

횃불 언약이 체결된 때는 아브라함의 나이 84세이며, 연대로 계산하면 주전 2082년입니다. 이것은 출애굽 시기를 주전 1446년으로 보는 보수적인 견해에 근거한 것입니다(참고-왕상 6:1). 이때를 기준으로 하면 아브라함이 출생한 때가 주전 2166년이고, 아브라함 나이 84세 때는 주전 2082년입니다. 이 연대들을 밝히는 과정은 다음과 같습니다.

첫째, 야곱 가족이 애굽에 들어간 해는 주전 1876년입니다.

출애굽한 주전 1446년에서 애굽에 거주한 기간 430년(출 12:40-41, 갈 3:17)을 거슬러 올라가면 주전 1876년(주전 1446년+430년)이 됩니다. 이때 야곱의 나이는 130세였습니다(창 47:9).

둘째, 야곱이 태어난 해는 주전 2006년입니다.

애굽에 들어간 주전 1876년에 야곱의 나이가 130세였으므로, 야곱이 태어난 때는 주전 2006년(주전 1876년+130년)입니다. 이때 이삭의 나이는 60세였습니다(창 25:26).

셋째, 이삭이 태어난 해는 주전 2066년입니다.

야곱이 태어난 해인 주전 2006년에 이삭의 나이가 60세였으므

로, 이삭이 태어난 해는 주전 2066년(주전 2006년+60년)입니다. 이
때 아브라함의 나이는 100세였습니다(창 21:5).

넷째, **아브라함이 태어난 해는 주전 2166년입니다.**

  이삭이 태어난 해인 주전 2066년에 아브라함의 나이가 100세였
으므로, 아브라함이 태어난 해는 주전 2166년(주전 2066년+100년)
입니다. 그러므로 횃불 언약은 아브라함 나이 84세, 주전 2082년(주
전 2166년-84년)에 체결된 것입니다.

2. 횃불 언약의 두 가지 표징
The two signs of the covenant of the torch

  하나님께서는 자손에 대한 약속을 하신 다음에(창 15:1-6), "나는
이 땅을 네게 주어 업을 삼게 하려고 너를 갈대아 우르에서 이끌어
낸 여호와로라"라고 말씀하셨습니다(창 15:7). 이때 아브라함은 "내
가 이 땅으로 업을 삼을 줄을 무엇으로 알리이까"라고 하나님께 물
었습니다(창 15:8). 하나님께서는 제물을 바치라고 하시면서 "나를
위하여 삼 년 된 암소와 삼 년 된 암염소와 삼 년 된 숫양과 산비둘
기와 집비둘기 새끼를 취할지니라"(창 15:9)라고 말씀하셨습니다. 이
에 아브라함은 하나님께서 말씀하신 대로 제물을 취하여 그 중간을
쪼개고, 아주 작은 제물인 비둘기만 쪼개지 않았습니다(창 15:10). 그
런데 솔개가 제물 위에 내려오자 아브라함은 그것을 쫓았습니다(창
15:11). 솔개는 히브리어 '아이트'(עַיִט)이며, 성경에서는 하나님의 선
민 이스라엘을 대적하는 이방 왕을 '솔개'로 비유하기도 합니다(사
18:6, 46:11, 겔 39:4). 그러므로 이 본문에서 솔개는 하나님과 아브라

함과의 언약 체결을 방해하는 '악의 세력'을 암시하고 있고, 그래서 아브라함은 솔개가 그 사체 위에 내릴 때 쫓았던 것입니다(창 15:11).

하나님이 이상 중에 말씀으로 찾아오신 때가 밤하늘에 별들을 볼 수 있는 때였고(창 15:5), "해질 때에"(창 15:12) 하나님께서 횃불로 임재하셨으므로(창 15:17), 실제 횃불 언약이 체결된 때는 하루가 지난 때입니다. 아브라함은 밤에 하나님의 이상을 보고, 하나님의 말씀을 듣고, 제사에 대한 명령을 받아서, 아침 일찍이 제사를 준비했을 것입니다. 아브라함은 밤에 명령 받은 말씀을 다음날 해 질 때까지 기도하면서 성실히 준행한 것입니다(창 15:12).

그리고 아브라함이 "깊이 잠든 중에" 예고가 있었습니다(창 15:12). 하나님께서는 아브라함을 깊이 잠들게 하심으로써, 영적 계시만 볼 수 있도록 하신 것입니다. 아브라함은 깊이 잠든 중에 "캄캄함이 임하여 심히 두려워"했습니다(창 15:12). 여기 캄캄함은 자연적으로 온 것이 아니라, 어떤 극한 어둠에 사로잡혀 공포감을 느끼는 상태를 의미합니다. 또 "캄캄함"은 장차 아브라함의 후손 이스라엘이 받을 애굽의 속박을 암시하고 있습니다.

이어 하나님께서는 횃불 언약의 내용을 구체적으로 말씀하시고(창 15:13-16), 언약을 확증하는 두 가지 표징을 보여 주셨습니다.

(1) 연기 나는 풀무(תַנּוּר עָשָׁן, 탄누르 아샨, smoking oven)

해가 져서 어두울 때에 연기 나는 풀무가 보였습니다(창 15:17下). "풀무"는 용광로인데, 앞으로 이스라엘이 당하게 될 혹독한 고난을 보여 준 것입니다. 하나님께서는 창세기 15:13에서 "네 자손이 이방에서 객이 되어 그들을 섬기겠고 그들은 사백 년 동안 네 자손을 괴롭게 하리니"라고 말씀하고 있습니다. 이 말씀대로 이스라엘은 애

굽에서 400년 동안 고난을 받았으며(행 7:6), 그 애굽을 가리켜 "쇠
풀무 곧 애굽"(신 4:20), "철 풀무 같은 애굽"(왕상 8:51), "쇠풀무 애
굽 땅"(렘 11:4)이라고 말씀하였습니다.

횃불 언약에서는 풀무에 연기가 같이 등장하고 있어서 고난의
심각성을 더해 주고 있습니다. 비슷한 상황을 요한계시록의 다섯
번째 나팔 재앙에서 볼 수 있는데, "저가 무저갱을 여니 그 구멍에
서 큰 풀무의 연기 같은 연기가 올라오매 해와 공기가 그 구멍의 연
기로 인하여 어두워지며"라고 말씀하고 있습니다(계 9:2).

(2) 타는 횃불(אֵשׁ לַפִּיד, 라피드 에쉬, flaming torch)

해가 져서 어둘 때에 "연기 나는 풀무"가 보이며 쪼갠 고기 사이
로 "타는 횃불"이 지나갔습니다(창 15:17下). '횃불'은 히브리어 '라피
드'(לַפִּיד)로, 하나님의 영광스러운 임재를 나타냅니다(사 10:17, 62:1).
'타는'은 히브리어 '에쉬'(אֵשׁ)로, 본래는 '불'이라는 뜻입니다. 불과
횃불이 함께 어우러져서 캄캄한 주변을 환히 밝히면서 활활 타오르
는 모습을 묘사하고 있습니다. 이것은 하나님께서 그 언약이 성취될
때까지 아브라함과 그 후손에게 영원히 함께해 주실 것을 보여 주
는 것입니다.

하나님의 나라가 완성될 때까지 "연기 나는 풀무"와 같은 고난
이 계속될 것입니다. 그러나 성도는 그러한 고난 속에서도 "타는 횃
불"과 같은 하나님의 임재와 역사하심으로 모든 고난을 능히 이기
고 반드시 승리할 것입니다. 이처럼 두 가지 표징은 애굽에서의 고
난과 영광스러운 출애굽을 상징적으로 보여 주며, 나아가 종말의
구속 역사 가운데 나타날 성도의 고난과 최후 승리를 확증하여 줍
니다.

III
횃불 언약 속의 두 가지 약속
THE TWO PROMISES IN THE COVENANT OF THE TORCH

창세기 15장의 횃불 언약은 크게 두 가지 약속으로 이루어져 있습니다. 바로 자손과 땅에 관한 약속입니다.

창세기 15:1-6을 볼 때 하나님께서는 먼저 하나님의 구속사적 경륜을 담당할 경건한 자손에 대하여 약속하셨습니다. 하나님께서는 아브라함에게 반드시 후사를 주시겠다고 약속하셨으며, 그를 통해 하늘의 뭇별과 같이 많은 후손이 생길 것을 약속하셨습니다. 창세기 15:4-5에서 "여호와의 말씀이 그에게 임하여 가라사대 그 사람은 너의 후사가 아니라 네 몸에서 날 자가 네 후사가 되리라 하시고 그를 이끌고 밖으로 나가 가라사대 하늘을 우러러 뭇별을 셀 수 있나 보라 또 그에게 이르시되 네 자손이 이와 같으리라"라고 말씀하고 있습니다.

또한, 창세기 15:7-21을 볼 때 하나님의 경건한 자손들이 거할 땅에 대해 약속하셨습니다.

하나님께서는 아브라함과 언약을 체결하시면서 몇 차례 거듭해서 가나안 땅을 주시겠다는 약속을 하셨습니다(창 12:5-7, 13:14-17, 15:7-8, 18-21, 17:8). 창세기 15:7에서 "또 그에게 이르시되 나는 이 땅을 네게 주어 업을 삼게 하려고 너를 갈대아 우르에서 이끌어낸 여호와로라"라고 말씀하고 있습니다. 그런데 하나님께서 가나안 땅을 주시는 것은, 단번에 되지 않고 오랜 역사를 통해 이루어지는 일입니다. 창세기 15:13-16을 보면, 아브라함 자손이 이방의 객이 되어 400년 동안 괴롭힘을 당하게 되고, 아브라함부터 4대 만에 다시 가나안 땅으로 돌아오게 된다고 약속하고 있습니다.

1. 횃불 언약 속의 약속들
The promises in the covenant of the torch

첫째, 아브라함의 자손들이 이방에서 객(客)이 되어 이방을 섬긴다는 것입니다(창 15:13上).

아브라함의 후손은 가나안 땅의 주인이 되기 전에, 가나안 땅에서 나그네 되었고(시 105:12), 이방의 함 땅에서 나그네 되어야 했습니다(시 105:23).

하나님께서는 이스라엘 백성이 애굽에서 나그네로 있었다고 말씀하셨습니다(레 25:23, 신 10:19, 행 13:17). 하나님께서는 이스라엘 백성에게 "너희도 애굽 땅에서 나그네이었었음이니라"(출 22:21)라고 말씀하셨습니다. 출애굽기 23:9에 "너는 이방 나그네를 압제하지 말라 너희가 애굽 땅에서 나그네 되었었은즉 나그네의 정경을 아느니라"라고 말씀합니다. 이는 애굽은 이스라엘이 영원히 거할 땅이 아니라 나그네처럼 잠시 머물렀다가 반드시 떠날 땅이었음을 증거합니다. 애굽에 머물렀던 야곱, 요셉도 애굽 땅에 영원히 거하지 말고 반드시 출애굽 하여 가나안 땅을 가야 한다고 유언했습니다(창 48:21, 50:24). 오늘날 성도들은 이 세상 애굽 땅에 영원히 머물 자가 아니고 하나님께서 약속하신 영원한 본향을 향해 찾아가는 자들입니다(히 11:13-16). 그러므로 이 땅의 성도들은 도래할 하나님의 나라를 바라보고 사모하면서 날마다 천성을 향해 힘차게 전진해야 할 뿐입니다(창 23:4, 47:9, 레 25:23, 대상 29:15, 시 119:54, 행 7:6, 29, 13:17, 히 11:13, 벧전 1:1-2, 17, 2:11).

둘째, **이방으로부터 400년 동안 괴롭힘을 받는다는 것입니다** (창 15:13下).

아브라함이 취한 애굽 여인 하갈과 그에게서 낳은 이스마엘로부터 사라와 이삭이 괴롭힘과 희롱을 당한 것(창 16:4, 21:9)은, 후에 당할 일에 대한 일종의 전조(前兆)였습니다(참고-갈 4:29). 아브라함의 후손들은 애굽에 내려가 400년간 노예로 혹독한 고난을 당했습니다(출 12:40-41, 행 7:6, 참고-갈 3:17). 이스라엘의 고역은 엄하고 혹독한 것이어서(출 1:8-14) 그들에게 너무나 가혹한 짐, "무거운 짐"이었습니다(출 6:6-7). 그에 더하여 애굽 감독관으로부터 채찍으로 수없이 맞으면서, 짐승만도 못한 취급을 받았습니다(출 2:11, 5:14, 16, 행 7:24). 아브라함의 자손은 주전 1876년에 애굽에 들어가서 주전 1446년 출애굽 할 때까지 약 430년 동안 애굽에 머무르면서 고난을 받았습니다(출 12:40-41, 갈 3:17). 그 가운데 요셉이 총리로 있었던 기간을 30년으로 보면, 실제로 괴로움을 받은 기간은 400년이 되는 것입니다(행 7:6).

셋째, 하나님께서 "그 섬기는 나라를" 징치하신다는 내용입니
　　다(창 15:14上).

　하나님께서 그 나라를 징치하시는 이유는 하나님의 백성을 너무
나 괴롭히고 학대했기 때문입니다. 징치의 내용은 하나님께서 애굽
땅에 내리신 열 가지 재앙이었습니다(출 7:14-12:36). 그 무서운 열
가지 재앙은 애굽이 이스라엘에게 주었던 온갖 고생에 대한 벌이었
습니다. 이스라엘 선민의 남아(男兒)들을 나일강에 던져 죽였으므
로 나일강을 피가 되게 하셨고(출 1:22, 7:14-25), 마지막 재앙에서는
애굽의 장자들과 생축 가운데 처음 난 것을 죽이셨고(출 12:29), 출
애굽 직후에는 바로 왕을 비롯한 모든 군대를 홍해에 수장시키시므
로 애굽에 대한 징치를 완전하게 마무리하셨습니다(출 14:23-31, 시
136:15).

넷째, "네 자손이 큰 재물을 이끌고" 나오게 된다는 내용입니
　　다(창 15:14下).

　이스라엘 백성은 출애굽 할 때 결코 빈손으로 나오지 않았습니
다(출 3:21-22, 11:2-3, 12:35-36). 하나님께서 애굽 사람으로 이스라엘
백성에게 은혜를 입히게 해 주셨습니다(출 12:36上). 이스라엘 백성
이 애굽 사람들에게 은금 패물과 의복을 구하자, 애굽 사람들은 순
순히 큰 재물을 내어 주었습니다(출 12:36下). 그 결과 한 지파도 약한
지파가 없이 모든 지파가 은금을 가지고 나왔습니다(시 105:37). 애
굽 사람의 눈에 이스라엘 백성은 심히 크고 두려운 존재로 보였던
것입니다. 시편 105:38에서 "그들의 떠날 때에 애굽이 기뻐하였으
니 저희가 그들을 두려워함이로다"라고 말씀하고 있습니다.

다섯째, **아브라함이 장수하다가 평안히 조상에게로 돌아가 장
사될 것이라는 내용입니다(창 15:15).**

이 예언대로 아브라함은 175세를 향수하고 평안히 막벨라 밭 굴
에 장사되었습니다(창 25:7-10). 이때 이삭은 75세, 야곱은 15세였습
니다(창 21:5, 25:26). 창세기 25:8에서 "그가 수가 높고 나이 많아 기
운이 진하여 죽어 자기 열조에게로 돌아가매"라고 말씀하고 있습
니다. 이것은 아브라함이 하나님께서 약속하신 연수를 모두 채우고
만족스럽게 인생을 마감했음을 의미합니다.

여섯째, **가나안 땅에 돌아오는 것이 아브라함으로부터 4대(代)
만에 이루어질 것이라는 내용입니다(창 15:16).**

창세기 15:16에서 "네 자손은 사대 만에 이 땅으로 돌아오리니 이
는 아모리 족속의 죄악이 아직 관영치 아니함이니라 하시더니"라고
말씀하고 있습니다. 여기 "아직"이라는 표현은 히브리어 '아드 헨
나'(עַד־הֵנָּה)로 '지금까지'라는 뜻입니다. 지금 아브라함과 언약을
체결하고 있는 시점에, 아모리 족속의 죄는 아직 관영하지 않았습
니다. 그러나 앞으로 언젠가 그 죄가 관영하게 될 것이고, 그때 하나
님께서는 이스라엘 백성을 압제받는 나라에서 해방시키셔서 가나
안 땅에 들어가게 하시고, 그 땅을 정복케 하시어 가나안 족속의 죄
를 심판하시겠다는 말씀입니다. 여기 '아모리 족속'은 '함'의 아들인
'가나안'의 후손입니다(창 10:15-16). 이들은 아브라함이 가나안에 정
착하기 전부터 이곳에 살았던 족속(창 12:6, 14:13)으로, 당시 아모리
족속이 가나안을 지배하고 있었기 때문에 '아모리'는 가나안을 대표
하는 말로 사용되었습니다.

그러므로 4대가 시작되는 출발점은, '지금' 언약을 맺고 있는 아

브라함 때입니다. 하나님께서는 아브라함의 자손이 아브라함부터 4대 만에 가나안으로 다시 돌아온다고 약속하셨던 것입니다. 이 말씀에 의하면 이스라엘 백성은 아브라함부터 4대째 인물인 요셉 시대에 가나안 땅으로 돌아와야 합니다(대상 5:1-2, 히 11:8, 20-22). 그러나 실제로 요셉은 가나안 땅에 들어가지 못하고 110세에 애굽에서 죽었다고 창세기 50:24-26에서 말씀하고 있습니다. 그렇다면 횃불 언약은 어떻게 성취가 되었습니까? 이 문제는 구속사 시리즈 제2권 「잊어버렸던 만남」에서 이미 자세히 다루었습니다. 그러므로 본서를 읽으면서 「잊어버렸던 만남」을 같이 읽으면 서로 보완이 되어 더욱 큰 은혜를 받으실 것입니다.

일곱째, 가나안 땅의 지경에 대한 내용입니다.

애굽 강부터 큰 강 유브라데까지 이르는 지경을 아브라함의 자손에게 주겠다는 약속입니다(창 15:18). 이스라엘에게 주어진 가나안 땅의 경계가 성경에서 여기 처음으로 언급되고 있습니다. 여호수아가 가나안 땅을 정복할 당시에는 그 모든 지역(민 34:2-12)을 다 차지하지 못했지만(참고-삿 1:27-36, 2:21, 23, 3:1-5), 다윗과 솔로몬 시대에 이르러 다 점령할 수 있었습니다(대하 9:26).

여덟째, 약속의 땅 경계선 안에 거하고 있는 가나안 10족속을 말씀하셨습니다(창 15:19-21).

하나님께서 약속하신 그 땅이 비어 있지 않고, 가나안 10족속이 차지하고 있으므로, 그들을 정복해야 약속의 땅을 기업으로 차지할 수 있다는 말씀이었습니다(수 3:10, 9:1-2, 11:1-5, 12:7-8). 당시 가나안에는 겐, 그니스, 갓몬, 헷, 브리스, 르바, 아모리, 가나안, 기르가스, 여부스 족속이 거하고 있었습니다(창 15:19-21). 아브라함은 횃불 언약을 체결하기 직전에 하나님의 절대적인 도우심으로, 318명에 불과한 '집에서 길리고 연습한 자'들을 이끌고 나가 동방 4개국 왕들을 단(Dan)에서 쳐서 파하고, 다메섹 북편으로 80㎞거리의 호바(Hobah)까지 쫓아가 조카 롯과 그 재물과 부녀와 인민을 다 찾아왔던 체험이 있었습니다(창 14:13-16). 그러므로 아브라함은 이스라엘 백성이 하나님의 약속을 믿고 지킬 때 그 땅의 정복을 하나님께서 해 주실 것을 믿었습니다(출 34:11, 레 25:18, 신 7:1, 8:1).

　가나안 땅 정복은 결코 칼이나 활로 된 것이 아니라, 시내산 언약에서 약속해 주신 대로 하나님의 주권적인 역사로 이루어졌습니다(출 23:28, ^{참고-}신 7:20, 수 24:12). 특히 가나안 7족속 중에 가장 막강한 군사력을 가진 세 족속(히위, 가나안, 헷)을 멸할 때, 왕벌을 보내 주신다고 약속하고 있습니다. 왕벌은 벌 중의 벌입니다. 떼를 지어 날아다니면서 침을 쏘면 한 방에도 치명상을 입힐 수 있는 공포의 벌입니다. 신명기 7:20에서는 하나님께서 "왕벌을 그들 중에 보내어 그들의 남은 자와 너를 피하여 숨은 자를 멸하시리니"라고 말씀하고 있습니다. 적들 가운데 문을 잠그고 숨어서 남은 자까지, 왕벌이 쫓아 들어가서 기어이 죽인다는 것입니다(신 7:20^下-24). 신명기에는 왕벌의 역사로 아모리 왕 시혼과 바산 왕 옥을 패배시킨 일(수 24:12)이 자주 언급되었습니다(신 1:4, 2:26-36, 4:46-47, 29:7-8, 31:4).

2. 약속의 땅의 우물 확보, 브엘세바의 맹세
The well of the Promised Land secured: the oath of Beersheba

아브라함이 하나님으로부터 마지막으로 '횃불 언약'에 대하여 확약을 받았던 장소 '브엘세바'(Beersheba)는, 구속사적으로 대단히 중요한 곳입니다. 브엘세바는 헤브론에서 남서쪽으로 약 40㎞에 위치한 가나안 땅 최남단으로 훗날 이스라엘의 남쪽 경계가 된 곳입니다. 브엘세바는 히브리어 '베에르 셰바'(בְּאֵר־שֶׁבַע)로, '맹세의 우물, 일곱 우물'이라는 뜻입니다. 여기 '일곱'은 천지 창조나 예수님의 가상칠언(架上七言)과 관련된 '성수'(聖數)이며 '완전수'(完全數)인 것입니다.

맹세의 우물 브엘세바는 구속사적으로 매우 중요한 장소입니다.

첫째, 아브라함은 브엘세바에서 언약의 후사 이삭을 낳고 그랄 왕 아비멜렉과 언약을 맺었습니다(창 21:1-31).

아비멜렉(אֲבִימֶלֶךְ: 아버지는 왕)과 그 군대장관 비골(פִּיכֹל: 강한, 모든 것의 입)은, 아브라함에게 "네가 무슨 일을 하든지 하나님이 너와 함께 계시도다"(창 21:22)라고 고백하면서 동맹 체결을 제의하였습니다. 아비멜렉이 먼저 동맹을 요청한 이유는 아브라함의 세력 때문이 아니라 아브라함과 함께하신 하나님 때문이었습니다. 아비멜렉이 아브라함에게 "네가 무슨 일을 하든지 하나님이 너와 함께 계시도다"(창 21:22)라고 한 말은, 하나님께서 아브라함에게 '계속적으로' 함께하심을 나타냅니다. 강력한 군사력을 지닌 동방의 4개 동맹국을 아브라함이 318명으로 무찌른 일(창 14장)과 아브라함의 중보기도를 통해 아비멜렉 자신과 그 아내와 여종의 질병이 치료받은 일

(창 20:17-18), 늙은 아브라함이 100세에 하나님의 약속대로 이삭을 얻고(창 21:1-7) 이삭이 젖을 떼기까지 건강하게 성장하는 것(창 21:8)을 아비멜렉이 다 보았습니다. 이렇듯 하나님께서 아브라함과 함께하시고 아브라함에게 큰 축복을 내리시며 아브라함을 통해 일하시는 것을 본 아비멜렉은 너무 놀라서 두려웠던 것입니다.

　이때 아브라함은 아비멜렉의 영토 안에 살고 있었지만, 아비멜렉의 종들이 전에 아브라함의 우물을 늑탈(勒奪: 폭력이나 위력으로 빼앗음)했던 일을 책망하였습니다(창 21:25). 우물을 뺏는 것은 묵시적인 추방 명령과 같은 것이었습니다. 이에 아비멜렉은 자기는 전혀 몰랐다고 둘러대고 아브라함이 그 일을 자기에게 고하지 않고 침묵했기 때문이라고 핑계하며 자기의 결백함을 주장했습니다(창 21:26).

　이어서 아브라함과 아비멜렉은 서로 언약을 체결하였습니다. 아브라함은 양과 소를 취하여 아비멜렉에게 주고 언약을 체결하였습니다(창 21:27). 그리고 아브라함은 아비멜렉과 언약을 체결할 때, 암양 새끼 일곱을 별도로 놓고 "너는 내 손에서 이 암양 새끼 일곱을 받아 내가 이 우물 판 증거를 삼으라"라고 요청했습니다(창 21:28-30). 아브라함은 일반적인 언약 체결에 그치지 않고, 우물의 사용권을 구체적으로 보장받기 위해서 "암양 새끼 일곱"이라는 특별한 선물을 아비멜렉에게 제시했던 것입니다. 아비멜렉은 이에 동의하고 브엘세바에서 맹세를 하였습니다. '7(일곱)'이라는 숫자는 이 맹세의 엄중성을 상징합니다. 이것으로 아브라함은 브엘세바의 우물에 대한 영구적인 소유권을 확보하였습니다. 유목 생활을 주로 하는 중동 지역에서는 물이 사람과 가축의 생존을 위해 매우 중요했습니다. 아브라함은 브엘세바의 맹세를 통해 하나님께서 약속하신 가나안 땅의 일부를 소유함으로써, '가나안 땅을 주신다'는 횃불 언약의 성취가 시작되고 있음을 증거하였습니다.

특히 가나안 땅의 최남단인 브엘세바는, 최북단의 '단'(Dan)과 함께 '단에서부터 브엘세바까지'라는 관용구로 사용되고 있으며, 이것은 가나안 땅 전체를 가리키는 표현인 것입니다(삿 20:1, 삼상 3:20, 왕상 4:25). 그러므로 이 맹세의 우물 브엘세바를 아브라함이 소유한 것은, 장차 가나안 땅 전체를 반드시 소유하게 될 일에 대한 전조(前兆)인 것입니다. 이때는 아브라함이 103세가 넘고 횃불 언약 맺은 지 약 20년이 넘었을 때입니다.

아브라함은 언약을 체결한 후 그 장소를 "브엘세바"라고 이름하였습니다(창 21:31). 여기 "이름하였더라"는 히브리어 '카라'(קָרָא)로, 이것은 '공식적으로 선언하다'라는 의미입니다. 이 언약을 통해 가나안 땅에 있는 우물을 합법적으로 차지하게 된 것은, 비록 가나안 땅의 한 점을 소유하게 된 사건이지만, 앞으로 아브라함과 그의 자손이 반드시 가나안 땅의 주인이 될 일에 대한 표징입니다. 이 언약 체결을 통해 가나안의 땅에 대한 약속은 이미 점진적으로 성취되기 시작했던 것입니다.

둘째, **아브라함은 브엘세바에서 에셀나무를 심었습니다.**

아비멜렉과의 언약은 아브라함의 자손들이 가나안 땅의 주역으로 영원히 살 것을 미리 나타내었습니다. 아비멜렉은 이 언약이 아브라함과 자신 사이에만 유효한 것이 아니라, "나와 내 아들과 내 손자에게 거짓되이 행치 않기를 이제 여기서 하나님을 가리켜 내게 맹세하라 내가 네게 후대한 대로 너도 나와 너의 머무는 이 땅에 행할 것이니라"(창 21:23)라고 말했습니다. 아비멜렉은 아브라함과 맺은 언약이 대대로 이어지기를 소원했던 것입니다.

아브라함과 아비멜렉이 브엘세바에서 서로 언약을 세운 후, 아비멜렉과 군대 장관 비골이 블레셋 족속의 땅으로 돌아갔습니다(창 21:32). 언약을 맺은 후 아비멜렉과 비골이 블레셋 땅으로 돌아간 것은, 아브라함이 이 우물에 대한 법적 권리를 가졌다는 뜻이고 사실상 그 우물 근처 지역을 소유하게 되었음을 의미합니다.

아브라함은 자신과 언약을 맺으신 하나님과 그 언약에 신실하신 하나님께 대한 감사로 브엘세바에 에셀나무를 심었습니다(창 21:32-33). 아브라함은 하나님께서 주신 약속의 말씀이 반드시 열매를 맺어, 아브라함의 자손에게 그 땅을 확실히 주실 줄을 믿고 에셀나무를 심었습니다. 우물가에 나무를 심는 것은 영원한 생명과 하나님의 복을 상징합니다(시 1:3).

> **예레미야 17:7-8** "그러나 무릇 여호와를 의지하며 여호와를 의뢰하는 그 사람은 복을 받을 것이라 ⁸그는 물가에 심기운 나무가 그 뿌리를 강변에 뻗치고 더위가 올지라도 두려워 아니하며 그 잎이 청청하며 가무는 해에도 걱정이 없고 결실이 그치지 아니함 같으리라"

특히 '에셀나무'는 깃털같은 가지에 작은 잎사귀가 비늘처럼 촘촘하게 붙어 있으며, 키가 큰 것은 9m나 되고, 그 뿌리는 땅 밑 30m까지 뻗어 건조한 사막에서도 결코 말라 죽지 않습니다. 또한 나무질이 매우 단단하며 생명력이 강하고 수명이 긴 나무입니다(참고·삼상 22:6, 31:13). 이는 브엘세바에서 체결된 언약이, 어떠한 환란과 어려움 속에서도 결코 파기되지 않고 끝까지 지속될 것이라는 '언약의 견고성과 영구성'을 나타냅니다. 즉, 영생하시는 하나님께서 브엘세바 우물을 아브라함 당대뿐 아니라 장차 이 땅에 거할 언약의 자손들에게 목마름 없이 마시게 해 주실 것을 확신한 믿음의 표시였습니다.

셋째, 아브라함은 브엘세바에서 영생하시는 하나님의 이름을 불렀습니다.

아브라함이 브엘세바에 에셀나무를 심은 후 거기서 "영생하시는 하나님 여호와의 이름"을 불렀습니다(창 21:33). '영생하시는 하나님'은 히브리어 '엘 올람'(אֵל עוֹלָם)으로, '영원한 하나님'이란 뜻입니다. "영생하시는 하나님"은 세상이 있기 전부터 세상 끝날까지 영원히 살아계신 분이십니다(신 32:40, 33:27, 시 90:2, 사 40:28, 렘 10:10, 계 1:8, 11:17). 아브라함은 나그네 땅에 잠간 머물다 갈 것이지만 하나님은 영생하십니다. 더 나아가, 영생하시는 하나님은 앞으로 이루어질 구속사 가운데 언약을 신실하게 성취하시는 하나님을 뜻합니다.

창세기 14장에서 아브라함은 "지극히 높으신 하나님"(אֵל עֶלְיוֹן, 엘 엘욘)을 부르면서 맹세하였고(창 14:22), 창세기 17:1에서는 "전능하신 하나님"(אֵל שַׁדַּי, 엘 샤다이)을 인식하였습니다. 그런데 아비멜렉과 조약을 체결한 후에는 자기 백성을 영원토록 돌보아 주시는 영원하신 하나님으로 강하게 인식한 것입니다.

그랄 왕 아비멜렉이 아브라함을 찾아와서 "네가 무슨 일을 하든지 하나님이 너와 함께 계시도다"라고 하면서, "너는 나와 내 아들과 내 손자에게 거짓되이 행치 않기를 이제 여기서 하나님을 가리켜 내게 맹세하라"라고 요청하였습니다(창 21:22-23). 이 평화 조약의 효력이 아비멜렉 자신과 그의 아들과 그의 손자에게까지 미치기를 요청하고 있으며, 또한 '하나님을 가리켜 하는 맹세'로 체결되기를 간청한 것입니다. 아비멜렉이 이렇게 행동하게 된 것은, 첫째, 하나님께서 아브라함과 함께하시므로 아브라함에게 하신 모든 언약이 성취된 것을 목도했기 때문입니다. 뿐만 아니라, 아비멜렉은 아브라함이 그의 자손 대대에 반드시 창대해지고 그 힘이 강력하게 될 것을 굳게 확신한 것입니다. 하나님께서 믿음의 사람 아브라함에게 약속하신 말씀이 하나도 빠짐없이 성취되고 있다는 사실이, 밖에서 그를 바라본 이방인의 입술과 행동을 통해서 확증된 것입니다. 이때, 아브라함은 하나님께서는 언약하신 바를 반드시 이루시고, 언약 백성을 영원히 지켜 주시고 함께하여 주시는, 영원한 하나님이심을 마음 중심에 뜨겁게 깨달은 것입니다. 그래서 아브라함은 브엘세바에 에셀나무를 심고 "거기서 영생하시는 하나님 여호와의 이름을" 불렀습니다(창 21:33).

한편, "불렀으며"(창 21:33)는 히브리어로 '카라'(קָרָא)인데, 아브라함이 간절히 기도하며 예배드렸다는 의미입니다. 수명이 긴 에셀나무처럼 자자손손 경건한 자손들이 끊임없이 번성하여 영생하시는 하나님을 찬송하게 되기를 기도했을 것입니다. 또한 아브라함은 이후로 영생하시는 하나님을 찬송하며 그 이름을 주변 사람들에게 널리 선포하였을 것입니다.

아브라함은 가나안 땅에 속한 우물을 가지게 됨으로써, 약속하신 땅을 소유할 수 있다는 소망과 믿음을 확고히 가지게 되었습니다. 참으로 아브라함은 하나님의 말씀의 권능을 체험하였고, 하나님만이 역사의 주인이시며 유일한 소망이심을 확실히 깨달았습니다. 이후로 아브라함은 하나님의 능력과 영광을 전파하는 삶을 통해 점점 가나안 땅의 중추적 인물이 되어 갔을 것입니다.

한편, 아비멜렉과 조약을 체결한 후에 '아브라함이 블레셋 족속

의 땅에서 여러 날을 지냈다'고 말씀한 것은(창 21:34), 마침내 아브
라함에게 평화와 안정이 찾아온 것을 의미합니다(레 26:6-12, 슥 8:4-
8). 아브라함은 이삭이 장성할 때까지 브엘세바에 오랫동안 거하였
습니다(창 22:19).

3. 가나안 땅에 대한 언약 성취의 출발
- 아브라함 소유 매장지로 정한 '막벨라 밭 굴'

The beginning of the fulfillment of the covenant of the torch
concerning the land of Canaan: the cave that is in the field of
Machpelah deeded over to Abraham for a burial site

이후에 아브라함은 사라가 127세에 죽자 헷 족속에게서 헤브론
의 막벨라 밭 굴을 구입하여 사라의 매장지로 삼았습니다(창 23:1-
20). 브엘세바의 맹세로 그 땅의 우물을 확보한 아브라함은, 이제
약속하신 땅의 거점이 될 헤브론의 막벨라 밭 굴을 매입하게 됩니
다. 아브라함은 사랑하는 아내가 안식할 처소로 헷 족속(Hittites)의
땅 일부를 매입하기 위해 헷 족속의 법 절차에 따라 에브론과 교섭
하였습니다. 창세기 23장에서 아브라함과 헤브론 주민 헷 사람들과
의 협상에서 눈에 띄는 점이 있습니다.

첫째, 아브라함은 지극히 겸손했습니다.
아브라함은 자신을 보잘것없는 나그네와 우거하는 자로 소개하
면서(창 23:4) 낮은 자세로 협상에 임하였습니다. 아브라함은 아직
막벨라 굴의 가격도 흥정되지 않은 상태였지만, 헷 사람들 앞에 일
어나 몸을 굽혀 감사 인사부터 하였습니다(창 23:7, 12). 헷 족속이 아

브라함을 "우리 중 하나님의 방백"이라고 불러 높였으나 아브라함
은 자신을 보잘것없는 존재로 낮추었습니다(창 23:6). '방백'은 히브
리어 '나시'(נָשִׂיא)로, 아브라함이 당시 헷 족속에게 최고 지도자나
왕으로 인정받았음을 암시합니다(참고·민 7:11, 겔 30:13). 특히 "하나님
의 방백"이라고 부른 것은, 당시에 아브라함이 하나님의 신임과 특
별한 보호를 받고 있음을 헷 족속 사람들이 보고 인정했다는 것과,
그를 크고 두려운 존재로 존경했음을 말해 줍니다. 그럼에도 아브
라함은 계약 당사자인 헷 족속의 지도자 에브론이 무상으로 장지를
주겠다고 말했을 때(창 23:11), 그 땅 백성을 대하여 몸을 굽히면서
"... 당신이 합당히 여기면 청컨대..."(창 23:13)라고 매우 공손히 요청
하였습니다. 이렇듯 아브라함은 약속의 땅을 얻기 위해 시종일관 지
극히 낮은 자세로 협상에 임했습니다.

둘째, 헷 족속 성문에서 아브라함은 그 땅 백성이 듣는 데서 공
식적으로 거래 절차를 밟았습니다.

헷 족속 사람 에브론도 성문에 들어온 모든 자의 듣는 데서 "밭
머리에 있는 막벨라 굴"을 아브라함에게 값없이 주겠다고 말했
습니다(창 23:10). 이에 아브라함도 그 땅 백성의 듣는 데서 에브론
에게 말하여 반드시 그 밭값을 주고 구입하겠다고 말했습니다(창
23:13). 이에 아브라함은 "헷 족속의 듣는 데서" 에브론이 말한 대로
은 400세겔을 그에게 달아 주었습니다(창 23:16). 이처럼 아브라함
은 모든 사람 앞에 공개적으로 막벨라 밭과 굴과 그 사방에 둘린 수
목을 다 값을 주고 삼으로써, 이곳이 자기의 소유임을 확실하게 했
던 것입니다(창 23:17-18).

셋째, 아브라함은 준가(準價: 제 가치에 꽉 찬 값)를 주고 자기
　　소유로 정하였습니다.

　헷 사람들은 아브라함에게 그가 원하는 장소를 값없이 주겠으니
사라를 그곳에 장사하라고 제안했지만(창 23:6), 아브라함은 "내 말
을 듣고 나를 위하여 소할의 아들 에브론에게 구하여 그로 그 밭머
리에 있는 막벨라 굴을 내게 주게 하되 준가를 받고 그 굴을 내게 주
어서 당신들 중에 내 소유 매장지가 되게 하기를 원하노라"라고 정
중하게 요청하였습니다(창 23:8-9). 여기 준가(כֶּסֶף מָלֵא, 케세프 말레:
충분한 가격)를 주겠다는 것은, 상대가 요구하는 대로 주겠다는 말
입니다. 아브라함은 무상으로 그 땅을 받았을 경우에 발생할 수 있
는 소유권 분쟁을 미리 막아 둔 것입니다. 이에 아브라함은 에브론
이 말한 그 밭값 은 400세겔을 그에게 달아 주었고, 마침내 헷 족
속은 그 밭과 그 속의 굴을 아브라함 소유 매장지로 정하였습니다
(창 23:16-20).

　이처럼 아브라함이 막벨라 밭 굴을 자기 소유 매장지로 삼은 이
유는 무엇일까요?

(1) 죽은 자 된 아내 사라가 묻힐 매장지로 구입한 것입니다.

　창세기 23:19에 "그 후에 아브라함이 그 아내 사라를 가나안 땅
마므레 앞 막벨라 밭 굴에 장사하였더라 (마므레는 곧 헤브론이라)"라
고 하였습니다.

　사라는 65세에 남편 아브라함을 따라 하란을 떠나 남편의 충실
한 동반자로서 가나안 땅에 들어온 지 62년, 독자 이삭을 낳은 후로
37년 만에 127세의 나이로 하나님의 부르심을 받아 이 세상을 떠난

것입니다. "사라가 일백이십칠 세를 살았으니 이것이 곧 사라의 향년이라"(창 23:1), 이는 성경에서 여자의 나이가 기록된 유일한 경우입니다. 사라는 아브라함과 더불어 하나님의 언약을 받은 자로, 모든 믿는 자의 어머니로서 나그네 삶을 마감하였습니다(사 51:2). 그녀의 삶은 순탄하지 않았고 여러 가지 실수도 없지 않았습니다. 그러나 하나님의 구속사적 경륜을 이루는 충실한 언약의 동반자로서 아브라함을 주(主)라 칭하여 복종하였고(벧전 3:6), 약속하신 이를 미쁘신 줄 알고 끝까지 믿었으니(히 11:11), 모든 믿는 자에게 본이 되기에 손색이 없었습니다. 그렇게 동고동락하던 사랑하는 아내가 죽었을 때, 아브라함은 사라를 위하여 슬퍼하며 애통하다가 그 시체 앞에서 일어나 헷 족속에게 나갔습니다(창 23:2-3). 아내 사라의 시신을 남의 땅이 아닌 자기 소유지로 확정된 언약의 땅에 정식으로 묻어 주고 싶었던 것입니다.

창세기 23장에는 막벨라 밭 굴의 매입 목적이 한결같이 '죽은 자를 장사'하기 위함이라고 여섯 번이나 기록되어 있습니다. 세 번은 아브라함 자신이(창 23:4, 8, 13), 한 번은 헷 족속 사람들이(창 23:6), 두 번은 에브론이 말했습니다(창 23:14, 15). 마침내 아브라함은 막벨라 밭 굴을 매입하였고, 죽은 아내 사라를 그곳에 장사하였습니다(창 23:19). 늙기까지 자기 소유의 땅이 전혀 없이 나그네로 살던 아브라함이, 죽은 아내 사라의 매장지를 위해 가나안 땅의 일부를 구입함으로써, 아브라함은 비로소 가나안 땅의 한 곳을 합법적인 자기 소유로 갖게 된 것입니다.

(2) 가나안 땅을 주신다는 하나님의 약속을 그대로 믿는 아브라함의 확고한 신앙입니다.

아브라함이 막벨라 밭 굴을 매입하려는 이유는 단순히 죽은 아내의 매장지를 마련하기 위한 것만은 아니었습니다. 아브라함은 그 땅을 하나님으로부터 약속은 받았으나, 자신이 지금 그 땅의 주인이 아니란 것을 잘 알고 있었습니다. 아브라함은 하나님께서 허락하신 땅의 약속을 믿음으로 바라보면서, 그 신앙 표현으로 큰 돈을 들여서라도 가나안 땅의 한 곳을 합법적인 자신의 소유로 삼고자 했습니다. 이러한 아브라함의 간절한 언약 성취의 소원이 창세기 23장에만 네 번 표현되어 있습니다.

"... 청컨대 당신들 중에서 내게 매장지를 주어 **소유**를 삼아..."(창 23:4)

"... 그 굴을 내게 주어서 당신들 중에 **내 소유** 매장지가 되게..."(창 23:9)

"... 헷 족속 앞에서 **아브라함의 소유**로 정한지라"(창 23:18)

"... 헷 족속이 **아브라함 소유** 매장지로 정하였더라"(창 23:20)

헷 족속이 그 땅을 무상으로 주겠다고 했지만, 아브라함은 헷 족속의 많은 증인들이 "듣는 데서" 기어이 그 밭값 전액인 은 400세겔을 지불함으로써 소유권을 확실하게 자기 앞으로 이전해 두었습니다(창 23:13-18).

그 당시 가격으로 은 400세겔은 상당히 높은 가격입니다. 은 한 세겔은 일반 노동자의 4일 품삯에 해당(출 30:24, 삼하 24:24)되는 액수였습니다. 족장 시대 때 수리아 북쪽에서는 전체 마을을 사고 파는 일이 있었는데, 이때 가격은 마을의 수입과 규모에 따라 대략 100세겔에서 1,000세겔 정도였습니다(아카디안 서판 52번).

아브라함이 은 400세겔을 주고 산 막벨라 밭 굴은, 하나님께서 횃불 언약을 통해 자신에게 약속하신 땅의 거점을 마련하기 위해, 오랜 숙원 끝에 어렵게 확보한 작은 발판이었습니다. 은 400세겔을 주고 가나안 땅의 일부를 기어이 자기 소유지로 확정하는 아브라함의 집요한 행동은 단순한 물물거래 차원이나 재산 증식이 아니었습니다. 오직 자기에게 언약하신 하나님의 약속을 확신하는 큰 믿음의 행위였던 것입니다.

(3) 장차 후손들이 조상들의 안식처가 있는 그 땅을 약속의 땅으로 기억하고 대망하게 만들기 위함입니다.

사라의 매장지를 위해 막벨라 밭 굴을 구입하는 배후에는, '하나님의 언약 성취'라는 거룩한 뜻이 담겨 있음을 주목해야 합니다. 하나님이 주실 약속의 땅에 선민 이스라엘의 소유지가 최초로 생긴 것입니다. 아브라함이 얻은 땅은 장사를 지내기 위해 구입하였기 때문에 그리 넓은 것이 아니었으며, '막벨라'의 뜻이 '이중(二重)'이라는 점에서 알 수 있듯이 가족들의 합동 무덤으로 적절했습니다. 비록 작은 땅이었지만 이곳은 후에 아브라함(창 25:9)과 이삭(창 35:29)과 리브가와 레아(창 49:31), 야곱(창 50:13)의 무덤이 되어, 이스라엘 조상들의 안식처가 되었습니다. 이는 훗날 모세가 이 땅을 근거로 이스라엘 백성을 설득하여 출애굽 시킬 수 있는 명분이 되기에 충분했습니다. 훗날 바벨론에서 귀환할 때도 가나안 땅은 "나의 열조의 묘실 있는 성읍"(느 2:3, 5)으로 기록되어 있습니다. 마지막으로 묻힌 3대 족장 야곱의 경우, 애굽에서 죽었지만 굳이 가나안 땅에 있는 이 막벨라 밭 굴에 자신을 매장하도록 그 아들들에게 유언하고 맹세케 하였습니다(창 49:29-32).

이처럼 하나님께서 이스라엘 선민에게 약속하신 가나안 땅에 대한 '소유권 주장'을 할 수 있는 최초의 역사적 근거는, 바로 아브라함이 헷 족속에게 은 400세겔을 주고 공개적으로 매입한 '막벨라 밭 굴'이었습니다. 그곳은 하나님께서 아브라함에게 약속하신 땅이었으나(창 12:7, 13:15, 17, 15:7), 가나안 족속이 점령하고 있는 땅이었고(창 12:6), 아브라함은 이방인이었을 뿐입니다(창 23:4). 그러나 사라의 매장지 구입을 기점으로 약속은 점점 실현되기 시작했습니다. 조상들의 뼈가 가나안 땅에 묻히게 되므로, 가나안 땅이 하나님께서 자신들에게 주신 약속의 땅이요 돌아가야 할 본향으로 이스라엘 백성의 마음에 자리잡게 되었습니다.

아브라함은 그의 후손들이 그 땅을 물려받아 정착하기까지는 400년이라고 하는 기나긴 세월이 남아 있다는 것도 알고 있었습니다(창 15:13-14). 그 어간에 그의 후손들은 이방에서 객이 되어 괴롭힘을 받으며, 쇠풀무 같은 연단을 받게 될 것도 알고 있었습니다(신 4:20, 왕상 8:51, 렘 11:4). 그러나 하나님께서 정하신 때가 되어 이스라엘이 출애굽 하고 마침내 가나안 땅에 입성할 시점에서는, 막벨라 밭 굴을 중심으로 하여 전(全) 가나안 땅이 이스라엘의 기업이 되리라는 사실도 알았습니다. 놀랍게도 횃불 언약에서는 가나안 땅의 경계와 그 땅의 10족속의 명단까지 구체적으로 이미 약속되어 있습니다(창 15:18-21).

갈렙이 헤브론 산지를 달라고 요구했던 것도 바로 조상들의 뼈가 헤브론에 묻혀 있었기 때문이요, 그곳이 가나안의 구심점이자 약속의 땅에 대한 근거지가 되었던 곳이기 때문입니다. 가데스 바네아에서 이미 투철한 언약 신앙을 보여 주었던 그는, 다른 곳보다 조상들의 뼈가 묻혀 있는 헤브론 산지를 가장 먼저 정복해야 한다는 의지로 가득 차 있었습니다. 그의 이런 집념은 85세의 노령도(수 14:10), 무서운 아낙 자손도(수 14:15), 아무 장애가 되지 않았으며 결국 그 땅을 넉넉히 정복하였고, 후에 유다 지파가 그곳에 자리잡게 되었습니다(수 14:6-15). 그리고 헤브론은 요단 서편 도피성 중의 하나가 되었습니다(수 20:7).

4. 아브라함 자손들에게 재확증된 땅의 약속
The promise regarding the land reaffirmed to Abraham's descendants

땅에 대한 약속은 아브라함의 자손들에게 계속해서 재확증되었습니다. 하나님께서는 아브라함의 아들 이삭에게도 그랄(창 26:1)에서 "이 모든 땅을 네 자손에게 주리니"라고 약속하셨으며(창 26:3-4), 야곱에게도 루스(벧엘)에서(창 28:19) "너 누운 땅을 내가 너와 네 자손에게 주리니"라고 약속하셨습니다(창 28:13, 35:12, 48:4). 이렇게 아브라함과 이삭과 야곱의 3대에게 가나안 땅에 대한 약속이 주어진 것에 대하여, 시편 105:8-11에서는 "그는 그 언약 곧 천대에 명하신 말씀을 영원히 기억하셨으니 이것은 아브라함에게 하신 언약이며 이삭에게 하신 맹세며 야곱에게 세우신 율례 곧 이스라엘에게 하신 영영한 언약이라 이르시기를 내가 가나안 땅을 네게 주어 너희 기업의 지경이 되게 하리라 하셨도다"라고 말씀하고 있습니다.

언약의 성취를 위해 아브라함과 이삭과 야곱의 3대는 그 땅에 우물을 매입하거나 혹은 우물을 팠습니다. 팔레스타인은 강수량이 적어 기후가 매우 건조하고, 또 큰 강이 없기 때문에 땅을 파서 물을 보관하는 우물이 절대적이었습니다. 큰 우물을 가졌거나 많은 우물을 가진 것은 당시 사회에서 세력이 컸다는 것을 의미하였습니다. 그래서 우물을 두고 세력 다툼이 많았습니다(창 21:25, 26:14-22). 아브라함은 그랄에 머무는 동안 아비멜렉과 평화조약을 맺을 때 우물 값 암양 7마리를 별도로 지불함으로써 자기의 소유로 삼았습니다

(창 21:30). 그 우물은 자기 종들을 시켜 판 것으로 여러 개의 우물이 었습니다(창 26:15, 18). 아브라함의 아들 이삭이 거하던 그 땅에 흉년이 있어 그랄로 들어갔는데, 이삭은 그 해 농사에 백 배나 얻었고 여호와께서 복을 주시므로 창대하고 왕성하여 마침내 거부가 되었습니다(창 26:1-13). 이때 이삭이 가장 먼저 주력한 것은 우물들을 파는 일이었습니다(창 26:12-22). 부친 아브라함이 죽은 후 블레셋 사람에 의해 메꿔져 버린 우물을 다시 팠고, 또 새롭게 샘 근원을 얻었으며(에섹), 그랄 사람들에게 그 우물을 강탈 당하자 또다른 우물을 팠고(싯나), 또다시 그들이 악의적으로 공격하고 도전해 왔을 때 거기서 옮겨 다른 우물(르호봇)을 팠습니다(창 26:18-22). 한편, 이삭의 아들 야곱은 우물을 팠다는 기록이 구약성경에 나와 있지 않습니다. 그러나 "야곱의 우물"이라 불리우는 것이 요한복음 4:6에 기록되어 있습니다. 야곱의 우물은 "수가라 하는 동네"에 위치하였습니다(요 4:5). 당시 수가는 별로 유명한 장소가 아니었으므로 사도 요한은 그곳이 야곱이 세겜의 족장 하몰의 아들로부터 은 100개를 주고 구입한 세겜 땅(창 33:18-19)에서 그리 멀지 않은 곳이라고 설명하였습니다(요 4:5). 이 우물에 대해서는 현재까지 유대인, 사마리아인, 이슬람교도, 기독교인 모두 야곱의 우물이라는 데 일치합니다. 야곱도 세겜 땅을 구입할 때 우물을 함께 구입했거나 혹은 우물을 팠던 것이 분명합니다. 야곱은 바로 그 우물이 있는 세겜 땅을 요셉에게 주었고, 요셉은 그 땅에 장사되었습니다(창 48:22, 수 24:32).

이상에서 살펴본 바와 같이, 자손과 땅에 대한 약속은 구속사적으로 매우 중요한 골격을 이루고 있습니다. 하나님께서는 횃불 언약을 통하여, 한 개인을 중심으로 역사하셨던 구속사를 이제 한 국가를 중심으로 전환시키셨습니다. 국가를 형성하기 위해서는 반드시 백성과 땅과 주권이 있어야 합니다. 하나님께서는 전 세계를 구원하시는 중심 나라를 세우시기 위하여, 이스라엘 백성을 선택하시고 가나안 땅을 준비하셨던 것입니다. 그리고 그것을 횃불 언약을 통해 확증시키심으로써, 이 모든 것이 하나님의 주권 하에 이루어질 것이며, 그 나라는 세상 나라가 아니라 하나님의 구속사를 담당하는 '하나님의 나라'가 될 것을 선포하셨던 것입니다.

본 서에서는 횃불 언약의 성취 가운데 구속사 시리즈 제2권 「잊어버렸던 만남」에서 밝힌 4대 만에 돌아온다는 내용을 제외하고 나머지 언약의 성취 과정을 자세히 설명하였습니다. 이것을 위해 애굽에 내려진 10대 재앙과 출애굽의 과정, 그리고 광야 노정 마지막에 이루어진 가나안 입성에 대하여 구속사적 입장에서 정리하였습니다.

하나님께서는 횃불 언약을 통해 아브라함의 후손이 가나안에 반드시 들어간다는 것을 약속하셨습니다. 횃불 언약은 하나님의 나라 건설에 대해 가장 선명하게 밝히고 있는 언약입니다. 즉, 횃불 언약은 단순히 혈통적인 아브라함의 자손에게만 주어진 언약이 아니라, 예수 그리스도를 믿음으로 구원받은 아브라함의 영적 자손에게도 해당되는 언약입니다(롬 9:7-8, 갈 3:7, 27-29). 그러므로 횃불 언약은 과거에 지나가 버린 언약이 결코 아니라, 하나님의 나라가 이루어질 때까지 계속 진행되는 언약입니다. 본 서에서는 제2장부터 그 언약이 구체적으로 역사 속에서 어떻게 성취되었는지를, 시간 순서에 따라 자세히 살펴보도록 하겠습니다.

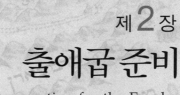

제 2 장
출애굽 준비
Preparation for the Exodus

출애굽 준비
PREPARATION FOR THE EXODUS

하나님께서는 아브라함 한 사람을 불러 언약을 체결하시고, 그를 통하여 이스라엘을 세우시고, 이스라엘을 통한 전 인류의 구원 계획을 세우셨습니다. 하나님께서 아브라함에게 횃불 언약으로 약속하신 성취의 때가 가까왔을 때, 이스라엘은 430년간의 애굽 생활을 통해 약 200만 명의 거대한 민족으로 성장해 있었습니다(출 12:40-41, 행 7:17, ^{참고-}창 15:13-14). 하나님께서는 호렙산 떨기나무 가운데서 모세를 불러 그를 이스라엘 민족의 지도자로 세우신 후(출 3:1-10), 마침내 주전 1446년(출애굽 원년) 1월 15일에 이스라엘을 출애굽 시키셨습니다(민 33:3). 출애굽 한 이스라엘 민족은 그 해 3월 1일(출 19:1) 시내 광야에 도착한 후, 거기서 시내산 언약을 맺었습니다(출 19:1-24:11). 이스라엘 백성은 출애굽 제2년 2월 20일 바란 광야를 향해 출발하기까지(민 10:11-12^上) 11개월 20일 동안 시내 광야에 머물렀습니다.

시내 광야에서의 약 1년은, 애굽에서 종살이하던 이스라엘이 하나의 국가로 태동하는, 희망과 열정으로 가득 찬 민족적 여명기였습니다. 국가의 모습을 갖추어 가던 건국기요, 하나님의 언약 백성으로서 필요한 것을 갖추는 준비기요, 가나안 정복 전쟁을 위한 훈련기였습니다.

I
출애굽 준비
PREPARATION FOR THE EXODUS

1. 출애굽에 대한 언약(예언)
The covenant (prophecy) regarding the exodus

출애굽은 전적으로 하나님의 언약에 근거하고 있습니다. 하나님께서 주전 2082년 아브라함과 횃불 언약을 체결하실 때, 이스라엘이 큰 민족을 이루어 출애굽 할 것을 이미 말씀하셨습니다. 창세기 15:13-14를 볼 때, "여호와께서 아브람에게 이르시되 너는 정녕히 알라 네 자손이 이방에서 객이 되어 그들을 섬기겠고 그들은 사백 년 동안 네 자손을 괴롭게 하리니 그 섬기는 나라를 내가 징치할지며 그 후에 네 자손이 큰 재물을 이끌고 나오리라"라고 약속하셨습니다. 하나님께서는 이 언약대로 이스라엘 백성을 애굽 종살이에서 해방시키셨습니다. 이처럼 구속사는, 하나님께서 언약하신 그대로 반드시 이루시는 역사입니다(시 105:42-44).

하나님께서는 횃불 언약이 체결된 지 636년 만에 이스라엘 백성을 어김없이 출애굽 시키셨습니다.

(1) 애굽 거주 기간 430년

하나님께서 횃불 언약 체결 시에 "그들은 사백 년 동안 네 자손을 괴롭게 하리니"(창 15:13)라고 말씀하신 대로, 이스라엘은 400년 동안 애굽의 학대를 받았습니다(행 7:6). 약속하신 때가 찼을 때, 하나님께서는 참으로 "쇠풀무" 같았던 애굽에서의 고역(신 4:20, 왕상 8:51, 렘 11:4)으로부터 이스라엘을 해방하셨습니다.

물론 이스라엘이 애굽에 거주한 기간은 총 430년입니다. 출애굽기 12:40-41에서 "이스라엘 자손이 애굽에 거주한 지 사백 삼십 년이라 사백 삼십 년이 마치는 그날에 여호와의 군대가 다 애굽 땅에서 나왔은즉"이라고 말씀하고 있습니다. 횃불 언약에서 말씀한 400년과 실제로 거주한 기간 430년 간의 차이 30년은 요셉이 국무총리로 재직했던 기간으로, 이스라엘이 괴로움을 겪지 않았던 기간입니다.

(2) 출애굽 할 때 많은 재물을 가지고 나오게 하심

하나님께서 "그 섬기는 나라를 내가 징치할지며 그 후에 네 자손이 큰 재물을 이끌고 나오리라"라고 말씀하신 그대로(창 15:14), 이스라엘 백성은 출애굽 시에 많은 재물을 가지고 나왔습니다. 하나님께서 모세를 처음 부르실 때, "내가 애굽 사람으로 이 백성에게 은혜를 입히게 할지라 너희가 갈 때에 빈손으로 가지 아니하리니 여인마다 그 이웃 사람과 및 자기 집에 우거하는 자에게 은 패물과 금 패물과 의복을 구하여 너희 자녀를 꾸미라 너희가 애굽 사람의 물품을 취하리라"(출 3:21-22)라고 말씀하셨습니다. 그리고 장자 재앙이 있기 전에 하나님께서는 또다시 모세에게 "백성에게 말하여 남녀로 각기 이웃들에게 은금 패물을 구하게 하라"라고 명령하셨으며(출 11:2), 이 명령대로 이스라엘 백성이 애굽인들에게 은금 패물을 구하자 그들은 순순히 큰 재물을 내어 주었습니다. 출애굽기

12:35-36에서 "이스라엘 자손이 모세의 말대로 하여 애굽 사람에게 은금 패물과 의복을 구하매 여호와께서 애굽 사람으로 백성에게 은혜를 입히게 하사 그들의 구하는 대로 주게 하시므로 그들이 애굽 사람의 물품을 취하였더라"라고 말씀하고 있습니다. 참으로 하나님께서 애굽인들의 마음을 주장하셔서 그들의 눈에 이스라엘 백성이 크고 두려운 존재로 보이게 하심으로, 이스라엘 백성이 그들로부터 큰 은혜를 받도록 하신 것입니다(시 105:38, ^{참고}출 11:3). 이에 이스라엘 지파 중에 약한 자가 하나도 없었습니다(시 105:37).

이스라엘 백성은 애굽 거주 기간에 풀무불 같은 노역에 시달렸으나, 애굽으로부터 그에 대한 보상이나 대가를 하나도 받지 못했습니다. 그러나 하나님께서는 그 모든 것을 계산하셨으며 출애굽 시에 그 이상으로 갚아 주셨습니다(욥 27:16-17, 잠 13:22, 28:8, 전 2:26). 이렇게 이스라엘 백성이 애굽에서 가지고 나온 큰 재물은 광야에서 성막을 건축하는 데 사용되었는데(출 38:24-31), 이는 참으로 하나님의 오묘한 섭리입니다.

2. 모세를 세우심
God raised up Moses

하나님께서는 아브라함과 맺으신 언약대로, 이스라엘을 출애굽시키기 위하여 모세를 지도자로 세우셨습니다. 모세가 지도자로 세움을 받은 과정은 다음과 같습니다.

(1) 요셉을 알지 못하는 새 왕의 학대

출애굽기 1:8에서 "요셉을 알지 못하는 새 왕이 일어나서 애굽을 다스리더니"라고 말씀하고 있습니다(행 7:18). 새 왕은 셈족 계통의 힉소스(Hyksos) 왕조를 무너뜨리고 애굽을 지배하게 된, 신왕국 제18왕조의 세 번째 왕 투트모세 1세(Thutmose I, 주전 1539-1514 재위)를 가리킵니다. 애굽의 신왕국(주전 1550-1070: 480년)은 애굽 역사에서 가장 큰 영토를 차지했고, 당시 세계 최강국이었습니다.[8]

애굽 제18왕조의 수도인 테베(Thebes - 겔 30:14-16에 "노"라고 기록)는 성의 둘레가 무려 38km에 이를 정도로 거대하였으며, 성문도 백여 개나 되었습니다. 군사력도 2만 대의 병거가 있어 고대 근동의 패권을 140년 동안이나 장악할 정도였습니다(헬라 시인 Homer의 시에 기록). 나훔 3:8에는 당시 애굽 수도 테베(노아몬)의 웅장함에 대하여, 나일강이 둘러 있어서 '바다가 성루가 되었고 바다가 성벽이 되었다'고 기록하고 있습니다. 여기 "바다"(יָם, 얌)는 나일강을 가리키며, 애굽의 수도 테베가 나일강에 둘러싸여 다른 나라들의 침공이 불가능할 정도로 매우 강성했음을 나타냅니다.

투트모세 1세는 국고성 비돔과 라암셋을 건축하면서 이스라엘 백성을 동원하여 극심한 고역에 시달리게 했습니다(출 1:11-14). 그러나 이스라엘이 "학대를 받을수록 더욱 번식하고 창성"(출 1:12)하므로, 애굽 왕은 "이스라엘 자손의 역사를 엄하게 하여 고역으로 그들의 생활을 괴롭게" 하였는데, "흙 이기기와 벽돌 굽기와 농사의 여러 가지 일"을 시켰습니다(출 1:13-14). 급기야는 "십브라"와 "부아"라는 히브리 산파에게, 히브리 여인에게서 남자 아이가 태어나거든 다 죽이라고 명령하였습니다(출 1:15-16). 그러나 산파들이 하나님을 두려워하여 애굽 왕의 명을 어기고 남자 아이들을 살렸고, 하나님께서 '하나님을 경외한' 산파들에게 은혜를 베푸시어 그들의 집이 왕성해졌습니다(출 1:17-21). 이에 애굽 왕은 모든 신민(臣民)에게 "남자가 나거든 너희는 그를 하수에 던지고 여자여든 살리라"라고 명령하였습니다(출 1:22).

(2) 모세의 출생과 성장

이러한 때에 모세가 레위 족속인 '아므람'과 '요게벳' 사이에서 태어났습니다(출 6:16, 18, 20). 모세의 부모는 모세를 석 달 동안 숨겨서 키웠는데(출 2:1-2), 더 이상 숨길 수 없게 되자 갈상자에 역청과 나무진을 칠하고 아이를 거기에 담아 하숫가 갈대 사이에 두었습니다(출 2:3). 이때 마침 목욕하러 온 바로의 딸 하쳅수트 (Hatshepsut, 투트모세 1세의 딸)가 그 상자를 발견하고, 모세를 왕궁으로 데려가 키웠던 것입니다(출 2:5-10, 행 7:21).

하나님의 섭리 가운데 모세의 친어머니 요게벳이 유모가 되어 모세를 기를 수 있었는데, 요게벳은 모세를 신앙으로 양육하여 히브리인으로서의 민족 의식을 심어 주었습니다(출 2:7-10). 그리고 모세는 바로의 공주의 아들로서 당시 세계 최강국에서 최고의 학술을 배웠습니다(행 7:22). 모세는 히브리 민족을 애굽의 노예 생활에서 해방하려는 뜻을 품게 됩니다. 그가 장성하여 40세가 되자 그 형제 이스라엘 자손을 돌아볼 생각이 나서 자기 형제들에게 나가 그 고역함을 보았습니다(출 2:11ᵃ, 행 7:23-24ᵃ). 그때 어떤 애굽 사람이 자기 형제 히브리 사람을 치는 것을 보고 그 애굽 사람을 쳐죽여 모래 속에 감추었습니다(출 2:11ᵇ-12, 행 7:24ᵇ). 모세는 자신의 행동을 통해 "그 형제들이 하나님께서 자기의 손을 빌어 구원하여 주시는 것을 깨달으리라고 생각하였으나"(행 7:25, 참고·히 11:24-26), 오히려 동족에 의해서 밀고를 당했습니다(출 2:13-15ᵃ). 그 후 자신을 죽이려는 바로(투트모세 3세)의 낯을 피해 미디안 광야로 도망가서 40년 동안 연단을 받게 됩니다(출 2:15下, 참고·출 7:7, 행 7:29-30).

(3) 탄식 소리를 들으신 하나님

출애굽기 2:23에서 "여러 해 후에 애굽 왕은 죽었고 이스라엘 자손은 고역으로 인하여 탄식하며 부르짖으니 그 고역으로 인하여 부르짖는 소리가 하나님께 상달한지라"라고 말씀하고 있습니다(출 3:7下, 9上). 이스라엘은 애굽의 무서운 감시와 학대 속에서 인간 이하의 참을 수 없는 굴욕을 당하면서, 억울해도 말 한마디 못하는 종의 설움을 톡톡히 겪었으며, 뼈가 부숴지는 듯한 고역으로 인하여 하나님께 부르짖기 시작하였던 것입니다.

출애굽기 2:24에서 "하나님이 그 고통 소리를 들으시고 아브라함과 이삭과 야곱에게 세운 그 언약을 기억하사"라고 말씀하고 있습니다. 이처럼 출애굽의 역사는 하나님께서 이스라엘 백성의 부르짖는 기도를 들으시고 그 언약을 기억하심으로 시작된 것입니다.

이스라엘이 출애굽 할 그때는 모세를 죽이려 했던 포악한 왕 투트모세 3세가 죽고(출 2:23), 아멘호텝 2세(Amenhotep Ⅱ, 주전 1450-1446 재위)가 새로운 왕이 된 시기였습니다. 이렇게 하나님께서는 출애굽을 위하여 모세를 부르실 정치적인 환경을 만드셨습니다.

(4) 이스라엘 백성을 권념하신 하나님

고통과 절망 중에 부르짖는 탄식 소리가 하나님께 상달되었고(출 2:23), 마침내 하나님께서는 아브라함과 이삭과 야곱에게 세운 그 언약을 기억하사 이스라엘 자손을 권념하셨습니다(출 2:24-25, ^{참고-}출 3:16, 6:5). "권념"은 한자로 '돌아볼 권(眷), 생각 념(念)'으로, '보살펴 줌, 해결해 줌, 귀여워 함'이라는 뜻입니다. 이것은 '지금까지 잊고 있다가 갑자기 생각하거나, 일시적으로 기억한 것'이 아니라 '잊지 않고 계속해서 생각하셨다'라는 의미입니다.

"권념하셨더라"라는 표현에는, 히브리어로 두 가지 단어가 함께 사용되었습니다. '자세히 보다'라는 뜻을 가진 '라아'(רָאָה)와 '알다'라는 뜻을 가진 '야다'(יָדַע)로, 하나님께서 이스라엘 백성의 고통과 절망을 자세히 보시고 알고 계셨다는 것입니다. 출애굽기 3:7에서도 "여호와께서 가라사대 내가 애굽에 있는 내 백성의 고통을 정녕히 보고(라아) 그들이 그 간역자로 인하여 부르짖음을 듣고 그 우고를 알고(야다)"라고 말씀하고 있습니다. 이는 이스라엘 백성이 출애굽 하기 360년 전, 요셉이 임종할 때 하나님의 언약을 믿고 유언한 그대로입니다(창 50:24). 출애굽은 진실로 식언치 않으시고 언약하신 대로 반드시 이루어 주시는 하나님의 권념의 역사였습니다(민 23:19).

(5) 모세를 부르심(출 3:1-10, 행 7:30-34)

하나님께서는 호렙산에서 모세를 출애굽의 지도자로 부르셨습니다. 모세는 40세에 애굽 사람을 쳐죽이고 바로를 피해 미디안 땅으로 도망갔다가, 미디안 광야에서 40년 세월을 보내고 이제 그의 나이 어느덧 80세가 되었습니다(출 2:15, 7:7, 행 7:23, 29-30). 모세가 양무리를 치면서 호렙산에 이르렀는데(출 3:1), 여호와의 사자가 떨기나무 불꽃 가운데 나타났습니다. 모세가 보니 떨기나무에 불이 붙었으나 떨기나무가 사라지지 아니하였습니다(출 3:2-3).

떨기나무는 세상의 모든 나무 중에 가장 보잘것없는 나무입니다. 그 떨기나무에 불이 붙어 타고 있는 것은, 애굽에서 종살이하는 이스라엘이 당하는 풀무불 같은 고난을 나타냅니다(신 4:20, 왕상 8:51, 렘 11:4). 그 불 속에서도 떨기나무가 타서 없어지지 않는 것은, 이스라엘이 풀무불 같은 시련 속에서도 망하지 않고, 하나님의 절대적인 보호 속에서 보존되어 반드시 해방될 것을 보여 줍니다.

이어서 하나님께서는 모세에게 "이리로 가까이하지 말라 너의 선 곳은 거룩한 땅이니 네 발에서 신을 벗으라"라고 말씀하셨습니다(출 3:5). 이스라엘 백성이 광야 생활 40년을 마치고, 가나안 땅에 도착한 후 큰 성 여리고를 점령하기 위해 여리고에 가까이 왔을 때도, 여호와의 군대장관이 나타나 여호수아에게 동일한 말씀을 하였습니다(수 5:15).

그런데 하나님께서는 왜 모세에게 신을 벗으라고 하셨을까요?

첫째, 그곳에 하나님께서 임재하셨기 때문입니다.

모세가 지금 서 있는 땅이 거룩하다고 하신 이유는, 하나님께서 그곳에 임재하셨기 때문입니다. 하나님께서 임재하신 곳은 성전이요, 하늘의 문입니다(창 28:16-17). 전도서 5:1에서 "너는 하나님의 전에 들어갈 때에 네 발을 삼갈지어다 가까이하여 말씀을 듣는 것이 우매자의 제사 드리는 것보다 나으니"라고 말씀하셨습니다. 하나님은 거룩하신 분이시므로 하나님과 함께하려면 거룩한 자가 되어야 합니다(레 11:44-45). 베드로전서 1:15에서는 "오직 너희를 부르신 거룩한 자처럼 너희도 모든 행실에 거룩한 자가 되라"라고 말씀하고 있습니다.

둘째, 모세 안에 있는 죄를 해결하라고 요구하신 것입니다.

땅을 여기저기 딛고 다니는 사람의 신은 많은 먼지와 때가 묻어 더러워집니다. 사람이 신고 다니는 신은 그 사람의 과거로부터 지금까지 살아온 모든 삶의 상징이기도 합니다. 한마디로 우리가 신고 있는 신은 우리 자신의 인생노정(人生路程)입니다. 따라서 모세가 신고 있던 그 신은, 그가 살면서 매일 생각하고 행동한 모든 더러운 것을 담고 있습니다. 지금 하나님께서는 부르심을 받은 모세에게 "신을 벗으라"라고 하심으로써, 모세가 지금까지 세상을 어떻게 살아왔는가 돌아보게 하신 것입니다.

하나님께서는 우리가 신발을 신고 갔던 모든 길을 다 아시는 분이십니다(시 139:3). 모세가 벗어야 할 신발은 무엇을 의미할까요?

먼저 혈기의 신발입니다. 모세는 혈기로 40세에 애굽 사람을 쳐죽였습니다(행 7:23-24). 혈기(血氣)는 피와 기운이란 뜻이며, 히브리어로는 '라촌'(רָצוֹן)으로(창 49:6), '사람의 의지'를 나타냅니다. 타락한 인간의 피 속에는 나쁜 기운이 흐르고 있어, 사소한 일에도 성질을 내고 미워하고 분노하고 살인하는 것입니다. 하나님의 의지대로 움직여야 하는데 사람의 의지가 앞서면 그것이 곧 혈기가 되는 것입니다.

또 조급함의 신발입니다. 40세에 애굽 사람을 쳐죽일 때 모세는 이스라엘 백성이 하나님께서 자기의 손을 빌어 구원하여 주시는 것을 깨달으리라고 생각하였으나 저희가 깨닫지 못하였습니다(행 7:25). 모세는 40세에 조급하게 행동하였지만, 출애굽이라는 하나님의 때는 모세의 나이 80세에 이루어졌습니다. 조급함은 하나님과의 동행이 아닙니다. 조급한 사람은 어리석은 사람이요(잠 14:29), 궁핍함에 이르는 사람이요(잠 21:5), 미련한 자보다도 못한 사람입니다(잠 29:20). 다윗은 하나님의 마음에 합한 사람이었는데(행 13:22), 그는 조급한 마음을 갖는 사람이 아니라 하나님의 마음을 따라가는 사람이었습니다.

또한 모세에게는 자포자기의 신발이 있었습니다. 그는 40년 동안 양을 치면서 자기 백성의 구원에 대하여 포기하고 말았습니다. 하나님께서 모세를 불렀을 때 "내가 누구관대 바로에게 가며 이스라엘 자손을 애굽에서 인도하여 내리이까"(출 3:11)라고 말했으며, 세 가지 표적에 대한 말씀을 듣고도 "주여 보낼 만한 자를 보내소서"라고 자포자기식의 대답을 하였습니다(출 4:13). 이것은 하나님의 전능하신 능력을 믿지 못하는 불신 때문이었습니다.

모세가 살아온 인생의 발자취에는 육적 감정과 인정주의, 살인, 불신앙의 죄와 허물이 얼룩져 있었습니다(참고-출 2:11-15). 죄인이 살 수 있는 길은, 하나님의 영광과 거룩을 깨닫고 지금까지의 죄악을 철저하게 회개함으로써 하나님의 긍휼을 입는 것입니다(골 3:12, 딤전 1:16).

셋째, 모세가 하나님의 종이 되어야 함을 보여 줍니다.

고대 근동 사회에서 신발은 자유인들만 착용할 수 있었고, 종들은 맨발로 다녀야 했습니다. 그러므로 하나님께서 모세에게 신발을 벗으라고 하신 것은, 이제부터 모세가 철저하게 하나님의 종이 되어야 함을 의미합니다. 종은 주인의 뜻을 거스를 수 없고, 자기의 뜻과 생각대로 행동할 수 없습니다. 종이 되라는 것은 한마디로 자기를 포기하라는 것입니다.

예수님께서도 마태복음 16:24에서 "아무든지 나를 따라오려거든 자기를 부인하고 자기 십자가를 지고 나를 좇을 것이니라"라고 말씀하셨습니다. 자기를 없애는 사람은 자기 생각과 고집과 계획이 없어져야 합니다. 이제부터 모세는 자기 의지를 꺾고, 오직 하나님의 말씀대로만 움직이는 하나님의 종이 되어야 합니다. 그 후에 모세는 하나님께서 명하신 대로 순종할 수 있었습니다(출 7:6, 10, 20).

하나님께서는 모세가 젊어서 기운이 왕성할 때 부르시지 않으시고, 인간적으로 무엇을 기대하기 어려울 정도로 늙은 80세에 부르셨습니다. 그러나 하나님 보시기에는 그때가 하나님의 종으로 쓰시기에 가장 적합한 순간이었습니다. 하나님의 일은, 자기의 힘이나 자기의 열심으로 하는 것이 아니라 '하나님의 열심'으로 해야 하기 때문입니다(롬 10:2-3, 빌 2:13, 골 3:17). 사도 바울이 "내가 하나님의 열심으로 너희를 위하여 열심을 내노니…"(고후 11:2)라고 고백한 것은, 하나님의 뜻을 위한 모든 수고가 결코 자기 의지나 힘으로 한 것이 아니라, 오직 하나님의 은혜 속에서 나온 힘과 열심으로 한 것이었음을 겸손히 고백한 것입니다(고전 15:10).

모세는 이 만남을 통해, 자기 의지대로 살아온 오랜 방랑을 끝내고 하나님의 손에 붙들린 종으로 다시 태어났습니다.

발에서 신발을 벗으라고 말씀하신 하나님께서는 불꽃 가운데서 다시 이르시기를, "나는 네 조상의 하나님이니 아브라함의 하나님, 이삭의 하나님, 야곱의 하나님이니라"(출 3:6)라고 말씀하셨습니다.

여기 모세에게 나타나신 하나님은,

첫째, 조상의 하나님입니다. 모세의 동족인 이스라엘 자손의 조상, 곧 아브라함과 이삭과 야곱의 하나님입니다.

둘째, 언약의 하나님입니다. 출애굽기 2:24-25의 말씀대로, 하나님께서는 "아브라함과 이삭과 야곱에게 세운 그 언약을 기억하사 이스라엘 자손을 권념"하셨습니다(시 105:8-10).

셋째, 영원토록 살아 계시며 역사하시는 산 자의 하나님입니다. 과거나 현재 그리고 미래에도 영원토록 살아 계시어 역사하시는 하나님이시며, 영원무궁하신 절대자이십니다(시 90:2, 102:12, 27, 히 1:12, 13:8). 그러므로 하나님께서는 죽은 자의 하나님이 아니라 산 자의 하나님이십니다(마 22:32, 막 12:26-27, 눅 20:37-38). 그러므로 하나님께는 모든 사람이 살았습니다(눅 20:38).

넷째, 이스라엘의 부르짖음을 듣고 능히 구원하시는 하나님입니다. 출애굽기 3:7에서 "여호와께서 가라사대 내가 애굽에 있는 내 백성의 고통을 정녕히 보고 그들이 그 간역자로 인하여 부르짖음을 듣고 그 우고를 알고"라고 말씀하셨습니다. 여기 "부르짖음"(צְעָקָה, 체아카)은 몸부림치는 탄원이나 고통스러운 절규를 의미합니다. 하나님께서는 극심한 고난 중에 있거나 억압받는 자의 부르짖음을 결코 외면하지 않으시고 반드시 도와 주십니다(욥 34:28, 시 34:17, 잠 14:31, 19:17).

지금 모세를 부르시는 하나님은 창조의 하나님, 섭리의 하나님, 모든 것의 흥망성쇠와 인류의 생사화복을 주권적으로 주장하시는 하나님이십니다(행 17:24-26). 당시 애굽은 세계에서 강력한 국가였지만, 하나님은 그것을 한 순간에 무력화하실 수 있는 권능과 위엄의 하나님이십니다(출 15:3-12).

그래서 모세는 하나님 뵈옵기를 두려워하여 얼굴을 가리웠습니다(출 3:6下). 자기 속에 가득했던 교만과 어리석음과 불신앙을 다 보게 되자, 감히 하나님을 뵙기가 두려워서 자신의 얼굴을 가렸으며, 그는 이제 비로소 죄로 얼룩진 삶을 청산할 수 있게 되었습니다(참고-욥 11:15).

그리고 하나님께서는 모세에게 이스라엘을 인도할 사명을 맡기시기 위해, 그 시기의 임박함을 알리셨습니다. 애굽에 있는 이스라엘의 고통을 정녕히 보고, 간역자로 인하여 탄식하며 부르짖는 소리를 듣고, 그 우고(憂苦: 근심 우, 괴로울 고)를 알고, 저희를 구원하기 위하여 "내가 내려와서" 약속의 땅으로 인도하시겠다고 말씀하셨습니다(출 3:7-8, 참고-행 7:34). 하나님께서는 저 하늘 높은 곳에서 군림하거나 억압하는 분이 아니시고, 낮고 천한 밑바닥 인생들의 한복판에 내려오시고 찾아오시는 분입니다(참고-욥 11:14).

하나님께서 약속하신 땅은 아름답고 광대한 땅, 젖과 꿀이 흐르는 땅, 가나안·헷·아모리·브리스·히위·여부스·기르가스 족속의 땅이었습니다(출 3:8, 신 7:1). 이 언약 성취의 대역사를 위하여, 하나님께서 모세에게 "이제 내가 너를 바로에게 보내어 너로 내 백성 이스라엘 자손을 애굽에서 인도하여 내게 하리라"(출 3:10)라고 하셨고, "시방 내가 너를 애굽으로 보내리라"(행 7:34ㄷ)라고 거룩한 사명을 맡기셨습니다.

모세는 하나님을 뵙고 난 후에 비로소 확고하고 명확한 신앙을 갖게 되었습니다.

(6) "이 산"(시내산)에서 하나님을 섬기리라

모세는 "이제 내가 너를 바로에게 보내어 너로 내 백성 이스라엘 자손을 애굽에서 인도하여 내게 하리라"(출 3:10)라고 하시는 말씀을 듣고도 두려움에 빠져서 "내가 누구관대 바로에게 가며 이스라엘 자손을 애굽에서 인도하여 내리이까"라고 여쭈었습니다(출 3:11). 이때 하나님께서는 모세에게 "내가 정녕 너와 함께 있으리라"라고 약속하셨습니다(출 3:12ᄂ). 애굽이 아무리 강대한 나라일지라도 전능하신 하나님께서 함께하시기 때문에 능히 출애굽 역사를 이룰 수 있다고 말씀하신 것입니다. 그리고 하나님께서는 출애굽기 3:12에서 "... 네가 백성을 애굽에서 인도하여 낸 후에 너희가 이 산에서 하나님을 섬기리니 이것이 내가 너를 보낸 증거니라"라고 말씀하셨습니다.

지금 이스라엘 백성은 시내산에서 340㎞ 이상 떨어진 고센 땅에 살고 있었는데, 200만 명이 넘는 그들을 시내산까지 인도하여 하나님을 섬기게 한다는 것은, 인간의 생각으로는 도저히 불가능해 보였을 것입니다. 그러나 전능하신 하나님께서는 이 일을 반드시 이루실 것이며, 그것이 하나님께서 모세를 보낸 증거가 될 것입니다.

3. 모세가 전해야 할 하나님의 말씀
The Word of God that Moses had to deliver

(1) 하나님의 말씀을 전해야 할 세 부류의 대상들

하나님께서는 말씀을 전해야 할 세 부류의 대상과 그들에게 전할 말씀을 모세에게 알려 주셨습니다.

① '이스라엘 백성'에게 전할 말씀입니다.

모세가 하나님께 "내가 이스라엘 자손에게 가서 이르기를 너희 조상의 하나님이 나를 너희에게 보내셨다 하면 그들이 내게 묻기를 그의 이름이 무엇이냐 하리니 내가 무엇이라고 그들에게 말하리이

까"(출 3:13)라고 여쭈었습니다. 그때 하나님께서는 "나는 스스로 있
는 자니라"라고 하시면서, "너는 이스라엘 자손에게 이같이 이르기
를 스스로 있는 자가 나를 너희에게 보내셨다 하라"(출 3:14)라고 말
씀하셨습니다. 그리고 하나님께서는 모세에게 "나를 너희에게 보내
신 이는 너희 조상의 하나님 곧 아브라함의 하나님, 이삭의 하나님,
야곱의 하나님 여호와라 하라 이는 나의 영원한 이름이요 대대로
기억할 나의 표호니라"(출 3:15)라고 이스라엘 백성에게 전할 것을
명령하셨습니다. 출애굽기 3:14의 "나는 스스로 있는 자"에 해당하
는 히브리어는 '에흐예 아쉐르 에흐예'(אֶהְיֶה אֲשֶׁר אֶהְיֶה)입니다. '에
흐예'는 '현존하다, 활동하다'란 뜻으로 해석할 수도 있으며, 이 동
사의 뜻을 살려 번역하면 '나는 너희를 위하여 현존한다(활동한다)'
라는 의미가 됩니다. 즉 여호와께서는 영존하시는 분이며, 동시에
조상들에게 언약하신 바를 성취하시기 위해 그 백성을 찾아 오셔서
본격적으로 활동하시는 분이라는 뜻입니다. '나의 언약을 기억'하
고, 자기 백성을 비참한 상태에서 벗어나게 하여 반드시 약속의 땅
으로 인도하시겠다는 적극적인 의지를 밝히신 것입니다(출 3:16-17,
참고-출 6:5-8).

② '이스라엘 장로들'에게 전할 말씀입니다.

　하나님께서는 모세에게 이스라엘 장로들을 모으고 그들에게 전
할 말씀을 알려 주셨습니다. 그 내용은 "여호와 너희 조상의 하나님
곧 아브라함과 이삭과 야곱의 하나님이 내게 나타나 이르시되 내가
실로 너희를 권고하여 너희가 애굽에서 당한 일을 보았노라 내가
말하였거니와 내가 너희를 애굽의 고난 중에서 인도하여 내어 젖과
꿀이 흐르는 땅 곧 가나안 족속, 헷 족속, 아모리 족속, 브리스 족속,

히위 족속, 여부스 족속의 땅으로 올라가게 하리라"(출 3:16-17)라는 말씀이었습니다. 반드시 이스라엘을 건져내어 가나안 땅으로 인도 하시겠다는 약속의 말씀을 전하면 "그들이 네 말을 들으리니"(출 3:18上)라고 말씀하셨습니다.

모세는 미디안 광야에서 40년을 보낸 후, 80세가 되어 초라한 행색으로 돌아온 자신이 이스라엘 백성으로부터 멸시를 당할까 봐 두려워했으나(출 4:1), 그 결과는 오히려 사람의 생각과 정반대였습 니다. 실제로 이스라엘 장로들을 만나 하나님의 말씀을 전하자, 그 들이 하나님께서 말씀하신 대로 모세의 말을 믿음으로 잘 청종하였 고, 여호와께 머리 숙여 경배했습니다.

> **출애굽기 4:29-31** "모세와 아론이 가서 이스라엘 자손의 모든 장로를 모으고 ³⁰아론이 여호와께서 모세에게 명하신 모든 말씀을 전하고 백 성 앞에서 이적을 행하니 ³¹백성이 믿으며 여호와께서 이스라엘 자손 을 돌아보시고 그 고난을 감찰하셨다 함을 듣고 머리 숙여 경배하였더 라"

이처럼 하나님께서는 인간의 모든 의지와 생각까지 주장하는 전 능하신 분입니다(참고-느 2:12上, 대하 36:22, 학 1:14, 빌 4:7).

③ '애굽 왕'에게 전할 말씀입니다.

하나님께서는 모세에게 이스라엘 장로들과 함께 애굽 왕에게 가 라고 지시하셨습니다(출 3:18上). 하나님께서 애굽 왕에게 전하라고 하신 말씀은 "히브리 사람의 하나님 여호와께서 우리에게 임하셨 은즉 우리가 우리 하나님 여호와께 희생을 드리려 하오니 사흘 길 쯤 광야로 가기를 허락하소서"(출 3:18)라는 것이었습니다.

모세는 하나님의 말씀을 가지고 바로에게 나아가 그대로 전했습니다. 출애굽기 5:3에서 "히브리인의 하나님이 우리에게 나타나셨은즉 우리가 사흘 길쯤 광야에 가서 우리 하나님 여호와께 희생을 드리려 하오니 가기를 허락하소서"라고 담대히 외쳤습니다. 그러자 무자비한 폭군 바로는 그날 당장 이스라엘 백성의 고역을 더욱 강화하라고, 백성의 간역자들(이스라엘 노예를 직접 통솔했던 애굽 사람들)과 이스라엘 패장들(벽돌 굽는 일을 통솔하기 위해 간역자들이 이스라엘 백성 가운데서 뽑은 사람들)에게 명하였습니다(출 5:4-9, 참고-출 1:11). 바로는 '이스라엘이 게으르기 때문에 소리 질러 여호와께 희생을 드리자'고 요구한다고 하면서, 벽돌에 소용되는 짚을 주지 말고 전과 같이 동일한 수효의 벽돌을 만들게 하라고 명하였습니다(출 5:7-8). 당일에 벽돌의 수효를 채우지 못하자, 바로의 간역자들은 이스라엘 패장들을 때리며 독촉하였습니다(출 5:14). 이에 이스라엘 패장들이 바로에게 가서 호소했으나, 바로는 '너희가 게으르기 때문에 우리가 가서 여호와께 희생을 드리자 하는 것'이라며 벽돌을 여수히(똑같은 숫자로) 바치라고 명했습니다(출 5:15-18).

패장들은 자기들에게 화가 미친 줄 알고 바로에게서 떠나 나올 때에 모세와 아론을 길에서 만나자, "너희가 우리로 바로의 눈과 그 신하의 눈에 미운 물건이 되게 하고 그들의 손에 칼을 주어 우리를 죽이게 하는도다"라고 하며, "여호와는 너희를 감찰하시고 판단하시기를 원하노라"라고 어리석게 증오에 가득 차서 원망했습니다(출 5:19-21).

바로는 이스라엘 백성의 고역을 무겁게 하여 수고롭게 함으로써, 모세와 이스라엘을 이간하였습니다. 그리고 이스라엘이 따라야 할 대상은 여호와가 아니라 최고 권력자인 '자신'이라는 것을 은연 중에 드러냈습니다. 더 나아가, 모세가 했던 약속은 모두 "거짓말"이라고 하면서, 모든 책임을 모세에게 뒤집어씌우고 이스라엘 백성이 모세를 원망하게 했습니다(출 5:9).

(2) 사흘 길쯤 광야로 들어가서 드려야 할 희생 제사

'사흘 길쯤 광야로 들어가서 여호와께 희생을 드려야 한다'는 것이 하나님의 분명한 뜻이었고(출 3:18下), 모세는 그 말씀을 바로에게 전하라는 명령을 받아, 그 내용을 바로에게 반복하여 전했습니다(출 5:3, 8:27).

그러나 바로가 이스라엘 백성 보내기를 완강하게 거부하므로, 하나님께서 애굽 땅에 열 가지 재앙을 내리셨습니다. 그 중 네 번째 파리 재앙에서 바로는 처음으로 이스라엘 백성의 희생 제사를 허락했습니다. 무수한 파리떼가 바로의 궁과 그 신하의 집과 애굽 전국에 이르러 애굽 온 땅이 해를 받게 되자(출 8:20-24), 바로가 모세와 아론을 불러서 "너희는 가서 이 땅에서 너희 하나님께 희생을 드리라"라고 하였습니다(출 8:25). 이스라엘이 하나님을 섬기되 애굽 땅을 떠나지 못하게 하여 자기 이권을 최대한 챙기려는 악한 술책이었습니다. 이에 모세는 "그리함은 불가하니이다 우리가 우리 하나님 여호와께 희생을 드리는 것은 애굽 사람의 미워하는 바이온즉 우리가 만일 애굽 사람의 목전에서 희생을 드리면 그들이 그것을 미워하여 우리를 돌로 치지 아니하리이까"라고 하면서(출 8:26), "사흘 길쯤 광야로 들어가서 우리 하나님 여호와께 희생을 드리되 우리에게 명하시는 대로 하려 하나이다"라고 분명히 말하였습니다(출 8:27). 이때 바로는 그 중 일부만 받아들여, "광야에서 희생을 드릴 것이나 너무 멀리는 가지 말라"라고 명했습니다(출 8:28).

애굽인들은 생축들을 형상화하여 자기들의 신으로 삼고 신성시했던 관계로(출 32:4, 8, 레 17:7, 신 4:17, 시 106:19-20), 목축업을 가증히 여겼습니다(창 46:34). 유목민들은 애굽인의 숭배 대상인 생축들을 길러 제물로 삼거나 잡아먹기 때문이었습니다. 만일 이스라엘 백성이 하나님께 제사를 드리기 위해 그러한 생축들을 희생 제물로 잡아서 가죽을 벗기고 각을 떠서 불태워 바치는 모습을 애굽인이 보게 된다면, 반드시 애굽 내에서 피를 부르는 분쟁이 일어날 것이 분명했습니다. 그래서 모세는 애굽에서 불의의 사고가 일어날 것을 크게 염려하여, 그것을 미연에 방지하기 위해서는 광야로 3일 길쯤 나가서 여호와께 희생을 드려야 한다고 바로에게 말한 것입니다. 아마도 바로는 모세가 애굽의 입장을 배려하여, 이스라엘이 희생 제사 드리는 것이 별것 아닌 간단한 요구이니 허락해 달라는 것으로 느꼈을 것입니다. 그러나 그 말씀 속에는 이스라엘의 완벽한 출애굽을 위한, 그 누구도 생각해 내지 못할 하나님의 엄청난 전략이 숨어 있었습니다. 전에 모세와 이스라엘 장로들에게 전했던 그 메시지에 선명히 드러나 있듯이(출 3:15-22), 하나님의 목적은 이스라엘 백성을 애굽의 속박으로부터 영원히 탈출시켜, 젖과 꿀이 흐르는 약속의 땅 가나안으로 인도하여 들이는 것이었습니다(출 3:10, 16-17).

모세가 하나님께서 받으실 온전한 희생 제사를 위해 바로 왕에게 제시한 두 가지 조건은 오늘날 우리가 가져야 할 참된 예배 자세를 교훈해 줍니다.

① 제사를 드릴 곳은 '애굽'이 아닌 '광야'입니다.
광야는 사람이 사는 땅의 끝을 지나 사람이 살 수 없는 곳을 말

합니다. 광야는 하나님의 절대적인 도움이 아니고는 잠시도 살 수 없는 곳입니다. 그래서 신명기 32:10에서 "여호와께서 그를 황무지에서 짐승의 부르짖는 광야에서 만나시고 호위하시며 보호하시며 자기 눈동자같이 지키셨도다"라고 말씀하고 있습니다. 출애굽한 이스라엘 백성에게 하나님의 구름기둥과 불기둥이 처음으로 나타난 곳은 광야 끝 에담이었습니다. 에담은 숙곳 다음에 두 번째로 진 친 곳으로, 그곳을 "광야 끝"이라고 기록하고 있습니다(출 13:20, 민 33:6). "광야 끝"이란, 광야가 시작되는 곳이자 사람이 사는 땅의 끝인 경계선을 뜻합니다. 이스라엘은 거기서부터 구름기둥과 불기둥을 통해 하나님의 철저한 보호를 받았던 것입니다(출 13:21-22).

바로는 지금도 똑같이 우리에게, '광야로 나가지 말고 이 땅에서 제사를 드리라'고 유혹합니다(출 8:25). 그러나 하나님께 온전한 예배를 드리기 위해서는 우리의 심령이 애굽과 같은 세상에 머무르지 않고 광야로 나가야 합니다(참고-계 11:8). 이 세상 한가운데서 불완전한 사람을 의지하는 것은 신기루를 붙잡는 것같이 허무한 일입니다(사 2:22, 31:3). 스데반은 이스라엘이 광야에 거한 것을 "광야 교회"에 있었다고 말씀했습니다(행 7:38). 하나님의 구름기둥과 불기둥이 함께하는 광야 교회로 나아가면, 값없이 하나님의 절대 보호를 받습니다. 하나님께서는 그의 이름을 앙망하며 예배드리는 자에게 영원한 도움이 되시고, 구름기둥과 불기둥으로 안전하게 인도하시며, 자기에게 피하는 모든 인생을 절대 보호하시고 그 날개 그늘로 피난처가 되어 주십니다(시 17:7-8, 40:17, 63:7-8, 91:1-4, 121:1-8).

② 제사 드릴 그곳은 '사흘 길'이 떨어진 광야입니다.

'사흘 길'은 '충분히 떨어진 거리, 완전히 격리된 거리'를 의미합니다. 창세기 30:36에서는 라반의 양떼와 야곱의 양떼가 도저히 교미할 수 없는 거리를 "사흘 길"이라고 하였습니다. 사흘 길은 애굽 군대가 추격해 올지라도 그들에게서 벗어날 수 있는 거리로, 이는 애굽으로부터의 완전한 탈출과 분리를 가능케 하는, 충분하고도 안전한 거리를 뜻합니다.

애굽 왕 바로는 지금도 "너무 멀리는 가지 말라"(출 8:28)라고 우리를 유혹하며 발목을 잡습니다. 그러나 거룩한 하나님께서 받으시는 온전한 희생 제사는, 반드시 세상 생각과 죄악으로부터 철저히 분리된 마음 중심으로 드려야 합니다. 하나님께서 받으시는 예배를 드리려면, 우리 속에 먼저 어둠과의 완전한 분리가 있어야 합니다(시 1:1, 26:4-12, 고후 6:14-18).

4. 애굽 왕 바로 앞에 보여 줄 3중 표적
The three signs to be performed before Pharaoh king of Egypt

주전 1876년 야곱의 70가족이 애굽으로 이주한 후(출 1:1-5), 430년 동안 하나님의 축복으로 이스라엘은 애굽이 견제할 만큼 거대한 공동체가 되었습니다(출 1:7), 이스라엘에게 위기를 느낀 애굽은 이스라엘을 핍박하기 시작하였습니다(출 1:8-11). 이때 이스라엘은 탄식하며 부르짖어 하나님의 도움을 구하였고(출 2:23), 하나님께서는 아브라함과 하신 언약을 기억하셨습니다(출 2:24, 시 105:8-10, 42, 눅 1:72-73). 하나님께서는 이스라엘의 구원 계획을 이루기 위해, 하나님을 대행할 중보자로 모세를 선택하여 훈련하셨습니다. 모세는 애굽 왕실에서 40년 동안 애굽 사람의 학술을 다 배웠으며(행 7:22-23ㄴ), 미디안 광야에서 40년간 장인 이드로의 양을 치면서 인내와 겸손을 몸에 익혔습니다(참고-행7:29-30). 마침내 모세 80세에 하나님의 구원의 때가 이르자, 하나님께서는 호렙 산 떨기나무 가운데 강림하시어(출 3:1-4) 모세에게 '너의 선 곳, 거룩한 곳에서 신을 벗으라'라고 명령하시고 그를 중보자로 세우셨습니다(출 3:5-10). 그럼에도 모세는 스스로 자질이 부족하다는 이유를 내세우며 주저하였습니다(출 3:11). 이에 하나님께서는 하나님 자신을 명확히 밝혀 주셨고(출 3:14), 또한 모세와 동행하실 것과(출 3:12), 적극적인 후원(출 3:18-22)을 약속해 주셨습니다. 그럼에도 모세는 거듭 소명을 거부하였습니다. 출애굽기 4:1에 "그러나 그들이 나를 믿지 아니하며 내 말을 듣지 아니하고 이르기를 여호와께서 네게 나타나지 아니하셨다 하리이다"라고 말했습니다. 이에 하나님께서는 모세를 애굽으로 보내어 바로 앞에 세우시기 위해, 모세의 손으로 두 가지 이적을 행케 하시고, 세 번째 이적도 모세의 손에 준비시켜 주셨습니다(출 4:1-9, 21).

하나님께서 먼저 보이신 두 가지 이적을 보고도, 모세는 "나는 본래 말에 능치 못한 자라 ... 나는 입이 뻣뻣하고 혀가 둔한 자니이다"라고 하면서 자신의 무능함을 호소했습니다(출 4:10). 이때 하나님께서는 "내가 네 입과 함께 있어서 할 말을 가르치리라"라고 용기를 북돋우어 주셨지만(출 4:12), 여전히 모세는 "주여 보낼 만한 자를 보내소서"라고 하면서 주저하였습니다(출 4:13). 하나님께서는 모세를 향하여 노를 발하시고 "그(아론)가 너를 대신하여 백성에게 말할 것이니 그는 네 입을 대신할 것이요 너는 그에게 하나님같이 되리라"라고 말씀하신 후, '지팡이를 손에 잡고 그것으로 이적을 행하라'고 말씀하셨습니다(출 4:14-17).

이에 모세는 장인 이드로에게 애굽으로 가겠다고 말하였고(출 4:18), 하나님께서는 미디안에서 모세에게 "애굽으로 돌아가라 네 생명을 찾던 자가 다 죽었느니라"라고 말씀하셨습니다(출 4:19). 그리고 여호와께서는 모세의 손에 주신 세 가지 이적을 바로 앞에서 다 행하라고 명하셨습니다(출 4:21).

이 이적들은 모세가 하나님께서 보낸 사자임을 입증해 주는 표징이요, 그들에게 전하는 모세의 말이 하나님의 말씀이라는 표징이며, 모세가 하는 이적은 곧 하나님이 행하시는 이적임을 보여 주는 표징이었습니다.

첫째, 모세가 지팡이를 던졌더니 뱀이 되었다가, 그 꼬리를 잡았더니 다시 지팡이가 되었습니다(출 4:2-4).

생명이 없는 마른 나무가 생명 있는 동물 즉 뱀이 되었다는 것은 참으로 놀라운 하나님의 이적입니다. 이는 하나님께서 모세에게 소명을 주실 때, 얼마나 엄청난 능력을 부여하셨는지를 깨닫게 합니다. 또한 모세에게 뱀의 꼬리를 잡으라고 명령하심으로써, 소명을 받은 자에게 죄악과 담대하게 맞설 수 있는 용기를 심어 주셨습니다. 일반적으로 뱀에게 물리지 않으려면 그것의 목을 눌러야 합니다. 그러나 모세가 하나님의 말씀에 순종하여 뱀의 꼬리를 잡았을 때 뱀은 지팡이로 변하고 말았습니다. 아무리 애굽의 세력이 뱀같이 강하여 승리가 불가능해 보여도(참고-계 12:9), 하나님의 말씀에 순종하기만 하면 능히 대적을 이길 수 있음을 보여 주신 것입니다. 여기 뱀은 히브리어 '나하쉬'(נָחָשׁ)인데, 창세기 3:14-15의 '여자의 후손' 약속에 나오는 뱀과 같은 단어를 사용하고 있습니다.

둘째, 모세가 손을 품에 넣었더니 손에 문둥병이 발하여 눈같
이 희어졌습니다. 다시 그 손을 품에 넣었더니 원래대로
회복되었습니다(출 4:6-7).

문둥병은 심판과 저주의 상징입니다(레 13:45-46, 민 12:10-11, 15, 왕
하 5:20-27, 15:5). 이는 하나님께서 보낸 자 모세를 거부하는 자에게
치명적인 저주가 임할 것을 보여 줍니다. 또한 모세의 손에 문둥병
이 발한 것은, 애굽의 압제 하에서 이스라엘 백성이 당하는 저주스
러운 삶을 나타냅니다. 그러나 모세의 품에서 그의 손이 회복된 것
은, 이스라엘이 모세를 통해 애굽의 저주스러운 압제에서 반드시
해방된다는 메시지였습니다. 불치병인 문둥병을 순식간에 깨끗하
게 치유하시는 하나님의 놀라우신 능력으로, 이스라엘이 반드시 출
애굽 할 것을 보여 주셨습니다.

셋째, 하수를 조금 취하여 육지에 붓자, 그 물이 육지에서 피가
되었습니다(출 4:9).

출애굽기 4:9에서 "그들이 이 두 이적을 믿지 아니하며 네 말을
듣지 아니하거든 너는 하수를 조금 취하여다가 육지에 부으라 네
가 취한 하수가 육지에서 피가 되리라"라고 말씀하셨습니다. 애굽
인에게 있어서 나일강은 풍요와 다산 등 축복의 근원이므로, 신격
화되어 숭배의 대상이었습니다. 그런 나일강이 피로 변하는 재앙
이 임한 것은, 피조물을 숭배하는 애굽의 우상교에 대한 경고이자
죽음의 심판이었습니다. 당시 애굽 사람들에게 신성시되었던 나일
강이 피로 변한 것은, 애굽과 애굽 신들의 멸망을 의미합니다(참고-
출 12:12, 민 33:4, 렘 46:25). 이 세 번째 표적은 앞의 두 개의 표적처럼
모세가 바로 앞에서 행하지는 않았지만, 바로가 강퍅하여 모세와

아론의 말을 듣지 않으므로 10대 재앙 가운데 첫 번째 재앙으로 실현되었습니다(출 7:13-25).

하나님께서는 인간적 두려움에 매여 계속 주저하는 모세를 끝까지 설득하시고 능력을 주시어, 마침내 하나님의 일을 하도록 인도하셨습니다. 참으로 하나님의 오래 참으심과 배려에 고개가 숙여집니다. 우리는 자신의 무능과 약함만을 바라보지 말고 전능하신 하나님만을 바라보면서, 그의 말씀과 인도하심에 늘 순종하기를 힘써야 할 것입니다.

5. 애굽 왕 바로 앞에 이스라엘 민족의 해방을 선포
The proclamation of Israelites' emancipation before Pharaoh king of Egypt

"이스라엘은 내 아들 내 장자라"(출 4:22下)
"Israel is My son, My firstborn"(Exod 4:22[b])

모세는 언약의 하나님, 반드시 언약하신 대로 성취하시는 하나님 그분 속에서 이스라엘 자손을 향한 자비와 긍휼과 놀라운 아가페 사랑이 무한히 솟구치고 있음을 보았습니다. 말할 수 없이 큰 이 언약적 사랑의 힘에 사로잡혀, 연약한 모세 자신도 마침내 생명을 걸고 당시 세계 최강국 애굽의 왕 바로에게 담대히 나아갈 수 있었습니다.

마침내 하나님께서 모세를 애굽 왕 바로 앞에 세우시고, 이스라엘 백성이 이제 더 이상 애굽의 노예가 아니라, 하나님의 아들이요 하나님의 장자라고 선포하게 하셨습니다.

출애굽기 4:22-23 "너는 바로에게 이르기를 여호와의 말씀에 이스라엘은 내 아들 내 장자라 ²³내가 네게 이르기를 내 아들을 놓아서 나를 섬기게 하라 하여도 네가 놓기를 거절하니 내가 네 아들 네 장자를 죽이리라 하셨다 하라 하시니라"

(1) 이스라엘을 "내 아들"이라고 말씀하셨습니다.

이스라엘은 하나님의 '아들'이므로, 하나님께서는 이스라엘에게 '아버지'가 되십니다. 신구약성경 66권 중에 하나님께서 친히 선택하시고 자기를 섬길 자로 정하여 직접 "내 아들"이라는 영예로운 칭호를 사용하신 대상은, 역사상 이스라엘 백성이 처음입니다(출 4:22-23). 호세아 11:1에서 "이스라엘의 어렸을 때에 내가 사랑하여 내 아들을 애굽에서 불러내었거늘"이라고 말씀하고 있습니다. 이후로 성경에서는 자주 하나님을 '아버지'라고 말씀하고 있습니다(^참^{고-}신 32:18, 시 89:26).

"그는 너를 얻으신 너의 아버지가 아니시냐"(신 32:6)
"너는 내 아들이라 오늘날 내가 너를 낳았도다"(시 2:7)
"영존하시는 아버지라"(사 9:6)
"여호와여 주는 우리 아버지시니이다"(사 63:16, 64:8)
"내가 아비일진대 나를 공경함이 어디 있느냐"(말 1:6)
"우리는 한 아버지를 가지지 아니하였느냐"(말 2:10)

하나님께서는 이스라엘을 친아들로 부르신 것입니다. 신명기 1:31에서 "광야에서도 너희가 당하였거니와 사람이 자기 아들을 안음같이 너희 하나님 여호와께서 너희의 행로 중에 너희를 안으사

이곳까지 이르게 하셨느니라"라고 말씀하고 있습니다. 마치 부모가 자식을 불쌍히 여김같이 이스라엘을 불쌍히 여기시며(시 103:13), 그들을 징벌하시기도 하지만, 끝까지 자비와 긍휼을 베푸시고(삼하 7:14-15), 아비가 자식을 사랑과 채찍으로 훈련시키듯 이스라엘을 사랑과 공의로 훈련하셨습니다(시 89:30-35).

예수님께서도 하나님 아버지와의 부자(父子) 관계에 대해 말씀하시면서, 하나님을 그냥 아버지(πατέρα, 파테라)가 아니라 "내 아버지"(πατέρα μου, 파테라 무), 곧 "너희 아버지"(πατέρα ὑμῶν, 파테라 휘몬)라고 선언하셨습니다. 요한복음 20:17 하반절에 "너는 내 형제들에게 가서 이르되 내가 내 아버지 곧 너희 아버지, 내 하나님 곧 너희 하나님께로 올라간다 하라"라고 말씀하셨습니다. 예수님께서는 하나님과의 특별하고 영원한 관계 속에서, 예수님을 영접하는 자 곧 그 이름을 믿는 자가 된 그의 제자들에게도 하나님의 자녀가 되는 권세를 주셨다고 말씀하셨습니다(요 1:12).

(2) 이스라엘을 "내 장자"라고 말씀하셨습니다.

하나님께서는 '아들'이라는 명칭만으로는 부족해서 "내 아들 내 장자"라고 하셨습니다. 출애굽기 4:22의 히브리어 원문에는 '베니 베코리 이스라엘'(בְּנִי בְכֹרִי יִשְׂרָאֵל)이라고 하여, '아들'과 '장자' 두 단어를 연달아 사용함으로써 이스라엘이 얼마나 존귀한 존재인가를 강조하였습니다. 원문의 느낌을 살려 번역하면 '이스라엘은 나의 아들이며, 심지어 나의 장자이다'입니다.

장자(長子)의 사전적 의미는 '처음에 태어난 맏아들, 태의 첫 열매, 기력의 시작'입니다(창 49:3, 신 21:17, 시 78:51, 105:36). 구약에서 장자는 법적으로 그 특권이 많았습니다. 장자는 아버지로부터 축복을 받는 특권(창 27:1-4, 35-37)이 있고, 다른 자손들보다 기업 상속을 두 배나 받게 되며(신 21:17), 아버지의 기뻐하는 자식으로서 특별한 긍휼과 깊은 사랑을 받았습니다(시 89:27-37, 렘 31:20, 호 11:1). 또한 맏아들이라고 할 때는 아버지의 전 재산을 물려받는 자요, 후사(後嗣)의 축복이 보장됩니다(창 49:3, 25, ^{참고}대상 5:1-2).

하나님께서는 언약의 자손 이스라엘 외에는 장자로 인정하지 않으십니다(출 19:5-6, ^{참고}암 3:2上). 하나님께서 모세를 통해 바로에게 이스라엘을 단지 '내 아들'(בְּנִי, 베니)이라고만 하시지 않고 '내 장자'(בְּכֹרִי, 베코리)라고 선포하신 것은 어떤 의미가 있을까요?

먼저, 애굽 왕들이 자신을 가리켜 바로(파라오) 곧 '태양신의 아들'이라고 부른 것을 응징하는 표현이며, 다음으로 국가로서는 처음으로 하나님과 언약을 맺은 이스라엘이 세계에서 으뜸가는 나라라고 선언하신 것입니다. 마지막으로, 이스라엘이 받은 축복의 특권을 의미합니다. 그것은 곧 하나님을 섬기는 특권입니다(출 4:22-23).

이처럼 이스라엘을 향하여 '장자'라고 불러 주신 호칭 속에는 언약의 본질이 잘 나타나 있습니다.

시편 89:27 "내가 또 저로 장자를 삼고 세계 열왕의 으뜸이 되게 하며"

하나님께서 이스라엘에게 이토록 엄청난 자격을 아낌없이 주셨는데, 그것은 그들이 가진 자질이나 외적인 조건 때문이 아니었습니다. 오직 "그 언약 곧 천대에 명하신 말씀"을 영원히 기억하셨기 때문이요, "그 거룩한 말씀과 그 종 아브라함"을 기억하셨기 때문입니다(시 105:8, 42). "네 열조에게 맹세하신 언약을 잊지 아니하

시리라"(신 4:31下), "네 열조를 사랑하신 고로 그 후손 너를 택하시
고"(신 4:37)라고 말씀하고 있습니다.

그래서 하나님께서는 언약 백성 이스라엘에게 약속하시기를, 하
나님의 말씀에 순종하고 언약을 잘 지키면 세계 열국으로부터 "이
큰 나라 사람은 과연 지혜와 지식이 있는 백성이로다"라고 하는 칭
찬과 명성을 얻게 된다고 말씀하셨습니다(신 4:6). 이것은 하나님
께서 "아브라함과 이삭과 야곱에게 세운 그 언약을 기억하사"(출
2:24), 이스라엘을 지상 만민 중에 자기 기업의 백성으로 특별히 선
택하시고 그들을 사랑하시고 기뻐하시며 열방의 지도자로 삼으시
겠다는 약속이며(신 7:6, 14:2), 이스라엘을 세계 모든 열방보다 높이
세우고 뛰어나게 하시겠다는 약속입니다(신 28:1).

6. 길의 숙소에서 모세를 죽이려 하신 이유

The reason that the Lord sought to put Moses to death at the lodging
place on the way

출애굽기 4:24 "여호와께서 길의 숙소에서 모세를 만나사 그를 죽이
려 하시는지라"

하나님께서는 출애굽의 대역사를 앞두고, 하나님께 큰 사명을 받
고 미디안에서 애굽으로 향하던 모세를 갑자기 죽이려 하셨는데,
그것은 참으로 이해하기 힘든 사건이었습니다. 여호와께서 길의 숙
소, 곧 광야 여행자들이 임시 머무는 휴식처에서 모세를 만나사 죽
이려 하신 것입니다. 출애굽기 4:24의 "만나사"는 히브리어 '파가
쉬'(פָּגַשׁ)로, '거칠게 접촉하다'라는 뜻인데, 이는 친밀한 만남이 아
니라 대적과의 갑작스러운 만남 같은 적대적인 만남을 뜻합니다(잠

17:12, 호 13:8). 하나님께서 그때 모세를 찾아오신 것은 그를 심판하시기 위해서였습니다. 다급해진 십보라는 그것이 하나님의 언약을 무시한 결과임을 알아채고, 즉시 차돌을 취하여 아들의 양피(포피)를 베어 할례를 행하였습니다. 표준새번역은 "부싯돌 칼을 가지고 제 아들의 포피를 잘라서 모세의 발에 대고"라고 번역합니다. 여기의 '모세의 발'(רֶגֶל, 레겔)은 '성기의 완곡한 표현'이며, 강신택 박사는 이것을 좀 더 확대하여 십보라가 모세의 할례까지 행한 것으로 해석하였습니다.[9]

십보라가 아들의 할례를 시행한 후에 모세를 가리켜 "피 남편"이라 부른 것은, 그녀가 그 아들의 양피를 베어 피를 흘림으로써 모세의 생명을 구했기 때문입니다. 출애굽기 4:26 하반절에는 "그때에 십보라가 피 남편이라 함은 할례(할례들: 강신택 박사의 히브리어 대역성경)를 인함이었더라"라고 말씀하고 있습니다. 공동번역에서는 이를 "할례를 베풀어 피 흘려 얻은 신랑"이라고 번역하였습니다. 십보라의 적극적인 행동 후에 여호와께서 모세를 놓아주셨습니다(출 4:24-26).

그렇다면, 하나님께서 친히 모세를 부르시어 애굽에서 고통 당하는 이스라엘을 출애굽 시키는 크고 막중한 사명의 지도자로 세우시고, 그것을 위해 보내시는 길목에서 갑자기 그의 생명을 위협하시면서 그의 아들에게 할례를 행하게 하신 이유는 무엇입니까?

(1) 모세는 이스라엘 민족을 출애굽 시키는 지도자로서, 그 자신이 먼저 반드시 언약을 지켜야 했기 때문입니다.

할례(割禮: 남자의 성기 끝 살가죽을 조금 베어내는 일)는 거룩하신 하나님과 그 백성 사이에 영원한 언약 관계를 실증하는, 언약의 표징이었습니다(창 17:11, ^{참고}행 7:8^上). 하나님께서는 가나안 땅을 영원한 기업으로 주겠다고 약속하신 후, 할례를 명하시면서 "내 언약이 너희 살에 있어 영원한 언약이 되려니와"라고 말씀하셨습니다(창 17:8, 13). 언약 백성 중 남자는 반드시 할례를 받아야만 하고, 할례받지 아니한 자는 언약을 배반한 자로 여겨져서 그 백성 중에서 끊어지는 저주를 받게 됩니다(창 17:10, 14).

그런데 하나님의 언약대로 하나님의 백성을 구하러 가는 중차대한 구원 역사를 앞두고, 모세는 정작 자기 아들에게는 할례를 행하지 않고 있었던 것입니다(출 4:25-26). 언약 성취의 중대한 사명을 어깨에 메고 애굽으로 가면서 정작 자신이 언약을 지키지 않은 것은, 하나님의 언약을 무시하고 경홀히 여긴 죄가 됩니다. 참으로 하나님의 영원한 언약을 준수하는 일은, 생명이나 사명보다 중요하고 가장 우선시 되어야 한다는 진리를 일깨워 줍니다.

(2) 하나님께서는 택함 받은 자의 성결(聖潔: 거룩하고 깨끗함)을 생명보다 귀중하게 여기시기 때문입니다.

할례는 날카로운 차돌로 남자의 양피를 베어 잘라내는 의식인데, '내가 거룩하니 너희도 거룩하라'(레 11:44-45, 19:2)라고 하신 말씀대로, 자기 백성을 하나님의 거룩에 동참시키는 성별의 표시였습니다. 할례를 통해 사망의 피를 빼내고 나면, 하나님의 사랑과 은혜에 화답할 수 있는 진정한 언약 백성이 됩니다(^{참고}신 10:16, 30:6, 렘 4:4). 그러므로 모세는 거룩한 할례를 통해 자기 아들을 언약 백성으로 '성별'하여야 했습니다.

역사적으로도 할례는 언제나 중대한 일을 앞두고 특별히 시행되었습니다. 출애굽 직전 유월절 규례를 지키기 전(출 12:43-51)에 실시되었습니다. "할례를 받은 후에야" 유월절을 지키라고 하신 말씀이 이것을 뒷받침합니다(출 12:48-50). 또 요단강을 건넌 후, 가나안 땅 정복 전에도 실시되었습니다(수 5:2-9).

모세 역시 출애굽이라는 중대한 사명을 온전히 감당하기 위해, 먼저 자기 가족을 하나님의 말씀(언약)대로 철저하게 성별하였어야 했습니다(참고-딤전 3:4-5, 12, 5:8). 결국 모세는 자신의 생명을 잃을 뻔했던 이 섬뜩한 사건을 통해, 자신이 택함 받은 지도자이지만 하나님의 언약을 기억하고 온전히 성결케 되는 것이 최우선으로 중요하다는 사실을 비로소 깨달았을 것입니다.

이 모든 사건을 통해 모세는, 출애굽 역사가 단순한 민족 해방을 넘어 하나님의 거룩한 언약을 실현하는 중차대한 일이라는 사실을 더욱 철저히 자각하게 되었을 것입니다.

실로 지금까지 살펴본 출애굽의 모든 준비 과정들은, 아브라함에게 약속하신 횃불 언약을 성취하시려고, 하나님께서 처음부터 끝까지 섭리하고 인도하신 결과였음을 보여 줍니다. 참으로 출애굽 대역사의 준비는 하나님의 절대 주권 속에 이루어진 구속사의 서곡이었습니다.

제 3 장

10대 재앙
The Ten Plagues

I
10대 재앙 개론
INTRODUCTION TO THE TEN PLAGUES

신구약 66권 중에서 하나님의 살아 계심을 가장 통쾌하고도 분명하게 드러낸 곳은, 애굽에 내린 10대 재앙(출 7:14-12:36)과 출애굽 사건(출 12:37-13:22)입니다. 하나님께서는 출애굽 전에 10대 재앙을 통해서, 하나님을 믿는 백성을 짓밟고 괴롭히는 이 세상 신들이 얼마나 허무하고 비참하게 망하는가를 만천하에 공포하셨습니다.

10대 재앙은 엄연한 역사적 사실임에도 불구하고 신학자들 가운데는 신화나 설화로 보는 자들이 있고, 또 자연현상에 의한 재앙으로 생각하는 자도 더러 있으며, 첫 번부터 아홉 번째까지의 재앙은 자연현상이고 마지막 열 번째만 하나님의 역사라고 주장하는 신학자도 있습니다.[10]

만일 10대 재앙이 자연현상이었다면, 아홉 번의 모든 재앙이 마지막 재앙을 향하여 연속적으로 그리고 점진적으로 진행될 수는 없습니다. 연속적으로 계속된 열 가지 재앙은 모두 하나님의 절대적인 권능으로 행해진 하나님의 이적이요, 하나님의 표징이었습니다(출 7:3).

성경에는 그 재앙의 원인과 목적과 대상, 그리고 재앙들이 일어난 시기까지 매우 자세히 기록되어 있습니다. 본 서에는 유구한 역사 속에 세계 최초로, 10대 재앙의 시작과 진행과 마침을 그 날짜를 따라 체계적으로 정리하였습니다. 하나님께서는 자기 백성을 위하여 영원한 언약을 기억하사(출 2:24-25, 6:5, 시 105:8-10, 눅 1:72), 하나님께서 정하신 시간에 애굽을 징치하시고 마침내 이스라엘을 출애굽 시키셨던 것입니다.

재앙이란, '천재지변이나 뜻하지 않은 사고 등으로 인한 매우 고통스럽고 불행한 일, 하나님께서 내리시는 치명적인 재난(창 12:17, 19:19, 민 8:19, 삿 2:15)'을 뜻합니다. 성경에서는 원인 없이 내리는 재앙은 없습니다. 재앙을 당하는 것은 반드시 그렇게 되도록 만든 결정적인 죄가 있기 마련인 것입니다(욥 4:7, 5:6). 여러 가지 재앙이 혹독하게 내릴 때 "재앙이 탄식보다 중함"(욥 23:2)이라고 표현하기도 하였고, 하나님을 경외하고 그 말씀에 순종하는 자는 재앙을 만나지 않고 평안한 삶을 살게 된다고 하였습니다(시 91:9-10, 잠 1:33, 19:23). 성경에서 10대 재앙에 관하여 말씀할 때 '재앙'에 해당하는 히브리어는 매우 다양하게 나타나는데, 세 가지로 간추려 보면 다음과 같습니다.

① '쉐페트'(שֶׁפֶט) / 재판, 심판
이 단어는 '심판하다, 처벌하다'라는 뜻의 '솨파트'(שָׁפַט)에서 유래되었는데, 10대 재앙을 말씀할 때 가장 많이 쓰였습니다(출 6:6, 7:4, 12:12, 민 33:4 '벌'). 구약성경에서 이 단어는 항상 복수형인 '쉐파팀'(שְׁפָטִים)으로 쓰였으며, 대부분 하나님께서 내리시는 '형벌'을 가

리킵니다. 출애굽기 6:6을 보면, 하나님께서 "편 팔과 큰 재앙"으로 이스라엘 백성을 구원하셨다고 말씀하고 있습니다. 재앙이 단순한 천재지변과 같은 자연적 재난이 아니라, 하나님의 공의로 시행되는 심판이라는 의미입니다.

② '막게파'(מַגֵּפָה)와 '막카'(מַכָּה) / 타격, 역병, 재난, 살육
  '막게파'와 '막카'는 '내리치다, 때리다'라는 뜻을 가진 '나가프'(נָגַף)에서 유래하였습니다. 출애굽기 9:14에 "내가 이번에는 모든 재앙(막게파)을 네 마음과 네 신하와 네 백성에게 내려 너로 온 천하에 나와 같은 자가 없음을 알게 하리라"라고 말씀하고 있습니다. '막게파'는, 하나님의 거듭된 경고에도 불구하고 그릇된 길을 가는 자에게 주어지는, 하나님의 내리치시는 심판을 의미합니다(민 14:37). '막카'는 폭풍이나 질병(특별히 형벌로서)을 의미했습니다(레 26:21, 민 11:33, 신 28:59-61, 29:21). 사무엘상 4:8에서 "우리에게 화로다 누가 우리를 이 능한 신들의 손에서 건지리요 그들은 광야에서 여러 가지 재앙으로 애굽인을 친 신들이니라"라고 말씀할 때 쓰였습니다.

③ '네가'(נֶגַע)와 '네게프'(נֶגֶף) / 타격, 침, 역병, 재앙, 가해
  이 단어는 앞에서 살펴본 '나가프'와 유사한 '나가'(נָגַע)에서 유래하였습니다. 출애굽기 11:1에 "내가 이제 한 가지 재앙을 바로와 애굽에 내린 후에야 그가 너희를 여기서 보낼지라"라고 말씀할 때 쓰였습니다. '네게프'는 주로 하나님의 징벌로 인한 재앙(역병)을 가리키는 데 쓰였습니다(출 30:12, 민 8:19, 16:46-47, 수 22:17). 출애굽기 12:13에서 "내가 애굽 땅을 칠 때에 그 피가 너희의 거하는 집에 있

어서 너희를 위하여 표적이 될지라 내가 피를 볼 때에 너희를 넘어가리니 재앙(네게프)이 너희에게 내려 멸하지 아니하리라"라고 말씀하고 있습니다.

이러한 단어들은 마치 잘못한 사람을 매로 다스려 잘못을 바로잡는 것처럼, 하나님께서 하나님의 백성을 학대한 애굽을 매로 때리고 심판하시는 모습을 나타내고 있습니다. 애굽에 내린 재앙들은 사실상 애굽의 신들에게 내린 징벌이었으며(출 12:12, 민 33:4), 그 결과는 "여호와는 모든 신보다 크시므로 이스라엘에게 교만히 행하는 그들을 이기셨도다"(출 18:11)라는 말씀 그대로입니다. 하나님의 재앙에 대해 애굽의 술객들이 잠시 맞서는 듯했지만, 하나님의 능력의 지팡이에 모두 삼킴을 당하고(출 7:11-12, 22, 8:7, 18), 그들의 입술로 그 모든 재앙이 하나님의 권능의 역사임을 인정하였으며(출 8:19), 마침내 독종에 걸린 술객들은 모세 앞에 서지 못했습니다(출 9:11).

1. 10대 재앙의 표징과 이적
The signs and wonders of the ten plagues

성경에서는 하나님께서 애굽에서 행하신 10가지 재앙을 특별히 '나의 표징'과 '나의 이적'이라는 말로 설명하고 있습니다.

(1) 표징과 이적의 역할
① 분명한 메시지를 전할 수 있는 가시적인 표

창세기 1장에서 넷째 날 두 광명인 해와 달의 창조로 인하여 발생하는 "징조"(창 1:14), 가인이 만나는 누구에게든지 죽임을 면케 되는

"표"(창 4:15), 이스라엘 12지파를 구분하는 각각의 "기호"(민 2:2) 등
은 어떤 분명한 메시지를 전달하는 역할을 하였습니다. 시편 74:4에
"주의 대적이 주의 회중에서 훤화하며 자기 기를 세워 표적을 삼았
으니"라고 말씀하고 있습니다. 여기에서 "자기 기"라는 단어와 "표
적"이라는 단어는 둘 다 히브리어 '오트'(אוֹת)를 사용하고 있습니다.
이는 표징이 마치 깃발처럼 사람들에게 어떤 분명한 메시지를 전달
함을 알려 줍니다.

② 약속의 보증과 기념물
  '인간을 다시는 물로 심판하지 않겠다'는 하나님의 약속의 표징
인 "무지개"(창 9:8-17), 여리고 기생 라합 집의 창에 매단 구원의 진
실한 표인 "붉은 줄"(수 2:18-21), 요단강 가운데서 가져와 길갈에 세
워 둔 "열두 돌"(수 4:4-7, 20) 등은 약속의 보증이나 기념물의 역할
을 하였습니다. 하나님께서는 나약하고 무능한 모세의 손에 "하나
님의 지팡이"(출 4:20)를 들려 주어, '하나님께서 그와 함께하신다'
는 확증과 '하나님께서 기사와 이적을 일으키실 것이라'는 약속의
보증물이 되게 하셨습니다(출 4:1-9). 하나님의 백성은 이러한 표징
들을 통해서 하나님께서 약속하신 것이 반드시 이루어진다는 확신
을 갖게 되었으며, 그것들을 기념물 삼아 하나님의 약속을 후대에
전할 수 있었습니다.

③ 예언의 확실함을 보여 주는 징조들
  표징은 하나님의 예언이 확실하게 성취됨을 보여 주는 징조로
사용되기도 하였습니다. 예를 들어, 하나님의 사람이 예언한 대로
제사장 엘리의 두 아들(홉니, 비느하스)이 한 날에 죽은 일(삼상 2:34,

4:11, 17), 사무엘 선지자의 예언대로 사울에게 여호와의 신이 크게 임하여 예언한 일(삼상 10:6-13), 장차 처녀가 잉태하여 아들을 낳을 일(사 7:10-14), 애굽과 구스에 대한 예표가 되기 위해 아모스의 아들 이사야 선지자가 3년간 벗은 몸과 벗은 발로 행한 일(사 20:2-3), 이스라엘의 멸망을 알려 주는 에스겔 선지자의 강력한 행동 예언들(겔 4:1-3, 12:1-20, 24:24, 27) 등이 이러한 역할을 하였습니다.

하나님께서는 이러한 표징들을 통하여, 선포하신 예언들이 반드시 성취된다는 것을 확실하게 보여 주셨습니다.

④ 하나님의 역사

표적이 복수형으로 '이적'(מוֹפֵת, 모페트)과 함께 사용될 때, 그 사건들은 하나님의 역사, 또는 하나님께서 자기 백성 중에 임재하시는 증거가 되었습니다. '이적'(מוֹפֵת, 모페트)은 과학적으로 설명될 수 없는 신기한 능력이나 기적(miracle), 일상생활에서는 찾아보기 어려운 경이로운 현상, 한 번도 경험해 보지 못한 현상 등을 말합니다. 예수님께서 중풍병자를 고치시는 것을 보고 사람들이 "우리가 이런 일을 도무지 보지 못하였다"(막 2:12)라고 하며 놀랐는데, 공동번역에서는 병행 본문인 누가복음 5:26을 "우리는 오늘 참으로 신기한 일을 보았다"라고 번역하고 있습니다. 초대교회 사도들이 손으로 민간에 행한 표적과 기사를 가리킬 때도 '모페트'에 해당하는 헬라어 '테라스'(τέρας)가 사용되었습니다(행 2:43, 5:12).

특히, 출애굽 할 때 일어난 하나님의 기적적인 역사는, 구약성경 전반에 걸쳐 비길 데 없는 표적과 기사로서 자주 언급되었습니다(신 4:34, 6:22, 7:19, 13:1-2, 26:8, 28:46, 34:11-12, 느 9:10, 시 78:43, 105:27, 135:9, 렘 32:20-21). 신명기 7:19에서 "네 하나님 여호와께서 너를 인

도하여 내실 때에 네가 목도한 큰 시험과 이적(אות, 오트)과 기사
(מופת, 모페트)와 강한 손과 편 팔을 기억하라 그와 같이 네 하나님
여호와께서 네가 두려워하는 모든 민족에게 행하실 것이요"라고 말
씀하고 있으며, 예레미야 32:21에서 "주께서 징조(אות, 오트)와 기사
(מופת, 모페트)와 강한 손과 드신 팔과 큰 두려움으로 주의 백성 이
스라엘을 애굽 땅에서 인도하여 내시고"라고 말씀하고 있습니다.

우리는 여러 표징들을 통해, 구속사가 그 처음부터 마지막까지
전능하신 하나님의 주권적인 역사임을 확실하게 알 수 있습니다.

(2) 10대 재앙의 표징과 이적의 두 가지 의미

출애굽기 7:3 "내가 바로의 마음을 강퍅케 하고 나의 표징과 나의 이
적을 애굽 땅에 많이 행하리라마는"

여기에는 크게 두 가지의 뜻이 담겨 있습니다.

첫째, 표징과 이적을 일으키신 주체는 사람이 아니라 하나님
       자신임을 나타냅니다.

"나의 표징과 나의 이적"이라는 표현은, 애굽에서 이루어진 그
모든 재앙들이 전적으로 하나님의 의지와 능력으로 이루어진 행사
이며, 모세와 아론은 그 일을 이루기 위해 사용된 도구에 불과할 뿐
이라는 것을 분명히 밝히신 것입니다. 하나님께서는 제1, 제2, 제3
재앙에서 아론을 보내어 바로 앞에 서게 하여 재앙을 일으키셨고
(출 7:19-20, 8:6, 17), 제4재앙부터 제9재앙까지는 모세를 보내어 바
로 앞에 서게 하여 재앙을 일으키셨습니다(출 8:20, 9:1, 10, 13, 23,
10:1, 13, 21-22). 마지막 제10재앙은 하나님께서 직접 애굽에 내려오

셔서 일으키셨습니다(출 11:4, 12:27). 표면적으로는 모세와 아론이 드러나 보였을지라도, 모든 재앙은 하나님의 표징이요 하나님의 이적입니다. 그 이유는, 모세와 아론의 손에 '하나님의 지팡이'가 들려 있었기 때문입니다(출 4:20, 17:9).

특별히 모세가 바로 앞에서 당장 그 지팡이로 어떤 기사 이적을 행하는 것이 아니었음에도 불구하고, 하나님께서는 모세에게 바로에게 나아갈 때 반드시 '그 뱀 되었던 지팡이'를 잡고 가라고 지시하셨습니다. 출애굽기 7:15에 "아침에 너는 바로에게로 가라 그가 물로 나오리니 너는 하숫가에 서서 그를 맞으며 그 뱀 되었던 지팡이를 손에 잡고"라고 명령하셨습니다. 바로 앞에 '그 뱀 되었던 지팡이'를 손에 잡고 가도록 하신 것은, 하나님의 권위를 가지고 오직 하나님의 능력을 힘입어서 행하라는 뜻이었습니다. '그 뱀 되었던 지팡이'는 바로에게는 하나님의 심판을 알리고, 모세에게는 모든 표징과 이적이 하나님의 능력과 권세로 되는 것임을 일깨우는 도구가 되었습니다.

둘째, **열 가지 재앙 모두 하나님의 방법으로 행해질 것을 나타냅니다.**

하나님께서는 세상 사람이 보기에 아주 약한 것과 미련해 보이는 방법을 통해 매우 강력한 효과를 나타내셨습니다(참고-시 8:2, 고전 1:18).

당시 세계 최강국이었던 애굽의 왕 앞에서 권능을 행하실 때, 하나님의 권능의 방편은, '지팡이' 곧 80세 된 모세의 몸이 의지하는 막대기뿐이었습니다. 이같이 하나님께서는 사람들이 평소 하찮게 생각하거나 무시했던 미물, 가장 약한 것들을 아주 효과적인 재앙의 도구로 사용하셨습니다. 미세한 먼지로 생긴 작은 '이'(출 8:16-19), 작은 '파리'(출 8:20-32), 눈에 보이지 않는 바이러스 '악질'(출 9:1-7), 풀무의 재 두 움큼으로 발생한 '독종'(출 9:8-12), 작은 '메뚜기'(출 10:1-20)입니다. 조그마한 미물들로 인한 재앙 때문에, 지위 고하를 막론하고 애굽 땅에 있는 모든 사람들은 숨이 막힐 정도로 고통을 받았습니다.

하나님께서는 가장 약하고 시시하게 보이는 것으로, 가장 큰 강대국 애굽의 왕과 백성을 무기력하게 만드시고 어마어마한 하나님의 권능과 위력을 애굽 온 땅에 나타내셨습니다. 이 기막힌 지혜는 오직 하나님께만 가능한 것입니다. 하나님의 표징과 하나님의 이적은, 사람의 생각이나 사람의 방법으로 도무지 상상할 수도 없고 이룰 수도 없는 일들입니다.

참으로 하나님께서는 지극히 미천한 것으로 세상 왕의 강력한 세력까지도 꺾으시고 세상을 다스리는 분이십니다. 하나님께서는 강하고 큰 것만을 쓰시지 않고, 작고 볼품없는 것들을 택하여 위대한 역사를 만들어 가십니다. 하나님의 손에 온전히 붙잡히면 누구든지 무엇이든지 위대한 구속 역사의 도구로 사용될 수 있습니다. 우리의 마음을 낮추고 전심으로 하나님만을 향하면, 우리도 하나님의 큰 권능의 도구가 됩니다(대하 16:9). 능력의 근원은 우리 자신이 아니라 오직 하나님이시기 때문입니다(고후 4:7, 참고-창 18:14, 렘 32:17, 27, 눅 1:37).

2. 10대 재앙의 전조(前兆)와 성격
The prelude to the ten plagues and their characteristics

(1) 10대 재앙의 전조(前兆)
- 지팡이가 뱀이 되는 기적

하나님께서는 10대 재앙을 내리시기 직전에 아론의 지팡이가 뱀이 되는 이적을 보이셨는데, 이것은 곧 시작될 10대 재앙의 분명한 전조였습니다. 하나님께서는 모세와 아론으로 하여금 바로 앞에 가서 이적을 행하게 하셨습니다(출 7:8-9). 아론이 바로와 그 신하 앞에 지팡이를 던졌더니 뱀이 되었습니다(출 7:10). 이 뱀은 히브리어로 '탄닌'(תַּנִּין, 용, 바다 괴물, 뱀)입니다. 이때 바로가 부른 박사와 박수들도 술법을 행하여 지팡이를 던지자 뱀이 되었습니다(출 7:11-12). 이 뱀은 히브리어 '탄닌'의 복수형인 '탄니님'(תַּנִּינִם)으로, '뱀들'을 의미합니다. 그런데 아론의 지팡이가 변해서 된 한 마리의 뱀이, 애굽 박사와 박수들의 지팡이가 변해서 된 여러 뱀들을 삼켜 버렸습니다(출 7:12). 그 뱀은 큰 코브라(cobra)와 같은 독사로, 뱀들을 삼킨 것입니다. 출애굽기 7:12에서 "삼키니라"는 히브리어 '발라'(בָּלַע)로, 홍해가 애굽 군대를 삼킬 때에 사용되었습니다(출 15:12). 또한 훗날 하나님께서 고라 일당을 심판하실 때 땅이 입을 벌려서 그들을 삼켜 버린 사건에도 사용되고 있습니다(민 16:30, 32, 34, 26:10, 신 11:6, 시 106:17).

하나님께서는 10대 재앙 직전에 뱀이 지팡이가 되는 이적을 통해, 10대 재앙으로 모세와 아론이 반드시 바로와의 싸움에서 승리하고 애굽은 심판을 받을 것이며, 바로와 그 군대가 홍해에 삼키우게 될 것을 미리 알려 주신 것입니다.

(2) 10대 재앙의 성격
- 자연현상이 아닌 하나님의 절대 주권적 능력

애굽에 내린 열 가지 재앙은 절대로 자연적인 현상들이 아니라 하나님의 절대 주권적 능력에 의한 것이었습니다. 그 증거는 다음과 같습니다.

첫째, 재앙의 강도가 자연현상으로는 불가능한 것이었습니다.

첫 번째 재앙에서 애굽 온 땅의 물이 다 피로 바뀌었습니다(출 7:19).

두 번째 재앙에서 개구리가 애굽 온 지경에 덮였습니다(출 8:2-6).

세 번째 재앙에서 애굽 온 땅의 티끌이 다 이가 되었습니다(출 8:17).

네 번째 재앙에서 파리 떼가 애굽 전국에 이르러 해를 끼쳤습니다(출 8:24).

다섯 번째 재앙에서 애굽 땅 들에 있던 모든 생축이 악질로 죽었습니다(출 9:6).

여섯 번째 재앙에서 애굽 온 땅의 사람과 짐승에게 독종이 발하였습니다(출 9:9-11).

일곱 번째 재앙에서 애굽 전국에 개국 이래로 없던 우박이 불덩이와 함께 내렸습니다(출 9:23-24).

여덟 번째 재앙에서 동풍이 온 낮과 온 밤에 불어 아침에 미쳐 메뚜기를 불어 들였고, 마침내 메뚜기가 애굽 온 땅을 덮었습니다(출 10:13-15).

아홉 번째 재앙에서 캄캄한 흑암이 3일 동안 애굽 온 땅에 있었습니다(출 10:22).

열 번째 재앙에서 애굽의 처음 난 것은, 바로의 장자로부터 맷돌 뒤에 있는 여종의 장자, 옥에 갇힌 사람의 장자까지와 생축의 처음 난 것까지 모두 죽었습니다(출 11:5, 12:29-30).

둘째, 재앙들이 미리 예고한 대로 쏟아졌습니다.

네 번째 재앙인 파리 재앙(출 8:23), 다섯 번째 재앙인 악질 재앙(출 9:5), 일곱 번째 재앙인 우박 재앙(출 9:18), 여덟 번째 재앙인 메뚜기 재앙(출 10:4)은 하루 전에 예고되었습니다. 또한 개구리 재앙이 사라질 때(출 8:9-10)와 파리 재앙이 사라질 때(출 8:29), 그리고 우박 재앙이 사라질 때(출 9:29)도 미리 예고되었습니다. 오늘날의 첨단 과학 기술로도 갑작스런 자연 재해의 정확한 예측이 불가능한데 그 당시에는 더욱 그러했을 것입니다. 그러므로 정확한 재해의 예고와 예고한 대로 재앙이 쏟아진 것은, 그것이 하나님의 전능하신 능력에 의해 일어난 일임을 알려 줍니다.

셋째, 이스라엘 백성이 거하는 고센 땅만 구별되었습니다.

자연현상에 의한 재해라면 전체 지역 가운데 특정한 한 지역만 빼놓고 일어날 수가 없습니다. 그런데 10대 재앙은 이스라엘 백성이 거주하는 고센 땅에만 임하지 않았습니다. 파리 재앙 때에 "그 날에 내가 내 백성의 거하는 고센 땅을 구별하여 그곳에는 파리떼가 없게 하리니"라고 말씀하고 있습니다(출 8:22). 악질 재앙 때에도 "여호와가 이스라엘의 생축과 애굽의 생축을 구별하리니 이스라엘 자손에 속한 것은 하나도 죽지 아니하리라 하셨다 하라"라고 말씀하고 있습니다(출 9:4). 우박 재앙 때에도 "이스라엘 자손의 거한 고센 땅에는 우박이 없었더라"라고 말씀하고 있습니다(출 9:26). 흑암 재앙 때에도 "이스라엘 자손의 거하는 곳에는 광명이 있었더라"라고 말씀하고 있습니다(출 10:23). 이것은 10대 재앙이 단순히 자연현상이 아니라 하나님의 전능하신 능력의 결과라는 것을 가르쳐 줍니다.

넷째, 재앙의 강도가 점진적이었습니다.

재앙이 점진적으로 진행되었다는 것은 다음 몇 가지 사실을 통해서 확증됩니다.

① 첫 번째 피 재앙과 두 번째 개구리 재앙은 애굽의 술객들이 흉내를 내었습니다(출 7:22, 8:7). 그러나 세 번째 이 재앙부터는 애굽의 술객들이 흉내를 내지 못했습니다(출 8:18).

② 다섯 번째 악질 재앙부터 '매우 심한(무거운)'이란 뜻을 가진 히브리어 표현 '카베드 메오드'(כָּבֵד מְאֹד)가 사용되었습니다(출 9:3). 이 단어는 일곱 번째 우박 재앙(출 9:18, 24), 여덟 번째 메뚜기 재앙에서도 사용되었습니다(출 10:14).

③ 여섯 번째 독종 재앙부터는 술객들이 더 이상 모세 앞에 설 수 없었습니다. 출애굽기 9:11에서 "술객도 독종으로 인하여 모세 앞에 서지 못하니"라고 말씀하고 있습니다.

④ 다섯 번째 재앙까지는 하나님께서 바로의 마음을 강퍅케 하셨다는 말씀이 없고, 바로의 마음이 스스로 강퍅게 되었다는 말씀만 있습니다(출 7:22, 8:15, 19, 32, 9:7). 여섯 번째 재앙 때 처음으로 "여호와께서 바로의 마음을 강퍅케 하셨으므로"라는 말씀이 등장하고 있습니다(출 9:12).

⑤ 첫 번째부터 아홉 번째 재앙까지는 사람을 직접 죽이지는 않으셨습니다. 그러나 마지막 열 번째 재앙에서는 애굽의 모든 장자

들을 다 죽이셨습니다(출 12:29).

다섯째, 재앙이 진행됨에 따라 바로의 반응도 점진적으로 바뀌었습니다.

① 첫 번째 피 재앙에서는 바로가 모세와 아론의 말을 듣지 않고 돌이켜 궁으로 들어가고 그 일에도 관념하지 아니하였습니다(출 7:22-23).

② 두 번째 개구리 재앙에서 바로는 모세와 아론을 불러, "여호와께 구하여 개구리를 나와 내 백성에게서 떠나게 하라 내가 이 백성을 보내리니 그들이 여호와께 희생을 드릴 것이니라"라고 말했습니다(출 8:8). 바로는 처음으로 여호와께로부터 재앙이 왔다는 것을 인정하였고, 이스라엘 백성을 보낼 테니 여호와께 희생을 드리라고 처음으로 허락하였습니다.

③ 네 번째 파리 재앙 때에 바로는 이스라엘 백성이 하나님께 희생 드리는 것을 허락하면서 "이 땅에서" 드리라는 조건을 제시하였고(출 8:25), 나중에는 "너무 멀리는 가지 말라 그런즉 너희는 나를 위하여 기도하라"라고 기도를 요청하였습니다(출 8:28).

④ 일곱 번째 우박 재앙 때에 바로는 "내가 범죄하였노라 여호와는 의로우시고 나와 나의 백성은 악하도다 여호와께 구하여 이 뇌성과 우박을 그만 그치게 하라 내가 너희를 보내리니 너희가 다시는 머물지 아니하리라"라고 고백하였습니다(출 9:27-28).

⑤ 여덟 번째 메뚜기 재앙 때에 바로는 "너희 남정만 가서 여호와를 섬기라"라고 말하였습니다(출 10:11).

⑥ 아홉 번째 흑암 재앙 때에 바로는 "너희 양과 소는 머물러두고 너희 어린것은 너희와 함께" 하나님을 섬기러 가라고 말하였습

니다(출 10:24).

⑦ 마침내 열 번째 장자 재앙 때에 바로는 "너희의 말대로 가서 여호와를 섬기며 너희의 말대로 너희의 양도 소도 몰아가고 나를 위하여 축복하라"라고 말하였습니다(출 12:31-32).

여섯째, 각 재앙은 모세와 아론이 하나님의 말씀대로 순종했을 때, 하나님의 능력이 나타남으로 시작되고 마쳐졌습니다.

① 첫 번째 재앙은 모세와 아론이 여호와의 명하신 대로 행하여 지팡이를 들어 하수를 치는 순간 일어났습니다(출 7:17, 20).

② 두 번째 재앙은 아론이 지팡이를 든 팔을 애굽 물들 위에 펴는 순간 시작되었습니다(출 8:5-6).

③ 세 번째 재앙은 아론이 지팡이를 잡고 손을 들어 땅의 티끌을 치는 순간 일어났습니다(출 8:16-17).

④ 다섯 번째 재앙은 모세를 통해 예고하신 후에 여호와의 손이 생축에게 더하는 순간 일어났습니다(출 9:3).

⑤ 여섯 번째 재앙은 모세가 바로 앞에 서서 풀무의 재를 하늘을 향해 날리는 순간 일어났습니다(출 9:8, 10).

⑥ 일곱 번째 재앙은 모세가 하늘을 향하여 지팡이를 드는 순간 일어났습니다(출 9:22-23).

⑦ 여덟 번째 재앙은 모세가 애굽 땅에 지팡이를 드는 순간, 아홉 번째 재앙도 모세가 하늘을 향하여 손을 드는 순간 일어났습니다(출 10:8, 12-13, 21-22).

⑧ 두 번째, 네 번째, 일곱 번째, 여덟 번째의 경우, 재앙이 멈출 때에도 바로의 다급한 요청에 따라 모세가 기도한 후에 멈추었습니다(출 8:8, 12-13, 28-31, 9:27-29, 33, 10:16-19).

이처럼 열 가지 재앙은 자연현상과는 아무 상관없이, 오직 하나님의 주권 속에서 시작되고 진행되고 마쳐졌습니다.

3. 10대 재앙의 목적
The purpose of the ten plagues

하나님께서는 이스라엘이 출애굽 하기 직전에 10대 재앙을 일으키셨고, 이로 인해 바로와 애굽 백성은 이스라엘 백성을 내보내지 않을 수 없었습니다. 애굽 나라에 임한 재앙은 애굽 개국 이래로 가장 참혹하고 맹렬한 것이었습니다. "개국 이래로 그 같은 것이 있지 않던 것"(출 9:18, 24)이었으니, 이것은 인류가 일찍이 보지 못했던 종말 심판(마 24:21, 막 13:19)에 대한 큰 표징이 아닐 수 없습니다. 이 재앙으로 인하여 애굽의 농작물이 완전히 초토화되고 애굽의 가축들은 떼죽음을 당했으며, 애굽의 모든 장자가 죽임을 당했습니다.

하나님께서 이토록 참혹한 10대 재앙을 애굽 땅에 내리신 목적은 무엇입니까?

(1) 애굽 나라의 죄악을 징치하기 위한 것입니다.

"그 섬기는 나라를 내가 징치할지며..."(창 15:14ㄴ)

하나님께서는 주전 2082년 아브라함과 횃불 언약을 체결하시면서, 창세기 15:14에서 "그 섬기는 나라를 내가 징치할지며 그 후에 네 자손이 큰 재물을 이끌고 나오리라"라고 말씀하셨습니다. 여기 "징치할지며"의 징치(懲治: 징계할 징, 다스릴 치)는 '징계하여 다스림'이란 뜻입니다. 히브리어로는 '딘'(דין)으로, '판결하다, 싸우다, 심판하다'라는 뜻입니다. 횃불 언약에서 말씀하신 대로 하나님께서는 애굽 나라를 열 가지 재앙으로 징치하셨고, 그 후에야 애굽은 이스라엘을 내어 보냈으며, 마침내 이스라엘은 큰 재물을 이끌고 출애굽하였습니다(출 3:21-22, 11:2-3, 12:35-36).

　하나님께서 애굽 나라를 열 가지 재앙으로 징치하셨다는 것은, 출애굽을 막는 방해 세력을 제거하는 그 이상으로, 애굽 땅의 죄악이 관영하여 심판이 불가피했음을 나타냅니다(참고-창 6:5-7). 그렇다면 애굽 나라의 구체적인 죄악은 무엇이었습니까?

첫째, 선민 이스라엘을 교활하게 괴롭히고 죽인 죄입니다.

　애굽에서 종살이하고 있던 이스라엘 자손의 생육이 중다하고 번식하고 창성하고 심히 강대하여 온 땅에 가득하게 되었을 때(출 1:7), 애굽 왕 바로(요셉을 알지 못하는 새 왕 - 출 1:8)는 이스라엘 자손이 더 많아지면 전쟁이 일어날 때 그 대적과 합하여 애굽과 싸우고 애굽 땅에서 나갈까 봐 두려워하였습니다(출 1:10下). 이에 바로는 "자, 우리가 그들에게 대하여 지혜롭게 하자"(출 1:10上)라고 하며, 이스라엘에게 무거운 짐을 지워 괴롭게 하고(출 1:11), 역사를 엄하게 하여 고역으로 그들의 생활을 괴롭게 하였습니다(출 1:13-14). 출애굽기 1:10의 "지혜롭게 하자"는 히브리어로 '지혜롭다'라는 뜻의 '하캄'(חָכַם)의 재귀형 '니트학케마'(נִתְחַכְּמָה)이며, '우리가 스스로 지혜롭게 하자'라는 뜻입니다. 이는 '교활하게 다루자'(Let us deal craftily: LXX)는 뜻으로, 바로가 이스라엘 백성을 극도로 미워하는 마음으로 간사하게 괴롭혔음을 말합니다.[11] 시편 105:25에서도 "또 저희 마음을 변하여 그 백성을 미워하게 하시며 그 종들에게 교활히 행하게 하셨도다"라고 말씀하고 있습니다. 여기 "교

활"은 한자로 '교활할 교(狡), 교활할 활(猾)'로, '간사한 꾀가 많다'
라는 뜻입니다. "교활히 행하게 하셨도다"에 쓰인 히브리어 '나
칼'(נָכַל)은 '속이다, 믿을 수 없게 행동하다, 음모를 꾸미다'라는 뜻
입니다. 요셉을 미워한 그의 형들도 그를 죽이려고 꾀하는(יִתְנַכְּלוּ,
이트낙켈루, 나칼의 재귀형) 사악한 계책을 세웠습니다(창 37:18). 말라
기 선지자는, 온전한 제물을 두고도 흠 있는 제물로 바꾸어 속여
드리면서 하나님께 "사기"(간사하게 속임)하면, 반드시 저주를 받는
다고 선포했습니다(말 1:14上).

    예수님께서는 나다나엘이 자기에게 오는 것을 보시고 "보라 이
는 참이스라엘 사람이라 그 속에 간사한 것이 없도다"라고 극찬하
셨습니다(요 1:47, 참고-말 1:14).

    가장 간교한 사단은 에덴 동산에서 아담과 하와를 거짓말로 속
여 타락시켰습니다(창 3:1, 고후 11:3). 오늘도 우리 주변에는 하나님
과 그의 성도를 궤휼로 속이려는 사기꾼들이 틈을 노리고 있습니
다. 그들은 택하신 백성을 미혹하여 범죄케 함으로 하나님과 원수
되게 만듭니다(민 25:18, 마 24:24, 막 13:22). 하나님을 속이는 일은 절
대로 용서와 자비가 있을 수 없고 반드시 공의의 심판이 따르므로,
그 결과 오직 죽음과 멸망만 있을 뿐입니다(행 5:1-11).

    선민 이스라엘 백성에 대한 바로의 교활함은 강도를 더했습니다.

① 엄하고 무자비한 고역으로 괴롭혔습니다.
    바로는 이스라엘 백성을 심하게 학대하고 고역으로 그들의 생활
을 괴롭혔습니다(출 1:10-14).

출애굽기 1:13-14 "이스라엘 자손의 역사를 엄하게 하여 ¹⁴고역으로 그들의 생활을 괴롭게 하니 곧 흙 이기기와 벽돌 굽기와 농사의 여러 가지 일이라 그 시키는 역사가 다 엄하였더라"

"고역"은 출산 억제책의 일환으로 바로에 의해 자행된 것인데, 보통 사람의 체력과 인내로는 견디기 어려운 가혹한 노동을 말합니다. 여기 '괴롭게 하다'에 해당하는 히브리어 '마라르'(מָרַר)는 '쓰다, 통곡하다, 아파 신음하다'라는 뜻으로, 이스라엘 민족이 억압 당하는 처절한 상황을 잘 보여 줍니다. 13-14절에 두 번이나 사용하여 강조하고 있는 히브리어 '페레크'(פֶּרֶךְ)는 '엄함, 혹독함'이란 뜻인데, '완전히 짓이기다, 가루로 만들다'라는 뜻의 갈대아어에서 유래한 말로, 이스라엘이 애굽의 무차별한 노동력 착취로 인해 숨쉬기조차 어려운 극심한 억압 상태에 있었음을 잘 나타냅니다. 국고성 건축에 동원된 이스라엘 백성은 오직 시키는 대로, 쓰러질 때까지 복종해야 하는 비참한 노예였습니다. 조상 대대로 가축 떼를 이끄는 목축업에 종사하던 그들이 강압적으로 "농사의 여러 가지 일"(표준새번역 - "밭일과 같은 온갖 고된 일")을 하는 것은 너무도 견디기 힘든 고통이었습니다. 나일강의 범람으로 인해 수시로 전답(田畓)이 물에 잠기는 데다가, 심지어 수로(水路) 공사까지 해야 했기에 애굽에서의 농사일은 훨씬 고통스러운 중노동이었습니다.

② 히브리 산파를 통해 사내아이들을 몰래 죽이려는 악한 계략으로 괴롭혔습니다.

이스라엘이 극심한 고역에 시달릴수록 더욱 번식하고 창성하자, 바로는 교활하게도 이스라엘 남자 아이들을 죽이려고 악한 계략을 꾀하였습니다. 히브리 산파 '십브라'와 '부아'라 하는 자를 불러 "조산할 때에 살펴서 남자여든 죽이고 여자여든 그는 살게 두라"라고 명령하였습니다(출 1:15-16). 갓 태어난 이스라엘의 사내아이들을 살해하여 민족을 서서히 말살하려는 정책을 펴기 시작한 것입니다. 바로는 이스라엘 백성을 짐승 대하는 것보다 더 잔인하게 취급하였습니다.

그러나 이스라엘 백성은 바로의 교활한 탄압에도 불구하고 계속해서 번성하였습니다. 출애굽기 1:20에서 "백성은 생육이 번성하고 심히 강대하며"라고 말씀하고 있습니다.

시편 105:24 "여호와께서 그 백성을 크게 번성케 하사 그들의 대적보다 강하게 하셨으며"

이는 하나님께서 아브라함과 이삭과 야곱에게 거듭 약속하셨던 말씀대로 그 자손들을 크게 번성케 하신 결과입니다(창 12:2, 13:16, 15:5, 16:10, 22:17, 32:12, 46:3, 48:16).

출애굽기 1:7에서 이스라엘 백성이 기하급수적으로 불어나고 있음을 다섯 번이나 연이어 강조하기를, "중다하고 번식하고 창성하고 심히 강대하여 … 가득하게 되었더라"라고 말씀하고 있습니다. 이 가운데 "중다하고"(פָּרָה, 파라), "창성하고"(רָבָה, 라바), "가득하게 되었더라"(מָלֵא, 말레)는, 히브리어로 하나님께서 남자와 여자에게 최초로 주신 "생육하고 번성하여 땅에 충만하라"라는 축복(창 1:28)과 같은 단어를 사용하고 있습니다. 바로는 이러한 창조 본연의 축복을 막고 하나님을 대적하는 악행을 서슴지 않았던 것입니다.

③ 선민 이스라엘의 남아(男兒) 대학살로 그들을 영구히 노예화하려 했습니다.

히브리 산파를 통해 은밀하게 남아를 죽이고자 했던 계획이 실패하자, 바로는 그 모든 신민에게 "남자가 나거든 너희는 그를 하수에 던지고 여자여든 살리라"(출 1:22)라고 명하여, 이제는 거국적이고 공개적인 차원에서 무자비한 영아 학살을 명하였던 것입니다. 먼 훗날 예수님께서 이 땅에 오셨을 때, 헤롯 왕도 자기 왕권을 유대인의 왕으로 오신 아기 예수에게 빼앗길 것을 두려워하여 베들레헴과 그 모든 지경 안에 있는 두 살 이하의 사내아이들을 죽이는 만행을 저지르게 됩니다(마 2:16-18).

바로의 대학살에 대하여, 사도행전 7:19에서는 "그가 우리 족속에게 궤계를 써서 조상들을 괴롭게 하여 그 어린아이들을 내어 버려 살지 못하게 하려 할새"라고 말씀하고 있습니다. 표준새번역에서는 "이 임금이 우리 겨레에게 교활한 정책을 써서, 우리 조상들을 학대하되, 갓난아기들을 내다 버리게 하여서, 살아남지 못하게 하였습니다"라고 번역하였습니다. 여기 "궤계를 써서"의 헬라어 '카타소피조마이'(κατασοφίζομαι)는 '교활함' 또는 '사기를 통해 이용해 먹다'라는 뜻입니다.[12]

모세의 장인 이드로는 출애굽기 18:11에서 하나님께서 행하신 일을 듣고 "이스라엘에게 교만히 행하는 그들을 이기셨도다"라고 고백하였습니다. "교만히 행하는"(זוד, 주드)은 '끓어오르다, 우쭐대다, 오만하다'라는 뜻으로, 이스라엘 백성을 괴롭히고 말살하려 했던 애굽의 방자함을 지적해 줍니다. 바로의 교활하고 교만한 살인 계획은, 피조물 중 최초의 범법자로서 "… 저는 처음부터 살인한 자요

... 거짓말장이요 거짓의 아비"(요 8:44)라고 정죄 받은 마귀의 행동을 그대로 반영해 주고 있습니다. 일찍이 뱀은 에덴 동산에서 아담과 하와를 거짓말로 꾀어 선악을 알게 하는 나무의 열매를 따먹게 하고 사망 선고를 받게 하였습니다(창 2:17, 3:1-6, 계 12:9).

이러한 심각한 애굽 나라의 죄악 때문에 하나님께서는 애굽에 열 가지 재앙을 내려 벌하셨습니다(출 12:12, 민 33:4). 바로가 끝까지 선민을 내어 보내는 것을 거절하므로, 마침내 하나님께서는 바로의 장자와 애굽 사람들의 장자와 생축의 처음 난 것을 모두 죽이셨습니다(출 12:29-30, 민 8:17, 33:4, 시 78:51, 105:36, 135:8, 136:10).

둘째, 선민 이스라엘을 비인간적으로 학대한 죄입니다.

모세가 장성하여 40세가 되었을 때, 고통 당하는 동족의 근황을 살피기 위해 나가 그들의 고역함을 돌아보는 중에, 어떤 애굽 사람이 어떤 히브리 사람 곧 자기 형제 치는 것을 보았습니다(출 2:11). 그 상황을 스데반 집사는 "한 사람의 원통한 일 당함을 보고 보호하여 압제 받는 자를 위하여..."(행 7:24)라고 하였습니다. "원통(冤痛)"은 '분하고 억울함'이란 뜻이며, 다른 번역본에서는 "원통한 일"을 '억울한 일'(표준새번역), '불의한 일'(바른성경), '부당한 일'(한글킹제임스흠정역) 등으로 번역하였습니다. 또한 여기 '압제 받는'은 헬라어 '카타포네오'($\kappa\alpha\tau\alpha\pi\nu\nu\epsilon\omega$)로, '고역으로 녹초가 되다, 노동으로 기진맥진하다'라는 뜻입니다. 그 히브리 사람은 단순히 애굽 사람에게 구타만 당한 것이 아니라, 고역을 버거워하다가 억울하게 얻어맞고 학대를 받은 것입니다. 히브리인을 친 그 애굽 사람은 일반인이 아니라 히브리인들의 강제 노역을 관리하던 '감독'이었습니다.

하나님께서는 이스라엘 백성이 애굽 관리인들 곧 간역자(看役者)로 인하여 부르짖음을 듣고 그 우고를 아셨습니다(출 3:7). 또 애굽 사람이 그들을 괴롭게 하는 학대를 보셨습니다(출 3:9). 참으로 그것은 이스라엘 백성에게 "애굽 사람의 무거운 짐"이었다고 두 번이나 강조하고 있습니다(출 6:6-7). "무거운 짐"은 히브리어 '세발라'(סְבָלֹה)로, '강요된 노동, 강제적인 봉사'를 가리킵니다.

모세와 아론이 바로에게 '이스라엘을 보내라'라는 메시지를 처음으로 전한 이후, 그 고역은 강도가 더해졌습니다(출 5:1-9). 간역자들은 짚을 주지 않고도 "짚이 있을 때와 같이 당일 일을 당일에 마치라"(출 5:13)라고 다그쳤으며, 그 책임량을 채우지 못하자 이스라엘 자손의 패장(牌將)들을 매로 때리고 학대하였습니다(출 5:6-14, 16). 이스라엘 자손의 패장들은 바로에게 직접 가서 그 부당함과 억울함을 호소하였으나, 조금도 받아들여지지 않았고 책임량도 전혀 줄어들지 않았습니다(출 5:15-19).

원통한 일들을 당해도 말 한마디 못하고 혹독한 고역을 고스란히 견뎌야 했던 이스라엘 백성은 육체적 정신적 한계에 다다랐습니다. 이에 탄식하면서 하나님께 부르짖기 시작했습니다(출 2:23). 출애굽기 6:5의 "신음"은 히브리어 '나아크'(נָאַק)에서 유래한 '네아카'(נְאָקָה)로, '견딜 수 없는 처절한 박해로 인해 지르는 고통 소리'를 의미합니다(출 2:24). 하나님께서는 그들의 신음 소리를 들으시고, 아브라함과 이삭과 야곱에게 세운 그 언약을 기억하시어, 이스라엘 자손을 권념하셨습니다(출 2:23-25). 그리고 하나님께서는 자신을 "여호와"로 계시하시면서, 그들에게 맹세하시고 언약하신 땅 가나안으로 인도하겠다고 말씀하셨습니다(출 6:4-8).

한편, 애굽 사람이 히브리 사람을 채찍으로 칠 때(출 2:11, 5:14, 16) 사용된 동사는 히브리어로 '나카'(נָכָה)이며, '채찍질하다, 때리다' 라는 뜻입니다. 이 단어는 애굽에 열 가지 재앙이 실행될 때 피 재 앙(출 7:17, 20, 25), 이 재앙(출 8:16-17), 우박 재앙(출 9:25 2번, 31-32), 장 자 재앙(출 12:12-13, 29)에서 똑같이 반복해서 사용되었습니다. 하나 님께서는 애굽이 이스라엘 백성을 짐승처럼 무자비하게 수없이 채 찍으로 쳤던(나카) 일을 기억하시고, 열 가지 재앙을 통해 애굽 땅 을 쳐서(나카) 사랑하는 선민의 원수를 그대로 되갚아 주신 것입 니다.

(2) 애굽 신(神)들을 징치하기 위한 것입니다.

10대 재앙의 근본에는, 바로를 포함하여 애굽의 모든 신(神)을 심 판하시는 하나님의 역사가 있었습니다.

> **출애굽기 12:12** "내가 그 밤에 애굽 땅에 두루 다니며 사람과 짐승을 무론하고 애굽 나라 가운데 처음 난 것을 다 치고 애굽의 모든 신에게 벌을 내리리라 나는 여호와로라"
>
> **민수기 33:4** "애굽인은 여호와께서 그들 중에 치신 그 모든 장자를 장사하는 때라 여호와께서 그들의 신들에게도 벌을 주셨더라"

애굽 사람들이 숭배하였던 수많은 신들 가운데 특히 열 가지 재 앙과 관련이 있다고 알려진 신들은 다음과 같습니다.

재 앙	애굽의 신
1. 피	하피(Hapi) - 나일강의 신
2. 개구리	헤크트(Heqt) - 풍요의 여신 세베크(Sebek) - 파충류의 보호자
3. 이	겝(Geb) - 땅의 신 / 셉(Seb) - 흙의 신
4. 파리	하트콕(Hatkok) - 곤충의 신
5. 악질	아피스(Apis) - 황소의 신 하도르(Hathor) - 암소의 신
6. 독종	타이폰(Typhon) - 치료의 신 세크메트(Sekhmet) - 치료의 여신 임호텝(Imhotep) - 의술의 신
7. 우박	누트(Nut) - 하늘의 여신 수(Shu) - 대기의 신
8. 메뚜기	세네헴(Senehem) - 수확과 풍요의 신
9. 흑암	레(Re) 혹은 라(Ra) - 태양신
10. 장자	오시리스(Osiris) - 애굽 최고의 신 이시스(Isis) - 신들의 여왕신

① 풍요(豊饒)와 다산(多産)을 위해 섬긴 수많은 신들

봄이 오면 새해의 시작을 축하하면서 다산과 풍요를 기원하는 풍습은 세계 어느 곳에서나 공통된 현상입니다. 땅을 일구어 씨를 뿌리고 작물을 수확하는 농경 사회에는 하늘과 비, 바람, 번개, 조상 등을 향해 다산과 풍요를 기원하는 관습이 생겨나, 어쩔 수 없이 다신교 내지 범신론을 따르는 경향이 생기게 됩니다. 고대 메소포타미아에서는 4천 년 이상이나 되는 긴 역사 속에서 넓은 지역에 걸쳐 다양한 신들이 나타나는데, 적어도 1,500종류의 신들 이름이 나타나고 있습니다. 이 신들은 주로 남신과 여신 혹은 악마 같은 것들

로 구성되며, 계급화되어 높은 신, 낮은 신 등으로 등급이 나눠집니다.[13] 또 남편 신과 아내 신과 자식 신이 있었고, 도시별로 가장 중요하게 여기는 각각의 신을 가지고 있어 그를 위한 신전을 지었습니다.

애굽도 여러 시대에 걸쳐 수많은 신들을 만들어 섬기고 있었습니다(출 12:12, 민 33:4, 렘 43:12-13, 46:25, 겔 30:13). 애굽의 우상 숭배가 최절정을 이룬 때가 출애굽 당시의 신왕국(제18왕조) 시대였습니다. 애굽인들은 고대인 가운데 가장 많은 신들을 섬겼으며, 아직까지도 애굽인의 신들의 수가 얼마인지 알 수 없을 정도입니다. 애굽의 신들을 나열한 목록을 보면 80개 이상으로 사자, 황소, 염소, 늑대, 개, 고양이, 따오기(새), 독수리, 매, 하마, 악어, 코브라(뱀), 개구리, 돌고래 등 각종 짐승들과 각종 물고기, 각종 나무들과 풍뎅이, 메뚜기 같은 곤충까지 신성시했습니다.[14]

② 애굽인들이 신으로 섬긴 일월성신(日月星辰)

농사를 주업으로 하는 고대 애굽에서는 일월성신 등 자연 숭배가 일반적이었습니다. 고대인들에게 하늘의 태양과 달과 별은 신비로운 대상인 동시에 숭배의 대상이었고, 일월성신의 숭배는 홍수나 가뭄의 피해 없이 1년 농사의 풍작을 비는 원시 신앙이었습니다. 고대에는 많은 사람들이 어느 지역에서든 태양신과 달신, 별신을 최고의 신으로 여겨, 주된 숭배 대상으로 섬겼습니다. 고대에 일월성신을 섬기던 우상 숭배와 신앙적 변질과 타락은 후대에도 계속되었으며, 이스라엘에서도 왕이 앞장서서 민족 전체가 일월성신을 숭배하고 그 신을 위하여 단들을 쌓는 악한 짓도 서슴지 않던 때가 있었습니다(왕하 17:16, 21:5, 23:5, 대하 33:3, 5).

태양신

태양은 가나안, 이집트, 앗수르, 바벨론에서 많이 섬겼던 대표적인 우상입니다. 애굽은 '온'(On)이라는 성읍 전체를 태양신 '라'(Ra)를 섬기는 도시로 만들 정도로 태양 숭배에 열심을 보였습니다(참고-창 41:45). 또한 당시 애굽 신왕국의 수도인 테베(Thebes)는 노아몬(뜻-아몬의 도시, 아몬의 소유)으로 불렸는데(나 3:8), 이는 그곳에 태양신 '아몬'(Amon)을 섬기는 거대한 신전이 세워졌기 때문이었습니다. 아몬은 양의 머리를 하고 의자에 앉은 모습을 한 우상으로, 고대 비문들에는 '아몬 레'(Amon-Re)라는 이름으로 기록되어 있습니다.

또 다른 태양신 '호루스'(Horus)는 매의 머리에 사람의 몸을 가지고 있으며, 한 쪽 눈은 '태양', 한 쪽 눈은 '달'인데, 애굽의 모든 왕들은 호루스의 화신(化身)이라고 여겼습니다.

한편, 이러한 이방의 영향으로, 이스라엘도 열왕 시대에 태양신의 말과 수레를 그 신전의 입구에 두는 등 태양 숭배가 성행하였습니다(참고-왕하 23:11).

가나안인과 페니키아인이 섬기던 몰록(몰렉)은, 놋쇠로 만들어진 태양신으로, 황소 머리에 두 팔을 벌린 사람의 모습을 한 우상입니다. 사람들은 그 우상의 팔 가운데 제물로 바칠 어린아이를 올려놓은 후, 밑에 불을 놓아 4-12세의 어린아이를 태워 제사지냈습니다(신 12:31). 하나님께서는 율법을 통해 어린아이를 불태워 제사하는 일을 금했습니다. 그것은 하나님의 이름을 욕되게 하는 것이므로(레 18:21), 그러한 자는 돌로 쳐서 반드시 죽이라고 명령하셨습니다(레 20:2-5). 그럼에도 솔로몬 왕은 몰록(몰렉)을 위하여 산당을 지었

으며(왕상 11:7), 북 이스라엘이 패망한 원인 중 하나는 몰렉 우상에
게 자기 자녀를 바쳐 불 가운데로 지나가게 한 것이었습니다(왕하
17:17). 남 유다의 제12대 왕 아하스(주전 731-715년 - 16년 통치)와 제
14대 왕 므낫세(주전 696-642년 - 55년 통치)도 실제로 자기 자녀들을
몰록(몰렉)에게 제물로 바쳤습니다(왕하 16:3, 21:6). 제16대 왕 요시
야(주전 640-609b년 - 31년 통치)는 종교개혁을 통해 몰록을 제하여
버리고, 유다 열왕이 태양을 위하여 바친 말들을 없애 버리고, 태양
수레를 불태워 버렸습니다(왕하 23:10-11). 그러나 남 유다가 멸망하
기 직전에 이러한 현상이 다시 나타나, 자기 자녀를 몰렉에게 제물
로 바쳐 불살라 죽이는 일이 많았습니다(렘 7:31, 32:35).

> **에스겔 16:20-21** "또 네가 나를 위하여 낳은 네 자녀를 가져 그들에
> 게 드려 제물을 삼아 불살랐느니라 ...[21]나의 자녀들을 죽여 우상에게
> 붙여 불 가운데로 지나가게 하였느냐"

달신

애굽 사람들은 하늘의 달과 별자리, 그리고 특정한 별을 신으로
섬겼는데, 성경에는 하늘의 일월성신을 가리켜 "하늘의 군대"라고
부르기도 하였습니다(행 7:42-43). 달신은 태양신과 별신과 함께 '천
체의 삼신'을 이루는데, 그 중심인 달(月)은 왕권을 상징했습니다.
고대 메소포타미아인들은 달이 '별들의 군대'를 거느리고 인간의
운명에 관한 신탁을 내리며, 정의를 판결하는 역할을 한다고 생각
했습니다.

인류 최초의 문명이 발상한 메소포타미아에는 남신과 여신이 있
었는데, 남신(男神)은 태양신이고 여신(女神)은 달신이었습니다. 고
대 근동 사람들은 여신이 더 매혹적이고 모성애를 가지며 남신을

뒤에서 조종한다고 생각하여, 여신인 달신을 더 가까이하여 섬겼습니다. 그들이 최초로 만든 여신은 아름다움과 성(性)과 다산의 신인 '이난나'입니다.

애굽에서도 수소는 농사하는 법을 발명한 오시리스(Osiris)를 상징했습니다. 암소는 월신(月神) 이시스(Isis)를 상징하는 동물로서, 땅과 농사와 땅에서 나는 소출을 관장한다고 믿었습니다. 바로의 꿈에 암소가 등장했는데, 요셉의 꿈 해석대로 암소를 통해 땅의 소출에 관한 사실을 말해 주고 있었습니다. 살진 암소는 풍년을, 흉하고 파리한 다른 암소는 흉년을 암시했습니다(창 41:1-4, 26-27).

별신

이스라엘 백성은 애굽을 비롯한 여러 이방의 영향을 받아 하늘에 있는 해와 달과 별을 신으로 섬겼습니다(신 4:19, 습 1:5).

열왕기하 23:5 "옛적에 유다 왕들이 세워서 유다 모든 고을과 예루살렘 사면 산당에서 분향하며 우상을 섬기게 한 제사장들을 폐하며 또 바알과 해와 달과 열두 궁성과 하늘의 모든 별에게 분향하는 자들을 폐하고"

여기 "열두 궁성"에 해당하는 히브리어 '맛잘로트'(מַזָּלוֹת)는, '흐르다'(사 44:3)라는 뜻의 히브리어 '나잘'(נָזַל)에서 유래하여 태양 주위를 도는 열두 별자리들을 가리킵니다. 이는 황도(ecliptic, 천구상의 태양 궤도) 전체를 30도씩 12등분하여 각각에 대해 별자리의 이름을 붙인 것으로, 저녁 해가 지고 어두워져 별들이 잘 보이는 시각에 정남(正南)에 보이는 별자리가 무엇이냐에 따라 1년 중 어느 계절인가를 알아볼 수 있었습니다. 열두 궁성으로는, 춘분점(春分點)이 위치한 물고기 자리(Pisces)부터 숫양 자리(Aries), 황소 자리(Taurus), 전갈 자리(Scorpio), 쌍둥이 자리(Gemini), 게 자리(Cancer), 사자 자리(Leo), 처녀 자리(Virgo), 천칭 자리(Libra: 저울대 모양), 사수 자리(Sagittarius: 궁수 모양), 염소 자리(Capricorn), 물병 자리(Aquarius)가 있습니다. 당시 사람들은 이러한 별자리들의 움직임이 역사와 개인의 운명을 좌우한다고 믿고 숭배하였습니다.

애굽은 천문학과 점성술의 발달과 함께 모든 천체를 숭배하였습니다. 에스겔 선지자는 애굽에 대한 심판을 예언하면서, 일월성신을 가려 버리겠다고 말씀했습니다.

에스겔 32:7-8 "내가 너를 불 끄듯 할 때에 하늘을 가리워 별로 어둡게 하며 해를 구름으로 가리우며 달로 빛을 발하지 못하게 할 것임이여 [8]하늘의 모든 밝은 빛을 내가 네 위에서 어둡게 하여 어두움을 네 땅에 베풀리로다 나 주 여호와의 말이로다"

여기 해, 달, 별은 왕의 상징물이었고, 애굽 사람들에게 숭배의 대상이었습니다. 그것들이 빛을 잃는다는 것은 애굽의 위상이 땅에 떨어지는 것을 의미했습니다.

한편, 금성을 여신 아스다롯으로 섬겼는데, 대체로 메소포타미아 인이 숭배하였고, 이스라엘에서도 섬긴 우상입니다. 앗수르인은 식굿(Sikkuth)과 기윤(Kiyyun)이라는 이름의 별신을 숭배하였습니다.

아모스 5:25-26 "이스라엘 족속아 너희가 사십 년 동안 광야에서 희생과 소제물을 내게 드렸느냐 [26]너희가 너희 왕 식굿과 너희 우상 기윤 곧 너희가 너희를 위하여 만들어서 신으로 삼은 별 형상을 지고 가리라"

여기 "식굿"은 '장막, 신당'이라는 뜻이며, 스데반 집사 설교에서 '너의 왕 식굿'은 '너의 몰록의 장막'(행 7:43)으로 나타납니다. 그리고 "기윤"은 '가증한 자, 증오해야 할 자'라는 뜻이며, 스데반 집사의 설교에서 '레판'(행 7:43)으로 나타납니다. 이는 별 모양의 신상이며, 나무를 잘라서 만든 우상이었습니다(왕하 17:16, 사 45:20, 렘 10:3-5).

과학이 발달하지 못했던 고대에, 태양과 달, 별 등 천체가 사람들에게 숭배 대상이 된 것은 자연스러운 일처럼 보일 수도 있습니다. 그러나 천체는 하나님께서 창조하신 피조물에 불과하므로, 인간이 숭배할 대상이 될 수 없습니다(출 20:4, 느 9:6, 시 148:3-5). 이는 극한 환난 중에 있던 욥의 고백 속에서도 확인됩니다.

욥기 31:26-28 "언제 태양의 빛남과 달의 명랑하게 운행되는 것을 보고 ²⁷내 마음이 가만히 유혹되어 손에 입맞추었던가 ²⁸이 역시 재판장에게 벌 받을 죄악이니 내가 그리하였으면 위에 계신 하나님을 배반한 것이니라"

여기 욥이 살던 시대에도, 피조물인 태양, 달, 별들을 섬기는 우상 숭배가 만연해 있었음을 암시하고 있습니다. 당시 사람들은 해와 달을 보며 자신의 손에 입을 맞추는 행위로, 그것들에 대한 숭배를 표현했습니다(참고-왕상 19:18, 사 52:15, 호 13:2). 그러나 욥 자신은 빛나는 태양이나 밤하늘의 명랑한 달을 보고 그 마음을 빼앗겨 손에 입맞춘 적이 없었다고 고백하였습니다. 일월성신을 보고 자신도 모르게 마음이 미혹되어 우상 숭배하는 죄를 범한 적이 없다고 했습니다(욥 31:26-27). 우상 숭배는 위에 계신 하나님을 배반하는 것이고 재판장 되신 하나님께 벌 받을 죄악이므로(욥 31:28), 하나님의 징계를 면치 못합니다(출 20:5, 신 5:9). 하나님을 사랑하고 그 계명을 지키는 자에게는 천대까지 은혜를 베풀어 주시지만, 일월성신과 같은 피조물에 미혹되거나 우상을 섬기는 자는 천대까지 미치는 복을 잃어 버리고 맙니다(출 20:6, 신 5:10).

하나님을 섬긴다는 사람들이 이방 우상 종교에 미혹되어 일월성신을 섬기며(창 31:30, 35:2) 신앙적으로 타락했던 시대에도, 욥은 자기 시대에 유행하던 천체 숭배에 물들지 않았고, 오직 하나님만을 사랑하고 섬겼습니다. 하나님께서는 사단에게, "네가 내 종 욥을 유의하여 보았느냐 그와 같이 순전하고 정직하여 하나님을 경외하며 악에서 떠난 자가 세상에 없느니라"라고 욥의 신앙을 높이 평가하셨습니다(욥 1:8, ^{참고-}욥 1:1, 2:3).

고대의 사람들은 천체 현상들을 두려워하였으며, 특히 혜성의 출현이나 일식, 월식 같은 것을 크게 무서워했을 것입니다. 그러나 모든 천체 현상은 그것들을 만드신 하나님의 섭리에 의해 나타나는 것이므로, 하나님께서는 이스라엘 백성에게 이방인처럼 '하늘의 징조를 두려워하지 말라'라고 말씀하셨습니다(렘 10:1-2).

해와 달과 별은 하나님의 지으신 것이요(시 74:16), 오직 하나님께 찬양드리는 피조물입니다(시 148:3). 예레미야 31:35 상반절에서 "나 여호와는 해를 낮의 빛으로 주었고 달과 별들을 밤의 빛으로 규정하였고..."라고 말씀합니다. 또한 달은 '궁창의 확실한 증인'입니다(시 89:37). 하나님은 별의 수효를 계수하시고 그 수효대로 만상을 이끌어 내시고 저희를 각각 그 이름대로 부르시는 분입니다(시 147:4, 사 40:26). 하나님께서는 달을 무색하게 하시고 해를 부끄럽게도 하십니다(사 24:23).

예수 그리스도께서 그 모든 별들을 붙들고 계시며(계 1:16, 2:1), 역사의 종말에 일어날 천재지변 중에는 별들이 하늘로부터 떨어지는 일도 있습니다(계 6:13, 8:10, 9:1, 12:4). 또한 넷째 천사가 나팔을 불자, 해 삼분의 일과 달 삼분의 일과 별들의 삼분의 일이 침을 받아 그 삼분의 일이 어두워지게 됩니다(계 8:12).

이스라엘은 일월성신을 섬기는 우상 숭배를 위하여 그것에 필요한 도구들을 조금도 귀찮아하지 않고 지고 다니면서 섬겼습니다. 아모스 5:26에 "… 너희가 너희를 위하여 만들어서 신으로 삼은 별 형상을 지고 가리라"라고 말씀합니다. 또 이스라엘은 우상을 만드는 데 열중하여 돈을 아끼지 않았습니다. "주머니에서 금을 쏟아내며 은을 저울에 달아" 주었고(사 46:6), 또 그 만든 것을 어깨에 메어다가 집으로 가져와서 처소에 두고 엎드려 경배하였습니다(사 46:7ᵃ). 그러나 그 우상은 사람이 갖다 놓은 자리에서 능히 움직이지 못하며, 사람이 그것에게 부르짖어도 능히 응답하지 못하고 어떤 고난에서도 구하여 내지도 못합니다(사 46:7ᵇ). 이사야 45:20 하반절에 "능히 구원치 못하는 신에게 기도하는 자들은 무지한 자니라"라고 말씀하였습니다. 그것은 '갈린 기둥 같아서'(논에 세운 허수아비처럼 - 표준새번역) 꼿꼿이 서 있을 뿐 스스로 움직이지 못하고 말도 하지 못하고 걸어다니지도 못하며, 그것이 사람에게 화를 주거나 복을 주지 못합니다(시 135:15-18, 사 44:9-20, 45:20, 46:4-8, 렘 10:2-5, 합 2:18-20).

시편 115:4-8 "저희 우상은 은과 금이요 사람의 수공물이라 ⁵입이 있어도 말하지 못하며 눈이 있어도 보지 못하며 ⁶귀가 있어도 듣지 못하며 코가 있어도 맡지 못하며 ⁷손이 있어도 만지지 못하며 발이 있어도 걷지 못하며 목구멍으로 소리도 못하느니라 ⁸우상을 만드는 자와 그것을 의지하는 자가 다 그와 같으리로다"

하나님은 자기 백성을 업어 주시고, 품어 주실 수 있지만(출 19:4, 사 46:3-9), 우상은 우상 숭배자들이 들어서 운반해야 하니, 그 우상은 제 발로 신전에 들어갈 능력조차 없는 무능한 것입니다.

많은 사람들이 어리석게도 눈에 보이는 자연의 웅장함과 화려함만 보고 그 자연을 만드신 하나님을 알지 못하여, 일월성신을 신으로 숭배하는 무지를 드러냅니다. 더 어리석은 것은, 그 모든 대자연을 지으시고 모든 역사를 주관하시는 하나님을, 금속이나 나무 조각으로 만든 우상에 비기는 것입니다(사 40:12-26, ^{참고-}사 46:5).

사람이 사람의 창조 본연의 목적을 깨닫지 못하고, 또 자기 자신의 참된 실상을 찾지 못한 채, 피조물에 불과한 일월성신을 의지하는 무지를 반복합니다. 우상은 숨 못쉬는 허수아비와 같이 생기(호흡, 숨)가 없고 허망한 것입니다(렘 10:14). 하나님께서 징벌하시면 우상을 섬기는 자가 그 우상과 함께 모두 흔적도 없이 사라지고 멸망할 수밖에 없는 것입니다(렘 10:15). 그와 같이 생명의 모든 날을 헛된 그림자같이 보내면서, 일평생에 무엇이 낙인지도 알지 못하고(전 6:12), 헛된 일에 분요(紛擾: 어수선하고 야단스러움)하며, 재물을 쌓고도 누가 취할는지 알지 못하는 것이, 인생의 가련한 실상입니다(시 39:6). 이 땅에서 참되고 성공적인 삶을 살아 가려면, 아무리 휘황찬란해도 우상에 불과한 것들을 의지하는 허무한 삶을 청산해야 합니다. 창조의 근본이 되시고 영원히 살아 계신 하나님을 찾아 만남으로써, 실상의 세계 곧 영원한 나라를 향해 오직 믿음으로 달음박질해야 합니다(히 11:1, ^{참고-}욥 14:1-2, 시 102:11, 109:23, 144:4).

피조 세계에 나타난 하나님의 주권과 그 섭리의 위대함은, 인간이 가히 측량할 수 없는 신비로움과 오묘함으로 가득합니다. 영계의 천사들을 창조하시고, 빛과 궁창과 식물과 동물과 광물, 하나님의 형상을 가진 존귀한 인간, 그리고 전 우주에 이르기까지, 그 깊고도 높고 광대한 하나님의 주권적인 창조의 신비를 측량할 길이 없습니다. 무한히 넓은 궁창과 그 가운데 있는 모든 해와 달과 별들, 그 모두가 질서 있게 운행하면서 창조주 하나님의 살아 계심과 그 능력과 지혜의 무한하심을 계시하고 있습니다.

하나님께서는 사람이 빛을 보기 전에, 그 주권적인 말씀으로 넷째 날 하늘의 궁창에 큰 광명(태양)과 작은 광명(달)과 또 별들을 만드셨습니다(창 1:14-17). 하늘의 궁창에 광명이 있게 하여 주야를 나누고, 큰 광명으로 낮을 주관하고 작은 광명으로 밤을 주관하도록 했습니다(창 1:16-18). 또한 별들을 만들어 궁창에 두어 땅을 비추게 하였습니다(창 1:16-17). 이를 가리켜 사도 바울은 해의 영광이 다르고 달의 영광이 다르며 별의 영광도 다른데, 별과 별의 영광이 다르다고 고백한 바 있습니다(고전 15:41). 사도 요한은 "주께서 만물을 지으신지라 만물이 주의 뜻대로 있었고 또 지으심을 받았나이다"(계 4:11)라고 고백하였습니다. 한마디로 하나님께서 "온갖 것을 그 씌움에 적당하게" 지으신 것입니다(잠 16:4ᄂ).

태초에 하나님께서 해와 달과 별들을 창조하거나 배치하실 때 누구하고 의논하신 적이 없습니다(사 40:12-14). 오직 하나님의 말씀("가라사대")으로 지으시되 각각 그 고유의 모습으로 존재하게 하셨습니다(창 1:14). 히브리서 기자는 "모든 세계가 하나님의 말씀으로 지어진 줄을 우리가 아나니"(히 11:3)라고 고백했습니다.

시편 기자는 위대한 하나님의 주권적 창조 사역을 가리켜 "하늘이 하나님의 영광을 선포하고 궁창이 그 손으로 하신 일을 나타내는도다"(시 19:1)라고 말씀합니다. 하나님의 손으로 지으신 무한한 궁창과 그 가운데 있는 일월성신(日月星辰)이, 하나님께서 창조하신 모든 역사(役事)를 나타내고 있다는 말씀입니다. 창조하신 그 첫 날부터 지금까지 모든 피조물은 어김없이 주야(晝夜)의 계약을 따라 "날은 날에게 말하고 밤은 밤에게 지식을" 전하고 있습니다(시 19:2). 이것을 가리켜 시편 성도는 "그 소리가 온 땅에 통하고 그 말씀이 세계 끝까지 이르도다"(시 19:4)라고 고백하였습니다.

시편 기자는 또다시 이렇게 고백하고 있습니다. 하나님은 해를 위하여 하늘에 장막을 베푸셨으며(시 19:4下), 해는 그 방에서 나오는 신랑과 같고, 해의 움직임은 마치 장사(壯士)가 용맹스럽게 달리는 것 같다고 노래하였습니다(시 19:5-6). 이 땅에 살아가는 모든 식물과 짐승과 인간은 태양의 따스한 기운을 싫어하는 자 없으며, 그것을 즐거이 받고 희망에 살아갑니다. 그것은 하나님께서 우리를 위하여 태양을 만드셨기 때문이며, 그 빛과 온기를 주셨기 때문입니다. 하나님은 이 모든 것으로 하나님을 알게 하시어, 궁극적으로는 신령한 빛으로 오시는 예수 그리스도를 깨닫게 해 주려 하십니다. 고린도후서 4:6에 "어두운데서 빛이 비취리라 하시던 그 하나님께서 예수 그리스도의 얼굴에 있는 하나님의 영광을 아는 빛을 우리 마음에 비취셨느니라"라고 말씀합니다.

이처럼 만물은 살아 계신 하나님, 그 실상의 세계를 밝히 계시하고 있는데, 유독 창조 본연의 자리를 벗어나 고장난 인간만이 저 궁창에 있는 하나님의 피조물인 해와 달과 별들을 신으로 착각하고 숭배했습니다. 만물을 지배하고 다스리고 관리해야 할, 만물의 영장으로 지음 받은 사람이, 자기 본래의 지위를 잃어버리고 해와 달과 별의 지배 하에 들어가서 그것들을 신으로 숭배하거나, 일월성신의 운행에 따라 자기 운명이 결정된다고 믿고 의지해 왔으니, 이것이야말로 사람의 존엄성과 가치를 포기하는 가장 어리석고 비참한 일입니다. 썩어지지 아니하는 하나님의 영광을 썩어질 사람과 금수와 버러지 형상으로 바꾸어 하나님을 모독하고, 조물주보다 피조물을 더 경배하는 불경 행위야말로(롬 1:23, 25) 인간의 모든 비극 중에 가장 큰 비극입니다.

　"일월성신 하늘 위의 군중(群衆)"은 곧 "너희 하나님 여호와께서 천하 만민을 위하여 분정(分定)하신 것"(신 4:19)이라고 깨우쳐 주십니다. 만민을 위하여 분정하셨다는 것은, 만민의 유익을 위해 나누어 주셨다는 것입니다. 신명기 4:19을 현대인성경에서 "그리고 하늘의 해나 달이나 별을 보고 매혹되어 경배하지 마십시오. 그런 것들은 여러분의 하나님 여호와께서 온 세상 사람들의 유익을 위해 주신 것입니다."라고 번역하였습니다. 해와 달과 별은, 하나님의 형상인 인간을 위하여, 하나님께서 명하시는 대로 하나님의 창조와 섭리와 구속의 큰 사역을 지속적으로 계시해 주는 피조물인 것입니다(창 1:14, 14:19). 그러므로 일월성신은 결코 사람이 숭배할 대상이 아니며, 사람은 오직 하나님을 섬기고 하나님을 찬양하며 하나님만 경배해야 합니다(시 145-150편).

　시편 136:7-9　"큰 빛들을 지으신 이에게 감사하라 그 인자하심이 영원함이로다 [8]해로 낮을 주관케 하신 이에게 감사하라 그 인자하심이 영원함이로다 [9]달과 별들로 밤을 주관케 하신 이에게 감사하라 그 인자하심이 영원함이로다"

③ 애굽인들이 섬긴 나일강(풍요의 신)

'강'은 사람들의 일상 생활에 필요한 물과 식량(물고기) 그리고 교통수단이었으므로, 세계의 주요 도시들은 항상 강을 끼고 형성되었습니다. 인류 역사와 문화를 찬란하게 꽃피웠던 무수한 사건들은 모두 강을 끼고 시작되었고, 강들을 통하여 인류는 성장하고 번성해 왔습니다. 나일강(6,695㎞)에서 이집트 문명이 생겼고, 유프라테스강(2,700㎞)과 티그리스강(1,900㎞)에서 메소포타미아 문명이 생겨났고, 중국의 황하강(5,442㎞)과 양쯔강(6,300㎞)에서 중국 문명이 생겨났습니다. 인도의 인더스강(2,900㎞)과 갠지스강(2,460㎞)에서 인도 문명이 생겨났습니다. 이처럼 강은 인간이 삶의 편리와 물질적 풍요를 누리는 데 있어서 매우 결정적인 역할을 했습니다. 애굽 사람들은 생업에 직결되는 나일강을 신으로 섬겼습니다. 애굽인들은 나일강을 그들이 섬기는 오시리스(Osiris)가 부여한 생명수라고 믿고, 나일강의 풍요의 신 '하피'(Hapi)를 숭배하였습니다.

전 지구상에서 가장 메마른 땅, 아프리카 대륙의 북부에 있는 세계 최대의 사하라(Sahara) 사막은 풀 한 포기도 자라기 힘든 불모(不毛)의 땅입니다. 그런 사하라 사막의 동쪽에 이집트(애굽)가 자리잡고 있습니다. 그 이집트에는 국토 중앙을 관통하는 6,695㎞길이의 세계적인 대하(大河) 나일강이 흐르고 있습니다(6,800㎞의 세계 최대의 강 아마존보다 105㎞ 짧음). 애굽인에게 나일강은 불모의 땅, 죽음의 땅인 이집트에 생명을 공급하는 유일한 생명의 근원이었고, 절대적인 생명의 젖줄이었습니다. 전 지구상에서 가장 황폐한 땅에 도도히 넘쳐 흐르며 생명을 주는 이 거대한 나일강은, 참으로 기적적인 하나님의 놀라운 선물이 아닐 수 없습니다.

불모의 사막 지역에 어떻게 그토록 큰 강이 끊임없이 흐를 수가 있을까요? 이집트는 비가 오지 않는 광야 한복판에 있지만, 그 강의 발원지는 비가 많이 오는 열대 우림 지역(에디오피아)이기 때문입니다. 그곳은 매년 6-9월 우기 때 집중적으로 폭우가 쏟아지는데, 한 달 후면(7-10월) 엄청나게 불어난 진흙탕 물이 대규모로 범람하며 이집트 중앙을 관통하여 흐르게 됩니다.

이때 나일강의 수위는 급속도로 높아져 10m 이상 불어나며, 강폭은 가장 좁은 곳이 1㎞, 넓게는 20㎞에 이를 정도로 늘어납니다. 강의 좌우편이 4개월 동안 물속에 잠겨 있다가 물이 완전히 빠지면, 그곳에 쌓인 비옥한 퇴적토 덕분에 인공 비료를 전혀 쓰지 않고도 매년 대풍작을 이룹니다. 나일강이 범람할 때 생기는 흙탕물이 검은색이었기 때문에 나일강은 '시홀'(뜻:검다)이라는 별칭을 갖게 되었습니다. 이사야 23:3에서 "시홀의 곡식 곧 나일의 추수를 큰 물로 수운하여 들였으니 열국의 시장이었도다"라고 말씀하였고, 예레미야 선지자는 애굽을 의지하는 이스라엘 백성에게 "네가 시홀의 물을 마시려고 애굽 길에 있음은 어찜이며..."(렘 2:18)라고 책망하였습니다.

이렇게 해마다 우기에 규칙적으로 반복되는 나일강의 범람 덕분에, 애굽은 일찍부터 농경이 발달하였으며, 이에 따라 태양력을 사용하였고, 기하학, 건축술, 천문학 등도 크게 발달하였습니다. 이는 농사뿐만 아니라 일상생활을 위한 한 해의 주기 구분, 건설 현장에서의 공사 일정, 군사 작전의 수립 등이 모두 나일강의 주기적인 범람에 맞춰 이뤄졌기 때문입니다.

또한 나일강은 고대에 고속도로 역할을 하였는데, 강물의 흐름은 북쪽을 향하는 반면 계곡의 바람은 돛을 남쪽으로 밀어내는 까닭에, 어느 방향으로든 빠른 이동이 가능했습니다. 그래서 엄청난 무게와 크기의 물건들을 수백 킬로나 떨어진 장소까지 쉽게 운반할 수 있었던 것입니다. 이처럼 나일강은 정치, 경제, 종교, 문화적으로 애굽인들의 삶에 밀접하게 연결되어 일찍부터 풍부한 인류 문명을 꽃피웠습니다. 눈부시게 빛나는 이집트의 고대 문명은 한마디로 나일강의 범람이 가져다 준 큰 선물이었습니다. 최근 거대한 아스완 댐이 건설되면서(1961-1971년), 나일강의 범람은 더 이상 볼 수 없게 되었습니다.

이처럼 나일강은 애굽 온 백성의 생명과 절대적으로 직결되므로 애굽인에게 신격화되었습니다. 그러므로 나일강이 마르거나 오염되는 것은, 그 자체가 경제적·종교적·정치적·문화적 파탄이요 결정적 재앙이었습니다. 하나님께서는 첫 번째 재앙에서 7일 동안 나일강을 모두 피로 변하게 하심으로써, 애굽인이 신으로 섬기며 의지했던 나일강이 결코 신이 아님을 드러내시고, 절대적인 권능을 베푸시는 하나님만이 유일하신 참신임을 알려 주셨습니다(출 7:14-25).

④ 애굽 최고의 신, 바로

애굽은 '바로'(Pharaoh)라는 최고 통치자를 중심하여 이루어진 절대군주 국가였습니다. 바로의 원 뜻은 '위대한 집'(the great house)이며, 성경에서는 창세기 12:15-16에 바로에 대하여 처음으로 기록하고 있습니다.

애굽 사람들의 일상생활과 정신 속에 굳게 자리잡고 있었던 나일강과 그것의 거대한 범람은, 바로를 신격화하는 데 가장 큰 영향을 미치기도 했습니다. 교만한 바로는 나일강이 자기 소유이며, 자기를 위하여 자기가 만들었다고 주장했습니다(겔 29:3, 9). 이는 자신을 창조주로 선포하는 교만한 행위로서, 두로 왕이 하나님께서 주신 지혜로 막대한 부를 얻게 되자 교만해져서 자신을 하나님이라고 말한 것과 동일한 죄악입니다(겔 28:2-5). 에스겔 선지자는 애굽 왕 바로를 나일강에 누운 큰 악어로 비유하면서(겔 29:3), 그 교만 때문에 바로와 그 모든 군대가 멸망할 것이라고 선포했습니다(겔 31:10-11, 18).

한편, 나일강이 범람하는 4개월 동안, 이집트 인구의 대부분인 농부들이 일거리가 없어 국가 기반이 흔들릴 것을 염려한 바로는, 그 농부들을 모아 바로의 절대 권력화와 신성화를 위해 거대한 피라미드를 건축하기도 했습니다(커트 멘델슨, *The Riddle of the Pyramids*, 1974). 이 때문에 애굽에서 바로의 왕권은, 어느 나라의 왕권보다 절대적이었습니다. 애굽 사람들은 바로를 불사불멸(不死不滅)하는 신으로 여겼기 때문에, 미라로 만들어 거대한 피라미드에 장사지냈습니다.

그런데 하나님께서, 나일강을 치시면서 시작된 열 가지 재앙을 통해 신 중의 신으로 우상화됐던 바로를 꺾으셨습니다. 마지막 재앙에서 바로는 자신의 장자를 잃어버리고 마침내 세상의 조롱거리가 되었습니다. 자기를 섬기는 백성의 장자들이 죽어갈 때 그는 아무것도 할 수 없는 무능하고 무력한 존재임이 만천하에 드러났던 것입니다. 그럼에도 불구하고 그는 끝까지 강퍅하여 이스라엘 백성을 추격하다가 홍해에 영원히 수장되고 말았습니다(출 14:28, 30, 15:4-5, 시 136:15). 이것은 초대교회 시대에 자신을 신격화했던 헤롯이 충이 먹어 즉사한 것과 같습니다(행 12:21-23).

노아 시대에 죄가 관영했던 것처럼(창 6:5) 애굽 온 땅에 죄가 관영하므로, 하나님께서는 열 가지 재앙을 통해 애굽 나라를 완전히 징치하셨습니다. 이를 통해 이 세상 모든 생명의 주관자는 하나님이시며, 다른 모든 신은 허무하며 무능하고 거짓되다는 것을 확실히 보여 주셨습니다(삼상 5:3-4, 시 135:15-18, 렘 43:12-13, 50:2).

왕이신 하나님께서는 자신의 대적을 낮추시고(출 10:3), 바로를 포함해서 애굽의 모든 신들을 심판하시려고(출 12:12), 열 가지의 엄청나고 끔찍한 재앙들을 애굽 온 땅에 내리셨습니다. 홍해에 수장된 바로와 그 군대의 시체를 보면서 이스라엘 백성은 하나님과 그 종 모세를 믿었고(출 14:31), "여호와의 다스리심이 영원무궁하시도다"라고 노래하였습니다(출 15:18).

애굽과 열국의 신들은 결코 참신이 아닙니다(왕하 19:18, 사 37:19, 렘 2:11, 5:7, 16:20). 오직 여호와 하나님만이 진정한 신이시고(출 15:11, 시 82:1, 96:4), 모든 신 위에 계신 분이며(대하 2:5, 시 95:3, 97:9, 135:5, 136:2), 인생이 두려워할 유일한 분입니다(대상 16:25-26, 시 96:4).

신명기 10:17 "너희의 하나님 여호와는 신의 신이시며 주의 주시요 크고 능하시며 두려우신 하나님이시라 사람을 외모로 보지 아니하시며 뇌물을 받지 아니하시고"

(3) 온 천하에 여호와를 알리기 위한 것입니다(이스라엘 백성과 그 자손, 바로와 애굽 사람, 온 땅).

하나님께서는 애굽에 내린 10대 재앙을 통해서, 이스라엘 백성과 바로와 애굽 백성에게 '하나님의 능력을 보이시고', '하나님이 여호와인 줄 알게 하시고', '하나님의 이름을 온 땅에 전파'하시기를 원하셨습니다(출 7:17, 8:10, 9:14, 16, 10:1-2, 롬 9:17). "여호와"는 하나님께서는 자기를 이스라엘과 바로와 애굽 사람과 온 세상에 전파하시려고, 친히 자기 자신을 계시해 주신 거룩한 이름입니다. "여호와" 그 속에는 하나님의 뜻과 계획이 담겨 있습니다.

첫째, '여호와'는 유일하시고 온 천지에 충만하신 분이라는 뜻입니다.

'여호와'는 히브리어 '에흐예 아쉐르 에흐예'(אֶהְיֶה אֲשֶׁר אֶהְיֶה)로, '나는 나다'(I am I)라는 뜻입니다. 왕의 이름을 함부로 부르지 않듯이, 만왕의 왕이신 하나님의 이름을 인간이 감히 부를 수 없는 것입니다. 온 천하에 오직 하나님만이 '나다'라고 말씀하실 수 있는 것입니다.

둘째, '여호와'는 '나는 스스로 존재하는 자'(I am who I am)라는 뜻입니다.

여호와는 과거로부터 현재, 그리고 영원까지 계시는 분입니다. 영원 전부터 영원까지 자존하시는 분입니다(요 8:58, 계 1:4, 8). 자존하신다는 것은 누구의 간섭이나 그 무엇의 구속도 받지 않고 자신의 뜻을 스스로 이루어가시는 분이라는 말입니다. 여호와 하나님은 피조물과는 달리, 완전 독립된 분이시고, 초월적인 분이시며, 모든 존재의 근원이 되는 분이십니다.

셋째, '여호와'는 언약의 하나님이요, 언약하신 것을 반드시 성
　　　취하는 분이라는 뜻입니다.

　'여호와'란 과거에 존재했다가 사라지는 분이 아닙니다. 또 먼 장
래에 나타나실 막연한 존재도 아닙니다. 영원자존(永遠自存)하셔서
언제 어디서나 지금(현재) 행동(활동)하는 분이심을 뜻하는 이름입
니다(사 52:6). "여호와"는 당시 애굽의 온갖 우상들과는 본질적으
로 다른 분이십니다. 역사 속에 개입하셔서 자기 백성을 위하여 계
속 말씀하시고 쉬지 않고 행동하시는 참하나님이십니다. 여호와 하
나님은 자기 백성의 사정을 모두 감찰하사 지금 겪고 있는 고통을
다 보시고 그들의 신음에 귀를 기울이시며, 모든 언약을 기억하시
고 그들을 권념해 주시는 하나님이십니다(출 2:24-25, 6:3-7). 그리고
강한 손과 편 팔로 억압하는 자들로부터 그들을 빼내어 자유와 기
쁨을 주시고, 아브라함과 이삭과 야곱에게 언약하신 땅을 기업으로
주셨습니다(출 6:6-8).

　하나님께서는 이제 애굽에 내린 10대 재앙과 마침내 이스라엘을
출애굽 시키는 역사를 통해서 하나님 자신이 '언약의 하나님'이요,
'언약하신 바를 반드시 성취하시는 하나님'이라는 것을, "여호와"
란 이름으로 알려 주시고 있습니다.

① 이스라엘 백성과 그 자손에게 여호와를 계시하셨습니다.
　하나님께서는 모세를 부르시어 이스라엘 백성에게 여호와 하나
님을 알리라고 말씀하셨습니다.
　　출애굽기 3:13-15 "모세가 하나님께 고하되 내가 이스라엘 자손에게

가서 이르기를 너희 조상의 하나님이 나를 너희에게 보내셨다 하면 그들이 내게 묻기를 그의 이름이 무엇이냐 하리니 내가 무엇이라고 그들에게 말하리이까 14하나님이 모세에게 이르시되 나는 스스로 있는 자니라 또 이르시되 너는 이스라엘 자손에게 이같이 이르기를 스스로 있는 자가 나를 너희에게 보내셨다 하라 15하나님이 또 모세에게 이르시되 너는 이스라엘 자손에게 이같이 이르기를 나를 너희에게 보내신 이는 너희 조상의 하나님 곧 아브라함의 하나님, 이삭의 하나님, 야곱의 하나님 여호와라 하라 이는 나의 영원한 이름이요 대대로 기억할 나의 표호니라"

하나님께서는 자신을 "너희 조상의 하나님"으로 소개하심으로써, 과거로부터 이스라엘과 깊은 유대 관계를 지니고 있음을 강조하셨습니다. 이어 "이는 나의 영원한 이름이요 대대로 기억할 나의 표호"라고 소개하심으로, 여호와는 과거뿐 아니라 영원토록 자기 백성의 하나님이라는 사실을 강조하셨습니다. 이것은 이스라엘 조상들과 맺은 언약, 즉 이스라엘을 애굽에서 건져내어 가나안 땅으로 이끄신다는 언약을 반드시 이루는 분이시고, 절대 불변하는 분이심을 나타낸 것입니다.

또한 하나님께서는 모세에게 "나는 여호와로라 내가 아브라함과 이삭과 야곱에게 전능의 하나님으로 나타났으나 나의 이름을 여호와로는 그들에게 알리지 아니하였고"(출 6:2-3)라고 말씀하였습니다. 물론 하나님의 이름이 모세에게 처음 '여호와'로 계시된 것은 아닙니다. 셋의 아들 에노스 시대에도 여호와의 이름을 불렀고(창 4:26), 아브라함도 여호와의 이름을 불렀습니다(창 12:8). 하나님께서 모세에게 여호와가 언약을 반드시 성취하시는 하나님이심을 강조함으로써 여호와의 사역을 알려 주셨습니다.

이어지는 출애굽기 6:4에서 "가나안 땅 곧 그들의 우거하는 땅을 주기로 그들과 언약하였더니"라는 말씀에서 보듯이, "여호와"는 언약의 하나님이심을 나타냅니다. 가나안 땅을 주시겠다고 하신 언약이 반드시 성취되어 자기 백성을 구원하심으로써, "여호와"는 미쁘신 하나님이심을 이스라엘이 알고 믿게 될 것을 강조한 것입니다. "여호와"는 쇠풀무 같은 노예살이에 허덕이는 이스라엘 백성과 줄곧 함께하셨고, 이제 노예 생활 하고 있는 이스라엘 백성을 구원하기 위해 찾아오셨습니다. 큰 팔과 강한 손으로 이스라엘을 애굽에서 이끌어내심으로써 친히 그들의 하나님이 되신 여호와(신 4:34, 5:15, 7:19, 9:26, 11:2, 26:8, 느 1:10)! 이스라엘 백성이 그 하나님의 백성이 됨으로써, 여호와의 이름은 역사의 현장에서 그 본래 의미를 나타내기 시작하였던 것입니다.

> **출애굽기 6:6-7** "그러므로 이스라엘 자손에게 말하기를 나는 여호와라 내가 애굽 사람의 무거운 짐 밑에서 너희를 빼어 내며 그 고역에서 너희를 건지며 편 팔과 큰 재앙으로 너희를 구속하여 ⁷너희로 내 백성을 삼고 나는 너희 하나님이 되리니 나는 애굽 사람의 무거운 짐 밑에서 너희를 빼어 낸 너희 하나님 여호와인 줄 너희가 알지라"

그런데 이스라엘 백성은 하나님께서 언약을 기억하시고, 언약하신 대로 현재 애굽 사람의 무거운 짐 밑에서 빼어 내시며, 고역에서 건져 주시며, 편 팔과 큰 재앙으로 구속해 주시겠다는 놀라운 소식을 듣고도 뜻밖에 냉담하였습니다. 그들은 "마음의 상함과 역사의 혹독함" 때문에 모세의 말을 듣지 않았던 것입니다(출 6:9). "마음의 상함"(מְקֹצֶר רוּחַ, 미코체르 루아흐)이란 문자적으로 '호흡의 짧음'을 의미합니다. 이 표현은, 너무도 고역이 가중되어 숨을 헐떡이며 탈진되어 좌절하고 있는 모습을 나타냅니다. "혹독함"은 '심한, 잔인한, 야비한, 목이 곧은'이란 뜻의 '카쉐'(קָשֶׁה)입니다. 이는 '완악하다'라는 뜻으로도 자주 쓰이며(출 32:9, 신 10:16, 삿 2:19), 이스라엘 백성에게 부과된 일이 너무 힘들어서 그들의 마음이 완악해졌음을 나타냅니다. 마음이 둔탁해지고 완악해지면, 아무리 크고 좋은 희소식도 귓가에 맴돌 뿐 결코 들리지 않으며 자기 것이 되지 않습니다.

이처럼 애굽의 노예 생활로 소망이 없는 상태에서 완악해질 대로 완악해진 이스라엘 백성에게, 하나님께서는 10대 재앙을 통하여 자신이 여호와이심을 확실하게 계시해 주셨습니다. 그리고 애굽에 대한 미련을 완전히 끊고 단번에 출애굽 하도록 역사하셨습니다. 만일 10대 재앙이 아니었다면, 완고한 이스라엘 백성은 결코 모세를 순순히 따라 나서지 않았을 것입니다. 신명기에서는 하나님께서 10대 재앙을 일으키실 때 '이스라엘의 목전에서' 이 일을 행하시고, 하나님께서 여호와이심을 알게 하셨다고 반복해서 증거하고 있습니다(신 4:34-35, 6:22-23, 7:19-21, 11:2-7, 26:5-9, 29:2-3, 34:11-12).

신명기 29:2-3 "모세가 온 이스라엘을 소집하고 그들에게 이르되 여호와께서 애굽 땅에서 **너희 목전**에 바로와 그 모든 신하와 그 온 땅에 행하신 **모든 일을 너희가 보았나니** ³곧 그 큰 시험과 이적과 큰 기사를 네가 목도하였느니라"

애굽에서 탈출시키실 때 베푸신 열 가지 재앙은 어떤 우상, 어떤 이방신들도 하지 못했던 일들이었습니다. 수백만 명이나 되는 큰 민족이 큰 재물을 가지고 모든 생축과 함께 걸어서 탈출한다는 것은 당시 애굽의 강대한 국력을 생각할 때 도저히 있을 수 없는 일이었습니다. 온 세계가 놀라는 이 큰 이적을 하나님께서 이스라엘의 목전에서 행하심으로, 마침내 하나님께서 여호와이심을 이스라엘 백성에게 알리시고 각인시키어, 향후 모든 노정 가운데 하나님을 온전히 의지하도록 인도하신 것입니다. 열 가지 재앙을 통한 출애굽의 대역사는, 이스라엘 민족이 '언약의 하나님' 여호와를 체험하는 가장 결정적인 사건이었습니다.

참으로 여호와는 이스라엘 백성과 언약을 맺으시고(창 15:13-21), 그 언약을 변함없이 성취하시는 유일무이한 구속자이십니다. 그 말씀하신 바를 어김없이 모두 성취하시는 언약의 하나님, 자기 백성의 구원을 위해 언약하신 대로 반드시 실행하시는 하나님이십니다. 이스라엘 백성은 자신들의 목전에서 행하여진 10대 재앙을 통하여 비로소 '여호와 하나님'을 명확하게 인식하게 되었습니다(출 20:2).

② 바로와 애굽 사람에게 여호와를 계시하셨습니다.

모세와 아론이 하나님의 명을 받들어 바로에게 "이스라엘 하나님 여호와의 말씀에 내 백성을 보내라 그들이 광야에서 내 앞에 절기를 지킬 것이니라"(출 5:1)라고 하자, 바로는 이스라엘 백성을 보낼 수 없는 이유로 "... 여호와가 누구관대 내가 그 말을 듣고 이스라엘을 보내겠느냐 나는 여호와를 알지 못하니 이스라엘도 보내지 아니하리라"(출 5:2)라고 말했습니다.

이는 절대 부정과 금지를 나타내는 히브리어 '로'(לֹא)를 두 번이나 반복하여, 바로 자신이 여호와를 전혀 알지 못하며, 이스라엘을 절대 보내지 않을 것을 강조한 것입니다. 이에 하나님께서는 10대 재앙이 쏟아질 때 각 재앙을 통해 바로와 애굽 백성이 반드시 '여호와를 알게 될 것이라'고 말씀하셨습니다. 출애굽기 7:5에서 "내가 내 손을 애굽 위에 펴서 이스라엘 자손을 그 땅에서 인도하여 낼 때에야 애굽 사람이 나를 여호와인 줄 알리라"라고 말씀하고 있습니다.

　이처럼 하나님께서는 출애굽의 역사를 통해 모세와 이스라엘 자손에게뿐만 아니라, 자신을 대적하는 바로와 애굽 사람들에게도 역사의 주관자가 바로 여호와이심을 알리셨습니다(출 6:6-7, 8:22, 10:2). 각 재앙에서 여호와를 알리신 것과 관련된 말씀은 다음과 같습니다.

첫 번째 피 재앙

출애굽기 7:17 "여호와가 이같이 이르노니 네가 이로 인하여 **나를 여호와인 줄 알리라** 하셨느니라 볼지어다 내가 내 손의 지팡이로 하수를 치면 그것이 피로 변하고"

두 번째 개구리 재앙

출애굽기 8:10 " … 내일이니라 모세가 가로되 왕의 말씀대로 하여 왕으로 우리 하나님 여호와와 같은 이가 없는 줄을 알게 하리니"

네 번째 파리 재앙

출애굽기 8:22 "그날에 내가 내 백성의 거하는 고센 땅을 구별하여 그곳에는 파리 떼가 없게 하리니 이로 말미암아 **나는 세상 중의 여호와인 줄을 네가 알게 될 것이라**"

일곱 번째 우박 재앙

출애굽기 9:14-16, 27, 29 "내가 이번에는 모든 재앙을 네 마음과 네 신하와 네 백성에게 내려 너로 **온 천하에 나와 같은 자가 없음을 알게 하리라** ¹⁵내가 손을 펴서 온역으로 너와 네 백성을 쳤더면 네가 세상에서 끊어졌을 것이나 ¹⁶내가 너를 세웠음은 나의 능력을 네게 보이고 **내 이름이 온 천하에 전파되게 하려 하였음이니라** ... ²⁷... 여호와는 의로우시고 나와 나의 백성은 악하도다 ... ²⁹모세가 그에게 이르되 내가 성에서 나가자 곧 내 손을 여호와를 향하여 펴리니 그리하면 뇌성이 그치고 우박이 다시 있지 않을지라 **세상이 여호와께 속한 줄을 왕이 알리이다**"

여덟 번째 메뚜기 재앙

출애굽기 10:16-17 "바로가 모세와 아론을 급히 불러서 이르되 내가 **너희 하나님 여호와와 너희에게 득죄하였으니** ¹⁷청컨대 나의 죄를 이번만 용서하고 너희 하나님 여호와께 구하여 이 죽음만을 내게서 떠나게 하라"

열 번째 장자 재앙

출애굽기 11:7 "그러나 이스라엘 자손에게는 사람에게나 짐승에게나 개도 그 혀를 움직이지 않으리니 **여호와가 애굽 사람과 이스라엘 사이에 구별하는 줄을 너희가 알리라** 하셨나니"

③ 열 가지 재앙을 통해 온 땅에 '여호와'를 계시하였습니다.
첫째, 아브라함과 이삭과 야곱의 하나님 여호와이십니다.
하나님께서는 모세를 부르시면서 출애굽기 3:16에서 "여호와 너희 조상의 하나님 곧 아브라함과 이삭과 야곱의 하나님"이라고 말씀하시고, 출애굽기 4:5에서도 "그 조상의 하나님 곧 아브라함의 하나님, 이삭의 하나님, 야곱의 하나님 여호와"라고 말씀하셨습니다. 또 10대 재앙을 일으키기 직전에 다시 모세를 부르시고 "나는 여호와라 내가 애굽 사람의 무거운 짐 밑에서 너희를 빼어 내며 ... 나는 애굽 사람의 무거운 짐 밑에서 너희를 빼어 낸 너희 하나님 여호와인 줄 너희가 알지라 내가 아브라함과 이삭과 야곱에게 주기로 맹세한 땅으로 너희를 인도하고..."라고 말씀하셨습니다(출 6:6-8).

'아브라함의 하나님, 이삭의 하나님, 야곱의 하나님'은, 바로 그들에게 언약하신 것을 일점 일획도 변함없이 반드시 이루시는 하나님이십니다(신 8:18, 느 9:7-8, 시 105:8-11, 렘 11:5). 이스라엘의 출애굽을 가능케 한 원동력은, 하나님께서 아브라함에게 하신 언약을 기억하사 이스라엘에게 베푸신 하나님의 권념입니다(창 15:14, 출 6:4-5, 8). 출애굽기 2:24-25에서 "하나님이 그 고통 소리를 들으시고 아브라함과 이삭과 야곱에게 세운 그 언약을 기억하사 이스라엘 자손을 권념하셨더라"라고 말씀하고 있습니다. 신명기 9:5에서도 "네가 가서 그 땅을 얻음은 너의 의로움을 인함도 아니며 네 마음이 정직함을 인함도 아니요 이 민족들의 악함을 인하여 네 하나님 여호와께서 그들을 네 앞에서 쫓아내심이라 여호와께서 이같이 하심은 네 열조 아브라함과 이삭과 야곱에게 하신 맹세를 이루려 하심이니라"라고 말씀하고 있습니다.

아브라함과 이삭과 야곱의 하나님은 죽은 자의 하나님이 아니라 산 자의 하나님이십니다(마 22:32, 막 12:26-27, 눅 20:37-38). 하나님에게는 모든 사람이 살았습니다(눅 20:38). 아브라함과 이삭과 야곱의 하나님 여호와께서는, 애굽의 노예로서 죽은 자와 다름없었던 이스라엘을 10대 재앙을 통해 출애굽 시켜 살리셨습니다. 이 여호와께서 세상 종말에도 성경에 약속된 모든 언약을 다 성취하시고 언약 백성을 영원히 살리실 것입니다.

둘째, **히브리 사람의 하나님 여호와이십니다.**

하나님께서는 모세에게 이르시기를 장로들과 함께 바로에게 가서 '히브리인의 하나님 여호와'를 소개하라고 말씀하셨습니다(출 3:18). "히브리 사람의 하나님"이란 곧 '아브라함으로부터 시작되는 이스라엘 조상의 하나님 곧 아브라함과 이삭과 야곱의 하나님'이라는 뜻일 뿐만 아니라, 그들의 후손으로 구성된 당시의 모든 이스라엘 자손의 하나님이라는 뜻을 포함합니다.

또한 모세와 아론은 바로에게 출애굽기 5:3에서 "히브리인의 하나님이 우리에게 나타나셨은즉 우리가 사흘 길쯤 광야에 가서 우리 하나님 여호와께 희생을 드리려 하오니 가기를 허락하소서"라고 말하였습니다. '히브리인의 하나님 여호와'는 피 재앙(출 7:16), 악질 재앙(출 9:1), 우박 재앙(출 9:13), 메뚜기 재앙(출 10:3)에 계속적으로 계시되었습니다. 바로는 히브리인을 자신의 노예로 생각하고, 히브리인의 하나님을 보잘것없는 신이라고 천시했습니다.

한편, '히브리인'(עִבְרִי, 이브리)은 '강을 건너온 자'라는 뜻으로, 유브라데강 건너편에서 가나안으로 건너온 '아브라함'에게 처음 붙여진 이름이었습니다(창 14:13).

요셉은 자신을 '히브리 땅에서 온 자'라고 하였고(창 40:15), 보디발의 아내나(창 39:14, 17), 술 맡은 관원장도 요셉을 '히브리' 사람이라고 하였습니다(창 41:12). 아브라함은 혈혈단신 유브라데강을 건넜지만 믿음의 조상이 되었으며, 요셉 역시 혼자 비참하게 감옥에 갇혀 있었지만 애굽의 국무총리가 되었습니다. 애굽 고대 문

헌에서 '히브리인'은 '떠돌아다니는 천민 계급의 사람들, 권리를 보장받지 못하는 힘없고 가난한 자들'을 가리키는 단어로 기록되어 있습니다. 하나님께서는 바로 그 히브리인의 하나님이 되셔서 자기가 여호와이심을 나타내셨습니다. 규모 면에서 심히 작고, 신분 면에서 천하디 천한 종에 불과했던 이스라엘이 크고 높으신 하나님의 백성이 된 것은, 전적으로 하나님의 주권적 은혜입니다(신 7:7).

사람의 몸을 입고 이 땅에 오셨던 예수님의 주변에는 부자들이나 권세자들은 거의 없었고, 사회적으로 손가락질 받는 천한 자들, 죄인들, 여자들이 늘 함께하였습니다(마 9:11, 막 2:16, 눅 7:34, 19:7). 예수님께서는 사회 밑바닥의 가장 보잘것없는 자, 힘없고 낮은 자들과 늘 함께 계셨습니다. 히브리인의 하나님께서는 가장 낮은 자리에 있는 자를 가장 높이 올리시는 분입니다. 바로와 애굽 백성은 10대 재앙을 통하여, '히브리인의 하나님 여호와'께서 선택하신 이스라엘 백성이, 이 세상에서 가장 약한 백성이 아니라 가장 강한 백성임을 드디어 깨닫게 되었습니다. 하나님께 선택받은 언약 백성은 아무리 세상에서 약하고 천하게 보일지라도, 결국에는 '여호와 하나님'을 인하여 세상에서 가장 강한 악의 세력을 이기고 반드시 승리하게 될 것입니다.

셋째, 세상 중의 여호와이십니다.

출애굽기 8:22에서 "그날에 내가 내 백성의 거하는 고센 땅을 구별하여 그곳에는 파리떼가 없게 하리니 이로 말미암아 나는 세상 중의 여호와인 줄을 네가 알게 될 것이라"라고 말씀하고 있습니다. "세상 중의 여호와"는 히브리어 '예호바^{아도나이} 베케레브 하아레츠'(יְהוָה בְּקֶרֶב הָאָרֶץ)로, '그 땅 한 가운데의 여호와'라는 뜻입니다. 이는 하나님께서 세상 모든 지역과 모든 사람들 가운데 오셔서 그들의 삶을 주관하시고 통치하는 분이심을 보여 줍니다. 출애굽기 9:14에서는 "온 천하에 나와 같은 자가 없음을 알게 하리라"라고 하였고, 출애굽기 9:29에서는 "세상이 여호와께 속한 줄을 왕이 알리이다"라고 말씀하고 있습니다.

　"세상 중의 여호와"의 모습을 가장 잘 구현하신 사건은, 바로 예수 그리스도의 성육신 사건입니다. 요한복음 1:14에서 "말씀이 육신이 되어 우리 가운데 거하시매 우리가 그 영광을 보니 아버지의 독생자의 영광이요 은혜와 진리가 충만하더라"라고 말씀하고 있습니다. "우리 가운데 거하시매"라는 표현은 '이 땅 한 가운데의 하나님'의 모습을 가장 잘 나타내어 주고 있습니다. 이 세상 가운데 초림하셨던 주님께서는, 반드시 재림하셔서 이 땅을 주관하시고 통치하시며 모든 구속 사역을 완성하실 것입니다.

　열 가지 재앙을 통해 여호와로 역사하신 하나님께서는, 세상 마지막 때도 여러 가지 재앙을 통해 이 세상을 심판하실 것입니다. 에스겔 선지자는 세상 종말에 곡과의 전쟁에서 여호와의 이름을 열국에 알게 하시겠다고 예언하였습니다. 에스겔 39:7에서 "내가 내 거룩한 이름을 내 백성 이스라엘 가운데 알게 하여 다시는 내 거룩한 이름을 더럽히지 않게 하리니 열국이 나를 여호와 곧 이스라엘의 거룩한 자인 줄 알리라 하셨다 하라"라고 말씀하고 있습니다(겔 38:23, 39:6). 또한 하나님의 백성 이스라엘을 회복시키심으로 이스라엘 백성이 마침내 하나님께서 여호와이심을 알게 될 것이라고 예언하였습니다(겔 39:22, 28). 요한계시록 20장에서는 천년 왕국 후에 사단이 곡과 마곡을 미혹하여 성도들의 진과 하나님의 사랑하시는 성을 대적하여 전쟁할 것을 예언하고 있습니다(계 20:7-9). 그러나 이 싸움에서 사단은 완전히 패배하고 불과 유황 못에 던져집니다(계 20:10). 10대 재앙을 통한 통쾌한 승리는, 구속사의 최종 승리를 소망 가운데 바라보게 합니다.

여호와는 영원부터 영원까지 스스로 계신 분이십니다(출 3:14). 여호와는 모든 것에 전능하신, 천상천하에 유일한 분이십니다(신 4:39, 수 2:11, 왕상 8:60). 여호와는 이스라엘 백성과 언약을 맺으시고 (창 15:13-21) 그 언약을 변함없이 성취하시는 유일무이한 구속자이십니다. 그러므로 세상 종말에도 '여호와'이신 하나님께서 반드시 그 언약대로 구속사의 최후 승리를 이루실 것입니다.

4. 10대 재앙의 구조
The structure of the ten plagues

10대 재앙에 대한 기록은 출애굽기 7:14부터 시작하여 출애굽기 12:36에서 끝이 납니다. 각 재앙을 순서대로 정리하면 다음과 같습니다.

1	2	3	4	5
피 재앙	개구리 재앙	이 재앙	파리 재앙	악질 재앙
출 7:14-25	출 8:1-15	출 8:16-19	출 8:20-32	출 9:1-7

6	7	8	9	10
독종 재앙	우박 재앙	메뚜기 재앙	흑암 재앙	장자 재앙
출 9:8-12	출 9:13-35	출 10:1-20	출 10:21-29	출 11:1-10, 12:29-36

(1) '열(10) 가지'로 계획된 완전한 재앙

10대 재앙은 재앙을 내리다 보니까 우연히 열 번에 이른 것이 아니라, 처음부터 하나님의 치밀한 계획대로 의도된 것이었습니다. '10'이란 숫자는 만수(滿數)로서 '부족함이 없이 꼭 필요한 만큼, 가득한 상태'를 뜻합니다.

숫자 10은, 우리가 셈하는 것을 처음 배울 때 손가락이나 발가락을 사용하여 10까지 세는 것으로 우리 모두에게 익숙한 수입니다. 성경에서 10은 매우 상징적인 의미를 지니는데, '충만함, 전체의 완성'을 의미합니다. 성경에서 10을 나타내는 말에는 열을 뜻하는 기수 '에세르'(עֶשֶׂר) 또는 '아사르'(עֲשַׂר; 아람어)와, 열 번째를 의미하는 서수 '아소르'(עֲשׂוֹר)가 있습니다. 10을 의미하는 헬라어는 '데카'(δέκα)입니다. 10에 해당되는 로마 숫자 X는 그리스도의 십자가와 십계명을 연상케 합니다. 메시아 곧 그리스도의 헬라어 '크리스토스'(Χριστός)의 첫 문자 역시 X입니다. 또한 예수의 헬라어 '이에수스'(Ἰησοῦς) 역시 그 첫 문자가 10이라는 수의 값을 가지는 '이오타'(ι)입니다. 10이라는 수의 값을 가지는 열 번째 히브리어 알파벳은 '손'(hand) 또는 손을 포함한 '팔뚝'(forearm) 등을 상징하는 '요드'(י)입니다.

열 가지 재앙을 일으키는 도구로 하나님의 손과 팔이 자주 언급되는 것도 그 심판의 완전성을 강조해 줍니다.

"내가 내 **손**을 애굽에 더하여..."(출 7:4)

"내가 내 **손**을 애굽 위에 펴서..."(출 7:5)

"여호와의 **손**이..."(출 9:3)

"그 **손**의 권능으로..."(출 13:14, 16)

"강한 **손**과 펴신 팔로 인도하여 내신..."(시 136:12)

이처럼 구약성경에서 10수는 전체나 전체의 완성, 완벽한 하나님의 질서를 나타냅니다.

또한 10은 완전하신 하나님의 말씀을 상징한다고 볼 수 있습니다. 하나님의 백성으로서 온전한 삶을 살 수 있는 계명 역시 열 가지로 두 돌판에 기록되었습니다(출 20:1-17, 신 5:6-22). 신약성경에서는 열 처녀 비유(마 25:1-13)와 열 달란트 비유(마 25:14-30), 그리고 예수님께서 열 명의 문둥병 환자를 치료해 주신 말씀이 기록되어 있습니다(눅 17:11-19).

더불어 10은 성도들이 견디고 이겨 내어야 할 시험과 환난의 기간을 뜻하기도 합니다(단 1:12-16, 계 2:10). 또 예언서에서 10을 통해 하나님을 대적하는 짐승의 실체를 설명하기도 합니다(단 7:20, 24, 계 12:3, 13:1, 17:3, 7, 12, 16).

그러므로 애굽 땅에 내린 하나님의 열 가지 재앙은 하나님의 완벽한 뜻이었습니다. 아홉째 재앙이 끝났을 때, "... 내가 이제 한 가지 재앙을 바로와 애굽에 내린 후에야 그가 너희를 여기서 보낼지라"(출 11:1)라고 말씀하셨습니다. 이것은 이미 하나님께서 열 가지 재앙을 작정하셨음을 보여 줍니다. 하나님께서는 자기 백성을 학대하는 애굽에 열 가지 재앙을 다 내리신 후에 이스라엘을 출애굽 시키기로 의도하신 것입니다.

10대 재앙은 하나님의 의도를 보여 주는 몇 가지 독특한 구조를 가지고 있습니다.

(2) 3-3-3-1 구조[15)]

열 가지 재앙은 하나님께서 간접적으로 행하신 첫 번째부터 아홉 번째 재앙까지와 직접적으로 행하신 열 번째 재앙으로 나뉘며, 첫 번째부터 아홉 번째 재앙은 다시 세 그룹으로 나눌 수 있습니다.

간접 재앙			직접 재앙
제 1 그룹	**제 2 그룹**	**제 3 그룹**	
① 피	④ 파리	⑦ 우박	
② 개구리	⑤ 악질	⑧ 메뚜기	⑩ 장자
③ 이	⑥ 독종	⑨ 흑암	

여기에 나타난 특징은 다음과 같습니다.

첫째, 각 그룹에서 첫 번째로 일어난 재앙(피, 파리, 우박)은 아침에 그 재앙이 예고되었습니다(출 7:15, 8:20, 9:13).

둘째, 첫 번째 그룹에서 재앙을 일으킨 실행자는 아론이었습니다(출 7:19-20, 8:5-6, 16-17). 이것은 다분히 모세를 대신한 아론과 바로를 대신한 박수와 술객들과의 싸움이기도 했습니다. 그런데 첫 번째 피 재앙과 두 번째 개구리 재앙에서 박수와 술객들이 흉내를 내었지만, 세 번째 이 재앙에서는 흉내 내지 못했습니다(출 7:22, 8:7, 18). 이것은 결국 아론이 승리하였음을 나타내는 것입니다. 오늘날 성도들은 하나님의 대리인으로 이 땅에서 사단의 세력과 싸우고 있습니다. 아론이 오직 하나님의 능력으로 승리하였듯이, 하나님을 의지하는 백성은 반드시 승리할 것입니다(시 18:29).

셋째, 각 그룹의 첫 번째와 두 번째 재앙은 미리 예고가 되었지만, 세 번째 일어난 재앙(이, 독종, 흑암)은 아무런 예고 없이 재앙이 진행되었습니다(출 8:16-17, 9:8-10, 10:21-22).

넷째, 하나님께서 아홉 번의 간접적인 재앙 다음에 마지막으로 직접적인 장자 재앙을 일으키신 것은, 바로와 애굽 사람들에게 자발적인 복종의 기회를 주시기 위함이었습니다. 그러나 그들이 끝까지 거부하자, 하나님께서 마침내 직접적 재앙을 통해서 이스라엘 백성을 출애굽 시키시고 자신이 전능하신 여호와이심을 알리셨습니다(참고-출 11:1, 12:12).

(3) 2-2-2-2-2 구조[16]

10대 재앙은 두 가지 재앙씩 서로 묶인 구조를 보여 주기도 합니다. 같은 성격을 지닌 재앙끼리 둘씩 묶을 수 있습니다. 첫 번째와 두 번째 재앙은 '나일강'에서 일어난 재앙입니다. 세 번째와 네 번째 재앙은 '생물'에 의한 재앙입니다. 다섯 번째와 여섯 번째는 '질병'의 재앙입니다. 일곱 번째와 여덟 번째는 '재난'의 재앙입니다. 아홉 번째와 열 번째는 '캄캄함과 죽음'의 재앙입니다. 장자 재앙은 밤중에 일어났습니다(출 12:29). 이것을 표로 정리하면 다음과 같습니다.

1 그룹		2 그룹		3 그룹		4 그룹		5 그룹	
피	개구리	이	파리	악질	독종	우박	메뚜기	흑암	장자
강(江) 재앙		생물 재앙		질병 재앙		재난 재앙		죽음 재앙	

특히 이 구조에서 **1그룹**과 **5그룹**은 장자와 관련이 있습니다. 하나님께서는 애굽 사람들이 하나님의 장자 이스라엘(출 4:22)을 나일강에서 죽인 것을 심판하시기 위하여 **1그룹**의 재앙을 나일강에서

일으키셨습니다(출 1:22, 7:20, 8:6). 그리고 **5그룹**의 재앙에서 애굽의 모든 장자들을 죽이셨습니다. 이것은 애굽의 신인 바로의 장자를 죽인 재앙이며, 나아가 하나님의 장자 아담을 타락시킨 사단에 대한 복수였습니다(출 11:5, 12:29-30, 시 78:51, 105:36).

1그룹의 개구리 재앙을 말씀할 때 사용된 '치다'(출 8:2)는 히브리어 '나가프'(נָגַף)로, 5그룹의 장자 재앙에서 애굽의 장자를 치실 때도 사용되었습니다(출 12:13, 23, 27). 이 단어는 아주 강력한 의미로 하나님의 심판이 치명적임을 보여 줍니다. 또한 1그룹의 개구리 재앙에서 개구리가 죽으므로 사람들이 모아 무더기로 쌓으니 땅에서 악취가 진동했는데(출 8:14), 이것은 5그룹의 장자 재앙 때 애굽의 장자들의 죽음으로 말미암아 사망의 악취가 진동하게 됨을 연상하게 합니다(출 12:30).

(4) 1-4-4-1 구조[17]

고대 애굽에서는 대략 80여 개의 신들을 섬겼는데, 그들의 영역은 크게 나일강과 하늘과 땅으로 구분되었습니다.

그런데 10대 재앙은 이 세 영역 속에서 발생했습니다. 첫 번째 피재앙은 나일강에서 발생하였으며(출 7:17), 두 번째 개구리 재앙부터 다섯 번째 악질 재앙까지는 땅에서 발생하였습니다(출 8:5-7, 16, 24, 9:5-6). 여섯 번째 독종 재앙부터 아홉 번째 흑암 재앙까지는 하늘에서 발생하였습니다(출 9:8, 22, 10:15, 21). 마지막으로 열 번째 장자 재앙은 하늘과 땅에서 발생하였습니다.

장자 재앙에 대하여 출애굽기 12:29에서 "밤중에 여호와께서 애굽 땅에서 모든 처음 난 것 곧 위에 앉은 바로의 장자로부터 옥에 갇힌 사람의 장자까지와 생축의 처음 난 것을 다 치시매"라고 말씀하고 있습니다. 여기에서 당시 애굽 왕 바로는 신으로 인식되었습니다. 바로의 장자를 치신 것은 곧 하늘 차원으로 신봉되는 존재를 치신 것으로 이해할 수 있습니다. 또 '옥에'는 히브리어 '베베트 하보르'(כְּבֵית הַבּוֹר)로, '웅덩이 집에'란 뜻입니다. 이것은 땅에 있는 깊은 웅덩이를 감옥으로 사용한 데서 유래하였는데, 요셉이나 예레미야 선지자도 이런 웅덩이에 갇힌 적이 있습니다(창 40:15, 렘 38:6). 그러므로 장자 재앙은 하늘과 땅을 모두 심판하시는 재앙이었습니다.

1 피	2 개구리	3 이	4 파리	5 악질	6 독종	7 우박	8 메뚜기	9 흑암	10 장자
나 일 강	땅에서 일어난 재앙				하늘에서 일어난 재앙				하늘 / 땅

이렇게 하나님께서는 분명한 의도와 순서를 통해서 10대 재앙을 일으키셨습니다. 하나님께서는 단 한 번의 재앙으로 애굽을 굴복시킬 수 있는 능력을 가지고 계십니다. 그러나 열 번의 재앙을 통하여 이스라엘의 출애굽을 실현시키신 이유는, 하나님의 능력이 부족해서가 아니라, 하나님께서 하나님의 위대한 능력을 철저히 나타내시고 그 이름을 온 천하에 전파하시기 위한 것이었습니다(롬 9:17). 또한 앞으로 전개될 구속사 속에서도 하나님과 사단 사이에 계속적인 전쟁이 있을 것을 암시하는 것입니다.

출애굽기 9:15-16 "내가 손을 펴서 온역으로 너와 네 백성을 쳤더면 네가 세상에서 끊어졌을 것이나 16내가 너를 세웠음은 나의 능력을 네게 보이고 내 이름이 온 천하에 전파되게 하려 하였음이니라"

열 번째 장자 재앙을 통해서 바로와 애굽 백성이 완전히 항복하였듯이, 구속사의 마지막 날 사단과 그 악의 세력은 완전히 멸망하고 말 것입니다(계 20:10). 그러므로 성도에게는 끝까지 견디는 인내가 필요합니다(마 24:13, 히 10:36). 죽도록 충성하는 성도(계 2:10)는, 마침내 하나님께서 주시는 최종 승리에 감사 감격하며, 영원한 하나님 나라의 주인공이 될 것입니다.

5. 10대 재앙의 대상
The target of the ten plagues

(1) '애굽 땅'

10대 재앙이 진행되면서 성경에서 가장 많이 그리고 분명하게 강조되어 있는 재앙의 대상이 있다면 바로 '애굽 땅'입니다. 노아 때의 홍수 심판에서도 그 심판의 대상은 '패괴하고 강포가 충만한 땅'이었습니다.

> **창세기 6:11-12** "때에 온 땅이 하나님 앞에 패괴하여 강포가 땅에 충만한지라 ¹²하나님이 보신즉 땅이 패괴하였으니 이는 땅에서 모든 혈육 있는 자의 행위가 패괴함이었더라"

그러므로 열 가지 재앙에서 각 재앙이 '애굽 땅'에 내려진 사실은 구속사적으로 중요한 교훈을 주고 있으며, 각 재앙별로 그것을 집중적으로 살펴보는 것은 큰 의의가 있습니다.

① 피 재앙에서 "그것들이 피가 되리니 **애굽 온 땅**에와 나무 그릇에와 돌 그릇에 모두 피가 있으리라"라고 말씀하고 있습니다(출

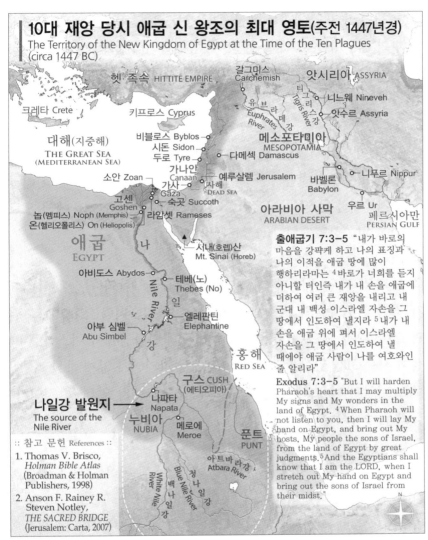

10대 재앙 당시 애굽 신 왕조의 최대 영토(주전 1447년경)
The Territory of the New Kingdom of Egypt at the Time of the Ten Plagues (circa 1447 BC)

헷 족속 HITTITE EMPIRE

갈그미스 Carchemish

앗시리아 ASSYRIA

크레타 Crete

키프로스 Cyprus

유브라데 강 Euphrates River

티그리스 강 Tigris River

니느웨 Nineveh

앗수르 Assyria

대해(지중해) THE GREAT SEA (MEDITERRANEAN SEA)

비블로스 Byblos
시돈 Sidon
두로 Tyre

메소포타미아 MESOPOTAMIA

가나안 Canaan

다메섹 Damascus

소안 Zoan

가사 Gaza

예루살렘 Jerusalem

사해 DEAD SEA

바벨론 Babylon

니푸르 Nippur

고센 Goshen

숙곳 Succoth

라암셋 Rameses

놉(멤피스) Noph (Memphis)
온(헬리오폴리스) On (Heliopolis)

아라비아 사막 ARABIAN DESERT

우르 Ur

페르시아만 PERSIAN GULF

애굽 EGYPT

나일 River 일 강

서내(호렙)산 Mt. Sinai (Horeb)

아비도스 Abydos

테베(노) Thebes (No)

아부 심벨 Abu Simbel

엘레판틴 Elephantine

홍해 RED SEA

출애굽기 7:3-5 "내가 바로의 마음을 강퍅케 하고 나의 표징과 나의 이적을 애굽 땅에 많이 행하리라마는 [4] 바로가 너희를 듣지 아니할 터인즉 내가 내 손을 애굽에 더하여 여러 큰 재앙을 내리고 내 군대 내 백성 이스라엘 자손을 그 땅에서 인도하여 낼지라 [5] 내가 내 손을 애굽 위에 펴서 이스라엘 자손을 그 땅에서 인도하여 낼 때에야 애굽 사람이 나를 여호와인 줄 알리라"

Exodus 7:3-5 "But I will harden Pharaoh's heart that I may multiply My signs and My wonders in the land of Egypt. [4] When Pharaoh will not listen to you, then I will lay My hand on Egypt, and bring out My hosts, My people the sons of Israel, from the land of Egypt by great judgments. [5] And the Egyptians shall know that I am the LORD, when I stretch out My hand on Egypt and bring out the sons of Israel from their midst."

나일강 발원지 The source of the Nile River

구스 CUSH (에티오피아)

나파타 Napata

누비아 NUBIA

메로에 Meroe

푼트 PUNT

:: 참고 문헌 References ::
1. Thomas V. Brisco, *Holman Bible Atlas* (Broadman & Holman Publishers, 1998)
2. Anson F. Rainey R. Steven Notley, *THE SACRED BRIDGE* (Jerusalem: Carta, 2007)

아트바라 강 Atbara River

청나일 강 Blue Nile River

백나일 강 White Nile River

N

* 각 방향별 경계는 대략적인 것임

7:19下). 피 재앙으로 "애굽 온 땅"에 피가 가득하며 마실 물이 없었고, 하수물이 다 피로 변하여 고기가 죽고 물에서는 악취가 나게 되었습니다(출 7:20-21).

② 개구리 재앙에서는 애굽 물들(강들, 운하, 못)에서 올라온 엄청 난 수의 개구리들로 "**애굽 온 땅**"이 덮였습니다(출 8:5-6). 또 개구리 가 물러간 후에는 그 죽은 시체를 무더기로 쌓으니 "**땅에서**" 악취 가 진동했습니다(출 8:13-14).

③ **이 재앙**에서 티끌을 치면 그것이 "**애굽 온 땅**에서 이가 되리 라"(출 8:16ᵀ)라고 말씀하신 대로, 아론이 지팡이를 들어 땅의 티끌 을 치자 "**애굽 온 땅**의 티끌이 다 이가 되어 사람과 생축에게 오르 니"라고 말씀하였습니다(출 8:17ᵀ).

④ **파리 재앙**에서 파리떼를 보내자 애굽 사람의 집집에 파리떼 가 가득하며 그들의 거하는 **땅에도** 그러하였습니다(출 8:21). 그 결 과, **땅**이 해를 받았습니다(출 8:24ᵀ). 이때 하나님께서 이스라엘 백 성이 사는 고센 땅을 구별하여 그곳에는 파리떼가 없게 하셨고, "이 로 말미암아 나는 세상 중의 여호와인 줄을 네가 알게 될 것이라" 라고 말씀하셨습니다(출 8:22).

⑤ **악질 재앙**에서 '애굽 땅의 들에 있는 생축'이 모두 죽었습니 다(출 9:3, 6). 이때 하나님께서 이스라엘의 생축과 애굽의 생축을 구 별하시므로 애굽의 모든 생축은 죽었으나 이스라엘 자손의 생축은 하나도 죽지 않았습니다(출 9:4, 6-7).

⑥ **독종 재앙**에서 풀무 두 움큼의 재가 "**애굽 온 땅**의 티끌" 이 되어 "**애굽 온 땅**"의 사람과 짐승에게 붙어 독종이 발했는데(출 9:9), 술객들로부터 애굽 모든 사람에게 발하였습니다(출 9:11).

⑦ **우박** 재앙에서 애굽 땅의 사람과 짐승과 밭의 모든 채소에 우박이 내리고 불을 내려 **땅**에 달리게 하시므로, 밭에 있는 모든 채소를 치고 모든 나무를 꺾었습니다(출 9:22-25). 그러나 이스라엘 자손이 거한 고센 땅에는 우박이 없었습니다(출 9:26).

⑧ **메뚜기** 재앙에서 바로의 집들과 바로의 모든 신하의 집들과 모든 애굽 사람의 집들에 메뚜기가 가득했습니다(출 10:6). 유례 없는 메뚜기가 지면을 덮어서 우박에 상하지 않은 밭의 모든 채소를 먹으므로(출 10:5, 12), **"애굽 온 땅"**에 푸른 것은 남지 않았습니다(출 10:15).

⑨ **흑암** 재앙에서 '애굽 온 땅 위에' 더듬을 만한 흑암이 덮인 3일 동안 사람이 서로 볼 수 없었고, 자기 처소에서 일어나는 자가 없었습니다. 그러나 이스라엘 자손이 거하는 곳에는 광명이 있었습니다(출 10:21-23).

⑩ **장자** 재앙에서 "밤중에 여호와께서 애굽 땅에서 모든 처음 난 것 곧 위에 앉은 바로의 장자로부터 옥에 갇힌 사람의 장자까지와 생축의 처음 난 것을 다 치시매 그 밤에 바로와 그 모든 신하와 모든 애굽 사람이 일어나고 애굽에 큰 호곡이 있었으니 이는 그 나라에 사망치 아니한 집이 하나도 없었음이었더라"라고 말씀하고 있습니다(출 12:29-30).

하나님께서 애굽의 땅을 치신 것은, 그 땅이 죄로 더럽혀진 땅이었기 때문입니다. 전술한 대로, 애굽 땅은 죄가 관영한 땅이었습니다. 그 땅을 더럽힌 죄는 선민 이스라엘을 교활하게 괴롭히고 죽인 죄요(시 105:25), 선민 이스라엘을 비인간적으로 학대한 죄요, 애굽에 관영한 우상 숭배의 죄였습니다. 성경을 볼 때, 죄가 있으면 땅이 더럽혀집니다. 성경 곳곳에서 '죄악이 심히 중하여 땅에 피가 가득하다'고 기록하고 있습니다(대상 22:8, 스 9:11, 사 26:21, 겔 7:23, 9:9).

땅이 더럽혀지는 죄악은 구체적으로 다음과 같습니다.

첫째, **음행**으로 땅이 더럽혀집니다(렘 3:1-2, 9, 계 19:2).

둘째, **피 흘림**으로 땅이 더럽혀집니다(민 35:33, 시 106:38, 사 26:21, 겔 7:23, 9:9, 36:18).

셋째, **가증한 일**들로 땅이 더럽혀집니다(레 18:27, 신 24:4, 스 9:11).

넷째, **사체(死體)**로 인하여 땅이 더럽혀집니다(신 21:23, 렘 16:18).

다섯째, **우상 숭배**로 인하여 땅이 더럽혀집니다(시 106:38, 겔 36:18).

여섯째, **율법을 어기고 언약을 파함**으로 땅이 더럽혀집니다(사 24:5).

이처럼 땅은 땅 위에서 사람이 범한 모든 죄의 확실한 증인으로서, 그 내용을 다 알고 증거합니다(신 4:26, 30:19, 31:28, 32:1). 가인이 아벨을 죽였을 때도 땅은 그 내용을 증거하였습니다. 창세기 4:10-11에서 "... 네 아우의 핏소리가 땅에서부터 내게 호소하느니라 땅이 그 입을 벌려 네 손에서부터 네 아우의 피를 받았은즉" 이라고 말씀하고 있습니다. 이사야 26:21에서 "땅이 그 위에 잦았던 피를 드러내고 그 살해 당한 자를 다시는 가리우지 아니하리라"라고 말씀하

고 있습니다. 욥기 20:27에 "하늘이 그의 죄악을 드러낼 것이요 땅
이 일어나 그를 칠 것인즉"이라고 말씀하였습니다. 여기 '드러내다'
는 히브리어 '갈라'(גָּלָה)의 피엘(강조)형으로, '폭로하다, 적발하다,
노출시키다'라는 뜻입니다. '일어나다'는 히브리어 '쿰'(קוּם)의 재
귀분사형으로, 단순히 일어서는 동작이라기보다, 법정에서 검사가
죄인의 죄를 지적하기 위해 일어서거나 증인이 죄인의 죄를 입증할
단서를 확실히 증언하기 위해 일어서는 것을 의미합니다. 욥은 고
통 중에 있으면서 자신의 안타까운 형편에 대하여 "땅아 내 피를 가
리우지 말라 나의 부르짖음으로 쉴 곳이 없게 되기를 원하노라"라
고 절절하게 호소하였습니다(욥 16:18). 땅으로 하여금 자신의 피, 곧
그의 마음에 사무친 원한과 억울함을 분명하게 드러내 달라는 것입
니다. 현대인의성경에는 "땅이여, 내 피를 숨기지 말고 그 피가 나를
위해 계속 부르짖게 해 다오"라고 번역하였습니다.

이처럼 죄가 관영하여 더럽혀진 땅은 마침내 심판을 부르게 됩
니다. 노아 시대 홍수 심판의 원인도, 창세기 6:11-12에 "때에 온
땅이 하나님 앞에 패괴하여 강포가 땅에 충만한지라 하나님이 보
신즉 땅이 패괴하였으니 이는 땅에서 모든 혈육 있는 자의 행위
가 패괴함이었더라"라고 기록하고 있습니다. 홍수 심판은 땅에 죄
악이 관영하고 폭력이 가득 찼기 때문에 내려진 것이었습니다(창
6:5).

이렇게 애굽에 내린 10대 재앙의 대상이 지속적으로 '땅'으로 강
조되고 있는 이유는, 애굽의 죄악이 심히 중하여 땅에 피가 가득
했기 때문입니다. 성경은, 땅을 죄로 더럽히면 그 땅이 범죄한 그
거민을 토해 버린다는 준엄한 경고를 자주 말씀하고 있습니다(레
18:25, 28, 20:22). 애굽 땅은 우상 숭배로 가득한 땅이었고, 선민 이스

라엘을 학대하고 괴롭게 하며 고역으로 압제하고, 심지어 선민 이스라엘의 번성을 강제로 막기 위해 사내아이를 공개적으로 학살한 땅이었습니다(출 1:8-22, 2:23, 5장, 신 26:5-6, 행 7:34). 이처럼 죄악의 피로 더럽혀진 땅이었기 때문에, 하나님께서 그 땅에 10대 재앙을 내려 철저하게 응징하신 것입니다.

(2) 애굽 땅의 "들"

시편 78:43에서 "그때에 하나님이 애굽에서 그 징조를, 소안 들에서 그 기사를 나타내사"라고 말씀하고 있습니다. 징조(אוֹת, 오트)와 기사(מוֹפֵת, 모페트)는 애굽에 내리신 열 가지 재앙을 말합니다. 여기에서 10대 재앙의 대상은 애굽인데, 특히 소안의 들을 강조하고 있습니다. "소안"(Zoan)은 헬라 시대에 '타니스'(Tanis)로 불린 곳으로, 애굽 북부 나일강 하류 삼각주에 위치한 평원 지대였습니다(민 13:22, 시 78:12). 소안은 바로와 그의 신하들(방백들)과 거처했던 애굽의 중심지로 보입니다(사 19:11, 13, 30:4).[18]

"들"은 히브리어 '사데'(שָׂדֶה)이며, '들, 밭, 땅, 바깥'이라는 뜻으로, '성읍' 혹은 '집안'과 대조되는 장소 개념입니다(신 28:3, 16, 왕상 16:4, 21:24). "들"은 온갖 야생 짐승과 도적들의 위협, 그리고 배고픔과 목마름 등과 싸워야 하며 사람이 보호받지 못하는 곳입니다(미 4:10). 환난이 닥칠 때 성읍(집안)에 거하면 안전하고 또 보호를 받지만, "들"에 있으면 보호를 받지 못하고 비참한 신세가 됩니다.

애굽에 내린 10대 재앙 중에 재앙이 임한 장소가 "들"로 제한된 경우가 세 번인데, 5번째 악질 재앙, 7번째 우박 재앙, 8번째 메뚜기 재앙입니다.

첫째, 악질 재앙 시에 "들"에 있는 생축이 죽었습니다.

출애굽기 9:3에서 "여호와의 손이 들에 있는 네 생축 곧 말과 나귀와 약대와 우양에게 더하리니 심한 악질이 있을 것이며"라고 경고하셨는데, 이튿날에 하나님께서 이 일을 행하시므로 애굽의 모든 생축이 죽었습니다(출 9:6). 악질 재앙은 이제까지의 재앙과 달리 그 기한을 정하여 "내일 이 땅에서 이 일을 행하리라"라고 경고하셨습니다(출 9:5). 그리고 그 말씀대로 하루가 지나 "이튿날" 행하여졌습니다(출 9:6). 만일 이 경고를 믿었다면 '내일'이 오기 전에 들에 있는 생축들을 피하여 들일 수 있었을 것입니다. 재앙이 쏟아지기 전에, 회개의 기회를 끝까지 줌으로써 생명의 피해를 최대한 줄이시려는 하나님의 깊은 배려가 있었습니다. 이처럼 악질 재앙을 내리는 본질적 목적은 생축들의 생명을 많이 잃게 하려는 데 있지 않고, 이스라엘 생축과 애굽 생축을 뚜렷하게 구별함으로써 바로로 하여금 하나님을 두렵게 알고 이스라엘을 내어 보내게 하려는 것이었습니다(출 9:1, 4).

둘째, 우박 재앙 때에 "들"에 있는 사람과 짐승을 쳤으며, "들"에 있는 모든 채소를 쳤으며, "들"에 있는 모든 나무를 꺾었습니다.

출애굽기 9:19에서 "이제 보내어 네 생축과 네 들에 있는 것을 다 모으라 사람이나 짐승이나 무릇 들에 있어서 집에 돌아오지 않은 자에게는 우박이 그 위에 내리리니 그것들이 죽으리라 하셨다 하라"라고 경고하셨습니다. 여기 "들"도 역시 히브리어 '사데'(הַשָּׂדֶה)입니다. 이 경고대로 우박 재앙이 들에 쏟아졌습니다. 출애굽기 9:25에서 "우박이 애굽 온 땅에서 사람과 짐승을 무론하고 무룻 밭(사데)에 있는 것을 쳤으며 우박이 또 밭(사데)의 모든 채소를 치고 들(사데)의 모든 나무를 꺾었으되"라고 말씀하고 있습니다. 그러므로 사람과 짐승뿐 아니라 풀과 나무라 해도 집안에서 키우는 것들은 피해를 입지 않고, 집 바깥에 있는 것들만 재앙을 당하여 쓰러진 것입니다.

우박 재앙 때에 바로의 신하들 가운데 하나님의 경고를 듣고 종들과 생축을 들에 두지 않고 집안으로 들여온 사람들이 있었습니다. 출애굽기 9:20-21에서 "바로의 신하 중에 여호와의 말씀을 두려워하는 자들은 그 종들과 생축을 집으로 피하여 들였으나 여호와의 말씀을 마음에 두지 아니하는 자는 그 종들과 생축을 들에 그대로 두었더라"라고 말씀하고 있습니다. 출애굽기 9:20의 "피하여 들였으나"에 쓰인 히브리어 '누스'(נוּס)는, '도망하다, 달아나다'라는 뜻입니다. 이 단어는 소돔 성 멸망 시에 롯이 작은 소알 성으로 도망갈 때(창 19:20, 22), 그리고 이스라엘 백성들 중 우발적 살인을 저지를 자들이 도피성으로 피할 때(민 35:6, 11, 15, 25-26, 32) 사용되었습니다.

인자의 임함은 롯의 때와 같습니다(눅 17:28-30). 세상 종말에도 '들'과 같은 세상 바벨론을 멸하실 때(계 18:2), 분명 성도들이 피할 작은 성을 예비해 주실 것입니다. 해를 입은 여자가 큰 독수리의 두 날개를 받아 뱀의 낯을 피하여 날아가 광야 자기 곳으로 도피하였습니다(계 12:14). 하나님의 말씀을 두려워하는 자들은 어떤 환난 속에서도 하나님의 도피처에서 안전하게 보호를 받게 됩니다.

셋째, 메뚜기 재앙 때에 메뚜기들이 "들"의 채소와 나무 열매를 다 먹었습니다.

출애굽기 10:15에서 "메뚜기가 온 지면에 덮여 날으매 땅이 어둡게 되었고 메뚜기가 우박에 상하지 아니한 밭의 채소와 나무 열매를 다 먹었으므로 애굽 전경에 나무나 밭(사데)의 채소나 푸른 것은 남지 아니하였더라"라고 말씀하고 있습니다(출 10:5).

우박 재앙에서 말씀을 마음에 두지 않고 그 종들과 생축을 들에 두었다가 죽게 한 자와, 말씀을 두려워하며 그 종들과 생축을 집으로 피하여 들임으로 안전하게 보호받게 한 이들의 뚜렷한 대조를 볼 수 있습니다. 이것은 "들"(שָׂדֶה, 사데) 사람 에서와 장막에 거하였던 "종용한"(תָּם, 탐: 완전한, 경건한) 사람 야곱의 모습을 생각나게 합니다(창 25:27). 야곱은 장막(집)에 머물면서 말씀을 듣고 배우기를 좋아했고, 에서는 집보다 들에 나가기를 좋아했습니다. 결국, 에서는 장자의 명분을 경홀히 여기다가 떡과 팥죽 한 그릇으로 동생 야곱에게 장자권을 팔아 버리고 말았습니다(창 25:31-34). 또한 아브라함이 육신의 생각으로 낳은 아들 이스마엘은 '사람 중에 들나귀같이 된다'는 저주를 받았고(창 16:12), 반면에 이삭은 아브라함과 더불어 '장막'에 거하였습니다(히 11:9).

경건한 성도는 '들'과 같은 세상에 거하지 말고, '집'과 같은 하나님의 장막, 곧 하나님의 교회(딤전 3:15)에 머물기를 힘쓰고 기뻐해야 합니다. 왜냐하면 '들'은 재앙이 내리는 위험한 장소요, '집'은 재앙을 피할 안전한 도피처이기 때문입니다.

(3) "함 땅"

성경에서는 10대 재앙의 대상인 애굽을 "함 땅"이라고 부르고 있습니다. 시편 78:51에서 "함의 장막", 시편 105:23, 27, 106:22에서 "함 땅"이라고 기록하고 있습니다. '함'(חָם)은 히브리어로 '검은, 뜨거운'이란 뜻입니다. 그렇다면 하나님께서 10대 재앙으로 치신 애굽을 시편에서 "함 땅"이라고 부르신 이유는 무엇입니까?

첫째, 애굽 사람의 조상인 '미스라임'이 함의 아들이기 때문입니다.

　창세기 10:6에서 "함의 아들은 구스와 미스라임과 붓과 가나안이요"라고 말씀하고 있습니다. 여기 '미스라임'(מִצְרַיִם)은 애굽인의 조상입니다. '미스라임'이 복수 형태로 표기된 것은 애굽이 '상(上) 애굽'과 '하(下) 애굽'으로 되어있기 때문입니다.

　'구스'(כּוּשׁ, 쿠쉬: 검다)는 함의 장자로, 니므롯의 아버지입니다(창 10:8). 구스는 고대 에디오피아 족속으로 알려져 있습니다. '붓'(פּוּט, 푸트: 활)은 리비아 지역에 거주하였습니다. 가나안(כְּנַעַן, 케나안: 낮은 땅)은 가나안 족속의 조상이었습니다. 이들 가운데 가장 많은 영토와 권력을 가진 애굽의 조상이 바로 미스라임입니다. 그러므로 애굽을 '함 땅'이라고 부른 것은 애굽이 함과 그의 자손을 대표하는 땅이었기 때문입니다.

　창세기 10장에 나오는 함의 아들들의 족보는 '이해도움 3'의 도표를 참조하시기 바랍니다.

둘째, 애굽이 하나님의 뜻을 거역하고 무시하는 나라이기 때문입니다.

　함은 노아의 둘째 아들로, 홍수 후에 노아가 포도주를 마시고 장막 안에서 벌거벗었을 때 아비의 하체를 보고 밖으로 나가서 그것을 고하였습니다(창 9:20-22). 창세기 9:22의 "고하매"는 히브리어 '나가드'(נָגַד)로, '알리다, 선포하다'라는 뜻입니다. 그는 아버지의 허물을 덮어 주었던 셈과 야벳과는 달리(창 9:23), 아버지의 허물을 바깥 세상에 알리는 데 앞장섰던 자입니다. 특히 히브리어 '나가드'가 '험담하다, 배신하다'(욥 17:5)와 '해설하다'라는 뜻으로 쓰인 경우가 있는 것을 볼 때(창 41:24, 삿 14:19), 함은 아버지 노아에 대하여 마치 무슨 비밀이라도 얻은 것처럼 자신의 설명을 추가하면서 부풀려 공개함으로 아버지를 욕되게 한 것입니다. '함'이 아버지 노아로부터 저주를 받은 후, 그 이름은 '아버지를 대적하고 무시하는 자'의 대명사로 사용되었습니다.

그런데 함의 자손 가운데 애굽인의 조상인 미스라임은 역사상 하나님을 가장 대적하고 무시하는 나라로 등장하였기 때문에, 애굽을 특별히 "함 땅"이라고 불렀습니다. 바로는 모세와 아론으로부터 "하나님 여호와의 말씀에 내 백성을 보내라"라는 말씀을 듣고도 (출 5:1), "여호와가 누구관대 내가 그 말을 듣고 이스라엘을 보내겠느냐 나는 여호와를 알지 못하니 이스라엘도 보내지 아니하리라"라고 말하면서 하나님을 대적하고 무시하였습니다(출 5:2). 그 결과, 하나님께서는 10대 재앙을 통해서 "함 땅"인 애굽을 심판하셨던 것입니다(시 106:22). 시편 105:27에서도 "저희가 그 백성 중에 여호와의 표징을 보이고 함 땅에서 기사를 행하였도다"라고 말씀하고 있습니다. 하나님을 거역하고 무시하는 땅은 반드시 심판을 받게 됩니다.

셋째, 함과 그의 자손에 대한 노아의 예언이 애굽에서 성취되었기 때문입니다.

노아는 술이 깬 다음에 함이 자기에게 행한 일을 알고(창 9:24), "이에 가로되 가나안은 저주를 받아 그 형제의 종들의 종이 되기를 원하노라"라고 선언했고(창 9:25), 이어서 창세기 9:26에서 "... 가나안은 셈의 종이 되고"라고 선언했습니다. 여기에서 중요한 말씀은 '가나안은 셈의 종이 된다'는 말씀입니다. 셈족인 이스라엘이 애굽의 지배하에 있는 상태에서는 이 말씀이 이루어질 수 없습니다. 이 말씀이 이루어지기 위해서는 이스라엘이 출애굽 하여 가나안으로 들어가 가나안 족속을 정복해야 합니다. 따라서 애굽 땅은 함과 그의 자손에 대한 노아의 예언을 성취시키는 땅이므로, 이런 의미에서 "함 땅"이라고 부르기도 하는 것입니다.

하나님께서 400년 동안 "함 땅"의 지배 아래 있었던 하나님의 장자 이스라엘 백성을 가나안으로 인도하여 하나님의 언약을 성취하셨듯이, 오늘날도 "함 땅"과 같은 세상에서 사단의 지배 아래 종노릇하는 하나님의 백성을 천국으로 인도하여 하나님의 언약을 성취하실 것입니다.

한편, 성경에서 "함의 장막"과 "셈의 장막"을 찾아볼 수 있는데, "함의 장막"은 심판을 받았으며, "셈의 장막"은 축복을 받았습니다. 시편 78:51에서 "애굽에서 모든 장자 곧 함의 장막에 있는 그 기력의 시작을 치셨으나"라고 말씀하고 있고, 창세기 9:26-27에서 "셈의 하나님 여호와를 찬송하리로다... 하나님이 야벳을 창대케 하사 셈의 장막에 거하게 하시고"라고 말씀하고 있습니다. "셈의 장막에 거하게 하시고"(וְיִשְׁכֹּן בְּאָהֳלֵי־שֵׁם)는 히브리어 원문에 '그리고 그는 셈의 장막들에 거하게 될 것이다'라는 뜻으로, '그'를 야벳으로 볼 수도 있고 하나님으로 볼 수도 있습니다. 월터 카이저(Walter Kaiser)는 '그'를 하나님으로 보고 '하나님께서 셈의 장막에 거하신다'라고 해석하였습니다.[19] 아버지 노아가 포도주에 취해 벌거벗고 있을 때, 셈과 야벳은 옷을 취하여 뒷걸음쳐 들어가서 노아의 하체를 보지 않고 덮어 주었습니다. 이렇게 셈과 야벳은 아버지의 허물을 덮어 주는 아들들이 되었기에 축복을 받았던 것입니다.

넷째, **애굽은 반드시 떠나야 하는 객(客)의 땅이기 때문입니다.**

애굽은 셈족인 이스라엘의 땅이 아니라 함 자손의 땅입니다. 그러므로 이스라엘이 애굽에 머물러서는 안 됩니다. 이스라엘이 가야 할 땅은 가나안 땅입니다. 그래서 성경에서는 "함 땅"을 '우리 땅'이 아니라 '저희 땅'이라고 표현하고 있습니다(시 105:32, 35-36). 시편 105:23에서는 "이에 이스라엘이 애굽에 들어감이여 야곱이 함 땅에 객이 되었도다"라고 말씀하고 있습니다. 여기 "객"은 히브리어 '구르'(גוּר)로, '우거(寓居)하다'라는 뜻입니다. 애굽이 아무리 살기 좋은 곳이라 할지라도 잠시 머물렀다가 떠나야 할 곳에 불과합니다(참고-대상 29:15). 애굽은 이스라엘이 영원히 거할 땅이 아니며 반드시 떠나야 할 땅인 것입니다.

지금도 세상이라는 바로는 성도들로 하여금 하나님의 영원한 언약을 잊어버리게 하고, 함의 장막에 영원히 붙어 살게 하여 자기들을 섬기는 종으로 삼으려고 끊임없이 미혹합니다. "마귀의 올무"에 걸리게 하며(딤전 3:7, 딤후 2:26), '죄'에 얽매여 일생토록 종노릇하게 만듭니다(요 8:34, 히 2:15). 그러나 오늘날 우리는 더 이상 죄에게 종노릇 하지 말고, 하나님을 섬기는 '하나님의 품꾼'으로 살아가야 합니다(레 25:42, 55, 참고-신 6:13, 10:12, 20, 11:13, 13:4, 수 22:5, 마 4:10, 롬 6:22, 히 9:14). 여기 '품꾼'(עֶבֶד, 에베드: 종)은 단순한 노예를 뜻함이 아니고, 하나님의 뜻을 가장 가까이에서 행하고 그 사랑을 받는 자들을 가리킵니다(민 12:7-8, 왕상 11:13). 고린도전서 7:22-23에서 "주 안에서 부르심을 받은 자는 종이라도 주께 속한 자유자요 또 이와 같이 자유자로 있을 때에 부르심을 받은 자는 그리스도의 종이 니라 너희는 값으로 사신 것이니 사람들의 종이 되지 말라"라고 말 씀하고 있습니다.

결론적으로, 창세기 10장에서 야벳의 후손은 14명이 기록되어 있지만(창 10:2-4), 함의 후손은 30명이나 기록되어 있습니다(창 10:6-18). 초기 함의 후손들은 나일강 유역과 고대 팔레스타인 지역을 중심으로 기름진 땅과 광활한 영토를 가지고, 강건한 체력을 바탕으로 풍요와 번영을 구가하였으나, 함이 받은 저주대로(창 9:25-27), 역사가 진행되면서 함의 후손들은 점차 그 세력이 약해져 갔습니다. 이것은 하나님의 구속 역사를 대적하는 세력이 처음에는 아주 강할 것이지만, 마지막에는 저주를 받아 완전히 멸망할 것을 알려 줍니다.

(4) 재앙에서 유일하게 구별되고 보호 받은 "고센 땅"

10대 재앙으로 애굽이 심판을 받을 때 이스라엘 백성이 거하는 고센은 보호를 받았습니다. 네 번째 파리 재앙 때에 출애굽기 8:22에서 "그날에 내가 내 백성의 거하는 고센 땅을 구별하여 그곳에는 파리떼가 없게 하리니 이로 말미암아 나는 세상 중의 여호와인 줄을 네가 알게 될 것이라"라고 말씀하고 있습니다. 여기 "구별하여"는 히브리어 '팔라'(פָּלָה)이며 '차이가 있다, 뚜렷하다'라는 뜻입니다. 일곱 번째 우박 재앙 때에도 고센에는 우박이 없었으며(출 9:26), 아홉 번째 흑암 재앙 때에도 이스라엘 자손이 거하는 고센에는 광명이 있었습니다(출 10:23).

고센은 나일강 삼각주 남동 지역에 위치하여 이스라엘 민족의 생업인 목축을 하기에 알맞은 땅으로, 요셉이 애굽 총리로 있을 때 애굽으로 이주한 야곱의 70가족이 정착하여 출애굽 때까지 거주했던 곳입니다(창 46장, 출 8:22, 9:26). 그곳은 일명 "애굽의 좋은 땅 라암세스"(창 47:11)라고 불렸습니다. '고센'(גֹּשֶׁן)의 이집트어 어원의 뜻은 '태양의 성전'입니다.[20] 애굽 사람들은 태양을 신으로 숭배했지만, 성도들의 참태양은 살아 계신 여호와 하나님이십니다. 시편 84:11에서 "여호와 하나님은 해요 방패시라 여호와께서 은혜와 영화를 주시며 정직히 행하는 자에게 좋은 것을 아끼지 아니하실 것임이니이다"라고 말씀하고 있습니다. 이사야 60:19-20에서도 "다시는 낮에 해가 네 빛이 되지 아니하며 달도 네게 빛을 비취지 않을 것이요 오직 여호와가 네게 영영한 빛이 되며 네 하나님이 네 영광이 되리니 다시는 네 해가 지지 아니하며 네 달이 물러가지 아니할 것은 여호와가 네 영영한 빛이 되고 네 슬픔의 날이 마칠 것임이니라"라고 말씀하고 있습니다.

또한 성도들의 참태양은 예수 그리스도입니다. 누가복음 1:78-79에서 "이는 우리 하나님의 긍휼을 인함이라 이로써 돋는 해가 위로부터 우리에게 임하여 어두움과 죽음의 그늘에 앉은 자에게 비취고 우리 발을 평강의 길로 인도하시리로다 하니라"라고 말씀하고 있습니다. 새 예루살렘에서는 해나 달의 비췸이 쓸데없으니 하나님과 어린 양이 영원한 빛이 되어 주시기 때문입니다(사 30:26, 계 21:23, 22:5). 그러므로 성도는 하나님의 성전, 예수 그리스도의 성전, 성령의 전이 되어야 합니다(고전 3:9, 16, 6:19, 고후 6:16). 이러한 자들은 신령한 고센에 거하는 자가 되어, 요한계시록에 나오는 7인 재앙, 7나팔 재앙, 7대접 재앙 속에서도 반드시 보호와 구원을 받게 됩니다.

The Genealogy of the Sons of Ham (Gen 10)

함 자손의 계보 (창 10장)

　창세기 10:6에서 "함의 아들은 구스와 미스라임과 붓과 가나안이요"라고 말씀하고 있습니다. 그 이후 창세기 10:7-20에 함의 후손 30명을 기록하고 있습니다. 함의 장자 구스(Cush) 자손은 아프리카의 에디오피아 쪽으로, 함의 둘째 아들 미스라임(Mizraim)은 애굽(이집트)의 나일강 유역으로, 함의 셋째 아들 붓(Put)은 지금의 리비아 지역으로 옮겨갔습니다. 함의 넷째 아들 가나안(Canaan)이 자리잡은 곳은 오늘날의 시리아와 레바논, 팔레스타인 지역으로서, 고대 해상 무역의 중심지였습니다.

1. 구스의 자손
The Sons of Cush

인 물	내 용
구스 כּוּשׁ, Χους Cush ——— 검다	① 홍수 후에 노아의 세 아들 중 함의 맏아들로 태어났으며 (창 10:6, 대상 1:8), 바벨탑 건설의 주동자인 니므롯의 아버지이다(창 10:8, 대상 1:10). ② 아프리카의 에디오피아 지역 사람으로 피부가 검다. 성경에서 구스인의 검은 피부는 그 빛깔을 바꿀 수 없다고 말씀한 바 있고(렘 13:23), 아모스 선지자는 이스라엘의 심각한 죄악상을 책망할 때, 구스 족속 같다고 말씀하였다(암 9:7). ③ 이들은 이집트 남부 지역, 즉 오늘날 누비아, 수단, 에디오피아 북부 지역에 거주했다. ④ 모세가 광야의 하세롯에서 구스 여자를 취하자, 그의 누이 미리암과 형 아론이 모세를 악의적으로 비방하다가 하나님의 진노를 받았다(민 11:35, 12:1-16). ⑤ 압살롬이 죽었다는 소식을 다윗에게 전했던 자는 구스 사람이었다(삼하 18:21, 23, 31-32). ⑥ 하나님께서 구스를 이스라엘 대신 속량물로 삼으셨다(사 43:3).

인 물	내 용
	⑦ 에디오피아(구스) 여왕 간다게의 내시가 빌립으로부터 복음을 듣고 세례를 받았다(행 8:26-39).
1 **스바(쎄바)** סְבָא, Σαβα Seba 남자, 술을 즐김	① 노아의 아들 함의 손자이며, 구스의 첫째 아들이다(창 10:7, 대상 1:9). 장대한(키가 큰) 족속이었다(사 45:14). ② 에디오피아 북쪽 누비아 지역에 살던 메로에(Meroe) 족속의 조상인 듯하다. ③ 시편 72:10에는 다시스와 섬의 왕들과 스바와 시바 왕들이 이스라엘 왕에게 '공세'와 '예물'을 바칠 것이라고 예언한다. 이는 절대적 우위에 있는 이스라엘 왕의 독특한 지위를 나타내며, 궁극적으로 영원하신 의의 왕 예수 그리스도를 통해 하나님의 영광이 회복될 것을 가리킨다(사 45:14). ④ 하나님께서 스바를 이스라엘 대신 속량물로 삼으셨다(사 43:3).
2 **하윌라** חֲוִילָה, Ευιλα Havilah 사막의 땅 (모래땅)	① 노아의 아들 함의 손자이며, 구스의 둘째 아들이다(창 10:7, 대상 1:9). ② 노아의 아들 셈의 후손 가운데 에벨의 아들 중 욕단의 자손 중에서 동일한 이름이 있다(창 10:29, 대상 1:23). ③ 지명(地名)으로서의 '하윌라'는 에덴 동산의 네 강 중 비손 강이 흐르던 지역이다(창 2:11). 후에 이스마엘 자손의 거주지(창 25:17-18)가 되었고, 사울이 아말렉 사람을 친 곳이기도 하다(삼상 15:7).
3 **삽다** סַבְתָּא, Σαβαθα Sabtah (불명확)	① 노아의 아들 함의 손자이며, 구스의 셋째 아들이다(창 10:7, 대상 1:9). ② 구스의 다른 후손들 중에 남아라비아와 관계된 이름들이 있는 것을 볼 때, 삽다의 후손들이 살던 지역이 남아라비아(예멘)의 하드라마우트(Hadramaut)의 고대 도시인 사보타(Sabota)일 것으로 추정된다. 이곳은 상업 도시로서 향료의 산지로 유명하고 60개의 신전이 있었다고 한다.

인 물	내 용
4 **라아마** רַעְמָה, Ρεγμα Raamah ——— (바다의) 요동, 떨림, 전율	① 노아의 아들 함의 손자이며, 구스의 넷째 아들이고, 스바 와 드단의 아버지이다(창 10:7, 대상 1:9). ② 스바(쉐바)와 라아마는 고대 아라비아 상인 중 장사 수 완이 뛰어난 부족으로 유명했으며, 두로 주민을 대상으 로 고급 향재료와 각종 보석과 황금을 무역하였다(겔 27:22). ③ 그들이 거했던 곳은 아라비아 남서부의 라아마로 추정 된다.
4-1 **스바(쉐바)** שְׁבָא Σαβα Sheba ——— (불명확)	① 노아의 아들 함의 증손자이며, 구스의 넷째 아들 라아마 의 첫째 아들이다(창 10:7, 대상 1:9). ② 솔로몬 왕의 지혜를 확인하기 위해 찾아온 '스바 여왕'은 스바의 자손이었을 것이다(왕상 10:1-13, 대하 9:1-12). 스바 여왕은 솔로몬 왕에게 심히 많은 향품과 금과 보석을 가지 고 찾아와 예물로 주었다(왕상 10:1-2, 10, 대하 9:1-2, 9). ③ 스바의 금은 시편에도 나올 정도로 매우 유명했다(시 72:15). 이사야 선지자는 스바의 사람들이 다 금과 유향을 가지고 예루살렘으로 올 것이라고 예언하였다(사 60:6). ④ 욥의 환난 중에 그의 소와 나귀와 종을 빼앗아 간 약탈자 가 스바 사람이었다(욥 1:15). 스바 사람은 남아라비아의 스바 출신으로, 무역을 하면서 다른 족속을 잔인하게 살 해하고 강탈하기로 유명하다(참고-욥 3:8). ⑤ 셋의 후손에서 욕단의 아들 중 '스바'가 있고(창 10:28, 대 상 1:22), 아브라함의 후처 그두라가 낳은 자손 중 '스바' 가 있다(창 25:3, 대상 1:32).
4-2 **드단** דְּדָן, Δαδαν	① 노아의 아들 함의 증손자이며, 구스의 넷째 아들 라아마 의 둘째 아들이다(창 10:7, 대상 1:9). ② 아라비아 반도의 북서쪽 홍해 연안에 거주하면서 북부 및 베니게(시돈)의 항구 도시까지 왕래하며 장사를 주 로 하는 족속이었다(사 21:13). 앗수르, 바벨론의 동쪽 강 대국과 지중해 연안에 있는 왕국들 및 애굽을 연결하는 큰 상인이었다. 그들의 주요 거래 품목은 상아, 박달나무,

인 물	내 용
드단 דְּדָן Δαδαν Dedan 낮은	말 안장에 까는 천 등이었다(겔 27:15, 20). ③ 드단이 에돔과 관련되어 나타나는 것으로 보아 에돔의 지배하에 들어갔을 가능성이 있다. 드단은 상업으로 부를 축적하여 교만해졌고, 결국 하나님의 심판 대상이 되었다(렘 25:15, 23, 49:8, 겔 25:13). ④ 아브라함의 후처 그두라가 낳은 자손 중 같은 이름의 '드단'이 있다(창 25:3, 대상 1:32).
5 **삽드가** סַבְתְּכָא Σαβακαθα Sabteca 인상적임, 현저함	① 노아의 아들 함의 손자이며, 구스의 다섯째 아들이다(창 10:7, 대상 1:9). ② 페르시아만 동부, 아라비아 반도 남단의 건너편 수바톡(Subatok) 지역 원주민의 조상으로 추정된다.
6 **니므롯** נִמְרוֹד Νεβρωδ Nimrod 대적자, 반역자	① 노아의 아들 함의 손자이며, 구스의 여섯째 아들이다(창 10:8, 대상 1:10). ② 니므롯은 당시 시대를 주름잡던 특출한 인물로, 세상의 첫 "영걸"(גִּבּוֹר, 기보르: 폭력으로 통치하는 자)이라 불렸다(창 10:8, 대상 1:10). ③ 반역자(뒤집어엎는 자, 뒤흔드는 자)라는 이름의 뜻대로 하나님과 하나님의 뜻을 받드는 자들을 강력하게 반대하며 대적했다. 그래서 "여호와 앞에서 특이한 사냥군"(폭군, 인간 사냥군)이라는 별명이 붙었다(창 10:9). ④ 그의 나라는 시날 땅의 바벨, 에렉, 악갓, 갈레에서 시작되었으며, 그 땅에서 앗수르로 나아가 니느웨, 르호보딜, 갈라, 레센(큰 성)을 건축하였다(창 10:10-12). 특히 그의 주도하에 시날 평지에 바벨탑이 건설되었다(창 10:10, 11:2-4, 9). 니므롯이 폭력으로 사람들을 압제하고 힘을 과시한 것은 하나님의 명령에 대한 고의적인 불순종과 반역이었다.

2. 미스라임의 자손
The Sons of Mizraim

인 물	내 용
미스라임 מִצְרַיִם Μεσραιμ Mizraim ——— 에워싸다, 두 개의 땅, 성읍	① 노아의 아들 함의 둘째 아들이다(창 10:6, 대상 1:8). ② 미스라임은 애굽인의 조상이다(참고-창 50:11). ③ 애굽인들은 종교적 성향이 강한 다신교도들로서 수많은 우상들을 숭배했고(사 19:1-3, 겔 20:7-8), 또 각종 마술을 행하기도 했다(창 41:8, 출 7:11, 22, 8:7). ④ 아브라함의 첩 하갈은 애굽 여인이었다(창 16:1-3). ⑤ 이스라엘 백성은 애굽에서 400년 동안 종살이하였다(창 15:13, 출 12:40-41, 행 7:6, 참고-갈 3:17). ⑥ 횃불 언약에서 예고한 대로(창 15:14) 하나님께서 열 가지 재앙으로 애굽을 징치(심판)하셨다(출 7:14-12:30, 행 7:7). ⑦ 출애굽하는 이스라엘을 뒤쫓아오던 바로와 애굽의 모든 군대는 홍해에 수장되었다(출 14:17-30, 15:4-5, 시 106:9-11, 136:15, 히 11:29). ⑧ 솔로몬은 애굽 왕 바로의 딸을 아내로 취하였다(왕상 3:1). ⑨ 이스라엘은 기근이나 외적의 침입 등 위기 상황에서 자주 애굽으로 피신을 갔다(창 12:10, 46-47장, 사 30:1-2, 렘 43:7 등, 참고-마 2:13-15). ⑩ 선지자들은 애굽이 미약한 나라가 되고 하나님의 심판을 받아 멸망할 것을 예언하였다(사 31:1-3, 겔 29:14-15, 30:21-26). ⑪ 애굽은 영적으로 예수 그리스도께서 십자가에 못 박히신 곳을 상징한다(계 11:8).
1 **루딤** לוּדִים. Λουδιμ Ludim ——— (불명확)	① 노아의 아들 함의 손자이며, 미스라임의 첫째 아들이다(창 10:6, 13, 대상 1:8, 11). ② 북아프리카, 애굽 서쪽에 거주했던 족속의 조상으로 추정된다. ③ 하나님의 심판을 대적하기 위해 막강한 군사력으로 동맹한 무리 가운데 "활을 당기는 루딤 사람"(렘 46:9)이 있는 것으로 보아, 루딤은 용감하고 싸움을 잘하는 민족이었을 것이다.

인 물	내 용
2 **아나밈** עֲנָמִים, Ενεμετιμ Anamim ——— 바위같이 단단함, 암석인들	① 노아의 아들 함의 손자이며, 미스라임의 둘째 아들이다(창 10:6, 13, 대상 1:8, 11). ② 북아프리카의 리비아 동부, 나일강 삼각주 지역에 거주한 족속의 조상으로 추정된다.
3 **르하빔** לְהָבִים, λαβιιμ Lehabim	① 노아의 아들 함의 손자이며, 미스라임의 셋째 아들이다(창 10:6, 13, 대상 1:8, 11). ② 애굽 서쪽 고원에 거주한 족속의 조상으로 추정되며, 일반적으로 리비아(Libya) 사람과 동일하게 본다(참고-단 11:43). ③ 이름의 뜻은 '불꽃'이다.
4 **납두힘** נַפְתֻּחִים Νεφθαλιμ Naphtuhim	① 노아의 아들 함의 손자이며, 미스라임의 넷째 아들이다(창 10:6, 13, 대상 1:8, 11). ② 애굽 북부 나일강 삼각주 지역에 거주한 족속의 조상으로 추정된다. ③ 이름의 뜻은 '열어 놓음'이다.
5 **바드루심** פַּתְרֻסִים Πατροσωνιιμ Pathrusim	① 노아의 아들 함의 손자이며, 미스라임의 다섯째 아들이다(창 10:6, 14, 대상 1:8, 12). ② 상 애굽, 즉 나일강 상류(애굽 남부)의 '바드로스'에 거주한 족속들로 추정된다(참고-사 11:11, 렘 44:1, 15, 겔 29:14, 30:14). ③ 이름의 뜻은 '남쪽 땅의 사람들'이다.
6 **가슬루힘** כַּסְלֻחִים χασλωνιιμ Casluhim	① 노아의 아들 함의 손자이며, 미스라임의 여섯째 아들이다(창 10:6, 14, 대상 1:8, 12). ② 흑해 동부 연안의 고대 콜키스족(Colchians)의 조상으로 추정되며, 초기에는 북아프리카의 해안에 거주하였다. ③ 훗날 갑도림 사람들과 합쳐져서 블레셋의 조상이 되었다(창 10:14, 대상 1:12). ④ 이름의 뜻은 '해변 사람들'이다.

인 물	내 용
6-1 **블레셋** פְּלִשְׁתִּי φυλιστιιμ Philistine —— 나그네, 이방인, 외국인들	① 노아의 아들 함의 손자, 미스라임의 여섯째 아들 가슬루힘에게서 나왔다(창 10:6, 14, 대상 1:8, 12). ② 블레셋 사람이 사는 지중해 동부 연안의 땅을 '팔레스타인'(Palestine)이라고 하였으며, 가나안 정복 당시 블레셋의 다섯 통치자들의 땅을 가사 족속, 아스돗 족속, 아스글론 족속, 가드 족속, 에그론 족속의 땅이라고 하였다(수 13:3). ③ 블레셋 족속들은 다곤(삿 16:23, 삼상 5:1-5)과 바알세붑(바알세불. 왕하 1:2-6)과 아스다롯을 섬겼다(삼상 7:3-4). 사사 시대에 이스라엘이 블레셋의 신을 받아들였다(삿 2:13, 10:6). ④ 초기 이스라엘 민족에게 큰 위협이 되었으며, 할례 받지 않은 민족으로 이스라엘에게 멸시를 받았다(삿 14:3, 삼상 17:26, 31:1-5). ⑤ 삼손이 이스라엘을 블레셋의 압제로부터 구원하였다(삿 13:1-16:31). ⑥ 아벡 전투에서 언약궤가 블레셋에 의해 탈취 당했고, 이후로 실로의 성소는 신앙 중심지로서의 영향력을 상실했다(삼상 4장). ⑦ 블레셋 사람 골리앗이 다윗에게 죽임을 당하였다(삼상 17장). ⑧ 선지자들을 통해 블레셋의 징벌과 멸망이 선포되었다(사 14:29-31, 렘 25:20, 47:1-4, 겔 25:15-17, 습 2:4-7, 슥 9:5-7).
7 **갑도림** כַּפְתֹּרִים καφθοριιμ Caphtorim —— 컵, 둘러싸다	① 노아의 아들 함의 손자이며, 미스라임의 일곱째 아들이다(창 10:6, 13-14, 대상 1:8, 11-12). ② 지명(地名)으로서의 '갑도림'(갑돌)은 지중해의 크레타 섬으로, 블레셋 사람의 거주지였다(렘 47:4, 암 9:7). ③ 블레셋 사람은 일찍이 지중해의 갑돌에서 가나안으로 이주하여, 원주민 아위 족속을 멸망시키고 가나안에 정착했던 강력한 해양 민족이다(신 2:23).

3. 붓의 자손
The Sons of Put

인 물	내 용
붓 פוּט φουδ Put ——— 활, 괴롭히는	① 노아의 아들 함의 셋째 아들이다(창 10:6, 대상 1:8). ② 북아프리카 리비아(Libya) 지역 원주민의 조상으로 추정된다. ③ 예레미야 선지자는 바벨론 느부갓네살에 의한 애굽 왕 바로느고의 멸망의 임박성을 "…방패 잡은 구스인과 붓인과 활을 당기는 루딤인이여 나올지니라"라고 하였다(렘 46:9). ④ 붓은 바사와 룻과 함께 두로 군대의 병정이 되고(겔 27:2, 10), '방패와 투구를 갖추고' 용병을 지원할 정도로 강력한 군사력을 지닌 나라였다(겔 38:5). 붓이 용병을 지원했다는 이유로 애굽이 망할 때 붓이 함께 심판을 당하며(겔 30:4-5), 로스와 메섹과 두발 왕인 곡이 멸망할 때도 붓이 함께 심판을 받는다(겔 38:1-6).

4. 가나안의 자손
The Sons of Canaan

인 물	내 용
가나안 כְּנַעַן χαννααν Canaan ——— 자색, 낮은 땅	① 가나안은 노아의 손자이며, 함의 넷째 아들이며(창 10:6), 가나안 7족속의 조상이다(창 10:15-19, 대상 1:13-16). ② '가나안'은 팔레스타인 전체를 대표하는 이름으로, '저지(低地)' 혹은 '자주의 땅'으로 불렸다. 가나안에 속한 동지중해 해안이 뿔고동 껍질에서 추출하는 자색 염료의 유명한 산지였기 때문에 '자색'(보라색)을 뜻하는 '페니키아'(Phoenicia)라는 명칭이 붙여졌다. 고대 셈어에서는 가나안이 '장사꾼'(상고, 商賈)을 의미하기도 한다(^{참고-}욥 41:6, 사 23:8, 겔 17:4).

인 물	내 용
가나안 כְּנַעַן χανναων Canaan ——— 자색, 낮은 땅	③ 가나안 족속은 동지중해에서 수리아, 팔레스타인을 포함하는 내륙 지대까지 광범위하게 흩어져 살았는데, 시돈에서 가사까지 이르는 해안 지대와 내륙 지방으로는 요단 계곡을 따라 사해 남단의 소돔과 고모라를 지나 라사까지 이르렀다(창 10:19, ^{참고}민 34:1-12). ④ 가나안의 대표적인 무역 도시는 시돈(Sidon)과 두로(Tyre)였다. 이곳에서 화폐를 최초로 만들어 사용했다. 시돈에 대하여 "바다에 왕래하는 시돈 상고..."(사 23:2)라고 말씀하였고, 해상무역을 통해 재물을 쌓고 교만해진 두로에 대하여 "그의 바다의 권세를 치시리니..."(슥 9:3-4)라고 말씀하였고, "네 큰 지혜와 장사함으로 재물을 더하고 그 재물로 인하여 네 마음이 교만하였도다"(겔 28:5)라고 말씀하였다.
1 **시돈** צִידוֹן Σιδωνα Sidon ——— 고기 잡음, 어업, 어장, 노략물	① 노아의 아들 함의 손자이며, 가나안의 '장자'임이 강조되었다(창 10:15, 대상 1:13). 페니키아(베니게)인의 조상이다 (^{참고}행 11:19, 15:3, 21:2). ② 시돈의 후손들은 어업과 무역업에 종사하였으며(사 23:2), 팔레스타인 북부 수리아 해변의 베니게의 옛 도시인 시돈은 지중해 연안에서 제일 큰 항구로 상업이 번창했던 곳이다. ③ 가나안 정복 때 이스라엘이 점령하지 못하였으며(삿 1:31), 사사 시대에는 시돈이 이스라엘을 압제한 적이 있다(삿 10:12). ④ 솔로몬이 시돈 여인과 통혼함으로 이스라엘에 시돈 사람의 여신 아스다롯이 전파되었고, 이스라엘을 우상 숭배에 빠지게 했다(왕상 11:1-5, 33, 왕하 23:13). ⑤ 북 이스라엘의 아합 왕은 시돈 왕 엣바알의 딸 '이세벨'을 아내로 삼았는데, 이는 곧 이스라엘의 바알 숭배로 이어졌다(왕상 16:31-33, 18:17-40). ⑥ 이사야는 시돈의 멸망을 예언했고(사 23:2-12), 요엘도 시돈이 이스라엘을 노예로 팔았으므로 심판받는다고 예언

인 물	내 용
	했다(욜 3:4-8).
	⑦ 예수께서 친히 시돈을 방문하여 천국 복음을 전파하셨다 (마 15:21-28, 막 3:8).
2 헷 חֵת Χετταιον Heth 두려움	① 함의 손자, 가나안의 아들(창 10:15, 대상 1:13)의 후손이며, 이들의 최초 거주지는 북부 수리아 지역이었다. ② 아브라함이 아내 사라가 죽었을 때에, 마므레(헤브론)에 살고 있던 헷 족속에게서 막벧라 굴을 은 400세겔에 사서 소유 매장지로 삼고, 그곳에 사라를 장사했다(창 23:2-20). 훗날 그곳에 아브라함, 이삭, 리브가, 야곱, 레아가 장사됐다(창 25:9-10, 49:29-32, 50:13). 에서가 헷 족속의 딸들을 아내로 취하였고(창 26:34), 가나안 정탐 시 헷 족속이 가나안 산지에 거한다고 한 것(민 13:29)을 볼 때, 그들은 점차 남쪽으로 내려와 가나안에 거주했던 것 같다. ③ 이스라엘의 가나안 입성 당시, 가나안에서 영향력이 매우 컸으며, '헷 족속의 온 땅'은 가나안 전 지역을 대표하였다(수 1:4). ④ 사사 시대 이스라엘이 헷 사람들과 통혼하였고 그 신들을 섬겼으며(삿 3:5-6), 솔로몬이 통혼한 이방 여자 중에 헷 여인이 있었다(왕상 11:1). 다윗의 부하 아히멜렉(삼상 26:6)과 밧세바의 남편 우리아(삼하 11:3)가 헷 사람이었다. 솔로몬 통치 시, 이스라엘 영토 내에 남아 있던 헷 사람을 노예로 역군을 삼았다(왕상 9:20-21, 대하 8:7-8). ⑤ 에스겔 선지자는 우상 숭배와 음란에 빠져 타락한 예루살렘을 책망할 때 "네 아비는 아모리 사람이요 네 어미는 헷 사람이라"라고 하였다(겔 16:3, 45). 포로 귀환기에도 이들과 통혼한 사람들이 있었다(스 9:1-2).
3 여부스	① 노아의 손자이며, 함의 아들인 가나안의 후손이다(창 10:15-16, 15:21, 대상 1:13-14). ② 여부스는 예루살렘의 옛 이름이며(수 18:28, 삿 19:10, 삼하 5:6, 대상 11:4-5), 과거 아브라함 시대 이전부터 소왕국이 형성된(창 14:18) 유서 깊은 성읍이다. 사해 서쪽 약 25㎞

인 물	내 용
여부스 יְבוּסִי Ιεβουσαιον Jebusite ——— 짓밟힌 곳, 평강의 집	지점에 있다. ③ 이스라엘의 가나안 정복 전쟁 당시 예루살렘(여부스) 왕 아도니세덱은 여호수아에 대항하는 아모리 족속의 연합을 주도하였으나(수 10:1-5), 결국 여호수아에게 죽임을 당했다(수 10:23-27). ④ 그들의 영토는 베냐민 자손의 것이 되었고(수 18:28), 그 후 그들의 성읍은 유다 사람들에게 점령되어 불살라졌다(수 15:8, 삿 1:8). ⑤ 여호수아는 여부스 지역을 잠시 정복하였으나, 그 성의 천연 요새와 같은 지형 때문에 다시 여부스 족속의 수중에 들어갔다(수 15:63, 삿 1:21). ⑥ 다윗 왕의 시온성 정복을 계기로 마침내 여부스 족속이 예루살렘에서 추방되었으며(삼하 5:6-9), 이후 여부스 족속이 거하던 예루살렘은 이스라엘의 수도가 되었다(수 18:28, 삿 19:10, 대상 11:4-8). ⑦ 솔로몬 통치 시, 이스라엘 영토 내에 남아 있던 여부스 사람들을 노예로 역군을 삼았다(왕상 9:20-21, 대하 8:7-8). 포로 귀환기에도 이들과 통혼한 사람들이 있었다(스 9:1-2).
4 **아모리** אֱמֹרִי Αμορραιον Amorite ——— 산 사람	① 아모리의 어원은 '아무르'이며, 이는 그들이 주신으로 섬긴 '달 신'의 이름이다. ② 주전 2100년경부터 메소포타미아의 대부분을 점령했던 민족으로, 주전 2000년경 수메르의 우르 제3왕조를 멸망시켰다. 메소포타미아에서 이들이 세운 대표적인 국가는 '고대 바벨론 제국'으로, 인류 최초의 법전을 만든 함무라비 왕이 유명하다. ③ 성경에서 '아모리'는 가나안의 후손 중 한 족속으로(창 10:15-16), 가나안 전 지역에 살고 있는 모든 원주민을 통칭하기도 하고(창 15:16, 신 1:27, 수 24:15, 겔 16:3), 한 부족을 지칭하기도 한다(출 3:8 등).

인 물	내 용
아모리 אֱמֹרִי Αμορραιον Amorite ——— 산 사람	④ 키가 매우 컸으며(암 2:9), 우상을 숭배했다(삿 6:10, 왕상 21:26, 왕하 21:11). ⑤ 사해 서쪽 산간지대(민 13:29, 신 1:44, 수 10:6)와 요단 동편부터 북편의 바산 왕국에 이르는 지역에 살았다(민 21:13, 25-26, 32-34, 수 2:10, 삿 10:8, 11:21-22). 일부는 중 북부 수리아에 거주하였다. ⑥ 여호수아에게 패했으나(수 10:1-43), 완전히 근절되지 않 아 이스라엘이 그들과 통혼했다(삿 1:34-36, 3:5-6). 포로 귀환기에도 이들과 통혼한 사람들이 있었다(스 9:1-2). ⑦ 사무엘 시대에 이스라엘과 아모리 사이에 평화를 유지했 다(삼상 7:14). ⑧ 솔로몬 통치 시, 이스라엘 영토 내에 남아 있던 아모리 사 람들을 노예로 역군을 삼았다(왕상 9:20-21, 대하 8:7-8).
5 **기르가스** גִּרְגָּשִׁי Γεργεσαιον Girgashite ——— 진흙 땅에 사는	① 노아의 손자이며, 함의 아들인 가나안의 후손이다(창 10:15-16, 15:21, 대상 1:13-14). ② 가나안 7족속 중 하나로(신 7:1 등), 이들의 거주 지역은 거 의 알려진 것이 없고, 다만 갈릴리 바다 부근에 살았을 것 으로 추정된다. ③ 여리고 시민과 협력하여 이스라엘에 대항했지만, 결국 정 복되었다(수 3:10, 24:11).
6 **히위** חִוִּי Ευσιον Hivite ——— 마을 사람, 큰 사람	① 노아의 손자요 함의 아들인 가나안의 후손이다(창 10:17, 대상 1:15). ② 야곱의 딸 디나가 히위 족속의 추장 하몰의 아들 세겜에게 강간을 당하였다(창 34:2). 에서의 아내 오홀리바마가 히 위 족속이었다(창 36:2). ③ 가나안 정복 당시 가나안 중부 기브온에 거하던 히위 족 속은 거짓으로 여호수아를 속여 화친의 언약을 맺음으 로 이스라엘과 동거하게 되었고(수 9:3-27, 11:19), 북부 의 미스바 땅 헤르몬 산 아래 거하던 히위 족속은 여러 족

인 물	내 용
히위 חִוִּי Ευσιον Hivite 마을 사람, 큰 사람	속과 동맹을 맺고 대항하다가 진멸 당하였다(수 11:3-9). ④ 진멸되지 않고 남아 있던 히위 족속은 사사 시대에 이스라엘을 괴롭히고 시험하는 올무가 되었다(삿 3:3-4). ⑤ 솔로몬 통치 시, 그곳에 남아 있던 히위 사람들을 노예로 역군을 삼았다(왕상 9:20-21, 대하 8:7-8).
7 **알가** עַרְקִי Αρουκαιον Arkite 송곳니, 도망자	① 노아의 손자요 함의 아들인 가나안의 후손이다(창 10:17, 대상 1:15). ② 레바논 산맥의 서쪽, 지중해 연안의 베니게 마을에 거주한 족속으로 추정되는데, 오늘날 트리폴리 북쪽 약 18㎞ 지점의 텔 아르카(Tell Arqa) 지역으로 여겨진다.
8 **신** סִינִי Ασενναιον Sinite (불명확)	① 노아의 손자요 함의 아들인 가나안의 후손이다(창 10:17, 대상 1:15). ② 레바논 산 부근의 신(Sin) 또는 신나(Sinna)에 거주했던 족속으로 추정된다. ③ 성경에서 유사한 이름 신 광야(출 16:1), 시내산(출 19:11), 시님 땅(사 49:12) 등은 신 족속의 이름에서 영향을 받았을 것으로 추정된다.
9 **아르왓** אַרְוָדִי Αραδιον Arvadite 피난처	① 노아의 손자요 함의 아들인 가나안의 후손이다(창 10:18, 대상 1:16). ② 트리폴리 북쪽 56㎞, 육지에서 3㎞ 떨어져 있는 작은 섬에 거주하던 족속이다. 이곳은 오늘날 시리아의 아르와드(Arwad) 섬이다. ③ 아르왓 거민들은 항해에 능하고 강한 군병으로 유명했다(겔 27:8, 11).

인 물	내 용
10 **스말** צְמָרִי Σαμαραιον Zemarite 양털	① 노아의 손자요 함의 아들인 가나안의 후손이다(창 10:18, 대상 1:16). ② 북부 베니게의 도시 시미라(Simyra)에 거주했던 족속으로 추정된다.
11 **하맛** חֲמָתִי Σμαθι Hamathite ———— 성채, 요해처(要害處)	① 노아의 손자요 함의 아들인 가나안의 후손이다(창 10:18, 대상 1:16). ② 가나안의 북쪽 국경인 오론테스 강변의 하맛에 살았던 족속이다(민 13:21, 34:7-8). ③ 지명(地名)으로서의 하맛은 열두 정탐꾼이 정탐한 북쪽 경계(민 13:21)로, 다메섹에서 북쪽으로 약 200㎞ 지점이다. 여호수아 임종 시까지 얻지 못한 땅의 동편 경계에 포함된다. ④ 이스라엘의 이상적인 영토 경계의 북단으로 여겨졌는데(왕상 8:65, 왕하 14:25, 대상 13:5, 암 6:14), 에스겔 선지자도 이스라엘 영토의 경계로 언급하였다(겔 47:16-20). *요해처(要害處): 지세가 아군에게는 유리하고 적에게는 불리한 곳, 생명과 직결되는 신체의 중요 부분

가나안 땅을 중심으로 한 셈·함·야벳 후손의 분포도(창 10:1-32)

The Dispersion of the Sons of Shem, Ham, and Japheth
Around the Land of Canaan (Gen 10:1-32)

에게해 AEGEAN SEA

야벳 JAPHETH

카스피해 CASPIAN SEA

갑도림(갑돌) Caphtorim

키프로스(구브로) Cyprus

아람 Aram

티그리스강 Tigris River

니느웨 Nineveh

대 해(지중해) THE GREAT SEA (MEDITERRANEAN SEA)

크레타 Crete

헷 Heth

유프라테스 강 Euphrates River

앗수르 Assyria

루딤 Ludim

르하빔 Lehabim

3 붓 Put

아나밈 Anamim

4 가나안 Canaan

시돈 Sidon

시날 Shinar

가슬루힘 Casluhim

리비아 고원 Libyan Plateau

납두힘 Naphtuhim

바벨론 Babylon

우르 Ur

에렉 Erech

엘람 Elam

창세기 10:6
"함의 아들은 **구스**와 **미스라임**과 **붓**과 **가나안**이요"

2 미스라임(애굽) Mizraim (Egypt)

드단 Dedan

데마 Tema

페르시아만 PERSIAN GULF

Genesis 10:6
"And the sons of **Ham** were **Cush** and **Mizraim** and **Put** and **Canaan**."

함 HAM

나일 강 Nile River

홍해 RED SEA

셈 SHEM

1 구스 Cush

라아마 Raamah

스바(쉐바) Sheba

스바(쎄바) Seba

바드루심 Pathrusim

삽다 Sabtah

아라비아해 ARABIAN SEA

하윌라 Havilah

[가나안 9족속](창 10:15-18)
Nine tribes of Canaan
(Gen 10:15-18)

대 해 (지중해) THE GREAT SEA (MEDITERRANEAN SEA)

시돈 Sidon

가나안 Canaan

가사 Gaza

사해 DEAD SEA

스말 Zemarite

아르왓 Arvadite

하맛 Hamath

신 Sinite

알가 Arkite

히위 Hivite

기르가스 Girgashite

여부스 Jebusite

아모리 Amorite

창세기 10:1, 32 "노아의 아들 셈과 함과 야벳의 후예는 이러하니라 홍수 후에 그들이 아들들을 낳았으니... ³²이들은 노아 자손의 족속들이요 그 세계와 나라대로라 홍수 후에 이들에게서 땅의 열국 백성이 나뉘었더라"

Genesis 10:1, 32 "Now these are the records of the generations of Shem, Ham, and Japheth, the sons of Noah; and sons were born to them after the flood . . . ³² These are the families of the sons of Noah, according to their genealogies, by their nations; and out of these the nations were separated on the earth after the flood."

야벳의 후손(14명)	함의 후손(30명)	셈의 후손(26명)
창 10:2-5	창 10:6-20	창 10:21-31

*각 방향별 경계는 대략적인 것임.

함 자손(30명)의 계보(창 10:6-20)
The Genealogy of the Sons of Ham (thirty men; Gen 10:6-20)

노아 / חֹ / Νῶε / Noah

셈 / שֵׁם / Σήμ / Shem 창 10:21-31

야벳 / יֶפֶת / Ιαφεθ / Japheth 창 10:2-5

함 / חָם / χαμ / Ham 창 10:6-20

창세기 10:1
"노아의 아들 셈과 함과 야벳의 후예는 이러하니라 홍수 후에 그들이 아들들을 낳았으니"

1 구스
כּוּשׁ / Χους / Cush
창 10:6-8, 대상 1:8-10
렘 13:23, 사 43:3, 45:14

① 스바
סְבָא / Σαβα / Seba
창 10:7, 대상 1:9
시 72:10, 사 43:3

② 하윌라
חֲוִילָה / Ευιλα / Havilah
창 10:7, 대상 1:9

③ 삽다
סַבְתָּא / Σαβαθα / Sabtah
창 10:7, 대상 1:9

④ 라아마
רַעְמָה / Ρεγμα / Raamah
창 10:7, 대상 1:9, 겔 27:22

⑤ 삽드가
סַבְתְּכָא / Σαβακαθα / Sabteca
창 10:7, 대상 1:9

⑥ 니므롯
נִמְרוֹד / Νεβρωδ / Nimrod
창 10:8-12, 대상 1:10, 미 5:6

④-1 스바
שְׁבָא / Σαβα / Sheba
창 10:7, 대상 1:9
왕상 10:1, 욥 1:15

④-2 드단
דְּדָן / Δαδαν / Dedan
창 10:7, 대상 1:9, 사 21:13

2 미스라임
מִצְרַיִם / Μεσραιμ / Mizraim
창 10:6, 13, 대상 1:11

① 루딤
לוּדִים / Λουδιιμ / Ludim
창 10:13, 대상 1:11, 렘 46:9

② 아나밈
עֲנָמִים / Ενεμετιιμ / Anamim
창 10:13, 대상 1:11

③ 르하빔
לְהָבִים / Λαβιιμ / Lehabim
창 10:13, 대상 1:11

④ 납두힘
נַפְתֻּחִים / Νεφθαλιιμ / Naphtuhim
창 10:13, 대상 1:11

⑤ 바드루심
פַּתְרֻסִים / Πατροσωνιιμ / Pathrusim
창 10:14, 대상 1:12

⑥ 가슬루힘
כַּסְלֻחִים / Χασλωνιιμ / Casluhim
창 10:14, 대상 1:12

⑦ 갑도림
כַּפְתֹּרִים / Καφθοριιμ / Caphtorim
창 10:14, 신 2:23, 대상 1:12
암 9:7, 렘47:4

3 붓
פוּט / Φουδ / Put
창 10:6, 대상 1:8

4 가나안
כְּנַעַן / Χανααν / Canaan
창 9:18, 22, 25-27, 10:6, 15,
대상 1:8, 13

① 시돈
צִידוֹן / Σιδωνα / Sidon
창 10:15, 대상 1:13

② 헷
חֵת / Χετταιον / Heth
창 10:15, 대상 1:13

③ 여부스 족속
יְבוּסִי / Ιεβουσαιον / Jebusite
창 10:16, 신 7:1, 대상 1:14,

④ 아모리 족속
אֱמֹרִי / Αμορραιον / Amorite
창 10:16, 15:16, 신 7:1,
대상 1:14

⑤ 기르가스 족속
גִּרְגָּשִׁי / Γεργεσαιον / Girgashite
창10:16, 15:21, 신 7:1,
대상 1:14

⑥ 히위 족속
חִוִּי / Ευαιον / Hivite
창 10:17, 신 7:1, 대상 1:15

⑦ 알가 족속
עַרְקִי / Αρουκαιον / Arkite
창 10:17, 대상 1:15

⑧ 신 족속
סִינִי / Ασενναιον / Sinite
창 10:17, 대상 1:15

⑨ 아르왓 족속
אַרְוָדִי / Αραδιον / Arvadite
창 10:18, 대상 1:16

⑩ 스말 족속
צְמָרִי / Σαμαραιον / Zemarite
창 10:18, 대상 1:16

⑪ 하맛 족속
חֲמָתִי / Σμαθι / Hamathite
창 10:18, 대상 1:16

6. 10대 재앙의 도구

The instruments used during the ten plagues

(1) 하나님의 지팡이

① 10대 재앙을 일으킬 때 지팡이가 사용되었습니다.

첫 번째 피 재앙에서 지팡이를 들어서 하수를 칠 때, 물이 피로 바뀌었습니다(출 7:17, 20). 이때 사용된 히브리어 '나카'(נָכָה)는 '치다'라는 뜻 외에도 '치명타를 가하다'(삼상 17:35)라는 뜻이 있습니다. 두 번째 개구리 재앙에서 아론이 지팡이를 잡고 팔을 강들과 운하들과 못 위에 펼 때, 개구리들이 애굽 땅에 올라왔습니다(출 8:5-6). 여기 "펴매"는 히브리어 '나타'(נָטָה)로, '뻗다, 펼치다'라는 뜻입니다. 세 번째 이 재앙에서 아론이 지팡이를 잡고 손을 들어 땅의 티끌을 치매, 애굽 온 땅의 티끌이 다 이가 되어 사람과 생축에게 올랐습니다(출 8:17). 이때 사용된 "치매"에 해당하는 히브리어는 첫 번째 재앙 때와 동일한 '나카'(נָכָה)입니다. 일곱 번째 우박 재앙에서 "모세가 하늘을 향하여 지팡이를 들매 여호와께서 뇌성과 우박을 보내시고 불을 내려 땅에 달리게 하시니라"라고 말씀하고 있습니다(출 9:23). 여기 "들매"는 히브리어 '나타'(נָטָה)입니다. 여덟 번째 메뚜기 재앙에서 "모세가 애굽 땅 위에 그 지팡이를 들매 여호와께서 동풍을 일으켜 온 낮과 온 밤에 불게 하시니 아침에 미쳐 동풍이 메뚜기를 불어 들인지라"라고 말씀하고 있습니다(출 10:13). 여기 "들매" 역시 히브리어 '나타'(נָטָה)입니다.

② 10대 재앙 때에 사용된 지팡이는 하나님의 지팡이였습니다.

모세는 미디안 광야에서 40년 동안 양을 치면서 지팡이를 사용하였습니다. 지팡이는 생명이 없는 것이요, 작고 볼품이 없는 막대기일 뿐이지만, 그것이 하나님의 손에 들리기만 하면 '하나님의 지팡이, 권능의 지팡이'가 됩니다(출 4:20, 17:9).

모세가 그 지팡이를 땅에 던졌더니 뱀이 되었고, 그 뱀의 꼬리를 잡았더니 다시 지팡이가 되었습니다(출 4:3-4). 하나님께서는 모세에게 이 지팡이를 손에 잡고 이적을 행하라고 말씀하셨습니다(출 4:17). 이 지팡이는 아론의 손에 들려서 바로와 그 신하 앞에 던져지는 순간 뱀이 되었습니다(출 7:10).

첫 번째 재앙(피 재앙)을 일으키실 때 출애굽기 7:17에서 "여호와가 이같이 이르노니 ... 내가 내 손의 지팡이로 하수를 치면 그것이 피로 변하고"라고 말씀하고 있습니다. 이 말씀을 자세히 보면, 실제로 하수를 친 것은 모세와 아론임에도 불구하고(출 7:20) 하나님("내가")께서 직접 치신 것으로 말씀하였습니다(출 7:25). 나아가, 모세와 아론의 손을 "내 손" 곧 '하나님의 손'이라고 말씀하고 있습니다. 보잘것없는 지팡이가 '하나님의 지팡이'(출 4:20)로 바뀐 것입니다. 하나님께서는 연약한 모세와 아론의 손에 강하고 능력 있는 하나님의 지팡이를 들려서 하나님 자신의 손처럼 사용하신 것입니다.

당시 세계 최강국 애굽의 왕 바로 앞에서 권능을 행하시는 하나님의 도구는 '지팡이'였습니다. 이것은 하나님께서 지극히 미천한 것으로 세상에서 가장 강한 것도 능히 꺾으신다는 교훈입니다. 오늘 우리도 지팡이처럼 보잘것없는 존재에 불과하지만 하나님께서 쓰시면 큰 능력자가 되는 것입니다. 능력의 심히 큰 것이 하나님께 있고 우리에게 있지 않기 때문입니다(고전 1:27-29, 고후 4:7).

지팡이는 의지하는 도구요(히 11:21), 보호해 주는 도구요(시 23:4),

통치의 도구요(창 49:10), 심판의 도구입니다(시 89:32, 사 10:5). 이 지
팡이는 궁극적으로 예수님을 바라보게 합니다. 예수님만이 우리가
의지해야 할 지팡이요, 우리를 보호해 주시는 지팡이요, 우리를 다
스리시는 지팡이요, 세상을 심판하시는 지팡이입니다. 재림하시는
주님은 철장(철로 된 지팡이)으로 만국을 다스리고 심판하실 것입니
다(시 2:9, 계 2:27, 12:5, 19:15). 그러므로 우리는 참지팡이가 되시는
예수님만 믿고 붙잡아야 합니다. 바로 그때 우리의 생애가 하나님
의 손에서 쓰임 받아, 큰 능력과 이적을 일으키는 거룩한 하나님의
손이 되고 하나님의 지팡이가 될 수 있을 것입니다.

(2) 말씀을 맡은 모세

하나님께서는 지팡이만 하나님의 도구로 사용하신 것이 아니라
모세도 하나님의 도구로 사용하셨습니다. 하나님의 형상으로 지음
을 받아 인격을 가진 사람은 하나님의 역사를 이루는 가장 중요한
도구입니다(창 1:26-27). 사람을 통하여 하나님의 말씀은 세계 끝까
지 이르게 됩니다(시 19:4).

하나님께서는 말씀으로 세상을 창조하시고(창 1:1, 히 11:3), 말씀으
로 세상을 붙드시며(히 1:3), 말씀으로 세상을 심판하십니다(요 12:48,
참고-롬 3:4). 이 말씀을 사람에게 맡기시고 구속사를 진행시키는 도
구로 사용하시는 것입니다. 세계 만민 중에 유대인은 하나님의 말
씀을 맡은 자들이었습니다. 로마서 3:1-2에서 "그런즉 유대인의 나
음이 무엇이며 할례의 유익이 무엇이뇨 범사에 많으니 첫째는 저희
가 하나님의 말씀을 맡았음이니라"라고 말씀하고 있습니다. 그러
므로 하나님의 말씀이 없는 자들은 결코 구속사의 도구로 쓰임 받
을 수 없습니다.

하나님께서는 모세를 하나님의 도구로 사용하시기 위하여 모세에게 말씀을 맡기셨습니다. 출애굽기 4:28에서 하나님께서 모세에게 모든 말씀을 부탁하셨다고 기록하고 있습니다. 모세는 이 모든 말씀을 아론에게 전했고, 아론은 다시 이스라엘 백성에게 전하였습니다. 이것은 마치 예수님께서 아버지의 말씀을 받아서 제자들에게 전하고(요 14:24, 17:8), 제자들이 다시 이스라엘 백성에게 전하는 원리와 같습니다(마 28:19-20, ^{참고}계 10:1-11).

모세는 하나님의 말씀을 부탁받았기에 바로에게 갈 때마다 "여호와의 말씀에 내 백성을 보내라"라고 말씀하면서(출 5:1, 8:1, 8:20, 9:13), 하나님의 말씀을 강조하였습니다. 또한 모세는 무슨 일이든지 하나님께 부탁받은 말씀대로 준행하였습니다(출 7:6, 10, 20). 주의 재림 때까지 하나님께서는 믿는 성도에게 하나님의 말씀을 맡기시고 그의 도구로 사용하십니다. 사도 바울은 자신을 "하나님의 비밀을 맡은 자"라고 고백하면서 "맡은 자들에게 구할 것은 충성"이라고 선포했습니다(고전 4:1-2). 오늘날 성도들도 하나님의 말씀을 맡은 권세 있는 자로서, 그 말씀대로 순종하면서 충성을 다할 때 능력의 도구로 쓰임 받게 됩니다.

모세가 하나님의 선한 도구로 쓰임을 받았다면, 바로 왕은 하나님의 악한 도구로 쓰임을 받았습니다.

(3) 바로의 강퍅

바로가 이스라엘 백성을 쉽게 애굽에서 내보냈다면 싸움은 쉽게 끝났을 것입니다. 그러나 바로는 점점 더 마음이 강퍅해져서, 마지막 장자 재앙이 일어날 때까지 한 발자국도 양보하지 않고 이스라엘 백성을 내보내지 않았습니다. 이처럼 열 가지 재앙이 지속된 표면적인 이유는, 애굽 왕 바로의 마음이 계속 강퍅하여 이스라엘 백성을 보내 주지 않았기 때문입니다.

① 바로를 세우신 하나님

출애굽기 9:16에서 "내가 너를 세웠음은 나의 능력을 네게 보이고 내 이름이 온 천하에 전파되게 하려 하였음이니라"라고 말씀하고 있습니다. 바로는 자신의 힘으로 왕권을 유지한다고 생각하고 있었지만 하나님께서는 '내가 너를 세웠다'라고 선포하셨습니다. 여기 "세웠음"은 히브리어 '아마드'(עָמַד)의 히필형으로 하나님께서 바로가 왕이 되도록 시키셨다는 의미이며, 그의 왕위를 유지하는 것도 하나님의 주권에 달려 있음을 보여 줍니다. 또한 "온 천하에"(בְּכָל־הָאָרֶץ, 베콜 하아레츠)는, '모든 그 땅에'라는 뜻으로, 애굽 땅뿐만 아니라 전 세계를 가리키는 것입니다. 여기 "전파되게"는 '세다(count), 이야기하다'라는 뜻을 가진 히브리어 '사파르'(סָפַר)의 피엘형으로, '하나님의 이름을 아주 강력하게 인식시킨다'는 뜻입니다. 로마서 9:17에도 "바로에게 이르시되 내가 이 일을 위하여 너를 세웠으니 곧 너로 말미암아 내 능력을 보이고 내 이름이 온 땅에 전파되게 하려 함이로라"라고 말씀하고 있습니다.

② 바로가 강퍅한 이유

첫째, 하나님의 말씀을 사람의 말로 받았습니다.

바로는 모세와 아론을 통하여 주신 하나님의 재앙 경고를, 자기와 애굽 백성을 겁주기 위한 실속 없는 허풍으로 업신여기고 가볍게 생각했습니다. 바로는 "여호와가 누구관대 내가 그 말을 듣고 이스라엘을 보내겠느냐 나는 여호와를 알지 못하니 이스라엘도 보내지 아니하리라"(출 5:2)라고 말할 정도로 여호와 하나님을 극도로 무시하고 있었습니다.

하나님의 말씀을 믿음으로 받으면 영생을 누리지만, 생명과 구원을 주시는 복된 말씀을 농담으로 받은 롯의 사위들은 하늘에서 내리는 유황과 불 재앙을 면치 못했습니다(창 19:14, 24-25). 우리는 하나님의 말씀을 "사람의 말로 아니하고 하나님의 말씀으로 받아"(살전 2:13) '아멘'으로 화답해야 합니다(고후 1:20). 우리가 하나님의 말씀을 오직 믿음으로 받을 때 그것을 이해할 수 있고, 그 때 큰 역사가 일어납니다(롬 10:8, 히 4:12, 유 1:3).

둘째, 자신이 우월하다는 교만이 가득했습니다.

바로는 자신을 세계 최강국의 절대 권력을 가진 신으로 여겼고, '여호와'는 노예들이 섬기는 보잘것없는 초라한 존재로 여긴 것입니다. '노예의 신은 노예와 같이 미약하다'고 생각한 것입니다. 현실적으로 보이는 겉모습만 보고 판단한 결과, 바로가 보기에 이 땅에 자기보다 더 높은 존재는 없었으므로 그는 강퍅하고 또 강퍅했습니다. 교만은 마음을 강퍅하게 하여 자기 죄를 깨닫지 못하게 하고 결국 패망하게 만듭니다. 끝까지 고집을 부리고 자기 죄를 깨닫지도 인정치도 못하게 만듭니다. 교만은 자기를 속이며 진리를 보지 못하게 하여 멸망으로 인도하는 패망의 앞잡이입니다(잠 16:18, 사 2:11-12, 옵 1:3).

셋째, 애굽의 모든 것이 바로의 소유라고 생각했습니다.

애굽 땅과 거대한 나일강, 그리고 200만 명이 넘는 이스라엘 노예들은 바로가 소유한 엄청난 재산이었습니다. 심지어 바로는 나일강이 바로의 것이며 바로를 위하여 만든 것이라고 떠들었습니다(겔 29:3, 9). 더구나 바로에게 이스라엘은 영원토록 애굽을 섬겨야 하는 애굽의 노예인 것입니다. 그렇게 자기의 소유인 재산을 아무 대가도 없이 다 내놓으라는 모세의 당당한 요청을, 바로는 도무지 이해할 수 없었을 것입니다. 자신에게 미칠 엄청난 손해를 계산한 바로는 결단코 한 걸음도 물러서지 않고 계속 강퍅했던 것입니다.

그러나 욕심을 부린 결과, 애굽 전 국토는 초토화되었고, 국가의 장래를 이어 갈 바로의 장자와 애굽의 모든 장자들, 그리고 생축의 첫 새끼까지 일시에 죽임을 당하는 엄청난 재앙을 겪었습니다.

③ 강퍅의 악순환

바로의 강퍅은 성경에 20회 기록되어 있습니다.

바로가 스스로 강퍅했다고 기록된 곳이 10회요, 하나님께서 바로를 강퍅케 하셨다고 기록된 곳이 10회입니다.

바로 스스로 강퍅케 되었다는 말씀(10회)
출 7:13, 14, 22, 8:15, 19, 32, 9:7, 34, 35, 13:15

하나님께서 강퍅케 하셨다는 말씀(10회)
출 4:21, 7:3, 9:12, 10:1, 20, 27, 11:10, 14:4, 8, 17

하나님께서 바로를 직접 강퍅하게 하신 것은 출애굽기 9:12에 기록된 대로 여섯 번째 재앙부터입니다. 하나님께서는 바로의 저항이 점점 심해지자 직접 강퍅하게 하는 역사를 시작하신 것입니다. 이

제 여섯 번째 재앙이 지나고 일곱 번째 재앙부터는 하나님의 참된 능력을 보여 주심으로, "나의 능력을 네게 보이고 내 이름이 온 천하에 전파되게" 하시려는 역사를 본격적으로 진행하시는 것입니다 (출 9:16). 여섯 번째 재앙에서 '티끌'(히: 아바크, אָבָק / 헬: 코니오르토스, κονιορτός)이 독종이 되었는데 이 재앙은 신약의 누가복음 9:5을 연상케 합니다. 예수님께서는 제자들에게 말씀을 영접하지 않는 집이나 도시에서 나오면서 '먼지'(코니오르토스)를 털어 버리라고 명령하셨습니다. 이것은 그 집이나 도시가 마지막 기회를 놓쳤다는 것인데, 여섯 번째 재앙이 끝나면서 하나님께서 바로의 마음을 강퍅하게 하신 것도 그와 마찬가지입니다. 바로에게 여러 번 기회를 주셨지만 계속 마음을 강퍅하게 한 결과, 이제는 하나님께서 더 이상 돌이킬 수 없도록 바로의 마음을 강퍅하게 하신 것입니다.

'강퍅하다'라는 단어는 히브리어로 세 가지가 쓰였습니다.

첫째, '카샤'(קָשָׁה), '거칠다, 난폭하다'
출애굽기 7:3, 13:15에 사용되었습니다.

둘째, '하자크'(חָזַק), '강하다, 완고하다, 단단히 묶다'
출애굽기 4:21, 7:13, 22(첫 번째 재앙), 8:19(세 번째 재앙), 9:12(여섯 번째 재앙), 9:35(일곱 번째 재앙), 10:20(여덟 번째 재앙), 10:27(아홉 번째 재앙), 11:10(열 번째 재앙 예고), 14:4, 8, 17에 사용되었습니다.

셋째, '카바드'(כָּבַד), '무겁다'
출애굽기 8:15(두 번째 재앙), 8:32(네 번째 재앙), 9:7(다섯 번째 재앙), 9:34(일곱 번째 재앙), 10:1(여덟 번째 재앙)에 사용되었습니다.

바로는 하나님의 놀랍고도 무서운 능력에 놀라 어쩔 줄 모르다가, 다시 마음이 굳어지고 완강해지고 강퍅해져서 이스라엘을 쉽게 놓아주지 않았습니다. 강퍅해지는 것(딱딱해지는 것)은, 선과 악을 편견 없이 판단하고 결정할 수 있는 능력을 의도적으로 억누르는 상태를 의미합니다. 정신이 마비되고 이성을 잃어 올바른 판단력을 잃게 되어, 거만하게 제멋대로 비정상적인 행동을 합니다. 또 동정심이 전혀 없는 상태가 됩니다. 따라서 강퍅한 상태에서는 올바른 판단이 불가능하므로, 강퍅이 또다른 강퍅, 더 큰 강퍅을 낳게 됩니다. 실제로 첫 번째부터 다섯 번째 재앙까지는 하나님께서 바로의 마음을 강퍅케 하셨다는 말씀이 없습니다. 그러나 여섯 번째 재앙 때 처음으로 "여호와께서 바로의 마음을 강퍅케" 하셨다고 출애굽기 9:12에 기록하고 있습니다. "강퍅케 하셨으므로"는 히브리어 '하자크'(חזק)의 피엘(강조)형입니다. 이것은 본래 강퍅한 바로의 마음을 하나님께서 더욱 강퍅하게 하셨다는 뜻입니다. 잠언 16:4에서 "여호와께서 온갖 것을 그 씌움에 적당하게 지으셨나니 악인도 악한 날에 적당하게 하셨느니라"라고 말씀하고 있습니다. 바른성경에는 "여호와께서 모든 것을 그분의 목적에 따라 만드셨으니, 심지어 악인도 재앙의 날을 위해 만드셨다"라고 번역하였습니다. 바로는 선을 드러내고 이루는 도구가 아니라, 악의 실체를 드러내고 심판을 자초하는 도구로 사용된 것입니다(참고-롬 9:18).

④ 강퍅한 자의 특징

강퍅한 자의 속성은 거역하기를 좋아하며(신 31:27, 수 1:18, 스 9:14), 믿지 않으려 하고(신 9:23, 왕하 17:14), 말씀을 듣지 않으려 합니다(느 9:16, 29, 렘 19:15). 고집이 세고(렘 8:5, 롬 2:5, 벧후 2:10), 교만하게 행하며(신 8:14, 삼상 2:3, 왕하 14:10), 다른 사람을 분노케 합니다(왕하 19:28). 마침내 하나님을 대적하고(느 9:17, 욥 15:25-26) 사람들 앞에서 자신을 내세우기를 좋아하고(시 75:5, 94:4) 하나님의 진노를 받기까지 회개하지 않습니다(시 7:12, 마 11:21, 롬 2:5).

강퍅한 자들의 공통된 세 가지 특성을 살펴보면 다음과 같습니다.

첫째, 굳은 마음입니다.

바로는 당장이라도 회개할 듯 "내가 범죄하였노라"(출 9:27)라고 했지만, 바로의 회개는 열매 없는 공허한 메아리에 불과했습니다. 하나님의 능력의 손길 앞에 두려움에 찬 비명을 질렀으나, 그 마음은 더욱 굳어졌습니다(출 9:34). 굳은 마음이란 양심의 기능을 하는 마음이 딱딱하게 굳어진다는 것입니다. 에베소서 4:18에서 "저희 총명이 어두워지고 저희 가운데 있는 무지함과 저희 마음이 굳어짐으로 말미암아 하나님의 생명에서 떠나 있도다"라고 말씀하고 있습니다.

하나님을 알지 못하는 자는 총명이 어두워지며 그 마음이 더욱 굳어져서 하나님의 생명에 이를 수 없습니다. 범사에 총명을 주시는 하나님을 떠나면 마음이 강퍅해져 동정심도 사라지고 어리석고 우매한 짓을 반복합니다(딤후 2:7). 마음이 굳고 단단한 자는 아무리 좋은 말씀을 받아도 그에게는 헛된 메아리에 그칠 뿐, 아무 결실도 맺을 수 없습니다(막 4:15, 눅 8:12). 많이 배우나 결코 진리에 이를 수 없으니, 그는 진리를 들어도 깨닫지 못하기 때문입니다(딤후 3:7).

둘째, **상실한 마음입니다.**

바로의 마음은 하나님을 상실했습니다. 로마서 1:28에 "또한 저희가 마음에 하나님 두기를 싫어하매 하나님께서 저희를 그 상실한 마음대로 내어 버려 두사 합당치 못한 일을 하게 하셨으니"라고 말씀하고 있습니다. 여기 "상실한 마음"은 헬라어로 '아도키몬 눈'(ἀδόκιμον νοῦν)이며, '시험에 합격되지 못한 마음, 인정받지 못하고 가치 없는 정신'이란 뜻입니다. 똑똑하고 현명했던 정신 기능을 잃어버리므로 자신도 모르게 합당치 못한 일을 하게 됩니다. 하나님을 상실한 마음의 특징은 한없이 교만합니다. 온갖 불의와 욕심과 악을 저지릅니다. 상실한 마음에는 살인, 사기, 음란 등이 가득 찾아옵니다. 모든 생활에 허무와 수치가 가득해지고 맙니다. 로마서 1:29에 "곧 모든 불의, 추악, 탐욕, 악의가 가득한 자요 시기, 살인, 분쟁, 사기, 악독이 가득한 자요 수군수군하는 자요"라고 말씀하고 있습니다.

셋째, **감각 없는 마음입니다.**

에베소서 4:19에 "저희가 감각 없는 자 되어 자신을 방탕에 방임하여 모든 더러운 것을 욕심으로 행하되"라고 말씀하고 있습니다. 여기 "감각 없는 자 되어"(ἀπηλγηκότες, 아펠게코테스)는 살갗이 두꺼워져 감각이 무디어지거나 아픔을 느끼지 못할 정도에 이른 상태를 말합니다. 그 양심이 화인 맞아서 반복적으로 죄를 지어 죄에 대한 수치심이나 양심의 고통을 느끼지 못하는 것입니다(딤전 4:2). 누구든지 자기 행위가 악하면 빛보다 어둠을 더 사랑하게 됩니다(요 3:19). 결국 그 교만한 얼굴을 치켜들고 '하나님은 감찰하지 않으며 하나님은 없다'고 마음에 소리칩니다(시 10:4, 14:1,

53:1). 심지어 하나님은 죽었다거나, 하나님은 사람이 만든 것이라는 사상으로 가득 차게 됩니다.

사람의 마음은 다 부패하였지만(렘 17:9), 하나님께서 창조하신 피조물들은 조그만 들꽃 속에도 하나님의 영원하신 능력과 신성이 분명히 깃들여 있습니다(롬 1:20). 하늘의 높음과 땅의 깊음, 바다의 넓음을 보면서도 하나님을 알지 못하고 그 신성을 느끼지 못하는 사람의 마음은 얼마나 무디고 무지한 것입니까? 양날이 선 예리한 말씀의 검으로 굳은 마음을 과감하게 쪼개어야 합니다(히 4:12). 굳은 마음을 깨뜨리고 현재보다 부드러운 마음으로 바꾸어야 합니다(겔 11:19, 36:26下). 감각 없는 무지한 마음을 말씀의 지혜로 깨우고 하나님이 주시는 총명으로 밝혀 나아가야 합니다. 오직 하나님이 주시는 새 영과 새 마음을 받아야 합니다(겔 36:26上).

⑤ 강퍅한 바로의 비참한 최후

하나님께서는 어떠한 죄인이라도 악에서 돌이켜 회개하기를 원하시고, 자비가 한이 없는 분이지만(딤전 2:4, 벧후 3:9), 끝까지 죄의 길을 고집하는 자들은 죄 가운데 스스로 멸망하기까지 내버려 두십니다(롬 1:24-32). 또한 강퍅한 자를 사단에게 내어 주어 임의대로 행하게 하십니다(시 81:12). 그러므로 마음을 강퍅케 한 자에게 남는 것은 고집을 부린 세월만큼 갑절의 손해뿐입니다. 오늘날에도 강퍅함으로 하나님의 구속사를 단절시키려고, 주의 몸 된 교회를 핍박한다 해도, 하나님께는 전혀 손해가 없고 도리어 교회는 더욱 부흥하고 주의 성도들은 영적으로 강한 백성이 됩니다. 이스라엘 민족이 풀무불 같은 고난 속에서도 창성할 때 그러했고(출 1:12-14), 초대 교회가 극한 핍박 속에서 부흥할 때도 그러했습니다

(행 12:24).

그러나 하나님의 징계와 책망을 받고도 계속 완고한 마음으로 교만하면 결국 파멸하게 됩니다(욥 9:4, 잠 28:14). 잠언 29:1에서 "자주 책망을 받으면서도 목이 곧은 사람은 갑자기 패망을 당하고 피하지 못하리라"라고 말씀하고 있습니다. 바로는 하나님 앞에 강퍅하여 교만히 행하다가 홍해에 갑자기 수장되어 시체가 되었습니다(출 14:27-30, 15:4-5, 10, 21, 시 78:53, 106:11).

종말이 가까울수록 하나님 앞에 우리의 마음이 둔하여지거나 강퍅하게 되지 않도록 스스로 조심해야 할 것입니다(눅 21:34, ^{참고-}히 4:7). 매일 피차에 권면하여(골 3:16, 살전 5:11, 히 10:24-25) 죄의 유혹으로 강퍅케 되지 않도록 힘써야 합니다(히 3:13). 마음속의 강퍅과 원망과 시비를 그치고, 범사에 감사함으로 이전보다 더 큰 감사로 하나님께 영광을 돌리고 선한 일에 열심하는 친백성이 되어야겠습니다(엡 2:10, 딛 2:14).

7. 강퍅한 바로를 위한 모세의 중보기도
Moses' intercessory prayer for the obstinate Pharaoh

(1) 모세의 중보기도가 기록된 재앙들

10대 재앙 가운데 네 가지 재앙에 관련해서는 바로를 위한 모세의 중보기도가 기록되어 있습니다. 그 네 가지는 개구리 재앙(출 8:8-12), 파리 재앙(출 8:28-30), 우박 재앙(출 9:28-30, 33), 메뚜기 재앙(출 10:17-18)입니다.

① 개구리 재앙 때의 중보기도(출 8:8-12)

두 번째 재앙에서 개구리가 하수에서 올라와 애굽 땅에 덮였습니다(출 8:6). 바로는 모세와 아론을 불러 "여호와께 구하여 개구리를 나와 내 백성에게서 떠나게 하라"라고 요청하였습니다(출 8:8ᄂ). 술객들이 자기 술법대로 개구리로 애굽 땅에 올라오게 하였음에도, 바로가 애굽의 술객들을 부르지 않고 모세와 아론을 부른 것은, 개구리 재앙을 내린 분이나 또 무수한 개구리를 거두어 가실 분도 하나님이심을 인정한 것입니다. 여호와를 알지 못한다고 큰소리치던 바로(출 5:2)가, 처음으로 하나님의 권능에 놀라 그 이름을 인정하였습니다.

이에 모세는 바로에게 개구리가 떠나기 원하는 때를 물었고, 바로는 "내일이니라"라고 대답하였습니다(출 8:9-10). 그리고 모세는 개구리가 떠나가기를 하나님께 간구하였습니다(출 8:12). 여기 "간구하매"는 히브리어 '차아크'(צָעַק)로, '급한 요청을 위해서 부르짖다'라는 뜻입니다. 모세는 바로의 요청을 듣고 진심으로 간절히 하나님께 기도하였으며, 그 기도가 곧바로 상달되었으므로 집과 마당과 밭에 있던 모든 개구리가 나와서 죽었습니다(출 8:13).

② 파리 재앙 때의 중보기도(출 8:28-30)

파리 재앙을 통해 무수한 파리떼가 바로의 궁에와 그 신하의 집에와 애굽 전국에 이르니 파리떼로 인하여 땅이 해를 받을 정도였습니다(출 8:24). 이에 바로는 모세와 아론을 불러서 "너희는 이 땅에서 너희 하나님께 희생을 드리라"라고 말했습니다(출 8:25). 모세가 사흘 길쯤 광야로 들어가서 희생을 드려야 한다고 말하자(출 8:27), 바로는 "내가 너희를 보내리니 너희가 너희 하나님 여호와께 광야에서 희생을 드릴 것이나 너무 멀리는 가지 말라 그런즉 너희는 나를 위하여 기도하라"라고 말했습니다(출 8:28).

그리고 모세는 바로를 떠나 나와서 여호와께 기도하였습니다(출 8:30). 여기 "기도하니"는 히브리어 '아타르'(עָתַר)로, '탄원하다, 간청하다'라는 뜻입니다. 그러나 바로는 파리떼가 떠나자 이스라엘 백성을 보내지 않았습니다(출 8:31-32).

③ 우박 재앙 때의 중보기도(출 9:28-30, 33)

우박 재앙 때에 애굽 전국에 개국 이래로 없던 우박이 쏟아졌습니다(출 9:24). 이에 바로가 다시 모세와 아론을 불렀습니다. 그는 "... 이번은 내가 범죄하였노라... 여호와께 구하여 이 뇌성과 우박을 그만 그치게 하라 내가 너희를 보내리니 너희가 다시는 머물지 아니하리라"라고 말했습니다(출 9:27-28). 표준새번역에서는 "너는 주께 기도하여, 하나님이 나게 하신 이 천둥 소리와 하나님이 내리신 이 우박을 그치게 하여 다오..."라고 번역하였습니다(출 9:28).

"나는 여호와를 알지 못하니"(출 5:2)라고 빈정대며 교만했던 바로가, 이제는 여호와를 아는 정도가 아니라 그 여호와가 뇌성과 우박을 애굽 땅에 내린 것을 전적으로 인정하고 있습니다. 이에 모세는 바로에게 "내 손을 여호와를 향하여 펴리니 그리하면 뇌성이 그치고 우박이 다시 있지 않을지라"(출 9:29)라고 말하면서, "그러나 왕과 왕의 신하들이 여호와 하나님을 아직도 두려워 아니할 줄을 내가 아나이다"라고 말하였습니다(출 9:30). 모세는 바로와 그 신하들의 거짓 약속을 뻔히 알면서도 그들을 위하여 기도하겠다고 말했습니다. 모세는 약속한 대로 성을 나가자마자 여호와를 향하여 손을 폈습니다(출 9:33). 여기 "펴매"는 히브리어 '파라스'(פָּרַשׂ)로, 기도하기 위하여 손을 펼친 것을 말합니다(시 143:6). 이처럼 모세가 하늘을 향해 손을 들고 기도할 때 뇌성과 우박이 그치고 비가 땅에 내리지 않았습니다(출 9:33).

④ 메뚜기 재앙 때의 중보기도(출 10:17-18)

메뚜기 재앙으로 애굽 전경(全境)에 나무나 밭의 채소나 푸른 것은 남지 않았습니다(출 10:15). "너희 남정만 가서 여호와를 섬기라"(출 10:11)라고 하며 마음을 강퍅하게 하고 이스라엘을 보내 주지 않았던 바로는, 땅이 어둡게 될 정도의 메뚜기 재앙으로 심각한 타격을 입은 후에 그 고통을 한마디로 '죽음'이라고 하며 절규했습니다. 이에 바로는 모세와 아론을 급히 불러서, "내가 너희 하나님 여호와와 너희에게 득죄하였으니 청컨대 나의 죄를 이번만 용서하고 너희 하나님 여호와께 구하여 이 죽음만을 내게서 떠나게 하라"라고 요청하였습니다(출 10:16-17). 이에 모세가 "바로에게서 나가서 여호와께 구하매"(출 10:18), 하나님께서 강렬한 서풍을 보내어 메뚜기떼를 홍해에 몰아넣으셨습니다(출 10:19). 여기 "구하매"는 히브리어 '아타르'(עָתַר)로, '탄원하다, 간청하다'라는 뜻입니다.

(2) 구속사적 교훈

바로가 계속해서 '이스라엘 백성을 보내겠다'는 약속을 어겼음에도 불구하고, 바로를 위해서 중보기도 하는 모세의 모습 속에서, 우리는 기도의 모범을 보게 되고 나아가 예수님의 모습을 발견할 수 있습니다(참고-막 1:35).

첫째, 모세는 즉시 기도하였습니다.

모세의 중보기도가 나타난 네 가지 재앙의 경우 모두, 바로가 요 청한 즉시 기도를 올렸습니다. 모세가 바로에게서 나와 기도할 때 마다 히브리어 '와우계속법'이 사용되어, 그의 기도가 곧바로 이어 진 행동임을 나타냅니다(출 8:12, 30, 9:33, 10:18). 우리도 기도해야 할 문제가 생기면 미루지 말고 그 즉시 기도해야 합니다.

예수님의 삶은 기도 자체였습니다. 히브리서 5:7에서 "그는 육체 에 계실 때에 자기를 죽음에서 능히 구원하실 이에게 심한 통곡과 눈물로 간구와 소원을 올렸고 그의 경외하심을 인하여 들으심을 얻 었느니라"라고 말씀하고 있습니다. 여기 "올렸고"는 헬라어 '프로 스페로'(προσφέρω)의 과거분사형으로, 예수님께서 계속 기도하셨 음을 나타냅니다. 지금도 예수님께서는 하나님의 보좌 우편에서 쉬 지 않고 우리를 위하여 기도하고 계십니다(롬 8:34).

둘째, 모세는 악인을 위해서도 기도하였습니다.

모세는 바로의 요청을 듣고 기도하였습니다. 바로는 매번 이스 라엘 백성을 보내겠다고 약속해 놓고도 번번이 그 약속을 배반하 는 악인이었습니다. 모세는 이러한 바로의 궤휼을 다 알고 있었습 니다. 모세는 출애굽기 9:30에서 "그러나 왕과 왕의 신하들이 여호 와 하나님을 아직도 두려워 아니할 줄을 내가 아나이다"라고 말하 였습니다. 보통 사람 같으면 이러한 악인의 구원의 요청을 거절하 고, 기도하지 않았을 것입니다. 그러나 모세는 끝까지 바로를 위해 서 기도하였습니다. 그것을 통하여 하나님께서는 재앙을 내리기도 하시지만 그 재앙을 그치게도 하시는 분임을 보여 주었으며, 나아 가 하나님께서 온 우주를 지배하시는 창조주이심을 밝히 증거하였습니다.

오늘날 우리도 비록 악을 행하며 해만 끼치는 자가 있을지라도, 낙심치 말고 그 일을 통해 하나님의 능력과 영광을 나타낼 수 있기를 끝까지 기도해야 합니다. 예수님께서도 자신을 죽음으로 몰고 갔던 악인들을 위해서 그 현장에서 지속적으로 기도하셨습니다. 십자가에 달리신 예수님의 첫 말씀은 "아버지여 저희를 사하여 주옵소서 자기의 하는 것을 알지 못함이니이다"(눅 23:34)였습니다. 이것은 실로 무지하고 죄악된 인간들을 향한 깊은 이해와 긍휼, 무궁한 사랑과 오래 참으심이 아니고서는 드릴 수 없는 참된 중보기도였습니다.

셋째, 모세는 진심으로 기도했습니다.

모세가 개구리 재앙 때에 기도할 때 사용한 히브리어 '차아크'(צָעַק)는 '급한 요청을 위해서 부르짖다'라는 뜻입니다(출 8:12). 또 파리 재앙과 메뚜기 재앙 때에 기도할 때 사용된 히브리어 '아타르'(עָתַר)는 '탄원하다, 간청하다'라는 뜻입니다. 모세는 우박 재앙 때에 손을 들고 간절히 기도했습니다(출 9:33). 만약 상대방이 계속 강퍅해질 것을 안다면 우리는 대부분 진심으로 기도하지 못하거나 아예 기도를 중단할 것입니다. 그러나 모세는 매번 진심으로 정성을 다하여 기도하였습니다.

십자가를 앞둔 마지막 날 예수님께서 많은 죄인을 위하여 드린 기도는 너무도 진심 어린 애절한 기도였습니다. 누가복음 22:44에서 "예수께서 힘쓰고 애써 더욱 간절히 기도하시니 땀이 땅에 떨어지는 핏방울같이 되더라"라고 말씀하고 있습니다. 우리도 악인을 위하여 기도할 일이 생긴다면, 정말 그 영혼을 불쌍히 여기는 마음으로 진심으로 기도해야 할 것입니다(히 5:7).

넷째, 모세는 하나님의 말씀에 근거하여 기도했습니다.

모세는 바로에게 하나님의 말씀만 전했습니다. 그러므로 바로는 모세가 하나님의 대언자요 중보자임을 깨닫고 모세에게 기도 부탁을 하였던 것입니다.

우리는 모세의 중보기도가 나타난 네 가지 재앙에서 똑같은 표현을 찾아볼 수 있습니다.

출애굽기 8:1 "여호와의 말씀에 내 백성을 보내라"

출애굽기 8:20 "여호와의 말씀에 내 백성을 보내라"

출애굽기 9:13 " ... 여호와의 말씀에 내 백성을 보내라"

출애굽기 10:3 " ... 여호와께서 말씀하시기를... 내 백성을 보내라 그들이 나를 섬길 것이라"

모세는 오직 하나님의 말씀을 앞세웠습니다. 이에 바로는 모세가 하나님의 말씀을 전하는 대언자라는 사실을 명확히 깨달았으며, 모든 재앙은 모세가 행하는 것이 아니라 모세 뒤에 계시는 하나님께서 행하신다는 것을 확실히 알았습니다.

예수님께서도 하나님의 말씀을 순종하려는 결단 속에서 심한 통곡과 눈물로 간구와 소원을 올렸으며, 그의 경외하심을 인하여 들으심을 얻었습니다(히 5:7-8). 우리의 기도도 하나님의 말씀을 앞세우고 그 말씀에 순종하여 기도할 때 원하는 대로 하나님께 응답을 받습니다(잠 28:9, 요 15:7).

8. 10대 재앙의 시기

The timing of the ten plagues

(1) 애굽 10대 재앙을 내리실 때, 하나님께서 이스라엘에게 새로운 달력을 주셨습니다.

출애굽기 12:2에서 "이 달로 너희에게 달의 시작 곧 해의 첫 달이 되게 하고"라고 말씀하고 있습니다. 여기서 '달'(month)로 쓰인 히브리어 '호데쉬'(חֹדֶשׁ)는 크게 '달'(month)의 의미와 '달의 첫 날, 월삭'을 의미하는 단어입니다. 특별히 '호데쉬' 앞에 히브리어 정관사 '하'가 붙으면 '월삭'(출 19:1, 민 29:6, 삼상 20:24, 시 81:3)을 가리키는 용어가 됩니다. 출애굽기 12:2은 '하호데쉬' 앞에 히브리어 지시 대명사 '제'(זֶה)가 쓰여 '하호데쉬 하제'(הַחֹדֶשׁ הַזֶּה) 형태로 사용되었는데, "이번 월삭"(this new moon)이라는 뜻이 됩니다.

하나님께서는 만세 전에 작정하신 것을, 작정하신 그 때에 시행하시는 분이십니다. 새로운 달력은 10대 재앙의 시기를 결정하는 기준이 되고 있는데, 그 속에는 참으로 오묘한 하나님의 구속 섭리가 담겨 있습니다.

① 새로운 달력을 주신 이유

달력은 인간이 모든 삶을 영위해 가는 데 있어 시간의 기준입니다. 달력을 통해서 계절을 알 수 있고, 달과 날짜를 알 수 있고, 요일을 알 수 있습니다. ^{이해도움 4 참조} 농사와 목축이 가장 중요한 생계의 수단이었던 과거에, 달력은 농사와 목축의 때를 정하는 기준이 되었습니다. 그런데 출애굽 전 이스라엘 백성은 애굽에서 한 주(週)가 10일인 달력 체계 밑에서 살았습니다. 그러므로 그들은 당연히 안식일을 지키지 못했고, 애굽의 다신 숭배에 젖어 살 수밖에 없었습니다. 그러나 이제 하나님께서는 새 달력을 주심으로써, 이스라엘 백성이 모든 애굽의 사상과 문화와 종교를 버리고 하나님 중심의 새로운 삶을 살아가기를 원하셨습니다.

하나님께서 이스라엘 백성에게 출애굽 시에 새 달력을 주신 사건은, 마치 예수님의 탄생으로 기원 전과 기원 후가 나누어지는 것만큼이나 중차대한 사건이었습니다. 새 달력에 근거한 출애굽은 새로운 구속사의 분기점이 되었습니다. 이스라엘은 새 달력을 통해 하나님께서 만드신 7일(1주)이라는 시간 단위 속에서 '제7일 안식일을 지키라'(출 20:8-11, 신 5:12-15)라는 하나님의 명령을 따라 언약 백성으로 살아가게 되었습니다.

이제 이스라엘 백성은 출애굽을 통해서 단순히 장소만 옮겨 사는 것이 아니라, 완전히 하나님 중심의 거룩한 언약 백성으로 살아가게 된 것입니다(고후 5:17). 특히 출애굽기 12:2에서 새 달력을 주시면서 "너희에게"에 해당하는 히브리어 '라켐'(לָכֶם)을 두 번씩이나 사용하고 있는 것은, 새 달력을 통해 이스라엘 백성 한 사람 한 사람이 하나님의 주권 섭리 속에서 완전히 존귀한 언약 백성으로 살아가게 된 것을 가르쳐 줍니다.

죄인의 구주이신 예수 그리스도로 말미암아 기원 전과 기원 후로 나누어지듯이, 예수님을 믿음으로 우리의 삶이, 이제 과거의 썩어져 가는 구습을 좇는 옛 사람을 완전히 벗어 버리고(엡 4:22), 하나님의 백성으로서 하나님의 시간 속에서 거룩한 삶을 살아가야 하겠습니다(엡 4:23-24).

② 새로운 달력의 요소

달력의 구성 요소가 처음으로 기록된 곳은 창세기 1장의 넷째 날입니다. 하나님께서는 태양과 달과 별들을 만드시고 춘하추동 사계절과 연(年) 월(月) 일(日)과 밤낮을 구분하셨습니다(창 1:14-19). 출애굽기 12:2에서 "이 달로 너희에게 달의 시작 곧 해의 첫 달이 되게 하고"라고 말씀하실 때도, 앞에서 살펴본 대로 달력의 요소인 연, 월, 일이 등장하고 있습니다. 하나님께서 출애굽 시에 이스라엘 백성에게 주신 달력은 참으로 오묘하여 하나님의 놀라운 구속 경륜을 가르쳐 주고 있습니다.

본 서에서는 달력에 대하여 아주 간단하게 소개하고자 합니다. 달력의 구성 요소를 간단히 정리하면 다음과 같습니다.

첫째, 날(日)입니다.

날은 달력을 구성하는 최소 단위입니다. 하루는 밤(저녁)과 낮(아침)으로 이루어집니다. 창세기 1장에서 '저녁이 되고 아침이 되니 이는 O째 날이니라'라고 말씀하고 있습니다(창 1:5, 8, 13, 19, 23, 31). 여기에서 '저녁'은 히브리어 '에레브'(עֶרֶב)이고, '아침'은 히브리어 '보케르'(בֹּקֶר)입니다. 하루는 히브리어로 '욤'(יוֹם)이며, 헬라어로는 '헤메라'(ἡμέρα)입니다.

둘째, 주(週)입니다.

날이 모이면 주(週)가 됩니다. 창세기 1-2장에 나타난 창조 섭리에 따르면 1주(週)는 7일(日)입니다. 하나님께서는 6일 동안 우주 만물을 창조하시고 제7일에 안식하셨습니다. '7일'(週)이라는 시간 단위는 하나님이 만드신 것입니다(창 2:1-3). 주(週)는 히브리어로 '샤부아'(שָׁבוּעַ), 헬라어로 '삽바톤'(σάββατον)입니다.

셋째, **월(月)**입니다.

　한 달은 월삭부터 다음 월삭 전까지입니다. 유대인의 달력에서 월(月)의 주기는 보통 29.5일 정도 됩니다. 지금이 어느 달인지 아는 것은 절기를 파악하는 기준이 됩니다. 시편 104:19에서 "여호와께서 달로 절기를 정하심이여 해는 그 지는 것을 알도다"라고 말씀하고 있습니다. 월(月)은 히브리어로 '호데쉬'(חֹדֶשׁ)이며, 헬라어로는 '멘'(μήν)입니다.

넷째, **연(年)**입니다.

　보통 12달이 모이면 1년이 됩니다. 태양력은 1년이 365일이고 태음력은 1년이 354일입니다. 성경에서 이스라엘 백성이 사용한 달력은 태음력입니다.

　그러므로 태음력은 태양력보다 1년에 11일이 부족하고, 3년이 되면 33일(약 1달)이 차이가 납니다. 유대인들은 이러한 차이를 맞추기 위해 보통 3년마다 한 번씩 '제2 아달월'로 불리는 13번째 달을 추가하여 사용하였고, 구체적으로는 19년마다 7번의 윤달(제2 아달월)을 두었습니다. 연은 히브리어로 '샤네'(שָׁנֶה)이며, 헬라어로는 '에토스'(ἔτος)입니다.

다섯째, **계절과 절기**입니다.

　창세기 1:14에서 "하나님이 가라사대 하늘의 궁창에 광명이 있어 주야를 나뉘게 하라 또 그 광명으로 하여 징조와 사시와 일자와 연한이 이루라"라고 말씀하고 있습니다. 여기 "사시(四時)"는 히브리어로 '모에드'(מוֹעֵד)이며, '하나님께서 정하신 때', '절기'라는 뜻입니다.

하나님께서 1년 중에 각 시기마다 계절의 변화를 주셨고, 또한 1년 중에 특별한 때를 정하여 하나님을 기념하는 절기로 삼으셨습니다. 다음에 살펴볼 춘분(春分) 역시 하나님께서 정해 놓으신 절기 중 하나입니다.

③ 새로운 달력의 기준 '춘분'

하나님께서는 춘분(春分)[21]을 기준으로 새로운 달력을 주셨습니다. '춘분'은 24절기의 하나이며, 현재 우리가 사용하는 태양력으로는 3월 20일 혹은 21일입니다. 춘분이 1년 주기의 기준점인 이유는 첫째, 사계(四季)를 시작하는 봄철에 있기 때문이며, 둘째, 태양과 지구의 자전축이 평행을 이루는 날로서 태양이 정(正)동쪽에서 떠서 정(正)서쪽으로 지기 때문입니다. 그래서 춘분에는 낮과 밤의 길이가 거의 같습니다.

새로운 달력을 주시기 직전의 춘분은, 새로운 달력을 기준으로 할 때 바로 출애굽 사건 전(前)달 25일(토요일)입니다. 그런데 이날부터 10대 재앙이 시작되었으니 참으로 신기할 따름입니다. ^{이해도움 1 참조} 이러한 일치는 하나님께서 춘분을 기준으로 새로운 달력 체계를 주셨다는 것을 확신시켜 줄 뿐만 아니라, 하나님은 구속사의 모든 과정을 만세 전에 정하시고 그 정하신 때에 시행하고 계심을 확증시켜 줍니다.

④ 새로운 달력의 기준이 된 자연현상들

성경에 춘분을 기준으로 새해 첫 달 아빕월을 결정했다는 명시

적인 기록은 없지만, 춘분처럼 새로운 달력의 기준이 된 자연현상
이 몇 가지 기록되어 있습니다. 보리 이삭, 밭의 채소, 나무 열매에
따라 새해 첫 달이 결정되었는데, 성경에 명시된 이런 자연현상들
은 춘분점 이상으로 중요한 기준이었습니다.[22]

첫째, '보리 이삭이 나올 때'입니다.

일곱 번째 우박 재앙이 일어날 때의 상황에 대하여, 출애굽기
9:31에서 "때에 보리는 이삭이 나왔고"라고 말씀하고 있습니다. 팔
레스타인에서는 보통 보리를 11월경에 파종하여 다음해 3-4월경에
추수합니다. 그러므로 보리 이삭이 나왔을 때는 대략 태양력 3월경
으로 '봄'이었습니다.

둘째, '나무 열매'입니다.

여덟 번째 메뚜기 재앙이 일어날 때의 상황에 대하여, 출애굽기
10:15에서 "메뚜기가 온 지면에 덮여 날으매 땅이 어둡게 되었고 메
뚜기가 우박에 상하지 아니한 밭의 채소와 나무 열매를 다 먹었으
므로 애굽 전경에 나무나 밭의 채소나 푸른 것은 남지 아니하였더
라"라고 말씀하고 있습니다. 여기 "나무 열매"라는 표현에서 "나
무"는 히브리어 '에츠'(עֵץ)의 단수형으로, '한 나무' 곧 한 종류의 나
무를 가리킵니다.

우박 재앙에 관하여 기록된 시편 78:47에서 "저희 뽕나무를 서
리로 죽이셨으며"라고 말씀하고 있으므로, 출애굽기 10:15에서 말
씀한 '한 종류'의 나무는 뽕나무인 것으로 추정할 수 있습니다(시
105:32-33).

여기 "서리"는 히브리어 '하나말'(הֲנָמָל)로, 뽕나무를 죽일 정도

의 위력을 가졌으므로 '큰 우박'인 것을 알 수 있습니다.[23] 그러므로 시편 78:47은 일곱 번째 우박 재앙을 가리키는 것이며, 그때 뽕나무가 피해를 입었던 것입니다. 그러므로 출애굽기 10:15의 "나무 열매"는 '뽕나무 열매'를 가리키는 것이 확실합니다. 실제로, 뽕나무도 보리 이삭이 나는 봄에 열매를 맺기 시작합니다. 뽕나무는 히브리어로 '샤캄'(שָׁקָם)이며, 헬라어로는 '쉬코모레아'(συκομορέα)입니다. 이 나무는 무거운 백향목과 비교할 때, 가볍고 습기를 흡수하지 않기 때문에 쉽게 썩지 않았습니다. 그래서 애굽인들은 미라의 관을 뽕나무로 만들었으며[24] 요셉의 관도 뽕나무로 만들었습니다(창 50:26). 아모스 선지자는 이 뽕나무를 배양하던 자였습니다(암 7:14).

그런데 시편 78:47에서 '죽이다'는 히브리어 '하라그'(הָרַג)를 쓰고 있는데, 이는 사람을 죽일 때 사용되는 단어입니다(출 4:23, 13:15). 뽕나무를 죽인다고 표현한 이유는, 애굽 사람들이 뽕나무를 지혜의 나무, 생명나무로 여겼기 때문입니다.[25] 애굽인들에게는 뽕나무가 '나무의 여신'(누트)으로 신격화되어 있었고, 그 여신이 뽕나무 가지에서 나와 죽은 자에게 영원한 영양분을 공급한다고 믿었습니다. 애굽 피라미드의 한 문서에는 "위대하신 누트는 구원의 능력을 가졌고 그녀의 이름은 뽕나무"라고 새겨져 있습니다.[26] 하나님께서는 우박 재앙을 통해, 애굽인들이 생명나무처럼 숭배하고 있던 뽕나무 신을 징벌하신 것입니다.

셋째, **"밭의 채소"**입니다.

출애굽기 9:25에서 "우박이 또 밭의 모든 채소를 치고"라고 말씀하고 있으며, 출애굽기 10:15에서 "... 메뚜기가 우박에 상하지 아니한 밭의 채소와 나무 열매를 다 먹었으므로 애굽 전경에 나무나 밭의 채소나 푸른 것은 남지 아니하였더라"라고 말씀하고 있습니다. 이 "밭의 채소"는 당시 애굽의 태양력으로 볼 때, 봄에 나오는 '마늘, 셀러리, 무, 콩, 검은 쿠민(cumin), 고수풀, 완두, 양파, 어린 완두' 등을 가리킵니다.[27]

⑤ 새로운 달력의 첫 달 '아빕월'

위에서 살펴본 달력의 세 가지 기준 가운데 가장 중요한 것은, 바로 '보리 이삭이 나올 때'입니다. 훗날 유대인들은 12월(아달월)이 지날 때 보리 이삭이 보이면, 새해 첫 달(1월=아빕월)을 바로 시작했고 (출 12:2), 아직 보리 이삭이 안 나왔으면 새해 첫 달을 시작하지 않고 제2 아달월(13번째 달, 윤달)을 넣어서 태음력을 계절과 맞추곤 하였습니다. 그러므로 새해 첫 달인 '아빕월'은 '이삭의 달'이라고 불렸습니다. 아빕월의 히브리어 '아비브'(אָבִיב)는 '부드럽다'는 뜻에서 유래하여 '어린 이삭'을 뜻합니다(출 9:31, 레 2:14). 곡물 가운데 보리가 가장 먼저 여물었으므로, 이는 '보리 이삭'을 가리킵니다.

이로 볼 때, 신명기 16:1에서 "아빕월을 지키라"라고 말씀하고 있는 것은 매우 의미심장합니다. 유대인들에게 가장 존경받는 신학자 마이모니데스(Maimonides, 1135-1204)는 미쉬네 토라 14권을 완성했으며 성경 달력에 대한 세계적 권위자로서, 신명기 16:1을 "싹 트는 이삭의 달을 유의하라!"(Heed the month of the ripening ears.)라고 번역하였습니다.[28] 또한 히브리어 아람어 사전에는 '아비브의 월삭을 지켜라'[29]라고 번역하고 있습니다.

그렇다면 왜 아빕월을 지키라고 명령하셨습니까? 이것은 정한 절기에 하나님께 드릴 곡식을 준비하라는 명령입니다. 곡식이 없이는 제사를 드릴 수 없고, 절기를 지킬 수도 없기 때문입니다. 하나님께서 이스라엘을 출애굽 시키신 목적 중에는, 제사를 드리고 절기를 지키게 하기 위한 목적도 있었습니다(출 3:18, 5:1, 3, 8:26-27, 10:9). 제사를 드리거나 절기를 지키려면 반드시 곡물(소제물)이 있어야 하므로, 달력은 무엇보다 실제로 추수하는 계절과 정확하게 맞아야 했습니다.

그래서 성경에서 3대 절기(유월절, 칠칠절, 장막절) 못지않게 중요하게 여겨진 것이 바로 보리 첫 단을 하나님께 요제로 흔들어 바치는 날이었습니다(레 23:10-11). 그날은 "곡물의 첫 이삭 한 단"을 바치는 날로, 신명기 16:9에서는 "곡식에 낫을 대는 첫 날"로 불렸습니다. 첫 단을 바치는 바로 그날까지(until that very day), 이스라엘 백성은 떡이든지 볶은 곡식이든지 생 이삭이든지 절대 먹을 수 없습니다. 그것은 각처에서 대대로 지킬 영원한 규례였습니다(레 23:14). 이 곡식은 태양력 3-4월경에 열매를 맺는 보리였습니다. 그러므로 보리 이삭이 나오는 시기는 한 해의 첫 달을 결정지음과 동시에 유월절, 칠칠절, 장막절 등 3대 절기를 정하는 기준점이었습니다.

성경에는 이스라엘의 출애굽 시기가 보리 이삭이 나오는 '아빕월'이었다고 네 차례나 기록하고 있습니다.

출애굽기 13:4 "아빕월 이날에 너희가 나왔으니"

출애굽기 23:15 "아빕월의 정한 때에"

출애굽기 34:18 " ... 네가 아빕월에 애굽에서 나왔음이니라"

신명기 16:1 "아빕월에 네 하나님 여호와께서 밤에 너를 애굽에서 인도하여 내셨음이라"

그러므로 절기상으로 볼 때, 겨울이 지나고 돋아난 보리 줄기에서 이삭이 나오는 때에, 이스라엘 백성은 흑암과 억압 세력을 뒤로하고 광명한 세계로 해방되어 나온 것입니다.

(2) 연속된 10대 재앙이 일어난 기간은 20일입니다.

10대 재앙이 일어난 기간을 정확하게 규명하는 것은 오직 성경의 기록에 근거해야 합니다. 그런데 신학자들 가운데에는 성경의 기록보다 자연현상을 기준으로 10대 재앙의 기간을 계산하는 이들이 있었습니다. 이를테면, 신학자 카일과 델리취(1866년 발표)는 하수가 피로 바뀐 재앙이 일어난 때를 "강물이 불어나기 시작한 시기"라고 하면서, 그때가 태양력으로 6-7월이라고 주장합니다. 마지막 장자 재앙은 아빕월(1월) 14일, 즉 태양력으로 3-4월경에 있었으므로 10대 재앙이 "대략 아홉 달 동안의 간격 사이에 일어났다"라고 말합니다.[30] 또한 신학자 키친(K.A. Kitchens)은 애굽의 나일강의 범람을 기준으로 "첫 번째 재앙은 7-8월에서부터 10-11월까지 애굽에 영향을 미쳤을 것이다"라고 주장합니다.[31] 그러나 이러한 주장은 성경과 전혀 맞지 않습니다. 성경은 첫 번째 피 재앙이 단지 7일간 지속되었다고 말씀하고 있습니다(출 7:25).

그러므로 본 서에서는 성경의 기록을 중심으로 10대 재앙의 기간을 계산하도록 하겠습니다. 10대 재앙이 일어난 기간을 계산하기 위하여 먼저 알아야 될 사실은, 10대 재앙이 잇달아 일어났다는 것과, 성경은 각 재앙이 일어난 시간에 대하여 정확히 기록하고 있다는 사실입니다.

첫째, 재앙이 지속된 기간을 명백히 기록하고 있습니다.

  ① 첫 번째 피 재앙 - "칠 일"(출 7:25)

  ② 아홉 번째 흑암 재앙 - "삼 일"(출 10:22)

둘째, 재앙이 일어나기 직전, 모세가 바로를 만난 시간이 '아침' 인 경우에 그것을 명백히 기록하고 있습니다.

  ① 첫 번째 피 재앙(출 7:15) - "아침에"

  ② 네 번째 파리 재앙(출 8:20) - "아침에 일찌기"

  ③ 일곱 번째 우박 재앙(출 9:13) - "아침에 일찌기"

셋째, 재앙이 시작된 때를 명백히 기록하고 있습니다.

  ① 네 번째 파리 재앙 - "내일"(출 8:23)

  ② 다섯 번째 악질 재앙 - "내일"(출 9:5)

  ③ 일곱 번째 우박 재앙 - "내일 이맘때면"(출 9:18)

  ④ 여덟 번째 메뚜기 재앙 - "내일"(출 10:4), "온 낮과 온 밤", "아침에 미쳐"(출 10:13)

하나님께서는 각 재앙이 임할 시간을 구체적으로 말씀하시고, 모세에게 명하여 바로에게 "내일"이라는 표현을 통해 그 날짜를 분명히 통보하게 하셨습니다. 그리고 그 재앙들이 구체적으로 어떻게 일어날 것인지도 말씀하셨습니다. 이로써 하나님께서는 그 재앙들이 자연 발생적으로 일어난 것이 아니라, 분명히 천지와 우주 만물을 주관하시는 하나님의 주권적인 계획에 따라 내려진 징벌이라는 사실을 확인시키셨습니다.

넷째, 재앙이 멈춘 시간이 명백히 기록되어 있습니다.

재앙이 그친 시간은, 바로가 멈추게 해 달라고 요청한 그 시간이 거나 모세가 예고한 시간이었습니다.

① 두 번째 개구리 재앙 - "내일"(출 8:10)
② 네 번째 파리 재앙 - "내일"(출 8:29)

다섯째, 10대 재앙의 기간은 장자 재앙부터 역으로 계산할 수 있습니다.

10대 재앙들이 모두 마치는 데까지 걸린 기간을 계산해 보면, 새 로운 달(출 12:2)의 바로 전(前)달 25일 토요일부터 주전 1446년 1월 15일 목요일까지 20일 만에 이루어졌습니다.[32] 하나님께서 10대 재 앙을 내리신 각각의 때는 10번째 장자 재앙이 일어났던 1월 15일부 터 거꾸로 계산해 올라가면 알 수 있습니다. 새 달력을 기준으로 거 슬러 올라가면, 첫 번째 피 재앙은 새로운 달의 바로 전(前)달 25일 토요일부터 일어났으며, 새 달력을 주신 주전 1446년 1월 1일 목요 일은 피 재앙이 일어난 7일(출 7:25) 가운데 여섯째 날이었습니다.

하나님의 말씀은 일점 일획도 거짓이 없는 진리의 말씀입니다. 성경에 기록된 살아 계신 하나님의 말씀은 없는 사실을 꾸며 낸 설 화가 아니라 역사 속에서 일어난 실제 사건으로서, 그 사건이 일어 난 정확한 날짜가 기록되어 있으며(창 1:14), 그 날짜는 인간이 임의 대로 변경할 수 없는 것입니다. 각 재앙이 일어난 구체적인 날짜는 다음에서 다룰 '각 재앙별 연구'에서 자세히 살피도록 하겠습니다.

*유구한 역사 속에서 세계 최초로 체계적 정리

 이해도움 3

성경에서 요일을 알 수 있는가?
(신묘한 요일의 계시)
Is it possible to know the days of the week in the Bible?
(The wondrous revelation of the days of the week)

    신구약 성경 66권 전체는 하나님께서 죄인을 구원하시기 위하여, 인간의 역사와 함께 호흡하면서 이룩하신 경륜을 기록한 '구속사'입니다. 하나님께서는 역사의 근원이시며, 세속 역사와 구속 역사를 함께 이끌어 가시는 모든 역사의 주인이십니다(대상 29:11-12, 욥 12:23, 시 103:19, 행 17:26, 엡 1:11). 성경의 역사 곧 구속사는, 기독교의 역사뿐만 아니라 세계사의 중심핵입니다. 그러므로 성경에 기록된 모든 사건은, 그 연대와 달과 날짜와 시간이 정확한 실제의 사건입니다. 사단은 구속사를 방해하기 위하여, 성경의 사건들의 연대와 날짜를 교묘하게 변경하려 합니다. 그렇게 함으로써 성경에 기록된 실제 사건들을 신화나 허구로 전락시켜, 성경을 살아 계신 하나님의 역사로 믿지 못하게 합니다. 그런데 참으로 놀라운 사실은, 성경에는 주요 사건들이 그 일어난 '연월일시' 뿐만 아니라, 그 사건이 발생했던 '요일'까지 밝히 계시되어 있다는 것입니다. 요일 속에 감추인 계시는 너무도 신비롭고 오묘하며, 오늘날 믿는 성도들이 반드시 주목하고 깨달아야 할 진리의 보화입니다. 그 속에는 영원한 복음이 가득 담겨 있습니다.

1. 시간을 지배하는 '달력'
The calendar that governs time

이 땅에 살고 있는 사람은 누구나 '시간'과 '공간'을 의식하면서 살아갑니다. 시간과 공간을 얼마나 성공적으로 이용하느냐에 따라 흥망(興亡)이 결정됩니다. 인간에게 있어서 공간(땅)을 얼마나 더 넓게 확보하고, 시간을 얼마나 더 길게 인식하느냐 하는 것은 매우 중요한 일입니다. 시간을 길게 아주 효과적으로 인식하게 만드는 것이 있다면, 그것은 바로'달력'입니다.

달력은, 하나님께서 넷째 날 궁창에 광명들을 창조하심으로 정해진 '징조, 사시, 날짜, 연한'(창 1:14-19)을 포함하고 있습니다. 성경은 이와 같은 내용을 자주 언급하고 있습니다(레 23:4, 대하 8:13, 사 29:1, 렘 10:2, 눅 21:25).

시편 104:19 "여호와께서 달로 절기를 정하심이여 해는 그 지는 것을 알도다"

(표준새번역) "때를 가늠하도록 달을 지으시고, 해에게는 그 지는 때를 알려 주셨습니다."

오늘날 전 세계는 대부분 같은 달력을 사용하고 있습니다. 인종과 기후, 문화와 종교, 그리고 이념이 다른 모든 민족과 국가들이 같은 달력을 사용하고 있는 것입니다. 그 이유는 '한 해를 어떻게 효과적으로 나누어 실생활을 편리하게 영위할 것인가?' 하는 아주 복잡한 문제를, 현대 달력이 명쾌하게 해결해 주고 있기 때문입니다.

(1) 달력(월력)의 정의

달력은 태양과 달과 별을 이용한 시간관리 체계로서, 1년을 월, 일, 요일로 구분하고, 절기, 행사일 등의 사항을 날짜를 따라 표시해 놓은 것이 달력입니다. 달력의 모든 사항은 해와 달과 별들에 의해서 결정됩니다. 해, 달, 별들은 하나님께서 "하늘의 궁창에 광명이 있어 주야를 나뉘게 하라 또 그 광명으로 하여 징조와 사시와 일자와 연한이 이루라"(창 1:14)라고 말씀하신 후에 생기게 되었습니다. 해는 큰 광명, 달은 작은 광명이라 불렸습니다(창 1:16).

달이 커지고 작아짐에 따라 '월(月)'이 형성되고, 계절의 주기를 가져오는 태양으로부터 '연(年)'이 형성됩니다. 또한 밤하늘에 나타나는 별자리 모양의 변화도 계절의 변화를 알려 줍니다.

(2) 달력을 사용하는 목적

달력을 사용하는 것은 개인과 단체와 사회, 나아가 국가에 이르기까지 일상 생활을 편리하게 영위하려는 목적이 큽니다. 이를 위해 계절의 변화와 일정한 주기를 따라 특정 시기를 표시하고, 그 기록을 보존하는 것이 바로 달력입니다. 그러나 달력이 구속사적으로는 하나님의 천지 만물의 창조 역사와 인류 구원을 위한 구속사를 기억하고 감사하면서 하나님을 섬기는 경건 생활을 하기 위한 목적에 사용됩니다(시 90:12, 136:7-9). 즉, 하나님을 섬기는 예배 생활을 정기적으로 이행할 수 있으며, 나아가 주님의 재림과 종말의 때를 준비하는 삶을 계속해 갈 수 있게 됩니다.

2. 천지 창조 이후 변함없는 하나님의 달력 계산
God's calendrical reckoning principle that has remained unchanged since the creation of the heavens and the earth

하나님께서 천지와 만물을 창조하신 이후 지금까지, 창조 시에 정해진 대로 절대 변하지 않는 것이 있습니다.

첫째, 하루를 결정하는 '지구의 자전'(지구가 스스로 도는 것)입니다. '하루'는 지구가 제 축을 중심으로 한 바퀴 도는 데 걸리는 시간입니다. 우리나라 국어사전에는 '자정으로부터 다음 자정까지의 길이'라고 정의하고 있습니다. 성경에 나타난 최초의 하루는 창세기 1:5에서 "빛을 낮이라 칭하시고 어두움을 밤이라 칭하시니라 저녁이 되며 아침이 되니 이는 첫째 날(יוֹם, 욤)이니라"라고 기록되어 있습니다.

둘째, 한 달을 결정하는 '달의 공전'(달이 지구를 한 바퀴 도는 것)입니다. 달이 커지고 작아짐에 따라 '월(月)'이 형성됩니다.

셋째, 한 해를 결정하는 '지구의 공전'(지구가 태양을 한 바퀴 도는 것)입니다. 지구가 태양을 공전하는 주기를 '연(年, 해)'이라고 하며, 계절 변화는 지구의 자전축이 기울어져 공전함으로써 생기게 됩니다.

넷째, 밤하늘에 나타나는 별자리 모양의 변화로, 한 해의 계절들이 주기적으로 변하는 것을 알 수 있습니다.

이러한 해, 달, 별의 운행은, 하나님의 약정(約定)이기 때문에 영원 불변합니다. 하나님께서 천지를 창조하신 이후 단 한 번도 변함이 없었습니다. "약정"은 히브리어로 '베리트'(בְּרִית)인데, '언약'이란 뜻이며, 반드시 그대로 되는 것입니다. 한자로 '약속할 약(約), 정할 정(定)'이며, '남과 어떤 일을 작정함(본래 계약을 뜻하는 말)'을 뜻합니다. 예레미야 31:35에서 "나 여호와는 해를 낮의 빛으로 주었고 달과 별들을 밤의 빛으로 규정하였고"라고 말씀하고 있습니다. 예레미야 33:20에서 "낮에 대한 나의 약정과 밤에 대한 나의 약정"이라고 말씀하고 있고, 예레미야 33:25에서 "나의 주야의 약정"이라고 말씀하였습니다.

오늘날 우리가 쓰고 있는 달력은, 아주 오랜 기간 동안 세계 최고의 천문학자와 역사가들이 수없이 계산하고 시행착오를 겪은 결과 만들어진 것입니다. 고대의 달력들 가운데 율리우스력은 약 1,500년간이나 사용되었는데, 그 기간 동안에 11일의 차이가 생기면서 자동적으로 폐지되었습니다. 현재는 과거의 달력들보다 정확해진 그레고리력을 사용하고 있습니다. 이 달력은 태양의 운동만을 관측하여 1년의 길이를 정한 태양력입니다. 1582년 2월 24일, 교황 그레고리우스 13세가 달력 개혁안을 발표하였고, 교황의 이름대로 '그레고리력'이라 하였습니다. 그레고리력은 현재 전 세계적인 공식 달력이고, 19세기 이후 현재까지 세계 대부분의 나라가 사용하고 있습니다. 그러나 이 달력도 완전하지는 않아서 3,323년마다 하루의 오차가 생기고 있습니다.

이처럼 말씀으로 지으신 천체를 인간의 눈으로 관측하여 보이는 수치로 계산하여 만든 달력은, 인간의 한계가 있어 그 오차가 점점 크게 벌어지지만, 하나님께서 창조하신 본래의 자연(自然) 질서에는 단 1초의 오차도 없습니다.

3. 태초부터 종말까지 중단 없는 한 주(7일)의 순환

The ceaseless cycle of the week (seven days) from the beginning of time until the end

(1) 한 주(週)의 정의

인간이 만든 달력 체계는 오랜 세월을 거치면서 수없이 개혁을 거듭해 왔습니다. 그러나 하나님께서 만드신 '한 주(週)' 곧 '칠 일'이라는 시간 단위는, 하나님의 천지 창조 이후 오늘까지 한 번도 변한 적이 없습니다. 그것은 자연(自然) 현상에 대한 인간의 관측과는 상관없이 하나님께서 만드신 시간 단위이기 때문입니다.

'위키피디아사전'에서는 '주(週)'에 대해 다음과 같이 설명합니다. "주(週)는 하루보다 길고, 한 달보다 짧은 시간의 단위이다. 그레고리력을 비롯한 많은 달력이 7일을 1주로 하고 있다. 다른 시간 단위와는 달리 천문 현상과 관계가 없는 시간 단위이다."

'주(週)'는 히브리어로 '샤부아'(שָׁבוּעַ)이며, 히브리어로 '7'을 의미하는 '쉐바'(שֶׁבַע)라는 단어에서 유래하였습니다.

(2) 한 주(週) 속의 각 요일의 명칭과 그 기원

창조 이후로 지금까지, 1주일이라는 시간 단위는 한 치의 오차도 없는 순환을 거듭해 왔습니다. 1주일이라는 시간 단위는 하늘의 징조나 점성술과도 연관이 없고, 사람이 임의로 제정한 것도 아닙니다.

특별히 유념하여 볼 것은, '월, 화, 수, 목, 금, 토, 일'이라는 요일의 명칭입니다. 애굽에서는 이들을 '쉴 줄 모르는 별들'이라고 불렀습니다. 그리스에서는 '프라네테스'라고 불렀는데 그 뜻은 '방랑자' 입니다.

해와 달의 이름을 따서 '일요일, 월요일'이라 했고, 그 외에 5일은 5개 행성(수성, 금성, 화성, 목성, 토성)의 이름을 따서 '화요일, 수요일, 목요일, 금요일, 토요일'이라고 했습니다.

달력에 사용된 1주일이라는 시간 단위는, 성경에 처음으로 나타난 독특한 제도입니다. 안식일은 하나님께서 창조하신 날의 원칙을 따라 무조건 매 일곱째 날에 지켜졌는데, 그것은 창세기 2:2-3에 "일곱째 날에 안식하시니라 하나님이 일곱째 날을 복 주사 거룩하게 하셨으니 이는 하나님이 그 창조하시며 만드시던 모든 일을 마치시고 이날에 안식하셨음이더라"라는 말씀으로부터 유래하였습니다.

여기 '일곱째 날'은 모세 율법에는 계속해서 '제7일'이라고 기록하였습니다(출 16:26, 30, 20:10, 11, 31:15, 35:2, 레 23:3, 신 5:14). 정확하게는 '제6일인 금요일 해 질 때부터 제7일인 토요일 해 질 때까지'가 일곱째 날, 곧 안식일입니다(레 23:32, 느 13:19).

광야에서 만나를 거두는 법칙을 말씀하실 때에도(출 16:25-30) '제6일에는' 혹은 '제7일에는'이라고 기록하고 있습니다. 그것은 우리가 '월, 화, 수, 목, 금, 토, 일'을 같은 날처럼 생각하기 쉽지만, 제7일(안식일)을 중심으로 한 주(7일)가 순환하는 원칙을 알려 줍니다.

(3) '칠 일'(한 주 '週')이라는 시간 단위

신구약 성경에서 7은 매우 신성한 의미로 사용되고 있습니다.

숫자 '7'은 거룩한 수이며, 완전수입니다. 7은 하늘의 수 3(마 28:19)과 동서남북 땅의 수 4를 합친 수입니다(창 28:14, 신 3:27).

성경에서 숫자 '7'은, 다음과 같은 의미로 쓰이고 있습니다.
① 어떠한 뜻이 완성되는 성취의 기간을 나타냅니다(창 2:2-3, 29:27-28, 41:26-30, 수 6:4, 15-16).
② 가득 채워진 충만을 뜻합니다(출 25:37, 왕상 18:43-44, 왕하 5:10, 14, 시 12:6, 마 18:21-22).
③ 전체를 나타내는 상징수입니다(창 7:2-3, 민 11:24-25, 눅 10:1, 17, 계 1:20, 2:1).
④ 하나님께서 적극적으로 간섭하시는 일을 상징합니다(신 28:7, 25, 단 4:25, 32).
⑤ 완전하여 부족함이 없음을 나타냅니다(창 21:28-30, 슥 3:9, 4:10, 계 5:1, 6).

4. 신 광야(일곱 번째 진 친 곳)에서, 만나를 내리신 주기(週期)를 통해 계시하신 '요일'

The days of the week revealed through the provision cycle of manna in the wilderness of Sin (seventh campsite)

이스라엘 백성이 주전 1446년 2월 15일 출애굽 한 지 한 달 만에 신 광야에 도착하였을 때(출 16:1), 하나님께서 만나를 약속하셨습니다(출 16:4). 참고로, 출애굽기에 기록된 모든 달은 종교력이며, 대부분 숫자로 표현되어 있으나, 때로는 그 달의 고유 명칭을 쓰고 있습니다.

만나는 2월 15일 다음날인 2월 16일부터 내리기 시작하여, 6일 동안 내렸습니다. 만나는 사람이 만든 것이 아니고 전적으로 하나님께서 주신 하늘 양식이었습니다(느 9:15, 시 78:23-25, 105:40, 요 6:31-33, 고전 10:3).

(1) 만나가 6일 동안 계속 내렸다는 증거

첫째, 만나를 일용할 양식으로 주셨기 때문입니다.

하나님께서는 매일 매일 만나를 내려 주셨고 이스라엘 백성은 매일 매일 만나를 거두었습니다. 출애굽기 16:4에서는 "백성이 나가서 일용할 것을 날마다 거둘 것이라"라고 말씀하고 있습니다. 출애굽기 16:21에서는 "무리가 아침마다 각기 식량대로 거두었고"라고 말씀하고 있습니다.

이스라엘 백성은 한 사람이 하루에 한 오멜(2.2ℓ)씩 만나를 취하였습니다. '오멜'은 '에바(22ℓ) 십분지 일'입니다(출 16:16, 36, 레 5:11, 6:20).

둘째, 다음날까지 남겨 둔 만나는, 벌레가 생기고 냄새가 났기
때문입니다.

모세는 만나를 거둔 다음에 이튿날 아침까지 남겨 두지 말라고 명령하였습니다(출 16:19). 그러나 모세의 말을 듣지 않고 더러는 다음날 아침까지 만나를 남겨 두었는데, 그 만나는 벌레가 생기고 냄새가 났습니다. 출애굽기 16:20에서 "그들이 모세의 말을 청종치 아니하고 더러는 아침까지 두었더니 벌레가 생기고 냄새가 난지라

모세가 그들에게 노하니라"라고 말씀하고 있습니다.

셋째, '6일 동안 만나를 거두라'고 말씀하셨기 때문입니다.

출애굽기 16:26에서 "육 일 동안은 너희가 그것을 거두되"라고 말씀하고 있습니다. 하나님께서 이스라엘 백성이 6일 동안 만나를 거둔다고 말씀하셨기 때문에, 만나가 6일 동안 내린 것이 확실합니다. 그렇다면 2월 16일부터 만나가 내리기 시작하여 17일, 18일, 19일, 20일, 21일까지 6일 동안 만나가 내렸던 것입니다. 하나님께서 제6일에는 만나를 각기 두 배로 거두라고 말씀하셨기 때문에(출 16:5, 22), 2월 21일에는 만나가 두 배(두 오멜: 4.4ℓ)로 내렸던 것입니다. 이스라엘 백성은 제6일에는 두 오멜(4.4ℓ)씩 거두었습니다. 이때 거둔 만나는 다음날까지 두어도 냄새가 나지 않았고 벌레도 생기지 않았습니다(출 16:24).

넷째, 하나님의 창조 원리를 볼 때, 하나님께서 6일 동안 창조하시고 일곱째 날에 안식하셨기 때문입니다(창 2:1-3).

창세기 2:2에 "하나님의 지으시던 일이 일곱째 날이 이를 때에 마치니 그 지으시던 일이 다하므로 일곱째 날에 안식하시니라"라고 말씀하고 있습니다(출 20:11, 히 4:4). 이스라엘 백성은 애굽에서 430년 거주하는 동안 한 주가 10일인 태양력을 따라 살았으므로, 당연히 안식일을 지키지 않고 살아왔습니다. 하나님께서는 만나를 통해 이스라엘 백성에게 창조 원리를 가르치시고 잊어버린 안식일 규례를 가르쳐 주시기를 원하셨기 때문에, 분명히 6일 동안 계속적으로 만나를 내리게 하셨고 7일째는 만나를 내리지 않으셨던 것입니다(출 16:26).

(2) 6일 동안 내리던 만나가 그친 2월 22일

하나님께서는 2월 16일 일요일부터 곧바로 만나를 내리셨습니다.

2월 16일은 만나가 내린 **첫째 날**이요
2월 17일은 만나가 내린 **둘째 날**이요
2월 18일은 만나가 내린 **셋째 날**이요
2월 19일은 만나가 내린 **넷째 날**이요
2월 20일은 만나가 내린 **다섯째 날**이요
2월 21일은 만나가 내린 **여섯째 날**입니다.

마침내 2월 22일, 만나가 내리기 시작한 지 일곱째 날인 안식일에는 만나가 내리지 않았습니다. 출애굽기 16장에는 이날이 강조되었습니다.

출애굽기 16:23 "내일은 휴식이니 여호와께 거룩한 안식일이라"
출애굽기 16:25 "오늘은 여호와께 안식일인즉 오늘은 너희가 그것을 들에서 얻지 못하리라"
출애굽기 16:26 "육 일 동안은 너희가 그것을 거두되 제 칠일은 안식일인즉 그날에는 없으리라"
출애굽기 16:29 "제 칠일에는 아무도 그 처소에서 나오지 말지니라"
출애굽기 16:30 "그러므로 백성이 제 칠일에 안식하니라"

2월 22일은 안식일이요, 요일로 따지면 토요일이라는 놀라운 사실이 계시되어 있음을 발견하였습니다. 이 사실에 근거하여 그 외의 모든 날짜의 요일도 알 수 있습니다.

제 1 일 (일)	제 2 일 (월)	제 3 일 (화)	제 4 일 (수)	제 5 일 (목)	제 6 일 (금)	제 7 일 (토)
2월16일	2월17일	2월18일	2월19일	2월20일	2월21일	2월22일
만나내림	만나내림	만나내림	만나내림	만나내림	만나 2배 내림	만나내리지 않음

주전 1446년 2월 22일이 일곱째 날(토요일)이라는 사실은, 모든 날짜들의 요일을 밝히는 근거가 됩니다. 이날을 기준하여 앞뒤로 계산해 보면 성경에 기록된 주요 사건들의 요일을 알 수 있습니다.

5. 마라(네 번째 진 친 곳)에서 계시해 주신 요일
The days of the week revealed at Marah (fourth campsite)

출애굽 한 이스라엘 백성이 4번째로 진 쳤던 장소는 '마라'입니다(출 15:23, 민 33:8). 마라에 도착한 때는 1월 24일입니다. 이스라엘 백성은 무교절이 끝나는 날 1월 21일 밤부터 홍해가 갈라지는 것을 체험하고, 새벽까지 홍해를 다 건넜습니다. 그리고 수르 광야로 들어가 3일이 지난 후 1월 24일에 마라에 도착하였습니다(출 15:22-23).

하나님께서는 마라에서 '한 법도와 한 율례'를 주셨습니다(출 15:25). 여기 "법도"와 "율례"는 둘 다 복수가 아니고 단수입니다.

법도(חֹק, 호크)는 엄정하게 규정되어 성문화된 조항을 뜻하고, '하나님의 변동 없는 결정 사항'을 가리킬 때 사용되었습니다(시 2:7, 렘 31:35-36). 그리고 율례(מִשְׁפָּט, 미쉬파트)는 '하나님의 정확무오한 판단'을 뜻하며, 주로 사람과 사람 사이에 일어난 문제들을 재판장이 판단하여 심판할 때 사용되었습니다(민 27:11, 신 17:8-11). 그래서 '법도'(호크)는 주로 대신(對神) 계명에 해당하며, '율례'(미쉬파트)는 주로 대인(對人) 계명에 해당합니다.

구약성경에서 법도(호크)와 율례(미쉬파트)는 함께 쓰여 자주 십계명과 모든 율법을 대표하는 말로 사용되었습니다(레 18:4-5, 26,

19:37, 20:22, 25:18, 26:15, 43, 신 4:1, 5, 8, 14, 45, 5:1, 31, 6:1, 20, 7:11-12, 8:11, 11:32, 12:1, 26:16-17, 수 24:25, 왕상 6:12, 9:4, 대상 22:13, 대하 7:17, 느 9:13-14, 시 18:22, 겔 11:12, 20:11, 13, 16, 19, 21, 24, 36:27, 37:24, 말 4:4 등).

그렇다면 마라에서 주신 '한 법도와 한 율례'의 내용은 무엇일까요? 그것은 '안식일 준수'와 '부모 공경'의 계명입니다. 하나님께서 십계명을 주시기 전에 '안식일 준수와 부모 공경'의 계명을 미리 가르쳐 주셨던 것입니다. 즉, 십계명을 주신 3월 6일보다 약 40일 앞서 두 계명을 먼저 주신 것입니다.

이 사실을 알 수 있는 근거는 무엇일까요?

첫째, 신명기 5장에 나오는 십계명에 대한 말씀 가운데 오직 두 계명에 대해서만 "여호와 너의 하나님이 네게 명한 대로"라는 말씀과 "너의 하나님 여호와의 명한 대로"라고 하는 특별한 표현이 추가되어 있습니다. "명한 대로"라고 말씀한 것은, 두 계명이 과거에 이미 가르쳐 준 적이 있음을 말해 줍니다.

<제4계명>

신명기 5:12 "여호와 너의 하나님이 네게 명한 대로 안식일을 지켜 거룩하게 하라"

<제5계명>

신명기 5:16 "너는 너의 하나님 여호와의 명한 대로 네 부모를 공경하라 그리하면 너의 하나님 여호와가 네게 준 땅에서 네가 생명이 길고 복을 누리리라"

마라에서 '한 법도'와 '한 율례' 두 계명을 정해 주신 하나님께서는 이스라엘 백성이 그것을 지키는지 안 지키는지 시험하셨습니다. 출애굽기 15:25의 "시험하실새"에 쓰인 히브리어는 '나사'(נָסָה)의 피엘완료형으로, 하나님께서 대충 하시지 않고 아주 강하게 시험하신 것을 나타냅니다. 마라에서의 안식일은 430년 만에 처음 지킨 안식일이었습니다. 한편, 이스라엘 백성에게 광야에서 만나를 거두는 법칙을 말씀하실 때(출 16:25-30) '제6일에는' 혹은 '제7일에는'이라고 언급된 것만 보더라도, 신 광야 이전에 마라에서 안식일을 가르치셨다는 사실을 알 수 있습니다.

둘째, 이스라엘 백성은 애굽에서 430년 동안 살면서 애굽의 달력 체계 아래 살았는데, 애굽의 달력은 한 주가 7일이 아니라 10일이었기 때문에 이스라엘 백성은 애굽에서 430년간 안식일을 지키지 않고 잊어버리고 살았습니다. 신명기 5:15에서 "너는 기억하라 네가 애굽 땅에서 종이 되었더니 너의 하나님 여호와가 강한 손과 편 팔로 너를 거기서 인도하여 내었나니 그러므로 너의 하나님 여호와가 너를 명하여 안식일을 지키라 하느니라"라고 말씀하고 있습니다. 하나님께서는 출애굽 한 이스라엘 백성에게 제일 먼저 안식일을 가르치셨고, 안식일 준수를 가르치기 원하셨던 것입니다.

셋째, 레위기 19:3에서 "너희 각 사람은 부모를 경외하고 나의 안식일을 지키라 나는 너희 하나님 여호와니라"라고 기록하고 있습니다. 레위기 19:30에서도 이와 동일한 내용을 전달하면서 "내 안식일을 지키고 내 성소를 공경하라 나는 여호와니라"라고 말씀하고 있습니다. 부모 공경과 안식일을 지키는 일이 상관없는 듯 보이지만, 대신 계명과 대인 계명의 대표인 두 계명을 함께 언급함으로써, 그것이 십계명과 모든 율법을 대표하고 있음을 나타냅니다. 특히 신명기 5:1에서는 십계명을 말씀하기에 앞서, 그것을 "규례(호크)와 법도(미쉬파트)"로 표현함으로써, 마라에서 제정한 한 규례와 한 법도가 십계명의 핵심이며, 모든 계명들을 대표하는 것임을 가르쳐 주고 있습니다.

하나님께서는 이스라엘 백성이 홍해를 건너서 처음으로 도착한 마라에서, 안식일 규례를 처음으로 가르쳐 주셨습니다. 안식일 규례를 가르치기 위해서는 안식일인 토요일에 가르치시는 것이 가장 효과적이고 합리적입니다. 그러므로 마라에서 법도와 율례를 가르치신 1월 24일은 토요일이 되는 것이 자연스럽습니다(출 15:22-26). 그런데 놀라운 사실은, 신 광야에서 6일 동안 만나가 내리다가 그쳤던 제 칠일이 '2월 22일 토요일'이므로, 그것을 거슬러 계산하면 1월 24일도 토요일이 된다는 사실입니다. 참으로 성경이 알려 주고 있는 요일은 일관성이 있고 정확합니다. 하나님께서는 이스라엘 백성이 마라에 도착한 지 1주일이 지난 2월 1일(토요일)에 안식일을 처음 지키게 하셨고, 이스라엘 백성은 그 다음날인 2월 2일(일요일)에 마라를 출발, 엘림에 도착했습니다(민 33:9).

출애굽기 15:27 "거기 물샘 열둘과 종려 칠십 주가 있는지라 거기서 그들이 그 물 곁에 장막을 치니라"

우리는 이날로부터 거슬러 올라가서, 출애굽 한 날짜 1월 15일이 '목요일'이고, 홍해를 건넌 날짜 1월 21일이 '수요일'임을 알 수 있는 것입니다.

우리가 성령님의 강력한 조명 가운데 성경을 깊이 읽고 자세히 연구하고 전후문맥을 살펴본다면, 하나님께서는 성경을 통해서 연, 월, 일, 시, 요일까지도 알게 하여 주십니다.

하나님께서는 창세기 1장에서 6일 동안 천지와 우주 만물을 창조하시고 제7일에 안식하셨습니다(창 2:1-3). 이때부터 7일을 한 주기로 계속해서 한 주간이 바뀌면서, 하나님의 구속사는 쉬지 않고 진행되어 왔습니다. 사람들은 이러한 하나님의 달력을 무시하고 자기들 나름대로의 달력을 만들어 사용해 왔지만, 하나님의 달력은 한 치의 오차도 없고 변함도 없이 하나님의 약정대로 진행되어 온 것입니다(렘 33:25).

예레미야 33:20 "나 여호와가 이같이 말하노라 너희가 능히 낮에 대한 나의 약정과 밤에 대한 나의 약정을 파하여 주야로 그때를 잃게 할 수 있을진대"

사람들은 아무도 몰랐지만, 그 정확한 때를 아시는 하나님께서는 본래의 달력에 맞추어 이스라엘 백성을 출애굽 시키시고 만나를 통해 안식일 규례를 주신 것입니다.

시편 기자는 연월일시(年月日時)와 요일을 주신 하나님께 감사하며 그 인자하심을 소리 높여 찬미하였습니다(시 136:7-9).

그러므로 우리는 하나님께서 만드신 본래의 달력을 성경을 통해 정확하게 깨닫고, 남은 생애에 나의 달력이 아니라 하나님의 달력대로 움직이는 하나님 중심의 삶을 살아야 할 것입니다.

II
각 재앙별 연구
A STUDY OF EACH PLAGUE

본 장에서는 10대 재앙의 자세한 내용을 살펴보도록 하겠습니다.

(1) 재앙의 개요 (2) 재앙의 목적 (3) 재앙의 예고와 시작 (4) 재앙의 날짜 (5) 재앙의 결과 (6) 재앙에 대한 바로의 반응 (7) 재앙의 구속사적 의미를 재앙의 순서를 따라 살펴보겠습니다.

제 1 차 재앙 : 피 재앙(출 7:14-25)
The first plague: blood (Exod 7:14-25)

새로운 달의 바로 전(前) 달 25일(토)부터
주전 1446년 1월 2일(금)까지 7일간(출 7:25)

For seven days, from the 25th day (Saturday) of the month just before the new month until the 2nd day (Friday) of the 1st month, 1446 BC

(1) 재앙의 개요

제1차 재앙은 나일강을 비롯한 모든 물들을 피로 바꾸는 재앙이 었습니다. 애굽의 모든 물들이 피로 바뀜으로 말미암아 나일강에 사는 물고기들이 다 죽는 엄청난 재앙이 일어났습니다. "피"(blood) 는 히브리어로 '담'(דָּם), 헬라어로 '하이마'(αἷμα)로, 피가 몸 안에 있을 때는 생명을 나타내지만(레 17:11, 14), 몸 밖에서 나타날 때는 생명에 반대되는 죽음을 의미합니다. 선지자 요엘은 마지막 날의 징조를 예언하면서 해가 어두워지고 달이 핏빛으로 변할 것을 말씀하였습니다(욜 2:30-31). 베드로 역시 "주의 크고 영화로운 날"에 대하여 이러한 징조들을 인용하였으며(행 2:19-20), 요한계시록에서도 마지막 심판의 징조로 피를 자주 기록하였습니다(계 6:12, 8:7-8, 11:6, 16:3-4).

(2) 재앙의 목적

하나님께서는 이스라엘 백성이 광야에서 하나님을 섬겨야 하기 때문에 광야로 나가야 한다고 말씀하셨습니다. 출애굽기 7:16에서 "… 히브리 사람의 하나님 여호와께서 나를 왕에게 보내어 이르시되 내 백성을 보내라 그들이 광야에서 나를 섬길 것이니라 하였으나 이제까지 네가 듣지 아니하도다"라고 말씀하고 있습니다. 여기 "섬길 것이니라"는 히브리어 '아바드'(עָבַד: 예배드리다)의 미완료형으로, 이스라엘 백성이 앞으로 계속해서 하나님께 예배드려야 함을 강조한 표현입니다.

또한 "히브리 사람의 하나님"이라고 말씀한 것은, 이스라엘 백성이 하나님과 아브라함 사이에 체결된 언약의 후손임을 나타냅니다. 앞서 아브라함은 "히브리 사람 아브람"으로 불렸기 때문입니다(창 14:13). 하나님께서는 아브라함과 맺으신 언약에 근거하여 이스라엘 백성을 출애굽 시키려 하신 것입니다(창 15:13-16).

하나님께서 10대 재앙을 시작하시면서 제일 먼저 나일강을 치셨는데, 그 이유는 크게 두 가지입니다.

첫째, 나일강이 이스라엘의 수많은 남아(男兒)들을 삼켜 죽게
　　한 강이었기 때문입니다.

　출애굽기 1장은 이스라엘 백성의 번식력이 대단했음을 세 번이
나 강조하고 있습니다(출 1:7, 12, 20). 애굽 왕이 히브리 산파 십브라
와 부아에게 히브리 여인이 조산할 때 남자아이를 낳으면 죽이라고
명했을 때도(출 1:15-16) '이스라엘 백성은 생육이 번성하고 심히 강
대했다'라고 말씀하고 있습니다(출 1:20). 이 후에 바로는 잔악하게
도 갓 태어난 생명들을 사내아이면 모두 하수(나일강)에 빠뜨려 죽
이도록 공개 명령을 내렸습니다(출 1:21-22). 그리하여 수많은 이스
라엘의 아이들이 나일강에서 비참하게 죽어 갔습니다. 그러므로 나
일강에는 수많은 히브리 부모들의 눈물과 극한 슬픔이 서려 있었습
니다. 그래서 하나님께서는 나일강을 심판의 첫 번째 대상으로 삼
으신 것입니다. 그렇게 엄청난 수의 사내아이가 다 죽는 상황에서
단 한 사람, 모세만이 그 물에서 건짐을 받아 살았습니다(출 2:1-10).
참으로 이스라엘 백성은 나일강만 바라보아도 피눈물이 절로 흘러
나오고, 차마 나일강 물을 목이 메어 마실 수 없었을 것입니다. 나
일강 물에서 건짐을 받은(출 2:10) 모세는 히브리 사람들의 피눈물
나는 나일강 역사의 산 증인이었습니다.

　종말에 있을 세 번째 대접 재앙에서도 대접을 강과 물 근원에 쏟
으매 피가 됩니다(계 16:4). 이것은 성도들과 선지자들의 피를 흘
리게 한 것에 대한 보복이며(출 21:23-25, 마 23:35-36, 눅 11:49-51, 계
16:4-6), 순교한 영혼들의 신원 요구에 대한 응답입니다(계 6:9-11).
믿는 성도들을 괴롭히고 죽이고 모략하고 이간질하고, 부부 간에
이혼시키고, 사업을 망치고, 직장에서 억울하게 쫓겨나게 만들었던
여러 일들에 대한 대가입니다. 하나님께서는 마지막에 악인들에게

그 의로운 피를 쏟아서, 그 피를 갑절이나 마시도록 역사하십니다 (계 18:6).

둘째, 애굽인들의 젖줄이요 가장 큰 우상이었기 때문입니다.

나일강은 애굽인들에게 어업과 농업 용수의 원천이었고, 나일강의 범람으로 형성된 비옥한 삼각주에서는 매우 풍족한 농사를 지을 수 있었습니다. 한마디로 나일강은 애굽이 누리는 모든 부(富)와 번영의 원천이요, 생명의 근원이었습니다. 이처럼 나일강은 애굽 국가 경제를 살찌우며 애굽 백성의 생존을 지탱하는 대들보였기에, 애굽인들은 자연스럽게 나일강을 신격화하여 숭배했습니다. 출애굽기 7:15, 8:20을 볼 때, 바로가 아침에 나일강으로 나가는 것은 그들이 신으로 섬기는 나일강에서 종교 의식을 행하기 위함이었습니다.

이러한 나일강이 오염되거나 마른다는 것은 애굽 사람들에게 경제적으로 큰 재앙이었을 것입니다. 하나님의 재앙으로 나일강이 피로 변하는 순간, 생명을 주던 강은 애굽 전 지역 구석구석마다 죽음을 전달하는 공포의 강이 되고 말았습니다(출 7:21ㄴ). 나일강이 흘러가는 곳마다 사망의 검붉은 피의 공포와 죽은 물고기로 인한 악취, 그리고 극도의 목마름으로 고통스러운 7일을 보내야 했습니다(출 7:21-25).

(3) 재앙의 예고와 시작

하나님께서는 아침에 모세를 바로에게 보내어 재앙을 예고하게 하셨습니다(출 7:15-18). 출애굽기 7:17-18에서 "... 볼지어다 내가 내 손의 지팡이로 하수를 치면 그것이 피로 변하고 하수의 고기가 죽

고 그 물에서는 악취가 나리니 애굽 사람들이 그 물 마시기를 싫어
하리라 하라”라고 말씀하고 있습니다.

실제로 첫 번째 재앙은 모세가 지팡이로 하수를 침으로 시작되
었습니다. 출애굽기 7:17에서 “... 내가 내 손의 지팡이로 하수를 치
면...”, 출애굽기 7:20에서 “... 지팡이를 들어 하수를 치니...”라고 말
씀하고 있습니다. 여기 ‘친다’는 표현은 히브리어 ‘나카’(נָכָה)로, ‘치
다’라는 뜻 외에도 ‘치명타를 가하다’라는 뜻을 가지고 있습니다(수
10:39, 11:8, 삼상 17:35). 이것은 하나님의 지팡이가 하수를 칠 때 나일
강과 그것을 숭배하는 애굽에 치명타를 입히게 된다는 의미입니다.
모세가 나일강을 쳤던 지팡이는 정관사 ‘하’(הַ)가 붙어서 ‘그 지팡
이’로 기록되어 있는데, 과거에 뱀으로 바뀌었던 그 지팡이를 가리
킵니다(출 7:8-10). 이것은 첫 번째 재앙 역시 결코 자연적인 재앙이
아니고 하나님의 주권적인 역사임을 나타냅니다.

(4) 재앙의 날짜

출애굽기 7:17의 “피로 변하고”에서 “변하고”라는 단어는 히브
리어 ‘하파크’(הָפַךְ)입니다. 이것은 ‘뒤엎다, 전복시키다’라는 뜻으
로(참고-창 19:25, 욥 12:15), 물들이 순식간에 피로 바뀌었음을 나타냅
니다. 이렇게 하수가 피로 변하는 재앙은 7일 동안 계속되었습니다.
출애굽기 7:25에서 “여호와께서 하수를 치신 후 칠 일이 지나니라”
라고 말씀하고 있습니다. 숫자 ‘7’은 충만 혹은 완전을 상징합니다.
여기 “지나니라”는 ‘채우다, 가득하다’라는 뜻을 가진 히브리어 ‘말
레’(מָלֵא)의 니팔형(수동형)으로, 7일이 다 지났음을 의미합니다. 7일
로써, 애굽 신의 허무함과 하나님의 위대한 심판과 승리를 충분히
나타내 보이신 것입니다(출 7:17).

'피 재앙'은 새로운 해 첫 달의 바로 전(前)달 25일부터 '달의 시작 곧 해의 첫 달'인 1월 2일까지 진행되었습니다. 새로운 해 첫 달의 바로 전(前)달 25일은 춘분으로, 하나님께서는 계절의 가장 큰 징조인 춘분을 기점으로 재앙을 일으키시어 이 날을 기억하게 하셨으며, 춘분을 앞으로 제정하실 절기의 기준점으로 삼으셨습니다. 유대력에서 춘분이 들어 있는 그 달(Adar II, 제2 아달월)이 29일로 이루어진 점을 고려할 때, 피 재앙 6일째 되던 1월 1일 목요일에, 출애굽을 앞둔 이스라엘 백성에게 새로운 원년의 첫 달 첫 날이 선포된 것입니다(출 12:1-2).

(5) 재앙의 결과

첫째, 하수의 고기가 죽었습니다(출 7:18, 21).

시편 105:29에서 "저희 물을 변하여 피가 되게 하사 저희 물고기를 죽이셨도다"라고 말씀하고 있습니다. 출애굽기 7:18에서는 "하수의 고기가 죽고"라고 말씀하고 있습니다. 애굽 물들 속에 살아 있는 물고기가 모두 죽었다는 것은, 애굽이 섬기던 우상들이 섬멸된 것을 보여 줍니다.

둘째, 물에서 악취가 났습니다(출 7:18, 21).

하나님의 능력으로 물은 피로 변하여 곧바로 부패했을 것입니다. 부패한 것에서는 송장 냄새가 나게 되어 있습니다. 또 설상가상으로 하수의 고기가 죽어서 악취를 더했습니다. 출애굽기 7:18에 "그 물에서는 악취가 나리니"라고 말씀하고 있습니다. 여기 "악취가 나리니"는 히브리어 '바아쉬'(בָּאַשׁ)의 완료형이 사용되어, 고약한 냄새가 순식간에 애굽 땅에 퍼져 나갔음을 나타냅니다. 그 결과 애굽 사람들은 그 물 마시기를 싫어했습니다(출 7:18下). 그렇게 물맛이 뛰어나고 건강에 좋았던 물이, 이제는 악취가 너무도 심하여 한 모금도 마실 수 없게 된 것입니다.

셋째, **애굽 온 땅에는 피가 있었습니다**(출 7:19, 21).

나일강뿐 아니라 나일강으로 흘러 들어오는 모든 지류(물들, 하수들, 운하, 못, 모든 호수)도 피가 되었습니다(참고-겔 32:6). 출애굽기 7:19에서 "물들과 하수들과 운하와 못과 모든 호수"의 각각의 명사 앞에 '~위에'라는 뜻의 히브리어 '알'(עַל)이 붙어 있는데, 이것은 단 한 번 지팡이를 내리쳤는데 피로 변하는 기적이 모든 종류의 물에 다 나타났음을 의미합니다. 특히 "모든 호수"는 히브리어 '콜 미크베 메메헴'(כָּל־מִקְוֵה מֵימֵיהֶם)인데, 이것은 '물이 모인 모든 곳'이란 뜻으로, 어떤 곳에 있는 물이든지 물이 모인 곳은 다 피로 바뀌었음을 강조하고 있습니다. 애굽의 모든 강과 산야에 있는 물까지 전부 다 피로 변한 것입니다. 심지어 "나무 그릇에와 돌 그릇에 모두"(출 7:19)라고 말씀하고 있는데, 이것은 애굽 사람들이 집에 길어다 놓은 물까지도 피로 변했음을 확인했다는 것입니다.

이같은 재앙이 7일간 지속되었으니, 참으로 하나님의 진노는 강력하며 절대 불가항력적이었습니다. 하나님을 대적하는 자에게 임하는 형벌은 실로 크고 강력하며, 누구도 대항하거나 막을 자가 없습니다(나 1:2).

넷째, **애굽인들은 마실 물을 구하였습니다**(출 7:24).

애굽 백성의 일상생활을 유지하게 하는 물의 원천이었던 나일강이 모두 피로 변하여 물을 마실 수 없게 되었습니다. 시편 78:44에서 "저희의 강과 시내를 피로 변하여 저희로 마실 수 없게 하시며"라고 말씀하고 있습니다. 이에 애굽 사람들은 하숫가를 두루 파서 마실 물을 구하였습니다(출 7:24). 눈에 보이는 물들은 모두 피로 변했지만, 겉으로 드러나지 않고 땅 속에 있던 물은 피로 바뀌지 않았기 때문에, 땅을 파서 겨우 마실 물을 구하였던 것입니다. 애굽 천지에 마실 물이 없으므로, 사람들은 타는 듯한 갈증으로 죽을 지경이었을 것입니다. 그것은 바로 지옥의 고통과도 같은 것입니다(눅 16:24).

종말에 내릴 세 번째 대접 재앙에서도 강과 물 근원에 그 대접을 쏟아버리자 피가 되니, 그것 역시 '목마름'의 재앙입니다(계 16:4-7). 끝날에 하나님께서 기근을 보낸다고 하셨는데, 그것은 양식과 물이 없는 기근이 아니라 여호와의 말씀을 듣지 못하는 기갈입니다(암 8:11). 그러나 마른 광야에서도 이스라엘 백성에게 생수를 마시게 하신 것처럼, 하나님께서는 언약 백성에게는 신령한 반석이신 예수 그리스도를 통해 시원한 생수를 보내 주십니다(고전 10:4).

(6) 재앙에 대한 바로의 반응

하수가 피로 변하는 재앙을 7일 동안 당했으나, 바로는 이 재앙을 무시한 채 궁으로 들어가고 그 일에 관념치 않았습니다(출 7:23). 애굽 술객들도 물을 피로 만드는 것을 보고 바로는 마음이 강퍅해졌기 때문입니다. 그래서 출애굽기 7:22에서 "애굽 술객들도 자기 술법으로 그와 같이 행하므로 바로의 마음이 강퍅하여 그들을 듣지 아니하니 여호와의 말씀과 같더라"라고 말씀하고 있습니다. 여기 "술법"은 히브리어 '라트'(לָט)로, '비밀, 신비'란 뜻이며, 애굽의 술객들이 신비로운 마술로 물을 피로 바뀌게 하였다는 뜻입니다. 애굽의 모든 물이 피로 바뀐 상태였으므로, 애굽의 술객들이 피로 바꾸기 위하여 사용한 물은 하숫가를 두루 파서 얻은 것으로 보입니다.

여기 "강퍅하여"는 히브리어 '하자크'(חָזַק)의 와우계속법이 사용되어 바로가 술객들의 술법을 보고 즉시 마음이 완고해졌음을 나타냅니다.

(7) 재앙의 구속사적 의미

제1차 재앙 때는, 애굽 온 땅의 물이 피가 되어 마실 물이 없었습니다. 세상 종말에도 물이 피로 바뀌는 재앙이 일어납니다.

두 번째 나팔 재앙 때에 바다의 삼분의 일이 피가 됩니다. 요한계시록 8:8에서 "둘째 천사가 나팔을 부니 불붙는 큰 산과 같은 것이 바다에 던지우매 바다의 삼분의 일이 피가 되고"라고 말씀하고 있습니다.

두 번째 대접 재앙 때에 바다가 죽은 자의 피같이 됩니다. 요한계시록 16:3에서 "둘째가 그 대접을 바다에 쏟으매 바다가 곧 죽은 자의 피같이 되니 바다 가운데 모든 생물이 죽더라"라고 말씀하고 있습니다.

세 번째 대접 재앙 때에 강과 물 근원이 피가 됩니다. 요한계시록 16:4에서 "셋째가 그 대접을 강과 물 근원에 쏟으매 피가 되더라"라고 말씀하고 있습니다.

하나님께서 왜 세상의 물을 피로 만드십니까? 그 이유는 세상이 성도들과 선지자들의 피를 흘렸으므로, 피 흐르게 한 세상도 피를 마시게 하시는 것이 합당하기 때문입니다(시 9:12, 계 6:10, 16:6, 18:24).

요한계시록 16:6 "저희가 성도들과 선지자들의 피를 흘렸으므로 저희로 피를 마시게 하신 것이 합당하니이다 하더라"

이는 하나님의 의로우신 심판의 일환입니다(계 16:5下, 7下). 이렇게 하심으로써 하나님께서 순교자들의 피를 신원하여 주시는 것입니다(계 6:9-11).

한편, 하나님께서는 모세와 아론을 통해 나일강의 물을 피로 만드셨듯이, 마지막 때 신령한 교회를 상징하는 두 증인에게 권세를 주시어 물이 변하여 피가 되게 하십니다(계 11:6).

제 2 차 재앙 : 개구리 재앙(출 8:1-15)
The second plague: frogs (Exod 8:1-15)

주전 1446년 1월 3일(토)부터 1월 4일(일)까지
From the 3rd day (Saturday) until the 4th day (Sunday) of the 1st month, 1446 BC

(1) 재앙의 개요

제2차 재앙에서는, 피로 변했던 그 하수에서 개구리들이 무수히 생겨서 바로의 궁, 침실, 침상 위에와 바로의 신하의 집에와 바로의 백성에게와 바로의 화덕과 떡 반죽 그릇에까지 올라왔습니다(출 8:3).

"개구리"는 히브리어 '체파르데아'(צְפַרְדֵּעַ)로, '깡충깡충 뛰어다니다, 되돌아오다, 일찍 가다'라는 뜻의 '차파르'(צָפַר)에서 유래하였습니다(시 78:45, 105:30). 개구리는 메스꺼울 정도로 쉬지 않고 울어대는 혐오스러운 양서류 동물입니다.

애굽인들은 의식적 정결을 위해 자주 목욕하고, 추한 것과 불결한 것에 접촉하지 않으려고 상당히 조심하였습니다. 그러므로 수를 헤아릴 수 없이 많은 개구리가 올라와서 사방을 더럽히는 일은 애굽 사람에게 소름끼치는 일이며, 실제로 견딜 수 없는 혐오감과 역겨움을 주었을 것입니다.[33)]

한편, 율법에서 개구리는 가증한 동물로 분류됩니다. 레위기 11:10에서 "무릇 물에서 동하는 것과 무릇 물에서 사는 것 곧 무릇 강과 바다에 있는 것으로서 지느러미와 비늘 없는 것은 너희에게 가증한 것이라"라고 말씀하고 있습니다.

(2) 재앙의 목적

두 번째 재앙의 목적도 하나님을 섬기게 하기 위해서입니다. 출애굽기 8:1에서 "... 내 백성을 보내라 그들이 나를 섬길 것이니라"라고 말씀하고 있습니다. 여기 "내 백성"이라는 표현은 하나님께서 이스라엘의 왕으로서 책임을 지고 그들을 보호하시겠다는 의미가 담겨 있습니다. 우리가 하나님의 백성이라면, 하나님의 보호와 인도하심에 감사하면서 당연히 하나님을 섬겨야 하는 것입니다. 여기 "섬길 것이니라" 역시 첫 번째 재앙과 마찬가지로 히브리어 '아바드'(עָבַד: 예배드리다)의 미완료형으로, 이스라엘 백성이 앞으로 계속해서 하나님께 예배드려야 함을 강조하고 있습니다.

또한 개구리 재앙은 개구리가 하수에서 무수히 생겨서 올라오고 (출 8:3), 개구리가 모두 죽는 것을 통해서(출 8:13) 하나님께서는 우주 만물의 생사(生死)를 주관하는 여호와이심을 알려 주셨습니다.

(3) 재앙의 예고와 시작

하나님께서는 모세를 바로에게 보내어 개구리 재앙을 예고하셨습니다. 출애굽기 8:1-2에서 "여호와께서 모세에게 이르시되 너는 바로에게 가서 그에게 이르기를 여호와의 말씀에 내 백성을 보내라 그들이 나를 섬길 것이니라 네가 만일 보내기를 거절하면 내가 개구리로 너의 온 지경을 칠지라"라고 말씀하고 있습니다. 여기 "칠지라"는 히브리어 '나가프'(נָגַף)로, 여호와의 심판으로서의 재앙을 나타내는 단어입니다.

아론이 하나님의 명령에 따라 지팡이를 잡고 애굽 물들 위에 팔을 펼칠 때 개구리 재앙이 시작되었습니다. 출애굽기 8:5-6에서 "여호와께서 모세에게 이르시되 아론에게 명하기를 네 지팡이를 잡고 네 팔을 강들과 운하들과 못 위에 펴서 개구리로 애굽 땅에 올라오게 하라 할지니라 아론이 팔을 애굽 물들 위에 펴매..."라고 말씀하고 있습니다. 하나님께서 모세에게 명하시고 다시 모세가 아론에게 행하도록 명하였습니다. 출애굽기 8:6의 "애굽 물들"이라는 표현은 단순히 나일강에서만 개구리가 올라온 것이 아니라, 애굽의 모든 물들로부터 개구리가 올라왔음을 보여 줍니다. 또 "펴매"는 히브리어 '나타'(נָטָה)로, '뻗다, 펼치다'라는 뜻입니다. 여기에서는 와우계속법 미완료형이 사용되어, 아론이 모세를 통해 하나님의 말씀을 듣자마자 즉시 순종하였음을 나타냅니다.

(4) 재앙의 날짜

피 재앙에도 불구하고 바로가 이스라엘 백성을 보내지 않자, 하나님께서는 바로에게 가서 경고하고 개구리 재앙을 일으키게 하셨습니다. 출애굽기 7:25의 "여호와께서 하수를 치신 후 칠 일이 지나니라"라는 말씀을 볼 때, 모세가 바로에게 가서 개구리 재앙을 선포하고 일으킨 것은 7일간의 피 재앙이 마친 다음 날인 1월 3일입니

다(출 8:1-6). 이어 개구리 재앙을 당한 바로는 모세와 아론에게 "여
호와께 구하여 개구리를 나와 내 백성에게서 떠나게 하라"라고 요
청하였습니다(출 8:8). 이때 모세는 바로에게 "어느 때에 구하여 이
개구리를 왕과 왕궁에서 끊어서 하수에만 있게 하오리이까 내게 보
이소서"라고 되물었고(출 8:9), 이에 바로가 "내일이니라"라고 대답
하였습니다(출 8:10ᄂ).

　이렇게 바로에게 재앙이 그치는 시간을 정하도록 한 이유는, 개
구리가 물러가는 것이 자연적으로 되거나 애굽의 신에 의해서 되는
것이 아니고, 전적으로 하나님의 권능으로 된다는 사실을 바로가
철저히 인정하도록 한 조치입니다. 그래서 출애굽기 8:10 하반절에
"왕의 말씀대로 하여 왕으로 우리 하나님 여호와와 같은 이가 없는
줄을 알게 하리니"라고 말씀하였습니다. 바로를 떠나 나가서 모세
가 여호와께 간구하자, 개구리떼가 집과 마당과 밭에서 나와 다 죽
었습니다(출 8:12-13). "여호와께서 모세의 말대로"하셨다는 기록을
볼 때, 이날은 1월 4일(일요일)입니다.

(5) 재앙의 결과
① 하나님께서 개구리가 애굽 하수에서 무수히 번성하게 하셨습
　니다.

　출애굽기 8:3에서 "개구리가 하수에서 무수히 생기고 ..."라고 말
씀하고 있으며, 표준새번역에서는 "강에는 개구리들이 득실거리고
..."라고 번역하였습니다. 동일한 말씀이 시편 105:30에서 "그 땅에
개구리가 번성하여 ..."라고 말씀하고 있습니다. 여기 "무수히 생기
고"(출 8:3)와 "번성하여"(시 105:30)는 히브리어로 '샤라츠'(שָׁרַץ)인
데, '꿈틀거리다, 가득차다, 우글거리다'라는 뜻이며, 개구리가 너무

많아서 우글거리는 지경을 나타냅니다(참고·출 1:20). 첫 번째 재앙에서는 하수가 피로 변하게 함으로써 개구리가 생존할 수 없는 환경을 만드셨는데, 이제는 그 하수가 개구리들이 엄청나게 번성할 수 있는 환경이 되게 하셨습니다. 분명히 자연현상으로는 설명하기 어려운, 하나님의 주권적인 재앙임을 알 수 있습니다.

② 엄청난 수의 개구리가 애굽 하수에서 올라왔습니다.

출애굽기 8:3에서 "개구리가 하수에서 무수히 생기고 올라와서 ..."라고 말씀하고 있습니다. "올라와서"는 '오르다, 나오다, 기어오르다'라는 뜻을 가진 히브리어 '알라'(עָלָה)입니다. 하수에서 기하급수적으로 번성하고 있던 개구리들이 한꺼번에 애굽인들이 살고 있는 거주지, 심지어 애굽인들의 몸에까지 올라온 것입니다. 출애굽기 8:4에서 "개구리가 네게와 네 백성에게와 네 모든 신하에게 오르리라 하셨다 하라"라고 말씀하고 있습니다.

하나님께서 모세에게 "아론에게 명하기를 네 지팡이를 잡고 네 팔을 강들과 운하들과 못 위에 펴서 개구리로 애굽 땅에 올라오게 하라"라고 명령하신 대로, 아론이 지팡이를 잡고 팔을 애굽 물들 위에 펴자, 개구리가 올라와서 애굽 땅을 덮었습니다(출 8:5-6). 하나님의 주권적인 역사로, 강들과 운하들과 못에서 준비되었던 엄청난 수의 개구리들은 마치 전투 태세를 갖추고 기다리다가 지휘관의 공격 명령을 받은 군사들처럼, 일시에 육지로 올라온 것입니다.

③ 집(궁)과 잠자는 곳과 먹는 곳에까지 들어왔습니다.

엄청난 수의 개구리가 애굽의 온 천하를 뒤덮고 밤새 울어 대며,

왕이 거하는 궁과 왕의 침실과 왕의 침상, 그리고 바로의 신하들의 집과 바로가 다스리는 애굽 백성에게와 바로의 화덕과 바로의 떡 반죽 그릇에까지 덮쳐서 떠나지 않았습니다(출 8:3-5, 9). 개구리가 개인적인 공간인 침상에서부터 음식을 준비하는 화덕과 떡 반죽 그 릇에까지 뛰어들어간 것입니다(출 8:3).

여기 "침상"은 히브리어로 '미쉬카브'(מִשְׁכָּב)이며, 이는 성적 친 밀함을 위한 장소(아 3:1)로서 성교의 비유로 사용되었습니다(창 49:4, 레 18:22, 20:13, 민 31:17-18, 35, 삿 21:11, 22, 겔 23:17). 그러므로 개 구리는 가장 은밀한 처소에까지 들어간 것입니다. 또한 "화덕"은 히 브리어로 '타누르'(תַּנּוּר)이며, 빵을 만들기 위한 도구로, 큰 난로보 다는 비교적 작고 때로는 이동이 가능한 스토브 또는 오븐입니다(레 2:4, 7:9, 11:35, 26:26, 호 7:4, 6-7).[34] 시편 21:9, 이사야 31:9, 말라기4:1 에서는 "풀무"로 번역하였습니다.

이처럼 개구리는 '하수'라는 열린 장소에서부터, 격리되어 은밀 한 곳 '침실'과 식사하는 장소에까지 거침없이 들어가서 우글거렸 습니다. 수많은 개구리가 잠시도 조용할 새 없이 '개굴개굴' 한꺼번 에 시끄러운 소리를 냈고, 끼니마다 식사를 위한 떡 반죽 그릇에까 지 들어가서 반죽을 하지 못하게 하였습니다. 애굽 백성이 아무리 개구리를 내쫓아도 수많은 개구리들은 물러갈 줄을 모르고 시끄럽 게 계속 울어 댔고, 처소 구석구석에 들어와서 더럽히고 또 더럽혔 습니다.

본래 개구리는 하수에 거해야 하는데, 그 개구리들은 하수로 돌 아갈 기미가 전혀 없어 보였습니다. 시편 105:30에서 "그 땅에 개 구리가 번성하여 왕의 궁실에도 있었도다"라고 말씀하고 있습니다. 특히 화덕과 같이 뜨거운 곳에도 개구리들이 서슴지 않고 올라온 것은, 개구리 재앙이 자연현상이 아니라 하나님의 기적적인 역사임을 보여 줍니다. 참으로 일순간에 나라 전체가 개구리로 뒤덮였던 것입니다(출 8:6, 시 78:45).

④ 사람들이 죽은 개구리들을 모아 무더기로 쌓으니, 땅에서 악취가 나서 또다시 곤욕을 치렀습니다(출 8:13-14).

바로는 "개구리를 나와 내 백성에게서 떠나게 하라"라고 요청했고(출 8:8), 모세가 여호와께 간구하매(출 8:12), 개구리가 집에서 마당에서 밭에서 나와 죽었습니다(출 8:13). 헤아릴 수 없이 많은 개구리들이 그 있던 자리에서 나와 죽었으므로 사람들은 그것을 모아 무더기로 쌓아 놓을 수밖에 없었고, 그 땅에서는 악취가 진동했습니다(출 8:14). "무더기로 쌓으니"(חֳמָרִם חֳמָרִם, 호마림 호마림)는 '부글부글 끓어오름'이란 뜻의 '호메르'(חֹמֶר)가 두 번 연속되어, 셀 수 없을 만큼 엄청나게 많은 양의 죽은 개구리가 산더미를 이루었음을 나타냅니다. '호메르'는 '쌓아 올리다'란 뜻의 '하마르'(חָמַר)에서 유래하였으며, 히브리인들의 측정 단위 중 가장 큰 단위를 가리키기도 합니다(레 27:16, 민 11:32, 겔 45:11-14). 보통 1호멜은 약 220리터에 해당하는 대단히 많은 양입니다.

첫 번째 재앙에서는 물에서 악취가 났고(출 7:21), 이번에는 육지에서 악취가 났습니다(출 8:14). 개구리의 썩은 악취는 애굽의 우상이 얼마나 허무한 것인가를 드러냈습니다. 한편, 출애굽기 8:14에서는 개구리가 죽어서 악취가 나는 것을 히브리어 '바아쉬'(בָּאַשׁ)라는 동사로 표현하고 있습니다. 이 단어는 첫 번째 재앙에서 강물이 피로 변했을 때 나는 악취를 표현할 때(출 7:21)와 광야 생활에서 거둔 만나를 다음날까지 두었을 때 나는 악취를 표현할 때(출 16:20) 사용된 단어로, 모두가 불순종의 결과에서 나온 악취였습니다.

(6) 재앙에 대한 바로의 반응

애굽의 술객들도 자기들의 술법대로 개구리를 애굽 땅에 올라오게 하였습니다(출 8:7). 그러나 그들은 개구리를 없애지는 못하였습니다. 바로는 당장 얼마나 괴로웠는지, 무작정 모세와 아론을 불러서 처음으로 이스라엘 백성을 보내겠다고 약속하면서, "여호와께 구하여 내일 개구리를 나와 내 백성에게서 떠나게 하라 내가 이 백성을 보내리니 그들이 여호와께 희생을 드릴 것이니라"라고 말했습니다(출 8:8).

여기에서 바로는 하나님을 '여호와'라고 불렀지만, 이것은 곤경을 탈피하기 위한 거짓 고백이었습니다. 이때 모세는 "내가 왕과 왕의 신하와 왕의 백성을 위하여 어느 때에 구하여 이 개구리를 왕과 왕궁에서 끊어서 하수에만 있게 하오리이까 내게 보이소서"라고 물었습니다(출 8:9). 여기 "끊어서"는 히브리어 '카라트'(כָּרַת)로, '자르다, 제거하다'라는 뜻인데, 개구리를 아예 죽이는 것을 의미합니다. 이에 바로는 "내일이니라"라고 대답하였습니다(출 8:10上). 그는 개구리가 자연적으로 없어질 수도 있을 것이라는 기대 때문에, 숨막히는 고역에도 불구하고 '내일' 개구리가 떠나게 해 달라고 요청했습니다. 그러나 바로는 그 덕분에 고역을 하루 더 겪어야 했고, 그가 요청한 대로 다음날에야 개구리떼가 다 죽는 것을 보았습니다. 그럼에도 불구하고, 잠시 그 숨을 통할 수 있게 되자 다시 마음을 완강케 하여 이스라엘 백성을 보내지 않았습니다(출 8:15). 출애굽기 8:15의 "완강케 하여"는 히브리어 '카바드'(כָּבֵד)로, '무겁다, 강퍅하다'라는 뜻입니다. 여기에서는 히필(사역) 동사 절대형이 사용되어, 바로의 마음이 이미 확고하게 굳어졌음을 나타냅니다.

하나님과 하나님의 사람 모세와 아론은 약속을 지켰으나, 바로와 그의 조종자 사단은 변심하여 약속을 깨고 거짓말을 계속했습니다. 재앙의 시작이 유보되거나 재앙이 빨리 멈추는 것에 대하여 하나님 앞에 감사치 않고 그것을 악용하는 모습이야말로 사단의 특성입니다(요 8:44, 참고-롬 2:4-5). 죄악된 인간은 바로처럼 언제나 변화무쌍하고 거짓됩니다. 그러나 하나님의 인도를 받는 하나님의 자녀는 진실하고 충성되고 신앙 양심에 거짓이 조금도 없어야 하겠습니다(계 14:4-5, 17:14).

(7) 재앙의 구속사적 의미

제2차 재앙 때는, 개구리가 애굽 온 땅에 올라왔습니다. 그런데 여섯 번째 대접 재앙 때에 "개구리 같은 세 더러운 영"이 "용의 입과 짐승의 입과 거짓 선지자의 입"에서 나옵니다(계 16:13). 이 "더러운 영"을 요한계시록 16:14에서는 "귀신의 영"이라고 말씀하고 있고, 마가복음에서도 귀신을 '더러운 영'이라고 표현하고 있습니다(막 1:23, 3:11, 5:2).

"개구리 같은 세 더러운 영"은 이적을 행하여 온 천하 임금들을 미혹하고, 전쟁을 위해 그들을 아마겟돈에 모읍니다(계 16:14, 16). 개구리 재앙 때에 애굽 온 땅에 개구리가 가득하였듯이, 종말에 "개

구리 같은 세 더러운 영”이 온 천하에 다니면서 이적을 행함으로
세상을 미혹하여, 하나님을 대적하게 할 것입니다(참고마 24:24, 딤전
4:1, 계 13:13-14, 19:20). 주님의 재림을 기다리는 성도는 “개구리 같
은 세 더러운 영”의 어떠한 미혹에도 흔들리지 않고 끝까지 믿음을
지켜야 하겠습니다(눅 21:8, 벧후 3:17, 요일 3:7). 그러므로 요한계시
록 16:15에서 “보라 내가 도적같이 오리니 누구든지 깨어 자기 옷
을 지켜 벌거벗고 다니지 아니하며 자기의 부끄러움을 보이지 아
니하는 자가 복이 있도다”라고 하신 말씀에 합당한 성도가 되어야
합니다.

제 3 차 재앙 : 이 재앙(출 8:16-19)
The third plague: gnats (lice) (Exod 8:16-19)

주전 1446년 1월 4일(일)
The 4th day (Sunday) of the 1st month, 1446 BC

(1) 재앙의 개요

제3차 재앙은 ‘이’ 재앙이었습니다. 이 재앙은 애굽 온 땅의 티끌
이 다 이로 변해서 사람과 생축에게 오른 재앙으로, 열 가지 재앙
중 가장 짧게 기록되었습니다.

“이”는 히브리어 ‘킨님’(כִּנִּים)으로, ‘켄’(כֵּן)의 복수형이며, 70인경
에서는 ‘코놉스’(κώνωψ, 모기)로 번역했습니다. 출애굽기 8:17 하반
절에서 “애굽 온 땅의 티끌이 다 이가 되어 사람과 생축에게 오르
니”라고 말씀하고 있습니다. 여기 “되어”와 “오르니”라는 두 단어
가 똑같이 ‘되다’라는 뜻을 가진 ‘하야’(הָיָה)를 사용하고 있습니다.
개구리 재앙처럼 하수에서 생겨서 땅으로 올라온 것이 아니라, 그

자리에서 생긴 것입니다. 즉 땅의 티끌이 이가 되었을 뿐만 아니라, 생축과 사람의 몸에 있는 티끌까지도 변하여 이가 된 것입니다. 물론 바로의 몸과 그 신하들의 몸에도 이가 생겼습니다. 그러므로 '킨님'은 날아다니는 모기라기보다는 몸에 기어 다니고 서식하는 '이'로 보는 것이 더 적합합니다. 바른성경에서는 "그들이 그대로 하여 아론이 손을 들어 그의 지팡이로 땅의 먼지를 쳤다. 사람과 짐승에게 이가 생기고, 그 땅의 모든 먼지가 이집트 온 땅에서 이가 되었다"라고 번역하고 있습니다. 시편 105:31에서도 "여호와께서 말씀하신즉 파리떼가 오며 저희 사경에 이가 생겼도다"라고 말씀하고 있습니다.

'이'(킨님)는 동물이나 사람의 머릿속, 옷속, 눈, 귀, 콧속까지 기어 들어가 피를 빨아 먹고, 몸을 가렵게 하여 매우 큰 고통을 주었습니다. 아주 천한 자의 집에도, 가장 높은 바로 궁에도 전혀 차별 없이 이들이 득실거렸습니다. 지위 고하를 막론하고 애굽 땅에 있는 모든 사람은 예외 없이 조그마한 '이' 때문에 숨이 막힐 정도로 고통을 받았습니다.

(2) 재앙의 목적

'이' 재앙에서는 재앙의 목적에 대한 기록이 생략되어 있습니다. 그러나 개구리 재앙과 연속해서 내린 재앙이므로, 같은 목적을 가지고 일으키신 것으로 보입니다(출 8:1).

또한 '이' 재앙은 작은 티끌로 '이'를 만들어낸 재앙으로, 가장 약한 것을 통하여 가장 강한 애굽을 무력화하시는 여호와를 알게 하는 데 그 목적이 있었습니다(^{참고}고전 1:27).

(3) 재앙의 예고와 시작

이 재앙은 예고 없이 바로 시작되었습니다. 출애굽기 8:16-17에서 "아론에게 명하기를 네 지팡이를 들어 땅의 티끌을 치라 하라 ... ¹⁷아론이 지팡이를 잡고 손을 들어 땅의 티끌을 치매..."라고 말씀하고 있습니다. 아론이 지팡이를 들어서 땅의 티끌을 침으로 재앙이 시작되었습니다.

여기에 사용된 '친다'는 히브리어 '나카'(נָכָה)인데, 첫 번째 재앙을 시작할 때에 사용된 단어입니다. 시편 105:31에서는 "여호와께서 말씀하신즉 ... 저희 사경에 이가 생겼도다"라고 말씀하고 있습니다. 이는, 비록 지팡이를 들어 땅을 친 것은 아론이지만 실제로 그것에서 능력이 나타난 것은 하나님께서 말씀하셨기 때문이라는 것을 가르쳐 줍니다.

(4) 재앙의 날짜

개구리 재앙이 내리고 연이어서 같은 날에 '이' 재앙이 내렸습니다. 여기에는 하나님께서 바로에게 전하라는 말씀이 생략되어 있습니다. 이것은 개구리 재앙이 끝나는 날 곧 이어서 '이' 재앙이 시작되었음을 의미합니다. 그러므로 개구리 재앙이 끝난 1월 4일(일요일)에 '이' 재앙이 시작된 것입니다. 다음에 일어난 파리 재앙은 1월 4일 다음날인 1월 5일 아침에 예고되었습니다(출 8:20).

(5) 재앙의 결과

두 번째 재앙은 개구리를 하수에서 불러 올렸지만, 세 번째 재앙은 무생물인 티끌을 생물인 '이'로 변화시키는 이적이었고, 이것은 술객들이 따라 하지 못했습니다(출 8:18). 자신들이 '이' 재앙을 따라

하지 못하자, 술객들은 바로에게 "이는 하나님의 권능이니이다"라고 고백하였는데(출 8:19), 애굽의 술객까지도 하나님의 능력 때문에 먼지가 이로 변했다는 것을 스스로 인정한 것입니다. 여기 "권능"은 히브리어 '에츠바'(אֶצְבַּע)로, '손가락'을 뜻하며 히브리어 원문을 직역하면 '이는 하나님의 손가락이니이다'가 됩니다(참고-요 8:6, 8). 앞서 애굽의 술객들이 행한 이적을 자연현상에 의한 것이라든지 혹은 속임수라고 설명할 수도 있겠지만, 그들도 사단의 힘을 빌어 실제 이적을 행한 것입니다. 사단의 능력도 허구가 아니고 실제이지만, 그러나 결코 절대적인 능력이 아니라는 사실을 우리는 정확히 알아야 합니다.[35]

욥기를 볼 때, 사단도 욥의 생명을 제외한 모든 것을 칠 수 있는 능력이 있었습니다. 그러나 그 능력은 하나님의 허락하심 아래 있는 제한적 능력일 뿐이었습니다(욥 1:11-12).

예수님께서는 세상 마지막 때 일어날 일을 말씀하시면서, "거짓 그리스도들과 거짓 선지자들이 일어나 큰 표적과 기사를 보이어 할 수만 있으면 택하신 자들도 미혹하게 하리라"라고 말씀하셨습니다(마 24:24). 신명기 13:1-3에서도 "너희 중에 선지자나 꿈꾸는 자가 일어나서 이적과 기사를 네게 보이고 [2]네게 말하기를 네가 본래 알지 못하던 다른 신들을 우리가 좇아 섬기자 하며 이적과 기사가 그 말대로 이룰지라도 [3]너는 그 선지자나 꿈꾸는 자의 말을 청종하지 말라 이는 너희 하나님 여호와께서 너희가 마음을 다하고 성품을 다하여 너희 하나님 여호와를 사랑하는 여부를 알려 하사 너희를 시험하심이니라"라고 말씀하고 있습니다. 그러므로 우리는 사단과 그 악의 세력을 과소평가해서는 안 되며, 또한 사단의 세력이 행하는 큰 표적과 기사에 현혹되어서도 안 될 것입니다. 사단의 역사는 모든 능력과 표적과 거짓 기적과 불의의 모든 속임으로 멸망하는 자들에게 임하여 유혹하고 거짓 것을 믿어 진리를 떠나게 만듭니다 (살후 2:9-11). 진리를 믿지 않고 불의를 좋아하는 모든 자는 반드시 심판을 받습니다(살후 2:12). 그러므로 우리는 하나님의 택하심과 성령의 거룩하게 하심과 예수님을 믿음으로 구원을 얻게 하심을 감사하며 하나님께 영광 돌리고, 오직 하나님의 말씀만 믿고 따르는 성도가 되어야 합니다(살후 2:13-14).

(6) 재앙에 대한 바로의 반응

"사람과 생축"이면 모두 '이' 재앙을 받았을 것이므로 결국 바로도 '이' 재앙에서 예외가 될 수 없었습니다. 높은 지위나 낮은 지위나 관계없이 사람이면 누구나, 심지어 생축들까지 '이' 재앙의 피해자가 된 것입니다. 당시 가장 크고 강한 나라였던 애굽의 왕 바로와 그 백성이 너무도 작은 '이'로 인해 엄청난 고통을 받은 것은 모욕적인 일이 아닐 수 없습니다. 이에 술객들이 "이는 하나님의 권능"이라고 바로를 설득했으나, 바로는 신하들의 말을 듣지 않았습니다. 출애굽기 8:19에서 "술객이 바로에게 고하되 이는 하나님의 권능이니이다 하나 바로의 마음이 강퍅케 되어 그들을 듣지 아니하였으니 여호와의 말씀과 같더라"라고 말씀하고 있습니다. 여기 "강퍅케 되어"는 히브리어 '하자크'(חָזַק)로, '강하다, 완고하다, 단단히 묶다'라는 뜻입니다.

(7) 재앙의 구속사적 의미

제3 재앙 때는, 애굽 온 땅의 티끌이 이가 되었습니다. 요한계시록에서는 제3 재앙과 같은 재앙이 직접적으로는 나타나지 않습니다. 그러나 다섯 번째 나팔 재앙 때에 나타나는 황충의 여러 가지 모습 가운데 이를 연상시키는 부분이 있습니다. 요한계시록 9:10을 볼 때, "또 전갈과 같은 꼬리와 쏘는 살이 있어 그 꼬리에는 다섯 달 동안 사람들을 해하는 권세가 있더라"라고 말씀하고 있습니다. 여기 "쏘는 살"은 헬라어 '켄트론'(κέντρον)으로, 사도행전 26:14(가시채), 고린도전서 15:55(쏘는 것)에서도 사용되었습니다. 이 단어는 '따끔하게 찌르다'라는 뜻을 가진 '켄테오'(κέντεω)에서 유래하였는데, 마치 이(각다귀)가 피를 빨기 위하여 사람과 짐승을 찌르는 것과 유사합니다. 전갈과 같은 꼬리와 쏘는 살로 인하여 사람들은 다섯 달 동안 고통을 당하게 되는데(계 9:5, 10), 여기 '쏘는 살'의 어원은 '이' 재앙을 생각나게 합니다. 그러나 이때 이마에 하나님의 인을 맞은 사람들은 고통에서 제외됩니다(계 9:4). 하나님의 인침을 받은 자들은 요한계시록 7:2-3을 볼 때 "하나님의 종"들입니다(계 7:4, 14:1). 종들이 주인의 명령에 절대 순종하듯이, 마지막 때 어린 양이 어디로 인도하든지 따라가는 자들이 하나님의 인을 받아 마지막 재앙에서 하나님의 보호를 받을 것입니다(계 14:4).

제 4 차 재앙 : 파리 재앙(출 8:20-32)
The fourth plague: flies (Exod 8:20-32)

주전 1446년 1월 5일(월)부터 1월 7일(수)까지
From the 5th day (Monday) until the 7th day (Wednesday) of the 1st month, 1446 BC

(1) 재앙의 개요

제4차 재앙은 '파리' 재앙입니다. 파리는 공중에 날아다니는 것으로, 이전에 내린 재앙들보다 피해와 고통이 더 큰 재앙이었습니다.

출애굽기 8:24에서 "무수한 파리떼가 바로의 궁에와 그 신하의 집에와 애굽 전국에 이르니 파리떼로 인하여 땅이 해를 받더라"라고 말씀하고 있습니다. '파리'는 히브리어로 '아로브'(עָרֹב)인데(시 78:45, 105:31), '혼합', '혼란한 움직임'과 관련된 의미를 가지고 있습니다. 그 어근은 '혼합하다, 교환하다'라는 뜻의 '아라브'(עָרַב - 스 9:2, 시 106:35, 잠 14:10, 20:19, 24:21)이나, '혼합, 잡족, 섞어 짠 천'이란 뜻의 '에레브'(עֵרֶב)에서 파생되었습니다(출 12:38, 레 13:48, 49, 51, 52, 53, 56, 57, 58, 59, 느 13:3, 렘 25:20, 24, 50:37, 겔 30:5).

파리는 주로 소의 배설물에서 자라며, 사람과 가축의 혈관이나 신체에 기생하여 물어뜯고 몸의 기관을 파괴하는 무서운 곤충으로 알려져 있습니다. 이것은 집파리와는 구별되는 '개 파리'(dog-fly)로, 떼를 지어 몰려다니면서 물질을 부패시키고, 질병을 옮기는 불결한 해충이었습니다(전 10:1). 그러므로 어른들뿐 아니라 어린아이들에게까지 그 피해가 극심했을 것입니다.

출애굽기 8:21에서 "네가 만일 내 백성을 보내지 아니하면 내가 너와 네 신하와 네 백성과 네 집들에 파리떼를 보내리니 애굽 사람의 집집에 파리떼가 가득할 것이며 그들의 거하는 땅에도 그러하리라"라고 말씀하고 있습니다. 여기 "보내리니"는 히브리어 '샬라흐'(שָׁלַח)의 히필형이 사용되어, 파리 재앙이 자연 발생적인 재앙이 아니라 하나님께서 강권적으로 보내신 재앙임을 나타냅니다.

(2) 재앙의 목적

출애굽기 8:20에서 "... 내 백성을 보내라 그들이 나를 섬길 것이니라"라고 말씀하고 있습니다. 첫 번째, 두 번째 재앙과 마찬가지로 히브리어 '아바드'(עָבַד: 예배드리다)의 미완료형이 사용되어, 이스라엘 백성이 앞으로 계속해서 하나님께 예배드려야 함을 강조하고 있습니다(출 7:16, 8:1). 또한 "보내라"는 히브리어 '샬라흐'(שָׁלַח)의 피엘형으로서, 갇힌 곳에서 해방한다는 강력한 의미입니다. 하나님께서는 이스라엘을 해방하셔서 예배드리는 백성으로 만드시기를 원하셨던 것입니다.

또한 출애굽기 8:22에서 "그 날에 내가 내 백성의 거하는 고센 땅을 구별하여 그곳에는 파리떼가 없게 하리니 이로 말미암아 나는 세상 중의 여호와인 줄을 네가 알게 될 것이라"라고 말씀하고 있습니다. 하나님께서는 재앙을 통해서 애굽 땅뿐만 아니라 온 세상을 통치하시는 여호와임을 알리셨습니다.

(3) 재앙의 예고와 시작

하나님께서는 모세에게, '이' 재앙이 일어난 다음날 아침에 일찍이 일어나 바로 앞에 서서 재앙을 예고하라고 명령하셨습니다(출 8:20). 또한 하나님께서는 "너와 네 신하와 네 백성과 네 집들에 파리떼를 보내리니"라고 말씀하심으로(출 8:21), 각 사람이 사는 집에까지 파리떼가 엄습할 것을 모세에게 선포하게 하셨습니다. 이에 모세는 하나님의 명령대로 바로 앞에 서서 '만약 이스라엘 백성을 보내지 않으면 파리 재앙이 일어나는데 내일 이 표징이 있으리라'라고 말씀을 선포했습니다(출 8:21-23).

파리떼의 재앙은 모세와 아론을 통하지 않고 하나님께서 직접 보내셨습니다. 출애굽기 8:21에서 "... 내가 너와 네 신하와 네 백성과 네 집들에 파리떼를 보내리니..."라고 말씀하고 있으며, 출애굽기 8:24에서 "여호와께서 그와 같이 하시니..."라고 말씀하고 있습니다. 시편 105:31에서도 "여호와께서 말씀하신즉 파리떼가 오며"라고 말씀하고 있습니다. 파리 재앙도 다른 재앙과 마찬가지로 하나님의 말씀으로 이루어진 하나님의 주권적인 권능의 역사였습니다.

(4) 재앙의 날짜

바로가 '이' 재앙이 있은 후에도 이스라엘 백성을 보내지 않자 (출 8:19), 하나님께서는 그 다음날인 1월 5일(월) 아침 일찍 모세로 하여금 바로 앞에 서도록 명령하셨습니다(출 8:20). 그리고 고센 땅을 구별하여 그곳에는 파리 재앙이 내리지 않게 하겠다고 하시면서 "내일 이 표징이 있으리라"라고 말씀했습니다(출 8:22-23). 그러므로 실제로 파리 재앙이 일어난 날은 1월 5일(월) 그 다음날인 1월 6일(화)이었습니다(출 8:24). 이에 바로가 모세와 아론을 불러 "이 땅에서 너희 하나님께 희생을 드리라"라고 요청하였습니다(출 8:25).

그러나 모세는 "그리함은 불가하니이다 우리가 우리 하나님 여호와께 희생을 드리는 것은 애굽 사람의 미워하는 바이온즉 우리가 만일 애굽 사람의 목전에서 희생을 드리면 그들이 그것을 미워하여 우리를 돌로 치지 아니하리이까 우리가 사흘 길쯤 광야로 들어가서 우리 하나님 여호와께 희생을 드리되 우리에게 명하시는 대로 하려 하나이다"라고 대답하였습니다(출 8:26-27). 이에 바로는 "내가 너희를 보내리니 너희가 너희 하나님 여호와께 광야에서 희생을 드릴 것이나 너무 멀리는 가지 말라 그런즉 너희는 나를 위하여 기도하라"라고 요청하였습니다(출 8:28). 이에 모세는 "내일이면 파리떼가 바로와 바로의 신하와 바로의 백성"을 떠날 것이라고 말하였습니다(출 8:29). 그리고 모세가 여호와께 기도하니, 여호와께서 모세의 말대로 하사 파리를 바로와 그 신하와 그 백성에게서 몰수이 떠나게 하셨습니다(출 8:30-31). "내일이면"이라는 표현을 볼 때, 파리떼가 떠난 날은 1월 7일(수)입니다.

(5) 재앙의 결과

① 하나님께서 파리떼를 보내시므로 애굽 사람의 집집에 그리고 그들의 거하는 땅에 가득했습니다.

　하나님께서 '너(바로)와 너의 신하, 네 백성, 네 집들'에 파리떼를 보내어, "애굽 사람의 집집"과 "그들의 거하는 땅"에 온통 파리 떼로 가득하게 하겠다고 말씀하셨습니다(출 8:21).

　과연 그 말씀대로 무수한 파리떼가 바로의 궁, 바로의 신하의 집, 애굽 전국에 이르렀습니다(출 8:24). 어떤 이는 개구리 시체들의 부패로 인해 파리떼들이 더욱 많아졌다고 하는 사람도 있습니다. 그러나 성경에 "보내리니"(출 8:21)라고 말씀한 것을 볼 때, 하나님께서 명하시는 순간 엄청난 파리떼가 새로 생겨난 것임을 명백히 알 수 있습니다.

　한편, 모세는 바로가 자신을 위하여 기도해 달라고 하자, 바로를 떠나 가서 여호와께 기도하니, 하나님께서 파리떼를 바로와 그 신하와 그 백성에게서 몰수이 떠나게 하셨습니다(출 8:30-31). 이처럼 순간 파리떼가 생겼다가 또한 일제히 사라지는 것은 하나님께서 행하신 큰 기적입니다. 그래서 파리 재앙은 개구리 재앙과는 전혀 다른 기적이었습니다.

② 파리떼를 보내어 애굽인들을 물게 했습니다.

시편 78:45에서 "파리떼를 저희 중에 보내어 물게 하시고" 라고 말씀하고 있습니다. 여기 "물게 하시고"는 히브리어 '아칼'(אָכַל)로, '먹다, 삼키다'라는 뜻입니다. 이것은 파리떼가 마치 주린 배를 채우듯 애굽 사람들을 물어뜯고 피를 빨아 먹었음을 나타내는 표현입니다(참고-창 37:33).

③ 파리떼로 인해 땅이 해를 받았습니다.

출애굽기 8:24에서 "여호와께서 그와 같이 하시니 무수한 파리떼가 바로의 궁에와 그 신하의 집에와 애굽 전국에 이르니 파리떼로 인하여 땅이 해를 받더라"라고 기록하고 있습니다. 이 말씀은 출애굽기 8:21의 내용과 일치하는 것으로, 하나님께서 말씀하신 그대로 이루어졌음을 보여 줍니다. 여기 "해를 받더라"는 히브리어 '샤하트'(שָׁחַת)로, '파괴하다, 부패하다, 더럽히다'라는 뜻입니다. 특히 미완료수동형이 사용되어서, 애굽 땅에 내려진 재앙이 지속적이어서 일상생활을 유지하기 어려울 정도로 큰 해를 입혔음을 보여 주고 있습니다. 이 단어는 장자 재앙의 "멸하는 자"를 나타낼 때도 사용되었습니다(출 12:23). '땅'을 뜻하는 히브리어 '에레츠'(אֶרֶץ)는 모든 피조물을 가리키기도 하므로(창 9:19, 11:1), "땅이 해를 받더라"라는 말씀은, 바로를 포함한 모든 백성까지 피해를 입었다는 의미입니다.

④ 이스라엘 백성을 구별하였습니다.

처음 세 가지 재앙은 술객들이 대적했지만, 네 번째부터는 아예 시도조차 하지 못했으며, 하나님께서 이스라엘 백성과 애굽 백성 사이를 명백하게 구분하셨습니다. 출애굽기 8:22에서 "그날에 내가 내 백성의 거하는 고센 땅을 구별하여 ...", 출애굽기 8:23에서 "내가 내 백성과 네 백성 사이에 구별을 두리니 ..."라고 말씀하고 있습니다. "구별하여"는 히브리어 동사 '팔라'(פָּלָה)의 히필형으로, 하나님 께서 주권적으로 애굽과 이스라엘을 구분하셨다는 의미입니다. 이 처럼 '팔라'의 히필형은 다섯 번째 악질 재앙에서 이스라엘 생축과 애굽의 생축을 구별할 때 사용되었고(출 9:4), 마지막 장자 재앙에서 이스라엘과 애굽을 구별할 때도 사용되었습니다(출 11:7). 출애굽기 8:23의 "구별"은 히브리어 명사 '페두트'(פְּדוּת)로, '구별'뿐만 아니 라 '구원, 구속'의 의미로도 사용됩니다(시편 111:9, 130:7, 사 50:2). 이 것은 구별을 통해서 궁극적으로 이스라엘을 구원하고자 하셨음을 나타냅니다. 여호와 하나님께서 모세에게 경고하신 대로 "그와 같 이 하시니", 과연 예고된 대로 고센 땅에는 파리떼 재앙이 미치지 않 고 구별되었습니다(출 8:22-24).

(6) 재앙에 대한 바로의 반응

바로는 모세와 아론을 불러서, "너희는 가서 이 땅에서 너희 하 나님께 희생을 드리라"라고 말했습니다(출 8:25). 여기 "이 땅"은 바 로의 통치가 미치는 지역을 의미하며, 따라서 '떠나지 말고 애굽에 서 희생을 드리라'라는 명령입니다. 바로는 '광야로 가서 희생을 드 리겠다'는 말씀에 정면으로 도전한 것입니다(출 3:18, 5:3). 이에 모 세는 "그리함은 불가하니이다"라고 대답하고, '만약 애굽 사람의 목전에서 희생을 드리면 애굽 사람들이 돌로 칠 것이므로 반드시 사흘 길쯤 광야로 들어가서 희생을 드리되 하나님께서 명하시는 대 로 하겠다'고 말했습니다(출 8:26-27).

이에 바로는 "내가 너희를 보내리니 너희가 너희 하나님 여호와께 광야에서 희생을 드릴 것이나 너무 멀리는 가지 말라 그런즉 너희는 나를 위하여 기도하라"라고 말했습니다(출 8:28). 여기 "너무 멀리는 가지 말라"라는 표현은 히브리어 '라크 하르헤크 로 타르히쿠 랄레케트'(רַק הַרְחֵק לֹא־תַרְחִיקוּ לָלֶכֶת)입니다. 여기에서 '하르헤크'(הַרְחֵק)는 '라하크'(רָחַק)의 동사 히필 절대형이고 '타르히쿠'(תַרְחִיקוּ)는 '라하크'(רָחַק)의 동사 히필 미완료형으로, 같은 동사가 반복해 사용됨으로써 '절대로 멀리 가지 말라'는 강력한 의미를 나타내고 있습니다. 바로는 파리 재앙을 겪고도 아직도 하나님의 명령에 순종하지 않고 인간적인 생각으로 가득 차 있었습니다.

이에 모세는 출애굽기 8:29에서 "내가 왕을 떠나 가서 여호와께 기도하리니 내일이면 파리떼가 바로와 바로의 신하와 바로의 백성을 떠나려니와 바로는 이 백성을 보내어 여호와께 희생을 드리는 일에 다시 거짓을 행치 마소서"라고 선포했습니다. 여기 "거짓을 행치 마소서"라고 한 것은, 바로가 개구리만 제거해 주면 이스라엘을 보내겠다고 약속하고도(출 8:8) 간악하게 약속을 어긴 것에 대하여, 모세가 정당하게 꾸짖는 것입니다. 사단 마귀는 온 천하를 꾀는 자(계 12:9), 거짓의 아비(요 8:44), 훼방자(계 13:6)입니다. 사람으로 악을 행하게 선동하고(창 3:1-5, 요 13:2, 27), 하나님을 외면케 하며(욥 2:4-5), 하나님의 일을 막고(막 4:15), 거짓을 꾸미도록 만듭니다(요 8:44, 행 5:3).

그러나 모세의 경고에도 불구하고 바로가 마음을 완강케 하여 이스라엘 백성을 보내지 않았습니다(출 8:32). 여기 "완강케 하여"는 히브리어 '카바드'(כָּבֵד)로, '무겁다, 강퍅하다'라는 뜻입니다.

(7) 재앙의 구속사적 의미

제4 재앙 때는, 무수한 파리떼로 애굽 온 땅이 해를 받았습니다. 요한계시록에서는 제4 재앙 같은 재앙이 직접적으로는 나타나지 않지만, 성경에서 파리와 관계된 신(우상)이 등장합니다. 에그론 사람들이 숭배했던 '바알세붑'은 '파리들의 주'라는 뜻으로, 북 이스라엘 제8대 왕 아하시야는 자신의 병이 회복될 것인지를 '바알세붑'에게 물었습니다(왕하 1:2-3, 6, 16).

이 '바알세붑'이 신약성경에는 '바알세불'로 기록됩니다. '바알세불'은 헬라어 '베엘제불'(Βεελζεβούλ)로, 공관복음서(마태복음, 마가복음, 누가복음)에서 7번 사용되고 있습니다(마 10:25, 12:24, 27, 막 3:22, 눅 11:15, 18, 19). 이 '바알세불'은 귀신의 왕인 사단을 가리키는 별칭으로 사용되었는데, 누가복음 11:15에서 "귀신의 왕 바알세불"이라고 말씀하고 있습니다.

귀신의 왕 사단은 세상 마지막 때도 자신의 하수인 악령(귀신)들을 동원하여 이 세상을 점령하고 타락시킬 것입니다. 요한계시록 18:2에서는 타락한 세상을 "큰 성 바벨론"이라고 부르면서, 그 성이 "귀신의 처소와 각종 더러운 영의 모이는 곳과 각종 더럽고 가증한 새의 모이는 곳이 되었도다"라고 말씀하고 있습니다. 하나님께서는 "내 백성아, 거기서 나와 그의 죄에 참예하지 말고 그의 받을 재앙들을 받지 말라"라고 재촉하고 계십니다(계 18:4). 마지막 때 성도는 귀신의 처소인 세상 바벨론에서 나와 그 죄에 참예하지 말아야 할 것입니다.

제 5 차 재앙 : 악질 재앙(출 9:1-7)
The fifth plague: pestilence (Exod 9:1-7)

주전 1446년 1월 7일(수)부터 1월 8일(목)까지
From the 7th day (Wednesday) until the 8th day (Thursday) of the 1st month, 1446 BC

(1) 재앙의 개요

제5차 재앙은 애굽의 생축에게 심한 악질이 생긴 재앙이었습니다(출 9:3). 악질은 "여호와의 손"(יַד־יְהוָה)이 직접 생축에게 임하여 내린 재앙입니다(출 9:3, 6).

"악질"은 한자로 '악할 악(惡), 병 질(疾)'로서, 사람뿐만 아니라 가축에게까지 치명적인 피해를 입히는 무서운 전염병이었습니다. 이는 한 나라를 단번에 파괴할 수도 있는 무서운 것이었습니다(민 14:12). 다윗 시대에 단에서 브엘세바까지 온역 재앙으로 죽은 백성의 수가 3일 동안 7만 인이나 되었습니다(삼하 24:13-15).

"악질"로 번역된 히브리어 '데베르'(דֶּבֶר)는 '온역'(출 5:3, 9:15, 삼하 24:13, 15, 왕상 8:37, 대상 21:12, 14, 대하 6:28, 20:9, 겔 5:12, 17, 6:11, 12, 7:15, 12:16, 14:19, 21, 33:27, 38:22, 합 3:5), '염병'(시 78:50, 91:3, 6, 렘 14:12, 21:6, 7, 9, 24:10, 27:8, 13, 28:8, 29:17-18, 32:24, 36, 34:17, 38:2, 42:17, 22, 44:13, 겔 28:23, 암 4:10), '재앙'(호 13:14)으로 번역되기도 하였습니다.

출애굽기 9:3을 볼 때, 다섯 번째 재앙은 "심한 악질"이라고 예고되었습니다. 히브리어로 '데베르 카베드 메오드'(דֶּבֶר כָּבֵד מְאֹד)이며, 상태의 심각성을 나타내는 형용사 '카베드'와 부사 '메오드'가 함께 나란히 쓰인 것을 볼 때, 악질로 인한 피해가 얼마나 심각했는가를 잘 알려 줍니다.

악질 재앙이 행해질 기한이 "내일"로 정해진 것과 이스라엘의 생축은 구별되어 재앙을 받지 않을 것이라는 예고(출 9:4-5)는, 악질 재앙이 자연적인 것이 아니라 하나님의 절대 주권에 의한 것임을 나타냅니다.

하나님께 순종하는 자에게는 악질이 임하지 않지만(신 7:15), 불순종하는 자에게는 애굽의 질병이 더해집니다(신 28:58-62). 훗날 다윗이 인구 수를 조사한 후, 그 벌로 온역이라는 질병이 백성에게 내려졌습니다(삼하 24:10-15). 온역은 죄에 대한 징계의 수단(출 5:3, 대상 21:12-22)이었으며, 대적에게 임할 재앙으로 기록되었습니다(출 9:1-6, 겔 38:22). 이것은 솔로몬 왕이 성전 완공 후에 드린 기도에서도 언급되었습니다(왕상 8:37-40, 대하 6:28-31).

(2) 재앙의 목적

출애굽기 9:1에서 "... 히브리 사람의 하나님 여호와께서 말씀하시기를 내 백성을 보내라 그들이 나를 섬길 것이니라"라고 말씀하셨습니다. "섬길 것이니라"는 첫 번째(출 7:16), 두 번째(출 8:1), 네 번째(출 8:20) 재앙과 마찬가지로 히브리어 '아바드'(עָבַד: 예배드리다)의 미완료형이 사용되어, 이스라엘 백성이 앞으로 계속해서 하나님께 예배드려야 함을 강조하고 있습니다.

여기서는 특별히 하나님의 명칭이 "히브리 사람의 하나님 여호와"(예호바^{아도나이} 엘로헤 하이브림, יְהוָה אֱלֹהֵי הָעִבְרִים)로 사용되었습니다. 이것은 이스라엘을 출애굽 시키는 하나님께서 단순히 이스라엘의 하나님만이 아니라 온 세상의 하나님이심을 나타내고 있습니다. 왜냐하면 '하나님'(엘로힘, אֱלֹהִים)은 창세기 1장에서 온 우주를 창조하신 분의 이름이기 때문입니다.

또한 애굽 사람들은 짐승을 신성시하기 때문에(참고-창 46:34), 그 짐승들이 심한 악질에 걸려 한꺼번에 죽었을 때 애굽인들은 슬픔과 공포에 사로잡혔을 것입니다. 애굽에서 우상으로 숭배하던 가축들이 악질에 걸려 맥없이 죽으므로, 가축들은 결코 신이 될 수 없음이 입증되었습니다(참고-출 32:8, 시 106:19).

(3) 재앙의 예고와 시작

하나님께서는 하루 전에 악질 재앙을 예고하셨습니다(출 9:1-5). 출애굽기 9:3-5에서 "여호와의 손이 들에 있는 네 생축 곧 말과 나귀와 약대와 우양에게 더하리니 심한 악질이 있을 것이며 여호와가 이스라엘의 생축과 애굽의 생축을 구별하리니 이스라엘 자손에 속한 것은 하나도 죽지 아니하리라 하셨다 하라 하시고 여호와께서 기한을 정하여 가라사대 여호와가 내일 이 땅에서 이 일을 행하리라"라고 말씀하셨습니다.

악질 재앙은 모세와 아론을 통하지 않고 여호와의 손이 직접 행하셨습니다. 출애굽기 9:3에서 "여호와의 손이 ... 생축에게 더하리니..."라고 말씀하고 있으며, 출애굽기 9:6에서 "... 여호와께서 이 일을 행하시니..."라고 말씀하고 있습니다.

(4) 재앙의 날짜

파리떼가 떠나도 바로가 이스라엘 백성을 보내지 않자(출 8:32), 하나님께서는 다시 1월 7일(수)에 악질 재앙이 있을 것을 선포하시고, 1월 8일(목)에 이 일을 행하셨습니다. 출애굽기 9:5에서 "내일 이 땅에서 이 일을 행하리라", 출애굽기 9:6에서 "이튿날에 여호와께서 이 일을 행하시니 애굽의 모든 생축은 죽었으나 이스라엘 자손의 생축은 하나도 죽지 아니한지라"라고 말씀하고 있습니다.

　1월 8일에 이스라엘의 생축은 한 마리도 죽지 않았기 때문에, 출애굽기 12:3의 "이 달 열흘에 너희 매인이 어린 양을 취할지니"라고 하신 명령대로, 이스라엘 백성은 1월 10일에 어린 양을 취하여 유월절을 준비할 수 있었습니다.

(5) 재앙의 결과

　여호와께서 기한을 정하시고 "여호와가 내일 이 땅에서 이 일을 행하리라"라고 말씀하신 대로(출 9:5), 1월 8일에 이 일을 행하여 애굽의 모든 생축은 병들어 죽었으나, 이스라엘 자손의 생축은 전염병에 걸리지 않고 건강하여 한 마리도 죽지 않았습니다. 출애굽기 9:6에서 "이튿날에 여호와께서 이 일을 행하시니 애굽의 모든 생축은 죽었으나 이스라엘 자손의 생축은 하나도 죽지 아니한지라"라고 말씀하고 있습니다. 여기 "생축"은 히브리어 '미크네'(מִקְנֶה)로, 주로 '소유나 재산이 되는 짐승'을 가리킵니다. 또한 "모든"(כֹּל, 콜)은 대부분 '하나도 빠짐없이'라는 뜻이지만, 여기서는 문맥을 볼 때 '(하나님께서 정하신) 분량'을 의미합니다. 왜냐하면 악질 재앙 후에도 살아 있는 생축들이 남아 있었기 때문입니다(출 9:19-21).

(6) 재앙에 대한 바로의 반응

　바로는 사람을 보내어 이스라엘 백성의 생축이 정말 죽지 않았는지 직접 확인했습니다(출 9:7上). 그렇게 애굽의 모든 생축만 죽고 이스라엘의 생축은 한 마리도 죽지 않았음을 분명하게 확인한 것입니다. 그럼에도 마음이 완강하여 백성을 보내지 않았습니다(출 9:7下). 여기 "완강하여"는 '무겁다'라는 뜻을 가진 히브리어 '카바드'(כָּבֵד)

가 와우계속법으로 사용되고 있는데, 이는 바로가 이스라엘의 생축
이 하나도 죽지 않음을 확인하자 곧 마음이 단단히 굳어졌음을 나
타냅니다.

(7) 재앙의 구속사적 의미

제5 재앙 때는, 애굽의 모든 생축이 악질로 죽었습니다. 요한계
시록에서 네 번째 인 재앙 때에 청황색 말이 등장하는데, 그 말을
탄 자의 이름이 '사망'입니다(계 6:8^上). 또 저가 권세를 얻어 '검과
흉년과 사망과 땅의 짐승'으로 인해 사람들이 죽습니다(계 6:8^下).

여기에 두 번 언급된 '사망'은 헬라어로 70인경에서 '악질'을 가
리킬 때 쓰인 '다나토스'(θάνατος)입니다. 에스겔 14:21에서는 "내
가 나의 네 가지 중한 벌 곧 칼과 기근과 사나운 짐승과 온역을 예
루살렘에 함께 내려"라고 말씀하고 있습니다(겔 5:17, ^{참고-}신 32:24-
25).

예수님께서 제자들에게 종말의 징조에 대하여 말씀하실 때도
"처처에 큰 지진과 기근과 온역이 있겠고 또 무서운 일과 하늘
로서 큰 징조들이 있으리라"라고 말씀하셨습니다(눅 21:11). 여기
"온역"(λοιμός, 로이모스)이 바로 악질과 같은 전염병입니다. 종말
에 하나님께서 세상을 심판하실 때도 반드시 악질이 동원될 것입
니다.

제 6 차 재앙 : 독종 재앙(출 9:8-12)
The sixth plague: boils (Exod 9:8-12)

주전 1446년 1월 8일(목)
The 8th day (Thursday) of the 1st month, 1446 BC

(1) 재앙의 개요

제6차 재앙은 독종 재앙입니다. 모세가 풀무의 재 두 움큼을 취하여 바로의 목전에서 하늘을 향하여 날리니, 그 재가 애굽 온 땅의 티끌이 되어 애굽 온 땅의 사람과 짐승에게 붙어서 독종이 생겼습니다(출 9:8-11).

"독종"은 '독할 독(毒), 부스럼 종(腫)'이며 '몹시 악성인 부스럼, 천연두'를 가리키는 것으로, 속살까지 썩게 하는 화농을 일으켜 물집과 극도의 가려움이 생기는 악성 피부병을 말합니다. 독종은 히브리어로 '셰힌 아바부오트'(שְׁחִין אֲבַעְבֻּעֹת)입니다. 여기 '셰힌'(שְׁחִין)은 '불에 탄다, 뜨거워진다, 끓는다'는 뜻을 가진 단어(오늘날은 사용되지 않음)의 어근에서 유래한 것으로, 피부가 불에 덴 것처럼 붉게 부풀어 오르면서 매우 상하여 가려우며 진물과 고름이 줄줄 흐르게 되는 증세를 말합니다(레 13:18-23). 또한 '아바부아'(אֲבַעְבֻּעָה)의 복수형 '아바부오트'(אֲבַעְבֻּעֹת)는 '부풀다'라는 뜻을 가진 아람어에서 유래했는데, 피부 표면에 생긴 염증의 고름주머니를 뜻합니다.

신명기 28:35에 "여호와께서 네 무릎과 다리를 쳐서 고치지 못할 심한 종기로 발하게 하여 발바닥으로 정수리까지 이르게 하시리라"라고 말씀하고 있습니다. 이 병을 신명기 28:27에서는 "애굽의 종기"라고 말씀하였습니다. 종기(腫氣)는 특히 넓적다리와 무릎

등 하체에 많이 생기므로, 하반신의 신경이 상하여 무감각해지고, 점차 관절로 감염되어 뼈 마디마디를 무력하게 함으로써, 결국 땅을 딛고 서 있지 못하게 만듭니다. 그렇게 하체에서 발생한 종기는 발바닥부터 정수리까지 몸 전체로 전염되어, 감염된 자가 느끼지 못하는 상태에서 피부가 상해서 조금씩 떨어져 나가게 합니다.

이러한 병을 앓았던 자가 동방의 의인 욥입니다. 그는 발바닥부터 정수리까지 악창이 나서 재 가운데 앉아서 기와 조각을 가져다가 몸을 긁었고(욥 2:7-8), 밤에 잠을 자지 못하고 새벽까지 이리 뒤척 저리 뒤척 하였으며, 그 몸에 구더기가 나고 흙 조각이 의복처럼 입혔으며, 그 가죽이 합창되었다가 터졌습니다(욥 7:4-5). 사람이 도저히 상상하기 어려운 이 고통스러운 모습을 본 친구들은 아무 말도 하지 못할 정도였습니다(욥 2:13).

(2) 재앙의 목적

6번째 '독종' 재앙에서는 하나님께서 바로에게 전하신 재앙의 목적에 대한 말씀이 없었습니다. 그러나 '독종' 재앙이 시작되는 출애굽기 9:8에 와우계속법이 쓰인 것으로 보아, 다섯 번째 재앙인 온역 재앙에 잇달아 일어난 것을 알 수 있습니다. 따라서 '독종' 재앙의 목적도 온역 재앙에서 언급된 것처럼 하나님을 섬기게 하기 위함임을 알 수 있습니다(출 9:1).

이 독종 재앙으로 인하여 애굽 술객들이 모세 앞에 서지 못하게 되었습니다(출 9:11). 애굽의 신들을 대변하는 술객들이 무기력하게 된 것은, 결국 애굽의 신들은 헛되며 여호와 하나님만이 참된 신이심을 알게 해 주었습니다.

(3) 재앙의 예고와 시작

독종 재앙은 악질 재앙에 이어 바로 아무런 경고 없이 나타났습니다. 독종 재앙에서는 아론이 아니라 모세가 재앙을 내리는 이적을 행하면서 주역으로 등장하고 있습니다. 출애굽기 9:8에서 "... 풀무의 재 두 움큼을 가지고 모세가 ... 하늘을 향하여 날리라", 출애굽기 9:10에서 "그들이 풀무의 재를 가지고 바로 앞에 서서 모세가 하늘을 향하여 날리니 사람과 짐승에게 붙어 독종이 발하고"라고 말씀하고 있습니다. 여기 "날리라"와 "날리니"는 히브리어 '자라크'(זָרַק)로, '뿌리다'라는 뜻입니다. 특히 하늘에 재를 뿌린 것은 독종 재앙의 진원지가 바로 하늘 곧 하나님이 계신 곳임을 강조하는 표현입니다.

(4) 재앙의 날짜

다섯 번째 악질 재앙에도 바로가 이스라엘 백성을 보내지 않자, 하나님께서는 아무런 경고 없이 곧바로 여섯 번째 독종 재앙을 일으키셨습니다. 독종 재앙이 시작되는 출애굽기 9:8의 말씀은 '와우계속법'으로 시작됩니다. 그러므로 독종 재앙은 악질 재앙이 일어난 1월 8일(목) 같은 날에 악질 재앙에 이어서 곧바로 일어난 것으로 보아야 합니다.

(5) 재앙의 결과
① 풀무의 재가 "애굽 온 땅"의 티끌이 되었습니다.

출애굽기 9:9 상반절에서 "그 재(풀무의 재)가 애굽 온 땅의 티끌이 되어"라고 말씀하고 있습니다. "풀무"에 해당하는 히브리어 '키브샨'(כִּבְשָׁן)은 금속을 용해하고 제련하는 용광로, 쇠풀무를 가리키며, 구약성경에 네 번 나옵니다(창 19:28, 출 9:8, 10, 19:18). 그리고 "재"
에 해당하는 '피아흐'(פִּיחַ)는 '불다, 뱉다'(잠 14:5, 25, 아 4:16)라는 뜻
의 '푸아흐'(פּוּחַ)에서 유래한 것으로, 풀무에서 발생한 매연이나 검
댕이 또는 가루나 먼지 등을 뜻합니다(참고-계 9:2).

이로 볼 때, "풀무의 재"는 이스라엘 백성이 애굽에서 당한 극도
의 고난과 혹독한 압제를 나타냅니다(신 4:20, 왕상 8:51, 렘 11:4). 그
런데 이 풀무의 재를 가지고 "바로 앞에 서서 하늘을 향하여" 날리
도록 말씀하신 것은(출 9:8, 10), 하늘에 계신 하나님께서 하나님의
백성을 괴롭힌 바로와 애굽에게 그대로 되갚아 혹독하게 심판하신
다는 선언이었습니다(참고-말 4:1).

풀무의 재가 하늘을 향하여 뿌려지자, 그 재가 애굽 온 땅의 티
끌이 되었습니다(출 9:9). "티끌"에 해당하는 '아바크'(אָבָק)는 말이
달릴 때 일어나는 흙먼지나(겔 26:10), 너무 가벼워서 산들바람에
도 쉽게 흩날리고 사라지는 미세한 입자의 가루를 가리킵니다(사
5:24).

② "애굽 온 땅"의 티끌이 "애굽 온 땅"의 사람과 짐승에게 붙어 독종 이 발하였습니다.

"애굽 온 땅"의 티끌은 "애굽 온 땅"의 사람과 짐승에게 붙어서,
애굽 땅의 모든 사람에게 독종이 발하였습니다(출 9:8-9). 출애굽기
9:10에서 "독종이 발하고"라고 말씀하고 있는데, 여기 "발하고"는
히브리어 '파라흐'(פָּרַח)로, '싹같이 튀어나오다, (문둥병이) 발생하
다, 날다'라는 뜻입니다(레 13:25, 사 17:11, 겔 13:20). 독종은 이전에 내
린 다섯 가지 재앙과 달리, 최초로 사람의 생명까지 위협하는 재앙
이었습니다.

③ 술객들도 독종이 발하여 무릎과 다리가 무력해져 모세 앞에 서
지 못하였습니다.

출애굽기 9:11에서 "술객도 독종으로 인하여 모세 앞에 서지 못
하니 독종이 술객들로부터 애굽 모든 사람에게 발하였음이라"라고
말씀하고 있습니다.

술객들은 당시 일반 사람들이 갖지 못했던 능력과 학식을 소유
했던 자들로서, 바로의 명령에 절대 복종하는 신복들이었습니다.
그런데 출애굽기 9:11에서는 이들이 바로 앞에 서지 못하였다고 하
지 않고, "모세 앞에 서지 못하니"라고 표현하고 있습니다. 이것은
술객들이 모세를 통해 나타난 하나님의 능력 앞에 완전히 패배하였
음을 나타내며, 앞으로의 재앙은 아론과 술객들의 대결이기보다는,
모세와 바로의 대결이 될 것을 보여 주고 있습니다.

(6) 재앙에 대한 바로의 반응

여호와께서 바로의 마음을 강퍅케 하셨으므로 그들을 듣지 않았
고, 그것은 여호와께서 모세에게 말씀하심과 같았습니다. 출애굽
기 9:12에서 "그러나 여호와께서 바로의 마음을 강퍅케 하셨으므
로 그들을 듣지 아니하였으니 여호와께서 모세에게 말씀하심과 같
더라"라고 말씀하고 있습니다. 여기 "그러나 ... 강퍅케 하셨으므로"
는 히브리어 '바예핫제크'(וַיְחַזֵּק)로, '완고하다, 강하다'라는 뜻을
가진 '하자크'(חָזַק)의 '피엘(강조)형'과 와우계속법이 결합된 형태이
며, 이것은 독종 재앙으로 인하여 술객뿐만 아니라 모든 백성이 고
통 당하는 것을 보면서도 바로가 오히려 마음이 더 굳어져 갔음을
의미합니다.

(7) 재앙의 구속사적 의미

제6 재앙 때는, 애굽 온 땅의 사람과 짐승에게 독종이 발하였습니다. 세상 종말에도 짐승의 표를 받은 사람들과 우상 숭배자들에게 독종 재앙이 내려질 것입니다. 독종의 '종기'에 해당하는 히브리어 '셰힌'(שְׁחִין)은 70인경에서 '헬코스'(ἕλκος)로 번역되어 있습니다. '헬코스'는 '궤양, 종기, 헌데'라는 뜻입니다. 요한계시록 16:2을 볼 때, 첫째 천사가 대접을 땅에 쏟자 "악하고 독한 헌데가 짐승의 표를 받은 사람들과 그 우상에게 경배하는 자들에게 나더라"라고 말씀하고 있습니다. 여기 "헌데"가 바로 '헬코스'입니다. 이어 다섯째 천사가 대접을 짐승의 보좌에 쏟자, 그 나라가 곧 어두워지며 사람들이 아파서 자기 혀를 깨물게 되는데(계 16:10), "아픈 것과 종기로 인하여 하늘의 하나님을 훼방하고 저희 행위를 회개치 아니하더라"라고 말씀하고 있습니다(계 16:11). 여기 "종기" 역시 헬라어 '헬코스'이며, 하나님께서 세상 종말에도 독종 재앙을 내리신다는 것을 보여 줍니다.

제 7 차 재앙 : 우박 재앙(출 9:13-35)
The seventh plague: hail (Exod 9:13-35)

주전 1446년 1월 9일(금)부터 1월 10일(토)까지
From the 9th day (Friday) until the 10th day (Saturday) of the 1st month, 1446 BC

(1) 재앙의 개요

제7차 재앙은 하늘에서 우박이 내린 재앙이었습니다(출 9:23). "우박"은 히브리어로 '바라드'(בָּרָד)이며, 한자로 '비 우(雨), 우박 박

(雹)'으로, '기상의 급변으로 오는 싸라기, 눈보다 크고 단단한 얼음 덩이'를 가리킵니다. 우박의 무게 때문에 식물이 꺾여서 죽거나 얼 어 죽기도 합니다. 우박은 우레를 동반할 때가 많으며, 사람과 농작 물에 치명적인 피해를 주기도 합니다. 여호수아 10:11에서 "그들이 이스라엘 앞에서 도망하여 벧호론의 비탈에서 내려갈 때에 여호와 께서 하늘에서 큰 덩이 우박을 아세가에 이르기까지 내리우시매 그 들이 죽었으니 이스라엘 자손의 칼에 죽은 자보다 우박에 죽은 자 가 더욱 많았더라"라고 말씀하고 있습니다.

애굽에 내린 우박 재앙은 "중한 우박"으로(출 9:18), 히브리어 '바 라드 카베드 메오드'(בָּרָד כָּבֵד מְאֹד)입니다. 여기 '바라드'(בָּרָד)는 '우박', '카베드'(כָּבֵד)는 '무거운', '메오드'(מְאֹד)는 '매우, 심하게' 라는 뜻으로, 재앙으로 쏟아진 '우박'이 매우 크고 무거워 짐승이 나 사람이 맞으면 죽을 수 있는 치명적인 것이었음을 강조하고 있 습니다. 또한 "내리리니"(출 9:18)라는 단어는 '비가 오다'라는 뜻 을 가진 히브리어 '마타르'(מָטַר)의 히필 분사형으로, 우박이 마치 비가 오듯이 쉼 없이 계속 내렸음을 나타냅니다(참고-창 19:24). 우박 은 하나님의 심판과 연관되어 있습니다. 욥기 38:22-23에서 "네가 눈 곳간에 들어갔었느냐 우박 창고를 보았느냐 내가 환난 때와 전 쟁과 격투의 날을 위하여 이것을 저축하였노라"라고 말씀하고 있 습니다.

(2) 재앙의 목적

출애굽기 9:13에서 "... 히브리 사람의 하나님 여호와의 말씀에 내 백성을 보내라 그들이 나를 섬길 것이니라"라고 말씀하고 있습니 다. 첫 번째(출 7:16), 두 번째(출 8:1), 네 번째(출 8:20), 다섯 번째 재앙(출 9:1)과 마찬가지로 "섬길 것이니라"는 히브리어 '아바드'(עָבַד: 예배드리다)의 미완료형이 사용되어, 이스라엘 백성이 앞으로 계속하여 하나님께 예배드려야 함을 강조하고 있습니다. "히브리 사람의 하나님 여호와"라는 표현은 출애굽기 3:18, 7:16, 9:1, 13, 10:3에 계속적으로 등장하고 있습니다. 이것은 전능하신 하나님께서, 이스라엘 민족을 구속사의 주역으로 사용할 것을 작정하시고 아브라함에게 하신 언약을 이루시는 분임을 나타냅니다. 아브라함은 일찍이 "히브리 사람"으로 불렸습니다(창 14:13).

특히 우박 재앙에서는 '출애굽'과 관련된 히브리어 '샬라흐'(שָׁלַח: 보내다)가 여러 번 사용되고 있습니다. "보내라"(출 9:13), "내려"(출 9:14), "펴서"(출 9:15), "보내지"(출 9:17), "보내어"(출 9:19)에 '샬라흐'가 사용됨으로, 이스라엘 백성을 출애굽 시키시겠다는 하나님의 뜻을 분명히 하고 있습니다. 바로는 우박 재앙 후에 '여호와는 의로우시다'라고 고백하였으며(출 9:27), "세상이 여호와께 속한 줄"을 알게 되었습니다(출 9:29).

(3) 재앙의 예고와 시작

출애굽기 9:13-19에서 우박 재앙을 예고하는 장면이 기록되어 있습니다. 하나님께서는 모세에게 "아침에 일찍이 일어나 바로 앞에 서서" 우박 재앙을 예고하라고 말씀하셨습니다(출 9:13). 이때 "내가 이번에는 모든 재앙을 네 마음과 네 신하와 네 백성에게 내려 너로 온 천하에 나와 같은 자가 없음을 알게 하리라"라고 하셨고(출 9:14), 또 "내일 이맘때면 내가 중한 우박을 내리리니 애굽 개국 이래로 그 같은 것이 있지 않던 것이리라"라고 말씀하셨습니다(출 9:18).

이 예고대로 모세가 하늘을 향하여 지팡이를 든 그 손을 들 때 재앙이 일어났습니다. 출애굽기 9:22에서 "... 하늘을 향하여 손을 들어 ... 우박이 ... 내리게 하라"라고 말씀하고 있으며, 출애굽기 9:23에서 "... 하늘을 향하여 지팡이를 들매..." 여호와께서 뇌성과 우박을 보내셨다고 말씀하고 있습니다. 여기 "들매"는 히브리어 '나타'(נָטָה)로, '뻗다, 펼치다'라는 뜻입니다. 모세가 하늘을 향하여 손을 들었지만, 그것을 통해서 실제로 우박과 불을 보내신 분은 하나님이셨습니다. 출애굽기 9:23에서 "여호와께서 뇌성과 우박을 보내시고", "여호와께서 우박을 애굽 땅에 내리시매"라고 말씀하고 있습니다.

(4) 재앙의 날짜

바로가 독종 재앙 후에도 이스라엘을 보내지 않자, 하나님께서는 모세에게 다음날 1월 9일(금) "아침에 일찍이 일어나" 바로 앞에 서라고 명령하셨습니다(출 9:13). 바로는 애굽의 신에게 제사를 지내기 위해 '아침에 일찍이' 궁에서 나가곤 했습니다. 그는 6번의 재앙을 겪고도 여전히 애굽의 신을 의지하고 있었습니다.

모세가 1월 9일(금)에 우박 재앙을 예고했고, 실제로 우박 재앙이 일어난 것은 1월 10일(토)이었습니다. 왜냐하면 출애굽기 9:18에서 "내일 이맘때면 내가 중한 우박을 내리리니"라고 말씀하고 있기 때문입니다. 이 말씀대로 우박이 내리고, 불덩이가 우박과 섞여 내렸습니다(출 9:23-24).

이에 바로가 모세와 아론을 불러 "이번은 내가 범죄하였노라 ... 이 뇌성과 우박을 그만 그치게 하라"라고 요청하였으며(출 9:27-28), 모세가 여호와를 향하여 손을 펴매 뇌성과 우박이 그치고 비가 땅에 내리지 않았습니다 (출 9:29, 33).

(5) 재앙의 결과

① 이삭이 나온 보리와 꽃이 핀 삼이 상하였습니다.

출애굽기 9:31-32에서 "때에 보리는 이삭이 나왔고 삼은 꽃이 피었으므로 삼과 보리가 상하였으나 그러나 밀과 나맥은 자라지 아니한 고로 상하지 아니하였더라"라고 말씀하고 있습니다. 보리와 삼은 보통 3월 말경에 수확하는 것으로 알려져 있습니다. 따라서 땅 위에 나온 것은 피해를 받았지만, 아직 땅 속에 있는 것은 피해를 받지 않았습니다. 특히 '삼'은 히브리어 '피쉬타'(פִּשְׁתָּה)로, '아마, 린넨(linen)'을 가리키는데, 애굽인들의 의복 재료로 많이 사용되었으며, 특히 애굽 제사장들은 항상 삼으로 짠 옷만 입었습니다.

② 들에 있던 사람과 짐승이 죽었습니다.

우박이 내린 장소는 "들"(שָׂדֶה, 사데)이었습니다 (출 9:19, 21, 25). '사데'는 인적이 드문 야외(창 4:8, 신 21:1), 성벽 있는 도시 바깥의 교외(삿 9:32, 삼상 19:3)입니다.

하나님께서는 우박 재앙으로 치명적인 결과를 당하지 않도록 애굽에도 미리 경고를 하셨습니다. 출애굽기 9:19에서 "이제 보내어 네 생축과 네 들에 있는 것을 다 모으라 사람이나 짐승이나 무릇 들에 있어서 집에 돌아오지 않은 자에게는 우박이 그 위에 내리리니 그것들이 죽으리라 하셨다 하라"라고 말씀하셨습니다. 그러나 애굽 사람들이 평상시에 경험한 우박은 사람이나 짐승의 목숨을 빼앗아 갈 정도가 아니었기 때문에, 이 말씀을 마음에 두지 않고 소홀히 여긴 자가 많았습니다 (출 9:21). 그들은 생축과 들에 있는 것들을 집으로 들이지 않았기 때문에 그것들이 모두 무참히 죽어 큰 피해를 입었습니다. 출애굽기 9:25 상반절에서는 "우박이 애굽 온 땅에서 사람과 짐승을 무론하고 무릇 밭에 있는 것을" 쳤다고 말씀하고 있습니다. 그러나 바로의 신하 중에도 하나님의 말씀을 두려워하는 자들은 그 종들과 생축을 집으로 피하여 들였습니다(출 9:20). 우박 재앙은 하나님의 말씀에 순종하느냐 불순종하느냐에 따라 생(生)과 사(死)를 결정하는 심판이었습니다.

짧은 인생에서 얻은 자신들의 적은 경험과 얕은 지식을 가지고, 하나님의 말씀과 견주거나 대결하려는 것은 가장 어리석은 일입니다. 우리는 인간의 경험이나 얕은 생각을 내려놓고, 영원한 하나님의 말씀을 온전히 붙잡는 자가 되어야 합니다.

③ 밭에 있는 모든 것을 쳤고, 들의 모든 나무를 부러뜨렸습니다.

출애굽기 9:25에서 "우박이 애굽 온 땅에서 사람과 짐승을 무론하고 무릇 밭에 있는 것을 쳤으며 우박이 또 밭의 모든 채소를 치고 들의 모든 나무를 꺾었으되"라고 말씀하고 있습니다. 여기 "꺾었으되"는 '깨뜨리다, 부수다'라는 뜻의 '샤바르'(שָׁבַר)의 피엘(강조)형으로, '산산이 부수다'라는 뜻입니다. 우박이 얼마나 위협적으로 쏟아졌는지, 나무 가지가 부러지는 정도가 아니라 나무의 몸통까지 산산이 부서질 정도였습니다. "모든 채소"와 "모든 나무"에 사용된 "모든"은 백 퍼센트를 의미하는 것이 아니라, 하나님께서 정하신 분량이 다 찼음을 의미합니다. 왜냐하면 메뚜기 재앙 때에도 우박 재앙을 면하고 남은 채소와 나무들이 있다고 말씀하고 있기 때문입니다(출 10:5, 12).

시편 105:32-33에서도 "비 대신 우박을 내리시며 저희 땅에 화염을 내리셨도다 저희 포도나무와 무화과나무를 치시며 저희 사경의 나무를 찍으셨도다"라고 말씀하고 있으며, 시편 78:47-48에서도 우박 재앙이 내리는 그 상황을 "저희 포도나무를 우박으로, 저희 뽕나무를 서리로 죽이셨으며 저희 가축을 우박에, 저희 양떼를 번갯불에 붙이셨으며"라고 자세히 말씀하고 있습니다.

④ 우박과 함께 뇌성이 발하고 불이 내려왔습니다.

하나님께서는 비와 우박과 뇌성을 보내시고, 불을 내려 땅에 달리게 하셨습니다(출 9:23-29, 33-34). 출애굽기 9:23에서 "여호와께서 뇌성과 우박을 보내시고 불을 내려 땅에 달리게 하시니라"라고 말씀하고 있습니다.

여기 "뇌성"은 히브리어 '콜'(קוֹל)로, '천둥 소리'를 의미하며, 출애굽기에서 세 군데 사용되었습니다(출 9:23, 19:16-19, 20:18). 특히 출애굽기 19:16에서, 하나님께서 시내산에 강림하실 때, 우레와 나팔 소리에 모두 히브리어 '콜'을 사용하고 있습니다. 그러므로 '뇌성'은 하나님의 현현을 나타내는 것으로, 이제 바로가 쫓겨나게 될 것임을 암시합니다. 예수님께서는 우레 같은 소리 후에(요 12:29) "이제 이 세상의 심판이 이르렀으니 이 세상 임금이 쫓겨나리라"라고 말씀하셨습니다(요 12:31). 또한 출애굽기 9:23에서 "달리게 하시니라"는 히브리어로 '걷다'라는 뜻을 가진 '할라크'(הָלַךְ)인데, 불이 하늘에서 땅으로 떨어져 마치 사람이 걷듯이 지면 위에 계속적으로 옮겨 다니는 모습을 표현한 것입니다. 출애굽기 9:24에서는 "우박의 내림과 불덩이가 우박에 섞여 내림이 심히 맹렬하니 애굽 전국에 그 개국 이래로 그 같은 것이 없던 것이라"라고 말씀하고 있습니다. 여기 "불덩이가 … 섞여 내림"은 히브리어 '에쉬 미틀라카하트'(אֵשׁ מִתְלַקַּחַת)로, '스스로 붙들고 있는 불'이란 뜻인데, 이 표현이 또 한 번 사용된 곳은 에스겔 1:4입니다. 에스겔 1:4에서 "내가 보니 북방에서부터 폭풍과 큰 구름이 오는데 그 속에서 불이 번쩍 번쩍하여 빛이 그 사면에 비취며 그 불 가운데 단 쇠 같은 것이 나타나 보이고"라고 말씀하고 있습니다. 이것은 네 생물의 형상을 묘사하는 장면으로 "불이 번쩍 번쩍하여"에 해당하는 히브리어는 '에쉬 미틀라카하트'입니다. 이것은 불과 불이 서로 붙들고 있는 모습으로, 불이 매우 크고 강렬하게 타오르고 있는 것을 나타냅니다. 하늘에서 뇌성이 울리면서 수많은 우박덩어리들이 활활 타는 불덩이와 섞여 쏟아졌으니, 이것은 애굽 개국 이래로 전혀 없던 일이었습니다(출 9:23-24).

(6) 재앙에 대한 바로의 반응

① 일곱 번째 재앙은 바로의 마음에 내린 재앙이었습니다.

우박 재앙의 대상 가운데 특이한 표현은, 출애굽기 9:14에서 "내가 이번에는 모든 재앙을 네 마음"에 내리겠다고 하신 말씀입니다. 이것은 일곱 번째 재앙이 앞에 나오는 여섯 가지의 재앙과 구별됨을 뜻합니다. 여기 "마음"은 히브리어 '레브'(לֵב)입니다. 사람의 마음은 '이해력, 통찰력, 이성' 등을 조정합니다. 그런 마음에 재앙이 내린다는 것은, 재앙으로 인하여 바로의 마음이 극심한 고통을 받아 한 치의 안정도 없이 불안과 공포 속에 있을 것을 가리킵니다. 결국 바로는 그 마음이 혼란하여 갈피를 잡지 못하고, 합리적인 판단을 도무지 할 수 없었을 것입니다. 특히 하나님께서 "내가 이번에는"이라고 말씀하신 것은, 바로의 마음에 지금까지의 재앙과는 다른 혹독하고 강력한 재앙을 내리시겠다는 말씀입니다. 바로는 이미 여러 차례의 재앙을 받았으나, 그 완고함을 버리지 못했습니다. 그는 하나님께서 하시려고만 했다면 벌써 그의 생명을 거두어 가실 수도 있었다는 사실을 알지 못했습니다. 이에 대해 하나님께서는 앞서 행하신 악질 재앙(온역)으로 바로와 그 백성을 능히 진멸시킬 수 있었다는 사실을 바로에게 주지시키셨습니다(출 9:15).

② 하나님의 권능을 두렵게 알고 자신의 범죄를 고백했습니다.

우박 재앙을 겪은 후, 바로는 모세와 아론을 불러서 "이번은 내가 범죄하였노라 여호와는 의로우시고 나와 나의 백성은 악하도다 여호와께 구하여 이 뇌성과 우박을 그만 그치게 하라 내가 너희를 보내리니 너희가 다시는 머물지 아니하리라"(출 9:27-28)라고 말했습니다. 여기 "이 뇌성"은 히브리어 '콜로트 엘로힘'(קֹלֹת אֱלֹהִים)으로, 직역하면 '하나님의 뇌성'입니다. 바로는 우박 재앙에 동반된 뇌성을 '하나님의 뇌성'으로 알고, 하나님의 권능을 두렵게 느꼈던 것입니다.

③ 바로의 회개는 철저한 회개가 아니었습니다.

바로가 처음으로 "이번은 내가 범죄하였노라"(출 9:27)라고 고백했지만, 그것은 철저한 회개가 아니었습니다. 그는 다만 이전 재앙보다 훨씬 무서운 뇌성과 불덩이와 우박이 떨어질 때 공포에 질렸고, 그 두려움 속에서 속히 벗어나려는 얄팍한 마음으로 말로만 번지르르하게 고백하였던 것입니다. 그래서 모세는 "그러나 왕과 왕의 신하들이 여호와 하나님을 아직도 두려워 아니할 줄을 내가 아나이다"(출 9:30)라고 답하였습니다. 하나님께서는 누구든지 이 재앙을 피하려고만 한다면 그 대비책을 강구할 만한 충분한 빌미를 주셨습니다. 구원의 기회가 애굽인들에게까지 주어진 것은 하나님의 무한한 자비입니다. 바로가 모세의 말을 듣고 그 명령에 순종했다면, 이 무서운 재앙이 경고로만 그칠 수도 있었습니다. 그러나 바로가 계속 완강하게 버텼기 때문에 재앙은 예고한 대로 임했습니다. 재앙을 예고해 주시는 것은, 이를 피할 기회도 함께 주신 것입니다. 그렇기 때문에 하나님의 은혜를 헛되이 받지 않는 자는 최후 심판 날에 영원한 사망에서 벗어날 수 있습니다(사 49:8, 히 4:16, 계 18:4-8).

바로는 재앙이 끝난 후 또 돌변하여 오만한 태도를 보였습니다. 출애굽기 9:35에서 "바로의 마음이 강퍅하여 이스라엘 자손을 보내지 아니하였으니"라고 말씀하고 있습니다. 여기 "강퍅하여"는 히브리어 '하자크'(חָזַק)로, '강하다, 완고하다, 단단히 묶다'라는 뜻입니다. 뿐만 아니라 "그와 그 신하가 일반(一般)이라"(출 9:34下)라고 한 것으로 보아, 그의 신하도 그때까지 바로와 똑같이 마음이 완강한 상태였습니다(출 9:35上). 사람이 하나님의 징계와 책망을 받고도 계속 완고한 마음으로 범죄하면 결국 파멸을 만나게 됩니다(삼상 15:23, 잠 6:14-15, 29:1).

(7) 재앙의 구속사적 의미

제7 재앙 때는, 우박이 애굽 온 땅에서 사람과 짐승과 채소와 나무를 상하게 하였습니다. 우박은 성경에서 하나님의 심판의 도구로 예언되고 있습니다(수 10:11, 겔 13:11, 38:22, 학 2:17). 그런데 요한계시록 8:7을 볼 때, 첫 번째 나팔 재앙 때에 "피 섞인 우박과 불이 나서" 땅에 쏟아집니다. 요한계시록 11:15-19을 볼 때도, 일곱째 천사가 나팔을 불매, 이십사 장로들의 찬송과 함께 하나님의 성전이 열리자 성전 안에 하나님의 언약궤가 보이면서, "번개와 음성들과 뇌성과 지진과 큰 우박(계 11:19下)"이 있게 됩니다. 또한 요한계시록 16:17-21에서 마지막 일곱 번째 대접 재앙 때에 바벨론을 완전 멸망시키실 때, 중수(무게)가 한 달란트(34㎏)나 되는 큰 우박이 하늘로부터 사람들에게 쏟아집니다. 34㎏이나 되는 우박덩이들이 하늘에서 쏟아진다는 것은 하나님의 심판이 얼마나 무서운 것인지를 보여 줍니다(수 10:11, 욥 38:22, 시 18:12-13, 78:47-48, 105:32, 148:8, 사 28:2, 17, 30:30, 32:19, 겔 13:11, 13).

하나님께서는 세상 나라들을 물리치시고 완전한 하나님의 나라를 세우는 데 우박을 사용하시는 것입니다.

우박 재앙에서 동반된 뇌성(קוֹל, 콜 - 출 9:23-24)은 신약성경에서 '브론테'(βροντή: 우레, 뇌성)입니다. 마가복음 3:17과 요한복음 12:29 외에 요한계시록에서만 열 번 사용되었습니다. '브론테'가 요한계시록에서 재앙의 의미로 사용된 경우는 요한계시록 8:5과 11:19과 16:18입니다. 첫 번째 나팔을 불기 전에 향연이 성도의 기도와 함께 천사의 손에 들려 하나님께 올라갑니다(계 8:4). 그 후에 천사가 향로를 가지고 단 위의 불을 담아다가 땅에 쏟으매 "뇌성과 음성과 번개와 지진"이 났습니다(계 8:5). 둘째 화가 지나가고 일곱 번째 나팔이 불려질 때, 하늘에 있는 하나님의 성전이 열리니 성전 안에 하나님의 언약궤가 보이며 또 번개와 음성들과 뇌성과 지진과 큰 우박이 있었습니다(계 11:14-15, 19). 또한 일곱 번째 대접 재앙 때에 "번개와 음성들과 뇌성"이 있었습니다(계 16:17-18). 이처럼 요한계시록의 재앙에서 사용된 '브론테'는 하나님의 심판의 도구입니다.

'브론테'는 요한계시록에서 재앙의 의미뿐만 아니라, 반대로 하나님의 보좌로부터 나는 '음성'이나(계 4:5, 19:5-6), 작은 책을 가진 천사의 '음성'(계 10:1-4), 하늘에서 나는 '소리'(계 14:2)를 나타내기도 합니다. 주님께서 강림하실 때 하나님께서 모든 대적을 심판하시고 세상 나라가 주님의 나라가 되어 영원토록 통치하심을 나타낼 때도, 이 '브론테'가 사용되고 있습니다(계 11:19, 19:6).

제 8 차 재앙 : 메뚜기 재앙(출 10:1-20)
The eighth plague: locusts (Exod 10:1-20)

주전 1446년 1월 10일(토)부터 1월 12일(월)까지
From the 10th day (Saturday) until the 12th day (Monday) of the 1st month, 1446 BC

(1) 재앙의 개요

제8차 재앙은 메뚜기가 날아와 애굽 전경에 나무나 밭의 채소나 푸른 것은 하나도 남기지 않고 먹어 버린 재앙이었습니다(출 10:15). 메뚜기를 나타내는 히브리어는 10가지가 있는데, '아르베'(אַרְבֶּה), '게브'(גֵּב), '하가브'(חָגָב), '고바이'(גֹּבַי), '가잠'(גָּזָם), '하실'(חָסִיל), '하르골'(חַרְגֹּל), '옐레크'(יֶלֶק), '솔암'(סָלְעָם), '첼라찰'(צְלָצַל)입니다. 그 가운데 제8차 재앙에 등장하는 '메뚜기'는 히브리어 '아르베'(אַרְבֶּה)로, 성경에서 메뚜기를 나타내는 10가지 단어 중에서 가장 많이 사용되고 있습니다. 이 단어는 '큰 무리, 무수한 떼'라는 뜻에서 나왔으며, 주로 무서운 파괴력을 가진 '메뚜기떼'를 가리키는 단어입니다.

동풍과 함께 하루 종일 날아온 메뚜기떼(출 10:13)는 온 지면을 덮을 정도로 엄청난 규모였습니다(출 10:15ᄂ). 출애굽기 10:5 상반절에서 "메뚜기가 지면을 덮어서 사람이 땅을 볼 수 없을 것이라"라고 말씀하고 있습니다. "메뚜기가 지면을 덮어서"는 히브리어 '베킷사 에트 에인 하아레츠'(וְכִסָּה אֶת עֵין הָאָרֶץ)로, '그리고 그것(메뚜기)이 그 땅의 눈(eye)을 덮게 될 것이다'라는 뜻입니다. 우리가 눈을 감으면 암흑 세계가 되는 것처럼, 그 메뚜기떼가 땅을 덮어 캄캄하게 될 정도로 사납게 몰려올 것을 말씀한 것입니다(잠 30:27, 렘 51:27, 욜 2:25, 나 3:15, 17).

(2) 재앙의 목적

출애굽기 10:1-2에서 "내가 그의 마음과 그 신하들의 마음을 완강케 함은 나의 표징을 그들 중에 보이기 위함이며 너로 내가 애굽에서 행한 일들 곧 내가 그 가운데서 행한 표징을 네 아들과 네 자손의 귀에 전하게 하려 함이라 너희가 나를 여호와인 줄 알리라"라고 말씀하고 있습니다. 하나님께서 바로의 마음과 그 신하들의 마음을 완강케 하신 것은, 하나님의 표징을 그들에게 보이고 또 그것을 이스라엘 자손의 귀에 전하게 하심으로써, 하나님께서 여호와인 줄을 알리시기 위함이었습니다.

출애굽기 10:3에서 "... 히브리 사람의 하나님 여호와께서 말씀하시기를 네가 어느 때까지 내 앞에 겸비치 아니하겠느냐 내 백성을 보내라 그들이 나를 섬길 것이라"라고 말씀하고 있습니다. "섬길 것이라"는 첫 번째(출 7:16), 두 번째(출 8:1), 네 번째(출 8:20), 다섯 번째(출 9:1), 일곱 번째(출 9:13) 재앙과 마찬가지로 히브리어 '아바드'(עָבַד: 예배드리다)의 미완료형이 사용되어, 이스라엘 백성이 앞으로 계속해서 하나님께 예배드려야 함을 강조하고 있습니다.

특히 메뚜기 재앙에서 여호와께서 바로에게 "네가 어느 때까지 내 앞에 겸비치 아니하겠느냐"라고 말씀하셨습니다(출 10:3). 여기 "겸비치"는 히브리어로 '괴롭히다'라는 뜻을 가진 '아나'(עָנָה)의 니팔(수동)형인데, 바로가 겸손하지 않으면 하나님의 괴로움을 계속 받게 될 것을 나타냅니다.

결국 메뚜기 재앙으로 애굽 온 땅은 완전히 황폐해졌습니다(출 10:15). 이것을 통해 하나님께서는 애굽 땅이 이스라엘 백성에게 있어서 더 이상 머물 수 없는, 반드시 떠나야 할 땅임을 교훈하심과 동시에, 애굽 사람들에게는 여호와께서 그들의 나라 전체를 완전히 멸망시킬 수 있는 권능의 하나님이심을 보여 주셨습니다(참고-출 8:19).

(3) 재앙의 예고와 시작

1월 10일(토)에 하나님께서는 모세와 아론을 바로에게 보내어 메뚜기 재앙에 대한 예고를 하셨습니다(출 10:1-6). 출애굽기 10:4에서 "네가 만일 내 백성 보내기를 거절하면 내일 내가 메뚜기로 네 경내에 들어가게 하리니"라고 경고하셨습니다. 바로의 신하들이 왕에게 "그 사람들을 보내어 그 하나님 여호와를 섬기게 하소서 왕은 아직도 애굽이 망한 줄을 알지 못하시나이까"라고 말하였습니다(출 10:7). 여기 "망한 줄"은 '멸망하다'라는 히브리어 '아바드'(אָבַד)의 완료형이 사용되어, '애굽이 이미 망했다'는 의미입니다. 당시 바로는 애굽의 신으로 추앙받았는데, 신하들이 감히 왕에게 이렇게 항의할 지경에까지 이르게 된 것입니다. 그리고 신하들은 모세와 아론을 바로에게 다시 데려왔습니다. 바로는 모세와 아론에게 "너희 하나님 여호와를 섬기러 갈 자는 누구 누구뇨"라고 물었습니다(출 10:8). 아직 재앙이 시작되지도 않았는데 바로가 이렇게 물은 것은 이례적인 일이었습니다.

모세의 대답은 분명했습니다.

출애굽기 10:9 "우리가 여호와 앞에 절기를 지킬 것인즉 우리가 남녀노소와 우양을 데리고 가겠나이다"

여기 "남녀노소"란 말은 남자와 여자, 어른과 아이 곧 온 백성을 다 포함합니다. 모세는 고센 땅에 사는 온 이스라엘 민족이 한 사람도 빠짐없이 모두 애굽에서 나와 하나님을 섬겨야 된다고 주장한 것입니다. 나아가, 모세는 우양(牛羊)도 하나님을 섬겨야 한다고 답했습니다(출 10:9, ^{참고-}출 3:18, 5:1). 그 이유는 가축떼들은 하나님의 것이요, 하나님을 섬기는 데 필요한 희생 제물들이 되기 때문입니다.

그러나 바로는 "내가 너희와 너희 어린것들을 보내면 여호와를 너희와 함께하게 함과 일반이니라 삼갈지어다 너희 경영이 악하니라 그는 불가하니 너희 남정만 가서 여호와를 섬기라..."라고 말한 후 모세와 아론을 좇아냈습니다(출 10:10-11). 이에 메뚜기 재앙이 시작되었는데, 출애굽기 10:12에서 "... 네(모세) 손을 애굽 땅 위에 들어...", 출애굽기 10:13에서 "애굽 땅 위에 그 지팡이를 들매 ..."라고 말씀하고 있습니다. 이것은, 하나님께서 지팡이를 가진 모세의 손을 통해서 하나님의 능력으로 애굽 땅에 재앙을 내리신다는 것입니다. 출애굽기 10:12에서 "들어"는 히브리어 '나타'(נָטָה: 뻗다, 펼치다)의 명령형입니다. 모세가 하나님의 명령에 그대로 순종하여 "지팡이를 들매" 메뚜기 재앙이 시작된 것입니다. 이처럼 성도가 하나님 말씀의 권능을 의지하고 말씀하신 그대로 순종할 때 하나님의 능력이 크게 역사합니다.

(4) 재앙의 날짜

우박 재앙에도 불구하고 바로는 이스라엘 백성을 돌려보내지 않았으며, 이에 모세는 1월 10일(토)에 바로에게 "네가 만일 내 백성 보내기를 거절하면 내일 내가 메뚜기로 네 경내에 들어가게 하리니"(출 10:4)라고 하나님의 말씀을 전하였습니다. '내일 메뚜기가 경내로 들어온다'고 하였는데, "경내"는 히브리어 '게불'(גְּבוּל)로, '경계'라는 뜻으로도 사용되는 것을 볼 때(수 16:5, 18:11), 1월 10일(토) 다음날인 11일(일)에 메뚜기떼가 애굽 국경을 통과한 것으로 보입니다. 출애굽기 10:13에서 "모세가 애굽 땅 위에 그 지팡이를 들매 여호와께서 동풍을 일으켜 온 낮과 온 밤에 불게 하시니 아침에 미쳐 동풍이 메뚜기를 불어 들인지라"라고 말씀하고 있습니다. "온 낮과 온 밤"은 히브리어 '콜 하욤 하후 베콜 하라일라'(כָּל־הַיּוֹם הַהוּא וְכָל־הַלָּיְלָה)로, 모세가 지팡이를 든 바로 그 낮 전체와 이어지는 밤 전체를 나타냅니다. 그러므로 "온 낮과 온 밤"은 '완전히 꽉 찬 하루'를 가리키는 표현으로, 메뚜기들은 동풍을 타고 상당히 먼 곳에서 1월 10일(토) 하루 종일 이동하여 1월 11일(일) 아침에 애굽 경내로 들어온 것입니다. 또 "일으켜 ... 불게 하시니"는 '인도하다, 이끌다'라는 뜻을 가진 히브리어 '나하그'(נָהַג)의 피엘형이 사용되어, 하나님께서 강제로 바람을 일으켜 메뚜기를 몰고 오셨음을 보여 줍니다.

출애굽기 10:13 하반절에서 "... 아침에 미쳐 동풍이 메뚜기를 불어 들인지라"라고 말씀하고 있습니다. 그리고 메뚜기떼는 애굽 온 땅을 덮었습니다. 출애굽기 10:14에서 "메뚜기가 애굽 온 땅에 이르러 그 사방에 내리매 그 해가 심하니 이런 메뚜기는 전에도 없었고 후에도 없을러라"라고 말씀하고 있습니다. 당시의 애굽(제18왕조)은 이집트 역사상 가장 큰 영토를 가지고 있었으며, 현재의 이집트의 영토(동서 최장거리 약 1,225km, 남북 최장거리 약 1,065km)보다 훨씬 컸습니다.[36] 당시 애굽은 남쪽 '누비아' 지역에서 '메로에'(Meroe)까지[37] 차지하고 있었는데, 지중해부터 메로에까지는 직선으로 약 1,650km 정도가 됩니다. 그러므로 메뚜기떼가 온 애굽 땅을 다 덮어 그 땅의 채소와 나무 열매를 다 먹어 치우는 재앙은, 1월 11일(일) 온종일 계속되었을 것입니다. 출애굽기 10:13-15에서, 1월 10일(토)에 모세가 지팡이를 든 후 온 낮과 온 밤을 지나 다음날 1월 11일(일) 아침에 메뚜기들이 애굽 지경에 도착했고, 그 후 점점 애굽 땅에 퍼져서 마침내 온 땅을 다 덮고 애굽의 모든 채소와 나무 열매를 다 먹어 치워 애굽 땅에 푸른 것은 아무것도 남지 않게 되었다는 것입니다.[38] 메뚜기 재앙이 시작되자, 너무 놀란 바로는 "급히" 모세와 아론을 불러, "내가 너희 하나님 여호와와 너희에게 득죄하였으니 청컨대 나의 죄를 이번만 용서하고 너희 하나님 여호와께 구하여 이 죽음만을 내게서 떠나게 하라"라고 요청하였습니다(출 10:16-17). 이에 모세가 바로에게서 떠나 나가서 하나님께 기도하자, 하나님께서 강렬한 서풍이 불게 하시므로 1월 12일(월)에 메뚜기가 애굽에서 떠나갔습니다(출 10:18-19). 출애굽기 10:19의 "강렬한"이란 단어는 히브리어로 '하자크 메오드'(חָזָק מְאֹד)입니다. '하자크'(חָזָק)는 '강한, 튼튼한'이란 뜻이며, '메오드'(מְאֹד)는 '매우, 굉장히, 엄청나게'라는 뜻입니다. 엄청나게 강한 서풍(a mighty strong west wind: KJV)이 불어서 순식간에 메뚜기떼를 홍해에 몰아넣으므로, 애굽 온 지경에 메뚜기가 하나도 남지 않았습니다.

(5) 재앙의 결과

① 동풍이 불어왔습니다(출 10:13).

메뚜기떼는 동풍을 타고 왔습니다. 출애굽기 10:13에서 "... 동풍이 메뚜기를 불어 들인지라"라고 말씀하고 있습니다. 여기 동풍은 히브리어 '루아흐 하카딤'(רוּחַ הַקָּדִים)으로, 팔레스타인 지역을 기준으로 동쪽 방향에서 불어오는 바람입니다. 이 바람은 북 아라비아 사막 쪽에서 불어오는 뜨거운 바람인 '시로코'(sirocco)를 가리킵니다.

이 바람은 애굽 왕 바로의 꿈에서 일곱 이삭을 완전히 말려 버린 동풍이었으며(창 41:6, 23, 27), 요나의 머리 위에 쬐어서 그를 고통스럽게 했던 동풍이었습니다(욘 4:8). 이 바람은 그 열기가 너무도 뜨거워 식물을 바싹 말려 죽이는 매우 파괴적인 바람이었습니다(겔 17:10, 19:12). 호세아 13:15에서는 앗수르의 침략에 의한 북 이스라엘의 파괴를 동풍이 불어오는 것으로 표현하면서, 그 바람을 "여호와의 바람"이라고 말씀하고 있습니다. 애굽 온 땅은 전무후무한 메뚜기 재앙으로 모든 농작물이 다 파괴되었는데, 거기에 곁들여서 뜨거운 동풍이 불어오므로 파괴가 더욱 심했으니, 애굽 온 땅에 먹을 것을 구할 수 없는 지경이 되었을 것입니다.

② 메뚜기들이 애굽 온 땅에 이르러 그 사방에 내렸습니다(출 10:14).

출애굽기 10:14에서 "메뚜기가 애굽 온 땅에 이르러 그 사방에 내리매 그 해가 심하니 이런 메뚜기는 전에도 없었고 후에도 없을 러라"라고 말씀하고 있습니다. 메뚜기떼가 동풍을 타고 땅 위로 올라와 "애굽 온 땅에"(over all the land of Egypt) 뒤덮였습니다. 일반적으로 메뚜기떼는 물이나 채소, 초목 등 특정 범위에 한정적으로 몰려다닙니다. 그러나 메뚜기 재앙에서 메뚜기가 애굽 땅 전 지역에 내렸다는 것은, 이것이 자연 재해가 아니라 하나님의 재앙임을 확실히 보여 줍니다. 더 나아가, 이번 재앙의 목표가 애굽 땅을 해하는 데 있다는 사실을 강조해 주고 있습니다.

③ 메뚜기가 온 지면에 덮여 날으매 땅이 어둡게 되었습니다(출 10:15).

메뚜기가 온 지면에 덮인 것은 그 수가 엄청났음을 알려 줍니다. 메뚜기떼가 몰아닥치면 태양이 떠 있는 대낮에도 온 천지가 암흑으로 변하는데, 반경 약 26㎞ 가량을 가득 메우는 때도 있다고 합니다. 출애굽기 10:15의 "어둡게 되었고"는 히브리어로 '캄캄하다, 어둡다'란 뜻의 '하샤크'(חָשַׁךְ)의 와우계속법이 사용되어, 메뚜기떼가 가득해지자 온 땅이 곧 어두워졌음을 보여 줍니다.

④ 메뚜기가 우박 재앙을 면하고 남은 것을 먹어 애굽 전역에 푸른 것이 남지 않았습니다(출 10:5, 15).

출애굽기 10:5 하반절에서 "메뚜기가 네게 남은 그것 곧 우박을 면하고 남은 것을 먹으며 들에 너희를 위하여 자라는 모든 나무를 먹을 것이며"라고 말씀하고 있습니다. 여기 "자라는"은 '싹이 나다, 움이 돋다'라는 뜻의 동사 '차마흐'(צָמַח)의 능동분사형으로, 이제 막 자라기 시작하는 어린 나무들을 가리킵니다. 메뚜기가 그것까지

다 먹어 치운다는 뜻입니다.

이 말씀대로 메뚜기가 우박에 상하지 않은 밭의 채소와 나무 열매를 다 먹었으므로, 애굽 전경에 나무나 밭의 채소나 푸른 것이 남지 않았습니다(출 10:15). "푸른 것"은 히브리어 '예레크'(יֶרֶק)로, 푸른 풀, 푸른 초목, 채소 등 푸른색을 띤 모든 식물의 총칭입니다. 애굽 땅 전체에 푸른색을 띤 식물이 조금도 남지 않아, 애굽 나라가 큰 식량 위기에 놓이게 되었던 것입니다(참고-욜 1:7, 12).

⑤ 집안에까지 메뚜기가 들어왔습니다(출 10:6).

출애굽기 10:6에서 "또 네 집들과 네 모든 신하의 집들과 모든 애굽 사람의 집들에 가득하리니 이는 네 아비와 네 조상이 세상에 있어 옴으로 오늘까지 보지 못하였던 것이리라"라고 말씀하고 있습니다. 여기에서 메뚜기 재앙의 대상으로 "집들"이 강조되고 있습니다.

이 말씀대로 메뚜기는 우박 재앙에서 남은 들의 푸른 것들을 다 먹어 치웠을 뿐만 아니라 집안에까지 들어와 피해를 준 것입니다. 요엘 선지자의 표현대로, 메뚜기떼는 도둑같이 창문을 통해 집안으로 들어옵니다(욜 2:9). 메뚜기는 초식 곤충으로 동물에게는 직접 피해를 가하지 않지만 간혹 먹을 것이 부족한 경우, 주거지에 침입하여 음식과 가죽 부대나 의복을 갉아 먹습니다. 이것은 사람들이 먹어야 할 양식을 닥치는 대로 먹어 치워 일상생활조차 할 수 없게 만드는 큰 재앙이었습니다.

⑥ 전무후무한 메뚜기떼였습니다(출 10:14).

출애굽기 10:14에서 "그 해가 심하니 이런 메뚜기는 전에도 없었고 후에도 없을러라"라고 말씀하고 있습니다. 이 재앙에 관하여 시편 78:46에서는 "저희의 토산물을 황충에게 주시며 저희의 수고한 것을 메뚜기에게 주셨으며"라고 하여 메뚜기와 더불어 '황충(蝗蟲)'도 언급하고 있습니다. 시편 105:34-35에서도 "여호와께서 말씀하신즉 황충과 무수한 메뚜기가 이르러 저희 땅에 모든 채소를 먹으며 그 밭에 열매를 먹었도다"라고 말씀하고 있습니다.

그러나 이렇게 황충과 함께 나타난 전무후무한 메뚜기떼도, 모세의 간구대로 여호와께서 강렬한 서풍을 불게 하셔서 홍해에 몰아넣으셨으므로, 애굽 전역에 메뚜기가 하나도 남지 않게 되었습니다 (출 10:19). 메뚜기떼가 홍해에 수장되었듯이, 이스라엘 백성의 출애굽 후에 애굽 군대도 홍해에 수장됩니다. 출애굽기 10:19의 "메뚜기가 하나도 남지 아니하니라"라는 말씀은, 출애굽기 14:28에서 바다에 들어간 "바로의 군대"를 "하나도 남기지 아니하였더라"라는 말씀을 생각나게 합니다.

(6) 재앙에 대한 바로의 반응
① 바로는 메뚜기 재앙이 시작될 때부터 마음이 완강하였습니다.

메뚜기 재앙이 시작될 때, 하나님께서 바로의 마음과 그 신하들의 마음을 완강케 하셨다고 말씀하고 있습니다(출 10:1). 모세는 메뚜기 재앙을 경고하고 돌이켜 바로에게서 나왔습니다. 이때 바로는 마음이 완강해진 후였기 때문에 모세를 붙잡지 않았습니다(출 10:6).

② 바로의 신하들이 이제 애굽이 망한 것이나 다름없다고 바로에게 말했습니다.

바로의 신하들은 "어느 때까지 이 사람이 우리의 함정이 되리이까 그 사람들을 보내어 그 하나님 여호와를 섬기게 하소서 왕은 아직도 애굽이 망한 줄을 알지 못하시나이까"(출 10:7)라고 말했습니다.

③ 바로는 다시 들어온 모세와 아론을 쫓아냈습니다.

신하들은 모세와 아론을 바로에게 다시 데려왔습니다(출 10:8ᄂ). 그러나 바로는, 이스라엘 남녀노소 온 백성과 우양까지 다 데리고 가겠다는 모세의 요구를 거절하고 그 앞에서 모세와 아론을 쫓아냈습니다(출 10:8ᄃ-11). 출애굽기 10:10-11의 말씀을 표준새번역에서는 "그래, 어디 다 데리고 가 봐라! 너희와 함께 있는 너희의 주가 나를 감동시켜서 너희와 너희 아이들을 함께 보내게 할 것 같으냐? 어림도 없다! 너희가 지금 속으로 악한 음모를 꾸미고 있음이 분명하다! 그렇게는 안 된다 가려면 너희 장정들이나 가서, 너희의 주에게 예배를 드려라"라고 번역하였습니다. 이미 바로를 등지고 나온 모세를 신하들이 겨우 설득하여 그 앞에 다시 데려온 상황인데, 아직도 하나님의 말씀에 대적하는 바로의 강퍅함을 잘 보여 주고 있습니다.

④ 재앙 후에 바로는 자기 죄의 용서를 구하고 죽음만을 자기에게서 떠나게 해 주기를 구하였습니다.

메뚜기 재앙을 당한 직후, 바로는 "급히" 모세와 아론을 불렀습니다(출 10:16). 그리고 '내가 너희 하나님과 모세와 아론에게 득죄하였으니 이번만 나의 죄를 용서하고 죽음만을 나에게서 떠나게 하라'라고 요청하였습니다(출 10:16-17). 바로는 하나님뿐만 아니라 모세와 아론에게도 득죄했다고 말하였습니다. 출애굽기 10:17을 공동번역에서는 "한 번만 더 나의 잘못을 용서하여라. 너희의 신 여호와께 기도하여 이런 모양으로 죽지는 않게 해 다오"라고 번역하고 있습니다.

이에 모세가 나가서 기도할 때, 하나님께서 강렬한 서풍이 불게 하셔서 메뚜기를 홍해에 몰아넣으셨습니다(출 10:18-19). 그럼에도 불구하고 바로는 이스라엘 백성을 보내지 않았습니다. 출애굽기 10:20에서 "그러나 여호와께서 바로의 마음을 강퍅케 하셨으므로 이스라엘 자손을 보내지 아니하였더라"라고 말씀하고 있습니다. 여기 "강퍅케"에 사용된 히브리어 '하자크'(חָזַק)는 '강하다, 완고하다, 단단히 묶다'라는 뜻입니다.

(7) 재앙의 구속사적 의미

제8 재앙 때는, 메뚜기떼가 애굽 온 땅에 이르러 모든 채소와 열매를 먹어 버렸습니다(출 10:15). 아모스 7:1에서 "주 여호와께서 내게 보이신 것이 이러하니라 왕이 풀을 벤 후 풀이 다시 움돋기 시작할 때에 주께서 황충(고브, גֹּב: 메뚜기)을 지으시매"라고 말씀하고 있습니다. 여기 메뚜기를 70인경에서는 에스겔 38-39장에 나오는 곡 왕(Gog)에 연결하여 해석하고 있습니다. 또한 요엘서에서 메뚜기 재앙은 마지막 여호와의 날에 임할 종말적 재앙을 나타냅니다(욜 2:1-11). 이날은 "어둡고 캄캄한 날이요"(욜 2:2), 크고 심히 두려운 날이 될 것입니다(욜 2:11, 31). 이 예언은 요한계시록 9장에서 완성됩니다.

요한계시록에서 다섯 번째 나팔 재앙 때에 등장하는 '황충'이 헬라어로 '아크리스'(ἀκρίς), 즉 메뚜기를 의미합니다(계 9:3-10). 요한계시록 9:3에서 "또 황충이 연기 가운데로부터 땅 위에 나오매"라고 말씀하고 있습니다. 이 황충들로 인해 다섯 달 동안 사람들이 죽기를 구할 정도로 괴로움을 당하였습니다(계 9:5-6, 10).

일반적으로 메뚜기에게는 임금이 없지만(잠 30:27), 요한계시록의 메뚜기(아크리스)에게는 임금이 있습니다(계 9:11). 특히 이들의 모양에 대해 "전쟁을 위하여 예비한 말들 같고", "그 날개들의 소리는 병거와 많은 말들이 전장으로 달려 들어가는 소리 같으며"(계 9:7, 9)라고 설명하고 있는 것을 볼 때, 요엘 1-2장에서 메뚜기떼로 인한 재앙의 상황을 엄청난 규모의 군사들이 점령해 오는 모습으로 묘사한 것을 떠올리게 합니다.

요한계시록 9:11에서는 메뚜기들의 임금의 이름이 "무저갱의 사자"라고 말씀하는데, 이는 히브리 음으로 "아바돈"(Ἀβαδδών: 멸망), 헬라 음으로 "아볼루온"(Ἀπολλύων: 파괴자)입니다. 이런 의미에서 요한계시록의 메뚜기는 '파괴자'인 사단의 조종을 받는 도구임을 알 수 있습니다.

애굽 온 땅이 메뚜기 재앙으로 푸른 것 하나 남지 않고 모두 파괴되었음에도 하나님께서 고센 땅의 이스라엘 백성을 절대 보호하셨듯이(^{참고-}출 8:22, 9:26), 종말의 메뚜기 재앙에서도 하나님의 인을 받은 성도들은 반드시 보호해 주실 것입니다(계 9:4-5).

제 9 차 재앙 : 흑암 재앙(출 10:21-29)
The ninth plague: darkness (Exod 10:21-29)

주전 1446년 1월 12일(월)부터 1월 14일(수)까지
From the 12th day (Monday) until the 14th day (Wednesday) of the 1st month, 1446 BC

(1) 재앙의 개요

출애굽기 10:21-22의 "흑암"은 히브리어 '호쉐크'(חֹשֶׁךְ)로, '암흑, 밤, 어두움' 등을 뜻합니다(창 1:2, 4-5, 18, 출 14:20, 신 4:11, 5:23, 수 2:5, 삼상 2:9, 삼하 22:12, 29, 욥 3:4-5). 흑암은 밤뿐만 아니라 밝은 낮에도 애굽 온 땅을 지배했습니다. 시편 105:28에 "여호와께서 흑암을 보내사 어둡게 하시니 그 말씀을 어기지 아니하였도다"라고 말씀하고 있습니다.

어떤 사람들은 이 흑암 재앙에 대해, 사막 바람이 거대한 먼지와 모래를 몰고 와서 애굽을 어둡게 한 것이라고 주장합니다. 그러나 이스라엘 백성이 거하는 고센에는 흑암 재앙이 일어나지 않은 것을 볼 때(출 10:23下), 흑암 재앙은 결코 자연현상이 아니라 하나님께서 일으키신 이적이었던 것입니다.

(2) 재앙의 목적

하나님께서 이 재앙의 목적에 대해 바로에게 전하신 말씀은 없었습니다. 그러나 메뚜기 재앙이 끝난 다음에 흑암 재앙으로 이어지는 출애굽기 10:21이 '와우계속법'으로 시작되는 것을 볼 때, 메뚜기 재앙의 목적과 흑암 재앙의 목적이 같음을 알 수 있습니다. 출애굽기 10:3에서 메뚜기 재앙의 목적에 대하여 "... 내 백성을 보내라 그들이 나를 섬길 것이라"라고 말씀하셨듯이, 흑암 재앙을 내린 목적도 이스라엘 백성이 하나님께 예배드리게 하는 것이었습니다.

흑암 재앙이 3일 동안이나 태양을 가렸고, 태양은 애굽 전역을 뒤덮은 어둠을 몰아내지 못했습니다(출 10:22). 애굽인들은 그들이 숭배해 온 태양이 참신이 아니고 하나님의 지배 아래 있는 피조물에 불과하며, 그 신은 허상임을 명백하게 보게 되었습니다. 이로써 오직 하나님만이 모든 자연을 주관하시는 창조주요 빛뿐만 아니라 어둠까지도 주관하시는 전능의 주이심을 나타내셨습니다.

(3) 재앙의 예고와 시작

흑암 재앙 역시 세 번째 '이' 재앙과 여섯 번째 독종 재앙처럼 아무런 경고 없이 바로 시작되었습니다. 메뚜기 재앙에서 바로의 마음이 강퍅해져서 이스라엘 자손을 보내지 않자, 하나님께서는 곧바로 흑암 재앙을 일으키셨습니다.

출애굽기 10:21-22에서 "... 하늘을 향하여 네 손을 들어서 애굽 땅 위에 흑암이 있게 하라 곧 더듬을 만한 흑암이리라 모세가 하늘을 향하여 손을 들매 캄캄한 흑암이 삼 일 동안 애굽 온 땅에 있어서"라고 말씀하고 있습니다. 출애굽기 10:21의 "들어서" 역시 히브리어 '나타'(נָטָה: 뻗다, 펼치다)의 명령형으로, 모세가 하나님의 명령에 그대로 순종하여 "손을 들매" 흑암 재앙이 시작되었습니다. 모세가 하나님의 대리인으로서 하나님께서 말씀하신 그대로 순종했을 때, 하나님의 능력이 나타난 것입니다.

(4) 재앙의 날짜

메뚜기 재앙이 마치고 곧 이어 칠흑 같은 흑암이 애굽 온 땅에 1월 12일(월), 13일(화), 14일(수) 3일 동안 지속되었습니다(출 10:22).

애굽 사람들은 삼 일 동안 낮과 밤을 구분할 수 없었기 때문에 시간을 전혀 알 수 없었지만, 고센 땅에는 낮과 밤이 정상적으로 있었으므로 정확하게 날짜를 계산할 수 있었습니다.

(5) 재앙의 결과

① 더듬을 만한 흑암이었습니다.

출애굽기 10:21에서 "곧 더듬을 만한 흑암이리라"라고 말씀하였습니다. 이것은 '가장 깊은 흑암'을 가리키는 표현입니다. 칠흑같이 어둡기 때문에 다른 사람을 서로 볼 수 없고 느낄 수도 없어서, 꼭 더듬어서 확인해야만 감지할 수 있는 큰 어두움이었습니다. "더듬을 만한 흑암"은 히브리어 '야메쉬 호쉐크'(יָמֵשׁ חֹשֶׁךְ)입니다. '호쉐크'(חֹשֶׁךְ)는 '어두움'이란 뜻이며, '야메쉬'(יָמֵשׁ)는 동사 '마샤쉬'(מָשַׁשׁ)의 히필(사역) 미완료형으로, '그러면 그것이 더듬게 만들 것이다'라는 뜻입니다. 강신택 박사의 히브리어 대역성경에서는 "그리고 그가 그 어두움을 느끼도록 만들어라"라고 번역하였습니다. 이것은 눈을 뜨고 있지만 아무것도 볼 수 없는 극도의 어둠을 만지는 것처럼 느끼는 것입니다(신 28:29, 욥 5:14, 12:25). 애굽 백성은 만져질 만큼 혹독한 흑암을 느끼면서, 하나님의 존재를 실감하지 않을 수 없었을 것입니다. 이러한 흑암은 끝까지 하나님의 백성을 보내지 않는 바로의 강퍅한 상태를 암시하는 표현이기도 합니다.

② 캄캄한 흑암이 애굽 온 땅에 가득했습니다.

출애굽기 10:22에서 "모세가 하늘을 향하여 손을 들매 캄캄한 흑암이 삼 일 동안 애굽 온 땅에 있어서"라고 말씀하고 있습니다. "캄캄한 흑암"(חֹשֶׁךְ־אֲפֵלָה)이란 '어두움'을 뜻하는 '호쉐크'(חֹשֶׁךְ)에 그와 동의어인 '아펠라'(אֲפֵלָה)가 연속 사용되어, 그냥 어두운 것이 아니라 그 어둠의 정도가 매우 심했음을 강조하고 있습니다. 어둠의 상태가 극에 달하여 사람의 눈으로 볼 수 있는 것이 아무것도 없는 가장 깊고도 짙은 어두움을 말하며, 그것은 결국 극심한 두려움과 공포를 자아냈을 것입니다. 또한 그 캄캄한 흑암이 "애굽 온 땅에 있어서"라는 말씀은 애굽 땅 가운데 빠진 곳이 없이 캄캄한 흑암이 뒤덮은 상태를 강조한 표현입니다.

③ 사람 사람이 서로 알아볼 수 없었습니다.

출애굽기 10:23에서 "그동안은 사람 사람이 서로 볼 수 없으며 ..."라고 말씀하고 있습니다. 여기 "서로"는 히브리어 '아흐'(אָח)로, '형제, 친척'을 뜻합니다. 그러므로 흑암 재앙이 임했을 때 한 집에 있는 가족들조차 얼굴을 볼 수 없을 만큼 깜깜했던 것입니다. 상대방을 볼 수 없기 때문에 서로 소통할 수 없고 누군가를 의지하여 행동할 수도 없어, 철저하게 '혼자'가 되어 버렸습니다. 누구와도 교류할 수 없는 고독한 처지에서, 애굽 사람들은 예외 없이 그 재앙의 주(主)이신 여호와 하나님의 존재를 절감하게 된 것입니다.

④ 자기 처소에서 일어나는 자가 없었습니다.

출애굽기 10:23 하반절에서 "... 자기 처소에서 일어나는 자가 없으되..."라고 말씀하고 있습니다. 애굽 사람들은 캄캄한 흑암으로 인해 공포에 질려, 자기 자리에서 꼼짝하지 못할 정도로 괴로움을 받았습니다. 일체의 움직임이 제한되고, 어떤 활동도 전혀 할 수 없었으므로 마치 '앉은뱅이'처럼 된 것입니다. 실로 애굽 전역에는 죽음의 공포만 가득했습니다. 평상시와 같은 한밤중의 어둠이었다면 램프를 켜려는 시도라도 했을 테지만, 칠흑 같은 흑암에 갇혀서 손발을 움직이는 일체의 행동이 아예 불가능한 상태였습니다. 이 흑암은 마치 창세기 1:2의 "혼돈"과 "공허"와 함께 나오는 창조 시의 '흑암'을 연상케 합니다.

모세가 하나님께 흑암 재앙을 멈추게 해 달라고 기도한 기록이 없이, 단지 "삼 일 동안" 흑암이 있었다는 말씀으로 흑암 재앙이 끝나는 시점을 말해 주고 있습니다. 하나님께서는 삼 일 동안 죽음이나 다름없는 혹독한 공포를 겪게 하신 후, 그들이 다시 활동을 하게 되었을 때, 이제 마지막으로 남은 한 가지 장자 재앙을 경고하셨습니다(출 11:1).

(6) 재앙에 대한 바로의 반응
① 양과 소는 머물러 두고 모두 가서 여호와를 섬기라고 했습니다.

바로는 모세를 불러서 "너희는 가서 여호와를 섬기되 너희 양과 소는 머물러 두고 너희 어린것은 너희와 함께 갈지니라"라고 제안하였습니다(출 10:24). 모세는 "왕이라도 우리 하나님 여호와께 드릴 희생과 번제물을 우리에게 주어야 하겠고 우리의 생축도 우리와 함께 가고 한 마리도 남길 수 없으니 이는 우리가 그 중에서 취하여 우리 하나님 여호와를 섬길 것임이며 또 우리가 거기 이르기까지는 어떤 것으로 여호와를 섬길는지 알지 못함이니이다"라고 아주 단호하게 뜻을 밝혔습니다(출 10:25-26). 그러나 바로는 여전히 마음이 강팍해져서 이스라엘 백성을 보내지 않았습니다(출 10:27). 여기 "강팍케"는 히브리어 '하자크'(חָזַק)입니다. 지금까지의 재앙들 가운데, 하나님께서 바로와 모세가 대화하는 '도중에' 바로의 마음을 강팍케 하신 것은 처음입니다.

바로는 모세에게 "다시 내 얼굴을 보지 말라"라고 말했으며(출 10:28), 모세도 바로에게 "내가 다시는 왕의 얼굴을 보지 아니하리이다"(출 10:29)라고 대답하였습니다. 그런데 모세의 경우는 절대적인 부정을 나타내는 히브리어 '로'(לֹא)를 사용하고 있고, 바로의 경우는 상대적인 부정을 나타내는 히브리어 '알'(אל)을 사용하고 있습니다. 또 모세는 더 이상 바로를 위한 중보 기도를 하지 않았습니다 (참고-출 8:29, 9:29, 10:18). 이것은 이제 내리는 재앙을 끝으로 모든 재앙이 마쳐지고, 이스라엘의 출애굽이 임박했음을 알리는 최후통첩이었습니다.

② 모세가 애굽국에서 바로의 신하와 백성에게 심히 크게 뵈었습니다.
　출애굽기 11:3 하반절에 "그 사람 모세는 애굽국에서 바로의 신하와 백성에게 심히 크게 뵈었더라"라고 말씀하고 있습니다. 아홉 번째 흑암 재앙을 당한 후 바로의 신하와 백성에게 모세는 크고 두려운 존재로 보였습니다. 바로의 절대적인 왕권 앞에서 상대적으로 수세에 몰렸던 모세가 이제는 상황이 완전히 역전되어, 그 신하들 앞에서 바로보다 훨씬 높고 큰 자로 여김을 받았습니다(참고-출 10:16-17). 이러한 엄청난 변화는 애굽에 재앙을 내리신 하나님께서 이스라엘의 절대적 후원자요 보호자이심을 애굽인들이 확연히 체험했기 때문입니다.

③ 극심한 재앙이었으나, 모세의 중보기도가 없었습니다.
　모세는 그간의 재앙이 지속되는 동안 바로의 완악함에도 불구하고, 하나님과 바로 사이에서 중보자의 직무를 수행하였습니다(출 8:29, 9:29, 10:18). 그러나 흑암 재앙에서는 모세의 중보기도가 없었습니다. 바로는 이전 어느 때보다도 완악해져서, 모세의 목숨을 위협하며 거칠고 무례하게 그를 추방했습니다(출 10:28). 이에 모세는 바로에게 '다시는 왕의 얼굴을 보지 아니하리니'라고 선언했습니다(출 10:29).

　　모세의 중보기도가 없다는 사실은 바로에게 더 이상의 소망이 없음을 의미합니다. 이는 그에게 은혜의 시대가 끝나고 이제 하나님의 형벌이 임할 것을 나타냅니다. 마지막 10번째 재앙으로 그가 더 이상 헤어나올 수 없는 재난을 당하게 될 것을 보여 줍니다. 이것은 마지막 재앙만 남았다는 말씀이며(계 11:14-18), 이스라엘의 출애굽이 거의 다가왔음을 보여 주는 마지막 통첩이었습니다.

　　그러나 바로는 결국 마지막 회개의 기회를 스스로 포기하고 멸망을 자초하고 말았습니다(출 11:10). 악인의 멸망은 궁극적으로 회개가 없기 때문이요, 자기만 높이는 교만이 가득하기 때문입니다. 영원한 구원의 중보자이신 예수 그리스도에게까지 외면 당하는 자들은 하나님의 진노에서 구원 받을 길이 없습니다(마 7:23-27).

(7) 재앙의 구속사적 의미

　　제9 재앙 때는, 캄캄한 흑암이 삼 일 동안 애굽 온 땅에 있었습니다. 하나님께서 심판을 행하실 때 해와 달과 별이 빛을 잃고 하늘이 어두움으로 덮이는 현상이 나타난다고 말씀하신 것을 성경에서 자주 찾아볼 수 있습니다(사 13:10, 50:3, 욜 2:31, 3:15, 마 24:29, 막 13:24). 요한계시록 역시 세상 종말에 하나님께서 흑암을 들어 심판하실 것을 말씀하고 있습니다. 요한계시록 6:12을 볼 때, 여섯 번째인 재앙 때에 해가 총담(검은 염소털로 두껍게 짠 담요나 어두운 색의 거친 직물)같이 검어지고 온 달이 피같이 됩니다. 네 번째 나팔 재앙 때에는 "해 삼분의 일과 달 삼분의 일과 별들의 삼분의 일이 침을 받아 그 삼분의 일이 어두워지니 낮 삼분의 일은 비췸이 없고 밤도" 그러하게 됩니다(계 8:12). 또 다섯 번째 대접 재앙 때에 그 대접을 짐승의 보좌에 쏟으니 그 나라가 곧 어두워집니다(계 16:10). 이것은 적그리스도의 조종을 받는 세상 나라가 반드시 멸망할 것을 나타냅니다. 그러나 제9 재앙에서 이스라엘 백성이 거하는 곳에는 광명이 있었던 것과 같이(출 10:23), 종말에 예수 그리스도의 빛으로 충만한 하나님의 백성은 주님의 재림을 맞이하므로(살전 5:2-8), 결코 망하지 않고 자기 아버지의 나라에서 해와 같이 빛날 것입니다(마 13:43).

제 10 차 재앙 : 장자 재앙(출 11:1-10, 12:29-36)
The tenth plague: death of the firstborn (Exod 11:1-10; 12:29-36)

주전 1446년 1월 15일(목)
The 15th day (Thursday) of the 1st month, 1446 BC

(1) 재앙의 개요

제10차 재앙은 한밤중에 애굽 생축의 초태생과 애굽의 맏아들(장자)을 모두 죽이는 재앙이었습니다(출 12:29). "초태생"은 '첫 번째 태어난 생명'이라는 뜻입니다. 장자 재앙은 열 가지 재앙 중에 가장 혹독한 재앙이자 최후의 재앙이었습니다. 장자 재앙의 혹독함에 대하여, 시편 78:49에서 "그 맹렬한 노와 분과 분노와 고난 곧 벌하는 사자들을 저희에게 내려 보내셨으며"라고 말씀하고 있습니다. 여기 "벌하는 사자들"은 장자 재앙에서 나타난 '멸하는 자'를 가리킵니다. 출애굽기 12:23에서 "여호와께서 애굽 사람을 치러 두루 다니실 때에 문 인방과 좌우 설주의 피를 보시면 그 문을 넘으시고 멸하는 자로 너희 집에 들어가서 너희를 치지 못하게 하실 것임이니라"라고 말씀하고 있습니다.

　장자 재앙이 일어난 그날 밤은 이스라엘 백성에게 있어서 영원한 규례로 대대로 지킬 '유월절 밤'이었습니다(출 12:11-14). 그날은, 이스라엘 집의 문 인방과 좌우 문설주에는 어린 양의 피가 발라져 있었기 때문에(출 12:7) 죽음의 사자가 들어가지 않고 그 죽음이 유월(逾越: 넘어감)된 날이었습니다(출 12:22-23). 출애굽기 12:12-13에서 "내가 그 밤에 애굽 땅에 두루 다니며 사람과 짐승을 무론하고 애굽 나라 가운데 처음 난 것을 다 치고 애굽의 모든 신에게 벌을 내리리라 나는 여호와로라 내가 애굽 땅을 칠 때에 그 피가 너희의 거하는 집에 있어서 너희를 위하여 표적이 될지라 내가 피를 볼 때에 너희를 넘어가리니 재앙이 너희에게 내려 멸하지 아니하리라"라고 말씀하고 있습니다.

　이때 이스라엘 자손에게는 사람에게나 짐승에게나 아무 요동이 없었고, 개도 그 혀를 움직이지 않았습니다(출 11:7). 원래 천재지변이 있을 때는 짐승들이 먼저 그 징후를 감지하고 행동으로 표시하는 것이 보통인데, 개도 그 혀를 움직이지 않았다는 것은 하나님의 완전한 보호가 있었음을 의미합니다(참고-수 10:21). 애굽 온 땅에 울려 퍼지는 장자를 잃은 전무후무한 곡성(출 11:5-6)과 이스라엘의 고요는, 애굽 사람과 이스라엘 백성을 구별하는 표징이 되었던 것입니다(출 11:7).

(2) 재앙의 목적

　하나님께서는 모세를 처음 부르실 때부터 '장자를 칠 때에야 비로소 바로가 이스라엘을 놓아줄 것'이라고 미리 말씀하셨습니다. 출애굽기 4:21-23에서 "여호와께서 모세에게 이르시되 네가 애굽으로 돌아가거든 내가 네 손에 준 이적을 바로 앞에서 다 행하라 그러나 내가 그의 마음을 강퍅케 한즉 그가 백성을 놓지 아니하리니 너는 바로에게 이르기를 여호와의 말씀에 이스라엘은 내 아들 내 장자라 내가 네게 이르기를 내 아들을 놓아서 나를 섬기게 하라 하여도 네가 놓기를 거절하니 내가 네 아들 네 장자를 죽이리라 하셨다 하라 하시니라"라고 말씀하고 있습니다. 출애굽기 11:1에서도 "여호와께서 모세에게 이르시기를 내가 이제 한 가지 재앙을 바로와 애굽에 내린 후에야 그가 너희를 여기서 보낼지라..."라고 말씀하고 있습니다.

결국 장자 재앙을 통해서 바로는 자신이 애굽의 신이 아니라 여호와께서 참신이심을 알게 되었습니다. 그래서 장자 재앙을 당한 후 "너희의 말대로 가서 여호와를 섬기며"라고 말하였던 것입니다 (출 12:31).

마침내 장자 재앙이 일어나고 이스라엘 백성이 출애굽을 하게 되는데, 이때 하나님께서는 그 밤을 여호와 앞에 대대로 지키라고 명령하셨습니다. 출애굽기 12:42에서 "이 밤은 그들을 애굽 땅에서 인도하여 내심을 인하여 여호와 앞에 지킬 것이니 이는 여호와의 밤이라 이스라엘 자손이 다 대대로 지킬 것이니라"라고 말씀하고 있습니다. 하나님께서는 장자 재앙을 통해 이스라엘을 출애굽 시키시고, 이스라엘이 하나님께 절기를 지키는 백성이 되기를 원하셨던 것입니다.

(3) 재앙의 예고와 시작

하나님께서는 모세에게 "내가 이제 한 가지 재앙을 바로와 애굽에 내린 후에야 그가 너희를 여기서 보낼지라 그가 너희를 보낼 때에는 여기서 정녕 다 쫓아내리니”라고 말씀하시고(출 11:1), 모세로 하여금 바로에게 장자 재앙을 예고하게 하셨습니다. 이 말씀대로 장자 재앙을 예고할 때(출 11:4-8), 특히 “애굽 전국에 전무후무한 큰 곡성이 있으리라”라고 예고하였습니다(출 11:6).

장자 재앙은 하나님께서 직접 시행하신 재앙이었습니다.

출애굽기 11:4 “... 밤중에 내가 애굽 가운데로 들어가리니”

출애굽기 12:29 “밤중에 여호와께서 애굽 땅에서 모든 처음 난 ... 것을 다 치시매”

지금까지 하나님께서는 모세와 아론을 통해서 재앙을 시행하셨습니다(출 7:20, 8:6, 16, 9:10, 22). 그러나 마지막 장자 재앙은 하나님께서 직접 행하셨습니다. 출애굽기 11:4의 “가운데로”는 ‘한복판, 중앙’을 뜻하는 히브리어 ‘타베크’(תָּוֶךְ)의 연계형에 ‘~안에’라는 뜻의 전치사 ‘베’(בְּ)가 결합된 형태로, 하나님께서 마지막 재앙을 행하시기 위하여 애굽의 한복판으로 들어오심을 나타내고 있습니다. 장자 재앙은 10대 재앙 중 마지막 재앙으로, 하나님께서 직접 개입하실 때 모든 일이 끝나게 됨을 알게 해 줍니다.

(4) 재앙의 날짜

하나님께서는 3일 동안의 흑암 재앙이 끝나고 1월 15일이 시작되는 목요일 밤(하루가 저녁부터 다음날 저녁까지인 유대식 날짜 계산방법)에, 장자 재앙을 일으켰습니다(출 11:4, 12:29).

그 밤을 “여호와의 밤”(출 12:42)이라고 불렀습니다. 여호와께서는 “밤중에” 애굽의 장자를 치셨습니다(출 12:29). 여기 “밤중에”는 히브리어로 '바예히 바하치 하라일라'(וַיְהִי בַּחֲצִי הַלַּיְלָה)입니다. '바하치 하라일라'는 '밤의 중간에'라는 뜻으로, 밤 12시(자정)를 가리키며 (출 11:4), '바예히'는 '그리고 드디어 그 밤중이 되었다' 라는 급박한 상황을 나타냅니다. 이스라엘은 어린 양을 잡고 피를 문설주에 바르는 의식을 신속히 행하였으며, 그 숨가쁜 시간이 지나고 드디어 장자를 처형하는 심판의 시간이 도래한 것입니다. 그 시간이 바로 15일 밤(유대식 날짜 계산 방법) 정각 12시(자정)였습니다.

(5) 재앙의 결과
① 애굽 땅에서 모든 처음 난 것은 사람부터 짐승까지 다 죽었습니다.

출애굽기 12:29에서 "밤중에 여호와께서 애굽 땅에서 모든 처음 난 것 곧 위에 앉은 바로의 장자로부터 옥에 갇힌 사람의 장자까지와 생축의 처음 난 것을 다 치시매"라고 말씀하고 있습니다. 시편 135:8-9에서도 "저가 애굽의 처음 난 자를 사람부터 짐승까지 치셨도다 애굽이여 여호와께서 너의 중에 징조와 기사를 보내사 바로와 그 모든 신복에게 임하게 하셨도다"라고 말씀하고 있습니다.

첫째, 위에 앉은 바로의 장자를 죽였습니다(출 12:29).
둘째, 옥에 갇힌 사람의 장자를 죽였습니다(출 12:29).
셋째, 생축의 처음 난 것을 죽였습니다(출 12:29).
넷째, 맷돌 뒤에 있는 여종의 장자를 죽였습니다(출 11:5).

맷돌을 돌리는 사람은 천민이나 노예로, 사회적으로 가장 천한 계층, 매우 가난한 자(극빈자)를 가리켰습니다. 실로 하나님께서는 가장 밑바닥 사람부터 가장 위에 있는 사람까지 애굽 전체의 장자를 모조리 죽이신 것입니다.

고대 사회에서 장자는 가족과 나라의 유업을 이어가는 힘을 상징했습니다(창 49:3, 신 21:17, 대하 21:3). 한마디로 장자는 가정과 그 나라의 권위와 영광을 대표했습니다. 시편 89:27에 "내가 또 저로 장자를 삼고 세계 열왕의 으뜸이 되게 하며"라고 말씀하고 있습니다. 이러한 장자가 하루아침에 모두 몰살당했다는 사실은, 애굽의 모든 가정과 나라의 장래까지 완전히 끊어 놓은 엄청난 사건이었습니다. 이제 애굽의 권위와 영광은 사라지고 그 백성은 멸망할 것이라는 심판의 의미입니다.

사단의 장자인 애굽 왕 바로와 그의 장자와 온 애굽인의 장자를 죽이신 것은, 하나님의 장자 아담을 타락시키고 또 하나님의 장자 이스라엘을 핍박하고 지배해 온 사단에 대한 복수인 것입니다. 시편 78:51에서 "애굽에서 모든 장자 곧 함의 장막에 있는 그 기력의 시작을 치셨으나"라고 하였고, 시편 105:36에서 "여호와께서 또 저희 땅의 모든 장자를 치시니 곧 저희 모든 기력의 시작이로다"라고 말씀하고 있습니다.

세계를 제패했던 강대국의 왕이 이제 장자를 잃어버리고 초라하게 되었고, 많은 백성을 잃어버린 무능한 왕이 되고 말았습니다. 이처럼 교만하여 하나님을 대적하고 불순종하는 자는, 잘되는 것 같지만 얼마 지나지 않아 반드시 비참한 최후를 맞게 됩니다(욥 20:5, 36:6-7, 시 145:20, 마 12:35-37).

② 그 밤에 바로와 그 모든 신하와 모든 애굽 사람이 일어났습니다.

출애굽기 12:30에서 "그 밤에 바로와 그 모든 신하와 모든 애굽 사람이 일어나고 ..."라고 말씀하고 있습니다. 여기 "일어나고"는

'일어서다'라는 뜻의 히브리어 '쿰'(קוּם)에서 유래한 말로, '공경하다, 경배하다, 경의를 표하다'라는 의미로도 쓰입니다. 바로와 그 모든 신하 그리고 모든 애굽 백성은 자신들의 장자가 죽는 이 엄청난 대가를 치르면서, 하나도 빠짐없이 살아 계신 하나님 앞에 자신도 모르게 일어나 두려움으로 경의를 표하였던 것입니다.

③ 애굽에 전무후무한 큰 호곡(큰 곡성)이 있었습니다.

> **출애굽기 12:30** "그 밤에 바로와 그 모든 신하와 모든 애굽 사람이 일어나고 애굽에 큰 호곡이 있었으니 이는 그 나라에 사망치 아니한 집이 하나도 없었음이었더라"

"큰 호곡"은 히브리어로 '체아카 게돌라'(צְעָקָה גְדֹלָה)인데, '비명, 절규'라는 뜻의 '차아카'(צְעָקָה)와 '큰'이란 뜻의 '게돌라'가 함께 사용된 것입니다. 이는 갑작스러운 장자들의 죽음 때문에 슬픔에 절규하는 울음과 비명 소리가 애굽 천지에 가득했음을 가리킵니다. 애굽의 큰 호곡은 하나님께서 예고하신 바 "애굽 전국에 전무후무한 큰 곡성"이었습니다(출 11:6). 여기 "큰 곡성"도 동일한 히브리어 '체아카 게돌라'(צְעָקָה גְדֹלָה)입니다. 앞선 아홉 번의 큰 재앙도 감당키 어려울 정도로 고통스러웠는데, 마지막 장자 재앙을 만난 애굽 백성은 참으로 '재앙이 탄식보다 중하다'(욥 23:2)는 말을 실감할 정도가 되었습니다.

히브리어 '차아카'(צְעָקָה)는 이스라엘 백성이 애굽의 폭정과 압제로 인해 부르짖었을 때에도 사용된 단어입니다(출 3:7). 애굽 사람들이 아무리 크게 부르짖어도 그 소리를 듣고 응답할 신이 없었으나, 하나님께서는 자기 백성의 비명과 탄식 소리를 들으시고(출 2:23-24,

3:9) 그 고통을 그 원수에게 갚아 주셨습니다. 시편 107:6에서 "이에 저희가 그 근심 중에 여호와께 부르짖으매 그 고통에서 건지시고"라고 말씀하고 있습니다(시 107:13, 28). 하나님께서는 이스라엘의 부르짖음에 응답하여 친히 찾아오셨을 뿐만 아니라, 열 가지 재앙을 통해서 그 원수들을 강력하게 심판하시고 그들을 구원하셨습니다.

(6) 재앙에 대한 바로와 애굽 사람들의 반응
① 그 밤에 바로가 모세와 아론을 부르고 그 앞에 완전히 항복하였습니다(출 12:31-32).

장자 재앙을 당한 그날 밤, 판도가 극적으로 바뀌었습니다. 지금까지 계속해서 약속을 번복하고, 속임수와 유혹과 폭언을 일삼던 바로는, 모세와 아론을 불러서 다급하게 다음과 같이 명령하였습니다.

첫째, 이스라엘 자손은 **일어나라**(출 12:31).

둘째, 내 백성 가운데서 **떠나라**(출 12:31).

셋째, 너희의 말대로 **가라**(출 12:31).

넷째, 여호와를 **섬기라**(출 12:31).

다섯째, 너희의 말대로 양도 소도 **몰아가라**(출 12:32).

여섯째, **가라**(출 12:32).

일곱째, 나를 위하여 **축복하라**(출 12:32).

바로는 "너희의 말대로" 하라고 반복하였는데, 이는 모세가 요구했던 것을 더 이상 조건을 달지 않고 모두 허락한다는 것입니다. 애굽 사람들은 이스라엘 백성의 출애굽을 재촉하였습니다. 그들은 말하기를 "우리가 다 죽은 자가 되도다"(NIV - we will all die: 우리는 다 죽을 것이다)라고 했습니다(출 12:33下). 이스라엘 뒤에 계시는 큰 능력의 하나님을 확인한 애굽인들이 더 큰 재앙이 임할 것 같은 불안함으로 두려움에 휩싸여 있었음을 나타냅니다. 그래서 아무 조건 없이 그저 나가 달라고 간절히 부탁했던 것입니다. 결국 처음에 하나님께서 선포하신 말씀은 하나도 빠짐없이 그대로 이루어졌습니다.

② 바로 왕은 이스라엘을 국가(國家)로 인정하였습니다.

마지막 장자들의 죽음 앞에서 마침내 무릎을 꿇고 만 바로의 눈에, 이스라엘 민족은 더 이상 노예 집단으로 보이지 않았습니다. 바로는 밤에 자청해서 모세와 아론을 불러 아무 조건 없이 이스라엘 자손과 함께 떠나라고 명하였습니다. 출애굽기 12:31에 "너희와 이스라엘 자손은 일어나 내 백성 가운데서 떠나서 너희의 말대로 가서 여호와를 섬기며"라고 말합니다. 여기 바로가 쓴 "이스라엘 자손"(בְּנֵי־יִשְׂרָאֵל, 베네 이스라엘)이란 용어는 출애굽기 1:9에서 그들의 큰 세력에 놀라 "이 백성 이스라엘 자손이 우리보다 많고 강하도다"라고 말한 후, 출애굽기 12:31에서 처음으로 언급한 것입니다. 바로가 이스라엘을 강력한 국가로 인정한 것입니다. '이스라엘'은 본래 야곱이 받은 새 이름이었고, 하나님께서는 그 이스라엘의 열두 아들을 통해서 큰 민족을 이루시려고 계획하셨던 것입니다(창 49:7, 16, ^{참고}-창 42:5, 45:2). 애굽에서 체류하는 430년 동안(출 12:40-41) 이스라엘 자손은 생육이 중다하고 번식하고 창성하고 심히 강대하여 온 땅에 가득하게 되었습니다(출 1:7). 이에 요셉을 알지 못하는 새 왕이 애굽 신민(臣民)에게 이르기를, "이 백성 이스라엘 자손이 우리보다 많고 강하도다 ... 그들이 더 많게 되면 전쟁이 일어날 때에 우리 대적과 합하여 우리와 싸우고 이 땅에서 갈까 하노라"라고 말했습니다 (출 1:8-10). 이처럼 심히 강대하여 온 땅에 가득하게 된 이스라엘은, 이미 애굽을 크게 위협하는 존재였습니다.

결정적으로 마지막 10번째 장자 재앙까지 당한 후에는, 이스라엘 자손은 바로나 애굽 백성이 보기에 결코 노예가 아니었습니다. 이제는 이스라엘이 애굽을 이긴 큰 백성, 세계에서 가장 강력한 애굽을 굴복시킨 큰 국가로 보였던 것입니다. 참으로 하나님께서 아브라함의 씨로 한 민족을 이루시고 그 민족을 통해 온 세상을 구원하신다는 그 언약이 성취되는 놀라운 순간이었습니다(창 12:3, 22:18).

③ 이스라엘 백성은 큰 재물을 이끌고 애굽에서 나왔습니다 (출 3:21-22, 11:2-3, 12:35-36).

하나님께서는 모세를 바로에게 보내기 직전에, 출애굽 상황을 미리 알려 주셨습니다(출 3:20). 그것은 하나님이 애굽 백성에게 은혜를 입혀, 이스라엘 백성이 애굽에서 큰 재물을 이끌고 나온다는 내용입니다(출 3:21). 출애굽기 3:22에서는 "여인마다 그 이웃 사람과 및 자기 집에 우거하는 자에게 은 패물과 금 패물과 의복을 구하여 너희 자녀를 꾸미라"라고 말씀하셨습니다.

하나님께서는 모세에게 장자 재앙 직전에 "남녀로 각기 이웃들에게 은, 금패물을 구하게 하라"(출 11:2)라고 다시 명령하셨습니다. 이스라엘 남자 여자들로 하여금 이웃 애굽인들에게 은, 금패물을 요구하도록 하신 것입니다.

이때 이스라엘 백성은 황급히 발효되지 못한 반죽 담은 그릇을 옷에 싸서 어깨에 메었고(출 12:34), 모세가 명한 대로 애굽 사람들에게 재물을 구했습니다(출 12:35). 출애굽기 12:36에서 "여호와께서 애굽 사람으로 백성에게 은혜를 입히게 하사 그들의 구하는 대로 주게 하시므로 그들이 애굽 사람의 물품을 취하였더라"라고 말씀하고 있습니다. 여기 "은혜"란 상대를 존경하고 그의 필요를 따라 극진히 대접하는 것을 가리킵니다. 그러므로 '애굽 사람의 은혜를 받았다'(출 3:21, 11:3, 12:36)라는 표현은 이스라엘이 애굽 사람으로부터 큰 대접을 받았다는 의미입니다. 실로, 하나님의 은혜로 이스라엘 모두가 애굽인에게서 취한 은금을 가지고 나왔기 때문에, 한 지파도 약한 지파가 없었습니다(시 105:37).

애굽에서 얻은 큰 재물은 이스라엘 백성의 400년 애굽 종살이 노역에 대한 품삯이었습니다. 하나님께서는 아브라함과 맺은 횃불 언약에서 미리 "그 섬기는 나라를 내가 징치할지며 그 후에 네 자손이 큰 재물을 이끌고 나오리라"라고 말씀하셨습니다(창 15:14). 이스라엘 백성은 애굽 430년 거주 기간 동안 수많은 노역에 시달리면서도 그에 대한 대가를 하나도 받지 못하였습니다. 그러나 하나님께서는 그 모든 것을 계산하고 계셨으며, 마침내 출애굽 할 때에 그 모든 노역에 대한 대가를 풍성하게 갚아 주셨던 것입니다(욥 27:16-17, 잠 13:22, 28:8).

이스라엘 백성이 애굽에서 가지고 나온 큰 재물은 광야에서 성소를 건축하는 데 사용되었습니다(출 38:24-26). 성소 건축 비용을 기록하고 있는 출애굽기 38:24-26의 금 29달란트 730세겔과 은 100달란트 1775세겔을 오늘날 돈으로 환산해 보면 약 3천 235억

450만 원 정도입니다.

④ 애굽인들은 이스라엘 백성이 떠날 때 기뻐하였습니다(출 12:33, 시 105:38).

시편 105:38에는 "그들(이스라엘 백성들)의 떠날 때에 애굽이 기뻐하였으니 저희가 그들을 두려워함이로다"라고 말씀하고 있습니다. 60만 명이 넘는 성인 남자들이 모두 한꺼번에 떠난다는 것은 애굽 사람들에게 있어서 어마어마한 손실이었습니다. 만일 노예들이 해방을 목적으로 대대적인 폭동이나 반란을 일으킨 상황이라면 당연히 무력을 동원해서라도 막았을 것이지만, 그들은 열 가지 재앙을 거치면서 이스라엘 백성을 건드리면 자신의 목숨이 위태로워진다는 사실을 뼛속 깊이 절감하였습니다. 자기들이 섬기던 바로와 모든 신들을 무능한 존재로 전락시키고, 애굽 땅을 사람이 살 수 없을 정도로 황폐하게 만들었으며, 자기들의 장자와 생축의 처음 난 것을 죽이는 등 멸망과 심판과 죽음을 몰고 온 장본인들이 떠난다고 하니, 온 애굽이 저마다 기뻐했던 것입니다. 자신들과 자기 나라에 더 큰 해를 부르기 전에 속히 떠나 주기를 너무나 간절히 원하여(출 12:33), 이스라엘 백성이 떠나는 데 필요하다고 요구하는 것은 너도나도 적극적으로 그리고 신속하게 협조해 준 것입니다.

또한 바로의 신하들은 모세에게 절하며 나가 달라고 사정했습니다. 장자 재앙을 당한 모든 신하들은 모세에게 내려와서 그에게 절하면서 "너와 너를 좇는 온 백성은 나가라!"라고 사정하였습니다.

출애굽기 11:8에서 "왕의 이 모든 신하가 내게 내려와서 내게 절하며 이르기를 너와 너를 좇는 온 백성은 나가라 한 후에야 내가 나가리라"라고 예고한 대로입니다. 매우 높은 지위에 있던 자들이 비천한 자리에 내려와, 마치 모세가 그들의 통치자가 된 것처럼 그 앞에 굽실거릴 것이라는 뜻입니다. 이것은 모세의 영예가 드높아진 것을 뜻하는 동시에 하나님께 한없는 영광이 된 것을 의미합니다. 애굽의 절대 권력자였던 바로의 권위가 비참하게 땅에 떨어지고, 여호와의 군대인 이스라엘 백성은 도망자가 아니라 승리자로서 융숭한 대접을 받으면서 당당하게 출애굽 하였습니다(출 12:41, 민 33:3).

(7) 재앙의 구속사적 의미

제10 재앙 때는, 바로를 비롯한 모든 애굽 사람의 장자와 생축의 처음 난 것이 죽임을 당했습니다. 이스라엘은 하나님의 장자입니다(출 4:22, 렘 31:9, 호 11:1). 바로가 하나님의 장자 놓아주기를 거절하였기 때문에 하나님께서는 애굽의 장자들을 죽이신 것입니다(출 11:5, 12:29).

> **출애굽기 4:23** "내가 네게 이르기를 내 아들을 놓아서 나를 섬기게 하라 하여도 네가 놓기를 거절하니 내가 네 아들 네 장자를 죽이리라 하셨다 하라 하시니라"

하나님의 장자를 훼방하면 반드시 심판을 받습니다. 예수님께서는 참으로 하나님의 장자, 독생자이십니다(요 1:18, 3:16, 골 1:15). 로마서 8:29에서 "하나님이 미리 아신 자들로 또한 그 아들의 형상을 본받게 하기 위하여 미리 정하셨으니 이는 그로 많은 형제 중에서 맏아들이 되게 하려 하심이니라"라고 말씀하고 있습니다(시 2:7,

89:27-29, 행 13:33, 히 1:5-6, 5:5). 그러므로 세상 종말에도 하나님의 참장자이신 예수님을 대적하는 자는 반드시 심판을 받아 멸망을 받게 될 것입니다.

세상 마지막에, 천 년이 차매 사단이 놓임을 받고, 땅의 사방 백성 곧 곡과 마곡을 미혹하여 성도들의 진과 사랑하시는 성을 둘러쌉니다(계 20:7-9上). 그러나 하늘에서 불이 내려와 예수 그리스도의 교회를 파괴하려는 대적들을 다 소멸하실 것입니다(계 20:9下). 또한 짐승과 거짓 선지자뿐만 아니라 모든 악의 근원인 마귀까지도 불과 유황 못에 던져져 멸망을 받게 될 것입니다. 요한계시록 20:10에서 "또 저희를 미혹하는 마귀가 불과 유황 못에 던지우니 거기는 그 짐승과 거짓 선지자도 있어 세세토록 밤낮 괴로움을 받으리라"라고 말씀하고 있으며, 13-14절에서도 "... 사람이 자기의 행위대로 심판을 받고 사망과 음부도 불못에 던지우니 이것은 둘째 사망 곧 불못이라"라고 말씀하고 있습니다.

마지막 장자 재앙 때에 하나님께서는 애굽 가운데로 직접 들어오셨습니다. 출애굽기 11:4에서 "내가 애굽 가운데로 들어가리니"라고 말씀하고 있습니다. 하나님께서 애굽에 있는 이스라엘 백성을 구원하시기 위하여 애굽 가운데로 들어가신 것입니다. 마찬가지로 예수님께서도 세상에 있는 하나님의 백성을 구원하시기 위하여 세상 가운데로 들어오셨습니다. 그래서 요한복음 1:14에서 "말씀이 육신이 되어 우리 가운데 거하시매 우리가 그 영광을 보니 아버지의 독생자의 영광이요 은혜와 진리가 충만하더라"라고 말씀하고 있습니다.

이제 주님께서 재림 때 다시 이 세상 가운데로 들어오셔서(살전 4:16-17, 계 22:20) 하나님의 백성을 구원하시고, 모든 사단의 영적 장자들과 악의 세력을 완전히 진멸하실 것입니다(고전 15:25-26, 계 20:10).

10대 재앙 외(外) 기타 종말적 재앙
Other Eschatological Plagues Besides the Ten Plagues

10대 재앙에는 포함되어 있지 않지만, 예수님의 종말 설교나 요한계시록에는 몇 가지 종말적 재앙들이 더 기록되어 있습니다.

1. 전쟁 Wars

예수님께서는 종말의 징조로 "민족이 민족을, 나라가 나라를 대적하여 일어나겠고"라고 말씀하셨는데(마 24:7, 막 13:8上, 눅 21:10), 이것은 말세에 전쟁이 일어날 것을 말씀하신 것입니다. 다니엘 선지자도 다니엘서 9:26에서 "... 또 끝까지 전쟁이 있으리니 황폐할 것이 작정되었느니라"라고 예언하였습니다.

요한계시록에서도 세상 종말에 일어날 전쟁들에 대하여 예언하고 있습니다.

첫째, 두 번째 인 재앙 때 붉은 말이 나오는데, 말을 탄 자가 땅에서 화평을 제하고 서로 죽이게 합니다(계 6:3-4). 특히 요한계시록 6:4에서 붉은 말 탄 자가 큰 칼을 받았는데, 이것은 전쟁을 통한 무자비한 학살을 나타냅니다.

둘째, 여섯 번째 나팔 재앙 때 사람 삼분의 일이 죽임을 당하는 전쟁이 유브라데에서 일어납니다(계 9:13-19). 이때 동원되는 마병대의 수는 이만만(2억)입니다(계 9:16).

셋째, 여섯 번째 대접 재앙 때 개구리 같은 세 더러운 영이 용의 입과 짐승의 입과 거짓 선지자의 입에서 나와, 온 천하 임금들을 미혹하여 큰 전쟁을 하게 만듭니다. 이 전쟁이 바로 아마겟돈 전쟁입니다(계 16:12-16).

넷째, 사단은 결박 당한 후 천 년이 지나 자신의 결박이 풀리자, 땅의 사방 백성 곧 곡과 마곡을 미혹하여 전쟁을 일으킵니다(계 20:7-9).

신명기 28장에서는 전쟁의 재앙이 얼마나 무시무시한 것인지를 밝히 증거하고 있습니다. 전쟁에서 패배한 자의 상황은 너무나 비참합니다. 전쟁에서 패배한 자는 "시체가 공중의 모든 새와 땅 짐승들의 밥이 될 것이나 그것들을 쫓아 줄 자가 없을 것"입니다(신 28:26). 또한 전쟁에서 패배하여 전사하거나 점령을 당하면, 지금까지 수고한 각 사람의 모든 소유가 타인에게 돌아갈 것입니다(참고-신 20:5-7).

신명기 28:30-34 "네가 여자와 약혼하였으나 다른 사람이 그와 같이 잘 것이요 집을 건축하였으나 거기 거하지 못할 것이요 포도원을 심었으나 네가 그 과실을 쓰지 못할 것이며 ³¹네 소를 네 목전에서 잡았으나 네가 먹지 못할 것이며 네 나귀를 네 목전에서 빼앗아 감을 당하여도 도로 찾지 못할 것이며 네 양을 대적에게 빼앗길 것이나 너를 도와 줄 자가 없을 것이며 ³²네 자녀를 다른 민족에게 빼앗기고 종일 생각하고 알아봄으로 눈이 쇠하여지나 네 손에 능이 없을 것이며 ³³네 토지 소산과 네 수고로 얻은 것을 네가 알지 못하는 민족이 먹겠고 너는 항상 압제와 학대를 받을 뿐이리니 ³⁴이러므로 네 눈에 보이는 일로 인하여 네가 미치리라"

여기 30절에서 "그와 같이 잘 것이요"는 히브리어 '샤갈'(שָׁגַל)로, '욕보이다, 강간하다'라는 뜻입니다. 이것은 전쟁의 패배로 여자들이 대적에게 강간 등 비참한 능욕을 당하게 될 것을 나타냅니다. 32절에는 자녀를 빼앗김으로, 하나님의 언약에서 가장 큰 축복인 자손의 복이 이스라엘 백성에게 저주로 바뀌어 재앙으로 인한 비참함이 절정에 이르게 될 것을 보여 주고 있습니다. 34절의 "미치리라"는 히브리어 '샤가'(שָׁגַע)인데, 푸알형(강조수동형)으로 '도저히 상상할 수 없는 상황으로 인하여 마음과 행동을 주체하지 못하고 정신 이상으로 날뛰는 것'을 가리킵니다(참고-신 28:28, 슥 12:4). 눈만 뜨면 고통과 압제가 연속되는 상황 속에서(신 28:33), 사람들은 극도의 절망과 공포로 인해 정신 이상을 겪게 될 것입니다. 이러한 상황 속에서 아무도 도와줄 자가 없을 것이기에, 신명기 28:31에서 "너를 도와줄 자가 없을 것이며"라고 말씀하고 있습니다.

전쟁 속에서 인간의 정신이 이상 상태에 이르면 반인륜적인 참상이 일어나게 됩니다. 자신의 생명과 안위를 지키기 위하여 가족을 죽음으로 내모는 비인간적인 행동을 하게 됩니다. 미가 7:6에서 "아들이 아비를 멸시하며 딸이 어미를 대적하며 며느리가 시어미를 대적하리니 사람의 원수가 곧 자기의 집안 사람이리로다"라고 말씀하고 있고, 마태복음 10:21에서 "장차 형제가 형제를, 아비가 자식을 죽는 데 내어 주며 자식들이 부모를 대적하여 죽게 하리라"라고 말씀하고 있습니다.

더 끔찍한 일은, 자기 자식을 삶아 먹는 비극이 일어났습니다(레 26:29, 신 28:53-57, 왕하 6:28-29, 사 9:20, 렘 19:9, 애 2:20, 4:10). 에스겔

5:10에서는 자식이 자기 아버지를 먹는 극악한 반인륜적 참상이 벌어질 것까지도 예언하면서, "그리한즉 너의 중에서 아비가 아들을 먹고 아들이 그 아비를 먹으리라 내가 벌을 네게 내리고 너의 중에 남은 자를 다 사방에 흩으리라"라고 말씀하고 있습니다.

성경과 요세푸스는 이러한 비참한 사실이 역사적으로 일어난 세 번의 경우를 소개하고 있습니다.

첫째, 북 이스라엘 제9대 왕 여호람(주전 851ª-840, 12년 - 왕하 1:17, 3:1, 대하 22:5) 통치 당시 아람 군대가 제2차로 쳐들어와 사마리아 성을 포위했을 때, 부모가 자기 자녀를 잡아 먹는 비참한 상황이 일어났습니다(왕하 6:28-29).

둘째, 바벨론의 침략을 받아 남 유다의 예루살렘 성이 30개월간 포위되었을 때(주전 588년 10월 10일부터 주전 586년 4월 9일까지), 예레미야 선지자와 에스겔 선지자의 예언 그대로 성취되었습니다(렘 19:9, 애 2:20, 4:10, 겔 5:10).

셋째, 주후 70년 로마의 디도 장군이 팔레스타인을 침략했을 때, 유대인들이 그 자녀의 고기를 먹었다고 유대 역사가 요세푸스가 기록하고 있습니다(*War.* 6.201-213).

그러나 아무리 무시무시한 전쟁이 일어난다고 할지라도, 만주의 주이시며 만왕의 왕이신 예수님과 함께하는 자들은 반드시 승리할 것입니다. 요한계시록 17:14에서 "저희가 어린 양으로 더불어 싸우려니와 어린 양은 만주의 주시요 만왕의 왕이시므로 저희를 이기실 터이요 또 그와 함께 있는 자들 곧 부르심을 입고 빼내심을 얻고 진실한 자들은 이기리로다"라고 말씀하고 있습니다.

또한 하늘에 거하는 성도는 종말의 전쟁 속에서도 반드시 승리할 것입니다. 왜냐하면 요한계시록의 '화'(禍)는 땅에 거하는 자들에게만 쏟아지기 때문입니다. 요한계시록 8:13에서 "내가 또 보고 들으니 공중에 날아가는 독수리가 큰 소리로 이르되 땅에 거하는 자들에게 화, 화, 화가 있으리로다"라고 말씀하고 있으며, 요한계시록 12:12에서도 "그러므로 하늘과 그 가운데 거하는 자들은 즐거워하라 그러나 땅과 바다는 화 있을진저 이는 마귀가 자기의 때가 얼마 못된 줄을 알므로 크게 분내어 너희에게 내려갔음이라 하더라"라고 말씀하고 있습니다. 그러나 하늘의 시민권을 가진 성도들은 하늘에 거하는 자들입니다(빌 3:20).

2. 지진 Earthquakes

예수님께서는 종말의 징조로 지진을 말씀하셨습니다. 마태복음 24:7에서 "처처에 기근과 지진이 있으리니"라고 말씀하셨습니다(막 13:8, 눅 21:11). 구약성경 여러 곳에서 지진은 하나님의 심판의 도구로 사용되고 있습니다(겔 38:19, 욜 2:10, 암 8:8, 나 1:2-6).

요한계시록에서도 종말에 큰 지진이 있을 것을 예언하고 있습니다.

첫째, 여섯째 인 재앙 때에 "큰 지진이 나며 해가 총담같이 검어지고 온 달이 피같이 되며"라고 말씀하고 있습니다(계 6:12).

둘째, 성도의 기도를 받아서 하나님 앞에 올라간 천사가, 향로를 가지고 단 위의 불을 담아다가 땅에 쏟으매 뇌성과 음성과 번개와 함께 지진이 일어났습니다(계 8:3-5, 참고-계 11:19).

셋째, 두 증인이 죽임을 당하고 삼 일 반 후에 큰 지진이 나서 성 십분의 일이 무너지고 지진에 죽은 사람이 칠천이었습니다(계 11:10-13).

넷째, 마지막 일곱 번째 대접 재앙 때에 요한계시록 16:18에서 "... 큰 지진이 있어 어찌 큰지 사람이 땅에 있어 옴으로 이같이 큰 지진이 없었더라"라고 말씀하고 있습니다.

처처에 갈등과 폭동이 일어나고 안녕과 질서가 파괴되면서 세상은 점점 살기 어려운 무법천지가 되어 갑니다. 그럴수록 우리 믿는 자들은 하나님께서 이 세상을 반드시 큰 지진으로 심판하시는 때가 있다는 것을 확실히 인식하고, 오직 하나님 말씀을 피난처 삼는 믿음으로 살아야 할 것입니다.

3. 기근 Famines

예수님께서는 종말의 징조로 기근을 말씀하셨습니다. 마태복음 24:7에서 "처처에 기근과 지진이 있으리니"라고 말씀하셨습니다(막 13:8, 눅 21:11). 애굽에 내린 10대 재앙을 볼 때, 기근 재앙이 부분적으로 등장하였습니다. 먼저 피 재앙 때에 애굽의 모든 하수가 피로 변하여 일 주일 동안 지속되므로, 애굽 사람들은 하수에 사는 어류를 먹을 수 없었습니다(출 7:20-21, 24-25). 우박 재앙으로 밭에 있는 모든 채소를 쳤을 때는(출 9:25), 애굽 사람들은 채소를 먹을 수 없었습니다. 메뚜기 재앙으로 메뚜기가 우박에 상하지 아니한 밭의 채소와 나무 열매를 다 먹었으므로, 애굽 전경에 나무나 밭의 채소나 푸른 것은 남지 아니하였습니다(출 10:15). 어류와 밭의 채소와 나무 열매를 치셨으므로, 메뚜기 재앙 후에 애굽에는 먹을 것이 없어서 큰 기근이 있었을 것입니다.

요한계시록에서도 종말에 기근이 있을 것을 예언하고 있습니다.

셋째 인 재앙 때에 검은 말이 나오는데, 네 생물 사이에서 나오는 듯한 음성이 "한 데나리온에 밀 한 되요 한 데나리온에 보리 석 되로다"라고 말씀하고 있습니다(계 6:5-6). 한 데나리온은 로마의 화폐 단위로, 노동자의 하루 품삯입니다. 한 가정의 가장은 노동을 함으로써 자기뿐만 아니라 전 가족을 다 먹여 살려야 합니다. 그런데 한 데나리온으로 겨우 노동자 한 사람의 하루 식량인 '밀 한 되나 보리 석 되'를 살 수 있다는 것은 극심한 기근의 상태를 가리키는 것입니다. 말세에는 이런 식량의 기근뿐만 아니라 영적 기근인 '말씀의 기갈의 시대'가 올 것입니다. 아모스 8:11에서 "주 여호와께서 가라사대 보라 날이 이를지라 내가 기근을 땅에 보내리니 양식이 없어 주림이 아니며 물이 없어 갈함이 아니요 여호와의 말씀을 듣지 못한 기갈이라"라고 말씀하고 있습니다.

우리는 장차 다가올 기근 재앙을 앞두고 하나님을 경외하는 큰 믿음으로 말씀을 준비해야 합니다. 시편 33:18-19에서 "여호와는 그 경외하는 자 곧 그 인자하심을 바라는 자를 살피사 저희 영혼을 사망에서 건지시며 저희를 기근 시에 살게 하시는도다"라고 말씀하고 있습니다.

요셉은 7년 대기근을 대비하여 7년 대풍년 기간에 양식을 창고에 저장하였습니다(창 41:53-57). 우리도 말세의 기근을 앞두고 심령 창고에 하나님의 말씀을 넉넉히 저장해야 할 것입니다.

4. 고통(영적인 재앙) Difficult times (spiritual plagues)

보이는 자연 재앙보다 더 심각한 것은 사람들을 타락시키는 영적인 재앙입니다. 디모데후서 3:1에서 "네가 이것을 알라 말세에 고통하는 때가 이르리니"라고 말씀하셨습니다. 그 내용에 대하여 디모데후서 3:2-4에서 "사람들은 자기를 사랑하며 돈을 사랑하며 자긍하며 교만하며 훼방하며 부모를 거역하며 감사치 아니하며 거룩하지 아니하며 무정하며 원통함을 풀지 아니하며 참소하며 절제하지 못하며 사나우며 선한 것을 좋아 아니하며 배반하여 팔며 조급하며 자고하며 쾌락을 사랑하기를 하나님 사랑하는 것보다 더하며"라고 말씀하고 있습니다.

이 내용 가운데 누구나 심각하다고 공감하는 것은 돈을 사랑하는 물질 만능주의요, 자긍하며 교만한 인본주의요, 쾌락을 사랑하는 퇴폐주의·향락주의·탐미주의입니다. 이러한 모습의 세상이 요한계시록 17-18장에서 큰 음녀 바벨론의 모습으로 등장하고 있습니다. 세상 바벨론에서 탈출하지 않으면, 사람은 다 이러한 영적인 재앙에 휩쓸려 하나님의 심판을 받고야 말 것입니다.

요한계시록 18:4-6 "또 내가 들으니 하늘로서 다른 음성이 나서 가로되 내 백성아 거기서 나와 그의 죄에 참여하지 말고 그의 받을 재앙들을 받지 말라 [5]그 죄는 하늘에 사무쳤으며 하나님은 그의 불의한 일을 기억하신지라 [6]그가 준 그대로 그에게 주고 그의 행위대로 갑절을 갚아 주고 그의 섞은 잔에도 갑절이나 섞어 그에게 주라"

III
10대 재앙의 계속성
THE CONTINUITY OF THE TEN PLAGUES

많은 사람들이 애굽에 내린 10대 재앙이 오늘날 우리와는 아무 관련이 없는 줄로 생각합니다. 그러나 하나님의 표징과 하나님의 이적은 시대마다 끊이지 않고 이어져 왔습니다. 지금도 언약 백성을 애굽과 같은 이 세상에서 신령한 약속의 땅 가나안으로 이끌어 가기 위해, 악의 무리를 멸하고 자기 백성을 구원으로 인도해 주시는 하나님의 표징과 하나님의 이적은 계속해서 나타나고 있습니다. 예레미야 선지자는 예루살렘이 바벨론 군대에 포위되었을 때, 하나님의 권세와 능력을 의지하여 기도하면서, 하나님께서 애굽 땅에서와 같이 계속하여 징조와 기사로 행하고 계신다고 증거하였습니다 (렘 32:20-21).

1. 표적과 감계(鑑戒)로서의 10대 재앙
The ten plagues as signs and wonders

성경에서는 10대 재앙을 설명할 때 히브리어 '오트'(אוֹת)와 '모페트'(מוֹפֵת)라는 두 단어를 사용하고 있습니다. 출애굽기 7:3에서 10

대 재앙을 예고하면서 "내가 바로의 마음을 강퍅케 하고 나의 표징과 나의 이적을 애굽 땅에 많이 행하리라"라고 말씀하고 있는데, 여기 "나의 표징"이 '오트'이고 "나의 이적"이 '모페트'입니다. 이 두 단어가 같이 사용될 때 대부분 10대 재앙을 나타내고 있습니다. 그 가운데 '이적(징조)과 기사'로 번역된 경우는 신명기 4:34, 6:22, 7:19, 26:8, 29:3, 34:11, 느헤미야 9:10, '징조와 기사'로 번역된 경우는 시편 78:43, 135:9, 예레미야 32:20-21입니다. 또한 시편 105:27에서는 '표징과 기사'로, 신명기 28:46에서는 '표적과 감계'로 번역되고 있습니다.

신명기 28:46의 "감계"(鑑戒: 거울 감, 경계할 계)는, '지난 잘못을 거울 삼아 다시는 그런 잘못을 되풀이하지 않도록 하는 경계' 또는 '본받을 만한 훈계'라는 뜻입니다. 10대 재앙은 단순히 과거에 일어났던 한 때의 일시적 사건으로 끝난 것이 아니라, 역사 속에서 계속해서 '감계'의 역할을 했습니다. 그래서 신명기 28:15-45에 기록되어 있는 하나님의 말씀에 순종치 않는 자들에게 임할 모든 저주는 10대 재앙과 연결되어 있습니다. 10대 재앙과 신명기 28:15-45의 내용을 비교하면 다음과 같습니다.

재앙 순서		신명기 28:15-45의 저주 내용
1	피	신명기 28:22 "한재(가뭄: 물이 없음) … 재앙으로 너를 치시리니"
2	개구리	신명기 28:17 "떡 반죽 그릇이 저주를 받을 것이요"
3	이	신명기 28:24 "티끌과 모래를 네 땅에 내리시리니"
4	파리	신명기 28:39 "벌레가 먹음으로(אָכַל, 아칼 - 시 78:45 "물게 하시고")"
5	악질	신명기 28:21 "네 몸에 염병(악질)이 들게 하사 … 필경 너를 멸하실 것이며"

재앙 순서		신명기 28:15-45의 저주 내용
6	독종	신명기 28:27 "애굽의 종기 … 너를 치시리니" 신명기 28:35 "여호와께서 네 무릎과 다리를 쳐서 고치지 못할 심한 종기로 발하게 하여 발바닥으로 정수리까지 이르게 하시리라"
7	우박	신명기 28:16 "네가 성읍에서도 저주를 받으며 들에서도 저주를 받을 것이요" 신명기 28:18 "네 토지의 소산 … 저주를 받을 것이며"
8	메뚜기	신명기 28:38 "메뚜기가 먹으므로 거둘 것이 적을 것이며" 신명기 28:42 "네 모든 나무와 토지 소산은 메뚜기가 먹을 것이며"
9	흑암	신명기 28:29 "소경이 어두운 데서 더듬는 것과 같이 네가 백주에도 더듬고"
10	장자	신명기 28:18 "네 몸의 소생과 … 네 우양의 새끼가 저주를 받을 것이며"

10대 재앙을 통해 애굽을 심판하신 하나님께서는, 앞으로도 세상 종말까지 계속적으로 10대 재앙 같은 심판을 행하실 것입니다.

예레미야 32:20-21 "주께서 애굽 땅에서 징조와 기사로 행하셨고 오늘까지도 이스라엘과 외인 중에 그같이 행하사 주의 이름을 오늘과 같이 되게 하셨나이다 21주께서 징조와 기사와 강한 손과 드신 팔과 큰 두려움으로 주의 백성 이스라엘을 애굽 땅에서 인도하여 내시고"

이 말씀을 표준새번역에서는 "주님께서는 이집트 땅에서 많은 징조와 기적들을 나타내 보이셨고, 오늘날까지 이스라엘 안에서

뿐만 아니라 모든 사람에게 그와 같이 하셔서, 주님의 이름을 오늘 날과 같이 드높게 하셨습니다"라고 번역하고 있습니다. 또한 미가 7:15에 "가라사대 네가 애굽 땅에서 나오던 날과 같이 내가 그들에게 기사를 보이리라"라고 말씀하셨습니다.

이스라엘 백성은 후손 대대로 10대 재앙을 가리켜 '오트와 모페트'(표징과 이적)라고 부르면서, 그때의 표징과 이적을 계속 기념하였을 뿐만 아니라 그때의 표징과 이적을 영원히 계속해서 일으켜 주시기를 기도하였습니다. 신학자 휴이(F. B. Huey)는 자신의 주석에서 '하나님께서는 기적적인 징조와 기사(10대 재앙)를 애굽에서 행하셨다. 그리고 하나님은 지금까지 이렇게 행하시고 계신다. 그리고 그의 명성(이름)이 약화되지 않은 이유는, 하나님께서 아직도 징조와 기사를 행하시고 계시기 때문이다'라고 설명하였습니다.[39] 느헤미야 9:10에서는 "이적(오트)과 기사(모페트)를 베푸사 바로와 그 모든 신하와 그 나라 온 백성을 치셨사오니 이는 저희가 우리의 열조에게 교만히 행함을 아셨음이라 오늘날과 같이 명예를 얻으셨나이다"라고 말씀하고 있습니다.

예레미야 선지자가 예레미야 32:20의 기도를 올릴 때는, 예루살렘이 바벨론에게 포위되고 예레미야는 궁중 시위대 뜰에 갇혀 있을 때였습니다. 그는 자신의 조국이 멸망 직전 풍전등화(風前燈火)의 위기에 처했을 때, 과거에 10대 재앙(기사와 징조)을 일으켜 이스라엘을 출애굽 시키신 하나님의 위대하신 능력을 찬양하고 있습니다. 그는 그 위대하신 능력의 하나님께서 오늘날 남 유다뿐만 아니라 외인(אָדָם, 아담: 인류) 중에도 동일하게 역사하고 계심을 고백하며(렘 32:20), 하나님께서 출애굽 시대부터 지금까지 변함없이 구원과 심판의 역사를 행하시는 이유는 하나님의 이름을 나타내시기 위함이라고 기도하였습니다.

그때에 남 유다는 바벨론에게 멸망을 당하기 직전, 곧 바벨론에 포로로 끌려갈 상황이었습니다. 그러나 애굽에서 이스라엘을 건지신 하나님께서 언젠가 반드시 바벨론에서 남 유다를 건져내실 것으로 믿었습니다. 예레미야 선지자는 10대 재앙을 일으키신 하나님의 권능을 찬양함으로 남 유다의 회복에 대한 확신을 나타내고, 나아가 온 백성에게 결코 절망하지 말고 회복의 소망을 가질 것을 선포하고 있는 것입니다.

과연 예레미야 선지자의 기도대로, 남 유다는 바벨론 유수에서 70년 만에 해방되어 꿈에 그리던 고국으로 돌아올 수 있었습니다. 이와 같이 세상 종말에도 하나님께서는 출애굽 시에 역사하셨던 그 능력으로, 하나님의 백성을 세상 바벨론(참고-계 18:2)에서 완전히 해방하시고 길고긴 구속사에 완전한 종지부를 찍으실 것입니다.

2. 예수 그리스도와 10대 재앙
Jesus Christ and the ten plagues

10대 재앙은 궁극적으로는 횃불 언약의 성취를 위해 하나님께서 아브라함의 후손들이 섬기던 나라(애굽)를 징치하시고(창 15:14) 이스라엘을 출애굽 시켜 하나님 나라로 삼으시기 위한 것이었습니다.

모세는 예수님의 사역을 예표하는 선지자입니다(신 18:15, 18, 행 3:22). 모세가 10대 재앙을 통해 바로에게서 이스라엘을 구원해 내는 모습은, 사단으로부터 하나님의 백성을 구원하시는 예수님을 보여 줍니다. 10대 재앙이 이스라엘을 하나님의 나라로 삼기 위하여 사용되었듯이, 초림하신 예수님께서는 이스라엘을 하나님의 나라로 삼기 위하여 여러 가지 이적을 사용하셨습니다.

(1) 이적을 행하신 예수 그리스도

출애굽 과정에 나타난 '오트'(אוֹת)와 '모페트'(מוֹפֵת)는, 신약성경에서 예수님의 이적을 나타내는 단어와 같은 의미를 가지고 있습니다. 구약성경의 히브리어 '오트'에 해당하는 신약성경의 용어는 헬라어 '세메이온'(σημεῖον)입니다. '세메이온'은 예수님의 신적 권위의 한 징표로 사용되었는데, 복음서에 48번, 사도행전에 13번, 바울서신에 8번, 히브리서에 1번, 요한계시록에 7번 등 신약성경에 77번이 기록되어 있습니다. '세메이온'은 주로 예수님의 이적을 나타낼때 많이 사용되었습니다. 또 구약성경의 히브리어 '모페트'는 신약성경의 헬라어 '테라스'(τέρας)와 같은 의미입니다. '테라스'는 기적을 가리키는데, 놀랍고 불가사의한 사건을 말하며, 신약성경에 16번 사용되고 있습니다.[40]

예수님의 이적에 대해서는 마태복음에 20번, 마가복음에 18번, 누가복음에 20번, 요한복음에 7번 기록되어 있습니다. 물론 예수님께서 행하신 이적은 이보다 훨씬 더 많습니다(요 21:25). 신약 시대에 예수님을 믿은 무리 중 많은 사람들이 "그리스도께서 오실지라도 그 행하실 표적이 이 사람의 행한 것보다 더 많으랴"(요 7:31)라고 말할 정도였습니다. 그러나 성경에는 예수님께서 행하신 대표적인 이적들만 기록되어 있습니다. 이러한 이적들은 주로 치유와 축사(귀신을 쫓아내시는 사역)로 나타났습니다. 예수님의 치유와 축사는 궁극적으로 사단과의 싸움이었으며, 그의 이적 행하심은 악한 세력을 멸하기 위한 것이었습니다(마 17:18, 막 1:25-26, 7:29-30, 33-35, 눅 4:35, 11:14). 요한일서 3:8에서는 " ... 하나님의 아들이 나타나신 것은 마귀의 일을 멸하려 하심이니라"라고 말씀하고 있습니다.

더 나아가, 예수님의 모든 이적들은 하나님의 나라(천국)와 관련하여 말씀하시는 것을 볼 수 있습니다. 마태복음 10:7-8에서 " ... 천국이 가까왔다 하고 병든 자를 고치며 죽은 자를 살리며 문둥이를 깨끗하게 하며 귀신을 쫓아내되 너희가 거저 받았으니 거저 주어라"라고 말씀하고 있습니다. 마태복음 12:28에서도 "그러나 내가 하나님의 성령을 힘입어 귀신을 쫓아내는 것이면 하나님의 나라가 이미 너희에게 임하였느니라"라고 말씀하고 있습니다(눅 11:20). 누가복음 10:9에서도 "거기 있는 병자들을 고치고 또 말하기를 하나님의 나라가 너희에게 가까이 왔다 하라"라고 말씀하고 있습니다.

출애굽 시에 하나님께서 10대 재앙을 통해서 자신을 나타내시고 바로의 지배 아래 있던 이스라엘을 구원하셨듯이, 예수님께서도 이적들을 통하여 자신의 하나님 되심을 나타내시고 사단의 지배 아래 있던 하나님의 백성을 구원하셨던 것입니다. 나아가, 이적들을 통하여 하나님의 나라를 확장시켜 나가셨으며, 마침내 십자가에서 죽으시고 부활하심으로 애굽의 바로와 같은 이 세상 임금을 쫓아내셨던 것입니다(요 12:31-32, ^{참고}계 11:8^下).

그러나 예수님께서 많은 이적(세메이온: 표적)을 행하셨음에도 불구하고, 사람들은 그것을 통해 예수님의 신적 본질을 깨닫지 못하고 믿지 못했습니다. 요한복음 12:37에서 "이렇게 많은 표적을 저희 앞에서 행하셨으나 저를 믿지 아니하니"라고 말씀합니다. 또한 사도행전 2:22에서 베드로는 "하나님께서 나사렛 예수로 큰 권능과 기사와 표적"을 이스라엘 백성 가운데서 베푸사 예수님을 증거하셨다고 말씀했습니다(요 5:36). 이스라엘 백성은 예수님의 신성과 선재성을 깨닫지 못했던 것입니다. 그러나 오늘날 우리는 성경에 나타난 여러 이적들을 통하여, 예수님께서 하나님이심을 확신하며 하나님 나라의 완성에 대한 소망을 가져야겠습니다.

(2) 여호와의 밤과 예수 그리스도

바로의 강퍅함을 종식시킨 최후의 재앙은 장자 재앙이었습니다. 이 재앙은 "밤중에" 일어났습니다(출 12:29). 여기 "밤중"은 히브리어 '바하치 하라일라'(כַּחֲצִי הַלַּיְלָה)로, '밤의 중간' 즉 '자정'을 의미합니다. 이 밤은 "여호와의 밤"으로 불렸으며, 하나님께서는 이 밤을 여호와 앞에 대대로 지키라고 명령하셨습니다. 출애굽기 12:42에서 "이 밤은 그들을 애굽 땅에서 인도하여 내심을 인하여 여호와 앞에 지킬 것이니 이는 여호와의 밤이라 이스라엘 자손이 다 대대로 지킬 것이니라"라고 말씀하고 있습니다. 이 밤은 바로와 애굽 백성에게는 심판의 밤이었지만, 이스라엘 백성에게는 해방과 구원의 밤이었습니다.

예수님께서는 영적으로 밤같이 캄캄한 세상에 빛으로 오셨지만, 이스라엘 백성은 예수님을 영접하지 않았습니다(요 1:9-11, 12:35-36). 요한복음 1:5에서 "빛이 어두움에 비취되 어두움이 깨닫지 못하더라"라고 말씀하고 있습니다(요 8:12, 9:4-5). 이제 재림하시는 주님도 캄캄한 밤중에 오실 것입니다(마 25:6). 그 밤은 미움이 가득하고 사랑이 식어지며 불법이 성하고, 거짓 선지자들이 성도를 미혹하는, 영적으로 죄악의 밤입니다(마 24:10-12). 그래서 밤에 도적이 오듯 이 주의 날이 도적같이 올 것이라고 말씀하셨습니다(살전 5:2, 벤후 3:10, 계 3:3, 16:15). 그러나 믿음으로 깨어 있는 빛의 아들에게는 주의 날이 결코 도적같이 오지 않습니다(살전 5:4-5, 계 16:15).

예수님께서 말씀하신 열 처녀의 비유 가운데 신랑은 "더디" 오되, "밤중에" 오셨습니다(마 25:5-6). 마태복음 25:6에서 "밤중에 소리가 나되 보라 신랑이로다 맞으러 나오라 하매"라고 말씀하고 있습니다. 여기 "밤중에"는 헬라어 '메세스 데 뉘크토스'(μέσης δὲ νυκτὸς)로 '한밤중에'(at midnight)라는 뜻입니다. 이것은 주님께서 사람들이 다 졸며 자는 예기치 않은 시간에 오실 것을 나타내며(마 24:42-44, 50), 나아가, 주님이 오심으로 슬기로운 처녀와 미련한 처녀가 분리된다는 것을 가르쳐 줍니다. 밤중에 신랑을 맞으러 나오라는 반가운 음성을 10처녀가 똑같이 들었습니다. 슬기로운 처녀들은 그릇에 별도의 기름을 준비해서 신랑을 맞이했지만, 미련한 처녀들은 기름을 준비하지 못하여 혼인 잔치에 들어가지 못하였습니다(마 25:7-10). 평소에는 누가 슬기로운지 누가 미련하지 잘 모르다가도 "밤중"이 되면 성도의 신앙은 참과 거짓으로, 알곡과 쭉정이로 갈라지게 됩니다. 그러므로 우리는 주님의 재림이 지체되고 영적 어두움이 깊어갈수록 그날이 가까운 것을 깨닫고, 말씀과 기도의 기름을 가득가득 준비함으로(딤전 4:5), 슬기롭고 정결한 처녀로 단장하여 신랑 되시는 주님을 맞이할 수 있어야 합니다(고후 11:2, ^{참고}마 9:15, 요 3:29).

3. 10대 재앙과 큰 성 바벨론의 심판
The ten plagues and the judgment of Babylon the Great

하나님께서는 10대 재앙을 통해서 애굽의 신들을 심판하셨습니다(출 12:12, 민 33:4). 애굽의 신들을 심판하신 10대 재앙은, 최종적으로 종말에 바벨론을 심판하시는 재앙들과 연결되어 있습니다. 바벨론은 수메르어로 '신들의 문'이란 뜻입니다.[41] 하나님께서는 10대 재앙을 통해 애굽의 신들을 치셨듯이, 세상 마지막에도 7인 재앙(계 6:1-17), 7나팔 재앙(계 8:6-9:21, 11:15-19), 7대접 재앙(계 16:1-21)으로 신들의 집합소인 세상 바벨론을 멸하실 것입니다. 바벨론이 마지막 심판 날에 멸망 받을 모든 죄악의 비밀을 안고 있는 거대한 멸망성이요, 죄의 근원지가 되고 있기 때문입니다.

요한계시록 17:5에서는 바벨론을 가리켜 "비밀이라, 큰 바벨론이라, 땅의 음녀들과 가증한 것들의 어미라"라고 말씀하고 있습니다. 또한 요한계시록 18:2에서 바벨론을 가리켜 "... 귀신의 처소와 각종 더러운 영의 모이는 곳과 각종 더럽고 가증한 새의 모이는 곳"이라고 다시 말씀하고 있습니다.

요한계시록 18:4-5에서는 "내 백성아, 거기서 나와 그의 죄에 참예하지 말고 그의 받을 재앙들을 받지 말라 그 죄는 하늘에 사무쳤으며 하나님은 그의 불의한 일을 기억하신지라"라고 말씀하고 있습니다. 그 성은 철저하게 무너져 내릴 멸망성이요, 바벨론에서 음행하고 사치하던 자들과 바벨론으로 인하여 부자가 된 자들은 울고 가슴을 치며 애통하게 될 것이기 때문입니다. 그들은 울고 애통하면서 '화 있도다 화 있도다 큰 성이여 일시간에 망하였도다'라고 부르짖게 됩니다(계 18:10, 16-17, 19). 요한계시록 18:21에서 "이에 한 힘센 천사가 큰 맷돌 같은 돌을 들어 바다에 던져 가로되 큰 성 바

벨론이 이같이 몹시 떨어져 결코 다시 보이지 아니하리라"라고 말
씀하고, 바벨론이 망하여 다시는 재생(再生)의 여지가 없게 된 것을
선포했습니다. 그 결과로 "결코 다시"(no more at all, never again)가
여섯 번이나 반복되면서(계 18:21-23), 바벨론과 그 안의 모든 것이
다시는 들리지 않고 보이지 않게 되었다고 말씀하고 있습니다. 인
본주의 문명과 타락한 세상의 완전하고도 영원한 종말을 선언하신
말씀입니다.

오늘날 현대인들은 모두 예외없이 세상 바벨론 도성에서 그 영
향을 직접적으로 받으면서 살아가고 있습니다.

바벨론 도성의 멸망을 애통하는 세 부류의 사람들, 그리고 바벨
론의 멸망과 함께 "결코 다시" 있지 않을 여섯 가지의 일들, 그 속
에는 끝날 심판받을 대상인 세상 신들의 실체와 오늘날 우리가 경
계해야 할 죄악의 목록이 자세히 밝혀져 있습니다.

10대 재앙으로 심판받은 애굽처럼 종말에 심판받을 세상 바벨론
의 신들은 무엇입니까?

(1) 음행의 신입니다.

이스라엘 백성이 애굽에 430년 동안 머무를 때에도 음행의 신이
역사하여, 이스라엘은 애굽에서 음행을 저질렀습니다. 에스겔 23:3
에서 "그들이 애굽에서 행음하되 어렸을 때에 행음하여"라고 말씀
하고 있습니다(겔 23:8, 9, 21, 27).

요한계시록에서 큰 성 바벨론의 멸망 기사를 자세히 보면, 간
음이 그 심판의 원인인 것을 계속해서 강조하고 있습니다. 음행을
행하는 자는 반드시 심판을 받습니다. 바벨론의 다른 이름이 '음

녀'(탕녀, 창녀)라고 불릴 정도로(계 17:1, 19:2), 바벨론에는 음행의 죄가 가득 차 넘쳤습니다. 구약성경에서 음녀에 비유된 나라는 두로(사 23:15-17)와 니느웨(나 3:4-5)입니다.

이 "음녀"는 헬라어로 '포르네'(πòρνη)인데, 화려한 외모와 상대방을 유혹하는 성적 매력을 가진 '매춘부'를 가리킵니다. '음행하다'라는 동사는 바로 이 '포르네'에서 파생된 말로, 정욕에 사로잡혀 정조를 버리고 다른 사람과 성적인 접촉을 갖는 것을 가리킵니다. 부부가 아닌 다른 사람과의 부정한 관계나, 그런 관계를 갖고자 하는 마음(마 5:27, 32, 막 7:21)이 음행입니다. 또한 영적인 의미에서 본 남편인 하나님을 사랑해야 할 이스라엘 백성이, 하나님을 속이고 이방이 섬기는 우상 숭배에 빠져 신앙의 정조를 버리는 것이 음행입니다(사 54:5, 호 2:2-7). 그래서 음행은 여호와 하나님을 배반한 이스라엘을 묘사하는 데 자주 사용됩니다(사 1:21, 렘 2:20-25, 13:26-27, 겔 16:15-17, 호 2:5, 4:12-14, 암 7:17).

예레미야 3:20 "이스라엘 족속아 마치 아내가 그 남편을 속이고 떠남 같이 너희가 정녕히 나를 속였느니라 여호와의 말이니라"

불경건과 물질 만능주의에 취한 무자비한 폭력의 도시 바벨론은 '모든 나라를 그 음행으로 인하여 진노의 포도주로 먹이던' 큰 음녀였습니다(계 14:8).

또한 음녀 바벨론을 "큰 성"이라고 기록하고 있는데(계 14:8, 16:19, 17:18, 18:2, 10, 21), 이는 '음녀' 바벨론 세력의 거대함을 말씀하고 있는 것입니다.

큰 음녀의 음행의 실상은 다음과 같습니다.

① 음녀는 많은 물 위에 앉아 있습니다(계 17:1).

요한계시록 17:1에 "많은 물 위에 앉은 큰 음녀"라고 말씀하고 있습니다. 음녀는 많은 물을 자기 거처로 삼고 있습니다. 요한계시록 17:15에서 "… 네가 본 바 음녀의 앉은 물은 백성과 무리와 열국과 방언들이니라"라고 한 것을 볼 때, 이 물은 세계 열국을 상징합니다. 또 요한계시록 17:9에서는 "여자가 앉은 일곱 산"이라는 말씀이 나오는데, 일곱 산은 사단의 조종을 받는 세상 통치자들을 상징합니다. 음녀가 '많은 물 위에 앉아 있다'고 함은, 음녀의 영향력이 전 세계적임을 암시하고 있습니다. 말하자면 각 나라 족속, 각계 각층, 그리고 정치, 경제, 문화, 철학, 종교, 교육 등 사회 모든 분야에 예외가 없이, 전부 음녀의 강력한 통제 아래 있음을 나타냅니다. 이는 요한계시록이 기록될 당시 로마 제국이 엄청난 사치와 음행으로 통치 전역을 악으로 물들였던 역사를 회상케 합니다. 종말에 큰 성 바벨론이 극도의 사치와 음행으로 큰 세력을 형성하여, 성도들을 미혹하고 하나님을 대적할 것을 보여 줍니다.

성도의 마음은 오직 성령이 거하시는 전이므로(고전 6:19, 고후 6:16, 엡 2:21-22), 하나님께서 영원히 안식하실 거처가 되어야 합니다(시 132:13-14). 그 성전을 더럽혀서 음녀의 거처가 되면, 하나님은 그 사람을 멸하십니다.

고린도전서 3:16-17 "너희가 하나님의 성전인 것과 하나님의 성령이 너희 안에 거하시는 것을 알지 못하느뇨 ¹⁷누구든지 하나님의 성전을 더럽히면 하나님이 그 사람을 멸하시리라 하나님의 성전은 거룩하니 너희도 그러하니라"

② 땅의 임금들이 음녀와 더불어 음행하였고, 땅에 거하는 자들도
그 음행의 포도주에 취하였습니다(계 17:2).

구약 성경 호세아 4:11에서는 "음행과 묵은 포도주와 새 포도주
가 마음을 빼앗느니라"라고 말씀하고 있습니다.

음녀가 주는 포도주는 달콤하여 모든 것을 다 얻은 것처럼 느끼
게 하는 음료입니다. 그것은 다른 신을 불러와서 섬기게 하는 우상
주의요, 물질적인 부를 통해 육체적 쾌락에 빠지게 하는 가증한 음
료요, 죄에 대하여 무감각하게 만드는 무서운 마취제입니다. 이것
을 마시는 자는 모든 감각을 잃어버리고 제 정신을 상실하여 미치
고 맙니다(렘 51:7). 그것은 독사의 독이 가득한 독주요(신 32:33), 사
람을 죽이는 사망수(死亡水)입니다. 음녀가 주는 이 음행의 포도주
는 한번 입에 대면 뿌리치기가 어렵고 헤어나올 수 없게 되어, 그것
이 아예 사람을 삼켜 버리고 맙니다(사 28:7). 또 세상 권력의 맛을
보거나 쉽게 재물을 얻는 재미와 매력이, 그 즐거움에 더 빠져들게
하는 것과 마찬가지입니다.

사람들이 즐겨 마시는 포도주에 대해서도, 성경은 여러 번 경계
하고 있습니다(사 5:11, 22). 사람들은 처음에 포도주를 스스로 조절
할 수 있다고 확신하며 마시기 시작하지만, 결국에는 그 포도주의
지배를 받게 되고, 심지어 "그 찌끼까지도" 기울여 마시고는 인사
불성이 되고 맙니다(시 75:8). 음행의 포도주도 이와 같아, 마시게 되
면 반드시 취하고 토하고 엎드러지고 다시는 일어날 수 없게 만드
는 것입니다(렘 25:27).

잠언 기자가 포도주의 강렬한 유혹을 경계하였듯이(잠 20:1,
23:31), 오늘날 성도들은 음녀가 권하는 음행의 포도주에 미혹되지
않도록 처음부터 단호히 끊어, 단 한 잔도 절대로 입가에도 대지 말

아야 합니다. 다니엘 선지자처럼 뜻을 정하여 그것에 미혹되지 말고 그것으로 자기를 더럽히지 않도록 해야 합니다(단 1:8).

 땅의 임금들과 땅에 거하는 자들은 모두 음녀와 행음하여 권력을 차지했거나 돈을 벌었던 자들입니다(계 18:3, 9). 야고보서 4:4에서는 "세상과 벗 된 것"이 곧 간음이라고 하였습니다. 물질에 대한 탐욕, 이성을 향한 음욕, 세상 권력을 향한 욕망, 타인을 향한 살의나 질투심 같은 온갖 더러운 것을 단호히 거부해야 합니다. 그 마지막은 영원한 사망과 하나님의 진노뿐입니다.

 성도가 즐겨 마셔야 할 신령한 음료는 하나님께서 베푸시는 오래 저장하였던 맑은 포도주 곧 하나님의 말씀뿐입니다(사 25:6). 오직 세세토록 살아 계시는 하나님의 말씀으로만 사망을 영원히 멸할 수 있습니다(사 25:8).

③ 큰 음녀는 붉은빛 짐승을 탔고, 몸에는 참람된 이름들이 가득하며, 자줏빛과 붉은빛 옷을 입었습니다(계 17:4).

 붉은빛 짐승을 타고 붉은 옷을 입은 큰 음녀는, 음행의 붉은 포도주로 이 세상 왕들과 이 땅의 사람들을 유혹하여 그 음행에 취하게 만듭니다. "붉은빛"은 하나님을 대적하는 사단의 세력을 상징하는 용의 색깔로(계 12:3), 이는 유물론을 주장하는 공산주의자들이 그들의 존재를 온통 붉은 색으로 표시하는 것과 무관하지 않습니다. 장자권을 경홀히 여겨 붉은 팥죽 한 그릇에 장자의 명분을 동생에게 팔았던 에서의 별명 에돔(אֱדֹם, Edom)의 뜻이 '붉음'입니다(창 25:30, 36:1, 8). 붉은빛은 사람들의 눈을 끌기에 충분히 매혹적이고 강렬하며 호화로운 색깔로서, 타락한 인간의 사치와 향락을 상징합니다(참고-렘 4:30, 22:14, 겔 23:14).

짐승에게는 "참람된 이름"이 있는데(계 13:1, 5-6), '참람하다'는 것은 안하무인(眼下無人)격으로 분수에 넘치게 함부로 행동하는 것이요, 입에 담지 못할 행동이나 말을 하며 하나님께 도전하는 것입니다. 예수님 당시의 종교 지도자들은, 독사 같고 음녀 같은 자신의 모습을 외식으로 감추고, 백성을 미혹하여 오히려 예수님을 참람하다고 정죄하였습니다(마 9:3, 26:64-65, 요 10:33).

④ 음녀의 금잔에는 가증한 물건과 그의 음행의 더러운 것들이 가
   득합니다(계 17:4).

"금잔"은 강함과 부유함을 의미합니다. 예레미야 선지자는 '온 세계로 취케 하는 바벨론'을 "금잔"으로 비유하였습니다(렘 51:7). 바벨론은 당시 가장 강력하고 부유한 제국이었습니다.

여기 '잔'(סוֹד, 코스)은 보통 술을 마시는 데 사용되는 용기로, 성경에서 종종 죄에 대한 하나님의 극렬한 형벌과 진노와 재앙을 상징합니다(사 51:17, 22, 렘 25:15-18). 사마리아에 내려진 파멸의 심판을 "잔"이라고 말씀했습니다(겔 23:31-34). 온 인류의 죄값을 걸머지신 예수님의 십자가 형벌도 "잔"이라고 말씀하였습니다(마 20:22, 26:39, 막 14:36, 요 18:11). 하나님 앞에서 죄를 범한 자는 예외 없이 이 잔을 피할 수 없습니다(겔 23:31-34, 합 2:16, 계 14:10, 16:19).

음녀의 금잔에는 "가증한 물건"이 가득합니다. 이에 해당하는 헬라어 '브델뤼그마'($\beta\delta\epsilon\lambda\upsilon\gamma\mu\alpha$)는, 하나님께 대항하려는 행동이나 말, 또는 물건, 그리고 우상 숭배의 부정한 제물을 표현할 때 사용됩니다(단 11:31, 12:11, 마 24:15, 막 13:14).

음녀의 금잔에는 "음행의 더러운 것들"이 가득합니다. '더러운

것'에 해당하는 헬라어 '포르네이아'(πορνεία)는, 우상 숭배나 육체
적 음행을 뜻합니다. 에스겔서에서는 하나님께서 주신 자녀를 우상
에게 제물로 바치는(유아 살해) 우상 숭배 행위를 '음행'이라고 말씀
하였습니다(겔 16:20).

'가득하다'(γέμω, 게모)는 보름달처럼 꽉 찬 것을 의미합니다. 노
아 때 사람들의 악이 잔에 찰찰 넘치듯이 온 세상에 관영하여 심판
을 받은 것처럼(창 6:5, 11-12), '가득하다'는 것은 '심판할 때가 찼다'
는 암시입니다. 요엘 선지자는 죄악이 온 나라에 더할 수 없이 만연
해 있는 것을, 포도주 틀에 포도즙이 철철 넘치는 모습에 빗대어 "...
포도주 틀이 가득히 차고 포도주 독이 넘치니 그들의 악이 큼이로
다"라고 말씀하였습니다(욜 3:13).

하나님께서는 음행에 취한 악하고 패역한 자들을 심판하시되, 그
섞은 잔에 갑절이나 섞어 보응하십니다(계 18:6).

⑤ 음녀는 성도들의 피와 예수의 증인들의 피에 취했습니다(계 17:6).

땅의 임금들과 땅의 거민들을 음행으로 취하게 하는(계 17:2), 음
녀 자신은 '성도들의 피와 예수의 증인들의 피'에 취하였습니다.

요한계시록 17:6 "또 내가 보매 이 여자가 성도들의 피와 예수의 증인
들의 피에 취한지라 내가 그 여자를 보고 기이히 여기고 크게 기이히
여기니"

여기 "취한지라"는 '취하도록 마시다, 지나치게 피를 흘리거
나 살인하다'라는 뜻의 헬라어 '메뒤오'(μεθύω)의 현재분사입니
다. 이 여자가 성도들의 피와 예수의 증인들의 피를 마치 애주가가

술을 즐기듯 마시고, 그 결과 현재 그들의 피에 만취해 있는 모습을 잘 드러냅니다. '큰 음녀'가 성도들의 피와 예수의 증인들의 피에 취했다는 것은, 수많은 성도의 피를 매우 많이 흘렸음을 나타냅니다.

이는 마치 '붉은 색'으로 상징되는 공산주의 정권들이 유물론과 무신론 사상으로 하나님께 도전하며 수많은 성직자들과 성도들을 학살한 사실을 생각나게 합니다.

요한계시록 19:2에서는 " ... 음행으로 땅을 더럽게 한 큰 음녀를 심판하사 자기 종들의 피를 그의 손에 갚으셨도다"라고 말씀하고 있습니다. 의로운 피는 하나님께 반드시 호소하며, 의로운 피를 흘리게 한 그 죄는 결단코 하나님의 징벌을 피할 수 없습니다(창 4:10-11).

구약성경에서 최고의 악녀로 손꼽히는 이세벨은, 의로운 자의 피를 흘린 대표적인 음녀입니다. 그의 남편이었던 북 이스라엘 왕 아합이 나봇의 포도원을 탐하자(왕상 21:1-4), 그녀는 가증스러운 조작극을 꾸며 무죄한 나봇을 하나님과 왕을 저주한 자라고 모함하여 성 밖에서 돌로 쳐 죽이고, 그 포도원을 빼앗았습니다(왕상 21:5-16). 이때 하나님께서는 엘리야 선지자를 보내어 "개들이 나봇의 피를 핥은 곳에서 개들이 네 피 곧 네 몸의 피도 핥으리라"라고 하심으로써, 아합과 그 자손과 온 가문이 비참하게 죽을 것을 예언하였습니다(왕상 21:17-24). 이 말씀은, 훗날 예후가 반란을 일으켜 아합의 아들 요람과 아합의 아내 이세벨을 죽이고 아합 가문을 하나도 남기지 않고 멸절시킴으로써 그대로 성취되었습니다(왕하 9:24-37, 10:1-11).

한편, 아합과 이세벨 사이에서 태어난 요람이 예후에게 염통이 뚫려 죽었을 때, 열왕기하 9:26에서 "여호와께서 말씀하시기를 내가 어젯날에 나봇의 피와 그 아들들의 피를 분명히 보았노라 또 말씀하시기를 이 토지에서 네게 갚으리라..."라고 말씀하고 있습니다.

하나님께서는 음녀가 성도들의 피를 흘린 것에 대하여 반드시 심판을 하십니다. 성도는 독생자 예수 그리스도의 십자가 피로 구원을 받은 자들입니다. 믿음의 눈으로 볼 때, 구원 받은 성도들의 몸에는 예수 그리스도의 피가 정수리부터 발끝까지 묻어 있습니다. 그런데 음녀가 무수한 성도들의 피를 흘렸다면, 성도들 속에 역사하시는 예수 그리스도의 피가 가만히 있겠습니까?^(참고-히 12:24)

성도와 의인의 피를 수없이 흘린 성을 향하여 "화 있을진저 피 성이여"(나 3:1)라고 불렀습니다. 가난한 자와 없는 자의 재물을 다 빼앗으며, 일을 시키고도 품삯을 착취하고 그 피를 빨아 먹었던 죄에 대하여 하나님께서 결단코 용서하지 않고 다 보응해 주십니다 (사 34:5, 겔 23:45). 이사야 49:26에 "내가 너를 학대하는 자로 자기의 고기를 먹게 하며 새 술에 취함같이 자기의 피에 취하게 하리니 모든 육체가 나 여호와는 네 구원자요 네 구속자요 야곱의 전능자인 줄 알리라"라고 말씀하고 있습니다.

오늘날 우리 시대에도, 그 모습은 다를지라도 세상 모든 사람을 멸망에 이르도록 유혹하는 음녀라는 큰 도성이 반드시 있습니다. 만일 우리 가운데 음행의 신이 있다면, 큰 음녀 바벨론처럼 반드시 심판을 받게 됩니다. 음녀는 열 뿔과 짐승에게 미움을 받아 망하여 벌거벗기운 채 그 살을 먹히고 불로 살라지고 맙니다(계 17:16). 음녀 바벨론은 완전히 무너지게 됩니다(계 18:2). 그러므로 성도는 음녀 같은 도성의 정체를 분별하여, 그것이 퍼뜨리고 있는 음행에 취하지 않도록 정신을 차려야 합니다. 오직 하나님의 말씀이 권고하시는 대로 의와 선을 지켜 행해야 하겠습니다(롬 12:2, 엡 2:10).

(2) 물질(탐욕)의 신입니다.

나일강은 애굽의 부의 상징으로서, 거기서 생산되는 곡식은 지중해를 통해 당시 각 나라로 팔려 나갔습니다. 나일강의 다른 이름은 '시홀'(שִׁיחוֹר, 쉬호르)이며 '검은'이란 뜻입니다. 이것은 나일강이 범람할 때 생기는 비옥한 농토가 검은 색이었기 때문에 생긴 별칭입니다. 이사야 23:3에서 "시홀의 곡식 곧 나일의 추수를 큰 물로 수운하여 들였으니 열국의 시장이었도다"라고 말씀하고 있습니다.

이와 같은 물질적 풍요와 부(富)의 상징이었던 애굽이 피 재앙으로 심판을 받았듯이, 마지막 때 바벨론이 섬기는 물질만능주의와 탐욕이라는 우상도 반드시 심판을 받을 것입니다.

성경은 음녀 바벨론에 대하여 다음과 같이 말씀합니다.

① 음녀는 자줏빛과 붉은빛 옷을 입고 금과 보석과 진주로 꾸미고 손에 금잔을 가졌습니다(계 17:4, 18:16).

② 땅의 상고(商賈: 상인, 장사군, 무역상)들이 바벨론의 사치의 세력을 인하여 치부(致富: 부하게 되다)하였습니다(계 18:3).

③ 바벨론이 자기를 영화롭게 하고 사치하였습니다(계 18:7).

④ 바벨론의 멸망과 함께 세 부류의 사람들이 울고 애통하였는데, 모두 다 탐욕 때문이었습니다.

첫째, 바벨론과 함께 사치하던 땅의 왕들이 울고 가슴을 쳤습니다(계 18:9).

둘째, 바벨론으로 인하여 치부한 땅의 상고들이 바벨론을 위하여 울고 애통하였습니다(계 18:11-13, 15). 이들은 심지어 사람의 영혼까지 사고 파는 자들이었습니다.

셋째, 선장과 선객들과 선인들과 바다에서 일하는 자들이 울고 애통하였습니다(계 18:17-19).

이처럼 황금 만능주의, 물질 만능주의, 탐욕주의라는 신들은 갑자기 망하게 되어 있습니다. 우리 속에도 이러한 신들이 있다면 갑자기 망하게 됩니다. 요한계시록 18:17에서 "부가 일시간에 망하였도다", 19절에서도 "화 있도다 화 있도다 이 큰 성이여 바다에서 배 부리는 모든 자들이 너의 보배로운 상품을 인하여 치부하였더니 일시간에 망하였도다"라고 말씀하고 있습니다.

오늘날 우리 시대에도 물질이 하나님과 대등한 위치에 올라 큰 우상이 되었습니다. 물질이 하나님과 맞먹는 인격적 실체인 양 세상 위에 군림합니다. 물질 앞에선 옷도 벗고, 물질 앞에선 인간 이하의 짓도 서슴지 않으며, 물질 앞에선 사람을 유괴하기도 하고, 물질 앞에선 사람을 죽이기도 하며, 존귀한 생명의 가치와 그 고결함을 아무렇지도 않게 짓밟는 세상이 되어 가고 있습니다.

재물(물질)은 결코 사람이 섬길 만한 가치를 지닌 대상이 아닙니다. 하나님만이 우리가 섬길 최고의 대상입니다. 사람은 오직 하나님만을 경외하고 사랑해야 합니다. 마태복음 6:24에서 "한 사람이 두 주인을 섬기지 못할 것이니 혹 이를 미워하며 저를 사랑하거나 혹 이를 중히 여기며 저를 경히 여김이라 너희가 하나님과 재물을 겸하여 섬기지 못하느니라"라고 말씀하고 있습니다. 이것은 사람들이 재물을 하나님처럼 섬길 가능성이 크다는 것과, 사람들에게 있어서 재물이 하나님과 견줄 정도의 신이 될 수 있음을 나타냅니다(딤전 6:10, 17, 딤후 3:2). 세상 사람들은 물질적인 부가 자기 몸과 영혼까지도 지켜 줄 것이라고 생각합니다. 누가복음 12:19에서 "또 내가 내 영혼에게 이르되 영혼아 여러 해 쓸 물건을 많이 쌓아 두었으니 평안히 쉬고 먹고 마시고 즐거워하자 하리라"라고 말씀하고 있습니다. 이때 하나님께서 "어리석은 자여 오늘 밤에 네 영혼을 도로 찾으리니 그러면 네 예비한 것이 뉘 것이 되겠느냐"(눅 12:20)라고 물으십니다. 참으로 부자가 하나님 나라에 들어가기는 약대가 바늘귀로 들어가는 것보다 어려운 것입니다(눅 18:24-25).

예수님을 찾아왔던 부자 청년도 영생 얻기를 구했으면서도, 정작 많은 재물 때문에 예수님을 따르지 못하고 근심하며 돌아가고 말았습니다. 마태복음 19:22에 "그 청년이 재물이 많으므로 이 말씀을 듣고 근심하며 가니라"라고 말씀하고 있습니다. 우리는 재물을 땅에 쌓아 두어서는 안 됩니다. 마태복음 6:19에서 "너희를 위하여 보물을 땅에 쌓아 두지 말라 거기는 좀과 동록이 해하며 도적이 구멍을 뚫고 도적질하느니라"라고 말씀하고 있고, 야고보서 5:3에서도 "너희 금과 은은 녹이 슬었으니 이 녹이 너희에게 증거가 되며 불 같이 너희 살을 먹으리라 너희가 말세에 재물을 쌓았도다"라고 말씀하고 있습니다. 종말에 자기 재물을 의지하는 자들은 구속받는 대열에 설 수가 없습니다(시 49:6-9).

타락한 인생은 모든 보화를 욕심껏 차지하기까지 상대방의 피를 흘리는 일도 양심에 아무 거리낌 없이 뻔뻔스럽게 자행합니다. 둘도 없는 친구가 돈 때문에 한순간에 원수로 변합니다(잠 1:10-19). 돈을 사랑함은 확실히 일만 악의 뿌리가 됩니다(딤전 6:10上). 돈을 사모하는 자들은 미혹을 받아 믿음에서 떠나 많은 근심으로 자신을 찌르게 됩니다(딤전 6:10下).

그러나 하나님께서 믿는 자에게 재물 얻는 능을 주십니다(신 8:18). 세상 모든 재물은 근심이 따르지만, 하나님께서 성별해 주신 재물은 근심을 겸하지 않습니다(잠 10:22).

우리는 남은 생애에 자족(지족)하는 마음(빌 4:11-12, 딤전 6:6-8)으로 "정함이 없는 재물에 소망을 두지 말고 오직 우리에게 모든 것을 후히 주사 누리게 하시는 하나님께 두며 선한 일을 행하고 선한 사업에 부하고 나눠 주기를 좋아하며 동정하는 자"가 되어서(딤전 6:17-18), 장래에 자기를 위하여 좋은 터를 쌓아 참된 생명을 취하는 자가 되시기를 바랍니다(딤전 6:19).

(3) 교만(권력)의 신입니다.

성경에서 애굽을 상징적 이름으로 '라합'이라 칭하는 것을 볼 수 있는데, 라합은 고대 근동 신화 속의 바다 괴물을 가리킵니다. 시편 87:4, 89:10, 욥기 9:13, 26:12, 이사야 30:7, 51:9에 기록되어 있으며, 이는 여리고 성의 기생 라합(수 2, 6장)과는 다른 뜻을 가진 이름입니다. 출애굽 할 때 애굽을 물리치신 하나님의 권능을 "주께서 라합을 살육 당한 자같이 파쇄하시고"(시 89:10)라고 말씀하였고, 바로와 애굽 군대를 홍해에 수장하신 사건을 두고 "... 라합을 저미시고 용을 찌르신 이가 어찌 주가 아니시며"(사 51:9)라고 말씀하셨습니다. 여기서 "라합"은 애굽이요, "용"(תַּנִּין, 탄닌)은 애굽 왕 바로를 가리킴니다. 하나님께서는 애굽의 바로를 나일강에 그물을 쳐서 끌어올릴 "큰 악어"(תַנִּים, 탄닌)에 비유하셨습니다(겔 32:2, ^{참고}사 27:1). 한편, 이 사야 30:7에서도 이스라엘이 의지하고 있는 애굽을 "가만히 앉은 라합"(맥 못 쓰는 라합: 표준새번역)이라고 비유하였는데, 하나님 대신 의존하는 모든 우상이 그처럼 무기력하고 그것은 아무도 도와줄 수 없음을 강조했습니다.

'라합'(רַהַב, 라하브)은 '교만, 거만, 뽐냄, 폭풍, 허세, 자만심'을 뜻합니다. 이러한 뜻을 가진 라합을 애굽에 비유한 것은, 애굽의 교만함과 사악함을 특별히 강조한 것입니다.

큰 성 바벨론 역시 교만으로 가득 차 있었습니다. 바벨탑을 건설한 자들이 "성과 대를 쌓아 대 꼭대기를 하늘에 닿게 하여 우리 이름을 내고"라고 했던 것처럼(창 11:4), 교만한 자는 하나님을 영화롭게 하지 않고(롬 1:21) 자기를 영화롭게 합니다. 요한계시록 18:7에서는 "그가 어떻게 자기를 영화롭게 하였으며"라고 말씀하고 있습니다. 큰 음녀는 "많은 물 위에 앉은" 자였습니다(계 17:1). 이 "많은 물"은 "백성과 무리와 열국과 방언들"입니다(계 17:15). 본래 많은 물 위에 앉아 계신 분은 여호와 하나님이신데, 사단이 그것을 모방한 것은 하나님의 주권을 침해한 것입니다. 창조 시에 하나님의 신은 수면에 운행하셨으며(창 1:2), 시편 29:3에서는 "여호와의 소리가 물 위에 있도다 영광의 하나님이 뇌성을 발하시니 여호와는 많은 물 위에 계시도다"라고 말씀하고 있습니다. 이 세상(백성, 무리, 열국, 방언들)을 다스리는 분은 오직 하나님이신데, 그 자리에 음녀가 앉아 하나님의 섭리를 방해하며 버티고 있는 것입니다. 요한계시록 17:1의 "앉은"은 헬라어 '카데마이'(κάθημαι)로, 하나님께서 보좌에 앞으심을 묘사할 때 사용된 단어입니다(계 5:1, 7, 13). 이처럼 큰 음녀 바벨론은 하나님의 자리를 모방하고 그 영광을 가로채는 교만한 자입니다(살후 2:4).

이 교만의 신은 에덴 동산에서도 아담과 하와를 타락시켰습니다. 뱀은 선악을 알게 하는 나무의 실과를 '먹어도 결코 죽지 않는다'고, 비밀을 알기라도 하는 것처럼 허세를 부리면서(창 3:4), "그것을 먹는 날에는 너희 눈이 밝아 하나님과 같이 되어 선악을 알 줄을 하나님이 아심이니라"라고, 하나님과 사람 사이를 이간하였습니다(창 3:5). '사람이 하나님과 같이 될 수 있다'는 교만을 부추겨 타락하게 만들었던 것입니다. 바벨론의 속성인 교만은 이처럼 온 세상을 타락시키는 원흉입니다. 예레미야 선지자도 하나님께서 교만한 바벨론을 벌하시며, 그때 바벨론은 넘어져 다시는 일어나지 못할 것이라고 예언하였습니다.

예레미야 50:29-32 "활 쏘는 자를 바벨론에 소집하라 무릇 활을 당기는 자여 그 사면으로 진을 치고 쳐서 피하는 자가 없게 하라 그 일한 대로 갚고 그 행한 대로 그에게 행하라 그가 이스라엘의 거룩한 자 여호와를 향하여 교만하였음이니라 ³⁰그러므로 그날에 청년들이 그 거리에 엎드러지겠고 군사들이 멸절되리라 여호와의 말이니라 ³¹주 만군의 여호와가 말하노라 교만한 자여 보라 내가 너를 대적하나니 네 날 곧 너를 벌할 때가 이르렀음이라 ³²교만한 자가 걸려 넘어지겠고 그를 일으킬 자가 없을 것이며 내가 그 성읍들에 불을 놓으리니 그 사면에 있는 것이 다 살라지리라"

성경에는 교만을 경계하는 말씀이 수없이 많이 기록되어 있습니다. 교만의 악신이 사람의 마음속에 가만히 들어와 집요하게 둥지 틀고 끼치는 영향력을 강력하게 경고하고 있는 것입니다. 교만은 근본적인 죄의 뿌리요 원천적인 우상입니다. 교만은 패망의 선봉입니다(잠 16:18).

교만이란 나 자신을 타인에게 뽐내는 정도가 아니고, 근본적으로는 하나님을 무시하고 하나님께 도전하면서 우쭐대는 태도를 말합니다. 예레미야 50:29 하반절에서 " ... 그가 이스라엘의 거룩한 자 여호와를 향하여 교만하였음이니라"라고 말씀하고 있습니다. 세상 물질과 권력에 붙어서 그것을 믿고 그것으로부터 힘과 능력을 받아 스스로 할 수 있다는 독립 선언, 이것이 바로 '교만'입니다. 두로 왕은 그 마음이 교만해져서 "나는 신이라 내가 하나님의 자리 곧 바다 중심에 앉았다"(겔 28:2)라고 말하였습니다. 이때 에스겔 선지자는 '네가 아름다우므로 마음이 교만하였다'(겔 28:17)라고 책망하였고, 결국 그 교만으로 인하여 불에 살라져서 재가 되고 마는 결과를 초래하였습니다(겔 28:18-19, 참고-겔 27:36). 이사야 14:12-21에서는 바벨론 왕의 교만이 높게 치솟아 타락하여 패망한 일을 자세히 소개하였습니다. 이사야 14:12에서"계명성"은 히브리어로 '헤이렐'(הֵילֵל)인데, '빛나는 것, 새벽별, 금성'이라는 뜻으로, 라틴어 성경에서 '루시퍼'(영어성경 KJV - 'Lucifer')로 번역되었습니다. 이는 일반적으로 사단의 기원을 가리키는 것으로 이해되고 있습니다.

물질적으로 번영하여 부자가 되는 순간(시 73:12), 세상의 권세나 영광을 얻는 순간(사 23:9, 겔 24:21), 식물이 풍족하여 부족함이 없고 태평한 순간(겔 16:49), 교만이라는 큰 악신이 인간의 마음속에 또아리를 틀게 됩니다. 하나님께서는 교만한 자를 반드시 대적하시며 그 교만을 꺾어 버리십니다(사 2:12-17). 이는 성경의 역사를 통해 쉽게 확인할 수 있습니다.

바벨론 왕 느부갓네살이 자신의 궁궐 지붕 위를 거닐면서 "이 큰 바벨론은 내가 능력과 권세로 건설하여 나의 도성을 삼고 이것으로 내 위엄의 영광을 나타낸 것이 아니냐"(단 4:29-30)라고 교만을 드러냈습니다. 그때 하늘에서 소리가 내려 "느부갓네살 왕아 네게 말하노니 나라의 위가 네게서 떠났느니라"(단 4:31)라고 말씀하셨습니다. 결국 교만했던 그는 미치광이가 되었고, 그의 왕국 바벨론에서 일곱 때 동안 통치권이 박탈되었습니다(단 4:31-32).

신약 시대 유대의 **헤롯 왕**도 자기의 위엄을 과시하며 백성으로부터 "이것은 신의 소리요 사람의 소리는 아니라"(행 12:22)라고 백성이 외칠 정도로 높임을 받다가, 헤롯이 영광을 하나님께로 돌리지 않으므로 주의 사자가 그를 치자 충이 먹어 죽고 말았습니다(행 12:23).

아하수에로 왕이 **총리대신 하만**의 지위를 아주 높여 주자, 왕의 신복들이 왕의 명령대로 하만에게 꿇어 절하였으나, 오직 한 사람 모르드개는 꿇지도 않고 절하지도 않았습니다(에 3:1-2). 그 이유는 하만이 "아각 사람"이었기 때문이었는데(에 3:1), 아각은 아말렉 왕의 칭호였습니다(삼상 15:8). '아말렉'은 하나님께서 도말하여 천하에서 기억함이 없게 하겠다고 말씀하신 하나님의 대원수였고(출 17:14), 또한 에서의 후손이었습니다(창 36:12). 모르드개는 자기 목숨을 걸고 하나님의 말씀을 지킨 것입니다. 잠언 25:26에서 "의인이 악인 앞에 굴복하는 것은 우물의 흐리어짐과 샘의 더러워짐 같으니라"라고 말씀하고 있습니다.

이 사실이 하만의 귀에 들어가자 하만이 심히 노하였고, 모르드개만 죽이는 것이 너무 가벼운 벌이라고 하여 유대 민족 전부를 다 멸하고자 하였습니다(에 3:3-6). 하만은 유대 민족을 멸하는 날을 위해 아하수에로 왕 12년 정월(니산월)에 제비를 뽑았는데, 그 해 12월 13일(에 3:7, 13)이었습니다. 이때는 에스더가 왕후가 된 지 5년째였습니다(에 1:3, 2:16-17). 악한 하만은 이 일을 완벽하게 진행하기 위하여 아하수에로 왕에게 은 1만 달란트(340톤)를 뇌물로 바치겠다고 약속했습니다(에 3:9).

유대 민족이 한날 한시에 몰살될 위기에 처했을 때, 모르드개는 에스더에게 "너는 왕궁에 왕후로 있으니 유다인이 죽임을 당할 때에 홀로 면할 것이라고 생각지 말라 이때에 네가 만일 잠잠하여 말이 없으면 유다인은 다른 데로 말미암아 놓임과 구원을 얻으려니와 너와 네 아비 집은 멸망하리라"(에 4:13-14)라고 강한 어조로 에스더를 권고하고 경계하였습니다.

이때 에스더는 왕께 나아가지 못한 지가 30일이나 되었고 왕의 부름 없이 함부로 안뜰에 들어가서 왕에게 나아가면 죽는다는 사실을 알았으나(에 4:11), 3일 금식 후에 "죽으면 죽으리이다"하고 일사각오로 왕께 나아갔습니다(에 4:16). 마침 왕이 왕후 에스더가 뜰에 선 것을 보니 심히 사랑스러우므로 손에 잡았던 금홀을 내밀었습니다(에 5:1-2). 왕은 왕후 에스더의 소원이 무엇이냐고 물었고(에 5:3), 에스더는 자신이 베푼 잔치에 왕과 하만이 함께 와 주기를 부탁하였습니다(에 5:4). 이에 왕과 하만은 에스더가 베푼 잔치에 두 번 나아갔습니다(에 5:7-8).

이때 모르드개는 여전히 하만에게 절하지 않았고(에 5:9), 하만이 모르드개 때문에 불쾌했던 마음을 아내 세레스와 모든 친구들에게 말하자, 그들은 모르드개를 50규빗(22.8m) 되는 높은 나무에 달기를 왕에게 구하라고 제안하였습니다(에 5:13-14).

아하수에로 왕이 1차 연회가 있던 그날 밤 잠이 오지 않아 역대 일기를 읽다가, 모르드개에 의해서 두 내시가 왕을 모살하려 하는 일이 밝혀졌던 큰 일을 확인하였습니다(에 6:1-2). 또 그 일이 있은 지 5년이 지났으나 모르드개에게 아무 보상이 없었던 것도 뒤늦게 확인하였습니다(에 6:3). 이때 왕은 "누가 뜰에 있느냐" 하고 급히 사람을 불렀고, 마침 하만이 자기가 세운 나무에 모르드개 달기를 왕께 구하고자 왕궁 바깥 뜰에 와 있었습니다(에 6:4-5).

왕은 하만에게 "왕이 존귀케 하기를 기뻐하는 자에게 어떻게 하여야 하겠느뇨"라고 묻자, 하만은 그 심중(心中)에 "왕이 존귀케 하기를 기뻐하시는 자는 나 외에 누구리요"(에 6:6)라고 확신했습니다. 하만은 흥분되어 왕에게 "왕의 입으시는 왕복과 왕의 타시는 말과 머리에 쓰시는 왕관을 취하고 그 왕복과 말을 왕의 방백 중 가장 존귀한 자의 손에 붙여서 왕이 존귀케 하시기를 기뻐하시는 사람에게 옷을 입히고 말을 태워서 성중 거리로 다니며 그 앞에서 반포하여 이르기를 왕이 존귀케 하기를 기뻐하시는 사람에게는 이같이 할 것이라 하게 하소서"라고 고하였습니다(에 6:7-9).

이에 왕이 "유다 사람 모르드개에게 네가 말한 것에서 조금도 빠짐이 없이 하라"라고 하였고, 모르드개는 크게 존귀케 함을 받았습니다(에 6:10-11). 하만은 자기가 존귀케 함을 받을 것으로 여겨서 그렇게 고한 것인데, 모르드개가 받으므로 번뇌하여 머리를 싸고 급히 집으로 돌아왔습니다(에 6:12).

그 후 왕과 하만이 둘째 날 잔치에 나아가서 왕이 술을 마실 때 에스더에게 "그대의 소청이 무엇이뇨 곧 허락하겠노라 그대의 요구가 무엇이뇨 곧 나라의 절반이라 할지라도 시행하겠노라"(에 7:2) 라고 세 번째로 물었습니다(첫 번째와 두 번째는 에스더 5:3, 6).

비로소, 왕후 에스더는 "내 생명을 내게 주시고 내 요구대로 내 민족을 내게 주소서 나와 내 민족이 팔려서 죽임과 도륙함과 진멸함을 당하게 되었나이다"(에 7:3-4ㄴ)라고 하였습니다. "감히 이런 일을 심중에 품은 자가 누구며 그가 어디 있느뇨!"(에 7:5)라고 왕이 노하여 묻자, 에스더는 "대적과 원수는 바로 이 악한 하만이니이다" 라고 대답하였습니다(에 7:6ㄴ).

왕이 크게 노하여 술자리에서 일어나 궁전 뜰로 나가고, 다급해진 하만은 왕후 에스더에게 생명을 간청했습니다(에 7:7). 다시 왕이 들어왔을 때 하만이 왕후 에스더의 앉은 걸상 위에 엎드려 있는 것을 보고는, "저가 궁중 내 앞에서 왕후를 강간까지 하고자 하는가" 라는 말이 왕의 입에서 나오자, 무리가 하만을 사형에 처해야하는 줄로 알고 그의 얼굴을 쌌습니다(에 7:8).

이때 왕을 모신 내시 중에 하르보나(일곱 내시 중 한 사람 - 에 1:10) 가 '하만이 모르드개를 달고자 하여 50규빗(22.8m) 되는 나무를 하만의 집에 준비하였다'고 보고하자, 왕이 "하만을 그 나무에 달라" 라고 명하였고, 하만을 그 나무에 달고 나서야 왕의 노가 그쳤습니다(에 7:9-10).

또한 유다인을 몰살하려고 제비를 뽑았던 한 날, 아달월 곧 12월

13일에 하만의 열 아들이 교수형을 받아 일시에 집안이 패망하고 말았습니다(에 9:13-14, 25). 하만은 교만한 결과 스스로 먼저 죽게 되었습니다(잠 16:18, 18:12, 21:24).

　이와 같이 성경은 교만했던 사람들이 처참하리만큼 비참하게 생을 마친 것을 매우 자세히 설명하고 있습니다. 우리는 조심스럽고도 떨리는 마음으로 이 말씀을 기억하고, 하나님께서 맡기신 것을 겸손히 간직해야 합니다. 하나님께서는 교만한 자를 반드시 대적하시며 그 교만을 꺾어 버리시며 오직 겸손한 자와 함께하십니다(사 2:12-17, 벧전 5:5, 약 4:5-6). '겸손'은 한자로 '겸손할 겸(謙), 사양할 손(遜)'으로, '남을 높이고 자기를 낮추는 태도(양보)'입니다. 말세 성도에게는 겸손이 최고의 능력이자 최고의 존귀, 최고의 재물입니다(잠 15:33, 18:12). 잠언 22:4에서 "겸손과 여호와를 경외함의 보응은 재물과 영광과 생명이니라"라고 말씀하고 있습니다. 사람의 마음이 교만해지면 첫 사랑의 순수성과 뜨거움이 완전히 사라지고, 하나님께 받은 사랑도 잊어버리게 됩니다.

　예수님의 생애는 하나님께서 인도하시는 대로 순수하게 따라가며, 자기를 내세우지 않고 하나님의 주장대로 순종했습니다. 예수님께서는 참으로 그 마음이 온유하고 겸손하신 분이십니다(마 11:29). 지금도 하나님께서는 그렇게 겸손한 자를 찾고 계십니다.

　미가 6:8 "사람아 주께서 선한 것이 무엇임을 네게 보이셨나니 여호와께서 네게 구하시는 것이 오직 공의를 행하며 인자를 사랑하며 겸손히 네 하나님과 함께 행하는 것이 아니냐"

소결론
애굽과 큰 성 바벨론의 멸망과 성도의 최후 승리의 날
Minor Conclusion: The day when Egypt and Babylon the Great fall and the saints finally triumph

바벨론이 멸망할 때 불렀던 그 애가의 내용(계 18:2-19)은, 오늘날 현대인의 장자가 무엇인지를 암시해 줍니다. 장자는 어떤 존재입니까? 창세기 49:3에 "르우벤아 너는 내 장자요 나의 능력이요 나의 기력의 시작이라 위광이 초등하고 권능이 탁월하도다"라고 말씀하고 있습니다. 사람들의 기력과 권능의 근원이 장자입니다. 그런데 음행의 신, 물질(탐욕)의 신, 교만(권력)의 신이, 예나 지금이나 전 인류의 장자 자리를 차지하고 있습니다. 현대인 역시 음행과 물질과 권력을 자기 삶의 힘과 즐거움의 근원으로 삼고, 그것에 자기 전부를 걸고 살아갑니다. 그러나 그 결국은 허무요 눈물이요 애통이요 패망임을, 바벨론의 최후 멸망을 예언하는 가운데 분명히 교훈하고 있습니다.

애굽의 장자 재앙 때에 애굽 온 땅에 전무후무한 호곡이 있었던 것처럼(출 11:5-6, 12:29-30), 세상 종말에도 큰 성 바벨론의 최후 멸망을 보고 왕과 상인들과 선장과 선원들이 울고 애통할 것이라고, 요한계시록은 예언하고 있습니다(계 18:9-19).

이 호곡 소리 뒤에는 "하늘과 성도들과 사도들과 선지자들아 그를 인하여 즐거워하라 하나님이 너희를 신원하시는 심판을 그에게 하셨음이라 하더라"라는 음성이 들려옵니다(계 18:20, ^{참고-}시 105:43). 그리고 위대한 승리의 함성, 하늘의 할렐루야 합창이 네 번이나 반복해서 울려 퍼집니다(계 19:1-7). 이는 마치 큰 권능으로 담대히 출애굽 한 이스라엘 백성이(출 14:8, 민 33:3) 자유와 승리의 기쁨을 만

끽하며 불렀던 즐거운 찬송 소리를 연상시킵니다(출 15장). 최후 승리의 그날은, 어린 양을 따르는 길만이 참으로 부요하게 되고 큰 재물을 얻는 길인 것을 확인하는 날입니다(출 3:21-22, 11:2-3, 12:35-36, 시 105:37-38). 모세는 자기에게 상 주시는 이를 바라보았으므로 하나님의 백성과 함께 모진 고난을 겪었으며, 그것이 "애굽의 모든 보화보다 더 큰 재물"이라고 믿었습니다(히 11:25-26).

'큰 성 바벨론'(계 17:5, 18:2)과 같은 이 세상은, 하나님의 공의로운 저울에 달아 보면 먼지보다 가벼운 것이고, 사람의 손으로 만든 불완전한 것들입니다. 길게 가는 것 같지만, 하루가 천 년 같고 천 년이 하루 같은 하나님의 시간 계산법에 의하면 잠시 잠깐 사이에 사라지는 것입니다(벧후 3:8). 세상 바벨론은 우리를 울리는 것들이요, 순식간에 떠나는 것들입니다. 보이는 것들이요 땅의 것들입니다(고후 4:16-5:1). 스쳐 지나가는 흔적일 뿐입니다(고전 7:31, ^{참고}시 39:5, 약 1:10, 벧전 1:23-24, 요일 2:15-17).

큰 성 바벨론이 무너지고 새 하늘과 새 땅이 도래하는 그날, 눈물로 씨를 뿌린 자들은 기쁨으로 단을 거두게 될 것입니다(시 126:5). 그날은 예수님을 뜨겁게 사랑함으로 십자가의 남은 고난을 자기 육체에 채우면서, 이 세상에서 나그네와 행인으로 겪었던 모든 슬픔과 탄식이 달아나는 날입니다(사 35:10, 51:11). 그 이마에 어린 양과 아버지의 이름을 가지고 시온산 위에 어린 양과 함께 우뚝 선 14만 4천(계 14:1), 그들이 영원한 새 노래를 부를 영광의 날입니다. 오직 그날을 소망하며 날마다 전진하는 승리의 삶을 사시기를 바랍니다.

제 **4** 장

이스라엘의 출애굽

Israel's Exodus

이스라엘의 출애굽

ISRAEL'S EXODUS

성경은 이스라엘 백성이 라암셋을 출발하여 홍해를 건넘으로 출애굽을 완벽하게 성공하기까지, 그 긴박했던 하루하루를 파노라마처럼 매우 선명하게 기록하고 있습니다. 출애굽 과정에서 있었던 중요한 사건과 그 날짜들을 자세히 살펴보면, 하나님께서 유월절(1월 14일)과 7일간의 무교절(1월 15일-21일)을 구속사적 경륜 가운데 미리 정하셨다는 것과, 나아가 모든 구속사적 사건과 때를 미리 정하시고, 하나님께서 정하신 바로 그때에 정하신 일을 시행하시는 심오한 섭리를 확실히 알 수 있게 됩니다.

출애굽과 관련된 중요한 절기는 '유월절'과 '무교절'입니다. 니산월(종교력 1월) 14일은 여호와의 유월절이요(레 23:5, 민 28:16), 그 다음날인 니산월 15일부터 21일까지 7일 동안은 무교절입니다(레 23:6-8, 민 28:17-18). 유월절과 무교절이 중요한 이유는 첫째, 이 두 절기를 '대대로 지키는 것'이 하나님의 절대적인 명령이고(출 12:14, 17), 둘째, 이스라엘 백성의 출애굽을 기념하는 절기이며, 셋째, 이 두 절기는 구속사적으로 예수 그리스도의 대속의 역사와 깊이 관련되어 있기 때문입니다(마 26:2, 고전 5:7-8).

이제 출애굽의 과정을 절기를 중심으로 자세히 살펴보도록 하겠습니다.

I

이스라엘의 출애굽

주전 1446년(출애굽 원년) 1월 15일

ISRAEL'S EXODUS
(THE 15TH DAY OF THE 1ST MONTH IN 1446 BC,
THE YEAR OF THE EXODUS)

1. 횃불 언약 636년 만에 이루어진 이스라엘의 출애굽

Israel's exodus fulfilled in the 636th year of the covenant of the torch

(1) 약한 지파 하나 없이 "큰 재물"을 취한 이스라엘

　마침내 주전 1446년 1월 15일 목요일 '여호와의 밤'이 왔습니다 (출 12:42). 애굽 전국에 장자를 잃은 슬픔으로 전무후무하게 애곡하던 그 밤에(출 11:6, 12:30), 이스라엘 자손은 하나님의 절대적인 보호 속에 사람과 짐승 모두 평안하여 개조차 잠잠하였습니다(출 11:7). 그 밤에 마침내 이스라엘 백성은 애굽 사람의 목전에서 손을 높이 쳐들고 의기양양하게 출애굽 하였습니다(민 33:3). 출애굽 하기 전 바로의 신하들은 모세 앞에 절을 하며 제발 나가 달라고 하소연하였습니다(출 11:8, 12:33). 애굽 백성은 이스라엘 백성 때문에 큰 근심에 빠지고 말았던 것입니다(겔 30:9). 하나님께서는 애굽 사람에게 은혜를 입혀 주셔서, 이스라엘 백성이 그들에게 은금 패물을 구했을 때 순순히 큰 재물을 다 내어 주게 하셨습니다(출 12:35-36). 이런 놀라운 일은 하나님께서 모세에게 "내가 애굽 사람으로 이 백성에게 은혜를 입히게 할지라 너희가 갈 때에 빈손으로 가지 아니하리니"라고 말씀하신 대로 이루어진 것입니다(출 3:21). 여인마다 그 이웃 사람과 및 자기 집에 우거하는 애굽 사람에게 은패물과 금패물과 의복을 구하여 자녀들을 꾸미고, 애굽 사람의 물품을 취하였습니다(출 3:22, 11:2-3). 그 결과 한 지파도 약한 자가 없이 큰 재물을 가지고 나왔습니다(시 105:37). 이스라엘이 떠날 때 애굽 사람이 기뻐하였는데, 이는 그들의 눈에 이스라엘 백성이 너무도 크고 두려운 존재로 보였기 때문이었습니다(시 105:38).

(2) "손을 높이 들고" 항오를 이루며 당당하게 출애굽

이스라엘은 하나님의 구원 은총에 감사 감격하며 항오를 이루고 승리의 개선가를 부르며 당당하게 걸어 나왔습니다(출 13:18, 레 26:13). '옛 땅 옛 주인 옛 사람'을 벗어 버리고 '새 땅 새 주인 새 사람'을 입은 자의 힘찬 출발이었습니다. 이스라엘 백성은 자신들을 이끄신 하나님의 큰 권능을 찬양하며 하나님의 백성으로서의 힘을 과시하였습니다. 민수기 33:3에서 "그들이 정월 십오일에 라암셋에서 발행하였으니 곧 유월절 다음날이라 이스라엘 자손이 애굽 모든 사람의 목전에서 큰 권능으로 나왔으니"라고 하였고, 출애굽기 14:8에도 "... 이스라엘 자손이 담대히 나갔음이라"라고 말씀하고 있습니다.

여기 "큰 권능으로"(민 33:3), "담대히"(출 14:8)라는 말씀은 히브리어 '베야드 라마'(בְּיָד רָמָה)이며, '손을 높이 들고'라는 뜻입니다. 손을 높이 들었다는 표현은 만세를 부르며, 승리를 과시하는 몸짓입니다. 강한 힘과 큰 능력을 나타내는 몸짓이요, 원수에게는 멸시와 모욕을 안겨 주는 몸짓이기도 합니다. 그래서 레위기 26:13에서는 하나님께서 이스라엘의 멍에 빗장목을 깨뜨리고 그들로 하여금 바로 서서 걷게 하셨다고 말씀하였습니다. 애굽 사람들은, 얼마 전까지만 해도 노예 신분으로 자신들의 명령에 고분고분 복종하던 이스라엘 자손이, 힘을 과시하고 승리를 기뻐하며 나가는 모습에 참을 수 없는 모멸감을 느꼈을 것입니다. 출애굽 후 이스라엘이 홍해에 도착했을 때, 바로와 그 군대가 뒤늦게 홍해까지 따라 미쳤으나, 그들 모두가 홍해에 영원히 수장되고 말았습니다(출 14:27-28, 30, 15:4-5, 10, 19, 21, 시 78:53, 106:11, 136:15). 참으로 이 모두가 하나님께서 아브라함과 이삭과 야곱에게 맹세하신 언약을 기억하사, 그 백성의 신음 소리와 부르짖음을 들으시고 그들을 권념하신 결과였습니다(출 2:23-25).

2. 하나님께서 이스라엘을 출애굽 시키신 목적

God's purpose in delivering Israel from Egypt

하나님께서는 아브라함을 통하여 가나안 땅을 주시겠다고 여러 차례 약속하셨는데(창 12:1-3, 7, 13:14-17, 15:13-21, 17:7-8), 하나님께서는 그 언약대로 이스라엘을 애굽의 고통 가운데서 구출하여 내시고, 가나안 땅으로 인도하셨습니다. 애굽에 들어갈 때 겨우 70명에 불과했던 저들은(창 46:26-27), 애굽 생활 430년 동안 약 200만 명 이상의 거대 민족으로 번성하고 심히 강대하여 애굽의 바로가 위협을 느낄 정도였습니다(출 1:7-22). 애굽에 거주한 지 430년이 마치는 그날(출 12:40-41), 마침내 하나님께서는 큰 권능과 강한 손으로(출 32:11) 약 200만 명 이상의 이스라엘의 남녀노소와 심히 많은 생축까지 잔악한 애굽인의 속박에서 완전히 구출해 내셨습니다(출 12:37-41).

이날 이스라엘은 아브라함 때 맺은 횃불 언약대로(창 15:14) '큰 재물'을 이끌고 나왔습니다(출 3:21-22, 11:2-3, 12:35-36). 천한 노예가 한 사람도 예외 없이 하나님의 주권적인 역사로 순식간에 거부(巨富)가 되는(시 105:37-38), 참으로 신비롭고 놀라운 하나님의 섭리였습니다.

그런데 하나님께서 이스라엘을 애굽에서 해방시키신 궁극적 목적은 출애굽 자체에 있는 것이 아니라, 하나님의 구속 경륜을 이루시는 것이었습니다. 모세는 이러한 목적을 세 가지 히브리어 동사를 통해서 간결하게 표현하고 있습니다.

· '섬기다'라는 뜻의 히브리어 '아바드'(עָבַד)입니다.
· '제사 드리다'라는 뜻의 히브리어 '자바흐'(זָבַח)입니다.
· '절기를 지키다'라는 뜻의 히브리어 '하가그'(חָגַג)입니다.

(1) 시내산에서 하나님을 섬기게 하기 위함입니다.

출애굽기 3:12 "하나님이 가라사대 내가 정녕 너와 함께 있으리라 네가 백성을 애굽에서 인도하여 낸 후에 너희가 이 산에서 하나님을 섬기리니 이것이 내가 너를 보낸 증거니라"

이스라엘 백성이 "이 산"(시내산)에서 하나님을 섬기는 것이 "내가 너(모세)를 보낸 증거"라고 말씀하고 있습니다. '섬기다'는 히브리어 '아바드'(עָבַד)로, '일하다, 예배하다, 봉사하다'라는 의미이며 (창 14:4, 15:13, 27:29, 29:18, 20, 30:29, 시 100:2), 포괄적으로 하나님을 향한 신앙 전반을 일컫는 말입니다(신 6:13, 10:12, 20, 11:13, 수 24:14-15,

말 3:14). 처음 부름 받을 때 주신 이 말씀을 확신한 모세는, 애굽 땅에 열 가지 재앙이 진행되는 동안 강퍅한 바로 앞에 서서 '여호와의 말씀에 내 백성을 보내라 그들이 나를 섬길 것이니라 하셨다'라고 여러 차례 선포했습니다(출 4:23, 7:16, 8:1, 20, 9:1, 13, 10:3, 24-26). 마치 사령관이 부하에게 결정 사항을 통보하듯, 모세는 하나님의 말씀의 권세를 앞세우고 담대히 외쳤습니다.

　이스라엘이 출애굽하는 제1 목적은 하나님을 섬기는 것입니다. 그것은 하나님의 장자로서 해야 할 본분입니다(출 4:22-23). 모세를 처음 부르실 때, 이스라엘 백성이 시내산에서 하나님을 섬기는 것이 "내가 너를 보낸 증거"라고 말씀하셨습니다(출 3:12下).

　이 후에 하나님께서는 애굽에 열 가지 재앙을 내리시면서 애굽이 하나님의 장자 이스라엘을 놓아주게 하셨는데, 이것은 이스라엘이 하나님을 섬기게 하시기 위함이었습니다(출 10:1-3). 여덟 번째 메뚜기 재앙이 예고되었을 때(출 10:4-6), 바로의 신하들은 "그 사람들을 보내어 그 하나님 여호와를 섬기게 하소서 왕은 아직도 애굽이 망한 줄을 알지 못하시나이까"(출 10:7)라고 항변하였습니다. 잠시 흔들렸던 바로는 "가서 너희 하나님 여호와를 섬기라 갈 자는 누구 누구뇨"(출 10:8)라고 물었고, 모세와 아론은 여호와 앞에 절기를 지킬 것인즉, 남녀노소(男女老少)와 우양(牛羊)을 다 데리고 가겠다고 답하였습니다(출 10:9). 이때 바로는 순간 말을 바꾸어 "너희 남정(男丁: 장정, 젊은 남자)만 가서 여호와를 섬기라"(출 10:11)라고 하며, 여전히 마음을 강퍅하게 하고 이스라엘을 놓아주지 않았습니다.

　이스라엘 민족은 애굽에서 약 400년 동안 종살이했던 비참한 노예였습니다. 그래서 "애굽"을 가리켜 "종 되었던 집"(출 13:3, 14, 20:2, 신 5:6, 6:12, 7:8, 8:14, 13:5, 10, 15:15, 16:12, 24:18, 22, 수 24:17, 삿 6:8, 렘 34:13)이라고 불렀습니다. 그러나 하나님께서 그들을 애굽 땅에서 인도해 내시고 종 된 것을 면케 하신 후 "내가 너희 멍에 빗장목을 깨뜨리고 너희로 바로 서서 걷게 하였느니라"라고 말씀하셨습니다(레 26:13). 그러므로 이스라엘 백성은 이제 하나님만을 섬기는 '하나님의 품꾼'입니다. 레위기 25:55에 "이스라엘 자손은 나의 품꾼이 됨이라 그들은 내가 애굽 땅에서 인도하여 낸 나의 품꾼이요 나는 너희 하나님 여호와니라"라고 말씀하고 있습니다. 애굽 땅에서 인도해 내어 하나님의 품꾼이 된 이상, 그들은 종으로 팔릴 수 없다고 말씀하셨습니다(레 25:42). 출애굽 한 이스라엘은 이제 하나님만을 섬기는 종입니다(신 6:13, 10:12, 20, 신 11:13, 13:4, 수 22:5).

(2) 시내산에서 하나님께 희생 제사를 드리게 하기 위해서입니다.

하나님께서는 모세에게 이스라엘 장로들과 함께 애굽 왕에게 가서 "우리가 우리 하나님 여호와께 희생을 드리려 하오니 사흘 길쯤 광야로 가기를 허락하소서"라고 말할 것을 명령하셨습니다(출 3:16-18, ^{참고}출 5:3). 여기 '희생을 드리다'는 '동물을 죽이다, 제사 드리다'라는 뜻의 히브리어 '자바흐'(זָבַח)이며, '~에게'라는 뜻의 전치사(לְ, 레)가 함께 쓰여 '~에게 제사를 드리다'(삼상 1:3)라는 의미입니다. 모세와 아론이 이 말씀을 전하자, 폭군 바로는 이스라엘 백성을 더욱 학대하였고(출 5:6-23), 이후 열 가지 재앙 중 네 번째 파리 재앙을 당한 후에야, 애굽 땅에서 희생을 드리라고 하였습니다(출 8:21-25). 그러나 짐승을 잡아 희생 제사를 드리는 것을 애굽 사람들이 싫어하기 때문에 반드시 광야로 들어가야 한다는 모세의 말에(출 8:26-27), "너무 멀리는 가지 말라 그런즉 너희는 나를 위하여 기도하라"(출 8:28)라고 하면서 광야로 나가는 것을 허락하였습니다. 하지만 파리 떼가 떠나자 그 마음이 더욱 강퍅해져 이스라엘을 떠나지 못하게 하였습니다(출 8:31-32).

이후로 재앙의 강도는 점점 강해져, 애굽 사람을 괴롭히는 정도를 넘어 그들의 재산에 직접적인 피해를 입히기 시작했습니다. 다섯 번째 재앙에서는 애굽 사람의 생축에 피해를 주었고(출 9:1-7), 여섯 번째 재앙에서는 모든 애굽 사람의 몸과 짐승에 질병(독종)이 생기게 하였습니다(출 9:8-12). 술객들도 독종에 걸려 그때부터는 모세 앞에 서지 못하였습니다(출 9:11).

이스라엘이 하나님께 희생 제사를 드리기 위해서는 반드시 생축이 필요했으므로, 하나님께서는 재앙을 통해 이스라엘 백성뿐 아니라 이스라엘의 생축을 철저하게 구별하셨습니다. 다섯 번째 악질 재앙 때에, 이스라엘의 생축은 구별되어 하나도 죽지 않았습니다(출 9:4, 6). 네 번째 파리 재앙 때와 일곱 번째 우박 재앙 때에도 이스라엘 자손이 거했던 고센 땅이 구별되었습니다(출 8:22, 9:26). 이때 바로의 신하 중에도 '하나님의 말씀을 두려워한 자'는 그 종들과 생축을 집으로 들여 재앙을 피했으나(출 9:19-20), '하나님의 말씀을 마음에 두지 않은 자'는 그 종들과 생축을 들에 그대로 두었습니다(출 9:21). 결국 하나님의 말씀의 권위와 능력을 무시한 채 교만하게 고집부리던 애굽인들은 뇌성과 우박, 하늘에서 내려 달리는 불로 인해 엄청난 피해를 당했습니다(출 9:22-25).

아홉 번째 흑암 재앙 때에는 바로가 "양과 소는 머물러 두고 너희 어린것은 너희와 함께 갈지니라"(출 10:24)라고 하였으나, 모세

는 "우리의 생축도 우리와 함께 가고 한 마리도 남길 수 없으니 이
는 우리가 그 중에서 취하여 우리 하나님 여호와를 섬길 것임이며
또 우리가 거기 이르기까지는 어떤 것으로 여호와를 섬길는지 알지
못함이니이다"(출 10:26)라고 대답하였습니다. 이렇게 모세는 바로
앞에서 이스라엘 백성이 출애굽 해야 하는 궁극적인 목적을, 하나
님께서 처음에 정하신 뜻대로 분명히 반복하여 말한 것입니다. 한
마리의 소나 한 마리의 양도 빠짐없이 하나님을 섬기는 일에 다 동
원되어야 하고, 하나님을 섬기기 위해 모든 사람, 모든 재산이 하나
도 남김없이 나가야 한다고 당당하게 통보했습니다.

마지막 장자 재앙을 통해 보여 주신 하나님의 주권 역사 앞에 바
로는 "너희의 말대로 너희의 양도 소도 몰아가고 나를 위하여 축복
하라"(출 12:32)라고 말하고 굴복하였습니다.

하나님의 주권 역사로 모든 생축은 하나님을 섬기기 위해 거룩
하게 구별되었습니다(참고-출 3:12, 18, 4:23, 5:3, 7:16, 8:1, 20, 25, 27-28,
9:1, 13, 10:3, 8, 11, 24-26, 12:31-32). 드디어 이스라엘은 하나님을 섬기
기 위한 생축(양, 소)을 완전히, 모조리 다 이끌고 나왔습니다. 한 마
리도 남기지 않았습니다. 이스라엘 백성이 출애굽 할 때 사람뿐 아
니라 하나님을 섬기는 목적에 필요한 "양과 소와 심히 많은 생축"
이 그들과 함께하였습니다(출 12:38).

(3) 시내산에서 하나님 앞에 절기를 지키게 하기 위해서입니다.

모세와 아론은 하나님의 말씀의 권위에 힘입어, 처음으로 바로 앞
에 가서 "이스라엘 하나님 여호와의 말씀에 내 백성을 보내라 그들
이 광야에서 내 앞에 절기(חג, 하그)를 지킬 것이니라"(출 5:1)라고 담
대하게 선포하였습니다.

출애굽기 10:9에서도 "모세가 가로되 우리가 여호와 앞에 절기를 지킬 것인즉 우리가 남녀노소와 우양을 데리고 가겠나이다"라고 말씀하고 있습니다. 여기 "절기"에 해당하는 히브리어 '하그'(חַג)는 '기뻐하다, 춤추다, 기념하다, 빙빙 돌다, 순환하다'라는 뜻의 '하가그'(חָגַג)에서 유래하였습니다. 이는 '절기'가 매년 그맘때가 되면 주기적으로 돌아오는 데다 축제의 성격을 가지고 있기 때문입니다.

하나님께서는 이스라엘 백성이 출애굽 하기 직전 피 재앙이 계속되던 여섯째 날에 "이 달로 너희에게 달의 시작 곧 해의 첫 달이 되게" 하라 명하시고, 그때 새로 주신 달력으로 절기의 날짜를 정하는 기준을 삼으셨습니다(출 12:2). 그리고 유월절을 말씀하시면서, "이 날을 기념하여 여호와의 절기(חַג, 하그)를 삼아 영원한 규례로 대대에 지킬지니라"라고 명령하셨습니다(출 12:14).

이처럼 하나님께서는 이스라엘 백성이 시내산에 도착해서 해야 할 일에 대하여 출애굽 전부터 분명히 말씀하셨습니다. 그러나 이 세 가지 목적은 궁극적으로 하나님께서 이스라엘 백성과 언약을 체결하시기 위함입니다. 이는 창세기에서부터 예언되고 준비된 것이며, 출애굽기 3:12에서 약속하신 대로 "이 산"(시내산)에서 이스라엘과 언약을 맺어, 이스라엘은 하나님의 백성이 되고 하나님은 이스라엘의 하나님이 되게 하시려는 것입니다. 이제 구속사가 족장 아브라함 '개인'을 중심으로 진행되어 온 단계를 넘어서, 하나님과 언약을 체결한 한 민족 이스라엘이라는 '국가'를 중심으로 차원을 달리하는 중요한 계기를 맞게 된 것입니다.

(4) 가나안 땅에 거하는 축복의 백성이 되게 하기 위해서입니다.

하나님께서 이스라엘을 애굽에서 인도하여 내신 목적은 가나안 땅을 주시기 위함입니다(출 6:4, 8). 레위기 25:38에 "...가나안 땅으로 너희에게 주려고 애굽 땅에서 너희를 인도하여 낸 너희 하나님 여호와니라"라고 말씀하였습니다. 그러므로 출애굽을 하였다면 반드시 약속의 땅에 이르러야 합니다. 그것은 언약의 최후 목적지이기 때문입니다. 그 땅은 바로 그들에게 주시려고 하나님께서 '찾아 두셨던 땅'입니다(겔 20:6).

전에 살던 곳 애굽 땅은 파종한 후에 채소밭에 물을 대는 것처럼 발로 물 대기를 해야 했습니다(신 11:10). 현대인의 성경에는 "거기서는 여러분이 밭에 물을 대느라고 많은 고생을 하였습니다"라고 번역하였습니다. 발을 사용하여 수차를 돌려, 물을 농경지에 공급해야 했던 것입니다. 한마디로 애굽은 고된 노동과 수고가 있어야 하는 땅입니다.

그러나 이제 들어갈 가나안 땅은 '네 하나님 여호와께서 권고하시는 땅, 은혜가 있는 땅'입니다(신 11:11-12ᵃ). 세초부터 세말까지 하나님 여호와의 눈이 항상 그 위에 있는 땅입니다(신 11:12ᵇ). 하늘에서 이른 비와 늦은 비가 적당한 때에 내려서 곡식과 포도주와 기름을 얻는 땅입니다(신 11:14).

그 땅에 대한 축복의 약속은 다음과 같습니다.

첫째, **양식과 물에 복을 내리고 병을 제하여 주십니다.**

출애굽기 23:25 "너의 하나님 여호와를 섬기라 그리하면 여호와가 너희의 양식과 물에 복을 내리고 너희 중에 병을 제하리니"

둘째, 자녀에게 은혜를 베푸시며 토지 소산과 곡식과 포도주와 기름을 풍성케 하시고 소와 양을 번식케 하십니다(참고-신 28:5, 8).

신명기 7:13 "곧 너를 사랑하시고 복을 주사 너로 번성케 하시되 네게 주리라고 네 열조에게 맹세하신 땅에서 네 소생에게 은혜를 베푸시며 네 토지 소산과 곡식과 포도주와 기름을 풍성케 하시고 네 소와 양을 번식케 하시리니"

셋째, 질병을 멀리해 주시고 애굽의 악질이 임하지 않게 하십니다(출 15:26).

신명기 7:15 "여호와께서 또 모든 질병을 네게서 멀리하사 너희가 아는바 그 애굽의 악질이 네게 임하지 않게 하시고 너를 미워하는 모든 자에게 임하게 하실 것이라"

넷째, 천하 만민이 무서워하며 두려워하고, 네 명성을 듣고 떨며 너로 인하여 근심하게 된다고 말씀하셨습니다(참고-창 35:5, 수 2:9).

신명기 2:25 "오늘부터 내가 천하 만민으로 너를 무서워하며 너를 두려워하게 하리니 그들이 네 명성을 듣고 떨며 너로 인하여 근심하리라 하셨느니라"

그것은 하나님께서 보내 주신 왕벌의 역사로 가능했습니다(출 23:28, 신 7:20, 수 24:12).

3. 가나안 땅에 이루실 하나님의 나라
The kingdom of God to be established in the land of Canaan

하나님께서는 이스라엘을 애굽의 압제에서 건지시고 출애굽 시키심으로, 그들을 통해 가나안 땅에 하나님의 나라를 건설하기 원하셨습니다. 하나님의 나라는 언약을 통해서 실현되기 때문에, 하나님께서는 시내산 언약을 통해서 지상에 하나님의 나라를 세우시려는 것입니다.

한 나라를 건설하기 위해서는 백성과 땅과 주권이 있어야 합니다.

(1) 언약 백성

하나님께서는 애굽에 들어갈 때 70가족에 불과했던 이스라엘 백성을, 애굽 생활 430년 동안에 약 200만 명이 넘는 대민족으로 만드셨습니다. 이런 대역사는 그들을 시내산으로 불러 공식적으로 언약 백성 삼기를 원하셨기 때문입니다.

언약 백성에게 가장 요구되는 것은 성별(聖別)과 언약 준수입니다. 출애굽기 19:6에서 "너희가 내게 대하여 제사장 나라가 되며 거룩한 백성이 되리라"라고 말씀하셨는데, 제사장 나라와 거룩한 백성에게 공통적으로 요구되는 것은 성별입니다. 그래서 하나님께서는 언약을 체결하시기에 앞서서 3일 동안 성결 명령을 내리셨던 것입니다. 출애굽기 19:10-11에서 "여호와께서 모세에게 이르시되 너는 백성에게로 가서 오늘과 내일 그들을 성결케 하며 그들로 옷을 빨고 ¹¹예비하여 제삼일을 기다리게 하라 이는 제삼일에 나 여호와가 온 백성의 목전에 시내산에 강림할 것임이니"라고 말씀하고 있습니다. 또한 제사장 나라와 거룩한 백성이 되려면 하나님의 언약을 잘 지켜야 합니다. 출애굽기 19:5에서 "세계가 다 내게 속하였나니 너희가 내 말을 잘 듣고 내 언약을 지키면 너희는 열국 중에서 내 소유가 되겠고"라고 말씀하고 있습니다.

또한 나라가 나라로서 유지되기 위해서는 반드시 군대가 있어야 합니다. 이제 이스라엘은 하나님의 언약 백성으로서 하나님의 나라를 지켜야 할 사명이 있었습니다. 이에 하나님께서는 군대를 계수하도록 명령하셨으며, 이스라엘은 시내산에서 군대를 계수하였습니다. 출애굽 제2년 2월 1일에 이스라엘 중 20세 이상으로 싸움에 나갈 만한 모든 자를 군대로 계수하였습니다(민 1:1-3). 이때 계수함을 입은 자의 총계가 603,550명이었습니다(민 1:46). 이제 가나안 입성이라는 중차대한 목표를 앞두고 하나님 나라 건설에 절대적으로 필요한 군대를 계수하고, 그들을 무장시킴으로써 하나님 나라 건설에 필요한 인적 준비가 완료된 것입니다. 이렇게 시내산 언약을 통하여 이스라엘은 하나님의 구속사적 경륜을 성취하는 언약 백성이 되었습니다. 하나님께서는 이스라엘을 장자로 세우시고(출 4:22), 이스라엘을 통하여 전 세계 구원 역사를 진행하셨던 것입니다.

(2) 언약의 땅

레위기 25:38에 '가나안 땅을 주시려고 애굽 땅에서 너희를 인도하여 낸 여호와 하나님'이라고 말씀하셨습니다(출 6:4, 8). 하나님 나라를 건설하려면, 언약 백성이 들어가서 거주할 땅이 있어야 합니다. 그 땅이 바로 가나안 땅입니다. 하나님께서는 주전 2082년 아브라함과 횃불 언약을 맺으시면서, 이 가나안 땅을 유업으로 주시겠다고 약속하셨습니다. 창세기 15:18-21에서 "그날에 여호와께서 아브람으로 더불어 언약을 세워 가라사대 내가 이 땅을 애굽강에서부터 그 큰 강 유브라데까지 네 자손에게 주노니 곧 겐 족속과 그니스 족속과 갓몬 족속과 헷 족속과 브리스 족속과 르바 족속과 아모리 족속과 가나안 족속과 기르가스 족속과 여부스 족속의 땅이니라 하셨더라"라고 약속하신 대로, 이스라엘을 출애굽 시키셔서 언약의 땅으로 인도하셨던 것입니다. 가나안은 통상적으로 요단강 서쪽 전 지역을 가리키는데, 성경에서 '단에서 브엘세바'까지의 지역으로 말씀하고 있습니다(삿 20:1, 삼상 3:20). 그 땅은 지정학적으로 아시아, 유럽, 아프리카의 세 대륙이 만나는 지점이며, 동시에 과거 근동 역사에 있어서 북쪽의 메소포타미아와 남쪽의 이집트 양대 강국이 늘 충돌했던 지점이기도 합니다.

시내산 언약은 가나안 입성을 전제로, 가나안 땅과 관련된 내용으로 가득 차 있습니다. 출애굽기 23:10-33은 땅에 관한 내용으로, 그 땅에서 지킬 안식년과 3대 절기(10-19절)와 그 땅을 정복하는 규례(20-33절)를 매우 구체적으로 말씀하고 있습니다. 십계명을 주신 목적 가운데 하나도, 이스라엘 민족이 하나님의 언약을 믿고 지킴으로써 반드시 그 땅을 정복하게 하기 위함이었습니다(신 4:13-14). 이처럼 시내산 언약을 통하여 땅에 대한 약속이 구체화한 것은, 이제 가나안 입성이 임박하였음을 나타내는 것입니다.

(3) 언약적 주권

언약 백성에게 언약의 땅이 주어졌다고 할지라도, 그들이 하나님의 통치를 받지 않으면 하나님의 나라가 될 수 없습니다. 가나안 땅이 하나님의 나라가 되기 위해서는 하나님께서 '그들의 하나님'이 되셔서 언약 백성을 다스리셔야 합니다. '나는 그들의 하나님이 된다'라고 하신 말씀은 아브라함과 맺으신 언약 속에 처음으로 등장합니다. 창세기 17:7-8에서 "내가 내 언약을 나와 너와 네 대대 후손의 사이에 세워서 영원한 언약을 삼고 너와 네 후손의 하나님이 되리라 내가 너와 네 후손에게 너의 우거하는 이 땅 곧 가나안 일경으로 주어 영원한 기업이 되게 하고 나는 그들의 하나님이 되리라"라고 말씀하고 있습니다. 이러한 '언약 공식'은 아브라함 이후로 나타나는 여러 언약들 가운데 계속적으로 나타납니다(출 6:7, 렘 31:33, 겔 36:28).

하나님께서는 시내산 언약에서 가나안을 다시 약속하시면서, 자신을 "너희 하나님"이라고 소개하고 있습니다. 출애굽기 34:24에서 "내가 열방을 네 앞에서 쫓아내고 네 지경을 넓히리니 네가 매년 세 번씩 여호와 너희 하나님께 보이러 올 때에 아무 사람도 네 땅을 탐내어 엿보지 못하리라"라고 말씀하셨습니다. 지금까지 하나님께서는 사람들에게 아브라함과 이삭과 야곱의 하나님으로 자신을 소개하셨지만(출 3:6, 15), 이제는 자신을 이스라엘 백성 전체의 하나님으로 소개하신 것입니다(출 6:7). 그러므로 '나는 너희 하나님이라'라는 표현은 아브라함뿐만 아니라 아브라함의 모든 후손의 하나님이 되겠다고 하신 것으로(창 17:8, ^{참고}갈 3:7, 9), 여기엔 아브라함과의 언약을 반드시 성취하시는 신실하신 하나님의 절대 주권이 담겨 있는 것입니다.

하나님께서는 시내산에서 이스라엘 백성과 언약을 맺은 이후, 지상의 모든 국가들 가운데 언약 백성 이스라엘을 하나님의 나라로 세워 나가셨으며, 하나님께서 그들의 왕이 되시어 이스라엘 백성의 삶을 다스리시는 통치권을 수립하셨습니다. 하나님의 언약 백성 이스라엘은 하나님의 통치 아래, 하나님의 영광을 나타내기 위해 엄격하게 성결을 지키며 거룩한 삶을 살아야 했습니다.

II
유월절과 무교절의 제정
THE ESTABLISHMENT OF THE PASSOVER AND THE FEAST OF UNLEAVENED BREAD

1. 정월 14일에는 대대로 유월절을 지키라!
The fourteenth day of the first month shall be kept as the Passover for generations to come!

유월절은 이스라엘 백성이 애굽의 노예 생활에서 해방된 것을 기념하는 날로, 유대 민족에게 있어서 최대의 축제일입니다. 출애굽기 12:27에서 "너희는 이르기를 이는 여호와의 유월절 제사라 여호와께서 애굽 사람을 치실 때에 애굽에 있는 이스라엘 자손의 집을 넘으사(passed over) 우리의 집을 구원하셨느니라 하라 하매 백성이 머리 숙여 경배하니라"라고 말씀하고 있습니다(출 12:13, 23). '유월절'은 히브리어 '페사흐'(חֶסַפ)로, '건너뛰다, 뛰어넘다'라는 뜻을 가진 '파사흐'(חָסַפ)에서 유래하였습니다(출 12:13, 23).

하나님께서 이스라엘을 출애굽 시키시면서 애굽에 내리신 마지막 재앙은 사람부터 짐승까지 처음 난 것을 치신 것이었습니다(출 12:29-30, 13:15, 참고-민 8:17, 33:4, 시 78:51, 105:36, 135:8, 136:10). 이때 이스라엘 백성에게 어린 양을 잡아 그 피를 문설주와 인방에 바르게 하심으로, 죽음의 사자가 이스라엘 백성의 집을 그냥 넘어가게 하셨습니다. 유월절은 바로 그날 이스라엘 백성이 죽음에서 구원 받은 것을 기념하여 지키는 절기로(출 12:13-14, 21-23, 27), 매년 반드시 지켜야 할 이스라엘의 3대 절기인 유월절, 칠칠절, 초막절 중의 하나였습니다(출 23:14-17, 34:18-23, 신 16:1-16).

어린 양은 1월 10일에 준비하였다가(출 12:3), 특히 1월 14일 해 질 때에 잡으라고 말씀하셨는데(출 12:6), 해 질 때는 오후 3시부터 6시 사이를 가리킵니다. "해 질 때에"는 히브리어로 '베인 하아르바임'(הָעַרְבָּיִם בֵּין)인데, '~사이에, ~가운데'라는 뜻의 전치사 '베인'(בֵּין)과 저녁을 가리키는 '에레브'(עֶרֶב)의 복수형이 함께 쓰여서 '두 저녁들 사이에'라는 뜻입니다(참고-출 29:39, 41, 민 9:3, 5, 28:4, 8). 일반적으로 히브리인들은 앞에 나오는 저녁을 일몰의 시작으로 보고, 뒤에 나오는 저녁을 해가 완전히 지는 일몰의 끝으로 보았습니다. 따라서 "해 질 때에"란 오후 3시부터 6시까지를 말하는데, 예수님께서 유월절 어린 양으로(요 1:29, 고전 5:7) 십자가에서 돌아가신 때가, 바로 유월절 양을 잡기 시작하는 오후 3시였습니다(마 27:46-50, 막 15:33-37).

유월절은 니산월(태양력 3-4월) 14일에 지켜졌으며, 특별히 성경에서는 마지막 10번째 재앙을 통해 애굽의 모든 장자들을 멸하신 유월절인 니산월(1월) 14일 밤(유대 달력으로 15일이 시작되는 밤)을 강조하고 있습니다. 출애굽기 12:42에서 "이 밤은 그들을 애굽 땅에서 인도하여 내심을 인하여 여호와 앞에 지킬 것이니 이는 여호와의 밤이라 이스라엘 자손이 다 대대로 지킬 것이니라"라고 말씀하고 있습니다. 그날은 "430년이 마치는 그날"이요, '여호와의 군대가 다 애굽 땅에서 나온 날'입니다(출 12:41). 14일 밤(유대 달력으로

15일)에 여호와께서 이스라엘을 애굽 땅에서 인도해 내셨으므로, 그 날을 "여호와의 밤"(출 12:42)이라고 하였습니다. 출애굽기 12:29-31에는 역사적인 '그 밤'을 세 번이나 강조하였습니다.

첫째, "밤중에" 여호와께서 애굽의 모든 장자를 치셨습니다.

출애굽기 12:29 "밤중에 여호와께서 애굽 땅에서 모든 처음 난 것 곧 위에 앉은 바로의 장자로부터 옥에 갇힌 사람의 장자까지와 생축의 처음 난 것을 다 치시매"

둘째, "그 밤에" 애굽에 큰 호곡이 있었습니다.

출애굽기 12:30 "그 밤에 바로와 그 모든 신하와 모든 애굽 사람이 일어나고 애굽에 큰 호곡이 있었으니 이는 그 나라에 사망치 아니한 집이 하나도 없었음이었더라"

셋째, "밤에" 바로가, 이스라엘이 여호와를 섬기도록 허락하였습니다.

출애굽기 12:31 "밤에 바로가 모세와 아론을 불러서 이르되 너희와 이스라엘 자손은 일어나 내 백성 가운데서 떠나서 너희의 말대로 가서 여호와를 섬기며"

이렇게 "밤"을 세 번이나 강조함으로써, 하나님의 구원 역사가 신속하게 진행되었음을 보여 줄 뿐만 아니라, 하나님께서 말씀하신 시간에 이루어졌음을 보여 주었습니다. 특히 출애굽기 12:29의 "밤중"은 히브리어 '바하치 할라일라'(בַּחֲצִי הַלַּיְלָה)로, '밤의 중간에'라는 뜻이고, 하나님께서 가장 깊은 밤 시간(12시 자정)에 애굽을 심판하셨음을 의미합니다(참고-시 74:16, 92:1, 139:12, 사 30:29, 45:7, 슥 14:7).

2. 정월 15일부터 21일까지 무교절을 대대로 지키라!

The fifteenth day until the twenty-first day of the first month shall be kept as the Feast of Unleavened Bread for generations to come!

(1) 무교절은 누룩 없는 떡 무교병을 먹는 절기입니다.

출애굽기 12:15에서 "너희는 칠 일 동안 무교병을 먹을지니 그 첫날에 누룩을 너희 집에서 제하라 무릇 첫날부터 칠일까지 유교병을 먹는 자는 이스라엘에서 끊쳐지리라"라고 말씀하고 있습니다.

무교병(無酵餠)은 히브리어 '맛차'(מַצָּה), 헬라어 '아쥐모스'(ἄζυμος)로, 누룩이 없는 떡을 말합니다. 한자로는 '없을 무, 술 괼 교, 떡 병'(창 19:3)이며, 반죽을 부풀게 하는 누룩을 넣지 않고 만든 넓적하고 얇은 빵입니다. 누룩 없는 떡 무교병은(출 12:15) 주로 긴급한 상황 속에서 만들어 먹었으며(출 12:33-34, 39, 삼상 28:24-25), "고난의 떡"으로도 불렸습니다(신 16:3). 하나님께서는 화목 제물과 요제·거제의 떡에는 누룩을 넣게 하셨지만(레 7:13, 23:17, 민 15:20-21), 대부분의 소제물에는 누룩을 넣지 못하게 하셨습니다(레 2:5, 11, 6:17). 그렇다면 '누룩'의 영적 의미는 무엇입니까?

예수님의 가르침과 사도 바울의 편지에서 찾아볼 수 있습니다.

① 잘못된 교훈을 가리킵니다.

마태복음 16:6, 11을 볼 때, 예수님께서는 제자들에게 "바리새인과 사두개인들의 누룩을 주의하라"라고 말씀하셨습니다(참고-막 8:15). 이 누룩은 바로 "바리새인과 사두개인들의 교훈"이라고 말씀하고 있습니다(마 16:12). 종교 지도자들이 아무리 잘 가르치고 지도한다 할지라도 그들의 교훈이 예수님 앞에 나오는 길을 가로막는다면, 그것은 누룩에 불과한 것입니다.

② 외식을 가리킵니다.

　누가복음 12:1을 볼 때, 예수님께서는 제자들에게 "바리새인들의 누룩 곧 외식을 주의하라"라고 말씀하셨습니다(참고-마 6:5, 23:25-32, 눅 6:42, 갈 2:13). 외식(外飾)은 겉만 번지르르하게 꾸미는 것으로, 속과 겉이 다른 것을 말합니다. 그러한 자는 신앙의 본질과 생명은 모두 도둑맞고 형식만 남은 빈껍데기에 불과합니다(마 15:7-9, 23:23). 누룩과도 같은 외식하는 자의 거짓말에 미혹 당해서는 안 됩니다 (갈 2:13, 딤전 4:2).

　누룩은 적은 양으로도 빠른 시간에 전체를 다 부패시킬 만큼, 그 오염성이 위력적입니다(마 13:33, 고전 5:6, 갈 5:9). 마치 한 사람 가룟 유다의 불신의 말이, 나머지 제자들을 선동하여 모두가 예수님을 불신하게 만든 것과 같습니다(마 26:8-9, 막 14:4-5, 요 12:4-5). 그러므로 우리는 항상 우리의 심령 속에 작은 누룩이라도 남아 있지 않도록 철저히 제거하기를 힘써야 합니다(고전 5:7).

③ 음행을 가리킵니다.

　고린도 교회에 음행이 있었는데, 이것은 누룩과 같아서 온 교회에 금방 퍼져 나가고 있었습니다. 사도 바울은 "이런 음행은 이방인 중에라도 없는 것이라"(고전 5:1)라고 하면서, 이 '적은 누룩'이 온 덩어리에 퍼지는 것을 알지 못하느냐고 책망하였습니다(고전 5:6).

사도 바울은 음행하는 자를 "괴악하고 악독한 누룩"이라고 규정하고(고전 5:8), 그러한 자들을 "사귀지 말라"(고전 5:9, 11), 그리고 "너희 중에서 내어 쫓으라"(고전 5:13)라고 강하게 경고하였습니다.

(2) 무교절은 1월 15일부터 21일까지 7일간 지키는 절기입니다(출 12:18, 레 23:5-8).

무교절은 7일 동안 집안에 누룩을 없애고 누룩을 넣지 않은 떡(무교병)을 먹으며 지내는 절기로, 성도의 성별된 생활을 상징합니다. 특별히 "그 첫날에 누룩을 너희 집에서 제하라"라고 말씀하셨습니다(출 12:15).

> **출애굽기 12:15** "너희는 칠 일 동안 무교병을 먹을지니 그 첫날에 누룩을 너희 집에서 제하라 무릇 첫날부터 칠일까지 유교병을 먹는 자는 이스라엘에서 끊쳐지리라"
>
> **출애굽기 13:7** "칠 일 동안에는 무교병을 먹고 유교병을 너희 곳에 있게 하지 말며 네 지경 안에서 누룩을 네게 보이지도 말게 하며"

유대인들은 니산월(태양력 3-4월경)이 되면 유월절 전에 온 집안의 누룩을 제거하는데, 이 행사는 깊은 구속사적 의미를 함축하고 있습니다. 유월절이 오기 며칠 전 혹은 몇 주 전부터 대청소를 합니다. 카펫트도 청소하고 옷이나 침구, 커텐 등도 세탁하고, 집안에 있는 먼지를 샅샅이 제거합니다. 주머니까지도 일일이 뒤집어서 털어냅니다. 너무 낡고 더러운 것들은 새 것으로 교체합니다. 가정은 물론이고 각 건물마다 곰팡이와 먼지를 완전히 닦아 내는 대청소로 한바탕 소동이 벌어집니다. 그리고 마을마다 불을 피워 남아 있는 누룩들을 태우고, 식기들과 조리 도구들도 끓는 물로 소독하여 누룩의 흔적조차 모두 없앱니다. 특히 유월절 전날 저녁에는 누룩을 제거하는 일이 그 절정에 이릅니다.

성경의 여러 곳에서 무교절 7일(1월 15일-21일) 동안에 지켜야 할 엄격한 규정을 말씀하고 있습니다.

① 출애굽기 12:17-18에서 "너희는 무교절을 지키라 이날에 내가 너희 군대를 애굽 땅에서 인도하여 내었음이니라 그러므로 너희가 영원한 규례를 삼아 이날을 대대로 지킬지니라 정월에 그 달 십사일 저녁부터 이십일일 저녁까지 너희는 무교병을 먹을 것이요"라고 말씀하고 있습니다(출 13:3-10).

② 출애굽기 23:15에서 "너는 무교병의 절기를 지키라 내가 네게 명한 대로 아빕월(종교력 1월)의 정한 때에 칠 일 동안 무교병을 먹을지니 이는 그 달에 네가 애굽에서 나왔음이라 빈손으로 내게 보이지 말지니라"라고 말씀하고 있습니다. 여기 "빈손으로"는 '손에 아무런 예물을 가지지 않은 채로' 혹은 '준비되지 않은 심령 상태로'라는 뜻입니다(신 16:16-17). 빈손으로 나오지 말라는 말씀은, 첫째로, 감사를 잊지 말아야 한다는 말씀이요, 둘째로, 항상 풍성하게 채워 주시는 하나님을 기억하라는 말씀입니다.

③ 출애굽기 34:18에서 "너는 무교절을 지키되 내가 네게 명한 대로 아빕월 그 기한에 칠 일 동안 무교병을 먹으라 이는 네가 아빕월에 애굽에서 나왔음이니라"라고 말씀하고 있습니다. 유월절과 무교절을 지키지 않는 자는 이스라엘 백성 중에서 끊어집니다(출 12:15, 19, 민 9:13).

④ 레위기 23:6에서 "이 달 십오일은 여호와의 무교절이니 칠 일 동안 너희는 무교병을 먹을 것이요"라고 말씀하고 있습니다.

⑤ 출애굽 후 시내 광야에서 첫 번째 유월절을 지켰습니다(민 9:1-14).

민수기 9:1-3 "애굽 땅에서 나온 다음해 정월에 여호와께서 시내 광야에서 모세에게 일러 가라사대 ²이스라엘 자손으로 유월절을 그 정기에 지키게 하라 ³그 정기 곧 이 달 십사일 해질 때에 너희는 그것을 지키되 그 모든 율례와 그 모든 규례대로 지킬지니라"

사람의 시체로 인하여 부정케 된 자, 먼 여행 중에 있는 자도 유월절을 지키게 했습니다(민 9:6-10). 사람의 시체로 부정하게 될 경우 7일간 격리되기 때문에 어떤 공적 행사도 참여할 수 없었습니다(민 5:2, 19:11-22). 그래서 하나님께서는 이런 자들을 위하여 2월 14일에 다시 유월절을 지키라고 명령하셨습니다(민 9:9-12).

⑥ 광야 제2세대에게 가나안 입성 직전 모압 평지에서도 유월절과 무교절 규례를 주셨습니다(신 16:1-8).

신명기 16:4 "그 칠 일 동안에는 네 사경 내에 누룩이 보이지 않게 할 것이요 또 네가 첫날 해 질 때에 제사 드린 고기를 밤을 지내어 아침까지 두지 말 것이며"

신명기 16:8 "너는 육 일 동안은 무교병을 먹고 제 칠일에 네 하나님 여호와 앞에 성회로 모이고 아무 노동도 하지 말지니라"

민수기 28:16-17 "정월 십사일은 여호와의 유월절이며 ¹⁷또 그 달 십오일부터는 절일이니 칠 일 동안 무교병을 먹을 것이며"

⑦ 이스라엘 백성이 40년간의 광야 생활을 마치고 가나안 땅에 첫 발을 들인 주전 1406년 1월 14일 금요일 저녁, 여리고 평지에서 유월절을 지켰습니다(수 5:10).

그리고 1월 15일 토요일, 곧 유월절 이튿날 무교절이 시작되어, 그 땅 소산을 먹고 무교병과 볶은 곡식을 먹었습니다(수 5:11).

⑧ 오랫동안 유월절을 지키지 못했던 열왕 시대에, 남 유다 13대 왕 히스기야는 대대적인 종교 개혁의 과정에서 미처 준비가 되지 못해 정한 때에 유월절을 지킬 수 없었으므로, 2월 14일에 유월절을 지키도록 온 이스라엘과 유다와 에브라임과 므낫세에 편지를 보내었습니다(대하 30:1-5). 그리하여 심히 많은 백성이 2월에 예루살렘에 모였으며, 2월 14일에 유월절 양을 잡았습니다(대하 30:13-15).

⑨ 남 유다 16대 왕 요시야 때에도 종교 개혁을 하면서 성전에서 언약책을 발견한 후(왕하 23:2), 그 책에 기록된 대로 유월절과 무교절을 지켰습니다(왕하 23:21-23).

⑩ 포로 생활 가운데 있는 에스겔 선지자에게 새 성전의 이상을 보여 주실 때에도, 유월절과 무교절을 지킬 것을 말씀하셨습니다(겔 45:21).

⑪ 바벨론 포로 생활에서 귀환한 백성도 정월 14일 유월절(스 6:19)과, 7일 동안의 무교절을 지켰습니다(스 6:22).

III
최후의 출애굽, 홍해 속에서 탄생한 새 백성과 새 노래

THE FINAL EXODUS: A NEW PEOPLE AND A NEW SONG BORN IN THE MIDST OF THE RED SEA

1. 여호와의 전쟁과 홍해 속에서 탄생한 한 국민

A people born through the battle of the Lord and the Red Sea

출애굽은 이스라엘 민족에게 있어서 가장 중대한 사건이요, 결코 잊을 수 없는 사건입니다. 400년이나 종살이를 했던 노예 민족이 아무런 사전의 준비도 없이 일순간에 당시의 강대국 애굽으로부터 영광의 탈출을 감행했다는 것은, 다른 민족의 독립운동이나 민족 대이동에서는 어디에서도 찾아볼 수 없는 경이로운 사건이었습니다. 그러나 애굽에서 떠나온 이스라엘 백성이 홍해 앞에 이르렀을 때, 막강한 세계 최강의 군사력을 가진 바로의 군대, 특별 병거 600승과 애굽의 모든 병거와 마병이 뒤쫓아 와 진퇴양난의 위기에 직면하고 말았습니다(출 14:6-7). 예나 지금이나 바다는 사람들에게 가장 무섭고 두려운 존재입니다. 웬만한 물이라면 몇몇 사람이 건너려고 시도라도 할 텐데, '큰 물, 깊은 바다, 흉용한 물' 앞에, 그 누구도 건널 엄두를 내지 못했습니다(출 15:5, 8, 10, 겔 31:15).

심히 두려워하던 이스라엘 자손은 하나님께 부르짖었고(출

14:10), 여호와 하나님께서는 그들을 구원하시기 위해 '여호와의 전쟁'을 선포하셨습니다(출 14:13-14). 이때 하나님께서는 이스라엘 진 앞에 행하던 하나님의 사자와 구름기둥을 뒤로 옮겨 애굽 진과 이스라엘 진 사이에 세워, 애굽 진에는 구름과 흑암이 있고 이스라엘 진은 광명케 하여, 밤새도록 애굽 군대가 이스라엘을 가까이하지 못하게 만드셨습니다(출 14:19-20).

그리고 모세가 지팡이를 들고 손을 바다 위로 내어 밀자 여호와께서 큰 동풍으로 밤새도록 바닷물을 물러가게 하셨습니다(출 14:16, 21). 물이 갈라져 좌우의 벽이 되고 바다가 마른 땅이 되자 이스라엘 자손이 바다 가운데 육지로 행하였습니다(출 14:21-22). 그러자 "애굽 사람들과 바로의 말들, 병거들과 그 마병들"이 다 이스라엘 백성의 뒤를 쫓아 "바다 가운데로" 뛰어들었습니다(출 14:23). 이때 하나님께서는 바로를 비롯한 애굽 군대를 어지럽게 하여, 바로의 군사들을 공포에 떨게 했을 뿐 아니라 그들이 어찌 해야 할지 모르게 정신을 빼놓았습니다. 병거 바퀴가 빠지고 망가져서 움직이지 못하게 하셨습니다(출 14:24-25ᴸ). 이때 적군 애굽 사람들이 "여호와가 그들을 위하여 싸워 애굽 사람들을 치는도다"(출 14:25ᴸ)라고 소리쳤습니다.

바로와 그 모든 군대와 그 병거와 마병을 인하여 영광을 얻으시겠다고 하신 말씀(출 14:17-18) 그대로 물이 다시 흘러 바다의 세력이 회복되자, 바로와 애굽 장관들, 그 군대 모두가 홍해에 수장되고 말았습니다(출 14:26-28, 15:4-5, 10, 21, 시 78:53, 106:11). 온갖 무거운 갑옷과 금속 무기들로 무장한 채 이스라엘을 쫓아가던 애굽 군대는, 하나님의 권능 앞에서 아무런 힘도 쓰지 못하고 홍해 깊은 물 속으로 돌처럼 가라앉았습니다. 출애굽기 15:4-5에서 "그가 바로의 병거와 그 군대를 바다에 던지시니 그 택한 장관이 홍해에 잠겼고 큰물이 그들을 덮으니 그들이 돌처럼 깊음에 내렸도다”라고 말씀하고 있습니다. 과연 전쟁은 여호와께 속했으며(삼상 17:47), 하나님께서는 강하고 능한 여호와, 전쟁에 능한 여호와시요(시 24:8), 여호와의 구원은 사람의 많고 적음에 달려 있지 않았습니다(삼상 14:6).

200만 명이 넘는 거대한 무리가 하나님의 콧김으로 갈라진 그 바다 사이의 마른 땅(출 15:8, 삼하 22:16, 시 18:15)으로 지나가는 모습은 참으로 놀라운 장관이었을 것입니다. 히브리 기자는 그때 그들은 “믿음으로” 홍해를 육지같이 건넜다고 말씀하고 있습니다(히 11:29). 이스라엘 백성은 자신들을 위하여 싸우시는 용사이신 여호와의 도우심으로, 전쟁에서 승전의 쾌거를 맛보았습니다. 이스라엘은 홍해 속 마른 땅을 지나 마침내 하나님의 능력으로 구원 받은 한 국민으로 탄생하였습니다(참고-신 4:34).

2. 모세의 노래
The song of Moses

용사이신 여호와 하나님께서 바로의 병거와 애굽 군대를 홍해 가운데 수장하시고 애굽을 완전히 패배시키신 그 장엄하고 위대한 역사의 현장을 목도했던 그날, 모세와 이스라엘 백성은 한마음 한 목소리로 자신들의 빗장목(레 26:13)을 깨뜨리신 하나님의 은혜를 감사하면서 참자유의 노래를 불렀습니다(출 15:1-18). 수백만 온 회중, 온 국민이 한 입술로 함께 부른 이 합창은 말할 수 없이 장엄했을 것입니다. 이는 출애굽 역사의 마지막 대절정입니다. 이때에 부른 노래를 가리켜 요한계시록 15:3에서는 “모세의 노래”라고 기록하고 있습니다. 혹은 신명기 32장에 기록된 모세의 노래와 구별하여, '바다(ם;, 얌)의 노래'라고도 불립니다(참고-출 15:1, 4, 8, 10).

이 노래의 작곡자, 작사자는 하나님 자신이며, 신명기 32장의 노래처럼 모세가 '노래의 말씀'을 받아 적고 백성에게 가르쳤을 것입니다(신 31:19, 22, 24, 30). 다윗의 고백처럼 구속사에서 새 노래를 주시는 분은 하나님이십니다(시 40:3, 참고-왕상 4:29, 32). 홍해는 갑자기 "돌쳐서" 들어온 예상 밖의 노정이었으므로(출 14:2), 이스라엘 백성은 이 노래를 하루 만에 배우고 부른 것입니다. 따라서 이 노래는 하나님께서 홍해 도강(渡江)의 역사 현장에서 모세에게 가르쳐 주셨고, 곧바로 이스라엘 백성이 화답하며 따라 불렀을 것입니다.

노래의 주제는 구원이요, 노래의 대상은 모든 구원을 이루신 여호와였습니다(출 15:1, 참고-시 96:1-2, 98:1). 그리고 구원을 이루신 하나님의 이름이 기적적인 구원 역사를 이룬 각각의 행적마다 계속하여 언급되고 있습니다.

모세의 노래(출 15:1-18)는 총 4절입니다.

1절(출 15:1下-5) : 바로와 싸워 승리한 용사이신 여호와

용사이신 여호와를 찬양(1下-3절)

하나님의 기적적인 구원 행동들(4절)

구원의 결과 : 원수가 돌처럼 큰 물의 깊음에 내림(5절)

2절(출 15:6-10) : 주의 콧김으로 바다를 가르신 창조주 여호와

권능의 주 여호와를 찬양(6절)

애굽 군대를 멸하시는 하나님의 기적들(7-9절)

구원의 결과 : 원수가 흉용한 물에 납같이 잠김(10절)

3절(출 15:11-16) : 절대 주권을 가진 왕이신 여호와

절대 주권의 여호와를 찬양(11절)

애굽 군대를 멸하시는 하나님의 기적들(12-15절)

구원의 결과 : 놀람과 두려움 속에 원수가 돌같이 고요함(16절)

4절(출 15:17-18) : 주의 백성을 영원무궁히 다스리시는 여호와

주의 백성을 주의 기업의 산에 심으신 여호와를 찬양(17상)

주의 손으로 세우신 성소(주의 처소)를 예비하신 여호와(17하)

구원의 결과 : 주의 백성을 영원무궁히 다스리심(18절)

이 노래에서 주목할 만한 사실은, 그들이 이 노래를 부를 때는 아직도 가나안 점령이 시작되기 전이었는데도, "주께서 그 구속하신 백성을 은혜로 인도하시되 주의 힘으로 그들을 주의 성결한 처소에 들어가게 하시나이다"(출 15:13)라고 노래한 것입니다. 이어서 14-15절에서, "열방이 듣고 떨며 블레셋 거민이 두려움에 잡히며 에돔 방백이 놀라고 모압 영웅이 떨림에 잡히며 가나안 거민이 다 낙담하나이다"라고 했고, 더욱이 17절에서는 "주께서 백성을 인도하사 그들을 주의 기업의 산에 심으시리이다 여호와여 이는 주의 처소를 삼으시려고 예비하신 것이라 주여 이것이 주의 손으로 세우신 성소로소이다"라고 하였습니다. 그들은 아직 달성되지 않은 가나안 땅의 약속까지 확신을 가지고 노래하며 바라보았던 것입니다.

과거를 알고 현재의 은혜를 터득한 사람은 반드시 미래를 내다보는 눈을 가지게 되는 것입니다. 참으로 위대한 희망의 노래요, 하나님의 언약을 확신하는 노래였습니다. 모세와 이스라엘 백성이 미래에 일어날 가나안 입성 사건을 확신하며 노래하였듯이, 오늘날 우리도 나를 구원하신 은혜를 뜨겁게 감사하면서, 하나님께서 장차 안식의 처소로 인도하실 것을 믿고 확신 속에서 찬양할 수 있어야 합니다.

3. 놀라운 구원 역사를 목도한 자들이 부른 새 노래
The new song sung by those who witnessed the amazing work of salvation

모세의 노래는 이스라엘 백성이 홍해를 건넌 그날, 자신들을 구원하신 새로운 구원 역사를 주제로 하여 그야말로 처음 불러 본 새 노래였습니다. 이스라엘의 출애굽은 여러 측면에서 전에 볼 수 없었던, '완전한 새 것'이었으므로 과연 '새 노래'였습니다.

첫째, 636년 전에 예언된 횃불 언약이 성취되는 역사적인 순간
    이었기 때문입니다.

아브라함이 84세였던 주전 2082년에 횃불 언약으로 약속을 받고, 주전 1446년에 종살이를 마치고 출애굽 하였으니, 언약을 받은 때부터 636년이 걸린 것입니다.

창세기 15:14 "그 섬기는 나라를 내가 징치할지며 그 후에 네 자손이 큰 재물을 이끌고 나오리라"

이스라엘의 완전한 출애굽, 그것은 636년 전에 말씀으로만 하셨던 언약이 실체로 밝히 드러나는 순간이었으므로, 본질적으로 새로

운 기원이 되는 사건이었습니다. 노래하는 그들의 몸에는 남녀노소 할 것 없이 한 사람도 빠짐없이 애굽에서 가지고 나온 큰 재물, 값비싼 보석들이 주렁주렁 매달려 있었습니다(출 3:21-22, 11:2-3, 12:35-36, 시 105:37-38). 참으로 오래 전 아브라함에게 약속하신 횃불 언약이 지금 자신들을 통해 성취되고 있다는 사실에, 이스라엘 백성의 기쁨은 말할 수가 없었고, 주체할 수 없는 기쁨과 감격 속에 새 노래를 불렀을 것입니다.

둘째, 완전한 출애굽을 통해, 과거가 기억되지 않도록 조치하신 새로운 출발이었기 때문입니다.

　지금 홍해를 건넌 이스라엘 백성의 손에는 애굽 430년의 낡은 달력이 아닌, 출애굽을 기점으로 하나님께서 새로이 정해 주신 완전한 새 달력이 있었습니다. 새 달력은 과거를 말끔히 지워 버리고 새로운 출발을 알리는 하나님의 전격적 개혁 조치였습니다. 출애굽기 12:2에서 "이 달로 너희에게 달의 시작 곧 해의 첫 달이 되게 하고"라고 말씀하셨습니다. 지금까지 어떤 달력을 사용했든지 간에 출애굽 하는 그 달, 그 날을 새로운 첫 달, 첫 날로 삼으라는 뜻입니다. 하나님께서 거룩한 월력을 새로 제정하신 이유는, 이스라엘 백성이 하나님의 자녀로 새로 태어난 것을 기념하기 위해서였습니다.

　뿐만 아니라 이스라엘 백성은 애굽 군대와 바로가 홍해에 수장되었다가 떠오른 시체들을 보는 순간, 자신들을 종살이시킨 애굽의 비참한 최후를 직접 확인했습니다(출 14:30). 이사야 선지자가 기록했듯이, 애굽 군인들의 시체는 이스라엘 백성의 속량물이었기 때문입니다(사 43:1-3). 자신들이 430년간 섬기던 옛 주인 바로와 애굽

에 대한 사망 선고와 새 주인 하나님을 섬기는 새 백성이 되었음을
확인한 순간이었습니다. 이스라엘 백성은 애굽인의 시체를 보면서
여호와를 경외하게 되었고, 여호와와 그 종 모세를 믿었습니다(출
14:31).

> **출애굽기 14:30-31** "그날에 여호와께서 이같이 이스라엘을 애굽 사
> 람의 손에서 구원하시매 이스라엘이 바닷가의 애굽 사람의 시체를 보
> 았더라 ³¹이스라엘이 여호와께서 애굽 사람들에게 베푸신 큰 일을 보
> 았으므로 백성이 여호와를 경외하며 여호와와 그 종 모세를 믿었더라"

참으로 통쾌한 출애굽의 완성과 새 출발을 확인하는 순간, 모세
와 이스라엘 백성은 가슴에서 터질 듯 뿜어져 나오는 감사와 감격
그리고 넘치는 기쁨으로 수백만이 한 목소리로 새 노래를 부르고,
한 몸 되어 덩실덩실 춤을 추었을 것입니다.

4. 이스라엘 백성이 대대로 부른 증거의 노래
The song of witness sung by the Israelites throughout the generations

출애굽기 15:2에 "여호와는 나의 힘이요 노래시며 나의 구원이시
로다 그는 나의 하나님이시니 내가 그를 찬송할 것이요 내 아비의
하나님이시니 내가 그를 높이리로다"라고 노래하고 있습니다. "나
의 하나님"이란 말씀은 하나님과 나 자신과의 관계의 중요성을 말
씀하고 있으며, "내 아비의 하나님"이란 말씀은 선조 시대로부터
계속 돌보시고 인도하시며 언약을 지키시는 하나님께 대한 신앙 고
백입니다. 조상의 하나님이 내게도 언약하시고 그 언약을 이루신
것입니다.

이스라엘 백성은 "네 자녀에게 부지런히 가르치라"(신 6:7, 11:19) 하신 하나님의 명령대로, 출애굽 때에 부른 모세의 노래를 대대로 가르쳤습니다(시 114편). 시편 78편은, 하나님을 멀리하고 떠났던 불신의 역사를 72절로 간추려 자손들에게 낱낱이 가르치는 웅대한 대서사시입니다. 하나님께서 이스라엘 백성을 회개시키기 위하여 나타내신 기사들을 16가지 이상(13-16, 24, 27, 31, 44-48, 50-53, 55, 61절) 길게 말하였습니다. 반면에, 이스라엘의 불신 행위에 대해서는 10가지 이상(11, 17, 18, 19, 32, 36, 40-42, 56-58절) 말하였습니다. 하나님의 많은 사랑과 기사를 맛보고도 사람은 하나님을 배반하는 일이 많다는 것과, 하나님께서는 진노 중에도 그의 언약을 기억하시어 자비를 베푸시는 것을 알 수 있습니다(시 78:38). 아삽 시인은 지금 자신이 증거하는 말씀은 '계시가 아니며 자기 사상이나 말이 아니고, 열조들로부터 전해 들어서 알고 있는 내용임'을 밝히고(3절), 자신도 '후대에게 숨기지 않고 전하겠다'고 하면서, 하나님의 말씀을 후손에게 교육하는 일이 얼마나 중요한지를 깨우쳐 주고 있습니다(시 78:4-8, 욜 1:3).

그렇게 노래를 통해 가르친 말씀이 후손들에게 증거가 되었습니다. 신명기 31:19에 "그러므로 이제 너희는 이 노래를 써서 이스라엘 자손에게 가르쳐서 그 입으로 부르게 하여 이 노래로 나를 위하여 이스라엘 자손에게 증거가 되게 하라"라고 말씀하였고, 신명기 31:21에 "그들이 재앙과 환난을 당할 때에 그들의 자손이 부르기를 잊지 아니한 이 노래가 그들 앞에 증인처럼 되리라..."라고 말씀하고 있습니다. 어느 시대나 하나님의 섭리와 말씀이 자손에게 전수되지 않은 백성은 다 망했습니다(삿 2:6-10, 16-17, 시 50:22). 죄악으로 오염된 세대, 강퍅하고 완고하고 패역한 세대는, 오직 믿음의 조상으로부터 전수된 하나님의 말씀을 듣고 그 계명을 지킬 때에만, 그 삶을 개혁할 수 있고 자손 대대로 살아남을 수 있는 것입니다.

5. 모세와 이스라엘이 부른 새 노래에 담긴 구속 경륜
The administration of redemption contained in the new song sung by Moses and the Israelites

출애굽 사건은 모든 성도들에게 죄에서의 구속을 예표하는 큰 사건이었습니다. 출애굽 사건이 이스라엘을 구원하는 일에 엄청난 사건이었던 그 이상으로, 예수 그리스도의 성육신과 십자가를 통한 성도들의 구속은 출애굽 사건을 훨씬 뛰어넘는 전 우주적인 구원의 사건입니다.

출애굽의 마지막 절정의 순간에 승전의 기쁨으로 불렀던 모세의 노래는 자손들에게 전수되어, 출애굽의 하나님을 후대에 계속 증거하였습니다(신 31:19, 21, 시 77:11-20, 시 114편). 시편에서는 여호와께서 친히 자기 백성의 구속자와 심판자로서 다시 오실 때에 이루어질 하나님의 약속들의 성취를 선포하고, 그 위대한 날에 구원의 새 노래로 여호와께 노래하라고 권고하고 있습니다(시 96:1-3, 10-13, ^참고-시 98:1, 144:9). 오늘날 어린 양이신 예수 그리스도로 말미암아 구속 받은 성도들도 구속사가 완성되는 종말까지 계속해서 새 노래를 불러야 합니다. 종말에 짐승과 그의 우상과 그의 이름의 수를 이기고 벗어난 자들이 유리 바닷가에 서서 하나님의 거문고를 가지고 "하나님의 종 모세의 노래, 어린 양의 노래"를 부른다고 말씀하고 있습니다(계 15:2-3). 모세의 노래와 어린 양의 노래는, 구원 받은 모든 시대 모든 백성이 불러야 할 노래요, 구속사를 관통하는 새 노래입니다.

요한계시록을 보면, 어린 양이신 예수 그리스도에게 드리는 새 노래가 두 번 기록되어 있습니다.

첫째, 요한계시록 5:8-9에서 "네 생물과 24장로"가 책을 취하신 어린 양 앞에 엎드려서 각각 거문고와 향이 가득한 금대접을 가지고 새 노래를 불렀습니다. 그 부른 내용은 요한계시록 5:9에 "새 노래를 노래하여 가로되 책을 가지시고 그 인봉을 떼기에 합당하시도다 일찍 죽임을 당하사 각 족속과 방언과 백성과 나라 가운데서 사람들을 피로 사서 하나님께 드리시고"라고 기록하고 있습니다.

둘째, 요한계시록 14장에서 구속 받은 첫 열매인 14만 4천인이 새 노래를 부르고 있습니다. 요한계시록 14:3에 "저희가 보좌와 네 생물과 장로들 앞에서 새 노래를 부르니 땅에서 구속함을 얻은 십사만 사천인 밖에는 능히 이 노래를 배울 자가 없더라"라고 기록하고 있습니다.

그렇다면 이 새 노래를 부를 자격자는 누구입니까? 요한계시록 14:3에서 14만 4천인밖에는 "능히 이 노래를 배울 자가 없더라"라고 말씀하고 있습니다. 새 노래를 부르는 14만 4천인의 자격은 사람의 공로나 업적에 의해서 얻어지는 것이 아니라, 오직 하나님의 은혜로 얻어지는 것입니다. 과연 14만 4천인은 어떠한 자들입니까?

첫째, 어린 양과 함께 시온산에 선 자들입니다(계 14:1).

어린 양은 하나님의 백성을 대신하여 속죄의 제물로 피 흘려 죽으신 예수님을 가리킵니다(계 5:6). 시온산과 살아 계신 하나님의 도성 하늘의 예루살렘(히 12:22), 위에 있는 예루살렘은 자유자니 곧 우리의 어머니입니다(갈 4:26). 시온산은 그 부동성과 견고성을 의미합니다. 시편 125:1에 "여호와를 의뢰하는 자는 시온산이 요동치 아니하고 영원히 있음 같도다"라고 말씀하였습니다. 저들은 이마에 우리 하나님의 인을 맞은 자들이며(계 7:4), 그들의 이마에 아버지와 어린 양의 이름이 새겨져 있습니다(계 14:1). 그들은 사실상 성부 하나님의 인, 성자 하나님의 인, 성령 하나님의 인을 받은 자들입니다(고후 1:22, 엡 1:13, 4:30, 계 14:1). 또한 14만 4천인은 어린 양이 어디로 인도하든지 끝까지 따라가는 자요, 사람 가운데 구속을 받아 처음 익은 열매로 하나님과 어린 양에게 속한 자들입니다(계 14:4). 그들은 예수 그리스도 앞에 죽기까지 충성하고 끝까지 변심 없는 추종자들입니다(계 2:10).

둘째, 하나님의 말씀을 배우고 그 말씀이 풍성히 거하는 자들입니다.

새 노래는 낡은 생각, 낡은 마음이 아니라 새로운 말씀을 받아 새로운 생각(사상), 새로운 마음(회개를 통한 깨끗한 심령)으로 부르는 노래입니다. 새 노래는 예수님을 통한 권세 있는 교훈, 새 말씀을 배워서 그 말씀이 우리 속에 풍성히 거할 때 저절로 터져 나오는 노래입니다(막 1:22, 27, ^{참고}마 7:29, 눅 4:36). 요한계시록 14:3에서, 새 노래는 갑자기 부를 수 있는 노래가 아니라 '배워서 부르는 노래'라고 말씀하고 있습니다. 사도 바울은 골로새서 3:16에서 "그리스도의 말씀이 너희 속에 풍성히 거하여 모든 지혜로 피차 가르치며 권면하고 시와 찬미와 신령한 노래를 부르며 마음에 감사함으로 하나님을 찬양하고"라고 말씀하였습니다.

땅의 노래는 모두 낡은 노래지만, 하나님의 말씀은 언제나 새 노래입니다. 그래서 새 노래는 하나님의 말씀을 배워야 능히 부를 수 있습니다. 새 말씀을 받기 위해서는 새 마음(새 부대)을 가져야 합니다. 마태복음 9:17에 "새 포도주를 낡은 가죽 부대에 넣지 아니하나니 그렇게 하면 부대가 터져 포도주도 쏟아지고 부대도 버리게 됨이라 새 포도주는 새 부대에 넣어야 둘이 다 보전되느니라"라고 말씀하고 있습니다(참고-행 2:11-13).

셋째, 그 입에 거짓이 없고 흠이 없는 자들입니다.

새 노래를 부르는 14만 4천에 대하여, 요한계시록 14:5에서는 "그 입에 거짓말이 없고 흠이 없는 자들이더라"라고 말씀하고 있습니다. 이는 하나님과 진실하게 사귄 자라는 뜻이요(요일 1:6), 하나님의 계명을 진실하게 지킨 자라는 뜻이요(요일 2:4), 형제를 진실한 사랑으로 사랑한 자라는 뜻입니다(요일 4:20).

'거짓말'이란, 사실과 다르게 꾸며 말을 하는 것입니다. 거짓말 하는 자는 예수님께서 그리스도이심을 부인하는 자이며(요일 2:22), 스스로 자기는 죄가 없다고 말하는 자입니다(요일 1:8). 구속 받은 자들은 거짓을 말하지 아니하며 입에 궤휼이 없습니다(습 3:13). 말에 대한 완전한 정직은 하나님의 종들이 가져야 할 마땅한 태도입니다(사 53:9). 구속 받은 자들의 입에는 속임수가 없습니다(벧전 2:22).

"흠이 없는"은 헬라어 '아모모스'(ἄμωμος)인데, 어린 양으로 제물이 되신 예수 그리스도의 무흠하심을 나타낼 때 사용되고 있습니다(벧전 1:19, 히 9:14). 그러므로 무흠하신 예수님을 믿고 예수님과 하나 된 자들만이 하나님의 은혜를 힘입어 무흠한 자로 인정을 받을 수가 있습니다.

> **요한계시록 17:14** "저희가 어린 양으로 더불어 싸우려니와 어린 양은 만주의 주시요 만왕의 왕이시므로 저희를 이기실 터이요 또 그와 함께 있는 자들 곧 부르심을 입고 **빼내심**을 얻고 진실한 자들은 이기리로다"

6. 홍해 도하와 예수 그리스도의 세례
The crossing of the Red Sea and the baptism of Jesus Christ

출애굽 사건은 구약 시대의 가장 중요한 사건들 가운데 하나입니다. 출애굽 사건이 중요한 큰 이유는 바로 예수님의 행적과 연결되어 있기 때문입니다. 예수님께서 베드로와 야고보와 요한을 데리고 높은 산에 올라가 변화된 모습을 보여 주셨을 때(마 17:1-2, 막 9:2-3), 거기에 모세와 엘리야가 나타나 장차 예수님께서 예루살렘에서 "별세하실 것"을 말씀하였습니다.

> **누가복음 9:31** "영광 중에 나타나서 장차 예수께서 예루살렘에서 별세하실 것을 말씀할새"

여기 "별세"에 쓰인 헬라어는 '엑소도스'(ἔξοδος)인데, '생을 떠남, 죽음, 출발'이라는 의미로, 구속사적으로는 '출애굽'과 같은 의미입니다. 구약성경 '출애굽기'의 책 제목을 70인경에서는 '엑소도스'라고 하였습니다. 히브리서 11:22에서 "믿음으로 요셉은 임종 시에 이스라엘 자손들의 떠날 것을 말하고 또 자기 해골을 위하여 명하였으며"라고 말씀하고 있는데, 여기에서 출애굽을 뜻하는 "떠날"이라는 표현에도, 헬라어 '엑소도스'가 쓰였습니다.

신약성경은 예수님의 죽음과 출애굽을 연결하여 설명하고 있습니다. 출애굽이 애굽에서의 해방을 의미하는 것처럼, 예수님의 별세(別世: 세상을 떠남)가 바로 온 인류의 해방(구원)을 말씀하는 것입니다. 이처럼 출애굽의 모든 과정은 예수님의 구속 사역과 관련되어 있습니다. 그 가운데서 특별히 홍해 도하 사건은 예수 그리스도의 세례와 밀접한 관련이 있습니다.

라암셋에서 발행한 이스라엘의 노정 가운데 광야가 시작된 지점은 '광야 끝 에담'이었습니다(출 13:20, 민 33:6). 광야 끝 에담에 도착한 이스라엘이 사흘(약 75㎞ 거리)을 더 걸어 도착한 곳은 놀랍게도 '홍해 바다'였습니다. 하나님께서 큰 동풍으로 밤새도록 바닷물을 물러가게 하심으로 물이 갈라져 마른 땅이 되자(출 14:21), 물은 좌우에 벽이 되고 이스라엘은 바다 가운데 육지로 행하였습니다(출 14:29). 시편 106:9에는 "바다 지나기를 광야를 지남 같게" 하였다고 기록하였습니다(느 9:11, 시 136:14).

그리고 바다로 추격해 들어간 바로와 그의 군대가 모두 수장된 후 "그날에 ... 이스라엘이 바닷가의 애굽 사람의 시체를 보았더라"라고 기록하고 있습니다(출 14:30). 이로써 이스라엘의 출애굽 역사는 일단락을 짓고 완성되었습니다. 애굽에서 섬기던 옛 주인이 홍해 바다에 수장되므로(출 15:4-5, 10, 시 106:11, 136:15), 다시는 애굽의 추격을 받지 않는 완전한 출애굽이 성취된 것입니다. 그날은 라암셋에서 발행한 지 일 주일 만이요, 광야 끝 에담에서 떠난 지 삼 일 만이었습니다.

사도 바울은 이스라엘 백성이 홍해를 건넌 것은 영적으로 세례를 받은 것이라고 하였습니다.

고린도전서 10:1-2 "형제들아 너희가 알지 못하기를 내가 원치 아니하노니 우리 조상들이 다 구름 아래 있고 바다 가운데로 지나며 ²모세에게 속하여 다 구름과 바다에서 세례를 받고"

이처럼 홍해 도하는 예수 그리스도와의 연합으로 이루어지는 신약 시대의 세례를 예표합니다. 홍해 도하와 예수 그리스도를 통한 구속 사역은 구체적으로 어떤 관계가 있습니까?

첫째, 홍해 도하는 예수 그리스도를 믿음으로 말미암는 구원을 예표합니다.

홍해를 건널 때 바로의 군대가 완전히 바다에 수장되어(출 14:27-30), 애굽 압제의 거대한 속박은 끝이 났습니다. 이스라엘 백성이 애굽으로부터 받은 구원은 실로 물 가운데서 얻은 구원이었습니다. 노아의 홍수 심판 때에도, 노아의 여덟 가족은 전 세계를 심판하는 물로부터 구원을 받았습니다(벧후 2:5). 베드로전서 3:20에서 "방주에서 물로 말미암아 구원을 얻은 자가 몇 명뿐이니 겨우 여덟 명이라"라고 말씀하고 있습니다.

그렇다면 이 타락한 세상에서 죄와 사망으로부터의 영원한 구원은 어떻게 이루어집니까? 오직 예수 그리스도를 통해서만 이루어지는 것입니다(행 4:12, 16:31). 홍해 도하는 예수 그리스도 안에서 이루어지는 영원한 구원을 바라보게 합니다(요 4:13-14, 7:37-39).

둘째, 홍해 도하는 예수 그리스도의 이름으로 받는 구원의 세
례를 예표합니다.

베드로전서 3:21에서는 노아 때의 홍수에 대하여 말씀하시면서,
"물은 예수 그리스도의 부활하심으로 말미암아 이제 너희를 구원
하는 표니 곧 세례라"라고 말씀하고 있습니다. 노아의 여덟 가족이
물 심판 가운데 세례를 받았고, 이스라엘 백성이 홍해 도하 시에 세
례를 받았듯이(고전 10:1-2), 우리도 타락한 세상에서 구원을 받을 때
반드시 세례를 받아야 합니다.

우리가 받을 세례는 예수 그리스도의 이름으로 받는 세례입니다.
사도행전 2:38에서 "예수 그리스도의 이름으로 세례를 받고"라고
말씀하고 있으며, 사도행전 10:48에서 "예수 그리스도의 이름으로
세례를 주라"라고 말씀하고 있습니다(행 19:5). 예수님께서는 마태
복음 28:19에서 "그러므로 너희는 가서 모든 족속으로 제자를 삼아
아버지와 아들과 성령의 이름으로 세례를 주고"라고 말씀하셨습니
다. 이 말씀에 의거하여, 오늘날 교회에서는 성부 하나님과 성자 하
나님과 성령 하나님의 이름으로 세례를 베풀고 있습니다(웨스트민
스터 신앙고백 28장 2항).

우리는 회개하고 세례를 받음으로 죄 사함을 받습니다(행 2:38,
22:16). 세례는 중생(거듭남)의 씻음을 나타내는 표입니다(엡 5:26, 딛
3:5). 성령 세례는 죄 씻음과 구원의 내적인 표이며(마 3:11, 막 1:8, 눅
3:16, 요 1:33, 행 1:5, 11:16, 고전 12:13), 물 세례는 죄 씻음과 구원의 외
적인 표입니다(행 22:16, 벧전 3:21).

사람은 예수 그리스도를 마음으로 믿어 의에 이르고 입으로 시
인하여 구원에 이릅니다(롬 10:9-10). 마찬가지로, 성령으로 세례를

받은 사람은 반드시 물로 세례를 받음으로 많은 사람들 앞에서 자신의 신앙을 공식적으로 고백하고 증거해야 합니다.

성자 하나님이신 예수님께서도 피조물인 세례 요한에게 몸을 굽히고 머리를 숙여 세례를 받으셨습니다(마 3:13-17, 막 1:9-11, 눅 3:21-22, 요 1:29-34). 처음에 세례 요한이 "내가 당신에게 세례를 받아야 할 터인데 당신이 내게로 오시나이까"라고 말렸을 때(마 3:14), 예수님께서는 자신이 세례를 받는 것이 모든 의를 이루는 것이라고 말씀하셨습니다(마 3:15). 예수님께서 세례를 받으시고 물에서 올라오실 때, 하늘이 열리고 하나님의 성령이 비둘기같이 임하셨습니다(마 3:16). 예수님께서 우리를 대신하여 세례를 받으시고 그 모범을 보이셨다면, 예수님을 믿는 우리 역시 반드시 물로 세례를 받아야 합니다. 세례를 받지 않으면 구원과 상관없는 자가 되는 것입니다.

셋째, **홍해 도하는 예수님과의 연합을 예표합니다.**

고린도전서 10:2에서 "모세에게 속하여 다 구름과 바다에서 세례를 받고"라고 말씀하고 있습니다. 여기 "모세에게 속하여"는 헬라어 '에이스 톤 모위센'(εἰς τόν Μωϋσῆν)으로, '모세 속으로'라는 뜻입니다. 이것을 바른성경에서는 '모세와 연합하여'로 번역하였습니다. 이스라엘 백성이 모세와 연합하여 세례를 받았던 것처럼, 오늘날 성도는 모세의 실체이신 예수 그리스도(신 18:15, 18, 행 3:22)와 연합하여 세례를 받아야 합니다.

그렇다면 예수 그리스도와 연합하여 세례를 받는다는 의미는 무엇입니까?

① 예수 그리스도의 죽으심과 연합하여 옛 사람이 죽는 것입니다.

예수님께서는 자신의 죽으심을 예고하면서 그 십자가 고난과 죽음을 "세례"로 표현하셨습니다. 마가복음 10:38-39에서 두 번이나 "나의 마시는 잔 … 나의 받는 세례"라고 말씀하셨고, 누가복음 12:50에서는 "나는 받을 세례가 있으니 그 이루기까지 나의 답답함이 어떠하겠느냐"라고 말씀하셨습니다. 그러나 야고보와 요한은 예수님의 십자가의 참뜻을 이해하지 못했기 때문에, 예수님께서 "너희가 나의 마시는 잔을 마시며 나의 받는 세례를 받을 수 있느냐"라고 물으셨을 때, 그 잔이 무엇인지 묻지도 않고 무턱대고 "할 수 있나이다"라고 가볍게 대답하였습니다(막 10:38-39). 이때 예수님께서는 고난의 의미를 모른 채 영광만을 구하는 그들에 대하여 "너희 구하는 것을 너희가 알지 못하는도다"(마 20:22ᵘ, 막 10:38ᵘ)라고 하시며 안타까워 하셨습니다.

성도는 예수님의 죽으심과 연합함으로써 세례를 받는 것입니다. 로마서 6:3-4에서 "무릇 그리스도 예수와 합하여 세례를 받은 우리는 그의 죽으심과 합하여 세례 받은 줄을 알지 못하느뇨 그러므로 우리가 그의 죽으심과 합하여 세례를 받음으로 그와 함께 장사되었나니"라고 말씀하고 있습니다. 골로새서 2:12에서도 "너희가 세례로 그리스도와 함께 장사한 바 되고"라고 말씀하고 있습니다. 로마서 6:4의 "함께 장사되었나니"는 헬라어로 '같이 묻다, 함께 매장되다'라는 뜻을 가진 한 단어 '쉰답토'(συνθάνπτω)의 부정과거 수동태가 사용되었습니다. 이것은 죄악된 우리의 옛 사람이 완전히 죽어서 다시는 소생하지 못하게 된 상태를 나타냅니다. 곧 우리의 "죄의 몸"(롬 6:6), "옛 사람"(엡 4:22, 골 3:9), "얽매였던 것"(롬 7:6)이 완전히 죽는 것입니다. 그러므로 성도는 세례를 통하여 예수님의 죽으심과 합하여 자신의 모든 죄가 완전히 매장되는(제거되는) 놀라운 복을 받게 됩니다.

우리가 예수님과 함께 십자가에서 죽는다는 것은 우리의 모든 정과 욕심을 십자가에 못 박아(갈 5:24), 다시는 죄에게 종 노릇 하지 않는 것을 말합니다(롬 6:6, 엡 4:22-24, 골 3:9). 죄로 하여금 우리의 죽을 몸에 왕 노릇 하지 못하게 하여, 몸의 사욕에 순종치 않고, 우리의 지체를 불의의 병기가 아닌 의의 병기로 하나님께 드리는 것입니다(롬 6:12-13). 로마서 8:13에서도 "너희가 육신대로 살면 반드시 죽을 것이로되 영으로써 몸의 행실을 죽이면 살리니"라고 말씀하고 있습니다.

② 예수 그리스도의 부활과 연합하여 산 자가 되는 것입니다.

로마서 6:5에서 "만일 우리가 그의 죽으심을 본받아 연합한 자가 되었으면 또한 그의 부활을 본받아 연합한 자가 되리라"라고 말씀하고 있습니다(빌 3:10-11). 여기 "연합한"은 헬라어 '쉼퓌토스'(σύμφυτος)로, 다른 나무 가지에 접붙임 되어서 그 성질이 변하는 것을 나타내는 단어입니다. 예수 그리스도의 부활과 연합하면 우리에게 새로운 생명이 부여되고 우리의 삶이 완전히 변화하는 것입니다. 로마서 6:4에서 "그리스도를 죽은 자 가운데서 살리심과 같이 우리로 또한 새 생명 가운데서 행하게 하려 함이니라"라고 말씀하고 있습니다. 로마서 6:8-9에서도 "만일 우리가 그리스도와 함께 죽었으면 또한 그와 함께 살 줄을 믿노니 이는 그리스도께서 죽은 자 가운데서 사셨으매 다시 죽지 아니하시고 사망이 다시 그를 주장하지 못할 줄을 앎이로라"라고 말씀하고 있습니다.

이제 예수님의 죽음은 나의 죽음이요, 예수님의 장사됨은 나의 장사됨이요, 예수님의 부활은 나의 부활이요, 예수님의 승천은 나의 승천이요, 예수님의 천국은 나의 천국이요, 예수님의 영생은 나의 영생이 되는 것입니다. 예수 그리스도와의 연합으로, 이제 우리는 의인이요(롬 6:7), 산 자가 되는 것입니다(롬 6:11).

나의 죄를 예수님께서 지시고, 내가 받을 사형을 예수님께서 대신 받으시고, 내가 무덤에 장사되어야 하는데 예수님께서 대신 장사 지낸 바 되셨습니다. '죄'에 대해서는 사형을 받아 죽고, 예수님의 부활한 생명이 내게로 와서 내 영을 살려 주심으로 '영생하게 된 나', 이것이 '진정한 나'인 것입니다(요 11:25-26, 롬 8:10-11). 이전의 삶은 십자가에 못박혔으며, 이제는 오직 내 안에 계신 그리스도께서 사시는 것입니다(갈 2:20). 그래서 갈라디아서 3:27에서 "누구든지 그리스도와 합하여 세례를 받은 자는 그리스도로 옷입었느니라"라고 말씀하고 있습니다.

나에게 있던 약하고 좋지 않은 것(옛 것)은 다 예수님의 십자가로 옮겨지고, 예수님의 좋은 것(새 것)은 다 내게로 왔습니다. 하나님의 모든 선한 것이 다 예수님께 왔고, 예수님의 모든 것은 다 내게로 왔습니다. 나의 모든 약하고 나쁜 것은 예수님께서 다 가져가셨기 때문에, 고린도후서 5:17에 "누구든지 그리스도 안에 있으면 새로운 피조물이라 이전 것은 지나갔으니 보라 새 것이 되었도다"라고 말씀하였습니다. 성도가 그리스도의 생명으로 다시 태어나면, 그 생명이 우리에게 '지혜'와 '의로움'과 '거룩함'과 '구속함'이 되어(고전 1:30), 마침내 우리 속에서 '새 힘'과 '능력'과 '사랑'과 '선'이 나오게 됩니다. 결국 예수님께서 부활하시어 영원히 사신다면,

우리도 세례를 통해 예수님의 부활과 연합함으로써 영원히 살게 되는 것입니다(롬 6:8-9, ^{참고}롬 6:22).

    본래 홍해에 수장되어 죽을 수밖에 없는 자는 이스라엘 백성이었으나, 하나님께서는 그들 대신에 애굽의 바로와 그 군대를 홍해에 수장하셨습니다(출 14:28). 이사야 43:3에서 "대저 나는 여호와 네 하나님이요 이스라엘의 거룩한 자요 네 구원자임이라 내가 애굽을 너의 속량물로, 구스와 스바를 너의 대신으로 주었노라"라고 말씀하고 있습니다. 우리는 홍해에 수장되어 죽은 시체들을 보면서, '내가 저 자리에 저렇게 죽어 있는 것이 마땅한데, 하나님께서 나 같은 것을 살려 주시고 놀라운 사랑과 은혜와 긍휼을 베풀어 주셨으니', 중심이 뜨겁게 감사할 뿐입니다.

    그러므로 이제 더 이상 죽은 자가 아니라 산 자로 살아야 합니다. 로마서 6:11에서 "이와 같이 너희도 너희 자신을 죄에 대하여는 죽은 자요 그리스도 예수 안에서 하나님을 대하여는 산 자로 여길지어다"라고 말씀하고 있습니다. 죽은 자는 차갑고 굳어서 움직이지 못하기 때문에 하나님의 일을 할 수 없습니다. 그러나 산 자는 봉사하고 전도하고 구제하고 사랑하며, 온 마음과 정성과 힘을 다하여 하나님의 일에 쉬지 않고 충성을 다합니다. 산 자는 뜨겁게 활동합니다. 하나님의 은혜와 사랑에 온몸과 마음이 뜨거워서 복음을 전하지 않고는 견딜 수 없습니다. 산 자는 오직 예수 그리스도를 믿는 믿음 안에서 살며(갈 2:20), 오직 예수 그리스도의 십자가만을 자랑하고(갈 6:14), 오직 위엣 것을 찾으며(골 3:1), 오직 그리스도 예수의 일만을 구하며(빌 2:21), 오직 예수를 위하여 삽니다(고후 5:15). 죄와 동거하면서 죄를 먹고 마시던 옛 생활을 완전히 청산하고, 오직 하나님의 말씀을 따라 영원한 하늘의 기업을 소망하면서 절대 순종합니다.

더 나아가, 우리의 지체를 의의 병기로 하나님께 드립니다. 로마서 6:13에서 "또한 너희 지체를 불의의 병기로 죄에게 드리지 말고 오직 너희 자신을 죽은 자 가운데서 다시 산 자같이 하나님께 드리며 너희 지체를 의의 병기로 하나님께 드리라"라고 말씀하고 있습니다. 여기 "병기"는 헬라어 '호플론'(ὅπλον)으로, '무기(공격용)'를 가리킵니다(요 18:3).

성도가 오직 예수 그리스도의 죽으심과 연합되고 그분의 부활하심과 연합되면, 그 자신이 강력한 무기가 되어 아무리 강한 사단의 세력과 싸워도 반드시 승리할 것입니다. 예수 그리스도와 연합된 성도는, 아무리 견고한 사단의 요새라 할지라도 일거에 무너뜨리는 하나님의 강력한 무기인 것입니다(고후 10:4, ^{참고-}엡 6:17).

소결론
이스라엘을 출애굽 시키신 하나님의 손
Minor Conclusion - The hand of God that delivered Israel from Egypt

마침내 애굽 430년 비극의 역사는 종지부를 찍고, 역사적인 출애굽 운동이 애굽 땅 라암셋에서부터 시작되었습니다. 이때 이스라엘의 유아 외에 보행하는 장정만 60만 가량이요, 중다한 잡족과 양과 소와 심히 많은 생축이 그들과 함께하였습니다(출 12:37-38).

이스라엘이 애굽을 떠난 후 바로의 마음은 다시 강퍅해졌습니다. 이스라엘을 내어 보낸 일에 후회막급이었습니다. 출애굽기 14:5에서는 "우리가 어찌 이같이 하여 이스라엘을 우리를 섬김에서 놓아 보내었는고"라고 탄식하였습니다. 그래서 애굽의 특별 병거 600승과 모든 병거를 동원하여 다시 이스라엘을 추격하여 홍해까지 쫓아 왔습니다(출 14:6-9). 그러나 이스라엘의 광야 행군은 벌써 하나님의 불기둥과 구름기둥의 안전 보장을 받고 있을 때였습니다(출 13:21-22).

이 얼마나 무섭고도 끈질긴 악의 세력의 추격입니까! 그러나 하나님께서는 애굽 군대를 홍해 바다까지 유인하여, 이스라엘이 애굽 사람을 다시는 보지 못하도록 심판하셨습니다(출 14:17, 23-28). 애굽을 영원히 철저하게 멸망시킴으로, 이스라엘 백성이 다시는 애굽과 교류할 수 없게 만드셨습니다. 홍해 도하 전에 모세가 백성에게 "너희는 두려워 말고 가만히 서서 여호와께서 오늘날 너희를 위하여 행하시는 구원을 보라 너희가 오늘 본 애굽 사람을 또 다시는 영원히 보지 못하리라"(출 14:13)라고 선포한 그대로, 하나님은 악의 세력을 끝장내셨습니다.

요한계시록 11:8에서 "주께서 십자가에 못박히신 곳"을 애굽으로 비유했습니다. 애굽에서의 해방(출애굽)은 성도들이 예수 그리스도의 십자가로 말미암아 죄와 사망에서 해방됨을 예표합니다. 사단은 우리를 죄악 속에 가두려 하지만, 주님은 우리를 죄와 사망에서 기어이 해방해 주십니다. 모든 악의 세력을 완전히 멸망시키고 하나님의 백성을 반드시 구원하십니다.

어느 시대나 하나님의 구속사에 있어서 택하신 백성을 구원하시는 원동력은 '하나님의 손'이었습니다. 출애굽 과정 내내 하나님의 손이 역사하였습니다.

첫째, 10대 재앙을 예고하실 때 '하나님의 손'이 역사하실 것을 말씀하셨습니다.

출애굽기 7:4에서 "내가 내 손을 애굽에 더하여 여러 큰 재앙을 내리고", 7:5에서 "내가 내 손을 애굽 위에 펴서 이스라엘 자손을 그 땅에서 인도하여" 라고 말씀하고 있습니다.

둘째, 10대 재앙 가운데 '하나님의 손'이 역사하였습니다.

세 번째 재앙(이 재앙)에서 술객들은 바로에게 "이는 하나님의 권능(손가락)이니이다"(출 8:19)라고 고백하였습니다. 다섯 번째 재앙(악질 재앙)에서 "여호와의 손"(출 9:3)이 심한 악질을 일으켰습니다. 출애굽기 9:15에서 "내가 손을 펴서 온역으로 너와 네 백성을 쳤더면 네가 세상에서 끊어졌을 것이나"라고 말씀하고 있습니다. 참으로, 10대 재앙을 행하신 것은 하나님의 "강한 손과 편 팔"이었습니다(신 4:34, 7:19, 26:8, 시 136:12).

셋째, 출애굽 할 때 '하나님의 손'이 역사하였습니다.

출애굽기 13:3, 14, 16에서 "그 손의 권능으로" 애굽에서 인도하여 내셨다고 말씀하고 있고, 예레미야 32:21에서도 "주께서 징조와 기사와 강한 손과 드신 팔과 큰 두려움으로 주의 백성 이스라엘을 애굽 땅에서 인도하여 내시고"라고 말씀하고 있습니다(신 5:15).

넷째, 홍해를 건널 때 '하나님의 손'이 역사하였습니다.

뒤에는 애굽 군대가 쫓아오고 앞에는 홍해 바다가 넘실대는 위기에서, 하나님께서는 모세에게 지팡이를 들고 "손을 바다 위로 내밀어 그것으로 갈라지게 하라"라고 명령하셨습니다(출 14:16). 그 지팡이는 바로 하나님의 지팡이였습니다(출 4:20). 그러므로 궁극적으로 하나님의 손이 홍해를 갈라지게 한 것입니다. 홍해를 건넌 다음에 부르는 노래 중에는 "주께서 오른손을 드신즉 땅이 그들을 삼켰나이다"(출 15:12)라고 말씀합니다.

하나님의 "강한 손과 편 팔"은 마침내 이스라엘 백성을 열조에게 맹세하신 젖과 꿀이 흐르는 땅 가나안으로 인도하였습니다(렘 32:22). 그리고 그 "강한 손과 편 팔"은 바벨론에서 포로로 고통 당하고 있던 남 유다를 해방하였습니다. '하나님의 손'은 종말에도 10대 재앙과 같은 큰 기사와 징조로 세상 바벨론을 심판하시고, 세상 바벨론 밑에서 신음하는 하나님의 백성을 구원하시어(계 18:2, 4) 영원한 하나님의 나라로 인도하실 것입니다.

하나님의 손은 천지와 우주 만물을 창조하신 손입니다. 이사야 48:13에서 "내 손이 땅의 기초를 정하였고 내 오른손이 하늘에 폈나니"라고 말씀하고 있으며, 시편 102:25에서 "하늘도 주의 손으로 지으신 바니이다"라고 말씀하고 있습니다(참고-렘 32:17).
하나님의 손은 하나님을 대적하는 악의 세력을 심판하시는 손입니다. 사무엘상 5:6-7에서 "여호와의 손이 아스돗 사람에게 엄중히 더하사 독종의 재앙으로 아스돗과 그 지경을 쳐서 망하게 하니 … 그 손이 우리와 우리 신 다곤을 친다"라고 말씀하고 있습니다. 법궤가 아스돗에서 가드로 옮겨지자, 사무엘상 5:9에서 "그것을 옮겨 간 후에 여호와의 손이 심히 큰 환난을 그 성에 더하사 성읍 사람의 작은 자와 큰 자를 다 쳐서 독종이 나게 하신지라"라고 말씀하고 있습니다. 하나님의 손은 훗날 바벨론 제국을 하루아침에 멸망케 하는 손으로 등장하였습니다. 한 손가락이 나타나 왕궁 촛대 맞은편 분벽에 "메네 메네 데겔 우바르신"이라고 썼습니다(단 5:5, 24-25). 이것은 '왕이 하나님의 저울에 달린 결과 부족함이 보여, 왕의 나라가 나뉘어서 메대와 바사에게 망하게 된다'는 뜻이었습니다(단 5:26-28). 왕궁 분벽에 나타났던 사람의 손가락은 하나님의 손을 나타냅니다. 이 손은 바벨론 제국을 심판하는 손이요, 하나님만이 이 세상 나라를 공의로 심판하시는 심판주이심을 나타냅니다.

그러나 믿는 성도에게 하나님의 손은 굳세게 하시는 손이요, 붙잡아 주시는 손이요, 도와 주시는 참으로 의로운 오른손입니다(사 41:10, 13). 요한복음 10:28에서 "내가 저희에게 영생을 주노니 영원히 멸망치 아니할 터이요 또 저희를 내 손에서 빼앗을 자가 없느니라"라고 말씀하고 있습니다. 오늘도 우리 자신을 주님의 손에 부탁하는 가운데(시 31:5), 하나님의 오른손에 붙잡혀서 애굽 같은 죄악 세상을 탈출하여, 젖과 꿀이 흐르는 땅 신령한 가나안 천국에 다 입성하시기를 주님의 이름으로 간절히 축원합니다.

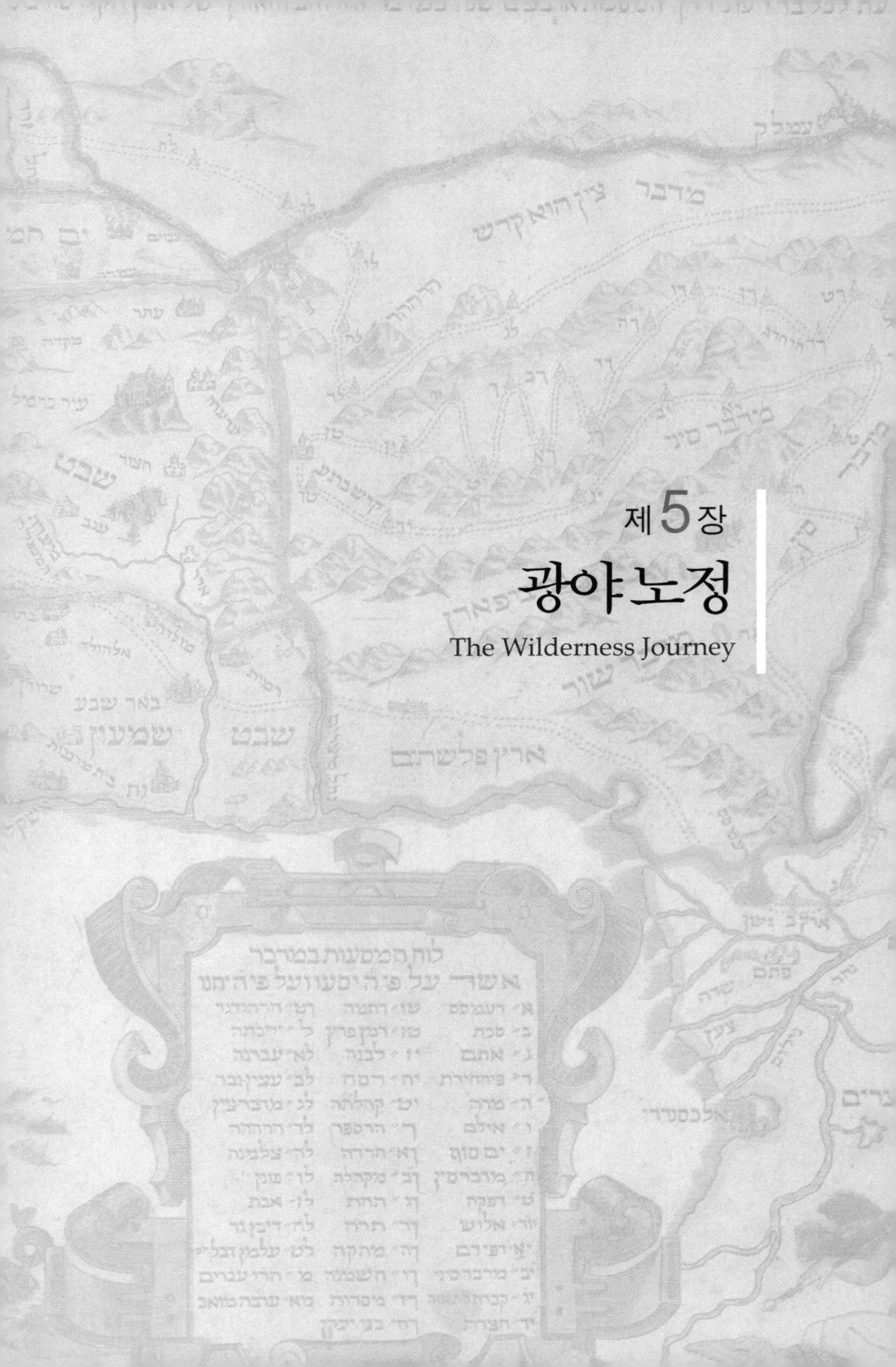

제 5 장

광야노정

The Wilderness Journey

광야 노정

THE WILDERNESS JOURNEY

질풍노도 같은 출애굽의 대역사를 마감한 이스라엘 민족 앞에는, 이제 광야에서의 긴 노정이 기다리고 있었습니다.

출애굽과 광야 노정 전체의 역사는 출애굽기 12장부터 신명기 34장까지 방대하게 기록되어 있으며, 크게는 '출애굽에서 시내 광야'까지, 그리고 '시내 광야에서 모압 평지'까지 두 단계로 요약됩니다. 세부적으로는 주요 사건이 일어난 세 장소(시내 광야, 가데스 바네아, 모압 평지)를 기준으로, 다섯 시기로 구분됩니다.

[광야 시대의 구분]

① 출애굽부터 시내 광야까지 - 약 45일 / 출 12-18장

② 시내산이 있는 시내 광야 - 11개월 20일 / 출 19장-민 10:10

③ 시내 광야에서 출발하여 가데스 바네아(릿마)에서 정탐을 마치기까지 - 약 3개월 / 민 10:11-14장

④ 불신앙의 출애굽 1세대를 심판하는 광야 방랑기 - 약 38년 / 민 15-19장

⑤ 가데스 바네아에 다시 도착하여 모압 평지에서 모세가 죽기까지 (세 지도자의 죽음: 미리암, 아론, 모세) - 약 11개월 / 민 20장-신 34장

I
시내 광야까지의 노정
(주전 1446년 출애굽 원년 3월)
THE JOURNEY TO THE WILDERNESS OF SINAI
(THE 3RD MONTH OF THE YEAR OF THE EXODUS, 1446 BC)

1. 출애굽부터 시내 광야까지 - 약 45일(출 12-18장)
From the exodus to the wilderness of Sinai
- about forty-five days (Exod 12-18)

이스라엘 백성은 애굽의 라암셋에서 출발하여 숙곳(출 12:37, 민 33:3, 5), 에담(출 13:20, 민 33:6)을 지나 믹돌 앞(출 14:2, 민 33:7)에 진쳤을 때 홍해가 갈라지는 기적을 체험하였습니다(출 14:21-31, 민 33:8上).

그 후 마라에서 쓴 물이 달아지는 체험을 하고(출 15:22-25, 민 33:8), 엘림에서 물샘 열둘과 종려나무 칠십 주를 만나고(출 15:27, 민 33:9), 홍해 가를 지났습니다(민 33:10). 신 광야에서 만나와 메추라기를 공급받았으며(출 16:1, 12-18, 민 33:11), 돕가와 알루스를 지나 르비딤에 도착하였습니다(출 17:1, 민 33:13-14). 이스라엘 백성이 물이 없으므로 하나님을 원망하자, 하나님께서는 모세에게 반석을 치라고 명하심으로 반석을 통해 생수를 공급하셨습니다(출 17:1-7). 이어 아말렉과의 전쟁에서는 모세의 기도를 통해 마침내 승리하였습니다(출 17:8-16). 그리고 출애굽 후 1차 목적지였던 시내 광야에 도착하였습니다(출 19:1-2).

라암셋에서 정월 15일에 출발하여(민 33:3) 3월 1일에 시내 광야에 도착하였으므로(출 19:1), 출애굽부터 시내 광야 도착까지는 약 45일(1개월 반)이 걸렸습니다.

라암셋에서 출발하여 시내 광야에 도착하기까지의 과정을, 진친 장소를 중심으로 정리하면 다음과 같습니다. 각 지점의 지명의 뜻.위치.내용은, 주로 구속사 시리즈 제2권 「잊어버렸던 만남」 제4장의 'Ⅲ. 광야 40년의 역사' 부분을 따랐으며, 중요한 내용들을 새롭게 추가하였습니다. 각 날짜의 '요일'에 대해서는 일곱 번째로 진을 친 장소 신 광야의 설명을 참조하시기 바랍니다.

1월 15일 목요일	**라암셋 출발** / רַעְמְסֵס / Rameses / 라(Ra, 애굽의 태양신)는 그를 낳았다 (출 12:37-38, 민 33:3, 5)

민수기 33:3에서 "그들이 정월 십오일에 라암셋에서 발행하였으니 곧 유월절 다음날이라 이스라엘 자손이 애굽 모든 사람의 목전에서 큰 권능으로 나왔으니"라고 말씀하고 있습니다.

"라암셋"(רַעְמְסֵס, Rameses)은 '라(Ra: 애굽의 태양신)는 그를 낳았다'라는 뜻으로, 애굽의 삼각주(delta)의 동북부에 위치하였으며, 이스라엘 백성이 거했던 고센 지역 내에 있었습니다. 이스라엘 백성의 노동력을 강제로 동원하여 건립된 국고성으로서(출 1:11), 오늘날의 산 엘 하가르(San el-Hagar)로 알려져 있습니다.

출애굽 한 날은 1월 15일 목요일로, 무교절이 시작된 날입니다.

출애굽기 12:17에서 "너희는 무교절을 지키라 이날에 내가 너희 군대를 애굽 땅에서 인도하여 내었음이니라 그러므로 너희가 영원한 규례를 삼아 이날을 대대로 지킬지니라"라고 말씀하고 있습니다 (민 33:3, ^{참고}·레 23:6).

1 | 1월 16일 금요일 | 숙곳 / סֻכֹּת / Succoth / 오두막집들, 작은 양의 우리 (출 12:37, 민 33:5)

숙곳은 제1차로 진을 친 장소입니다.

뜻 숙곳의 뜻은 '오두막집들, 작은 양의 우리'입니다. 그 어원은 '(담으로) 막다, (뚜껑을) 덮다'라는 뜻의 '사카크'(סָכַךְ)입니다.

위치 숙곳은 라암셋에서 남동쪽으로 약 52㎞ 지점에 위치하고 있습니다.

내용 이스라엘 백성은 라암셋에서 1월 15일(유월절 다음날)에 발행하였습니다(민 33:3). 라암셋에서 약 52㎞ 떨어진 곳이기 때문에, 200만 명이 넘는 이스라엘 백성이 숙곳에 도착하기까지는 이틀 정도가 소요되었을 것입니다. 따라서 1월 16일 금요일 늦게 숙곳에 도착하였을 것입니다.

2 | 1월 18일 일요일 | 에담 / אֵתָם / Etham / 성벽, 방벽 (출 13:20, 민 33:6)

에담은 제2차로 진을 친 장소입니다.

뜻 에담의 뜻은 '성벽, 방벽'입니다. 애굽어에서 유래한 단어로 '그들과 함께'라는 의미도 있습니다.

위치 애굽 동편 시나이 반도 초입에 위치한 지역으로, 숙곳으로부터 약 32㎞이며 하룻길이 조금 더 됩니다.

내용 1월 16일 숙곳에 도착하여 진을 치고 1월 17일 숙곳에서 출발한 이스라엘은 17일 하루를 지나 1월 18일 일요일에 일찍 에담에 도착하였을 것입니다. 에담은 구름기둥과 불기둥이 처음으로 나타난 곳입니다(출 13:20-22).

3	1월 20일 화요일	믹돌 앞 / לִפְנֵי מִגְדֹּל / Before Migdol / 요새, 망대 (출 14:2, 9, 민 33:7)

믹돌 앞은 제3차로 진을 친 장소입니다.

뜻 믹돌의 뜻은 '요새(군사적 방어 시설), 망대(적의 동정을 살펴보는 높은 곳), 탑'입니다. '강해지다, 중요하게 되다'라는 뜻의 '가달'(גָּדַל)에서 유래하였습니다.

위치 홍해 북단에 있는 지역으로, 에담에서 믹돌 앞까지는 약 75㎞로 추정되며 3일 길 정도의 거리입니다.

내용 홍해를 건너기 바로 직전, 하나님께서는 치밀한 계획 속에 이스라엘 백성에게 명하여 "돌쳐서"(출 14:2ᴸ-방향 전환) 믹돌 앞으로 나아가게 인도하셨습니다. 1월 18일 에담에 일찍 도착하여 진을 치고 얼마 후 바로 출발하였다면, 1월 20일 화요일 오후 늦게 믹돌 앞에 도착하였을 것입니다.

1월 21일 수요일 밤	홍해를 건넘(출 14:21, 민 33:8ᴸ)

유대 전승에 따르면 이스라엘 백성이 홍해를 건넌 것은 출애굽

한 지 6일 후인 아빕월(종교력 1월의 가나안식 명칭) 21일 수요일 밤이 었습니다. 그날 밤에 홍해가 갈라져 마른 땅이 되었으며 그곳으로 이스라엘 백성이 건넜습니다(출 14:22, 29). 출애굽기 14:21에서 "모 세가 바다 위로 손을 내어민대 여호와께서 큰 동풍으로 밤새도록 바닷물을 물러가게 하시니 물이 갈라져 바다가 마른 땅이 된지라" 라고 말씀하고 있습니다. 이스라엘 백성들은 무사히 홍해를 건넜 고, 그들을 뒤따라온 애굽의 바로와 그 군대는 모두 홍해에 수장되 었습니다(출 14:23-28).

홍해를 건넌 이날은 바로 무교절의 마지막 날 밤이었습니다. 출 애굽기 12:18에서 "정월에 그 달 십사일 저녁부터 이십일일 저녁까 지 너희는 무교병을 먹을 것이요"라고 말씀하고 있습니다.

이 무교병을 먹지 않는 자는 홍해를 건널 수 없습니다. 출애굽기 12:15에서 "너희는 칠 일 동안 무교병을 먹을지니 그 첫날에 누룩을 너희 집에서 제하라 무릇 첫날부터 칠일까지 유교병을 먹는 자는 이스라엘에서 끊쳐지리라"라고 말씀하고 있습니다(출 12:19). 여기 "끊쳐지리라"에 해당하는 히브리어는 '카라트'(כָּרַת)로, 언약(בְּרִית, 베리트)과 유사한 어원을 가진 단어입니다. 무교절을 제대로 지키지 않는 자는 하나님의 언약 백성에서 제외되는 것입니다. 출애굽 한 1 월 15일은 무교절이 시작되는 날이요, 홍해를 건넌 1월 21일은 무교 절이 마치는 날입니다. 그러므로 하나님께서 두 날은 성회로 모여야 한다고 말씀하신 것입니다(출 12:16).

| **4** **1월 24일 토요일** | **마라** / מָרָה / Marah / 쓴, 쓴맛 (출 15:23, 민 33:8) |

마라는 제4차로 진을 친 장소입니다.

뜻 마라의 뜻은 '쓴, 쓴 맛'입니다. 그 어원은 '쓰다, 상하다, 슬프다'라는 뜻을 가진 '마라르'(מָרַר)입니다.

위치 홍해 연안 수에즈 남동쪽 약 72㎞ 지점으로, 홍해를 건넌 직후 수르 광야로 3일 길을 들어가 진 친 곳입니다(출 15:22).

내용 1월 21일 밤을 지나 새벽까지 홍해를 건넌 이스라엘 백성이 수르 광야로 들어가서 사흘 길을 행하였으나 물을 얻지 못했으므로, 1월 21일, 22일, 23일을 지나 1월 24일에 마라에 도착하였을 것입니다. 홍해를 건넌 이스라엘 백성은 3일 동안 물을 먹지 못하다가 마침내 마라에서 물을 만났습니다. 비록 그 물이 쓴 물이었지만, 모세가 하나님께서 지시하신 한 나무를 던진 후에 단물로 바뀌어 이스라엘 백성이 그 물을 마실 수 있었습니다(출 15:22-25上).

또한 하나님께서는 마라에서 처음으로 법도(חֹק, 호크)와 율례(מִשְׁפָּט, 미쉬파트)를 주시고 그 순종 여부를 시험하셨습니다(출 15: 25下). 애굽 군대가 홍해에 다 수장되고, 마라에서 쓴 물이 단물로 바뀌어 이스라엘 백성이 안정을 찾은 후에야 비로소 하나님께서는 그들에게 법도와 율례를 가르치셨습니다. 여기 "법도와 율례"는 히브리어로 '호크 우미쉬파트'(חֹק וּמִשְׁפָּט)로, 각각 단수형이 사용되었습니다.

법도(호크)는 '파내다, 새겨 넣다'라는 뜻의 '하카크'(חָקַק)에서 파생되어, 엄정하게 규정되어 성문화된 조항을 뜻합니다(시 2:7, 렘 31:35-36). 이는 주로 하나님과 인간과의 관계에서 필요한 계명을 가리킵니다(대신[對神]계명). 또한 율례(미쉬파트)는 '심판하다'라는 뜻의 '샤파트'(שָׁפַט)에서 유래하여, 주로 재판장에 의해 공포된 법령이나 심판을 가리킬 때 사용됩니다(민 27:11, 신 17:8-11). '미쉬파트'는

'호크'에 비해서 대체로 사람과 사람 사이의 사회생활에 적용되는 율법을 가리킵니다(대인[對人]계명).

또한 '법도(호크)와 율례(미쉬파트)'는 구약성경에서 모든 십계명과 모든 율법을 대표하는 말로 자주 함께 사용되었습니다(레 18:4-5, 26, 19:37, 20:22, 25:18, 26:15, 43, 신 4:1, 5, 8, 14, 45, 5:1, 31, 6:1, 20, 7:11-12, 8:11, 11:32, 12:1, 26:16-17, 수 24:25, 왕상 6:12, 9:4, 대상 22:13, 대하 7:17, 느 9:13-14, 시 18:22, 겔 11:12, 20:11, 13, 16, 19, 21, 24, 36:27, 37:24, 말 4:4 등).

첫째, 호렙산에서 하나님께서 모세에게 명한 법을 "율례(호크)와 법도(미쉬파트)"라고 말씀하였습니다(말 4:4).

둘째, 모세가 선포한 하나님의 율법을 가리켜 "규례(호크)와 법도(미쉬파트)"라고 요약하였습니다(신 4:8).

셋째, 모세는 광야 2세대에게 십계명을 가르치기에 앞서서 그 십계명을 지칭하는 말로 "규례(호크)와 법도(미쉬파트)"를 사용하였습니다(신 5:1).

넷째, 하나님께서 "나의 규례(호크)"와 "나의 법도(미쉬파트)"를 가리켜 "나의 모든 계명"이라고 말씀하셨습니다(레 26:15).

그렇다면 마라에서 정하신 "법도"와 "율례"는 구체적으로 무엇을 가리키는 것일까요?

모세는 출애굽 제2세대에게 십계명을 가르칠 때, 제4계명 '안식일 준수'와 제5계명 '부모 공경'에 관한 두 계명에만, 출애굽기에는 기록하지 않은 별도의 설명을 덧붙였습니다.

제4계명: "여호와 너의 하나님이 네게 **명한 대로...**"(신 5:12)

제5계명: "너의 하나님 여호와의 **명한 대로...**"(신 5:16)

이 별도의 설명은 오직 두 계명에만 첨가된 특별한 설명입니다. 이는 하나님께서 십계명을 주시기 전에 이미 이 두 계명을 주신 일이 있음을 나타냅니다. 마라에서부터 십계명을 받은 시내 광야에 이르기까지 마라 외에 다른 장소에서 계명을 주신 일이 없음을 볼 때, 바로 네 번째 진 친 장소인 '마라'에서 "안식일을 기억하여 거룩히 지키라"(출 20:8, 신 5:12)라는 법도(호크)와 "네 부모를 공경하라"(출 20:12, 신 5:16)라는 율례(미쉬파트)를 주신 것이 확실합니다.[42] 특히 레위기 19:2-3을 볼 때, "너희는 거룩하라 나 여호와 너희 하나님이 거룩함이니라"라고 선포하신 다음, 이어서 그것을 이룰 수 있는 두 가지 계명을 제시하고 있는데, 바로 "너희 각 사람은 부모를 경외하고 나의 안식일을 지키라"라고 말씀하고 있습니다. 실로 안식일 준수와 부모 공경은 십계명의 핵심이요, 모든 계명의 핵심이기도 한 것입니다.

이스라엘 백성이 430년 동안 애굽에 거주하였을 때, 그들은 안식일을 지킬 수가 없었으며 결국 안식일 개념을 다 잊어버리고 말았습니다. 애굽의 달력 체계에서 1주(週)의 단위가 '7일'이 아닌 '10일'이었던 점도, 이스라엘 백성이 애굽에서 안식일을 지키지 못했음을 크게 뒷받침합니다.[43] 그래서 하나님께서는 출애굽 한 이스라엘 백성에게 "너는 기억하라 네가 애굽 땅에서 종이 되었더니 너의 하나님 여호와가 강한 손과 편 팔로 너를 거기서 인도하여 내었나니 그러므로 너의 하나님 여호와가 너를 명하여 안식일을 지키라 하느니라"라고 말씀하셨습니다(신 5:15). 하나님께서는 430년 동안 안식일을 잊어버리고 살아온 이스라엘 백성에게, 마라에서 처음으로 안식일 준수를 새롭게 가르치신 것입니다.

이어서 하나님께서는 마라에서 주신 법도와 율례로 이스라엘 백성을 시험하셨습니다(출 15:25下). 출애굽기 15:25의 "시험하실새"에는 '시험하다, 입증하다'라는 뜻의 히브리어 '나사'(נָסָה)의 강조(피엘)형이 사용되었는데, 이것은 하나님께서 마라에서 아주 강력하게 그들을 시험하셨음을 나타냅니다. 그러므로 그 법도와 율례 중 하나가 '안식일 준수'라면, 마라에 진 친 지 1주일이 되는 2월 1일 토요일까지 기다려서 그들이 안식일을 지키는지 안 지키는지 시험하시고, 그 다음날인 2월 2일 일요일에 마라를 떠나게 하셨다고 볼 수 있습니다.

5	2월 2일 일요일	**엘림** / אֵילִם / Elim / 힘, 나무
		(출 15:27, 민 33:9)

엘림은 제5차로 진을 친 장소입니다.

뜻 ▶ 엘림은 '힘, 나무'라는 뜻의 히브리어 '아일'(אַיִל)의 복수형으로, '나무들, 큰 나무들'이라는 뜻입니다.

위치 ▶ 마라에서 남동쪽으로 약 10km 지점이며, 오늘날의 '와디 가란델'(Wadi Gharandel)로 알려져 있습니다.

내용 ▶ 2월 2일 마라에서 출발한 이스라엘 백성은 그날 오후에 엘림에 도착하였을 것입니다. 엘림은 오아시스 지역으로 물샘 열둘과 종려나무 칠십 주가 있었습니다(출 15:27). 출애굽 후 이스라엘 백성은 오랜만에 만난 좋은 환경에서 그동안의 긴장과 피곤을 풀고 안식을 취했을 것입니다.

6	2월 13일 목요일	**홍해 가** / עַל יַם סוּף / By the Red Sea / 갈대의 바다
		(민 33:10)

홍해 가는 제6차로 진을 친 장소입니다.

뜻 홍해의 뜻은 '갈대의 바다'입니다.

위치 홍해에 인접한 지역으로 엘림과 신 광야 사이에 위치합니다. 홍해 가에서 신 광야까지 직선 거리는 약 35㎞이며, 돌아가는 길을 고려할 때 약 이틀 길이었습니다.

내용 출애굽기 16:1에서 와우계속법을 사용하여 엘림에서 떠나 바로 신 광야에 이른 것으로 기록한 것을 볼 때, 홍해 가는 중간에 잠시 머무르고 지나간 장소였을 것입니다. 신 광야에 2월 15일에 도착했다고 하였으므로(출 16:1), 2월 13일에 홍해 가에 도착하여 진을 치고 2월 14일에 출발하여 이틀 길을 걸어 2월 15일 토요일에 신 광야에 도착한 것입니다.

7	2월 15일 토요일	신 광야 / מִדְבַּר סִין / Wilderness of Sin / 가시 잡목, 습지, 점토
		(출 16:1, 민 33:11)

신 광야는 제7차로 진을 친 장소입니다(출 16:1-36).

뜻 신 광야의 '신'(סִין)은 '가시 잡목, 습지, 점토'라는 뜻입니다.

위치 수르 광야의 남동쪽이며, 엘림과 시내 광야 사이에 위치하고 있습니다(출 16:1).

내용 이스라엘 백성은 출애굽 한 후 한 달 만인 2월 15일 토요일에 신 광야에 도착하였습니다(출 16:1). 양식이 떨어져 무척 굶주렸던 백성은 "온 회중으로 주려 죽게 하는도다"(공동번역: 모조리 굶겨 죽일 작정이냐)라고 하며 모세와 아론을 향해 거세게 원망했습니다(출 16:3, 참고-신 8:3下). 이에 하나님께서는 이튿날인 2월 16일 일요일 아침에 만나를 처음 내려 주셨습니다(출 16:13-15). 한편, 유대인의 탈

무드에서도 신 광야에 도착한 날짜와 요일을 밝혀, 만나가 내린 과정을 잘 뒷받침해 줍니다.

「신 광야에 도착한 다음날부터 만나가 내리기 시작했다. 그리고 6일 동안 만나를 거둘 수 있었다는 것을 볼 때, 첫 날은 일요일이었을 것이고 그 전날(도착한 날)은 안식일이었다. 이야르(2월) 15일이 안식일이었기에 시완(3월) 1일은 일요일이 확실하다.」[44]

일요일~목요일(5일 동안): 날마다 1오멜(2.34ℓ)씩

처음 만나가 내린 2월 16일 일요일부터 2월 20일 목요일까지는 매일 만나를 거두되 아침마다 한 오멜(2.34ℓ)씩 일용할 양식을 거두게 하셨습니다(출 16:7-8, 11-21). 출애굽기 16:4에 "... 보라 내가 너희를 위하여 하늘에서 양식을 비같이 내리리니 백성이 나가서 일용할 것을 날마다 거둘 것이라 이같이 하여 그들이 나의 율법을 준행하나 아니하나 내가 시험하리라"라고 말씀하셨습니다. 이 말씀대로 이스라엘 백성은 아침마다 각기 식량대로 만나를 거두었습니다(출 16:21).

제 육일(금요일): 평일의 갑절, 2오멜(4.68ℓ)씩

제6일인 2월 21일 금요일에는 안식일을 대비하여 갑절의 만나를 거두게 하셨습니다(출 16:5). 이에 이스라엘 백성은 제 육일이 되었을 때 갑절의 식물 곧 한 사람당 두 오멜(4.68ℓ)씩 거두었습니다(출 16:22ᆫ). 이스라엘 백성이 평소보다 갑절을 거둔 후, 모든 두목이 모세에게 와서 이를 어떻게 처리해야 할지를 물었습니다(출 16:22ᄒ). 이에 모세는 "내일은 휴식이니 여호와께 거룩한 안식일이라"라고 전하면서, 그날 거둔 갑절의 식물을 구울 것은 굽고 삶을 것은 삶고, 그 나머지는 다 아침까지 간수하라고 명령하였습니다(출 16:23). 모세의 명대로 6일째 갑절로 거둔 것 가운데 남은 것을 다음날까지 간수하였으나, 그것은 냄새도 나지 않고 벌레도 생기지 않았습니다 (출 16:24).

제 칠일(토요일): 만나가 멈추고 안식함

2월 22일이 되자 모세는 "오늘은 그것을 먹으라 오늘은 여호와 께 안식일인즉 오늘은 너희가 그것을 들에서 얻지 못하리라"(출 16:25)라고 전했습니다. 여기에 "오늘"이라는 표현이 3번 강조되고 있는데, 이렇게 하나님께서는 2월 22일이 토요일 즉 안식일임을 확실하게 선포하셨습니다. 이것은 성경에서 요일을 알 수 있는 확실한 근거가 됩니다. 그리고 모세는 "육 일 동안은 너희가 그것을 거두되 제 칠일은 안식일인즉 그날에는 없으리라"라고 하나님의 말씀을 전했습니다(출 16:26). 그럼에도 제7일에 백성 중 더러 거두러 나갔다가 얻지 못한 자들을 하나님께서 엄하게 질책하셨습니다(출 16:27-28). 그리고 모세를 통해 "볼지어다 여호와가 너희에게 안식일을 줌으로 제 육일에는 이틀 양식을 너희에게 주는 것이니 너희는 각기 처소에 있고 제 칠일에는 아무도 그 처소에서 나오지 말지니라"(출 16:29)라고 강력하게 명령을 내렸습니다. 이에 비로소 백성들이 제 칠일에 안식하였습니다(출 16:30).

이처럼 하나님께서는 먹는 양식 만나를 통해서 안식일을 지키는 훈련을 시키셨습니다. 안식일이 지나고 이스라엘 백성은 새로운 장소로 계속 이동하였고, 여전히 만나는 7일 주기로 내렸습니다. 만나는 이스라엘 백성이 가나안 땅에 들어가기까지 광야 생활 내내 계속되었습니다. 광야에서 만나가 내린 기간은 출애굽 원년 2월 16일 일요일부터 출애굽 41년 1월 15일 토요일까지 39년 11개월 간, 정확하게 '2,084주(週)' 간입니다(출 16:35, 수 5:10-12).

8	2월 23일 일요일	**돕가** / דָּפְקָה / Dophkah / 공작석(청록색 보석), 가축 (민 33:13)

돕가는 제8차로 진을 친 장소입니다.

뜻 돕가의 뜻은 '공작석(孔雀石), 가축'입니다. 그 어원은 '치다, 두드리다, 내어 몰다'라는 뜻을 가진 '다파크'(דָּפַק)입니다.

위치 시내산에서 북서쪽으로 약 75㎞ 지점에 위치하고 있습니다.

내용 신 광야에서 2월 15일부터 22일까지 머물렀는데, 돕가의 어원(דָּפַק, 다파크: 내어 몰다)으로 보아, 아마도 이스라엘 백성이 계속 신 광야에 머무르려고 하자 하나님께서 급히 이동시키신 것으로 여겨집니다(참고·마 14:22, 막 6:45). 그런데 신 광야에서 돕가까지는 약 20㎞의 거리로 하룻길이므로, 2월 23일에 출발하여 그날 오후에 돕가에 도착하였을 것입니다.

9	2월 24일 월요일	**알루스** / אָלוּשׁ / Alush / 사람들의 무리, 거친 땅, 반죽할 것이다 (민 33:13)

알루스는 제9차로 진을 친 장소입니다.

뜻 알루스의 뜻은 '사람들의 무리, 거친 땅, 나는 반죽할 것이다'입니다.

위치 돕가에서 르비딤 쪽으로 약 18㎞ 떨어진 지점입니다.

내용 출애굽기 17:1에서 신 광야를 떠나 바로 르비딤에 도착한 것

으로 기록한 것을 볼 때, 신 광야와 르비딤 사이에 있는 돕가와 알
루스에서는 잠시만 머무르고 바로 출발한 것으로 볼 수 있습니다.
그러므로 2월 23일에 돕가에 도착한 이스라엘 백성은 잠시 쉬었다
가 곧바로 출발하여, 2월 24일 일찍 알루스에 도착하였을 것입니
다. 실제로 돕가에서 알루스까지는 약 18㎞ 정도의 짧은 거리입니
다.

10	2월 25일 화요일	**르비딤** / רְפִידִים / Rephidim / 평야, 쉬는 곳, 휴식처 (출 17:1, 19:2, 민 33:14)

  르비딤은 제10차로 진을 친 장소입니다.

뜻 르비딤의 뜻은 '평야, 쉬는 곳, 휴식처'입니다. '등불, 횃불'이라
는 뜻의 '레피딤'(רְפִידִם)에서 유래하였습니다.

위치 시내산 북서쪽 20㎞ 지점에 있는 아름다운 오아시스 지역으
로, 신 광야와 시내 광야 사이에 위치한 땅입니다(출 17:1, 19:2).

내용 알루스에서 르비딤까지는 약 37㎞로, 하루 반이면 갈 수 있는
거리입니다. 2월 24일 월요일에 잠시 알루스에 머문 이스라엘은,
다시 출발하여 2월 25일 화요일 오후에 르비딤에 도착하였을 것입
니다.

  이처럼 시내산이라는 목적지에 다다를 때까지 밤낮 없는 행군이
계속되었습니다. 유약자와 가축까지 동반한 200만 명이 넘는 그 많
은 사람들(출 12:37-38)이 장막을 쳤다가 다시 걷어서 행군하는 일은
결코 쉬운 일이 아니었습니다. 여유 있게 쉬었다가 출발한 것이 아
니라 하루를 머물지 못하고 떠날 때도 있었고, 또한 낮에만 행군한
것이 아니고, 밤과 낮을 가리지 않고 주야(晝夜)로 행군(출 13:21下)하

기도 하였습니다. 그들이 행군하고 유진할 때, 언제나 불기둥과 구름기둥이 함께하였습니다(출 13:21-22, ^{참고}출 40:36-38).

첫째, 이스라엘은 더운 낮에는 구름기둥 가운데 행군하였습니다. 저녁에 잠을 자고 그 다음날 구름기둥이 움직이면 그 즉시 진 쳤던 장막을 거두어 바쁘게 출발했습니다(민 9:21^上).

둘째, 이스라엘은 어두운 밤에도 불기둥 가운데 행군하였습니다. 구름기둥이 "밤낮 있다가" 떠오르면 곧 진행하였는데(민 9:21^下), 여기 "밤낮 있다가"는 히브리어로 '요맘 바라일라'(וְיוֹמָם וָלַיְלָה)로, 낮을 뜻하는 '욤'(יוֹם)과 밤을 뜻하는 '라일라'(לַיְלָה)에 접속사 '와우'(ו)가 결합된 형태입니다. 이는 '낮 동안에 그리고 밤에'라는 뜻으로, 밤낮을 가리지 않고 구름만 떠오르면 길을 떠났다는 뜻입니다. 불기둥이 비춰 주기는 하지만, 자야 할 시간에 계속 행군을 이어갈 때 힘든 일이 여러 가지로 많았을 것입니다.

르비딤에서의 사건을 시간 순서대로 살펴보면 다섯 가지로 정리할 수 있습니다.

① 2월 25일 화요일

반석에서 생수가 터져 나오는 사건이 있었습니다(출 17:1-7). 신 광야에서부터 돕가, 알루스를 지나 르비딤까지 쉴 새 없이 행진해 온 이스라엘 백성은 극도로 피곤한 중에 있었습니다. 그런데 설상가상으로 마실 물이 없어서 백성이 크게 원망하였습니다(출 17:1-3). 금방이라도 자신을 돌로 쳐서 죽일 것만 같은 위기를 느낀 모세는 여호와께 부르짖었습니다(출 17:4). 이에 하나님께서 호렙산 반석 위에 모세를 대하여 서시고, 모세는 함께 갔던 장로들이 보는 앞에서 호렙산 반석을 쳐서 생수가 터져 나오게 했습니다(출 17:5-6). 이스라엘 백성이 모세와 다투었고, 또 그들이 "여호와께서 우리 중에 계신가 아닌가"라고 여호와를 시험했기 때문에, 그곳을 '맛사'(시험하다) 또는 '므리바'(다툼)라고 불렀습니다(출 17:2, 7).

반석에서 생수가 나온 바로 그날, 아말렉이 이스라엘을 쳐들어왔습니다. 출애굽기 17:8에 "때에 아말렉이 이르러 이스라엘과 르비딤에서 싸우니라"라고 기록하고 있습니다. 아말렉은 이스라엘 백성이 극도로 피곤한 틈을 타서 뒤에 떨어진 약한 자들을 쳤습니다 (신 25:17-18). 아말렉이 쳐들어오자, 모세는 여호수아에게 나아가 싸울 것을 명하고, 모세 자신은 "내일 내가 하나님의 지팡이를 손에 잡고 산꼭대기에 서리라"(출 17:9)라고 말하였습니다.

② 2월 26일 수요일

출애굽기 17:9의 말씀대로, 2월 26일 수요일에 아론과 훌의 도움으로 모세가 산꼭대기에서 "해가 지도록" 손을 들고 있었기 때문에 전쟁에서 승리할 수 있었습니다(출 17:10下-13). 여호수아가 아말렉과 그 백성을 칼날로 쳐서 파한 후, 하나님께서는 모세에게 이 사건을 책에 기록하여 기념하게 하셨고, "내가 아말렉을 도말하여 천하에서 기억함이 없게 하리라"라고 말씀하셨습니다(출 17:13-14). 이에 모세는 단을 쌓고 그 이름을 '여호와 닛시'(여호와는 나의 깃발)라 하였으며, 여호와께서 아말렉으로 더불어 대대로 싸우리라 맹세하셨다고 선포하였습니다(출 17:15-16). 하나님께서는 시내산 언약을 체결하시기에 앞서 그것을 방해하는 세력을 미리 제거하신 것입니다.

③ 2월 27일 목요일

　모세의 장인 이드로가 모세의 아내 십보라와 두 아들(게르솜, 엘리에셀)을 데리고 모세를 찾아왔습니다(출 18:1-12). 모세가 출애굽의 중한 사명을 걸머지고 애굽으로 향할 때, 아들의 할례 문제로 큰 위기를 겪은 후 아내와 자식들을 장인 이드로에게 돌려보낸 적이 있었습니다(참고-출 4:24-26). 이 후에 처음으로 장인 이드로가 광야의 장막 친 곳으로 왔는데, 그곳은 "모세가 하나님의 산에 진 친 곳"(출 18:5)이었습니다. 이는 장인 이드로가 시내산으로 찾아왔다는 것이 아니라, 르비딤이 호렙산과 아주 가까운 곳에 있고, 호렙산과 연결된 산자락이 르비딤까지 뻗어 있기 때문에 그렇게 표현한 것입니다. 이와 비슷한 맥락에서 출애굽기 17:6에서도 르비딤에서 생수를 낸 반석을 "호렙산 반석"이라고 부르고 있습니다.

④ 2월 28일 금요일

　장인 이드로가 찾아온 바로 다음날, 모세는 아침부터 저녁까지 백성을 재판하느라고 자리에 앉아 있었습니다(출 18:13). 모세가 행하는 그 모든 일을 본 이드로는, '천부장과 백부장과 오십부장과 십부장 제도'를 제안하였습니다(출 18:14-23).

⑤ 2월 29일 토요일

　모세는 장인 이드로의 말을 듣고 그 모든 말대로 하여, 무리 중에서 재덕이 겸전한 자(하나님을 두려워하여 참되게 살며 욕심이 없고 유능한 사람)를 뽑아서 백성의 두목 곧 천부장과 백부장과 오십부장과 십부장을 삼았습니다(출 18:24-25). 이 후에 장인 이드로는 고향으로 돌아갔습니다(출 18:27). 이 일은, 약 40년 후 모세가 모압 평지에서 광야 2세대에게 설교할 때 다시 자세히 설명하였습니다(신 1:9-18). 신명기 1:6에 "우리 하나님 여호와께서 호렙산에서 우리에게 말씀하여 이르시기를 너희가 이 산에 거한 지 오래니"라고 말을 시작하여, 호렙산에서 일어난 사건을 소개하는 가운데, 모세는 갑자기 그 전에 르비딤에서 있었던 중요한 일을 말씀했습니다. 모세는 이스라엘이 번성하여 그 수효가 하늘의 별처럼 많은데 하나님께서 앞으로 그보다 천 배나 많게 하실 것이라고 말씀하면서, "나 홀로 어찌 능히 너희의 괴로운 것과 너희의 무거운 짐과 너희의 다툼을 담당할 수 있으랴"라고 고백하였고(신 1:9-12), 장인 이드로가 가르쳐 준 대로, 각 지파에서 "지혜와 지식이 있는 유명한 자"를 택하여 두령을 삼되, 각 지파를 따라 천부장과 백부장과 오십부장과 십부장과 패장을 삼은 일을 회상하면서(신 1:13-15), 르비딤에서 있었던 일을 광야 2세대에게 가르쳐 주었습니다.

2. 시내산이 있는 시내 광야
- 약 11개월 20일(출 19장-민 10:10)

The wilderness of Sinai where Mt. Sinai is located
- about eleven months and twenty days (Exod 19 - Num 10:10)

11	3월 1일 일요일	시내 광야 / מִדְבַּר סִינַי / Wilderness of Sinai / 가시나무 숲
		(민 33:15)

시내 광야는 제11차로 진을 친 장소입니다.
뜻 '시내'(סִינַי, Sinai)의 뜻은 '가시나무 숲'이며, 또 다른 이름인 '호

렙'(חֹרֵב, Horeb)은 '건조한 곳'이라는 뜻입니다.

위치 시내산에서 남동쪽으로 약 10㎞에 진 친 곳이며, 오늘날의 '예벨 무사'(Jebel Musa) 지역으로 추정됩니다.

내용 르비딤에서 시내 광야까지는 약 20㎞이므로, 3월 1일 일요일 아침 일찍 출발하여 당일 오후에 시내 광야에 도착하였을 것입니다. 라암셋에서 1월 15일에 출발하여(민 33:3), 3월 1일에 시내 광야에 도착하였으므로(출 19:1-2), 출애굽부터 시내 광야 도착까지는 약 45일(1개월 반)이 걸렸습니다.

라암셋에서 시내 광야까지 직선 거리 약 340㎞를 45일 정도 걸려서 하나님의 주권적 역사로 무사히 도착했습니다. 참으로 하나님의 강력한 도우심의 손길로 애굽에서 나온 200만여 명이, 머리 털 하나 상하지 않고 시내산까지 무사히 이르렀습니다.

출애굽기 19:1-2 "이스라엘 자손이 애굽 땅에서 나올 때부터 제 삼월 곧 그때에 그들이 시내 광야에 이르니라 ²그들이 르비딤을 떠나 시내 광야에 이르러 그 광야에 장막을 치되 산 앞에 장막을 치니라"

이 말씀은, 현재 이스라엘 백성이 처한 시간적 배경과 공간적 배경 두 가지를 강조하고 있습니다. 이스라엘 백성이 도착한 시기는 애굽 땅을 떠나 "제 삼월 곧 그때에"입니다. "제 삼월"은 히브리어로 '바호데쉬 하셸리쉬'(בַּחֹדֶשׁ הַשְּׁלִישִׁי)인데, '셸리쉬'(שְׁלִישִׁי)는 '세 번째'(third)라는 뜻의 히브리어 서수이며, '호데쉬'(חֹדֶשׁ)는 '월'(month)이라는 뜻도 있지만, 정관사와 함께 독립된 문장의 서두에 쓰일 때 '월삭'(月朔, new moon)이라는 뜻을 갖기도 합니다(시 81:3, 암 8:5).

월삭은 그 달의 첫날을 의미하는데, 여기서 "곧 그때에"(בַּיּוֹם הַזֶּה,

바음 하제: 바로 그날에, on that very day / NASB)라는 단어가 '달'이 아닌 '날'을 가리키므로, '셋째 월삭의 그날에'가 정확한 의미입니다. 이스라엘 백성이 새로운 달이 시작되는 월삭(3월 1일), 바로 그때에 도착했다는 것을 강조한 것입니다. 더 나아가, 앞으로 이곳에 서 있을 사건들이 무척 중요하다는 암시이기도 합니다.[45] 영어성경 TOT (Translator's Old Testament)는 '셋째 월삭 그날에'라고 번역했고, TEV (Today's English Version)는 '제 삼월 첫째 날에'라고 번역했습니다.[46]

그리고 이스라엘 백성이 3월 1일에 도착한 장소는 "시내 광야"입니다. 출애굽기 19:1은 마치 이스라엘 백성이 애굽 땅에서 나와서 곧장 시내 광야에 이른 것처럼 기록하고 있는데, 이것은 시내 광야가 출애굽 후 중요한 목적지로 주목되어야 함을 강조한 것입니다. 출애굽기 19:1-2에서는 '시내 광야에... 시내 광야에... 그 광야에... 거기(שָׁם: 한글개역성경에는 생략됨)'라고 '시내 광야'를 네 번이나 되풀이하여 가리키고 있습니다. 이처럼 시내 광야에 도착했다는 것을 강조하는 이유는, 그 중심에 "이 산"(הָהָר, 하하르) 곧 시내산이 있기 때문입니다(출 3:12).

시내산은 모세가 하나님의 부르심을 받은 곳이요(출 3:1-6), 하나님으로부터 거룩한 사명을 받은 곳입니다(출 3:7-10). 모세는 이스라엘을 애굽에서 구원할 자로 부름 받았을 때, "내가 누구관대 바로에게 가며 이스라엘 자손을 애굽에서 인도하여 내리이까"(출 3:11)라고 반문하였습니다. 이때 하나님께서는 모세와 함께하시겠다고 선언하시고, 모세가 이스라엘 백성을 애굽에서 인도하여 낸 후에 백성과 함께 시내산에서 하나님을 섬기게 될 것인데, 그것이 하나님께서 모세를 보낸 증거가 될 것이라고 미리 말씀하셨습니다(출 3:12). 또한 모세가 아론을 만나 하나님의 뜻을 전달한 곳도 "하나님의 산" 곧 시내산이며(출 4:27-28), 모세가 그의 아내와 자식들을 다시 만난 곳도 "하나님의 산" 곧 시내산이었습니다(출 18:5). 여기 "하나님의 산"은 히브리어로 '하르 하엘로힘'(הַר הָאֱלֹהִים), 곧 '그 하나님의 산'인데, 모세가 전에 하나님을 만나고 소명을 받은 바로 그 시내산을 가리킵니다(출 3:1-12).

이처럼 시내산은 장차 약속의 땅 가나안으로 들어가기 위한 중대한 예비 장소였기에, 출애굽 후 1차 목적지는 바로 시내산이었습니다. 그래서 시내 광야에 도착한 것을 히브리 원문에서는 '그 산'(הָהָר, 하하르) 앞이라고 표현하였습니다(출 19:2). 모세는 시내 광야에 도착하여 시내산 앞에 장막을 친 다음날 곧장 시내산으로 올라갔습니다. 출애굽기 19:3에서 "모세가 하나님 앞에 올라가니..."라고 말씀하고 있습니다. 이제 본격적으로 시내산 언약을 체결하기 위한 준비가 시작된 것입니다.

시내산은 모세와 이스라엘 자손이 십계명과 율법을 받아 하나님과 언약을 맺으면서, 처음으로 국가적 면모를 갖추기 위해 준비했던 대단히 중대한 장소였습니다. 따라서 출애굽기 19장부터 24장까지 총 여섯 장에 걸쳐 기록된 '시내산 언약의 체결'은, 이스라엘이 언약 백성으로 공식적인 출발을 하는 매우 중대한 기점이 됩니다. 선민 이스라엘이 하나님과 언약을 체결하는 일체의 과정들 속에는 언약 체결의 장엄함과 언약의 중요성, 그리고 언약 백성으로서의 성별된 모습, 하나님 앞에서의 바른 신앙 자세 등이 자세히 기록되어 있습니다.

출애굽기 19-24장은, 성막 제도의 계시(출 25-31장)와 성막의 제작 및 완성(출 35-40장)에 앞서 하나님께서 십계명과 세부 율법을 주신 사실에 대하여 상세히 말씀하고 있습니다.

· 출애굽기 19:1-15	언약 체결 제의 및 이스라엘 백성에게 내려진 성결 명령과 시내산 사면의 지경 설정
· 출애굽기 19:16-25	하나님의 시내산 강림
· 출애굽기 20:1-17	하나님께서 이스라엘 백성에게 친히 선포하신 십계명
· 출애굽기 20:18-21	하나님께 직접 말씀 듣는 것을 두려워하는 이스라엘 백성
· 출애굽기 20:22-23:33	세부 율법(언약서)
· 출애굽기 24:1-11	시내산 언약의 공식 체결

이 후에 모세는 시내산에서 십계명과 율법을 받아 내려오게 됩니다(출 24:12-34:35). 성막 건축(출 35-40장)을 완성한 때로부터 그후의 일정은 다음과 같습니다.

첫째, 출애굽 2년 1월 1일 화요일, 성막을 세웠습니다(출 40:2, 17).

둘째, 출애굽 2년 1월 14일 월요일, 첫 유월절을 지켰습니다(민 9:1-5).

셋째, 출애굽 2년 2월 1일 목요일, 시내 광야를 떠나기에 앞서 제1차로 군대를 계수하였습니다(민 1:1-3). 이때 계수한 숫자는 20세 이상 남자만 603,550명이었습니다(민 1:46, 2:32).

넷째, 출애굽 2년 2월 20일 화요일, 시내 광야에서 출발하여 바란 광야로 향했습니다(민 10:11-12上).

출애굽 원년 3월 1일 시내산에 도착하여(출 19:1-2), 출애굽 2년 2월 20일에 바란 광야로 출발하기까지(민 10:11-12上), 시내 광야에 머물렀던 기간은 약 11개월 20일입니다.

II
시내 광야 이후의 광야 노정
(주전 1445년 2월 - 1406년 1월)

**THE WILDERNESS JOURNEY AFTER THE WILDERNESS OF SINAI
(THE 2ND MONTH OF 1445 BC - THE 1ST MONTH OF 1406 BC)**

1. 시내 광야에서 출발한 후 가데스 바네아(릿마)에서 정탐을 마치기까지 - 약 3개월(민 10:11-14:45)

From the wilderness of Sinai to Kadesh-barnea (Rithmah) until the return of the spies - about three months (Num 10:11-14:45)

이스라엘 백성은 출애굽 제2년 2월 20일에 시내 광야를 떠나(민 10:11-12上) 가데스 바네아로 이동하기 시작하였습니다. 시내(호렙)산에서 세일산을 지나 가데스 바네아까지는 본래 "열 하룻길"입니다(신 1:2).

그러나 모세를 비방한 미리암이 문둥병에 걸려 하세롯에서 7일 동안 진 밖에 있었던 기간(민 12:1-15), 릿마(가데스 바네아)에서 열두 정탐꾼이 40일간 가나안 땅을 정탐했던 기간(민 13:25)과 열두 정탐꾼이 돌아온 이튿날 가나안 땅을 악평했던 열 정탐꾼이 죽임을 당한 일(민 14:36-38), 그리고 200만 명의 대규모 인원이 행군한 노정임을 고려할 때, 시내 광야에서 출발하여 가데스 바네아에 도착하고 가데스 바네아에서 40일 정탐을 마치기까지는 적어도 약 3개월 정도가 걸렸을 것입니다.

12 기브롯 핫다아와 / קִבְרוֹת הַתַּאֲוָה / Kibroth-hattaavah (민 11:34, 33:16) / 탐욕의 무덤

기브롯 핫다아와는 제12차로 진을 친 장소입니다.

뜻 기브롯 핫다아와는 '카바르'(קָבַר: 묻다, 매장하다)와 '타아바' (תַּאֲוָה: 욕망, 식욕, 정욕)의 합성어로, '탐욕의 무덤, 욕심의 종말'이라 는 뜻입니다(민 11:34).

위치 시내산에서 북동쪽 50km 지점으로, '와디 무라'(Wadi Murrah) 지역입니다. 시내 광야에서 발행한 이래 처음 진을 친 곳입니다.

내용 이스라엘 백성은 여기서 약 1년간 먹어 오던 만나에 싫증을 내어 불평하고 고기를 요구하면서, 하나님을 시험하며, 대적하고 비웃었습니다(민 11:4-6, 시 78:18-20). 하나님의 은혜를 저버리고 하 나님을 근심케 하며 하나님께 깊은 슬픔을 안겨 드렸습니다(시 78:40-41, 95:10). 이에 하나님께서 메추라기를 보내어 백성에게 먹 이셨으나, 고기가 아직 잇사이에 있어 씹히기 전에 하나님께서 탐 욕을 낸 백성에게 진노하사 심히 큰 재앙으로 죽이셨습니다(민 11:31-34, 시 78:26-31).

13 하세롯 / חֲצֵרוֹת / Hazeroth (민 11:35, 33:17) / 울타리

하세롯은 제13차로 진을 친 장소입니다.

뜻 하세롯은 '울타리, 마을들, 정착지'라는 뜻으로, 그 어원은 '말 뚝으로 둘러싸다, 경계를 정하다'라는 뜻의 '하차르'(חָצֵר)입니다.

위치 시내 광야 출발 후 기브롯 핫다아와에 이어 두 번째 진을 친 곳으로, 오늘날 시내산 동북쪽 55㎞ 지점에 있는 아름다운 오아시스 지역인 '아인 카드라'(Ain Khadra)로 추정됩니다.

내용 모세는 하세롯에서 구스 여인을 취하였습니다. 이 일에 대해 미리암과 아론이 모세를 비방하다가 미리암은 문둥병에 걸리고 말았습니다(민 11:35, 12:1-16). 하나님께서는 민수기 12:8에 "그와는 내가 대면하여 명백히 말하고 은밀한 말로 아니하며 그는 또 여호와의 형상을 보겠거늘 너희가 어찌하여 내 종 모세 비방하기를 두려워 아니하느냐"라고 말씀하심으로, 모세의 행동이 인간적인 생각에 의한 것이 아님을 분명히 하셨습니다. 미리암이 진 밖에 7일 동안 내쫓기는 바람에 행군은 그만큼 지체되었습니다(민 12:15).

---

14 | **릿마** / רִתְמָה / Rithmah (민 13:26, 33:18) / 로뎀나무

릿마는 제14차로 진을 친 장소입니다.

뜻 릿마의 뜻은 '로뎀나무'(대싸리-욥 30:4)이며, 그 어원은 '묶다, 붙잡아 매다, 붙이다'라는 뜻의 '라탐'(רָתַם)입니다.

위치 릿마는 가데스와 같은 곳이거나 그 근방으로 추정됩니다. 이스라엘 진의 규모가 상당히 컸기 때문에(대략 8㎞, 참고-민 33:49), 하세롯을 떠나 릿마에 진을 쳤을 때 그 진영이 가데스에까지 이르렀던 것으로 추정됩니다.

내용 이곳에서 12명의 정탐꾼을 가나안 땅에 보냈는데, 돌아와서 그 중 10명이 그 땅에 대해 악평하므로 온 회중이 하나님을 원망하였습니다(민 13:1-14:4, 신 1:19-28). 이에 하나님께서는 정탐했던 날수 40일(민 13:25)의 하루를 1년으로 환산하여 이스라엘 백성이 불

신의 죄를 지고 40년 동안 광야에서 유리할 것을 선고하셨습니다 (민 14:33-34).

12지파의 대표자로 가나안을 정탐한 자들 가운데 여호수아와 갈렙을 제외하고 악평한 나머지는 갑자기 재앙으로 죽임을 당하였습니다(민 14:36-38). 그러자 돌연 이스라엘 백성은 "여호와의 허락하신 곳(가나안)"으로 올라가겠다고 나섰습니다(민 14:40, 신 1:41). 모세는 "너희가 어찌하여 이제 여호와의 명령을 범하느냐 이 일이 형통치 못하리라 여호와께서 너희 중에 계시지 아니하니 올라가지 말라 너희 대적 앞에서 패할까 하노라 ... 너희가 여호와를 배반하였으니 여호와께서 너희와 함께하지 아니하시리라"라고 경고했지만(민 14:41-43, 신 1:42-43上), 백성의 일부가 불순종하고 가나안으로 진격하였습니다. 그러나 그들은 아말렉과 가나안 원주민의 반격으로 패배하고 말았는데, 그 지역이 바로 호르마입니다(민 14:44-45, 신 1:43-44). 호르마(חָרְמָה)는 히브리어로 '금지하다, 성별하다, 진멸하다'라는 뜻의 '하람'(חָרַם)에서 유래하여 '바쳐진'(devoted)이란 뜻입니다.

훗날 광야 생활 말기에 에돔으로부터 영내 통과를 거절당한 이스라엘은(민 20:14-21), 호르산에서 아론이 죽은 후(민 20:22-29) 아랏 족속의 공격을 받아 몇 사람이 사로잡히게 됩니다(민 21:1). 이에 이스라엘이 서원하여 기도하자, 하나님께서 "이스라엘의 소리를 들으시고 가나안 사람을 붙이시매" 그들과 그 성읍을 다 멸하였습니다(민 21:3上). 그리하여 그곳 이름을 '호르마'라고 불렀습니다(민 21:3下). 같은 장소에서 일어난 이 상반된 두 사건을 통해, 전쟁은 오직 하나님께 속한 것이며(삼상 17:47) 하나님께서 이끄시는 대로 순종하여 자신을 바치는 것이 승리의 지름길임을 깨닫게 됩니다.

2. 불신앙의 출애굽 1세대를 심판한 광야 방랑기
   - 약 38년(민 15-19장)

The period of the wilderness wanderings (approx. thirty-eight years): judgment of the unbelieving first generation (Num 15-19)

이스라엘 백성이 릿마(14번째 진 친 곳: 가데스 바네아 - 민 33:18)를 떠나 다시 가데스 바네아(32번째 진 친 곳 - 민 33:36)에 돌아올 때까지, 약 38년이 걸렸습니다. 불신앙의 결과는 이처럼 늘 제자리 걸음일 뿐입니다.

15 **림몬 베레스** / רִמֹּן פֶּרֶץ / Rimmon-perez (민 33:19) / 갈라진 석류

림몬 베레스는 제15차로 진을 친 장소입니다.

뜻 림몬 베레스는 '림몬'(רִמֹּן: 석류)과 '페레츠'(פֶּרֶץ: 갈라짐, 무너짐, 파괴, 충돌)의 합성어입니다. 그 뜻은 '갈라진 석류, 파괴된 석류, 충돌한 석류'입니다.

위치 릿마(가데스 바네아)에서 '광야 40년의 방랑 생활'을 선고 받은 후, 첫 번째 진 쳤던 곳입니다.

내용 이스라엘 백성은 가데스 바네아에서 광야 40년 방황을 선고 받고 크게 슬퍼했습니다. 민수기 14:39에서 "슬퍼하여"는 히브리어로 '아발'(אָבַל)인데, '통곡하다'라는 뜻입니다.

16 **립나** / לִבְנָה / Libnah (민 33:20) / 새하얀, 흰 빛

립나는 제16차로 진을 친 장소입니다.

뜻 립나의 뜻은 '새하얀, 흰 빛'이며, 어원은 '희다, 정결케 하다'라는 뜻의 '라반'(לְבָן)입니다.

위치 릿마(가데스 바네아) 이후 두 번째로 진 쳤던 곳입니다. 신명기 1:1에 나오는 '라반'과 동일한 곳으로 추정됩니다.

내용 립나에서의 사적은 성경에서 달리 기록된 곳을 찾아볼 수 없습니다. 그 지명의 어원을 볼 때, 이스라엘이 회개하고 하나님의 뜻을 순순히 받아들이겠다는 각성을 통해 하나님의 은혜로 심령이 정결케 함을 받은 곳으로 추정됩니다.

17 **릿사** / רִסָּה / Rissah (민 33:21) / 파멸, 깨어짐

릿사는 제17차로 진을 친 장소입니다.

뜻 릿사의 뜻은 '(조각조각 떨어져 있는) 파멸, 깨어짐, 황폐해진 무덤'인데, 그 어원은 '가루로 만들다, 반죽하다'라는 뜻의 '라사스'(רָסַס)입니다.

위치 릿마(가데스 바네아) 이후 세 번째 진 쳤던 곳입니다.

내용 릿사에서의 사적은 성경에서 달리 기록된 곳을 찾아볼 수 없습니다. 광야에서의 방랑 생활로 접어들면서 회개와 각성을 통해 이스라엘 백성의 마음이 깨어져 가루처럼 되고 낮아졌을 것으로 보입니다.

18 그헬라다 / קְהֵלָתָה / Kehelathah (민 33:22) / 모임, 집회

그헬라다는 제18차로 진을 친 장소입니다.

뜻 그헬라다는 '모임, 집회'라는 뜻이며, 그 어원은 '모이다'라는 뜻의 '카할'(קָהַל)입니다.

위치 릿마(가데스 바네아) 이후 네 번째 진 쳤던 곳입니다. 릿사와 세 벨산 중간에 위치하고 있습니다.

내용 그헬라다에서의 사적은 성경에서 달리 기록된 곳을 찾아볼 수 없습니다. 불신과 원망으로 흩어졌던 백성의 마음이 모아져서 하나님의 주권 역사로 함께 예배드린 것을 기념한 지명으로 추정됩니다.

19 세벨산 / הַר שָׁפֶר / Mount Shepher (민 33:23) / 아름다움

세벨산은 제19차로 진을 친 장소입니다.

뜻 세벨은 '우아함, 아름다움'이라는 뜻이며, 그 어원은 '반짝반짝 빛나다, 아름답다, 매력적이다'라는 뜻의 '샤파르'(שָׁפַר)입니다.

위치 릿마(가데스 바네아) 이후 다섯 번째 진 쳤던 곳입니다.

내용 세벨산에서의 사적은 성경에서 달리 기록된 곳을 찾아볼 수 없습니다. 세벨의 어원인 '샤파르'(שָׁפַר)는 시편 16:6에서 '아름답도 다'라는 뜻으로 사용되었습니다. 하나님께서는 메마른 광야 가운데 서 이스라엘 백성을 아름다운 세벨산으로 인도하셨습니다.

20 하라다 / חֲרָדָה / Haradah (민 33:24) / 떠는, 두려워하는

하라다는 제20차로 진을 친 장소입니다.

뜻▶ 하라다는 '떠는, 두려워하는, 공포'라는 뜻으로, 그 어원은 '전율하다, 떨다, 흔들리다'라는 뜻의 '하라드'(חָרַד)입니다.

위치▶ 릿마(가데스 바네아) 이후 여섯 번째 진 쳤던 곳입니다.

내용▶ 하라다에서의 사적은 성경에서 달리 기록된 곳을 찾아볼 수 없습니다. 광야에서 이스라엘 백성은 예기치 못한 상황이 겹쳐, 온갖 종류의 두려움에 사로잡힐 때가 많았을 것입니다(신 8:15, 렘 2:6).

21 막헬롯 / מַקְהֵלֹת / Makheloth (민 33:25) / 모임, 회중들

막헬롯은 제21차로 진을 친 장소입니다.

뜻▶ 막헬롯은 '모임, 회중들'이란 뜻으로, 그 어원은 그헬라다와 같이 '어떤 목적을 가지고 모인 특별한 모임'이라는 뜻의 '카할'(קָהַל)입니다.

위치▶ 릿마(가데스 바네아) 이후 일곱 번째 진 쳤던 곳입니다.

내용▶ 막헬롯에서의 사적은 성경에서 달리 기록된 곳을 찾아볼 수 없습니다. 온 백성이 모여 기념할 만한 예배를 드린 곳으로 추정됩니다.

22 다핫 / תַּחַת / Tahath (민 33:26) / 내려감, 낮은 곳

다핫은 제22차로 진을 친 장소입니다.

뜻▶ 다핫은 '내려감, 낮은 곳, …밑에, …대신에'라는 뜻입니다. 어원은 '밑바닥, 밑 부분'이라는 뜻의 '타하트'(תַּחַת)입니다.

위치 릿마(가데스 바네아) 이후 여덟 번째 진 쳤던 곳으로, 사막의 저지대로 추정됩니다.

내용 다핫에서의 사적은 성경에서 달리 기록된 곳을 찾아볼 수 없습니다. 다핫은 와디(건천)의 끝 부분에 해당되는 지역으로, 하나님께서 이스라엘 백성을 사막 가운데 아주 낮은 곳으로 인도하신 것으로 추정됩니다.

---

23 데라 / תֶּרַח / Terah (민 33:27) / 체류하다, 지체하다

데라는 제23차로 진을 친 장소입니다.

뜻 데라는 '체류하다, 지체하다'라는 뜻입니다.

위치 릿마(가데스 바네아) 이후 아홉 번째 진 쳤던 곳입니다. 이스라엘 백성의 이후 여정이 호르산 쪽으로 간 것을 볼 때, 다핫의 위쪽(북쪽)에 위치하였을 것입니다.

내용 데라에서의 사적은 성경에서 달리 기록된 곳을 찾아볼 수 없습니다. 하나님께서 이스라엘 백성의 경로를 호르산이 있는 모세롯 근처로 이동시키기 위하여 다핫에서 데라로 북상시키신 것으로 보이는데, 데라는 샘이 많은 곳(릿마)과 가까웠기 때문에, 거기서 그 이름의 뜻처럼 비교적 오래 머물렀을 것입니다.

---

24 밋가 / מִתְקָה / Mithkah (민 33:28) / 감미로움, 단샘

밋가는 제24차로 진을 친 장소입니다.

뜻 밋가는 '감미로움, 단 샘(甘泉)'이란 뜻으로, 그 어원은 '달콤하다, 즐겁다, 유쾌하다, 기분 좋다'라는 뜻의 '마타크'(מָתַק)입니다.

위치 릿마(가데스 바네아) 이후 열 번째 진 쳤던 곳으로, 호르산에서 가까운 곳입니다.

내용 밋가에서의 사적은 성경에서 달리 기록된 곳을 찾아볼 수 없습니다. 홍해를 건넌 이후에 처음 만났던 마라의 쓴 물과는 대조적으로(출 15:22-23), 아마도 이곳에서 '단 샘'을 만난 듯합니다.

25　하스모나 / חַשְׁמֹנָה / Hashmonah (민 33:29) / 옥토

하스모나는 제25차로 진을 친 장소입니다.

뜻 하스모나는 '열매가 풍성함, 부유함, 살짐, 옥토'라는 뜻으로, 그 어원은 '풍성하다, 살지다, 부하다'라는 뜻의 '하슘'(חָשַׁם)입니다.

위치 릿마(가데스 바네아) 이후 열한 번째 진 쳤던 곳으로, 호르산에 가까운 곳이며 샘이 있는 곳입니다.

내용 하스모나에서의 사적은 성경에서 달리 기록된 곳을 찾아볼 수 없습니다. 하스모나는 광야에서는 찾아보기 드문 옥토였던 것으로 추정됩니다. 그곳에서 하나님의 절대 보호와 인도를 확실히 체험했을 것입니다(민 10:33, 시 78:52).

26　모세롯 / מֹסֵרוֹת / Moseroth (민 33:30) / 징계, 멍에

모세롯은 제26차로 진을 친 장소입니다.

뜻 모세롯의 뜻은 '징계, 멍에, 응징'입니다. 이 단어는 '매다, 묶다, 허리를 졸라매다'라는 뜻의 히브리어 '아사르'(אָסַר)에서 유래하였습니다.

위치 릿마(가데스 바네아) 이후 열두 번째 진 쳤던 곳으로, 호르산 근처로 추정됩니다.

내용 모세롯은 '모세라'(מֹסֵרָה)의 복수형으로, 후에 아론이 죽음을 맞이하는 장소 '모세라'와 동일한 지역입니다(민 33:38-39, 신 10:6).

27 브네 야아간 / בְּנֵי יַעֲקָן / Bene-jaakan (민 33:31) / 야아간의 아들들

브네 야아간은 제27차로 진을 친 장소입니다.

뜻 브네 야아간은 '야아간의 아들들'이란 뜻입니다.

위치 릿마(가데스 바네아) 이후 열세 번째 진 쳤던 곳으로, 가데스 바네아의 북동쪽 18㎞ 지점으로 추정됩니다.

내용 신명기 10:6에는 '브에롯 브네 야아간'으로 기록하고 있습니다. '브에롯 브네 야아간'은 '야간의 아들들의 우물'이라는 뜻인데, 이곳에서도 역시 샘물(우물)을 만났던 것 같습니다.

민수기 33장과 신명기 10장의 광야 노정의 순서에 약간의 차이가 있습니다. 이 차이를 표로 정리하면 다음과 같습니다.

	25번째 장소	26번째 장소	27번째 장소	28번째 장소	29번째 장소
민수기 33장	하스모나 (민 33:29)	모세롯 (민 33:30)	브네 야아간 (민 33:31)	홀 하깃갓 (민 33:32)	욧바다 (민 33:33) (신 10:7)
신명기 10장		브에롯 브네 야아간 (신 10:6)	모세라 (신 10:6)	굿고다 (신 10:7)	

여기에서 홀 하깃갓과 굿고다는 같은 지역의 다른 이름입니다. '홀 하깃갓'(חֹר הַגִּדְגָּד)은 '깃갓의 구멍, 깃갓의 동굴'이라는 뜻이며, '굿고다'(הַגֻּדְגֹּדָה)는 '갈라진 틈'이란 뜻으로, 거의 유사한 뜻을 가지

고 있습니다. 그런데 민수기 33장과 신명기 10장에서 26번째 진을
친 장소와 27번째 진을 친 장소가 서로 바뀌어 등장하는 것을 발견
할 수 있습니다. 이것은 지형적인 고려를 통해서 해결할 수 있습니
다. 브네 야아간에서 '야아간'은 히브리어 '아칸'(עֲקָן)에서 유래하였
는데, '아칸'은 '꼬불꼬불한'이라는 뜻입니다. 브네 야아간은 지형이
꼬불꼬불하여, 도저히 2백만 명이 한꺼번에 다 이동할 수 없었을 것
입니다. 그래서 이스라엘 백성은 아마도 둘로 나뉘어져서 한 무리는
모세롯을 거쳐 브네 야아간을 통과했고, 다른 한 부류는 브네 야아
간을 통해서 모세라(모세롯의 다른 이름)를 통과했을 것입니다. 또한
한 가지 주의할 것은, 아론은 후에 33번째 진을 친 호르산에서 죽었
지만, 모세라가 호르산 바로 아래 지역이기 때문에 신명기 10:6에서
는 아론이 모세라에서 죽었다고 미리 기술하였던 것입니다.

28 홀 하깃갓 / חֹר הַגִּדְגָּד / Hor-haggidgad (민 33:32) / 깃갓의 동굴

홀 하깃갓은 제28차로 진을 친 장소입니다.

뜻 홀 하깃갓의 뜻은 '깃갓의 동굴, 깃갓의 구멍'입니다.

위치 릿마(가데스 바네아) 이후 열네 번째 진 쳤던 곳으로, 가데스 바
네아의 끝에서 남동쪽 23㎞ 지점에 있는 '와디 카다킷'(Wadi
Khadakhid)에 있던 샘으로 추정됩니다.

내용 홀 하깃갓은 신명기 10:7의 '굿고다'(הַגֻּדְגֹּדָה, Gudgodah)와 같은
지역으로, 어원을 살펴볼 때 동굴과 물이 많았던 곳으로 추정됩니
다.

29 욧바다 / יָטְבָתָה / Jotbathah (민 33:33) / 즐겁다, 만족하다

욧바다는 제29차로 진을 친 장소입니다.

뜻 욧바다는 히브리어 '야타브'(יָטַב)에서 유래하였으며, 그 뜻은 '즐겁다, 만족하다, 기쁘게 하다'입니다.

위치 릿마(가데스 바네아) 이후 열다섯 번째 진 쳤던 곳으로, 에시온 게벨에서 남서쪽, 아카바만 서쪽에 있습니다.

내용 이곳은 시내가 많은 곳이었습니다. 신명기 10:7에서 "욧바다에 이른즉 그 땅에는 시내가 많았었으며"라고 말씀하고 있습니다.

30 아브로나 / עַבְרֹנָה / Abronah (민 33:34) / 통로, 이주

아브로나는 제30차로 진을 친 장소입니다.

뜻 아브로나의 뜻은 '통로, 이주'입니다. 이는 '지나가다, 건너가다'라는 뜻의 '아바르'(עָבַר)에서 유래되었습니다.

위치 릿마(가데스 바네아) 이후 열여섯 번째 진 쳤던 곳입니다. 홍해의 아카바만 상부, 에시온 게벨 북서쪽 10㎞에 위치한 오아시스 지역입니다.

내용 아브로나에서의 사적은 성경에서 달리 기록된 곳을 찾아볼 수 없습니다. 가데스에서 '광야 생활 40년'의 징벌을 선고받고 유리하던 이스라엘 백성이 다시 가데스로 가기 위해서는 반드시 아브로나를 통과하여 북상해야 했습니다.

31 에시온 게벨 / עֶצְיוֹן גֶּבֶר / Ezion-geber (민 33:35) / 용사의 등

에시온 게벨은 제31차로 진을 친 장소입니다.

뜻▶ 에시온 게벨은 '용사의 등, 거인의 척추'란 뜻으로, 바다로 돌출해 있는 그곳 지형에서 유래한 지명입니다.

위치▶ 릿마(가데스 바네아) 이후 열일곱 번째 진 쳤던 곳입니다. 아카바만 북단에 자리잡고 있는 항구로서, 아브로나에서 남동쪽으로 10km 지점에 있습니다.

내용▶ 솔로몬과 여호사밧 시대에 오빌과의 해상 무역을 위해 배들을 만들었던 곳입니다(왕상 9:26, 22:48, 대하 8:17, 20:36). 에시온 게벨은 '척추'라는 뜻의 히브리어 '아체'(עָצֶה)에서 유래하였습니다. 척추가 우리의 몸을 지탱하는 기둥이듯이, 우리의 모든 삶과 인류 역사를 지탱하는 강력한 힘은 하나님의 말씀임을 깨닫게 합니다.

3. 가데스 바네아에 다시 도착한 이후 모압 평지에서 모세가 죽기까지 - 약 11개월(민 20장-신 34장)
(세 지도자의 죽음: 미리암, 아론, 모세)

From the return to Kadesh-barnea until Moses' death at the plains of Moab (approx. eleven months; Num 20-Deut 34)
(deaths of the three leaders: Miriam, Aaron, and Moses)

이스라엘 백성은 광야 유리 생활 약 38년 만인 출애굽 40년 1월에, 열네 번째 진 쳤던 곳인 가데스(릿마)에 다시 도착하였습니다(민 20:1上). 가나안 입성을 약 1년 앞두고 거기서 미리암이 죽었습니다(민 20:1下). 가데스 바네아를 떠난 이스라엘은 호르산에 진을 쳤습니

다(민 20:22, 33:37). 출애굽 제40년 5월 1일, 38여 년 이상 대제사장의 사명을 감당해 왔던 아론이 호르산에서 123세로 생을 마감했습니다(민 20:25-29, 33:38-39). 이때는 가나안 도착을 약 8개월 앞둔 시점이었습니다.

그리고 이스라엘이 세렛 시내(37번째 진 친 곳: 이예 아바림 - 민 33:44)를 건너기 직전에, 광야 초기 제1차로 계수된 군인 603,550명(민 1:46) 가운데서 여호수아와 갈렙을 제외한 603,548명 중 살아 있던 사람들이 모두 죽었습니다(민 26:63-65, 신 2:13-16, ^{참고-}민 14:29-30, 34-35). 그리고 이스라엘은 모압 평지에 도착하여 진을 치고, 모세가 재강론하는 율법 곧 언약의 말씀을 들었습니다(신 1:3). 모세는 아론이 죽은 지 약 7개월째, 가나안 도착을 약 2개월 앞둔 시점인 출애굽 40년 11월*에 숨을 거두게 됩니다(신 34:1-8). 가데스 바네아에서 32번째 진을 친 이래 41번째 진 친 모압 평지에서 모세가 죽기까지는, 약 11개월이 걸린 것입니다.

32 가데스 / קָדֵשׁ / Kadesh (민 20:1, 33:36) / 거룩히 구별된 곳

가데스는 제32차로 진을 친 장소입니다.

뜻 가데스는 '거룩히 구별된 곳'이란 뜻으로, 그 어원은 '거룩하다, 분리되다'라는 뜻의 '카다쉬'(קָדֵשׁ)입니다. 본명은 '엔 미스밧'(עֵין מִשְׁפָּט)으로, '심판의 샘'이란 뜻입니다(창 14:7).

위치 신(צִן, Zin) 광야에 위치한 오아시스 지역으로, 가나안 남방 경

---

* 모세가 죽은 11월은 유대력의 스밧월로서, 서양력으로는 주전 1406년의 1-2월에 해당됩니다. 또한 이스라엘 백성이 가나안에 들어간 1월은 유대력의 니산월로서 서양력으로는 주전 1406년의 4-5월경에 해당됩니다.

6666

계 브엘세바까지 80㎞(3일 길) 거리에 있습니다.

내용 이스라엘 백성은 시내 광야에 머문 지 약 1년이 지난 출애굽 2년 2월 20일에 바란 광야로 출발하여 릿마(가데스)에 도착하였습니다(주전 1445년). 릿마(가데스)에서는 '광야 40년의 유리 생활'이라는 형벌을 받게 됩니다. 그 후 '릿마'에서 '에시온 게벨'까지 열여덟 군데에 진을 쳤고, 마침내 출애굽 40년 1월에 가데스로 다시 돌아왔습니다. 거기서 모세와 아론의 누나이자 최초의 여선지자(출 15:20)였던 미리암이 죽었습니다(민 20:1下). 그리고 모세와 아론이 "반석에게 명하여 물을 내라"라는 하나님의 명령에 불순종하여 반석을 두 번 치고 하나님의 영광을 나타내지 않은 일로 가나안에 들어가지 못한다는 말씀을 들었습니다(민 20:8-12).

33 **호르산** / הֹר הָהָר / Mount Hor (민 20:22, 33:37) / 산 중의 산

호르산은 제33차로 진을 친 장소입니다.

뜻 '호르'(הֹר)는 '산'이라는 뜻으로, 호르산은 '산 중의 산, 산악 지대, 장엄한 산맥'이란 뜻입니다.

위치 가데스 근처 에돔 국경 지역(민 20:22, 33:37)으로, 사해에서 80㎞ 떨어진 '예벨 네비 하룬'(Jebel Nebi Harun)으로 추정됩니다.

내용 아론이 죽은 장소이자, 그의 아들 엘르아살이 대신하여 대제사장이 된 장소입니다(민 20:25-28). 아론은 이곳에서 출애굽 40년 5월 1일에 123세의 나이로 죽었습니다(민 33:38-39).

34 **살모나** / צַלְמֹנָה / Zalmonah (민 33:41) / 그늘짐, 어두움

살모나는 제34차로 진을 친 장소입니다.

뜻 살모나의 뜻은 '그늘짐, 어두움'입니다.

위치 이스라엘 백성이 호르산을 떠나 부논으로 향하여 가던 도중에 진을 친 장소입니다. 에돔 왕이 왕의 대로로 가는 것을 허락하지 않자, 여기서 홍해 길 남쪽으로 험한 산지를 따라 내려간 것으로 추정됩니다(민 20:17-21, 신 2:8).

내용 대제사장 아론이 죽고 이스라엘 온 족속이 그의 죽음을 30일 동안 애곡한 후에(민 20:29), 슬프고 어두운 상태에서 처음으로 진을 친 장소입니다.

35 부논 / פּוּנֹן / Punon (민 33:42) / 해가 지다, 광산 구덩이

부논은 제35차로 진을 친 장소입니다.

뜻 부논의 뜻은 '해가 지다, 광산 구덩이'입니다.

위치 살모나와 오봇 사이에 위치한 에돔의 국경 변두리로, '페트라'(셀라)와 '소알' 사이에 위치합니다.

내용 오봇에 도착하기 전(민 21:10) 이스라엘 백성이 호르산을 떠나 진행하던 중에, 길 때문에 마음이 상하여 원망하다가 광야의 불뱀에게 물려 많이 죽고, 장대 위에 매단 놋뱀을 쳐다본 자는 살게 된 일이 있었는데(민 21:4-9), 바로 이 사건이 부논에서 일어난 것으로 추정됩니다.

36 오봇 / אֹבֹת / Oboth (민 21:10, 33:43) / 가죽 부대들

오봇은 제36차로 진을 친 장소입니다.

뜻 오봇의 뜻은 '가죽 부대들'입니다.

위치 부논과 이예 아바림 사이(민 21:10-11, 33:43-44)에 위치한 곳으로, 모압의 남쪽 국경에서 가까운 곳에 있습니다.

내용 놋뱀 사건으로 인하여 죽음과 회복이라는 놀라운 체험을 한 이스라엘 백성은, 부논에서 새로운 마음으로 다시 가나안을 향한 행군을 시작하여 오봇에 도착하게 되었습니다.

---

37 **이예 아바림** / עִיֵּי הָעֲבָרִים / Iye-abarim (민 21:11, 33:44) / 폐허의 길

이예 아바림은 제37차로 진을 친 장소입니다.

뜻 이예 아바림에서 '이예'의 어원은 '이'(עִי)로서 그 뜻은 '폐허'이며, '아바림'의 어원은 '아바르'(עָבַר)로서 그 뜻은 '지나다, 통과하다'입니다. 따라서 이예 아바림은 '폐허의 길'이라는 뜻입니다. 민수기 33:45에서는 '이임'(עִיִּים)으로 약칭되고 있습니다.

위치 이예 아바림은 모압 남동편 변방에 있는 불모지로, 대부분 암석투성이인 땅으로 알려져 있습니다. 그래서 모압과 에돔이 큰 관심을 두지 않았던 곳이고, 다른 민족들도 정착하지 않았던 힘의 공백지였습니다.

내용 이곳은 세렛 골짜기(세렛 시내)와 아주 가까운 곳입니다. 세렛 시내는 제1차 계수된 군인 603,550명 가운데(민 1:46) 그때까지 살아 있던 군인들이 하나님의 손에 의해서 여호수아와 갈렙을 제외하고 모두 죽임을 당한 지역입니다(신 2:14-16). 민수기 14:30의 "여분네의 아들 갈렙과 눈의 아들 여호수아 외에는 내가 맹세하여 너희로 거하게 하리라 한 땅에 결단코 들어가지 못하리라"라는 말씀이 그대로 성취된 것입니다.

38 디본 갓 / דִּיבֹן גָּד / Dibon-gad (민 33:45) / 그리워함, 황폐

디본 갓은 제38차로 진을 친 장소입니다.

뜻 디본 갓에서 '디본'(דִּיבֹן)은 '그리워함, 황폐'라는 뜻입니다. 그 어원은 '두브'(דוב)로서 '애타게 그리워하다, 쇠약해지다'라는 뜻을 가지고 있습니다. '갓'(גָּד)은 이 지역을 이스라엘 열두 지파 중 '갓' 지파가 먼저 분배받았기 때문에(민 21:30, 32:34) 붙여진 것입니다.

위치 요단 동편 지역으로, 사해 동쪽 18㎞, 아르논 강 북쪽 5㎞ 지점입니다. 민수기 21:13에 나오는 '아르논 건너편'과 동일하거나 근접한 지역으로 추정됩니다.

내용 사해 동쪽으로 흐르는 아르논 강은 급류인 데다 약 500m 깊이이기 때문에, 이스라엘 백성은 깊이가 얕은 상류 쪽으로 올라가서 강을 건넜을 것입니다. 이에 아바림에서 광야 1세대의 갑작스런 죽음을 목도한 광야 2세대는 이제 곧 들어갈 가나안 땅을 '디본'의 뜻처럼 간절히 동경했을 것입니다.

39 알몬 디블라다임 / עַלְמֹן דִּבְלָתָיְמָה / Almon-diblathaim (민 33:46) / 무화과 뭉치들을 숨김

알몬 디블라다임은 제39차로 진을 친 장소입니다.

뜻 알몬 디블라다임은 '무화과 뭉치들을 숨김, 두 무화과 과자의 이정표'라는 뜻으로, '(시야를) 가리다, 숨기다, 감추다'라는 뜻의 '알람'(עָלַם)과 '누른 무화과 뭉치'를 뜻하는 '데벨라'(דִּבְלָה)가 합쳐진 단어입니다.

위치 디본 갓과 아바림산 사이에 있으며, 사해 동쪽 25㎞ 지점의

'텔에일라트 엘 가르비예'(Teleilat el-Gharbiyeh)와 동일시되는 지역입니다.

내용 예레미야 선지자가 모압의 심판이 임박했음을 경고했던 '벧디블라다임'과 동일한 성읍입니다(렘 48:22). 가나안 입성을 눈 앞에 두었을 때이므로, 젖과 꿀이 흐르고 무화과가 풍성한 그곳을 모두가 열망하였을 것입니다.

---

40 **아바림산** / הָרֵי הָעֲבָרִים / Mountains of Abarim (민 33:47)
 / 건너편 지역

아바림산은 제40차로 진을 친 장소입니다.

뜻 아바림은 '건너편 지역, 강 저쪽 지방'이라는 뜻입니다.

위치 모압 평지 우측 아래, 사해 동편에 위치한 산지입니다.

내용 모세가 죽기 전, 가나안 땅을 바라보기 위해 올랐던 산은 '아바림산'(민 27:12), '느보산(높은 산, 지혜의 산 - 신 32:49)', '비스가산'(뾰족한 곳 - 신 34:1) 등 다양한 이름으로 나타나고 있습니다. 이들의 관계를 살펴보면, 아바림은 큰 산지(산맥)이고, 이 산지의 북부에 '느보산'이 있으며(신 32:49), '느보산'의 여러 봉우리 중에 가장 높은 봉우리가 '비스가산'입니다(신 34:1).

---

41 **모압 평지** / עַרְבֹת מוֹאָב / The plains of Moab (민 22:1, 33:48-49)
 / 나의 아버지로부터

모압 평지는 제41차로 진을 친 장소입니다.

뜻 모압은 '아비의 소생, 나의 아버지로부터'라는 뜻입니다.

위치 모압은 여리고 맞은편 요단강 가에 있는 평지입니다(민 22:1). 민수기 33:49에 "진이 벧여시못에서부터 아벨싯딤에 미쳤었더라"라고 하였는데, 벧여시못부터 아벨싯딤까지는 대략 8㎞ 거리였습니다.

내용 모압 평지로 오기 전에 이스라엘은 아모리 왕 시혼(Sihon)과 바산 왕 옥(Og)을 쳐서 그 땅을 정복하였습니다(민 21:21-35). 바산과의 전투에서는 멀리 '에드레이'까지 올라가 싸웠습니다(민 21:33).

모압 평지에서는 이스라엘 백성이 발람 선지자의 꾀에 빠져 이방 여인과 음행하는 사건이 있었으며(민 25장), 제2차 군인 계수가 실시되었고(민 26장), 미디안과의 전투에서 승리하였으며(민 31장), 요단 동편 땅을 분배하였습니다(민 32장). 또한 모세가 마지막으로 광야 2세대에게 율법을 재강론한 곳이기도 합니다(신 1:5). 하나님께서는 가나안 입성을 앞두고 철저하게 하나님의 말씀으로 무장시키기 위하여 율법을 자세히 설명해 주셨던 것입니다(신 1:3, 5).

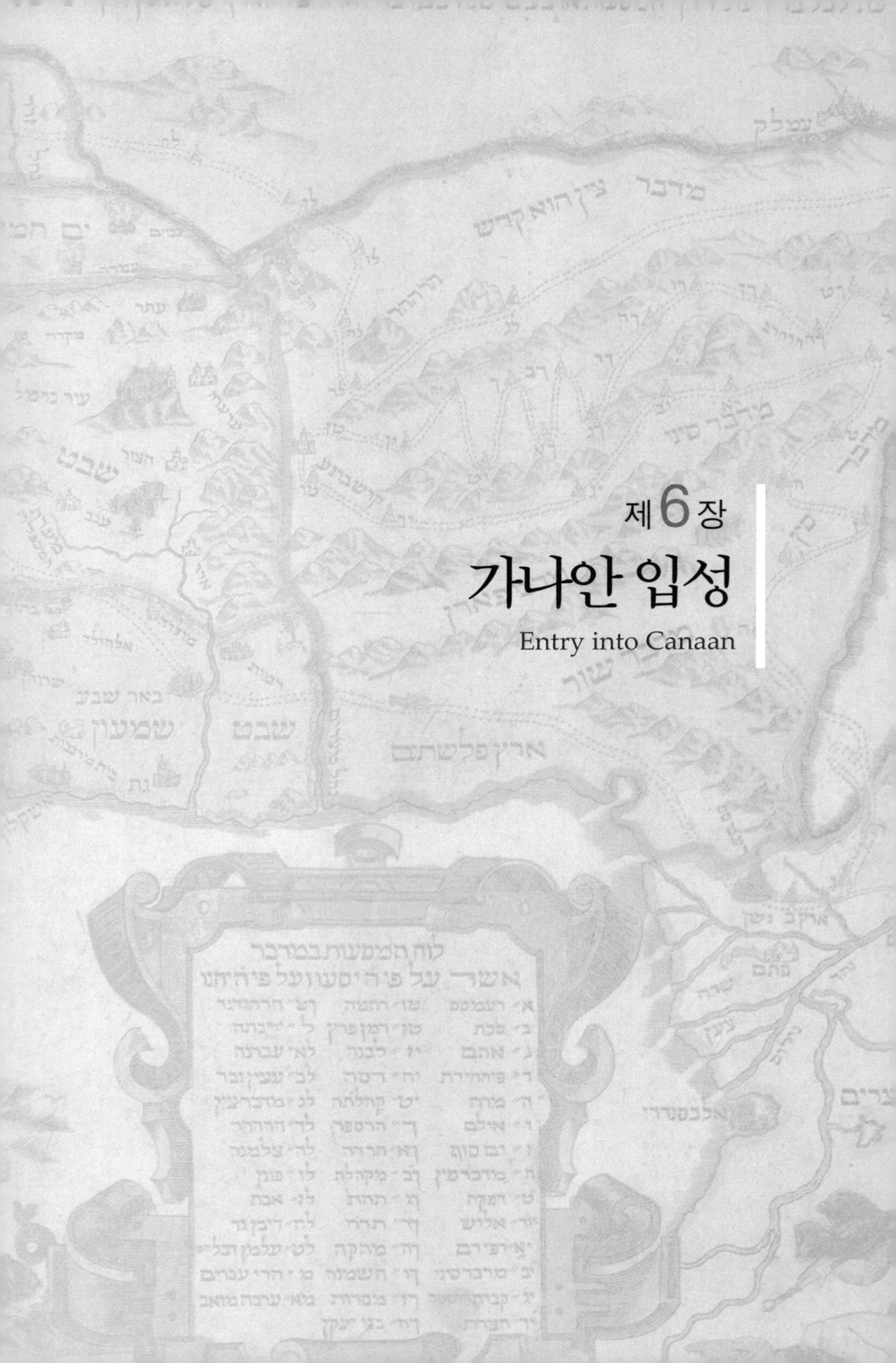

제 6 장

가나안 입성

Entry into Canaan

가나안 입성

ENTRY INTO CANAAN

    이스라엘 백성은 430년 애굽에서의 종살이를 마치고 출애굽하여 광야 40년의 떠돌이 생활까지 모두 마감하고, 이제 하나님의 약속대로 젖과 꿀이 흐르는 가나안 땅으로 들어가게 되었습니다. 이스라엘 민족은 대망의 가나안 땅에 진입하기 위하여 최후의 관문인 요단강을 건너게 되는데, 요단강 도하 개시에 앞서 이스라엘은 여호수아의 지시 아래 도하 준비 및 정복 준비 과정을 끝마쳤습니다. 가나안 입성 직후 첫 번째 공격 대상은 여리고로 정해졌고, 또 공격에 앞서 필요한 모든 정보도 정탐을 통해 충분히 확보되었습니다. 가나안 입성을 이끈 지도자 눈의 아들 여호수아(יְהוֹשֻׁעַ) 이름은 '여호와께서 구원하신다'는 뜻입니다. 가나안 입성의 모든 과정은 하나님의 언약과 주권적 능력으로 된 것입니다. 그것은 횃불 언약에서 예고된 하나님의 말씀이 역사에서 실현된 것입니다(창 15:18-21). 창세기 15:18에서 "내가 이 땅을 애굽강에서부터 그 큰 강 유브라데까지 네 자손에게 주노니"라고 말씀한 것은, 이미 주셨다는 뜻입니다(수 3:10).

    이스라엘이 출애굽 후 광야의 훈련을 받고 마침내 약속의 땅에 들어간 것처럼, 우리도 변치 않는 하나님의 말씀을 붙들면 하나님께서 영원한 하나님의 나라로 이끌어 주실 것입니다.

I
가나안 입성의 과정
(주전 1406년 1월)
THE PROCESS OF ENTRY INTO CANAAN
(THE 1ST MONTH OF 1406 BC)

1. 주전 1406년 1월 4일(화요일)^{추정} - 정탐꾼 보냄

The 4th day (Tuesday) of the 1st month, 1406 BC^{conjectured}
- Spies sent out

이스라엘 백성은 니산월(1월, Nisan) 10일에 요단을 건너 마지막으로 길갈에 진을 쳤습니다(수 4:19). 그리고 니산월(1월) 14일에 가나안에서의 첫 번째 유월절을 지켰습니다. 여호수아 5:10에서 "이스라엘 자손들이 길갈에 진 쳤고 그 달 십사일 저녁에는 여리고 평지에서 유월절을 지켰고"라고 말씀하고 있습니다. 길갈에 진을 쳤던 날짜와 유월절을 지킨 날짜를 근거로, 그 직전에 일어났던 각 사건들에 대한 날짜도 충분히 추정할 수 있습니다.

여호수아는 이스라엘 백성과 함께 싯딤에서 떠나 요단에 이르러 거기서 유숙하였는데, 3일 후에 유사들이 진중으로 두루 다니며 백성에게 명하기를 '제사장들이 언약궤를 메는 것을 보거든 그 뒤를 좇으라'라고 하였습니다(수 3:1-3). 그리고 그 다음날(수 3:5) 요단을 건넌 때가 1월 10일이었습니다. 요단을 건너기 전날인 1월 9일로부터 3일 전으로 거슬러 올라가면 이스라엘이 요단에 유숙한 때는 1

월 7일이 됩니다.

요단에 유숙하기 직전, 여호수아는 가나안 정복을 위해 요단 동편 모압 땅 싯딤에서 두 정탐꾼을 여리고 성으로 보냈습니다(수 2:1ᄂ). 여호수아가 두 정탐꾼이 돌아온 후에 그들의 보고를 다 듣고, 다음날 아침 일찍 싯딤을 떠나 요단에 유숙한 것이 1월 7일이었습니다(수 2:22-24, 3:1). 그렇다면 두 정탐꾼이 정탐을 마치고 돌아와 여호수아에게 보고한 것은 1월 6일이 됩니다.

또한 정탐꾼은 여리고 기생의 집에 숨었다가 산으로 도망하여 3일 동안 숨어 있었으므로, 여호수아는 그 정탐꾼을 1월 4일에 가나안 땅으로 보냈을 것으로 추정됩니다(수 2:1, 6, 15-16, 22).

두 정탐꾼이 기생 라합의 집에 유숙한다는 말을 들은 여리고 왕이 라합의 집에 기별을 보내었을 때, 라합은 두 정탐꾼을 이미 지붕에 숨긴 상태에서 왕의 신하들을 따돌렸습니다(수 2:2-7). 라합의 집은 '성벽 위'에 있었는데, 그녀는 왕의 신하들을 따돌린 후 자신의 집 창문에 줄을 달아 내려 두 정탐꾼을 도망치게 하였습니다(수 2:15). 이방의 가나안 여자 라합은 비록 천한 기생이었지만 "너희 하나님 여호와는 상천하지에 하나님이시니라"라고 고백하면서(수 2:11) 목숨을 걸고 두 정탐꾼을 숨겨 주었고, 자신과 자기 가족들의 보호를 요청하였습니다(수 2:12-13). 이에 두 정탐꾼은, 라합이 그녀의 집 창에 붉은 줄을 매어 놓고, 그 부모와 형제와 아비의 가족을 다 집에 모아 놓으면, 가족 모두를 반드시 구원하겠다고 약속하였습니다(수 2:18-21).

기생 라합의 믿음에 대하여 히브리서 11:31에서는 "믿음으로 기생 라합은 정탐꾼을 평안히 영접하였으므로 순종치 아니한 자와 함

께 멸망치 아니하였도다"라고 말씀하고 있습니다. 야고보서 2:25-
26에서는 "또 이와 같이 기생 라합이 사자를 접대하여 다른 길로
나가게 할 때에 행함으로 의롭다 하심을 받은 것이 아니냐 영혼 없
는 몸이 죽은 것같이 행함이 없는 믿음은 죽은 것이니라"라고 말씀
하고 있습니다.

출애굽 시에 집 문 좌우 설주와 인방에 바른 어린 양의 피가 구
원의 보증이 되었듯이(출 12:7, 13, 22-23, 27), 기생 라합의 집 창문에
매달아 놓은 붉은 줄 역시 구원의 보증물이었습니다(수 2:17-19, 21,
6:17, 22-23, 25). 유월절 양의 피와 라합 집 창문의 붉은 줄은, 십자가
에서 흘리신 예수 그리스도의 보혈을 상징하는 것으로, 예수 그리
스도의 십자가의 대속만이 우리를 구원해 주신다는 것을 보여 줍니
다(롬 3:24, 엡 1:7).

참고로, 주전 1406년 1월 4일이 화요일이라고 추정할 수 있는 근
거는 무엇입니까? 요일을 알기 위해서는 기준이 되는 날이 있어야
합니다. 이 날은 출애굽 원년 주전 1446년 2월 22일입니다. 이 날은
만나가 내리기 시작한 주전 1446년 2월 16일부터 7일째 되는 날로
안식일, 곧 토요일인 것입니다(출 16:1, 4, 13, 25-26). 우리는 이 날을
기준으로 앞뒤로 계산함으로, 중요한 사건들이 일어난 요일을 알 수
있습니다. 그런데 주전 1406년에서 요일을 알 수 있는 날이 있습니
다. 여호수아 5:12에서 "그 땅 소산을 먹은 다음 날에 만나가 그쳤
으니 이스라엘 사람들이 다시는 만나를 얻지 못하였고 그 해에 가
나안 땅의 열매를 먹었더라"라고 말씀합니다. 여기 "다음 날"은 주
전 1406년 1월 16일입니다. 왜냐하면 1월 14일에 유월절을 지켰고

(수 5:10), 1월 15일에 그 땅 소산을 먹었으므로(수 5:11), 그 다음 날은 1월 16일인 것입니다. 여호수아 5:12의 "그쳤으니"는 히브리어 '샤바트'(שָׁבַת)이며, '안식하다, 일을 그만두다'라는 뜻입니다(창 2:3). 이 단어의 뉘앙스는 마땅히 만나가 내리는 날인데 내리지 않았음을 나타내며, 이 날이 일요일이었음을 짐작케 합니다. 왜냐하면 일요일은 토요일에 만나가 내리지 않다가 다시 내리는 첫 날이기 때문입니다. 한편 실제로 주전 1446년 2월 22일(토요일)을 기준으로 계산해 보아도, 주전 1406년 1월 16일이 정확하게 일요일에 해당합니다. 참으로 성경은 정확무오한 하나님의 말씀입니다. 이에 따라 주전 1406년 1월 16일이 일요일이라면 주전 1406년 1월 4일은 화요일이 맞습니다.

2. 주전 1406년 1월 7일(금요일) - 3일간의 준비
The 7th day (Friday) of the 1st month, 1406 BC - three-day preparation

이스라엘 백성은 두 정탐꾼이 돌아온 다음날 싯딤에서 떠나 요단에 이르러 강을 건너지 않고 거기서 유숙하였습니다(수 3:1). 여호수아 3:2에 기록된 "3일 후에"는 히브리어로 '바예히 미크체 셸로쉐트 야밈'(וַיְהִי מִקְצֵה שְׁלֹשֶׁת יָמִים)인데, '3일의 끝에'(at the end of three days: NASB)라는 뜻으로, 이날은 1월 9일이었습니다. 1월 7일에 싯딤에서 떠나 요단강에 도착한 이스라엘 백성은 1월 9일이 끝나갈 무렵, "내일"(1월 10일) 요단강을 건널 것이라는 말씀을 듣게 됩니다(수 3:5).

1월 9일(일요일)에 유사들이 진중에 두루 다니며(수 3:2), 이스라엘 백성에게 "... 너희는 레위 사람 제사장들이 너희 하나님 여호와의 언약궤 메는 것을 보거든 너희 곳을 떠나 그 뒤를 좇으라 그러나 너희와 그 사이 상거가 이천 규빗쯤 되게 하고 그것에 가까이 하지는 말라 그리하면 너희 행할 길을 알리니 너희가 이전에 이 길을 지나 보지 못하였음이니라"라고 명령하였습니다(수 3:3-4). 그리고 여호수아는 백성에게 "너희는 스스로 성결케 하라"라고 명령한 다음에 "여호와께서 내일 너희 가운데 기사를 행하시리라"라는 하나님의 말씀을 전했습니다(수 3:5). 하나님께서는, 시내산에서 이스라엘 백성이 십계명을 받기 전 3일 동안 성결케 하는 기간을 주셨듯이(출 19:10-15), 요단강을 건너기 전에도 3일 동안의 준비 기간을 주신 것입니다.

3. 주전 1406년 1월 10일(월요일) - 요단강 도하

The 10th day (Monday) of the 1st month, 1406 BC - Crossed the Jordan River

이스라엘은 약속의 땅을 눈앞에 두고 요단강 앞에 서 있습니다. 요단강은 광야와 정착지의 경계선입니다. 이스라엘이 요단강을 건너서 약속의 땅으로 들어간다는 것은, 불안정한 광야 생활을 하는 나그네의 입장에서 벗어나 안정된 정착지의 거주민이 되는, 새로운 신분으로서의 삶이 시작되는 것입니다.

이스라엘 백성은 주전 1406년 니산월(1월) 10일에 드디어 요단강을 건너서 가나안 땅에 들어갔습니다. 여호수아 4:19에서 "정월 십일에 백성이 요단에서 올라와서 여리고 동편 지경 길갈에 진 치매"라고 말씀하고 있습니다. 주전 1446년 1월 15일에 애굽의 라암셋을 출발하였으니(민 33:3), 가나안에 들어가기까지 만 40년에서 5일이 부족한 기간이 걸린 것입니다.

(1) 사람의 힘으로는 건널 수 없는 요단강

하나님께서는 애굽에서 430년간 종살이하던 이스라엘 백성을 위대한 영도자 모세를 통해 해방하셨습니다(출 12:40-41). 또한 모세를 통해 40년 동안 광야 행군을 진행시키신 하나님께서는, 여호수아를 통해 가나안 입성을 완수시키셨습니다. 요단강 도하는, 오직 전능하신 하나님의 경이로운 기적의 역사가 아니면 불가능했던 사건이었습니다.

첫째, 지형상 요단강은 빠르게 흐르는 급류였습니다.

요단강은 발원지로부터 사해까지 130㎞이고, 요단강의 폭은 28-30m이며, 강의 깊이는 0.9-4m 정도인데, 강이 범람하는 시기에는 강둑에서의 깊이가 4-5m에 이릅니다. 팔레스타인에서는 규모가 작은 간헐천(Wadi)이 여러 개 있어서 건기에는 물이 말라 버리곤 했지만, 요단강은 사철 마르지 않고 흐르는 하천이었습니다. 그래서 요단강의 어원을 '야르덴(yarden)'으로 보기도 하는데, 이는 인도-아리아어에서 해(year)를 뜻하는 요르(yor)와 강(river)을 의미하는 돈(don)이 결합되어 '사철 흐르는 강, 영원한 강'이란 뜻입니다.

갈릴리 호수부터 사해까지는 96㎞이며, 낙차가 179m이므로 물의 흐름이 대단히 빠르고 곳곳에 급류와 소용돌이가 있어서 강둑의 위치가 자주 바뀌곤 하였습니다. 그래서 '요단'의 어원을 '비탈지다'란 의미를 가진 셈어 '야라드(יָרַד)'로 보기도 합니다. 요단강은 '빠르게 흐르는 강'으로도 알려져 있는데, 이는 요단강 상류와 하류의 낙차가 커서 요단강의 대부분 지역에서 급류를 형성하는 지형적 특징을 반영한 것입니다.

이같은 요단의 지형적 특성 때문에 배를 타고 건널 만한 곳은 아무데도 없습니다. 단지 물이 얕아서 걸어서 건널 수 있는 여울목이 몇 군데 있을 뿐입니다. 당시에는 다리가 없었기 때문에 요단강은 천연 방어물이었고, 또 공격자의 입장에서는 커다란 장애물이 되었습니다. 그래서 요단강의 여울목 점령이 군사 작전의 매우 중요한 변수가 되곤 했습니다.

둘째, 시기적으로 요단강이 불어 범람할 때입니다(모맥 거두던 시기, 헤르몬 산의 눈과 얼음이 녹는 시기).

요단강을 도하한 때는 모맥 거두는 시기로, 물이 언덕에까지 넘치는 때였습니다(^{참고}대상 12:15, 렘 12:5, 49:19, 50:44). 여호수아 3:15에서 "요단이 모맥 거두는 시기에는 항상 언덕에 넘치더라" 라고 기록하고 있습니다.

팔레스타인의 기후는 건기(여름)와 우기(겨울)가 있으며, 겨울에는 이른 비(태양력 10-11월)와 늦은 비(태양력 3-4월)가 내립니다. "모맥 거두는 시기"에서 "모맥"은 히브리어 '카치르'(קָצִיר)로, '추수'라는 뜻입니다. 그러므로 "모맥 거두는 시기"는 '밀과 보리를 거두는 시기'라는 뜻이 아니라, 그냥 '추수하는 시기'라는 뜻으로, 보리를 거두는 때인 니산월(Nisan, 태양력 3-4월)을 가리킵니다. 이때는 늦은 비가 내려 강우량이 가장 많은 때입니다.

더구나 이때는 헤르몬 산의 눈과 얼음이 녹아 갑자기 강물이 불어나서 범람할 때였습니다. 헤르몬 산(2,814m)은 요단강의 발원지로서, 많은 강우와 적설로 인해 끊임없이 솟아나는 샘들이 있고, 눈

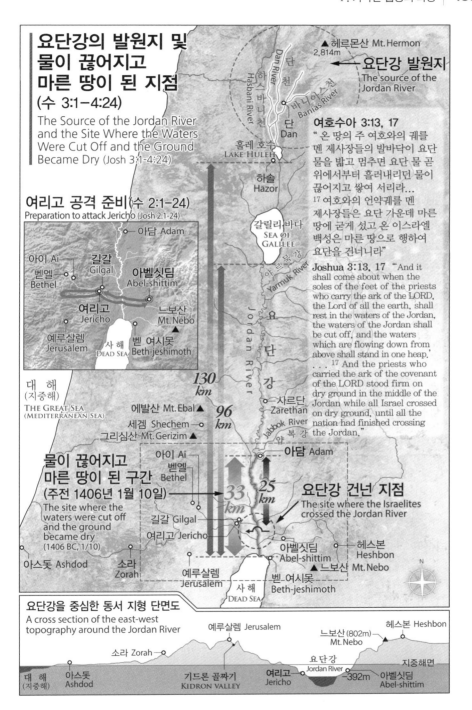

요단강의 발원지 및 물이 끊어지고 마른 땅이 된 지점
(수 3:1–4:24)
The Source of the Jordan River and the Site Where the Waters Were Cut Off and the Ground Became Dry (Josh 3:1-4:24)

여리고 공격 준비(수 2:1-24)
Preparation to attack Jericho (Josh 2:1-24)

아담 Adam
아이 Ai
길갈 Gilgal
벧엘 Bethel
아벨싯딤 Abel-shittim
여리고 Jericho
느보산 Mt. Nebo
예루살렘 Jerusalem
사 해 DEAD SEA
벧 여시못 Beth-jeshimoth

대 해 (지중해) THE GREAT SEA (MEDITERRANEAN SEA)

에발산 Mt. Ebal ▲
세겜 Shechem ○
그리심산 Mt. Gerizim ▲

물이 끊어지고 마른 땅이 된 구간
(주전 1406년 1월 10일)
The site where the waters were cut off and the ground became dry (1406 BC, 1/10)

아이 Ai
벧엘 Bethel
길갈 Gilgal
여리고 Jericho
아스돗 Ashdod
소라 Zorah
예루살렘 Jerusalem
사 해 DEAD SEA
아벨싯딤 Abel-shittim
벧 여시못 Beth-jeshimoth
느보산 Mt. Nebo
헤스본 Heshbon

130 km
96 km
33 km
25 km

요단강 건넌 지점
The site where the Israelites crossed the Jordan River

헤르몬산 Mt. Hermon 2,814m ▲
요단강 발원지 The source of the Jordan River

단 천 Dan River
하스바니천 Hasbani River
바니아스천 Banias River
단 Dan
훌레 호수 LAKE HULEH
하솔 Hazor
갈릴리 바다 SEA OF GALILEE
야르묵 강 Yarmuk River
요 단 강 Jordan River
사르단 Zarethan
얍복 강 Jabbok River
아담 Adam

여호수아 3:13, 17
"온 땅의 주 여호와의 궤를 멘 제사장들의 발바닥이 요단 물을 밟고 멈추면 요단 물 곧 위에서부터 흘러내리던 물이 끊어지고 쌓여 서리라… ¹⁷ 여호와의 언약궤를 멘 제사장들은 요단 가운데 마른 땅에 굳게 섰고 온 이스라엘 백성은 마른 땅으로 행하여 요단을 건너니라"

Joshua 3:13, 17 "And it shall come about when the soles of the feet of the priests who carry the ark of the LORD, the Lord of all the earth, shall rest in the waters of the Jordan, the waters of the Jordan shall be cut off, and the waters which are flowing down from above shall stand in one heap.' . . . ¹⁷ And the priests who carried the ark of the covenant of the LORD stood firm on dry ground in the middle of the Jordan while all Israel crossed on dry ground, until all the nation had finished crossing the Jordan."

요단강을 중심한 동서 지형 단면도
A cross section of the east-west topography around the Jordan River

예루살렘 Jerusalem
느보산 (802m) Mt. Nebo
헤스본 Heshbon
소라 Zorah
대 해 (지중해)
아스돗 Ashdod
기드론 골짜기 KIDRON VALLEY
여리고 Jericho
요단강 Jordan River -392m
지중해면
아벨싯딤 Abel-shittim

N

이 녹은 물이 항상 흘러내렸습니다. 그래서 요단강을 가리켜 "요단 물 곧 위에서부터 흘러내리던 물"(수 3:13)이라고 하였습니다.

　이처럼 이스라엘 백성이 요단강을 건널 그 때는 요단 강물이 최고의 수위를 기록하는 매우 위험한 때였습니다. 200만 명의 대인원이 온갖 가축과 짐을 대동하고 요단강을 건넌다는 것은 정말 불가능한 일이었습니다. 이스라엘 백성은 빠르게 흐르는 물살과 평소보다 많이 불어난 요단 강물을 보는 순간 당혹스럽고 두려웠을 것입니다. 오직 하나님을 전적으로 의지하면서 절대적인 도움을 구할 수밖에 없었을 것입니다.

(2) 요단강을 건너기 위한 철저한 준비와 요단강 도하

　요단강 도하 작전은 싯딤을 떠나 요단(동편)에 이르러 거기서 유숙하며 준비되었습니다(수 3:1). 싯딤과 요단 사이는 11㎞인데, 이때는 요단강을 건너기 3일 전입니다(수 3:2). 여호수아가 이스라엘 백성을 이끌고 요단강을 건너기 전, 그 준비는 매우 철저했습니다.

첫째, **언약궤의 뒤를 좇아오라**(수 3:3, 6)

　언약궤의 뒤를 좇아오라고 한 것은, 지금 그들이 가는 길이 평생에 지나보지 못한 처음 가는 길이었기 때문입니다(수 3:4下). 40년간 광야 여정 중에 함께하던 구름기둥이나 불기둥은 이제 더 이상 이스라엘 백성을 인도하지 않았으므로, 여호수아는 백성으로 하여금 언약궤를 바라보고 그 뒤를 좇으라고 하였습니다. 언약궤는 하나님의 임재의 상징이었습니다. 그래서 언약궤와 제사장들이 요단강을 건넜을 때 "백성의 목전에서" 건넜다고 말씀하고 있습니다(수 4:11). 백성은 언약궤로 말미암아 하나님의 임재를 확실히 보고 느꼈던 것입니다.

둘째, **언약궤와 2천 규빗(약 912m)의 간격을 유지하라**(수 3:4)

언약궤와 백성 사이에 큰 거리를 둔 목적은, 언약궤의 신성함과 하나님 임재의 거룩함 때문이었습니다. 이것은 언약궤를 앞서가지도 말고, 조급하게 서두르지도 말라는 뜻입니다. 또한 백성 전체가 언약궤를 바라볼 수 있도록 하여, 그들이 어떻게 행동해야 할지를 알게 하기 위함이었습니다. 여호수아 3:4 하반절에 "그리하면 너희 행할 길을 알리니"라고 말씀하고 있습니다.

셋째, <u>스스로 성결케 하라</u>(수 3:5)

이는 성생활을 자제하고 율법이 금지하는 것을 지키는 것을 말합니다(출 19:15, 고전 7:5). 출애굽 한 이스라엘 백성 전체가 시내산에서 하나님의 음성을 듣기 전, 그것을 예비하기 위하여 3일 동안 "여인을 가까이 말라"라는 성결 명령이 있었습니다(출 19:15).

하나님을 만나거나 하나님의 중대한 사명을 수행할 때 그 자세가 항상 진실하고 성별되어야 합니다(레 11:44-45). 성도의 성별된 생활은 하나님의 말씀을 배우고 깨달으며 기도를 쉬지 않는 것입니다(딤전 4:5).

넷째, **제사장들이 언약궤를 메고 백성 앞서 건너라**(수 3:6)

여호수아 3:6 "여호수아가 또 제사장들에게 일러 가로되 언약궤를 메고 백성 앞서 건너라 하매 곧 언약궤를 메고 백성 앞서 나아가니라"

요단강 도하는 '언약궤'와 그것을 어깨에 멘 제사장들의 선도에 의해 진행되었습니다(수 3:3, 6, 8, 13, 14, 15, 17). 제사장들을 언급할 때마다 '언약궤를 메었다'는 사실을 강조하여 말씀하고 있습니다(수 3:3, 6, 8, 14, 17, 4:9, 18). 여호와의 언약궤를 멘 제사장들의 발바닥이 요단 강물에 닿자마자 그것을 신호로 강물이 끊겼습니다.

> **여호수아 3:13** "온 땅의 주 여호와의 궤를 멘 제사장들의 발바닥이 요단 물을 밟고 멈추면 요단 물 곧 위에서부터 흘러내리던 물이 끊어지고 쌓여 서리라"

여기 '발'이 아니라 "발바닥"(כַּפּוֹת רַגְלֵי, 카포트 라글레이)이라는 단어를 쓴 것을 보면, 그 발바닥이 요단 물에 닿자마자 마치 전기가 흐르듯이 하나님의 역사가 순식간에 일어난 것을 알 수 있습니다. 이렇게 하나님의 명령대로 "백성 앞서"(수 3:6) 요단강에 들어간 제사장들은 발을 고정한 채로 긴 시간 동안 한 발자국도 움직이지 않고, '굳게' 서 있었습니다(수 3:17). '굳게 서다'에 해당하는 히브리어 '하켄'(הָכֵן)은 '고정시키다'라는 의미로, 언약궤를 멘 제사장들이 이스라엘 백성이 강을 다 건너기까지 발을 떼거나 움직이지 않았음을 나타냅니다.

그리고 백성이 다 건넌 후에 마지막으로, 백성이 목도하는 가운데 제사장들이 강을 건넜습니다(수 4:11, 15-18). 제사장들은 제일 먼저 요단강에 들어가고, 제일 마지막에 강에서 나왔습니다. 그들이 육지를 밟자마자 강물은 다시 흐르고 여전히 언덕에 넘쳤습니다(수 4:18). 요단강에 먼저 뛰어드는 제사장들의 신앙의 용단, 그리고 백성이 다 건너기까지 기다리는 제사장들의 견고한 믿음의 인내와 충성은 요단강이 갈라지는 역사의 밑거름이 되었습니다.

(3) 흘러내리던 물이 그치고 마른 강바닥을 드러낸 요단강

여호수아 3:15ㅏ-16 "…궤를 멘 자들이 요단에 이르며 궤를 멘 제사장들의 발이 물가에 잠기자 ¹⁶곧 위에서부터 흘러내리던 물이 그쳐서 심히 멀리 사르단에 가까운 아담 읍 변방에 일어나 쌓이고 아라바의 바다 염해로 향하여 흘러가는 물은 온전히 끊어지매 백성이 여리고 앞으로 바로 건널새"

첫째, 위에서부터 흘러내리던 물이 끊어지고 일어나 쌓였습니다.

여호수아 4:7에서 "… 요단 물이 여호와의 언약궤 앞에서 끊어졌었나니 곧 언약궤가 요단을 건널 때에 요단 물이 끊어졌으므로…"라고 말씀하고 있습니다. 여기 "끊어졌으므로"에 해당하는 히브리어 '니크레투'(נִכְרָתוּ)는 '베어내다, 자르다'라는 의미를 가진 동사 '카라트'(כָּרַת)의 수동형입니다. 그리고 여호수아 3:13에서 "… 요단 물 곧 위에서부터 흘러내리던 물이 끊어지고 쌓여 서리라"라고 말씀할 때, "쌓여"에 히브리어 명사 '네드'(נֵד: 더미)가 쓰여, 흐르던 물이 더미를 이룬 것을 알 수 있습니다. 여기 "서리라"는 히브리어 동사 '아마드'(עָמַד)로, 마치 사람이 자기의 몸을 일으켜 세우듯 물이 계속 위쪽으로 불어나는 상태를 생생하게 표현한 것입니다.

둘째, 그 물은 심히 멀리 아담 읍 변방에 일어나 쌓였습니다.

여호수아 3:16에서 "위에서부터 흘러내리던 물이 그쳐서 심히 멀리 사르단에 가까운 아담 읍 변방에 일어나 쌓이고…"라고 말씀하고 있습니다. "사르단"(Zarethan)은 요단강 유역에 있는 성읍으로, 사해 북단에서 52㎞ 정도 떨어진 곳입니다. 이곳은 후에 솔로몬의 제5 행정구에 포함되었고(왕상 4:12), 성전 건축 시에는 이 부근에서 놋을 부어 기구를 만들었으며(왕상 7:45-46), "스레다"로도 불렸습니다(대하 4:17). 한편, 요단 강물이 일어나 쌓인 '아담'은 사해로부터 약 33㎞ 떨어진 곳으로, 오늘날 요르단의 '다미아'(Damia)로 추정됩니다. 이스라엘 백성이 요단강을 건너서 바로 진 친 곳은 여리고에 인접한 길갈이었는데(수 4:19, 5:10), 여리고는 사해 북단에서 약 8㎞ 지점에 있습니다. 따라서 이스라엘은 사해로부터 약 8㎞ 떨어진 지점에서 여리고 앞으로 요단강을 건넜고, 아담은 요단강을 건넌 지점으로부터 상류쪽으로 25㎞ 정도 떨어진 위치였던 것입니다.

셋째, 사해로 향하여 흘러가는 물은 온전히 끊어졌습니다.

요단강은 갈릴리 바다에서 염해로 흘러내립니다. 여호수아 3:16 하반절에서 "... 아라바의 바다 염해로 향하여 흘러가는 물은..."이라고 말씀하고 있습니다. 여기 "아라바의 바다"는 사해(염해)를 가리킵니다(신 3:17). 요단강은 훌레 호수로부터 사해까지 직선거리로 130㎞입니다. 물이 "온전히"(תָּמָם, 탐무: 철저히) 끊어진다는 것은 아랫물과 흘러내리던 물이 철저히 분리된 것을 의미합니다. 이렇게 위로는 아담에서 물이 무더기가 되어 벽을 이루었고, 아래로는 사해로 흘러가던 물이 완전히 끊어져서 강바닥이 물기 없는 마른 땅이 되고 말았습니다(수 3:17, 4:22). 그러므로 요단강은 사해 유입구로부터 아담까지 약 33㎞정도 마른 땅이 되었던 것입니다.

일부 학자들은, 아담 근처에는 이회토(泥灰土)라 불리는 석회질이 많은 점토 언덕들이 있는데, 아마도 요단 강물의 범람으로 인해 이것들이 일시에 무너져 요단 계곡을 막았고, 그 물길은 얍복강 수

역의 낮은 지역으로 흘러 들어갔을 것이라고 추정합니다.[47] 그러나 요단 강물이 끊어진 시점이 이스라엘의 요단 도하 시점과 일치했다는 것은 하나님의 역사로밖에 설명할 길이 없습니다. 실로, 온 우주를 창조하시고 만물을 주관하시는 하나님께서는, 흐르는 요단 강물까지 일시에 멈춰 세우심으로 이스라엘의 요단강 도하를 가능케 하셨던 것입니다.

넷째, **백성은 마른 땅을 밟고 요단강을 건넜습니다.**

언약궤를 멘 제사장들이 먼저 발을 요단강에 담그자, 흘러내리던 요단 강물이 끊어지고 마른 땅이 되었습니다. 여호수아 4:7에 "그들에게 이르기를 요단 물이 여호와의 언약궤 앞에서 끊어졌었나니 곧 언약궤가 요단을 건널 때에 요단 물이 끊어졌으므로..."라고 말씀하고 있습니다. 더욱 신기한 것은 그렇게 물이 끊긴 요단강은 약간의 물기도 남아 있지 않았습니다. 하나님의 기적적인 역사로 조금도 질척거리지 않고 완전히 마른 땅이 된 것입니다. 온 이스라엘 백성은 그 마른 땅으로 행하여 요단을 건넜습니다.

> **여호수아 3:17** "여호와의 언약궤를 멘 제사장들은 요단 가운데 마른 땅에 굳게 섰고 온 이스라엘 백성은 마른 땅으로 행하여 요단을 건너니라"

> **여호수아 4:22** "너희는 자손에게 알게 하여 이르기를 이스라엘이 마른 땅을 밟고 이 요단을 건넜음이라"

출애굽 직후 홍해를 갈라서 마른 땅이 되게 하신 하나님께서(출 14:21-22), 다시 광야 노정 마지막에 흘러내리던 요단강을 끊어 물이 쌓여 서게 하심으로, 이스라엘 백성이 마른 땅을 밟고 요단강을 건너 가나안에 입성케 하신 것입니다(수 4:23). 하나님의 기적적인 역사로 온 이스라엘 백성이 요단강을 건넌 일은, 출애굽과 광야 생활과 가나안 입성의 모든 노정이 전적으로 하나님의 은혜와 인도로 이루어졌음을 보여 주는 위대한 표적이었습니다.

(4) 요단강 도하를 기념하는 '강바닥의 열두 돌'과 '길갈의 열두 돌'

여호수아는 하나님의 기적적인 역사를 기념하기 위하여 매 지파에서 한 명씩 12명을 택하고(수 3:12, 4:4), 그 요단강 마른 땅에서 매 지파에 돌 한 개씩을 취하여 자기들이 유숙할 '길갈'까지 옮기도록 하였습니다(약 8㎞). 그 돌은 장정의 어깨에 메어야 할 만큼 큰 돌이었습니다(수 4:5).

열두 돌 기념비는 두 군데 세워졌습니다. 하나는 요단강 가운데 세워지고(수 4:9), 하나는 요단강 도하 후에 첫 번째 진 친 곳인 길갈에 세워졌습니다(수 4:8, 20). 먼저, 요단강 가운데 세워진 기념비(수 4:9)는 이스라엘 백성의 40년 광야 생활이 끝났음을 영원히 기념합니다. 다음으로, 길갈에 세워진 열두 돌 기념비(수 4:8, 20)는 가나안 땅에서의 새 출발, 새 역사를 뜻합니다. 따라서 새로운 여호수아 시대, 새로운 가나안 시대가 열리게 된 것입니다.

여호수아는 두 군데에 열두 돌을 세워 표징으로 기념하도록 한 후, "이 돌들은 무슨 뜻이뇨"(수 4:6下, 21下)라고 후일에 후손들이 질문할 것이라고 하였습니다. 그때 이스라엘에게 '요단 물이 여호와의 언약궤 앞에서 끊어졌으므로 이 돌들이 이스라엘 자손에게 영영한 기념이 되리라'(수 4:7)라고 답하도록 가르쳤습니다. 뿐만 아니라 이 기적을 통해 "땅의 모든 백성으로 여호와의 손이 능하심을 알게

하며 너희로 너희 하나님 여호와를 영원토록 경외하게 하려 하심이
라"(수 4:24)라고 가르쳤습니다.

더 나아가, 이 열두 돌의 기념비를 통해 모든 지파는 하나라는 것
을 가르쳐 주었습니다. 12지파로 구성된 이스라엘은 각각 흩어진
낱낱이 아니라 한 뿌리에서 나온 한 혈통, 한 조상에게서 난 한 민
족입니다(수 4:2, 3, 5, 7, 8, 20). 열두 돌이 함께 뭉쳐 있듯이 12지파가
하나의 공동체를 이루어 가야 한다는 것입니다.

(5) "오늘부터 시작하여" 여호수아를 크게 하신 하나님의 섭리

여호수아는 요단강을 건너는 날, "오늘부터 시작하여"(수 3:7) 백
성의 목전에서 크게 되는 축복을 받았습니다. 그리고 하나님께서
'모세와 함께 있던 것같이 여호수아와 함께하신다는 사실을 알게
하리라'(수 3:7下)라고 말씀하셨습니다. 그리고 하나님께서는 여호수
아를 크게 하셨습니다(수 4:14). 모세의 수종자(출 33:11)였던 눈의 아
들 여호수아가, 예전처럼 에브라임 지파 하나를 대표하는 작은 지
도자가 아니라(민 13:8, 16), 이제는 하나님의 후원을 받는, 전 이스
라엘의 큰 지도자가 된 것입니다. 공동번역에서는 여호수아 4:14
을 "그날 여호와께서는 온 이스라엘로 하여금 여호수아를 큰 인물
로 우러르게 하셨다. 그리하여 그들은 모세가 살아 있는 동안 그를
늘 두려워했듯이 여호수아도 두려워하게 되었다"라고 번역하였습
니다. 이스라엘 백성이 홍해 도하 사건을 계기로 모세를 하나님께
서 함께하시는 지도자로 인정하고 믿기 시작했던 것처럼(출 14:31),
요단강 도하 사건을 계기로 여호수아를 하나님의 종으로 믿고, 그
를 모세처럼 두려워하기 시작했습니다(수 3:7, 4:14, ^{참고-}왕상 2:45-46,
3:28, 대상 29:25, 요 2:11, 11:45).

요단강을 건너던 날에 하나님께서는 "오늘부터 시작하여"라고 하셨으므로, 이제 시작에 불과했습니다. 하나님께서는 앞으로 계속해서 여호수아를 통해 더 크고 놀라운 기적들을 보여 주실 것을 약속하신 것입니다. 이스라엘 백성과 여호수아의 궁극적인 과제는 요단 서편 가나안 지역을 점령하는 것이었습니다. 가나안 족속과 헷 족속과 히위 족속과 브리스 족속과 기르가스 족속과 아모리 족속과 여부스 족속을 몰아내어야 합니다. 그들이 차지하고 있는 땅에 들어가야 합니다(수 3:10). 이처럼 요단강을 건너는 놀라운 기적을 통해, 하나님께서는 가나안 정복도 반드시 성공하게 해 주신다는 확실한 표징을 보여 주셨습니다. "오늘부터 시작하여"(수 3:7)라는 말씀은, 미래에 대한 확신으로 충만케 해 주시는 감격스러운 소망의 말씀이었습니다.

(6) 마침내 가나안 땅, '할례 후에 길갈이라'

마침내 이스라엘은 요단강을 건너서 가나안 땅에 들어가 '길갈'에 진을 쳤습니다. 그리고 여호수아는 요단강 가운데서 가져온 열두 돌을 취하여 길갈에 세웠습니다(수 4:8, 20). 이것은 후대 자손들과 땅의 모든 백성에게, 요단강을 마르게 하여 건너게 하신 하나님 손의 능하심을 알리고, 이스라엘로 하여금 하나님을 영원토록 경외하게 하려 함이었습니다(수 4:21-24).

이어 하나님께서는 광야에서 태어나 할례를 받지 못한 자들에게 할례를 행하라고 명령하셨고(수 5:2-5, 7), 그 명령대로 길갈에서 광야 2세대가 할례를 받았습니다(수 5:8). 길갈은 "애굽의 수치를 너희에게서 굴러가게 하였다"라는 의미에서 붙여진 이름이며(수 5:9), 그 어원은 '갈랄'(גָּלַל)로, '구르다, 굴러 떨어지다'라는 뜻입니다.

미지의 가나안 땅에서 언제 적이 쳐들어올지 모르는 긴박한 상황 가운데, 할례를 받으라는 명령에 순종하는 것은 너무도 어려운 일이었습니다. 그러나 이스라엘 백성은 하나님께서 지켜 주실 것을 믿고 전적으로 순종함으로, 애굽의 모든 수치에서 벗어나 가나안을 소유할 수 있는 언약 백성으로 인정받게 되었습니다(수 5:9). 그 수치는 이스라엘 백성이 애굽에서 종살이했던 수치요, 광야에서 애굽의 속성을 버리지 못한 채 하나님을 불신하고 불순종했던 수치였습니다. 그런데 은혜와 사랑이 무궁하신 하나님께서 할례와 함께 이 모든 수치를 제거하여 주셨습니다. 오늘날 우리도 예수 그리스도의 십자가 대속을 믿고 진정으로 회개할 때, 하나님께서 우리의 모든 수치를 깨끗이 제하여 주십니다.

(7) 요단강 도하의 구속사적 의미

요단강 도하는, 40년에 걸쳐 진행된 광야 생활의 종결이라는 의미에 있어서는 종살이 최후의 관문이며, 동시에 하나님께서 주신 약속의 땅 가나안 생활의 시작이라는 의미에 있어서는 새 역사 최초의 관문입니다. 과거 40년 전 하나님의 주권과 초자연적 능력으로 이루어진 홍해 도하 사건이 노예 생활을 했던 애굽에서의 탈출이라면, 요단강 도하는 약속의 땅 가나안으로의 입성을 의미합니다. 홍해 도하 사건은 영적으로 볼 때, 과거 죄에 매여 종살이하던 옛 생활을 완전히 벗어 버리는 세례를 예표합니다(고전 10:1-2). 그리고 요단강 도하는 성도들이 교회 생활을 마치고 이 세상을 떠나 천국에 들어갈 것을 예표하고 있습니다.

요단강은 가나안 입성의 최종 장애물인데, 이것을 통과하게 한 것은 하나님의 언약궤입니다. 우리가 신령한 가나안 천국에 입성할 때에 시공간의 제한을 받는 몸으로는 들어갈 수 없습니다. 그래서 하나님께서는 마지막 나팔에 우리의 썩을 몸이 불가불 썩지 않게 하시고, 죽을 몸이 불가불 죽지 않게 신령한 몸으로 변화시켜 천국에 입성하게 하실 것입니다(고전 15:51-52). 살아 있는 성도의 몸은 '썩지 아니할 영광스럽고 강한 몸, 곧 신령한 몸'으로 순식간에 변화할 것이며, 성도의 낮은 몸이 예수 그리스도의 영광의 몸과 같이 변할 것입니다(빌 3:21, 골 3:4, 요일 3:2-3).

마침내 성도는 성화(聖化)의 완성을 통해 영화(靈化)에 이르게 되고, 하나님의 주권적인 역사로 구원의 전 과정에 거대한 완성과 종결이 이루어질 것입니다. 그리고 성도는 장차 주님과 온전한 교제를 누리며, 주님 예비하신 새 집에서 주와 함께 영원히 살게 될 것입니다(살전 4:17, ^{참고-}요 14:1-4, 계 21:1-4, 22:1-5).

4. 주전 1406년 1월 14일(금요일) - 유월절 준수

The 14th day (Friday) of the 1st month, 1406 BC - Observance of the Passover

이스라엘 백성은 주전 1406년 니산월(1월) 14일에 가나안에서의 첫 번째 유월절을 지켰습니다. 여호수아 5:10에서 "이스라엘 자손들이 길갈에 진 쳤고 그 달 십사일 저녁에는 여리고 평지에서 유월절을 지켰고"라고 말씀하고 있습니다.

이렇게 출애굽, 그리고 광야 40년 노정과 밀접한 관련이 있는 유월절을 지킨 기록이 성경에 세 번 기록되어 있습니다.

첫째, 주전 1446년 1월 14일, 출애굽 전날 밤 애굽에서 유월절을 지켰습니다(출 12:3-11).

둘째, 주전 1445년 1월 14일, 시내 광야에서 유월절을 지켰습니다(민 9:1-5).

셋째, 주전 1406년 1월 14일, 가나안 입성 직후 길갈에서 유월절을 지켰습니다(수 5:10).

유월절이 역사적으로 이스라엘이 애굽에서 해방된 것을 기념하는 날이라면, 구속사적으로는 성도가 어린 양 되시는 예수 그리스도(요 1:29, 고전 5:7)의 십자가 피로 구속 받아, 애굽과 같은 사단의 세력에서 해방되는 것을 기념하는 절기입니다(고전 1:30, 엡 1:7). 이스라엘 백성은 가나안 입성 후 길갈에서 첫 번째 유월절을 지키면서, 애굽에서 해방하시고 마침내 약속의 땅으로 인도해 주신 하나님께 뜨거운 눈물을 흘리며 감사와 영광을 돌렸을 것입니다.

5. 주전 1406년 1월 15일(토요일)
  - 가나안 소산을 먹음
The 15th day (Saturday) of the 1st month, 1406 BC - Ate the produce of Canaan

유월절을 지킨 1월 14일까지는 만나가 내렸습니다. 이날은 금요일이었으므로 지금까지의 규례대로 본다면 역시 두 배의 만나가 내렸을 것입니다(출 16:5, 22, 29). 그리고 1월 15일 안식일(토요일)에는 만나가 내리지 않았습니다. 여호수아 5:11에서 "유월절 이튿날(1월 15일)에 그 땅 소산을 먹되 그날에 무교병과 볶은 곡식을 먹었더니"라고 말씀하고 있습니다. 이날은 출애굽 한 지 정확히 40년이 되는 날이었습니다. 이스라엘 백성은 광야 40년 생활이 끝나고 처음으로 가나안 땅의 소산을 먹게 되었습니다. 이것은 그동안 약속의 땅 가나안으로 인도하시겠다고 언약하신 하나님의 말씀이 성취되었음을 확인시켜 주는 감격적인 사건이었습니다.

6. 주전 1406년 1월 16일(일요일) - 만나가 그침
The 16th day (Sunday) of the 1st month, 1406 BC - Manna ceased

광야 노정 40년 동안에 만나가 내린 법칙에 따르면, 토요일(안식일)이 지난 일요일에는 반드시 만나가 내려야 했습니다. 그러나 주전 1406년 1월 16일에는 만나가 내리지 않았습니다. 여호수아 5:12에서 "그 땅 소산을 먹은 다음 날에 만나가 그쳤으니 이스라엘 사람들이 다시는 만나를 얻지 못하였고 그 해에 가나안 땅의 열매를 먹었더라"라고 말씀하고 있습니다. 만나가 주전 1446년 2월 16일 일요일에 처음 내리기 시작하여(출 16:1, 13-18) 주전 1406년 1월 16일에 그쳤으므로, 총 39년 11개월간 내린 것입니다(수 5:10-12).

가나안 땅에 들어간 이스라엘 백성은 이제부터 땀을 흘려 일을 하면서 스스로 농사를 지어야 했습니다. 하나님께서는 노력하면 얻을 수 있는데도 불구하고, 게으르고 일하지 않는 자에게 맹목적으로 모든 것을 주시는 분은 아닙니다. 하나님은 행한 대로 일한 대로 갚아주십니다(마 16:27, 롬 2:6, 계 22:12). 이제부터 이스라엘 백성은 하나님의 은혜를 의지하는 가운데 하나님의 약속을 믿고 열심히 일하고 열심히 그 땅을 정복해 나감으로써, 약속의 땅 가나안의 실제적인 소유자가 되고 나아가 하나님 나라 건설의 주인공들이 되어야 하는 것입니다.

II
가나안 땅에 대한 언약의 성취
THE FULFILLMENT OF THE COVENANT
REGARDING THE LAND OF CANAAN

1. 횃불 언약에서 약속하신 땅의 범위
The boundary of the land as promised in the covenant of the torch

하나님께서는 주전 2082년 아브라함과 횃불 언약을 체결하시면서 아브라함으로부터 4대 만에 가나안 땅으로 돌아온다고 약속하시고, 가나안 땅의 경계를 알려 주셨습니다(창 15:16-21).

(1) 애굽강에서부터 그 큰 강 유브라데까지(창 15:18)

하나님께서는 가나안의 경계를 "애굽강에서부터 그 큰 강 유브라데까지"라고 정해 주셨습니다(창 15:18).

하나님께서 정해 주신 약속하신 땅은 "애굽강"으로부터 시작됩니다. "애굽강"은 '와디 엘 아리쉬'(Wadi El Arish)로, 팔레스타인 남쪽 광야를 흐르는 강인데, 시내 반도에서 가사 남쪽을 지나 지중해로 연결되었습니다. "애굽강"은 "애굽 시내"로 불리며 이스라엘의 남쪽 경계선으로 사용되었습니다(수 15:4, 왕상 8:65). 흔히 "애굽강"을 '나일강'으로 해석하기도 하지만 이것은 잘못된 것입니다. 왜냐하면 '나일강'이 유브라데강보다 훨씬 큰 강인데, "유브라데"에만

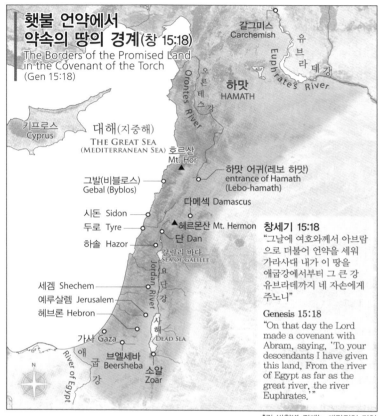

횃불 언약에서
약속의 땅의 경계(창 15:18)
The Borders of the Promised Land
in the Covenant of the Torch
(Gen 15:18)

갈그미스
Carchemish

유브라데 강

하맛
HAMATH

오론테스 강 Orontes River

유브라데 River Euphrates

키프로스
Cyprus

대해(지중해)
THE GREAT SEA
(MEDITERRANEAN SEA)

호르산
Mt. Hor

하맛 어귀(레보 하맛)
entrance of Hamath
(Lebo-hamath)

그발(비블로스)
Gebal (Byblos)

다메섹 Damascus

시돈 Sidon

두로 Tyre

헤르몬산 Mt. Hermon

하솔 Hazor

단 Dan

갈릴리 바다
SEA OF GALILEE

요단강 Jordan River

세겜 Shechem

예루살렘 Jerusalem

헤브론 Hebron

사해
DEAD SEA

가사 Gaza

브엘세바
Beersheba

소알
Zoar

애굽강
River of Egypt

창세기 15:18
"그날에 여호와께서 아브람
으로 더불어 언약을 세워
가라사대 내가 이 땅을
애굽강에서부터 그 큰 강
유브라데까지 네 자손에게
주노니"

Genesis 15:18
"On that day the Lord
made a covenant with
Abram, saying, 'To your
descendants I have given
this land, From the river
of Egypt as far as the
great river, the river
Euphrates.'"

*각 방향별 경계는 대략적인 것임

"큰 강"이라는 표현을 붙이고 "애굽강"에는 붙이지 않았기 때문입니다.

"유브라데"는 아라랏 산의 기슭에서 발원하여 터키의 우르파를 지나 시리아의 락카를 거쳐 이라크 땅을 관통하여 페르시아만으로 흘러가는 약 2,850㎞의 큰 강입니다(신 1:7, 수 1:4). 이 강은 안티타우루스와 아라랏 지역 남쪽의 녹은 눈을 운반하여 강 주변에 광활한 충적 평원을 형성하였고, 애굽 문명과 비견되는 메소포타미아 문명의 경제적인 토대가 되었습니다. "유브라데"는 "애굽강"에서 시작된 가나안 땅의 북쪽 경계를 나타내는 강이었습니다(신 1:7, 11:24, 수 1:4).

에덴에서 발원하여 동산을 적시고 거기서부터 갈라져 나오는 네 강 가운데 넷째 강으로 "유브라데"가 나옵니다(창 2:10-14). 아브라함은 유브라데강 근처의 갈대아 우르에서 살다가 하나님의 부르심을 받고 유브라데강을 건너서 하란에 이르렀고(행 7:2-3), 다시 유브라데강을 건너서 하란에서 가나안으로 이동하였습니다(창 12:1-4, 행 7:4). 그래서 당시의 사람들이 아브라함을 "히브리인"(עִבְרִי, 이브리)이라고 불렀는데(창 14:13), 이것은 '강을 건너온 사람'이라는 뜻입니다. 아브라함은 오직 하나님의 말씀을 좇아 순종함으로 유브라데강을 건넜습니다(창 12:4, 행 7:2-4). 오늘날 우리도 신령한 히브리인이 되기 위해서는 오직 하나님의 말씀에 순종함으로 유브라데강을 건너야 합니다.

유브라데강은 종말적으로도 매우 중요한 강입니다. 6번째 나팔 재앙이 유브라데에 쏟아집니다(계 9:12-21). 유브라데에 결박되어 있던 네 명의 천사가 사람 삼분의 일을 죽이기 위하여 놓입니다. 요한계시록 9:14-15에 "나팔 가진 여섯째 천사에게 말하기를 큰 강 유브라데에 결박한 네 천사를 놓아 주라 하매 네 천사가 놓였으니 그들은 그 년 월 일 시에 이르러 사람 삼분의 일을 죽이기로 예비한 자들이더라"라고 말씀하고 있습니다. 또한 6번째 대접 재앙도 유브라데에 쏟아집니다(계 16:12-16). 요한계시록 16:12에서 "또 여섯째가 그 대접을 큰 강 유브라데에 쏟으매 강물이 말라서 동방에서 오는 왕들의 길이 예비되더라"라고 말씀하고 있습니다. 여기 동방에서 오는 왕들은 하나님을 대적하는 마지막 최후의 결전을 위해서 아마 겟돈(계 16:16)이라는 곳에 모이는 온 천하의 임금들, 곧 악의 세력입니다.

이 유브라데강을 건넌 자들만이 생명수 강에 도착할 수 있습니다(계 21:1-5). 하나님께서 모든 것이 풍요롭고 비옥하며 안전한 유브라데 강가에서 아브라함을 불러냈을 때, 그는 고향과 본토를 버리고 오직 믿음과 순종으로 강을 건너서 하나님의 언약을 받았습니다. 아브라함이 믿음으로 유브라데강을 건너서 히브리인이 되었듯이, 오늘날 우리도 예수 그리스도를 믿는 믿음만 있으면 아브라함처럼 신령한 히브리인이 되어 유브라데강을 건너는 축복을 받게 될 것입니다(갈 3:7, 29). 하나님은 히브리 사람의 하나님이십니다(출 3:18, 5:3, 7:16, 9:1, 13, 10:3).

오늘 우리도 세상의 풍요로운 강가에 머물지 말고, 투철한 사명의식 속에서 믿음과 순종으로 이 강을 건너야 합니다. 강을 건넌다고 하는 것은 그 개인과 민족 역사에 새로운 역사의 전환점이며, 대 요동이요, 대 이동이요, 대 전진입니다. 하나님은 바로 강을 건넌 자의 하나님, 곧 히브리 사람의 하나님이십니다.

(2) 가나안 10족속의 땅(창 15:19-21)

하나님께서는 아브라함에게 땅의 경계만 말씀하시지 않고, 그 광대한 땅 가나안을 차지하고 있는 옛 주인들 10족속을 말씀하셨습니다.

창세기 15:19-21 "곧 겐 족속과 그니스 족속과 갓몬 족속과 ²⁰헷 족속과 브리스 족속과 르바 족속과 ²¹아모리 족속과 가나안 족속과 기르가스 족속과 여부스 족속의 땅이니라 하셨더라"

일반적으로 팔레스타인에 거주하는 족속은 '가나안, 헷, 아모리, 브리스, 히위, 여부스' 등 '6족속'(출 3:8, 17, 23:23, 33:2, 34:11, 신 20:17, 수 9:1, 11:3, 12:8, 삿 3:5)으로 자주 언급되며, 여기에 '기르가스 족속'이 추가되어 '7족속'(신 7:1, 수 3:10, 24:11)으로 기록되기도 합니다. 또한 6족속에서 히위가 빠지고 기르가스가 추가되어 기록되기도 합니다(느 9:8). '가나안, 헷, 아모리, 브리스, 히위, 여부스'는 함의 아들 가나안 계열의 족속이며(창 10:15-18), 아브라함이 가나안 땅에 들어오기 전부터 가나안에 거주하고 있었습니다(창 15:19-21).

성경에는 '히위, 가나안, 헷' 세 개의 족속(출 23:28)만을 가나안 족속으로 거론하기도 하고, 아브라함 때는 '아모리' 족속 하나로(창 15:16, 참고-수 24:15, 18, 겔 16:3, 암 2:10), 가나안을 점령할 당시는 '헷 족속' 하나로(수 1:4, 삿 1:26) 가나안 전체를 가리키기도 했습니다.

그런데 횃불 언약을 체결할 때 하나님께서는 가나안 10족속을 모두 언급하고 계십니다(창 15:19-21). 10족속은 그 기원을 살펴볼 때, 대부분 아담의 아들 중에 가인 계열의 이름을 쓰고 있거나, 혹은 노아의 세 아들 가운데 함의 자손에 해당합니다. 특히 함의 아들 중 가나안 자손의 거주지에 대해 창세기 10:18-19에서는 "이후로 가나안 자손의 족속이 흩어져 처하였더라 가나안의 지경은 시돈에서부터 그랄을 지나 가사까지와 소돔과 고모라와 아드마와 스보임을 지나 라사까지였더라"라고 말씀하고 있습니다.

아브라함이 가나안 땅에 거할 당시 10족속 중에 있었던 '겐, 그니스, 갓몬, 르바' 네 족속과 '엠, 호리, 수스' 족속 등(창 14:5-6)의 가나안 초기 원주민들은 시간이 흐름에 따라 자취를 감추거나 소수 민족으로 전락하고 말았습니다.

그리하여 하나님의 언약이 성취되는 여호수아의 가나안 정복시기에 '헷 사람, 아모리 사람, 가나안 사람, 브리스 사람, 여부스 사람, 기르가스 사람'에 '히위 사람'을 포함하여 7족속이 가나안 땅에 거주하고 있었습니다(신 7:1, 수 3:10, 24:11, ^{참고-}행 13:19).

하나님께서 아브라함에게 땅의 경계뿐만 아니라 거기 살고 있는 10족속을 낱낱이 말씀해 주신 이유는, 그 땅이 비어 있는 것이 아니라 토착민들이 이미 살고 있음을 알려 주신 것입니다. 곧 그 땅을 차지하려면 점령하는 과정이 필요하다는 것이요, 또한 이스라엘 백성이 하나님의 언약을 굳게 믿고 나갈 때 가나안 10족속을 능히 쫓아낼 수 있고, 그 땅을 마침내 완전히 소유하게 될 것임을 강력하게 알려 주신 것입니다.

한편, 가나안 족속은 구속사의 시작부터 마침까지 구원 역사를 방해하는 악한 세력들을 총칭합니다(^{참고-}슥 14:21). 그러므로 모든 악의 세력을 가리키는 가나안 족속과 싸워 이긴 최후의 승리자들만이, 하나님의 영원한 기업인 하나님 나라를 비로소 차지하게 될 것입니다(마 25:34, 계 2:7, 17:14).

2. 가나안 입성 직전 정해 주신 땅의 범위

The boundary of the land that was specified immediately
before entry into Canaan

하나님께서는 이스라엘이 가나안에 입성하기 직전인 출애굽 40년, 모압 평지에 진을 치고 있을 때, 모세를 통해 가나안 땅의 경계를 알려 주셨습니다. 민수기 34:2에서 "너는 이스라엘 자손에게 명하여 그들에게 이르라 너희가 가나안 땅에 들어가는 때에 그 땅은 너희의 기업이 되리니 곧 가나안 사방 지경이라"라고 말씀하고 있습니다. 하나님께서 이스라엘 백성을 돌보시기 위해서 땅의 경계까지 세심하게 배려하셨음을 엿볼 수 있습니다. 참으로 그곳은 하나님께서 이스라엘 백성을 위하여 "찾아 두었던 땅, 곧 젖과 꿀이 흐르는 땅이요 모든 땅 중의 아름다운 곳"(겔 20:6)이었습니다.

민수기 34:3-12을 보면, 가나안의 경계를 북쪽으로는 하맛 어귀까지로 정하고 있고, 동쪽으로는 하살에난에서 아인을 거쳐 사해까지, 남쪽으로는 사해에서 가데스 바네아를 거쳐 애굽 시내까지이며, 서쪽 경계는 지중해입니다(참고-겔 47:15-20, 48:1-28). 이스라엘 백성들이 일반적으로 영토의 남북 경계로 말하는 "단에서 브엘세바까지"(삿 20:1, 삼상 3:20, 삼하 24:2 등)의 거리는 약 240㎞이며, 동서의 거리는 북단의 갈멜산에서 갈릴리까지 약 45㎞, 남단의 가사에서 사해까지 약 85㎞입니다.

하나님께서 이스라엘이 거주할 동서남북 경계를 구체적으로 그 지명까지 상세히 알려 주신 것은, 그 땅의 점령 과정에서 승리에 대한 확신과 용기를 주시기 위한 것입니다. 또한 창조주 하나님만이 온 땅의 주인이시며(미 4:13下), 그분만이 땅의 경계를 정하실 수 있으며, 언약 백성 이스라엘을 온 땅의 중심(겔 38:12)에 세우셨음을 알게 하기 위함입니다(신 32:8, 참고-행 17:26). 시편 24:1에 "땅과 거기 충만한 것과 세계와 그 중에 거하는 자가 다 여호와의 것이로다"라고 말씀하고 있습니다.

(1) 가나안 땅의 남편 경계

민수기 34:3-5 "너희 남방은 에돔 곁에 접근한 신 광야니 너희 남편 경계는 동편으로 염해 끝에서 시작하여 ⁴돌아서 아그랍빔 언덕 남편에 이르고 신을 지나 가데스 바네아 남방에 이르고 또 하살아달을 지나 아스몬에 이르고 ⁵아스몬에서 돌아서 애굽 시내를 지나 바다까지 이르 느니라"

가나안 땅의 남쪽 경계는 에돔 땅의 경계를 따라 이루어진 넓은 신 광야를 통해 선을 긋고 있는데, 이 지역은 계곡이나 사막 등으로 자연적인 경계선이 이루어져 있습니다. 이 경계선은 팔레스타인 최 남단을 기업으로 하는 유다 지파의 남쪽 경계와 일치합니다(수 15:1-4). 그곳은 천연 요새들로 둘러싸여 있는데, 이는 이스라엘을 보호 하시기 위한 하나님의 자상한 배려임을 알 수 있습니다.

① 염해 끝에서 시작하여 / 민 34:3

"염해"(יָם־הַמֶּלַח, 얌 하멜라흐: 소금의 바다)는 요단 계곡 남단에 있 는 남북 길이 약 78.6㎞, 동서 너비 약 14.4㎞, 총면적 약 880㎢에 이르는 호수로, 보통 '바다'로 불립니다. 구약성경에서 '아라바 바 다'(신 3:17, 수 12:3, 왕하 14:25), '동해'(겔 47:18, 슥 14:8), '바다'(겔 47:8, 암 8:12, 미 7:12)로 나타납니다. 바닷물의 약 6배에 달하는 염분 농도 를 가지고 있어 '염해'(鹽海)라고 하는데, 생물이 살 수 없으므로 '사 해'(死海, Dead Sea)로도 불립니다. 염해의 수면은 해면보다 약 390m 나 낮아 세계 최저 수면입니다. 한편 "염해 끝"은 실제 염해의 끝에 서 남쪽으로 약 12㎞ 떨어진 지점을 말합니다.

② 아그랍빔 언덕 남편에 이르고 / 민 34:4

'아그랍빔'(עַקְרַבִּים)은 '전갈들'이란 뜻입니다. 사해 남단에서 신

이스라엘의 기업으로 주신 가나안 경계(민 34:1-12)
The Boundaries of the Land of Canaan Given to Israel as an Inheritance (Num 34:1-12)

하맛 Hamath

하맛 HAMATH

스닷 Zedad

시브론 Ziphron

호르산 Mt. Hor

아베가 Aphekah

그발(비블로스) Gebal (Byblos)

하살에난 Hazar-enan

하맛 어귀 (레보 하맛) entrance of Hamath (Lebo-hamath)

대해(지중해) THE GREAT SEA (MEDITERRANEAN SEA)

시돈 Sidon

다메섹 Damascus

두로 Tyre

헤르몬산 Mt. Hermon

단 Dan

게데스 Kedesh

열두 정탐꾼의 가나안 땅 왕복 경로 (민 13:21-29)
Round-trip route of the 12 spies in the land of Canaan (Num 13:21-29)

악고 Acco

진네렛 (갈릴리 바다) CHINNERETH (SEA OF GALILEE)

바산 BASHAN

그낫 Kenath

스밤 Shepham

살레가 Salecah

갈멜산 Mt. Garmel

아인 Ain

리블라 Riblah

벧스안 Beth-shean

세겜 Shechem

실로 Shiloh

암몬 AMON

예루살렘 Jerusalem

길갈 Gilgal

헤브론 Hebron

여리고 Jericho

가사 Gaza

사해 DEAD SEA

아랏 Arad

모압 MOAB

브엘세바 Beersheba

아스몬 Azmon

아그랍빔 언덕 Ascent of Akrabbim

소알 Zoar

다말 Tamar

할락산 Mt. Halak

에돔 EDOM

하살아달 Hazaraddar

신광야 WILDERNESS OF ZIN

아라바 ARABAH

가데스 바네아 Kadesh-barnea

애굽 시내 Brook of Egypt

요단강 Jordan River

르홉 REHOB

오론테스 강 Orontes River

텍스강

N

민수기 34:2 "너는 이스라엘 자손에게 명하여 그들에게 이르라 너희가 가나안 땅에 들어가는 때에 그 땅은 너희의 기업이 되리니 곧 가나안 사방 지경이라"

Numbers 34:2 "Command the sons of Israel and say to them, 'When you enter the land of Canaan, this is the land that shall fall to you as an inheritance, even the land of Canaan according to its borders.'"

*각 방향별 경계는 대략적인 것임

(Zin) 광야 사이에 위치한 아그랍빔 언덕은 사해 서쪽 산지(유다 산지)로 올라가는 비탈이며, 유다 지파와 에돔의 경계가 됩니다(수 15:1-3). 사해 남서쪽 약 30㎞ 지점의 이 언덕 부근에는 명칭 그대로 전갈들이 많이 서식하고 있으며, 전갈처럼 꼬불꼬불한 비탈로 이루어져 있습니다. 석회암층으로 인한 심한 경사를 이루고 있는 이

곳은, 완전히 정복되지 못하여 사사 시대에 아모리인들의 지계(경계)로 나타납니다(삿 1:36). 오늘날 이스라엘의 '말레 아크라빔(Ma'le 'Aqrabbim)' 지역입니다.

③ 신을 지나 / 민 34:4

여기서 '신(צִן, Zin)'은 신 광야에 있는 특정한 지역입니다. 이 지역 이름 때문에 그 부근의 넓은 광야가 '신 광야'로 불리게 되었습니다. 신 광야는 시내 반도의 네 광야 중의 하나로, 사해 서남부의 사막 지대인데 에돔에서 아라바를 건너질러 있습니다(민 34:3, 수 15:1). 신 광야에서 가데스 바네아에 이르는 지역은 가나안 남방(Negev) 지역의 중심입니다(민 33:36). 광야 생활 초기에 가나안 정탐꾼들은 "신 광야에서부터 하맛 어귀 르홉"까지 탐지하였고(민 13:21), 광야 생활 말기에 모세와 아론은 신 광야에서 여호와의 명을 거역했습니다(민 27:14, 참고-민 20:1-13).

④ 가데스 바네아 남방에 이르고 / 민 34:4

'가데스 바네아'(קָדֵשׁ בַּרְנֵעַ)의 '가데스'(קָדֵשׁ)는 '거룩한 곳(성소)'이란 뜻이며 창세기 14:7의 "엔미스밧"(עֵין מִשְׁפָּט, 엔 미쉬파트: 심판의 샘)과 같은 곳입니다. 이스라엘 백성의 광야 노정 중에 시내 광야 다음으로 매우 중요한 곳으로, 약속의 땅 가나안 입성 직전에 거룩에 대한 훈련을 받은 곳이었습니다. 지리적으로 신에서 가데스에 이르는 경계의 북서쪽은 넓은 농경 지대가 펼쳐지고, 동북쪽은 산, 고원, 분지 등의 불모지로 신 광야의 일부에 속합니다. 하나님께서는 이러한 지점에 훗날에 이스라엘이 상주하게 하심으로써, 이방 민족의 침략을 효과적으로 방어하면서 목축이나 농경 생활을 할 수 있도록 사려 깊게 배려하신 것입니다.

⑤ 하살아달을 지나 / 민 34:4

'하살아달'(חֲצַר־אַדָּר, Hazaraddar)은 '아달의 촌락'이란 뜻으로, '하살'(חָצֵר)은 '성읍, 촌락'이란 뜻이며, '아달'은 '고귀하다'란 뜻의 '아다르'(אָדַר)에서 유래하였습니다. 이 지역이 여호수아 15:3에서는 "헤스론"과 "아달"로 기록되어 있으며, 가데스 바네아에서 북서쪽으로 11㎞ 지점을 가리키는 것으로 추정됩니다.

⑥ 아스몬에 이르고 아스몬에서 돌아서 / 민 34:4-5

아스몬(עַצְמוֹן, Azmon)은 '강한'이란 뜻이며, 가데스 바네아에서 북서쪽으로 16㎞에 있었던 지역으로 추정됩니다. 유다 지파가 받은 땅의 남쪽 경계와 일치하며(수 15:4), 여호수아 15:29, 19:3에는 '에셈'(עֶצֶם, 에첸: 뼈)으로 기록되어 있습니다.

⑦ 애굽 시내를 지나 / 민 34:5

애굽 시내(נַחְלָה מִצְרַיִם, 나흘라 미츠라임, Brook of Egypt)는 이스라엘 영토의 남쪽 경계를 말할 때 자주 언급되는 지명으로(수 15:4, 47, 왕상 8:65, 사 27:12), 오늘날의 '와디 엘 아리쉬'(Wadi el-Arish)를 가리키며, 흔히 '애굽강'(창 15:18), '애굽 하수'(왕상 8:65, 왕하 24:7, 대하 7:8)로 불립니다. 또한 '시홀 시내'(수 13:3, 대상 13:5), '아라바 시내'(암 6:14)로도 불렸습니다.

애굽 시내는 이스라엘의 가나안 점령 이전부터 애굽과 가나안의 자연적인 경계가 되었기 때문에, 애굽 시내를 이스라엘 영토의 남쪽 경계로 정함으로써 이제 이스라엘과 애굽과의 연결 고리가 완전히 끊어지게 되었습니다. 이스라엘이 종 되었던 애굽의 옛 생활을 완전히 버리고 새 땅에서 새 백성으로 살 수 있도록 하나님께서 특별히 정해 주신 것입니다.

한편, 여기서 말하는 '애굽 시내'는 바란 광야에서 지중해 방향으로 흘러 들어가기 때문에, 아프리카 북동부 애굽 본토에 있는 '나일 강'과는 전혀 다릅니다.

⑧ 바다까지 이르느니라 / 민 34:5

여기서 '바다'(מ, 얌)는 팔레스타인 서편에 위치한 지중해를 가리킵니다. 성경에 '블레셋 바다'(출 23:31), '해변'(민 13:29, 렘 46:18, 행 10:6), '대해'(민 34:6-7, 수 1:4, 15:12, 47), '서해'(신 11:24, 34:2, 욜 2:20, 슥 14:8) 등으로 기록되었습니다.

(2) 가나안 땅의 서편 경계

민수기 34:6 "서편 경계는 대해가 경계가 되나니 이는 너희의 서편 경계니라"

"대해"(הַיָּם הַגָּדוֹל, 하얌 하가돌)는 가나안의 서쪽 경계입니다(수 15:12, 47). 이스라엘 왕국 시대에는 블레셋 사람들과 베니게(페니키아)인들이 지중해 연안 평지를 대부분 차지하고 있었으며, 다윗과 히스기야 시대에 잠시 점령한 적이 있었습니다(삼하 8:1, 왕하 18:8).

여기 "서편"에 쓰인 히브리어 단어는 '바다'를 뜻하는 '얌'(מ)인데, 지중해가 서쪽에 있었기 때문에 '얌'은 '서쪽'이라는 뜻으로도 사용되었습니다(창 12:8, 13:14).

(3) 가나안 땅의 북편 경계

민수기 34:7-9 "북편 경계는 이러하니 대해에서부터 호르산까지 긋고 ⁸호르산에서 그어 하맛 어귀에 이르러 스닷에 미치고 ⁹그 경계가 또 시브론을 지나 하살에난에 미치나니 이는 너희 북편 경계니라"

가나안 땅의 북쪽 경계는 서쪽 대해에서 동쪽으로 레바논 산맥의 호르산을 지나 하맛 어귀, 스닷, 시브론, 하살에난에 이르며, 하맛 족속의 땅과 접하여 반원 형태를 이룹니다.

① 호르산까지 긋고 / 민 34:7

"호르산"(הֹר הָהָר, 호르 하하르, Mount Hor)은 가나안 북쪽 경계의 시발점으로, 가나안 땅의 북쪽 레바논 산맥에 위치한 산으로 추정하고 있습니다. 이 호르산은 아론이 묻힌 호르산과 다르며, 아론이 묻힌 호르산은 가나안 땅 남쪽 가데스 부근에 있습니다(민 20:22, 21:4, 33:38-39, 신 32:50).

② 하맛 어귀에 이르러 / 민 34:8

"하맛 어귀"(לְבֹא חֲמָת, 레보 하마트, Lebo-hamath)는 '하맛으로 들어가는 입구(레보)'를 가리키거나 '레보 하맛'이라는 하나의 지명을 가리킵니다(NASB, NIV, LB). '하맛'은 '방벽, 요새'라는 뜻으로, 다메섹 북쪽 약 200㎞ 지점에 위치한 하맛 왕국의 수도였으며(^{참고}삼하 8:9, 왕하 14:28, 17:30, 19:13, 사 37:13, 암 6:2, 슥 9:2 등), '하맛 어귀'는 하맛 족속의 땅이 시작되는 남단 경계에 있는 지점으로 보입니다. 하맛 어귀는 가나안 땅의 최북단을 가리키는 표현으로 자주 언급되었는데(수 13:5, 삿 3:3, 겔 47:20, 48:1), 가나안 정탐 때도 정탐꾼들이 '하맛 어귀 르홉'까지 종단하였다고 기록하고 있습니다(민 13:21). 다윗은 하나님의 궤를 메어오고자 할 때, 시홀 시내부터 하맛 어귀 까지의 모든 백성을 불러 모았습니다(대상 13:5). 솔로몬이 성전을 건 축하고 14일 동안 절기를 지켰을 때도 '하맛 어귀에서부터 애굽 하 수'까지의 모든 백성이 함께 지켰다고 기록하고 있습니다(왕상 8:65, 대하 7:8). 솔로몬은 하맛에 국고성들을 세우기도 했습니다(대하 8:4).

③ 스닷에 미치고 / 민 34:8

"스닷"(צְדָד, 체다드, Zedad)은 '비탈진 곳, 산허리, 편, 곁'이라 는 뜻입니다. 가나안의 북편 경계 지역으로(겔 47:15), 다메섹 북동 쪽 105㎞ 지점에 있는 오늘날 시리아의 '사다드'(Sadad)로 추정됩 니다.

④ 시브론을 지나 / 민 34:9

"시브론"(זִפְרֹן, 지프론, Ziphron)은 '향기로움'이라는 뜻이며, 위 치는 다메섹 북동쪽 120㎞ 지점에 있는 오늘날 시리아의 '하우와 린'(Hawwarin)으로 추정됩니다.

⑤ 하살에난에 미치니 / 민 34:9

"하살에난"(חֲצַר עֵינָן, 하차르 에난, Hazar-enan)은 '샘들의 마을, 샘 의 둘레'라는 뜻이며 가나안 북편 경계의 오른쪽 끝에 위치한 지역 으로 하맛 왕국의 최남단 변경으로 알려져 있습니다(겔 47:17, 48:1). 오늘날 시리아의 '알 카리아타인'(Al Qaryatayn)으로 추정됩니다.

(4) 가나안 땅의 동편 경계

민수기 34:10-12 "너희의 동편 경계는 하살에난에서 그어 스밤에 이르고 ¹¹그 경계가 또 스밤에서 리블라로 내려가서 아인 동편에 이르고 또 내려가서 긴네렛 동편 해변에 미치고 ¹²그 경계가 또 요단으로 내려가서 염해에 미치나니 너희 땅의 사방 경계가 이러하니라"

가나안 땅의 동쪽 경계는 북동쪽 하살에난에서부터 갈릴리 남단의 아인까지 둥근 형태로 내려와서 요단강을 따라 사해까지 이릅니다.

본문에 기록된 가나안 땅의 동쪽 경계(요단강)는 실제로 르우벤, 갓, 므낫세 반 지파가 기업으로 얻은 요단 동편의 땅(민 32장, 수 13:8-31)은 포함되어 있지 않기 때문에, 정복 전쟁이 끝난 후에 이스라엘 백성들이 차지한 가나안 땅의 동쪽 경계는 요단 동편 땅까지 포함하여 더 넓어지게 됩니다.

① 하살에난에서 그어 스밤에 이르고 / 민 34:10

"스밤"(שְׁפָם, 셰팜, Shepham)은 '벌거숭이, 민둥지대'라는 뜻으로, 그 위치는 아직 정확히 알려지지 않고 있습니다. 다윗 시대에 포도원의 소산 포도주 곳간을 맡은 삽디가 '스밤 사람'(대상 27:27)이었습니다.

② 리블라로 내려가서 / 민 34:11

"리블라"(רִבְלָה, 리블라, Riblah)는 '비옥한'이라는 뜻이 있습니다. 그 위치는 불명확한데, '아인' 동편에 있음을 고려할 때 하맛 왕국의 영토 안에 있는 '리블라'(왕하 23:33, 25:21, 렘 39:5-7, 52:27 '립나')와는 별개의 장소임을 알 수 있습니다.

③ 아인 동편에 이르고 / 민 34:11

"아인"(עַיִן, 아인, Ain)은 '눈, 샘'이라는 뜻이 있으며, 갈릴리에 가까운 곳으로, 헤르몬산 기슭에서부터 흘러 나오는 요단강의 발원지로 알려져 있습니다.

④ 긴네렛 동편 해변에 미치고 / 민 34:11

"긴네렛"(כִּנֶּרֶת, 킨네레트, Chinnereth)은 '수금, 하프'라는 뜻이 있습니다. '긴네렛'은 성경에서 '긴네롯 바다'(수 12:3), '디베랴 바다'(요 6:1)로 불리기도 했으나, 내륙에 위치해 있기 때문에 '갈릴리 호수'(막 7:31), '게네사렛 호수'(눅 5:1)라고 종종 불렸습니다. 이 호수의 크기는 남북으로 약 21㎞, 동서로 약 11㎞ 정도이며 수면이 해면보다 211m나 낮습니다. 요단 단층의 저지대에 위치해 있고 언덕에 둘러싸인 지형적 여건으로 하강 기류가 발생하여 가끔 돌풍이 일어나곤 하였습니다(막 4:37). 이 호수는 주변 지역 사람들에게 중요한 수원지이며, 어업을 비롯한 농업과 목축업의 중심지였고, 성경적으로 수많은 일들이 일어난 현장이었습니다.

⑤ 요단으로 내려가서 염해에 미치나니 / 민 34:12

"요단"(יַרְדֵּן, 야르덴, Jordan)은 '내려오는 것, 흐르는 것'이라는 뜻이며, 갈릴리 바다(긴네렛 호수)의 남단, 곧 갈릴리 바다에서 요단강으로 흘러 들어가는 하구(河口)를 가리킵니다. 요단강은 레바논 동편에서 발원하여 사해로 흐르는 약 320㎞ 길이의 강으로, 팔레스타인의 중요한 지리적 경계입니다. 갈릴리 바다에서 사해 북단까지는

96㎞입니다. 요단강은 가나안으로 입성하는 이스라엘 백성이 법궤를 앞세우고 육지같이 건넜던 곳(수 3:17)이며, 엘리야가 물살을 갈라지게 한 곳이며(왕하 2:7-8), 아람의 군대장관 나아만이 고침을 받은 곳입니다(왕하 5:10, 14). 또한 예수님께서 세례 요한에게 세례를 받으신 곳이기도 합니다(마 3:13-17, 막 1:9-11).

이렇게 하나님께서 정해 주신 가나안 땅의 지경 안에, 이스라엘 백성은 약 16년간의 정복 과정[48]을 거쳐 각 지파별로 나뉘어 거하게 되었습니다.

3. 가나안 주요 거점 정복으로 성취된 땅에 대한 약속

The promise concerning the land that was fulfilled through the conquest of a major foothold in Canaan

하나님께서 횃불 언약을 통해 주신 가나안 땅에 대한 약속은(창 15:18-21), 출애굽 한 이스라엘 백성이 여호수아를 지도자로 하여 가나안 땅을 정복함으로써 실제로 성취되었습니다. 약 400년 동안 애굽에서 노예 신분이었고, 40년 동안 광야에서 유랑하던 이스라엘 백성이 자신들과 비교할 수 없을 만큼 월등한 군사력을 소유한 가나안 원주민들을 몰아내고 그 땅을 정복했다는 것은 참으로 놀라운 일이었습니다. 이것은 이스라엘을 선민으로 택하사 그들이 거할 땅을 주시겠다고 오래 전에 약속해 주셨던 횃불 언약의 성취였던 것입니다(창 15:7-21). 이스라엘 백성에게 젖과 꿀이 흐르는 가나안 땅은, 하나님께서 아브라함과 이삭과 야곱에게 약속하신 언약의 땅이며, 그들이 대망하던 거룩한 기업이었습니다.

가나안 땅은 무주공산(無主空山: 주인이 없이 비어 있는 산, 인가도 인기척도 없는 쓸쓸한 산)의 땅이 아니라 토착 세력들이 살고 있었고, 많은 주변국들이 각축하고 있던 곳이었습니다. 이스라엘은 가나안에 입성한 후 먼저 길갈에 본부를 설치하고(수 5:10), 주요 거점을 정복하였습니다. 주전 1445년 가데스 바네아에서 열두 정탐군이 가나안 땅을 정탐하러 갔을 당시, 유다 지파의 대표였던 갈렙은 40세였습니다(수 14:7). 그런데 주요 거점 정복을 마친 시점에서 갈렙은 자신의 나이가 85세(주전 1400년)라고 고백하였습니다(수 14:10). 그러므로 주전 1406년에 가나안에 입성한 이스라엘은, 주전 1400년까지 약 6년 동안 가나안의 주요 거점을 정복해 왔던 것입니다.

이 기간의 정복 과정은 다음과 같습니다.

(1) 가나안 중부 지역 점령

여리고와 아이 두 도시는 가나안 중부 지역의 전략적 요충지였고, 장차 가나안 땅 전체를 정복하는 데 있어서 교두보(橋頭堡)가 되는 곳이었습니다. 이들을 먼저 정복함으로써, 가나안의 북부 세력과 남부 세력이 연합전선을 구축하지 못하도록 차단할 수 있었습니다(수 6-8장).

① 여리고성 점령(수 6장)

여호수아가 언약궤를 앞세우고 백성들과 함께 여리고 성을 엿새 동안 매일 한 바퀴씩 돌고 제7일 새벽에는 그 성을 일곱 번 돌았습니다(수 6:3, 15). 하나님께서 여호수아에게 "이르시되 보라 내가 여리고와 그 왕과 용사들을 네 손에 붙였으니 너희 모든 군사는 성을 둘러 성 주위를 매일 한 번씩 돌되 엿새 동안을 그리하라 제사장 일곱은 일곱 양각나팔을 잡고 언약궤 앞에서 행할 것이요 제칠일에는 성을 일곱 번 돌며 제사장들은 나팔을 불 것이며 제사장들이 양각나팔을 길게 울려 불어서 그 나팔 소리가 너희에게 들릴 때에는 백성은 다 큰 소리로 외쳐 부를 것이라 그리하면 그 성벽이 무너져 내리리니 백성은 각기 앞으로 올라갈지니라"라고 명령하셨습니다(수 6:2-5). 이에 여호수아와 이스라엘 백성은 7일 동안 매일 한 번씩 성을 돌았습니다.

> **여호수아 6:12-15** "여호수아가 아침에 일찌기 일어나니라 제사장들이 여호와의 궤를 메고 ¹³일곱 제사장은 일곱 양각나팔을 잡고 여호와의 궤 앞에서 계속 진행하며 나팔을 불고 무장한 자들은 그 앞에 행하며 후군은 여호와의 궤 뒤에 행하고 제사장들은 나팔을 불며 행하니라 ¹⁴그 제이일에도 성을 한번 돌고 진에 돌아 오니라 엿새 동안을 이같이 행하니라 ¹⁵제칠일 새벽에 그들이 일찌기 일어나서 여전한 방식으로 성을 일곱 번 도니 성을 일곱 번 돌기는 그날 뿐이었더라"

마지막 7일째 평상시의 7배 되는 행동을 강행하고 하나님의 명령대로 수행하였을 때 여리고 성이 단번에 함락되었습니다(수 6:20-21). 하나님의 명령대로 하나님의 주권 속에서 이루어진 대승리였습니다.

② 아이성 전투 패배와 그 원인(수 7장)

가나안 정복 정착 전쟁에서의 첫 번째 여리고성 전투에서 대승(大勝)을 거둔 이스라엘(6장)은, 두 번째로 아이성 전투에 돌입하였는데, 이스라엘은 제대로 싸워보지도 못하고 패배하고 말았습니다

(수 7:2-5). 아이성 공격에 실패하였을 때, 백성들의 마음이 녹아 물 같이 되었고(수 7:5), 여호수아는 옷을 찢고 여호와의 궤 앞에서 땅에 엎드려 머리에 티끌을 무릅쓰고 저물도록 탄식했습니다(수 7:6-9). 이때 여호와께서 여호수아에게 "일어나라 어찌하여 이렇게 엎드렸느냐"(수 7:10)라고 하시며, 아이성 전투 패배 원인을 "나의 언약을 어기었나니 곧 그들이 바친 물건을 취하고 도적하고 사기하여 자기 기구 가운데 두었느니라"라고 분명하게 지적해 주셨습니다(수 7:11). 여기 '바치다'는 히브리어 '헤렘'(חֵרֶם)이며(수 6:17-19), 어떤 물건이나 사람이 완전히 하나님께 바쳐져서 지극히 거룩한 것으로 구별된 것으로, 다시 되돌려 받거나 팔 수 없는 것을 말합니다(레 27:28-29). 또한 바쳐진 대상물이나 사람이 완전히 파멸되었음을 뜻하기도 합니다. 그것은 어떤 상황에서도 여호와께 바쳐져야 하는데, 만일 사람이 그 물건을 탐내어 취하게 되면, 그 물건과 함께 반드시 죽거나 망하게 될 수밖에 없는 무서운 저주를 받게 됩니다(레 27:29). 그래서 하나님께서는 아이성 전투 패배 원인이 "자기도 바친 것이 됨이라 그 바친 것을 너희 중에서 멸하지 아니하면 내가 다시는 너희와 함께 있지 아니하리라"라고 말씀하셨습니다(수 7:12).

바로 그 바친 물건(헤렘)을 아간이 탐내어 취하였던 것으로, 노략물 중에 시날산의 아름다운 외투 한 벌과 은 200세겔과 오십 세겔 중의 금덩이 하나였습니다(수 7:21ᵃ). 아간은 그 물건들을 그의 장막 가운데 땅 속에 감추었으며 은은 그 밑에 두었습니다(수 7:21ᵇ). 그는 하나님의 금지 사항(수 6:18)을 듣고 알았음에도 불구하고 아름다운 물건과 값진 것들에 마음이 이끌려 사사로이 취하는 범죄를 저질렀던 것입니다. 그것은 여호와께서 "극렬한 분노"가 되었고(수

7:26), 하나님께서는 "너희는 스스로 성결케 하여 내일을 기다리라"라고 말씀하시고, 그것을 제하기 전에는 결코 너의 대적을 당할 수 없다고 경고하셨습니다(수 7:13).

그리고 하나님께서는 제비 뽑기 과정을 차례대로 지시하셨습니다. 첫째, "여호와께 뽑히는 지파"가 그 족속대로 나아오고, 둘째, "여호와께 뽑히는 족속"이 그 가족대로 나아오고, 셋째, "여호와께 뽑히는 가족" 각 남자대로 가까이 나아오라고 명령하셨습니다(수 7:14). 그리고 "바친 물건을 가진 자로 뽑힌 자를 불사르되 그와 그 모든 소유를 그리하라 이는 여호와의 언약을 어기고 이스라엘 가운데서 망령된 일을 행하였음이라"라고 말씀하셨습니다(수 7:15). 하나님의 명령대로 제비로 뽑힌 그 범죄 당사자는 유다 지파, 세라 족속, 삽디의 가족이요, 삽디의 손자요 갈미의 아들인 아간이었습니다(수 7:16-18). 여리고 성에서 취한 물건을 전부 불살랐어야 했는데(수 6:24), 아간은 시날산의 아름다운 외투 한 벌을 취하였습니다. 그리고 은금과 동철 기구는 모두 하나님께 구별시켜 여호와의 집 곳간에 두었어야 했는데(수 6:19, 24), 아간은 은금을 감추었으니 하나님의 것을 도둑질한 것입니다. 시날산 외투는 고대 바벨론 땅에서 생산되는 물품으로 갖가지의 무늬가 매우 예쁘게 수놓인 값비싼 것이었습니다. 아간은 탐심의 결과 하나님의 말씀을 우습게 여기고 불순종한 것입니다.

여호수아가 사자를 보내어 아간과 그 물건들을 장막 가운데서 취하여 여호수아와 온 백성들 앞에 가져왔고, 그들이 그것을 여호와 앞에 놓았습니다(수 7:22-23). 그리고 여호수아가 이스라엘 모든 사람과 더불어 아간과 그의 아들들과 딸들과 짐승들과 장막과 무릇 그에게 속한 모든 것을 이끌고 아골 골짜기로 갔고, 여호수아가 "네가 어찌하여 우리를 괴롭게 하였느뇨 여호와께서 오늘날 너를 괴롭게 하시리라"라고 하자, 온 이스라엘이 그를 돌로 치고 그에게 속한 모든 것들을 돌로 치고 불살랐습니다(수 7:24-25). 그리고 그 위에 돌무더기를 크게 쌓고 그곳 이름을 "아골 골짜기"(뜻: 고통의 골짜기, 괴로움의 골짜기)라고 불렀습니다(수 7:26).

아간은 하나님의 두려운 말씀이 전해졌는데도 양심의 가책이 없었고, 자기 죄악을 끝까지 숨기려 했습니다. 그는 결국 회개의 기회를 다시 얻지 못하고 숨기려 했던 범죄 사실은 만천하에 드러났습니다. 참으로 하나님 앞에는 감추인 것이 드러나지 않을 것이 없고, 숨은 것이 알려지지 않을 것이 없는 것입니다(마 10:26). 모든 축복과 생명의 근원이신 하나님과의 단절은 필연적으로 저주와 죽음만을 가져옵니다(사 59:1-2). 하나님께서는 죄인이 범죄하였을지라도 속히 돌아오기를 원하시며, 회개하면 그 관계를 속히 회복시켜 주십니다. 그러나, 죄를 짓고도 양심을 속이거나 범죄 사실을 끝까지 숨기는 자는 큰 화를 자초하게 됩니다(잠 28:13).

이상과 같이 가나안 땅 정복 초기에 아간과 그 가족과 그의 소유까지 모두 처형된 사건을 통하여, 이스라엘 온 회중은 여호수아를 중심으로 하나님의 언약을 다시금 기억하고, 민족적으로 하나님 앞에 올바른 신앙 자세를 가다듬게 되었습니다.

③ 복병 전술로 아이성 점령(수 8장)

하나님께서는 여호수아와 백성들이 그들 가운데 있었던 죄악을 척결하자 여호수아를 위로하시면서 다시금 아이성 전투를 재개하

도록 명령하시고 친히 그 전략까지 지시해 주셨습니다(수 8:1-2). 이
에 여호수아는 하나님께서 "너는 성 뒤에 복병할지니라"라고 하신
전략을 백성들에게 상세히 설명하였습니다(수 8:2-9).

처음에 아이성을 정탐한 후에는 백성 "이삼천 명만 올라가서 아
이를 치게" 했으나(수 7:2-3), 두 번째 아이성을 칠 때에는 일반 백
성이 아닌 "용사" 3만을 뽑아 공격하게 했습니다(수 8:3). 그리고
매복할 때에는 5천 명을 더 추가하여 벧엘과 아이 사이에 투입하
였습니다(수 8:12). 여호수아는 여호와의 명령대로 아이성 사람이
공격하러 나올 때 마치 전세가 열악하여 도망치는 것처럼 후퇴함
으로, 아이성 사람들을 성 밖 멀리 유인하도록 했습니다(수 8:5-6).
아이성 전투에서 두 번 다시 패배하지 않기 위하여 여호수아는 백
성들에게 오직 "여호와의 말씀대로" 행할 것을 당부하였습니다(수
8:8).

용사들이 여호수아의 명대로 복병할 곳으로 가서 "아이 서편 벧
엘과 아이 사이에 매복"하였습니다(수 8:9). 아이성은 벧엘에서 동
남쪽으로 4㎞ 지점에 위치, 여리고에서는 북서쪽으로 18㎞ 떨어진
벧엘과 여리고 사이 지역에 위치하였습니다. 아이성은 해발 800m
에 위치하여 천연의 요새를 이루고 있어서 정면에서 공격하기는 어
려웠으나, 매복하여 공격하기에는 아주 좋았습니다. 여호수아의 지
시에 따라 아이 군대를 완전히 진멸하고 많은 전리품을 탈취하는
개가를 올렸습니다(수 8:10-27). 그리고 아이성을 불살라 그것으로
"영원한 무더기"를 만들어 황폐화시켰으며, 여호수아는 아이 왕을
저녁 때까지 나무에 달았다가 해질 때에 명하여 그 시체를 나무에
서 내려 그 성문 어귀에 던지고 그 위에 돌로 큰 무더기를 쌓았습니
다(수 8:28-29).

두 번째 아이성 공격의 승리는 전적으로 하나님의 명령대로 순종한 결과였습니다. 사람이 싸움의 승리를 위해 온갖 것을 예비할지라도 전쟁에서 이기는 것은 하나님께 달려 있습니다(삼상 17:47). 잠언 21:31에 "싸울 날을 위하여 마병을 예비하거니와 이김은 여호와께 있느니라"라고 말씀합니다.

아이성 정복 후, 일단 가나안 진입에 성공함으로써 가나안 중부 지역 교두보를 마련한 후에 전날 하나님께서 모세를 통하여 명령하신 대로 에발 산에 새 돌로 만든 단을 세워 제사를 드렸으며(신 27:11-13), 이스라엘 자손의 목전에서 그 돌에 모세 율법을 기록하고 , 또 이스라엘 12지파가 에발 산과 그리심 산에 나누어 선 후 율법 준수에 따른 축복과 저주를 선포하였습니다(수 8:30-35). 이는 온 백성이 하나님 앞에서 그분의 존재와 주권을 인정하고 그 앞에 진실히 순종하겠다는 맹세였습니다.

(2) 가나안 남부 지역 점령
① 기브온 족속의 화친 조약(수 9장)

이스라엘이 여리고와 아이를 점령한 사실을 알고 기브온 거민들이 여호수아를 속여 화친 조약을 맺었습니다. 기브온 거민은 가나안의 일곱 족속 중에서 '히위 족속'에 속하는 자들로서(수 9:3-7), 기브온을 우두머리로 하여 연합한 성읍, 곧 그비라, 브에롯, 기럇여아림을 가리킵니다(수 9:17). 기브온은 예루살렘 북서쪽 9㎞ 지점에 위치하였으며 왕도(王都)와 같은 큰 성으로서 아이성보다도 크고 그 사람들은 다 강했습니다(수 10:2).

기브온 족속이 화친한 까닭은, 우선 하나님 여호와의 이름의 명성과 애굽에서 행하신 모든 일을 들으며 요단 동편에 있는 아모리 사람의 두 왕 곧 헤스본 왕 시혼과 아스다롯에 있는 바산 왕 옥에게 행하신 모든 일을 들었기 때문이었습니다(수 9:9-10). 그리하여 기브온 사람들은 "온 회중을 위하여 나무 패며 물 긷는 자"(수 9:21)요, "영영히 종이 되어서 다 내 하나님의 집을 위하여 나무 패며 물 긷는 자"(수 9:23)가 되도록 명령하였습니다. 기브온 족속은 이것을 흔쾌히 여기면서 여호수아에게 "당신의 하나님 여호와께서 그 종 모세에게 명하사 이 땅을 다 당신들에게 주고 이 땅 모든 거민을 당신들의 앞에서 멸하라 하신 것이 당신의 종에게 분명히 들리므로 당신들을 인하여 우리 생명을 잃을까 심히 두려워하여 이같이 하였나이다 보소서 이제 우리가 당신의 손에 있으니 당신의 의향에 좋고 옳은 대로 우리에게 행하소서"(수 9:24-25)라고 답하였습니다. 이에 여호수아가 기브온 족속을 이스라엘 손에서 건져서 죽이지 않고 회중을 위하며, 여호와의 단을 위하여 나무 패며 물 긷는 자를 삼았습니다(수 9:26-27).

한편 기브온은 훗날 베냐민 지파에게 분배되었고(수 18:20-25, 21:17), 사울이 에돔 사람 도엑을 통해 제사장들의 성읍 놉을 진멸한 후에(^{참고}삼상 22:11, 19) 성막을 이곳에 세웠으며, 솔로몬 성전이 세워지기까지 성막은 기브온에 위치했습니다(대상 16:39, 21:29, 대하 1:3).

② 아모리 5대 동맹군의 기브온 공격과 여호수아의 대승리 (수 10장)

기브온 거민이 이스라엘과 화친하여 그중에 있다 함을 예루살렘 왕 아도니세덱이 듣고, 가나안 남부 지역의 아모리 5개 동맹군(예루살렘, 헤브론, 야르뭇, 라기스, 에글론)을 모아 기브온을 공격하였습니다(수 10:1-5). 이에 기브온 족속이 여호수아에게 원조를 요청하였고, 여호수아는 길갈에서 밤새도록 올라와서 5개 동맹군을 공격하여 큰 승리를 거두었습니다(수 10:6-10). 하나님께서 큰 덩이 우박을 내리시므로 이스라엘 자손의 칼에 죽은 자보다 우박에 죽은 자가 더 많을 정도였습니다(수 10:11). 이 전쟁에서 여호수아가 "태양아 너는 기브온 위에 머무르라 달아 너도 아얄론 골짜기에 그리할지어다"라고 외치자 달이 멈추었고 태양이 머물러 거의 종일토록 내려가지 않았습니다. 그 결과 이스라엘은 완벽한 승리를 거둘 수 있었습니다(수 10:12-13). 이날 여호수아의 간절한 믿음의 기도는 태양보다 뜨거웠고, 하나님께서 사람의 목소리를 들어주셨던 전무후무한 은혜의 날이었습니다(수 10:14). 이 사건을 통하여, 하나님은 온 세상 우주 만물을 주관하시는 전지 전능한 통치자이심을 확실히 보여 주셨습니다.

여호수아는 막게다 굴로 도망하여 숨은 5개 동맹국의 왕들을 찾아 모두 쳐죽여서 다섯 나무에 매달아 석양까지 두었다가 그 시체를 나무에서 내리어 그들의 숨었던 굴에 들여 던지고 굴 어귀를 큰 돌로 막았습니다(수 10:16-27).

그 후에 여호수아는 막게다(수 10:28), 립나(29-30절), 라기스(31-32절), 게셀(33절), 에글론(34-35절), 헤브론(36-37절), 드빌(38-39절)을 차례로 정복하였습니다. 그리고 계속하여 가나안 남부 지역 곧, 가데스 바네아에서 가사까지와 온 고센 땅을 기브온에 이르기까지 쳐서 모두 정복하였습니다(수 10:40-42). 그리고 여호수아는 온 이스라엘과 함께 길갈 진으로 돌아왔습니다(수 10:43).

(3) 가나안 북부 지역 점령

이스라엘이 가나안 중부와 남부 지역을 점령했다는 소식을 들은 하솔 왕 야빈은, 가나안 북부의 여러 족속들과 동맹하여 모든 군대를 거느리고 메롬 물가에 나와 진을 쳤습니다(수 11:1-5). 이때 하나님께서는 여호수아에게 "그들을 인하여 두려워 말라 내일 이맘때에 내가 그들을 이스라엘 앞에 붙여 몰살시키리니 너는 그들의 말 뒷발의 힘줄을 끊고 불로 그 병거를 사르라"라고 말씀하셨습니다(수 11:6). 이에 여호수아는 모든 군사와 함께 메롬 물가로 가서 야빈과 북부 동맹군을 습격하여 큰 시돈과 미스르봇 마임까지 쫓고 동편에서는 미스바 골짜기까지 쫓아가서 한 사람도 남기지 않고 쳐죽였으며, 하나님께서 명하신 대로 그들의 말 뒷발의 힘줄을 끊고 불로 그 병거를 살랐습니다(수 11:7-9).

그리고 당시 가나안에서 가장 큰 성읍이었던 하솔("본래 그 모든 나라의 머리였더니")을 취하여 진멸하고 불살랐으며(수 11:10-11), 나머지 북방 동맹국의 성읍들을 진멸하고 재물과 가축들을 취하였습니다(수 11:12-14).

여호수아는 모세가 명한 것, 곧 여호와께서 모세에게 명하신 것을 빠짐없이 준행하였습니다. 여호수아 11:12에서 "여호와의 종 모세의 명한 것과 같이 하였으되"라고 말씀하고 있으며, 여호수아 11:15에서 "여호와께서 그 종 모세에게 명하신 것을 모세는 여호수아에게 명하였고 여호수아는 그대로 행하여 여호와께서 무릇 모세에게 명하신 것을 하나도 행치 아니한 것이 없었더라"라고 말씀하고 있습니다.

6여 년간의 정복 전쟁을 통해(^{참고}수 11:18) 이스라엘은 남부의 세일로 올라가는 할락산에서부터 북부의 헤르몬산 아래 레바논 골짜기 바알갓까지 취하고 그 땅의 왕들을 쳐죽였습니다(수 11:16-17). 이렇게 멸한 왕들은 모두 31명이었습니다(수 12:7-24).

여호수아가 정복한 가나안 땅 북방 경계는 '바알갓'이요, 남방 경계는 '할락산'이었습니다(수 11:17, 12:7). "바알갓"은 '행운의 바알'이라는 뜻이며, "헤르몬산 아래 레바논 골짜기"(수 11:17)라고 기록되었고, 신약 시대의 가이사랴 빌립보로 보는 사람도 있습니다. 바알갓은 산맥 사이에 있는 레바논 골짜기 중심부에 조성되어 있는 천혜의 성읍이었습니다. "할락산"은 '미끄럽다'라는 뜻이며, 여호수아가 점령한 땅 중 최남단으로 사해 남방 13㎞ 지점의 언덕이며, "세일로 올라가는" 길이라고 기록되어 있고(수 11:17), '제벨엘마데라'와 동일시합니다.

여호수아 12장에서는 이스라엘이 정복하여 차지하게 된 지역의 왕들을 기록하였습니다. 요단 저편에서 여호와의 종 모세와 이스라엘 자손이 쳤던 아모리 왕 시혼과 바산 왕 옥(수 12:1-6)과 요단 이편 바알갓에서부터 할락산까지 여호수아와 이스라엘 자손이 쳤던 서른한 명의 왕이었습니다(수 12:7-24). 여호수아에 의해 궤멸된 대적들의 우두머리 이름을 하나하나 열거한 것은, 여호수아가 하나님의 언약대로 가나안 정복 전쟁을 완수하여 마침내 최후 승리자가 되었음을 강조한 것입니다. 여호수아 11:23에서 "이와 같이 여호수아가 여호와께서 모세에게 이르신 말씀대로 그 온 땅을 취하여 이스라엘 지파의 구별을 따라 기업으로 주었더라 그 땅에 전쟁이 그쳤더라"라고 말씀하고 있습니다.

이 모든 정복 과정은 여호수아가 먼저 공격한 것이 아니었습니다. 기브온 거민 히위 사람 외에 이스라엘에게 화친을 청한 성읍이 하나도 없었고, 가나안 모든 사람의 마음이 강퍅하여 이스라엘을 대적하여 먼저 싸우러 온 것이었습니다(수 11:19-20). 가나안 거민들이 그렇게 싸우러 온 것은, 하나님께서 그렇게 역사하신 것이었는데, 그 이유는 첫째, 그들로 저주 받은 자 되게 하여 은혜를 입지 못하게 하시고자 함이었고, 둘째, 여호와께서 모세에게 명하신 대로 진멸하려 하심이었습니다(수 11:20下).

이어서 여호수아는 이스라엘 자손이 그렇게 두려워했던 아낙 자손(민 13:28, 33, 신 1:28, 9:2)까지도 대부분 진멸함으로써, 가나안 주요 거점의 정복을 마쳤습니다(수 11:21-23). 이스라엘에게 강력하게 대항할 만한 세력은 모두 제거되었고, 이제 이스라엘은 명실상부하게 가나안 땅의 주인이 되었습니다.

4. 각 지파에게 영토를 분배하는 과정
The process of distributing the land to each tribe

여호수아는 주요 거점을 확보한 다음에, 각 지파에게 가나안 땅을 분배해 주었습니다. 이렇게 함으로써 가나안 지역의 세부적인 정복이 보다 쉽게 이루어질 수 있도록 하였습니다. 각 지파는 자기들이 거처할 땅이 정해지자 그곳에 정착하기 위해 더욱 적극적으로 정복에 힘썼던 것입니다. 주요 거점 정복을 마친 주전 1400년부터 여호수아가 110세로 생을 마감한(수 24:29-30, 삿 2:8-9) 주전 1390년까지 약 10년 동안 각 지파별로 영토를 분배하고 정착하는 과정이 이루어졌던 것입니다.

(1) 요단 동편 땅의 분배는 모세 때 모압 평지에서 이미 이루어졌습니다(수 12:1-6, 13:8-32).

르우벤 지파와 갓 지파와 므낫세 반(半) 지파는 가나안 땅에 입성하기 전에 요단 동편의 땅을 미리 분배 받은 후에, 가족들을 남겨두고 요단을 건너 가나안 본토 정복 전쟁에 참여하였던 것입니다(민 32장, 34:14-15, 수 12:1-6, 13:8-13, 14:3ᴸ, 18:7). 르우벤 지파의 기업은 여호수아 13:15-23에, 갓 지파의 기업은 여호수아 13:24-28에, 므낫세 반 지파의 기업은 여호수아 13:29-31에 기록되어 있습니다.

(2) 가나안 땅의 분배는 일차적으로 길갈에서(수 14:6) 이루어졌으며, 먼저 유다 지파, 에브라임 지파, 므낫세 반 지파에게 땅이 분배되었습니다(수 15-17장).

아직 미정복지가 많이 남아 있는 상태였지만(수 13:1-13ᴸ), 여호수아는 나이가 많아 늙었으므로(수 13:1), 하나님께서는 "내가 그들(가나안 거민)을 이스라엘 자손 앞에서 쫓아내리니 너는 나의 명한 대로 그 땅을 이스라엘에게 분배하여 기업이 되게" 하라고 여호수아에게 명하셨습니다(수 13:6). 여호와께서 모세에게 명하신 대로, 제사장 엘르아살과 여호수아와 이스라엘 각 지파의 족장들이 제비를 뽑아(수 14:1-2, 19:51, 참고·민 34:17-18), 아홉 지파와 반 지파에게 요단 서편의 땅을 분배하기 시작하였습니다(수 13:6ᵀ-7, 14:1-2, 참고·민 33:54, 34:13-14).

본격적인 분배에 앞서 가장 먼저 1차 군대 계수에서 계수된 603,550명 가운데 생존한 두 사람 중의 하나인 갈렙에게 헤브론 땅이 분배되었습니다(수 14:6-15, 참고·수 15:13-19).

그리고 우선적으로 유다 지파와 요셉의 자손들 곧 에브라임 지파와 므낫세 반(半) 지파(수 14:4上, 16:1, 4, 17:14, 16-17)에게 땅이 분배되었습니다. 이들은 각 지파 가운데 수(數)적으로 가장 많았고 앞으로 이스라엘을 이끌어 갈 주도적인 지파였으므로, 그들에게 가장 먼저 가나안의 중부와 남부 지역이 분배되었습니다. 유다 지파의 기업은 여호수아 15장에, 요셉 자손 곧 에브라임 지파와 므낫세 반(半) 지파의 기업은 여호수아 16-17장에 기록되어 있습니다.

(3) 실로에서(수 18:1, 8-10) 나머지 일곱 지파에 대한 분배가 이루어졌습니다(수 18-19장).

지금까지 길갈을 본부로 하여 가나안 정복 전쟁을 진행하였으나(수 4:19, 10:7, 15, 43), 이제 본부를 가나안 땅의 중심부인 실로로 옮기고, 먼저 일곱 지파에 대한 기업을 분배함으로써, 아직 정복하지 못한 가나안 땅의 완전 정복을 준비했습니다.

5지파(유다, 에브라임, 므낫세, 르우벤, 갓)의 기업 분배를 마치고(수 13:8-31, 15:1-17:18), 7지파(베냐민, 시므온, 스불론, 잇사갈, 아셀, 납달리, 단)의 기업 분배가 남은 상태였습니다. 7지파는 하나님께서 주신 땅을 취하기 위해 나서지 않고 지체하고 있었습니다(수 18:3). 이에 여호수아는 실로에 회막을 세우고(수 18:1), 7지파에게 3명씩 대표를 선정하게 하여 그들에게 남은 땅의 지도를 그려 오도록 명령하였습니다(수 18:4). 여호수아 18:4 하반절을 볼 때, "일어나서 그 땅에 두루 다니며 그 기업에 상당하게 그려 가지고 내게로 돌아올 것이라"라고 말씀하였습니다. 또한 "그 남은 땅을 일곱 부분으로 그려서 이곳 내게로 가져올지니 내가 여기서 너희를 위하여 우리 하나님 여호와 앞에서 제비 뽑으리라"라고 말씀하였습니다(수 18:6).

그리고 여호수아는 땅을 그리러 가는 21명에게 그들이 떠나기 직전에, "가서 그 땅으로 두루 다니며 그려 가지고 내게로 돌아오라 내가 여기 실로에서 여호와 앞에서 너희를 위하여 제비 뽑으리라"라고 다시 한 번 명령하였습니다(수 18:2, 4, 8).

이렇게 명령을 받은 21명은 그 땅으로 두루 다니며 성읍들을 따라서 일곱 부분으로 나누어 "책"(סֵפֶר, 세페르)에 그렸습니다(수 18:9). 이는 정복하지 못한 가나안 땅의 구석구석을 하나의 책이 될 만큼 아주 자세히 그린 것을 의미합니다. 7지파에서 3명씩 21명이 흩어져서 그 땅에 대하여 그림을 그려 오는 일은 간단한 일이 아닙니다. 아직 점령하지 못한 적의 영역이므로, 그곳에 들어가는 위험을 감수해야 했고, 여러 사항들을 자세히 조사하여 낱낱이 그리는 일은 짧은 시간에 완성될 수 없었을 것입니다. 요세푸스에 의하면 7개월이 걸렸다고 합니다.

그런데 놀라운 사실은, 후에 21명이 그려 온 그림 그대로 기업 분배가 성취된 것입니다. 만일 여호수아의 그러한 질책과 단호한 지시가 없었다면, 이스라엘은 그 땅을 그려 보지도 못했을 것이고 영원히 차지할 수도 없었을 것입니다.

마침내 여호수아는 실로 여호와 앞에서 제비를 뽑아 이스라엘 각 지파대로 땅을 분배하였습니다(수 18:10, 19:51). 베냐민 지파와 단 지파는 중부의 땅을, 시므온 지파는 남부를, 그리고 나머지 네 지파는 북쪽의 땅을 분배 받았습니다.

그 구체적인 내용은 다음과 같습니다.

베냐민 지파의 기업(수 18:11-28)
시므온 지파의 기업(수 19:1-9)
스불론 지파의 기업(수 19:10-16)
잇사갈 지파의 기업(수 19:17-23)
아셀 지파의 기업(수 19:24-31)
납달리 지파의 기업(수 19:32-39)
단 지파의 기업(수 19:40-48)

모든 지파의 기업 분배를 마친 후, 맨 마지막으로 여호수아가 에 브라임 산지 딤낫 세라(תִּמְנַת־סֶרַח: 열매가 많은)를 분배 받았습니다 (수 19:49-50).

(4) 레위 지파는 따로 기업을 받지 않았으며(수 13:14, 33, 14:3-4, 18:7ㄴ) 각 지파에 흩어져 거하였습니다(수 21:1-42).

가나안 땅을 지파별로 모두 나눈 다음, 이미 요단 동편에서 택한 세 성읍(신 4:41-43, 수 20:8, 참고-민 35:14, 신 19:2, 7-9)과 요단 서편의 세 성읍 총 여섯 군데를 도피성으로 구별하였습니다(수 20장, 참고-민 35:9-34, 신 19:1-10).

레위인들은 따로 기업을 분배 받지 않았는데, 이는 하나님 자신 이 그들의 기업이 되시기 때문이었습니다(수 13:33, 참고-신 10:9, 14:29, 18:1-2). 레위 지파의 족장들은 모세가 명한 대로 레위인들이 거할 성읍을 지정해 줄 것을 요구하였고(수 21:1-2), 이스라엘 자손은 자진 하여 레위 지파를 위하여 성읍들을 내어 주었습니다(수 21:3-42). 레 위인들이 받은 성읍은 여섯 도피성을 포함하여 총 48성읍으로, 이 스라엘의 신앙과 생활의 중심지가 되었습니다(수 21:41). 이것은 모 세가 이스라엘 자손에게 명한 대로 된 것입니다(민 35:1-8). 요단강

동편의 도피성은 베셀(수 20:8, 21:36), 길르앗 라못(수 20:8, 21:38), 바산 골란(수 20:8, 21:27)이었으며, 요단강 서편의 도피성은 게데스(수 20:7, 21:32)와 세겜(수 20:7, 21:21, 대상 6:67)과 헤브론(수 20:7, 21:13, 대상 6:57)이었습니다.

이렇게 가나안 땅의 분배가 마무리됨으로써, 땅에 대한 횃불 언약의 내용이 일차적으로 성취되었습니다(수 21:43-45).

① 요단 서편 땅의 분배가 모두 끝난 후, 요단 동편 지파들을 자기 기업으로 돌려보냈습니다(수 22:1-9).

요단 동편에 이미 기업을 얻은 르우벤 지파, 갓 지파, 므낫세 반지파는 그들이 약속한 대로(민 32:16-32) 하나님의 말씀에 순종하여 가나안 정복의 책임을 다하였습니다(신 3:18-20, 수 4:12-13, 22:2-3). 여호수아는 그들을 불러서 그들의 기업이 있는 요단 동편으로 건너가되, 그 후에도 하나님을 사랑하고 그 말씀을 지키며, 하나님께 친근히 하고, 마음을 다하고 성품을 다해 하나님을 섬길 것을 당부한 후, 그들을 축복하여 돌려보냈습니다(수 22:4-6). 이에 그들이 요단 동편 길르앗 땅으로 돌아갔습니다(수 22:6下-9).

② 여호수아는 임종 전에 세겜에서 언약을 갱신하였고(수 24:1-28), 이스라엘 백성은 애굽에서 이끌어 낸 요셉의 뼈를 세겜에 안장하였습니다(수 24:32).

여호와께서 사방 대적을 멸하시고 이스라엘에게 안식을 주신 지 오래고, 여호수아가 나이 많아 늙고 임종이 가까웠을 때(수 23:1, 14上), 이스라엘의 지도자들(장로들과 두령들과 재판장들과 유사들)을 불러 모으고, 남아 있는 가나안 땅을 다 차지하도록 하나님께서 말씀하신 대로 이스라엘을 위하여 싸워 주실 것을 확신시켜 주었습니다(수 23:2-5, 9-10). 그리고 크게 힘써 율법책에 기록된 것을 다 지켜 행하고, 이방 신들의 이름을 부르거나 그것으로 맹세하거나 이방신을 섬겨 절하지 말고, 이방과 피차에 왕래하거나 혼인하지 말 것을 당부하였습니다(수 23:6-7, 12). 그러면서 마지막으로 오직 하나님을 친근히 하고, 스스로 조심하여 하나님을 사랑하고, 하나님만을 섬기라고 유언하였습니다(수 23:8, 11). 또한 만일 이것을 어기면 필경은 하나님께서 주신 이 아름다운 땅에서 멸절되고 속히 망할 것이라고 경고하였습니다(수 23:13-16).

여호수아는 이스라엘 모든 지파를 세겜에 모아 언약을 갱신하고 기념비를 세웠습니다(수 24장). 여호수아 24:25에서 "그날에 여호수아가 세겜에서 백성으로 더불어 언약을 세우고 그들을 위하여 율례와 법도를 베풀었더라"라고 말씀하고 있습니다. 한편 여호수아는 110세를 일기로 생애를 마치고 딤낫 세라에 장사되었습니다(수 24:29-30, 삿 2:8-9). '딤낫 세라'는 '태양의 지분, 열매가 많은 부분'이라는 뜻을 가지고 있으며, '딤낫 헤레스'라고도 합니다(삿 2:9). 여호수아는 이스라엘 자손이 기업의 땅 분배를 모두 마친 후 마지막으로 여호와의 명령대로 그 성읍을 구하고, 그 성읍을 중건하여 거기 거하다가 그곳에 장사된 것입니다(수 19:49-50).

여호수아를 장사한 후, 이스라엘 백성은 출애굽 할 때부터 광야 생활 40년, 가나안 정복 기간 16년, 총 56년간 메고 다녔던 요셉의 뼈(출 13:19)를 마침내 세겜에 장사하였습니다(수 24:32). 이는 횃불 언약이 체결된 지 692년 만에(주전 2082-1390년) 이룬 것이요, 요셉이 자신의 해골을 하나님께서 맹세하신 땅으로 메고 올라가도록 유언을 남긴 지 416년 만에(주전 1806-1390년) 이루어진 일이었습니다

(창 50:25, 히 11:22).

(5) 각 지파별로 영토를 정복하는 과정

가나안 땅의 주요 거점을 정복하고, 전 지역을 지파별로 분배하여 각각 자기 기업의 땅에 거주하기 시작했지만, 아직 정복되지 못한 곳이 많이 남아 있었습니다(^{참고-}수 13:1-6). 각 지파별로 남아 있는 땅을 정복하는 단계에서 가장 앞장선 지파는 유다 지파였습니다(삿 1:1-10). 다음으로 요셉 족속(에브라임 지파, 므낫세 지파)이 뒤를 이어 가나안 족속을 공격하였습니다(삿 1:22-26). 이어 각 지파별로 공격이 진행되었습니다.

그러나 지파별로 분배 받은 땅을 완전히 정복하는 데는 실패하였습니다(수 15:63, 17:12, 삿 1:19, 21, 27, 29, 30-33). 그 이유는 그들의 불신과 불순종 때문이었습니다(삿 2:2-3). 사사기 2:10에서 "그 세대 사람도 다 그 열조에게로 돌아갔고 그 후에 일어난 다른 세대는 여호와를 알지 못하며 여호와께서 이스라엘을 위하여 행하신 일도 알지 못하였더라"라고 말씀하고 있습니다. 이에 가나안 땅에는 많은 원주민들이 남아 있게 되었고, 이스라엘은 그 족속들과 통혼하고 그 신들을 섬기며 하나님 앞에 범죄하였습니다(삿 2:21-23, 3:1-7). 횃불 언약에서 약속하신 "애굽강에서부터 큰 강 유브라데까지"의 땅을 여호수아 때에 다 정복한 것은 아니지만, 여호수아 18:1을 볼 때 "... 그 땅이 이미 그들의 앞에 돌아와 복종"하였다고 말씀하고 있습니다. 또한 여호와께서 이스라엘 백성에게 가나안 땅 사방에 안식을 주심으로써 그들이 그것을 얻어 거기 거하고, 여호와께서 열조에게 맹세하신 대로 모든 대적을 그들의 손에 붙이셨으므로 그들을 당할 자가 없었습니다(수 21:43-44). 결국 여호와께서 이스라엘 족속에게 말씀하신 선한 일이 하나도 남음이 없이 다 응하였습니다(수 21:45).

하나님께서 약속하신 땅은 거저 주어지는 것이 아니라, 이스라엘 백성이 적극적으로 싸워서 쟁취해야 하는 땅이었습니다(민 33:53, 수 11:23, 17:15, 18). 그것은 이미 횃불 언약을 통해 아브라함에게 예고된 것이었습니다(창 15:18-21). 하나님께서 함께하신다는 사실을 굳게 믿고 나아갈 때, 하나님께서 친히 모든 대적들을 물리쳐 주시는 것입니다(수 10:14, 42, 14:12, 23:3, 5, 9-10). 오늘날 성도들도 하나님의 약속을 붙잡고, 그것을 이루기 위하여 믿음으로 악의 세력과 끝까지 싸워 승리하는 역사가 있어야 할 것입니다(엡 6:10-18, 딤전 6:12, 딤후 4:7, 히 12:4, 요일 5:4).

5. 솔로몬 시대에 성취된, 땅의 범위에 대한 약속
The promise concerning the boundaries of the land that was fulfilled during Solomon's era

하나님께서 아브라함과 횃불 언약을 체결하시면서 약속하신 가나안 땅의 경계는 "애굽강에서부터 그 큰 강 유브라데까지"입니다(창 15:18). 이러한 땅에 대한 언약은, 출애굽 한 이스라엘 백성이 가나안에 입성할 때는 아직 완전히 성취되지 못하였으며(삿 1:19, 21, 27-36), 다윗 왕 시대를 거쳐(삼하 8장, 대상 18-20장) 솔로몬 왕 시대에 이르러 완전히 성취되었습니다. 역대하 9:26에서 "솔로몬이 유브라데강에서부터 블레셋 땅과 애굽 지경까지의 열왕을 관할하였으며"라고 말씀하고 있습니다.

하나님께서는 온 우주의 주인이시고 온 땅의 주인이십니다(시

솔로몬 왕국의 경계(대하 9:26)
The Boundaries of Solomon's Kingdom
(2 Chr 9:26)

아르밧 Arpad
갈그미스 Carchemish
알레포 Aleppo
벧 에덴 Beth-eden
텔 타이나트 Tell Tayinat
오론테스 강 Orontes River
딥사 Tiphsah
유브라데 강 Euphrates River
키프로스 Cyprus
하맛 HAMATH
페니키아 Phoenicia
카데쉬 Kadesh
다드몰 Tadmor
호르산 Mt. Hor
하맛 어귀(레보 하맛) entrance of Hamath (Lebo-hamath)
대해(지중해) THE GREAT SEA (MEDITERRANEAN SEA)
시돈 Sidon
두로 Tyre
헤르몬산 Mt. Hermon
다메섹 Damascus
단 Dan
하솔 Hazor
세겜 Shechem
아스다롯 Ashtaroth
길르앗 라못 Ramoth-gilead
블레셋 Philistia
헤브론 Hebron
요단 강 Jordan River
랍바 Rabbah
예루살렘 Jerusalem
소안 Zoan
사해 DEAD SEA
길하레셋 Kir-hareseth
가사 Gaza
다말 Tamar
브엘세바 Beersheba
애굽 시내 Brook of Egypt
온(헬리오폴리스) On (Heliopolis)
가데스 바네아 Kadesh-barnea
놉(멤피스) Noph (Memphis)
에시온 게벨 Ezion-geber
나일 강 Nile River
수에즈만 Gulf of Suez
야카바만 Gulf of Aqaba
애굽 EGYPT
홍해 RED SEA

역대하 9:26
"솔로몬이 유브라데강에서부터 블레셋 땅과 애굽 지경까지의 열왕을 관할하였으며"

2 Chronicles 9:26
"He was the ruler over all the kings from the Euphrates River even to the land of the Philistines, and as far as the border of Egypt."

*각 방향별 경계는 대략적인 것임

24:1). 땅의 모든 족속들은 하나님의 허락 아래 각기 제 위치에서 살고 있습니다(행 17:26). 한때 가나안 거민들이 가나안 땅에 살았었지만, 땅의 원 주인이신 하나님(참고-레 25:23)께서 그 땅을 이스라엘에게 기업으로 주셨습니다(민 34:2, 신 32:49, 시 135:12).

III
가나안 땅의 성격
THE CHARACTERISTICS OF THE LAND OF CANAAN

하나님께서는 주전 2082년 아브라함과 횃불 언약을 체결하시고, 솔로몬이 왕이 되어 다스리던 때(주전 970-930년)에, 가나안 땅의 경계에 대하여 언약하신 그대로 성취하셨습니다(왕상 4:25, 대하 9:26). 무려 1,110여 년이 지났으나, 하나님께서는 한 번 약속하신 것을 반드시 이루신다는 것을 역사 속에서 확증하여 주신 것입니다 (사 55:11, 렘 33:2).

하나님께서는 아담이 타락한 이후, 저주 받은 땅 가운데서 가나안 땅을 택하셔서 선민 이스라엘을 통해 하나님의 나라를 세우기 원하셨습니다. 이스라엘 민족의 역사를 볼 때, 그들의 조상 아브라함이 혈혈단신 '땅 없는 자'로 출발하였으나, 언약을 통해 땅을 약속 받았고, 마침내 그의 자손은 땅을 소유한 나라로 번성하였습니다(창 12:1-3, 6-7, 13:14-17, 15:7, 18-21, 17:8, 26:3-4, 28:13-14, 35:12, 48:4, 50:24, 수 21:43-45, 시 78:54-55, 105:8-11, 42-44, 135:12). 애굽에서의 연속된 10대 재앙과 출애굽 역사를 체험하고 광야에서 40년 동안 연단을 받은 후에, 마침내 이스라엘 백성은 아브라함과 이삭과 야곱에게 '맹세로 약속하신 가나안 땅'으로 들어갔습니다. 그렇다면 가나안은 어떤 땅이었습니까?

1. 하나님께서 찾아 두었던 땅입니다(겔 20:6).

It was the land that God had selected (Ezek 20:6).

하나님께서 이스라엘에게 주신 그 가나안 땅은, 하나님께서 이스라엘 백성을 위하여 미리 "찾아 두었던 땅"이라고 후대에 에스겔 선지자를 통해 깨우쳐 주셨습니다.

에스겔 20:6 "그날에 내가 그들에게 맹세하기를 애굽 땅에서 인도하여 내어서 그들을 위하여 찾아 두었던 땅 곧 젖과 꿀이 흐르는 땅이요 모든 땅 중의 아름다운 곳에 이르게 하리라"

여기 "찾아 두었던"에 쓰인 히브리어는 '찾다, 발견하다, 탐사하다'라는 뜻의 '투르'(תּוּר)로, 다른 사람보다 앞서 가서 탐사하는 모습을 나타내는 단어입니다. 모세가 12명의 정탐꾼을 가나안 땅으로 보낼 때 이 단어가 집중적으로 사용되었습니다(민 13:2, 16, 17, 21, 25, 14:6-7, 34, 36, 38). 하나님께서 마치 정탐꾼처럼 전 세계 곳곳을 집중적으로 탐사하여 찾은 땅임을 보여 줍니다.

또한, 민수기 10:33에 하나님의 언약궤가 광야에서 이스라엘 백성 앞서 행하며 쉴 곳을 찾으셨던 것을 말씀할 때와, 신명기 1:33에 하나님께서 이스라엘 백성 앞서 행하시며 장막 칠 곳을 찾으신 것을 말씀할 때도 이 단어가 사용되었습니다.

하나님께서 믿음의 조상 아브라함을 갈대아 우르에서 부르시기 전에, 이미 아브라함과 그의 후손이 거할 가나안 땅을 찾아 놓으셨다는 것은 전혀 이상한 일이 아닙니다. 오늘날 성도들이 들어갈 가나안 천국도, 우리를 부르시기 전 만세 전에 하나님의 뜻 가운데 예비되어 있는 것입니다(마 25:34, 요 14:2-3).

2. 아름답고 광대한 땅입니다(출 3:8).

It was a good and spacious land (Exod 3:8).

하나님께서 떨기나무 가운데서 모세를 부르신 후에, 가나안 땅에 대하여 처음으로 이렇게 소개하셨습니다.

출애굽기 3:8 "내가 내려와서 그들을 애굽인의 손에서 건져내고 그들을 그 땅에서 인도하여 아름답고 광대한 땅, 젖과 꿀이 흐르는 땅 곧 가나안 족속, 헷 족속, 아모리 족속, 브리스 족속, 히위 족속, 여부스 족속의 지방에 이르려 하노라"

첫째, 가나안은 아름다운 땅입니다.

에스겔 20:6, 15에서는 "모든 땅 중의 아름다운 곳"(which is the glory of all lands: KJV)이라고 하였습니다(민 14:7, 신 3:25, 4:21-22, 6:18-19, 8:7, 9:6, 11:17, 수 23:13, 15-16, 대상 28:8). 여기서 "아름다운"은 히브리어로 '체비'(צְבִי)이며, '아름다움, 빛남, 영광'이라는 뜻입니다(렘 3:19, 참고-사 4:2, 24:16, 28:5). 가나안 땅을 직접 본 정탐꾼들은 그 땅의 과실을 손에 가지고 와서 "우리의 하나님 여호와께서 우리에게 주시는 땅이 좋더라(טוֹב, 토브)..."(신 1:25)라고 보고하였습니다. 모세는 죽기 전에 "요단 저편에 있는 아름다운 땅, 아름다운 산과 레바논을" 보게 해 달라고 간구하였습니다(신 3:25). '아름답다'는 것은 비옥하여 생산력이 뛰어나고, 사람과 짐승이 살기에 매우 적합하다는 뜻입니다.

하나님께서는 이스라엘로 하여금 그곳에서 그들이 건축하지 않은 크고 '아름다운 성읍'을 얻게 하시며, 그들이 채우지 아니한 '아름다운 물건이 가득한 집'을 얻게 하시고 파지 아니한 우물을 얻게 하시며 심지 아니한 포도원과 감람나무를 얻게 하여 그들로 배불리

먹게 하여 주신다고 말씀하셨습니다(신 6:10-11). 왜냐하면 그곳은 골짜기에든지 산지에든지 시내와 분천과 샘이 흐르고 밀과 보리의 소산지요 포도와 무화과와 석류와 감람들의 나무와 꿀의 소산지이며, 먹는 식물의 결핍함이 없고 아무 부족함이 없는 땅이기 때문입니다(신 8:7-10).

둘째, **가나안은 광대(廣大)한 땅입니다(출 3:8).**

‘광대하다’는 ‘넓다, 크다’란 뜻의 ‘라하브’(רָחָב)에서 유래한 말입니다. 억압 당하던 애굽에서의 노예 생활과 비교해 볼 때, 가나안 땅에서는 자유가 보장되고 넉넉한 생활을 누릴 수 있게 되었음을 의미합니다. 실제로 이스라엘 백성은 430년 동안 애굽 땅의 ‘고센’이라는 제한된 곳에서 생활을 했는데, 그에 비하면 가나안 땅은 정말 광대한 곳입니다. 하나님께서 자기 백성을 위하여 참된 자유를 누리게 해 줄 땅이기 때문입니다. 한 걸음 더 나아가 그 땅이 온 세상에 미치는 영향력이 광대할 것을 말씀해 줍니다. 신명기 32:8에서, “지극히 높으신 자가 열국의 기업을 주실 때, 인종을 분정하실 때에 이스라엘 자손의 수효대로 민족들의 경계를 정하셨도다”라고 말씀하셨습니다. 여기 “이스라엘 자손의 수효대로”라고 하심은, ‘이스라엘 민족을 염두에 두고’ 민족들의 경계를 정하셨다는 뜻입니다. 하나님께서는 모든 역사의 중심지를 가나안 땅으로 내정하신 것입니다. 언약 백성 이스라엘을 중심으로 세계 열방을 섭리하고 계신다는 뜻입니다. 그래서 바벨론 포로지에서 가나안 땅으로 돌아온 이스라엘 백성을 가리켜 “세상 중앙에 거하는 백성”(겔 38:12)이라고 말씀하였습니다.

가나안 땅은 ‘세상 중앙에 거하는 백성’이 거하는 땅이요, 하나님의 구속 섭리의 주역인 언약 백성이 거하는 땅이니, 참으로 광대한 땅인 것입니다.

3. 젖과 꿀이 흐르는 땅입니다(출 3:8).
It was a land flowing with milk and honey (Exod 3:8).

에스겔 20:6에서는 가나안 땅을 "찾아 두었던 땅"이라고 표현하고, "젖과 꿀이 흐르는 땅이요 모든 땅 중의 아름다운 곳"이라고 말씀하고 있습니다(출 3:8, 레 20:24, 민 14:8, 신 26:9, 렘 32:22).

첫째, 젖과 꿀이 흐르는 땅은 풍성한 열매가 가득한 곳입니다.

민수기 13:27을 볼 때, 가나안 정탐을 다녀온 자들은 "당신이 우리를 보낸 땅에 간즉 과연 젖과 꿀이 그 땅에 흐르고 이것은 그 땅의 실과니이다"라고 보고하였습니다. 가나안 땅의 포도는 한 송이가 달린 가지를 장정 둘이 막대기에 꿰어 멜 정도였으며, 그들은 또한 그곳에서 석류와 무화과를 취하였습니다(민 13:23, 참고-신 8:8). 가나안은 이스라엘이 심지 않은 포도원과 감람나무를 얻어 배불리 먹게 될 땅이었습니다(신 6:11).

둘째, 젖과 꿀이 흐르는 땅은 물이 풍부한 곳입니다.

신명기 8:7에서 "네 하나님 여호와께서 너로 아름다운 땅에 이르게 하시나니 그곳은 골짜기에든지 산지에든지 시내와 분천과 샘이 흐르고"라고 말씀하고 있습니다. 신명기 11:11에서는 "너희가 건너가서 얻을 땅은 산과 골짜기가 있어서 하늘에서 내리는 비를 흡수하는 땅이요"라고 말씀하고 있습니다. 그곳은 하나님께서 이른 비와 늦은 비를 적당한 때에 내리시므로, 곡식과 포도주와 기름을 얻으며 들에 육축을 위한 풀이 나는 곳으로, 이스라엘 백성이 먹고 배부를 땅입니다(신 11:14-15).

셋째, 젖과 꿀이 흐르는 땅은 하나님께서 권고하시는 곳입니다.

신명기 11:12에서 "네 하나님 여호와께서 권고하시는 땅이라 세초부터 세말까지 네 하나님 여호와의 눈이 항상 그 위에 있느니라"라고 말씀하고 있습니다. '권고하시는'에 쓰인 히브리어는 '다라쉬'(דָרַשׁ)로, '자주 가다, 찾다, 돌보다'라는 뜻입니다. 이렇게 하나님께서 권고하시는 땅은 아무 부족함이 없는 땅입니다. 신명기 8:9-10에서 "너의 먹는 식물의 결핍함이 없고 네게 아무 부족함이 없는 땅이며 그 땅의 돌은 철이요 산에서는 동을 캘 것이라 네가 먹어서 배불리고 네 하나님 여호와께서 옥토로 네게 주셨음을 인하여 그를 찬송하리라"라고 말씀하고 있습니다.

4. 하나님께서 거하시는 거룩한 땅입니다 (출 15:17, 민 35:34).

It was a holy land where God dwells (Exod 15:17; Num 35:34).

이스라엘이 정복하여 정착한 가나안 땅은 일찍이 하나님께서 아브라함, 이삭, 야곱에게 약속하셨던 땅입니다(창 12:7, 13:14-17, 15:18-21, 26:2-3, 28:13-14, 35:12, 48:4). 이스라엘이 그 땅을 차지하게 된 것은 그들의 노력으로 얻게 된 것이 아니라, 하나님께서 정복 전쟁에 앞장서 주시고, 왕벌로 가나안 족속들을 물리쳐 주셨기 때문입니다(출 23:23, 27-28, 신 7:20, 수 24:12). 그러므로 가나안 땅은 하

나님께로부터 거저 받은 하나님의 선물입니다. 그 땅의 원 소유자
는 하나님이시기 때문에(레 25:23), 토지는 이스라엘이 임의로 주관
할 수 없고 오직 청지기로서 하나님의 뜻에 따라 관리할 따름입니
다.

하나님께서는 자신이 거하실 장소로 그 땅을 성별하셨습니다. 출
애굽기 15:17에서 가나안 땅을 "주의 손으로 세우신 성소"라고 말
씀하고 있습니다. 이것은 가나안 땅이 하나님의 거룩과 위엄을 드
러내기 위한 장소임을 의미합니다. 민수기 35:34에는 가나안 땅을
"나의 거하는 땅"이라고 기록하고 있는데, 이것은 가나안 땅이 성
막(성전)의 성격을 지니고 있음을 말해 줍니다.

5. 하나님의 규례와 법도를 준행해야 할 땅입니다 (신 4:1).

It was a land where God's statutes and judgments must be performed (Deut 4:1).

하나님의 주권적인 은혜로 아담에게 에덴 동산이라는 특별하고
아름다운 땅을 창설하여 주셨듯이(창 2:8), 이스라엘에게는 가나안
땅을 주권적인 은혜로 주셨습니다(신 10:14, 겔 20:6). 아담에게 '에덴
동산을 다스리며 지키라'라는 명령을 주시고(창 2:15), 또 '선악을 알
게 하는 나무의 실과를 먹지 말라'라는 경고를 주신 것처럼(창 2:16-
17), 약속의 땅 가나안에서 살아갈 이스라엘에게도 하나님께서 규
례와 법도를 주셨습니다. 그 땅에서 한없이 오래 살기 위해서는 하
나님의 규례와 법도를 순종해야 하는 책임이 따랐습니다(신 4:1-2,
40, 5:33, 6:1-3, 17-19, 7:8-12, 11:8-9, 18-21, 12:1).

하나님께서는 신명기 4:1을 볼 때, "이스라엘아 이제 내가 너희에게 가르치는 규례와 법도를 듣고 준행하라 그리하면 너희가 살 것이요 너희의 열조의 하나님 여호와께서 너희에게 주시는 땅에 들어가서 그것을 얻게 되리라"라고 말씀하셨고, 신명기 4:5에서 "내가 나의 하나님 여호와의 명하신 대로 규례와 법도를 너희에게 가르쳤나니 이는 너희로 들어가서 기업으로 얻을 땅에서 그대로 행하게 하려 함인즉"이라고 말씀하셨습니다. 그래서 모세가 임종 직전에 가나안 땅을 눈앞에 둔 이스라엘 백성에게 마지막 설교를 하면서, 그 땅에서 하나님의 율법을 '듣고 준행하라', '지켜 행하라', '지키라', '행하라'라는 명령을 수없이 반복했습니다(신 4:1-2, 5-6, 14, 40, 5:1, 31-33, 6:1, 3, 17, 24-25, 7:11-12, 8:1, 6, 10:12-13, 11:1, 8, 13, 22, 27, 32, 12:1, 28, 32, 13:4, 18, 15:4-5, 17:19, 19:9, 26:16-18, 27:1, 10, 28:1-2, 9, 13, 29:9, 29, 30:2, 8-9, 16, 20, 31:12, 32:46).

하나님의 백성에게 약속의 땅 가나안은 마치 에덴 동산처럼 언제나 여호와 하나님과 함께하는 장소이고, 하나님과 교제하는 복스러운 기억들이 가득한 장소이며, 하나님과 언약을 맺은 장소로서 이스라엘의 역사성과 정체성을 확증시켜 주는 실질적인 토대입니다. 그런데 얼마 지나지 않아 이스라엘 백성은 하나님께서 모세를 통해 당부하신 말씀을 불순종하여 우상을 숭배하고, 가증스럽고 음란한 행위를 서슴지 않았으며, 하나님과의 언약을 저버렸습니다(^참_고-신 20:16-18, 삿 2:16-17).

6. 그 땅의 거민이 범죄하면 황폐하여 효력을 내지 않는 땅입니다(레 26:31-32).

It was a land that will lay waste and no longer yield its strength when its inhabitants sin (Lev 26:31-32).

가나안 땅은 젖과 꿀이 흐르는 아름다운 땅이지만, 만약 그 땅의 거민이 하나님께 범죄하면 황무하고 황폐해지는 땅입니다. 레위기 26:31에서 "내가 너희 성읍으로 황폐케 하고", 레위기 26:32에서 "그 땅을 황무케 하리니 거기 거하는 너희 대적들이 그것을 인하여 놀랄 것이며"라고 말씀하고 있습니다. "놀랄 것이며"는 '오싹해지다, 질겁하다, 아연실색하다'라는 뜻의 '샤멤'(שָׁמֵם)에서 유래한 단어입니다. 이것은 가나안 땅을 정복하러 온 대적들조차도 그 땅의 황무함을 보고 질겁한다는 것입니다.

이렇게 가나안 땅도 그 땅의 거민이 범죄하면 황무하고 황폐해지고, 그 결과 아무리 수고해도 열매를 맺지 못하는 땅이 되고 맙니다. 레위기 26:20에서 "너희 수고가 헛될지라 땅은 그 산물을 내지 아니하고 땅의 나무는 그 열매를 맺지 아니하리라"라고 말씀하고 있습니다(신 11:17, 28:38-40, 시 107:34). 이것은 가인이 동생 아벨을 죽인 후에 하나님께서 "네가 밭 갈아도 땅이 다시는 그 효력을 네게 주지 아니할 것이요"라고 말씀하신 것과 같습니다(창 4:12).

황무한 땅에서는 아무리 힘들게 수고를 하여도 열매를 볼 수 없으며, 열매를 보았더라도 그것이 저주를 받아, 벌레가 먹거나 그 열매를 거두기 전에 먼저 떨어지는 허무한 결과만 있게 됩니다(신 28:38-40, 욥 15:33, 학 1:9-11, ^{참고}전 2:21, 합 2:13).

7. 범죄한 거민을 토해 내는 땅입니다(레 18:25, 28).

It was a land that will spew out its inhabitants who have sinned
(Lev 18:25, 28).

가나안은 하나님께서 거하시는 땅이지만, 이스라엘 백성이 그 땅을 더럽힐 경우 하나님께서는 그 땅을 떠나십니다. 거룩하신 하나님께서, 불결해진 땅에는 거하실 수 없는 것입니다. 민수기 35:34에서 "너희는 너희 거하는 땅 곧 나의 거하는 땅을 더럽히지 말라 나 여호와가 이스라엘 자손 중에 거함이니라"라고 말씀하고 있습니다.

만약 땅이 더럽혀지면 땅은 그 땅을 더럽힌 사람을 반드시 토해 냅니다. 레위기 18:25에서 "그 땅도 더러워졌으므로 내가 그 악을 인하여 벌하고 그 땅도 스스로 그 거민을 토하여 내느니라"라고 말씀하고 있으며, 레위기 18:28에서 "너희도 더럽히면 그 땅이 너희 있기 전 거민을 토함같이 너희를 토할까 하노라"라고 말씀하고 있습니다(참고-레 20:22).

그렇다면 땅이 더럽혀지는 이유는 무엇입니까?

첫째, **살인하여 피를 흘릴 때 더럽혀집니다.**

하나님께서 거하시는 땅에서 살인하여 무고한 피를 흘리면 땅이 오염됩니다(민 35:33). '피가 땅을 더럽힌다'는 것은 성경의 독특한 개념입니다. 성경을 볼 때, '의인의 피'(애 4:13)나 '무죄한 자의 피'(왕하 21:16, 24:4)가 흘려질 때 땅은 그 피로 인해 더럽혀지고, 그 땅은 스스로를 깨끗하게 하기 위하여 그 땅에 거하는 사람을 토해 내는 것입니다(창 4:10-12, 참고-레 18:25, 28). 혹은 땅이 갈라져서 고라 일당과 그 가족과 고라에게 속한 모든 사람과 물건을 삼킨 경우처럼, 땅을 더럽힌 인간들을 삼켜 버리기도 합니다(민 16:31-35).

　　인간은 땅과 유기적으로 연결되어 있기 때문에, 인간이 죄를 지으면 그 죄로 인해 땅도 더럽혀지며 고통을 받게 됩니다. 이는 창조 시부터 하나님께서 인간에게 부여하신 법칙으로서, 인간이 모든 피조물을 다스리는 통치 원리에 따른 것입니다(창 1:28-30). 만물의 영장인 인간이 범죄할 때, 인간만이 아니라 만물도 저주를 받으며, 어그러지고 파괴되는 것입니다(창 3:17-18, 롬 8:20-22).

　　또 살인으로 더럽혀진 땅은 살인자의 피로만 속하여집니다(민 35:33, 신 19:10). 사람이 다른 사람의 피를 흘리면 반드시 피 흘린 자의 피도 흘려져야 하는데, 그 이유는 사람은 하나님의 형상대로 지음 받은 존재이기 때문입니다(창 9:5-6).

　　창세기 9:6 "무릇 사람의 피를 흘리면 사람이 그 피를 흘릴 것이니 이는 하나님이 자기 형상대로 사람을 지었음이니라"

　　그러나 하나님께서는 도피성 제도를 두어, 부주의로 인해 살인한 자의 피가 흘려지는 것은 막으셨습니다(민 35:9-34, 신 19:1-13, 수 20:1-9).

둘째, 이스라엘 백성이 애굽 땅과 가나안 땅의 풍속과 규례를 좇을 때 더럽혀집니다.

　　레위기 18:3에서 "너희는 그 거하던 애굽 땅의 풍속을 좇지 말며 내가 너희를 인도할 가나안 땅의 풍속과 규례도 행하지 말고"라고 말씀하셨습니다. 이스라엘 백성이 나온 땅 애굽의 "풍속"과 이스라엘 백성이 들어갈 땅 가나안의 "풍속과 규례"는, 문란한 성 문화를 가졌기 때문입니다(레 18:6-23). 가나안 백성의 일상생활과 문화를 지배하던 음란한 행위는 광란에 가까울 정도였고, 이것은 이스라엘 백성의 거룩을 심각하게 위협하는 요인이었습니다(레 20:10-24).

8. 범죄한 백성을 열국으로 추방하는 땅입니다 (레 26:33).

It was a land that will scatter among the nations the people who have sinned (Lev 26:33).

하나님께서 약속대로 주신 땅에서 율법을 순종하여 잘 지키면 복을 받게 되고, 반대로 율법을 불순종하면 저주를 받게 됩니다. 이스라엘이 여호와 하나님께 거듭해서 죄를 범하면, 결국 가나안 땅에서 추방되어 열국으로 흩어지는 심판을 면치 못합니다(신 4:25-27). 레위기 26:33에서 "내가 너희를 열방 중에 흩을 것이요 내가 칼을 빼어 너희를 따르게 하리니 너희의 땅이 황무하며 너희의 성읍이 황폐하리라"라고 말씀하고 있습니다.

신명기 28장에서 하나님의 말씀을 불순종하는 자가 받을 저주를 선포하는 부분을 보면, 약속의 땅에서 뽑혀서 이방의 포로가 되게 하실 것이라는 내용이 주를 이루고 있습니다(신 28:25, 36-37, 41, 63-65, 68). 그 마지막 구절 신명기 28:68에서는 출애굽 사건을 통해 이스라엘을 약속의 땅으로 인도하셨던 하나님께서, 범죄한 이스라엘을 약속의 땅에서 뽑아 버리시고 다시 애굽 땅으로 끌어가시겠다는 참으로 충격적인 내용을 담고 있습니다.

신명기 28:68 "여호와께서 너를 배에 실으시고 전에 네게 고하여 이르시기를 네가 다시는 그 길을 보지 아니하리라 하시던 그 길로 너를 애굽으로 끌어가실 것이라 거기서 너희가 너희 몸을 대적에게 노비로 팔려 하나 너희를 살 자가 없으리라"

여기 "끌어가실 것이라"(וְהֵשִׁיבְךָ, 베헤쉬브카)는 '방향을 돌리다'라는 뜻을 가진 히브리어 '슈브'(שׁוּב)의 히필(사역) 미완료형으로, '너를 ... 을 향해 되돌아가게 할 것이다'라는 의미입니다. 하나님의 말씀을 불순종하면, 이스라엘 백성은 스스로를 노예로 파는 비참한 운명을 맞게 될 것인데, 더욱 비참한 것은 "너희를 살 자가 없으리라"라는 말씀같이, 극단의 저주를 받게 된다는 것입니다. 노비로라도 팔리면 최소한 끼니 걱정은 하지 않을 수 있겠지만, 이미 온갖 질병으로 육체가 상하여 더 이상 아무 노동도 할 수 없는 지경이 되는 것입니다. 여호와께 순종할 때 보배로운 백성이 되지만, 우상을 섬김으로 여호와께 버림받은 인간은 더러움에 버려져 썩어 버린 쓰레기 취급을 받게 되는 것입니다(민 32:15, 신 31:16-17, 롬 1:24). 이것은 최고의 구원 사건인 출애굽 역사를 무효화하는 엄청난 징벌로서, 결코 일어나서는 안 되는 최악의 상황입니다. 이스라엘이 약속의 땅과 아무 상관이 없게 되는 것은 극단적인 징벌입니다.

약속의 땅 가나안이 주어진 것은 하나님과 이스라엘 사이의 언약이 그 토대이므로, 이스라엘 백성은 하나님의 말씀에 순종하여 언약을 지킴으로써 약속의 땅을 지켜야 할 거룩한 사명이 있는 것입니다.

그러나 이스라엘 백성은 하나님의 규례와 법도를 준행해야 하는 거룩한 사명을 감당하지 못하고(레 18:4-5), 가나안 족속의 신들을 섬기고 그들의 풍속을 좇아 음행을 저질렀습니다(삿 2:12, 17, 3:6, 10:13, 20:6, 왕하 9:22, 22:17).

그 결과, 주전 722년 북 이스라엘은 앗수르에게 멸망을 당하여 약속의 땅 가나안에서 쫓겨나 사방으로 흩어지고 말았으며, 주전 586년 남 유다는 바벨론에게 멸망을 당하여 포로로 끌려가고 말았던 것입니다.

9. 다시 심으실 땅입니다(출 15:17).

It was a land that will be planted again (Exod 15:17).

약속의 땅 가나안은 하나님께서 함께하신 에덴 동산의 모습에 가깝습니다. 하나님께서 권고하시는 땅이고 여호와의 눈이 항상 그 위에 머물러 있는 땅입니다(신 11:12). 그 땅은 하나님께서 거하시는 곳이므로, 이스라엘 백성이 하나님께 순종하여 모든 부정한 것이나 이스라엘을 오염시키는 모든 것을 제거하면, 에덴 동산처럼 하나님 께서 늘 함께하시는 축복을 누리는 곳입니다. 하나님의 말씀을 온전히 준수할 때 자자손손 축복을 누리며 살 수 있는 곳입니다.

창세기 2:8에 '창설하다'는 히브리어로 '나타'(נָטַע)이며, 식물이나 나무를 '심는다'(to plant)는 뜻입니다(신 28:39, 왕하 19:29, 전 2:4-5, 3:2). 하나님께서 이스라엘 백성을 가나안으로 인도하시는 것을 말씀할 때 '나타'가 사용되었습니다. 홍해를 건넌 직후 불렀던 구원의 찬양을 보면, "주께서 백성을 인도하사 그들을 주의 기업의 산에 심으시리이다 여호와여 이는 주의 처소를 삼으시려고 예비하신 것이라 주여 이것이 주의 손으로 세우신 성소로소이다"라고 노래하고 있습니다(출 15:17). 여기 "주의 기업의 산"은 바로 가나안 땅을 가리키는 것인데, "심으시리이다"에 쓰인 히브리어가 '나타'입니다. 하나님께서 이스라엘 백성을 가나안으로 인도하시는 것을 마치 산에 나무를 심는 것처럼 표현하고 있는 것입니다(참고-시 80:8, 107:37, 겔 28:26, 암 5:11, 미 1:6).

또한 바벨론에 포로로 잡혀 간 이스라엘이 다시 돌아오는 것을, '그들을 그 땅에 심는다'라고 표현하고 있는데, 여기에도 히브리어

'나타'가 사용되고 있습니다(렘 24:6, 31:28, 32:40-41, 42:10, 겔 36:35-36). 예레미야 24:6에서는 "내가 그들을 돌아보아 좋게 하여 다시 이 땅으로 인도하고 세우고 헐지 아니하며 심고 뽑지 아니하겠고"라고 말씀하고 있습니다. 여기에서도 '나타'가 "헐지 아니하고", "뽑지 아니하겠고"라는 표현들과 함께 사용되어서, '확실하게 심어서 다시는 뿌리가 뽑히지 않게 하고 악한 자가 해하지 못하도록 하신다'는 강력한 보호의 의지를 나타내고 있습니다(^{참고}시 80:9, 렘 12:2).

하나님께서 이처럼 가나안 땅에 이스라엘 백성을 다시 심고 보호하시는 이유는 무엇입니까?

바로 하나님께서 맺으신 언약 때문입니다. 다윗 언약에서 하나님께서는 "내가 또 내 백성 이스라엘을 위하여 한 곳을 정하여 저희를 심고 저희로 자기 곳에 거하여 다시 옮기지 않게 하며 악한 유(類)로 전과 같이 저희를 해하지 못하게 하여"라고 약속하셨습니다(삼하 7:10, 대상 17:9). 이 약속은 후에 아모스 선지자를 통하여 재확인되었는데, 아모스 9:15에서 "내가 저희를 그 본토에 심으리니 저희가 나의 준 땅에서 다시 뽑히지 아니하리라 이는 네 하나님 여호와의 말씀이니라"라고 약속하셨습니다. 하나님께서는 이 언약대로, 범죄한 이스라엘을 회개시켜서 다시 가나안 땅에 심으시고, 하나님의 언약 백성 이스라엘을 통해서 구속사를 계속 진행하셨던 것입니다. 그러므로 구속사를 진행시키는 참된 원동력은 오직 하나님의 언약이며, 그 언약을 반드시 성취하시는 만유보다 크신 하나님의 사랑입니다.

IV
가나안 땅과 히브리인
THE LAND OF CANAAN AND THE HEBREWS

가나안 땅은 강으로 둘러싸인 땅이었습니다. 가나안 땅의 북쪽 경계는 유브라데강이요, 남쪽 경계는 애굽 시내요, 동쪽 경계는 요단강입니다. 그러므로 가나안 땅으로 들어오려면 반드시 강을 건너야 합니다. 히브리인은 '강을 건너온 자'라는 뜻입니다.

1. 강을 건넜던 히브리인
The Hebrew who crossed the river

첫째, 에벨은 유브라데강을 건넜습니다.

에벨은 히브리어 '에베르'(עֵבֶר)로, '건너편, 저쪽 너머 지역'을 의미하며, '건너가다'라는 뜻을 가진 히브리어 '아바르'(עָבַר)에서 유래되었습니다. 에벨은 사람들이 바벨탑을 쌓으면서 범죄할 때(창 10:25, 11:1-9), 유브라데강을 건너서 알레포로 이동하여 하나님을 믿는 나라 에블라 왕국을 건설하였습니다.

둘째, 아브라함은 유브라데강을 건넜습니다.

아브라함은 갈대아 우르에 살다가 유브라데강을 건너서 하란으

로 가서 살았고, 다시 하란을 떠나 유브라데강을 건너서 가나안 땅
으로 갔습니다(행 7:2-4, 창 11:31-32, 12:1-4). 사람들이 아브라함을 "히
브리 사람"으로 불렀는데(창 14:13), 그것은 '강을 건너온 사람'이라
는 의미와 함께 '에벨의 자손'이라는 의미이기도 합니다. 아브라함
이 '에벨의 자손'이라면 오늘날 아브라함과 같은 믿음을 가진 성도
들(갈 3:7-9, 29) 역시 신령한 '에벨의 자손'이 될 것입니다. 그렇다면
오늘날 아브라함의 영적 자손들 역시 강을 건너야 하고, 강을 건너
야만 히브리인이 되어 신령한 가나안 천국에 입성할 수 있을 것입
니다.

2. 종말에 건너야 할 유브라데강
The Euphrates River that must be crossed in the end time

세상 종말에는 유브라데강에 하나님의 재앙이 쏟아집니다. 여
섯 번째 나팔 재앙 시에, 큰 강 유브라데에 결박한 네 천사가 놓이
며, 이들을 통해 사람 1/3이 죽임을 당하게 됩니다(계 9:14-15, 18).
이때 이만만(2억)의 군대가 동원되는 무시무시한 전쟁이 일어납니
다(계 9:16). 또 여섯 번째 대접 재앙 시에, 그 대접이 큰 강 유브라
데에 쏟아집니다(계 16:12). 그러므로 종말의 성도는 유브라데강을
건너 신령한 히브리인이 되어야 종말적 재앙을 이길 수 있는 것입
니다.

아브라함은 갈대아 우르에서 하란으로 이동할 때 유브라데강을
건넜으며, 다시 하란에서 가나안 땅으로 이동할 때 유브라데강을
건넜습니다. 아브라함은 두 번 유브라데강을 건너서 하나님께서 약
속하신 가나안 땅에 들어갔습니다.

종말의 성도도 요한계시록 9장의 유브라데강, 요한계시록 16장의 유브라데강을 건너야만 하나님께서 약속하신 천국에 들어갈 수 있습니다. 아브라함은 오직 하나님의 말씀을 좇아 가나안 땅으로 들어갔습니다. 창세기 12:4에서 "이에 아브람이 여호와의 말씀을 좇아 갔고"라고 말씀하고 있습니다. 여기 "갔고"라는 단어는 히브리어 '할라크'(הָלַךְ)로, 에녹이 하나님과 동행할 때 사용되었던 단어입니다(창 5:22). 오직 말씀과 동행하는 자만이 유브라데강을 건너서 신령한 가나안 천국에 들어갈 수 있습니다.

3. 언약을 이루시는 히브리인의 하나님
The God of the Hebrews who fulfills His covenant

애굽에서 10대 재앙을 일으키셨던 하나님께서는 '히브리인의 하나님'이셨습니다(출 7:16, 9:1, 13, 10:3). 히브리인의 하나님께서는 히브리인이었던 아브라함(창 14:13)과의 언약을 신실하게 성취시키시는 하나님이십니다. 가나안 땅 정복은 히브리인의 하나님께서 아브라함과 맺으신 언약에 근거한 것입니다(창 12:7, 15:12-21). 그 언약 성취는 종말에 하나님의 백성에게 주어질 하나님의 나라에 대한 확실한 보증입니다. 성경은 분명 천국이 있음을 확증하고 있습니다(마 3:2, 5:3, 10, 19-20, 7:21, 8:11, 9:35, 10:7, 11:11-12, 13:11, 24, 31, 33, 44-45, 47, 52, 16:19, 18:1, 3-4, 23, 19:12, 14, 23-24, 20:1, 21, 21:43, 22:2, 23:13, 25:1). 예수님께서는 천국 복음을 전파하셨고(마 4:17), 마태복음 8:11에서 "또 너희에게 이르노니 동서로부터 많은 사람이 이르러 아브라함과 이삭과 야곱과 함께 천국에 앉으려니와"라고 말씀하셨습니다.

4. 신령한 가나안 땅을 바라보는 나그네
The sojourners who look toward the spiritual land of Canaan

이스라엘 백성이 가나안 땅에 입성하여 안식을 누릴 것을 바라 보았듯이, 성도는 하나님의 나라 천국에 입성하여 영원한 안식을 누리며 살 것을 바라보아야 합니다(히 4:8-9). 성도의 이 땅의 삶은 나그네 인생입니다.

'히브리'라는 표현은 애굽에서 떠돌아다니는 하층민이나 나그네 를 가리키는 '하비루'에서 유래되었다고 보기도 합니다. 아브라함 은 아비 집을 떠난 나그네였으며(행 7:2-4, 창 12:1, 23:4), 야곱도 자신 의 인생을 "나그네 길"이라고 표현하였습니다(창 47:9), 모세는 미 디안 땅의 나그네였습니다(행 7:29). 다윗도 인생을 나그네와 우거 한 자라고 표현하였습니다(대상 29:15). 하나님께서는 이스라엘 백 성이 애굽에서 나그네로 있었다고 말씀하셨습니다(출 22:21, 23:9, 레 25:23, 신 10:19, 행 13:17). 애굽은 이스라엘이 영원히 거할 땅이 아니 라 나그네처럼 잠시 머물렀다가 반드시 떠나야 할 땅이었습니다. 애굽에 머물렀던 야곱과 요셉도 애굽 땅에 영원히 거할 것이 아니 라 반드시 출애굽 하여 가나안 땅으로 가야 한다고 유언하였습니다 (창 48:21, 50:24).

오늘날 성도들은 이 세상 애굽 땅에 영원히 머물 자가 아니고 하 나님께서 약속하신 영원한 본향 천국을 향해 달려가는 자들입니다. 아브라함도 "하나님의 경영하시고 지으실 터가 있는 성"(히 11:10), "더 나은 본향"(히 11:16), "한 성"(히 11:16)을 바라보았습니다. 베드 로후서 3:12-13에서 "하나님의 날이 임하기를 바라보고 간절히 사 모하라 그날에 하늘이 불에 타서 풀어지고 체질이 뜨거운 불에 녹 아지려니와 우리는 그의 약속대로 의의 거하는바 새 하늘과 새 땅을 바라보도다"라고 말씀하고 있습니다. 그러므로 성도들은 도래할 하나님의 나라를 사모하면서, 이 땅을 살아가는 어간에 "내가 나그네 된 집에서 주의 율례들이 나의 노래가 되었나이다"(시 119:54)라는 시편 기자의 고백처럼, 항상 하나님의 말씀이 우리의 찬송이 되어야 하겠습니다.

하나님께서 이스라엘 백성을 가나안 땅으로 인도하셔서 그 땅을 정복하여 소유케 하신 이 위대한 역사적 사실은, 예수 그리스도의 재림으로 말미암아 반드시 이루어질 하나님 나라의 예표입니다(사 11:10-12, 16). 이스라엘이 당시 세계 최고의 강대국 애굽의 항복을 받고 출애굽 하여 가나안 땅에 들어간 사실은, 새 하늘과 새 땅을 소망하며 날마다 대적 마귀와 영적 전쟁을 하고 있는 모든 성도들에게 큰 소망이며 강력한 승리의 확증입니다.

오늘도 성경은 위대한 믿음의 선진들처럼 성도가 끝까지 변함없는 신앙 가운데 오직 하나님의 말씀으로 승리할 것을 강력하게 권면하고 있습니다(히 11:13-16). 모든 성도가 날마다 주의 재림을 대망하면서, 설레는 마음으로 하나님의 나라가 임하기를 간절히 고대하고 앙망하며 살아가기를 간절히 소원합니다.

*유구한 역사 속에서 세계 최초로 체계적 정리

이해도움 5

가나안 10족속의 개요 (창 15:18-21)
An Overview of the Ten Canaanite Tribes (Gen 15:18-21)

> **창세기 15:18-21** "그날에 여호와께서 아브람으로 더불어 언약을 세워 가라 사대 내가 이 땅을 애굽강에서부터 그 큰 강 유브라데까지 네 자손에게 주노니 ¹⁹곧 겐 족속과 그니스 족속과 갓몬 족속과 ²⁰헷 족속과 브리스 족속과 르바 족속과 ²¹아모리 족속과 가나안 족속과 기르가스 족속과 여부스 족속의 땅이니라 하셨더라"

인 물	내 용
1 **겐 족속** קֵינִי 또는 קֵינִי καιναιους Kenite 금속 세공업자, 대장장이	① 아담의 첫째 아들 '가인'(창 4장)에서 유래한 명칭이다. 민수기 24:21-22의 '가인 족속'은 '겐 족속'을 말한다. ② 성경에서 최초의 기록은 창세기 15:19에 아브라함 당시 가나안에 살고 있던 10개 족속 중 하나로 언급된 것이다. 성경에 지리적으로 각각 다른 곳에 이름이 나타나는 것으로 보아 유목 생활을 한 것으로 보이며, 떠돌아다니는 대장장이들이었을 것으로 여겨진다. ③ 미디안 지역에 거주하였던 모세의 장인 르우엘(이드로-출 2:16-21, 3:1, 18:1)이 겐 사람이었는데, 그 후손들이 이스라엘을 따라 가나안 땅으로 이주하여, 유다 사람과 동화되어 살았다(민 10:29, 삿 1:16). ④ 겐 족속은 유다 남부(네게브)에 거주했는가 하면(삿 1:16, 삼상 27:10, 30:27-29), 가나안 북쪽에 거주하기도 했다 (삿 4:11). ⑤ 사울 왕이 아말렉을 칠 당시, 공격에 앞서 아말렉 족속 중에 섞여 살던 겐 족속을 미리 피신시킬 정도로, 이스라엘과 우호적 관계였다(삼상 15:6, 참고-삼상 30:29). ⑥ 역대상 2:55에 '겐 족속'의 조상으로 기록된 '함맛'은 히브리어 '하마트'(חַמַּת)로 '온천'이라는 뜻이다.

인 물	내 용
2 그니스 족속 קְנִזִּי κενεζαιους Kenizzite 사냥꾼	① 팔레스타인 남부 세일산에 거한 에서 곧 에돔의 자손이다 (창 36:8-12). 에돔은 '붉음'이라는 뜻으로, 야곱의 형 에서의 별명이며(창 25:30, 36:1, 8), 그 후손들이 세운 나라를 일컫는다(창 36:1-19). ② 그니스는 에서의 손자이고, 엘리바스의 다섯째 아들이며, 아말렉과는 이복 형제간이다(창 36:10-12, 대상 1:36). '그나스'로도 불린다(창 36:11, 15, 42). ③ 광야에서 모세가 에돔 땅을 통과하고자 했을 때, 에돔 왕이 거절하였다(민 20:14-21, 21:4). 에돔은 기회 있을 때마다 이스라엘을 배신하거나 괴롭혔다(민 20:14-21, 21:4, 대하 21:8-10, 28:17, 시 137:7, 겔 25:12, 암 1:11). ④ 에돔은 미래 대심판 장소로 예언되었고(사 34:5-6, 63:1), 하나님으로부터 멸망을 선고받았다(겔 32:29, 35:1-9, 15, 36:5, 옵 1:8-10, 18). ⑤ 여호수아의 동료 갈렙이 그니스 족속이었으며(민 32:12, 수 14:6, 14), 사사 옷니엘은 갈렙의 조카였다(수 15:17, 삿 1:13, 3:9). 갈렙과 옷니엘은 선민 이스라엘의 유다 지파에 소속되었다(민 13:6, 대상 4:1, 13, 15).
3 갓몬 족속 קַדְמֹנִי κεδμωναιους 동쪽에 사는 사람	① '갓몬'은 히브리어로 '동쪽, 동쪽의'란 뜻의 '카드몬' (קַדְמֹן)에서 유래한 '카드모니'이며, 팔레스타인 동편 수리아 지역에 거주한 사람들로 알려져 있다. ② 가나안에 살던 원주민 가운데 한 족속(창 15:19)으로, 요단 동편 헤르몬 산 부근에 살았으며, '동방 사람들'(בְּנֵי־קֶדֶם, 베네케뎀=게뎀의 아들). 창 29:1, 삿 6:3, 33, 욥 1:3)과 동일한 족속인 듯하다.

인 물	내 용
4 헷 족속 חִתִּי ΧΕΤΤΑΙΟΥΣ Hittite 두려움, 공포	① 함의 손자, 가나안의 아들(창 10:15, 대상 1:13)의 후손이며, 이들의 최초 거주지는 북부 수리아 지역이었다. ② 아브라함이 아내 사라가 죽었을 때에, 마므레(헤브론)에 살고 있던 헷 족속에게서 막벨라 굴을 은 400세겔에 소유매장지로 삼고, 그곳에 사라를 장사했다(창 23:2-20). 훗날 그곳에 아브라함, 이삭, 리브가, 야곱, 레아가 장사됐다(창 25:9-10, 49:29-32, 50:13). 에서가 헷 족속의 딸들을 아내로 취하였고(창 26:34), 가나안 정탐 시 헷 족속이 가나안 산지에 거한다고 한 것(민 13:29)을 볼 때, 그들은 점차 남쪽으로 내려와 가나안에 거주했던 것 같다. ③ 이스라엘이 가나안 입성 당시, 가나안에서 영향력이 매우 컸으며, '헷 족속의 온 땅'은 가나안 전 지역을 대표하였다(수 1:4). ④ 사사 시대 이스라엘이 헷 사람들과 통혼하였고 그 신들을 섬겼으며(삿 3:5-6), 솔로몬이 통혼한 이방 여자 중에 헷 여인이 있었다(왕상 11:1). 다윗의 부하 아히멜렉(삼상 26:6)과 밧세바의 남편 우리아(삼하 11:3)가 헷 사람이었다. 솔로몬 통치 시, 이스라엘 영토 내에 남아 있던 헷 사람을 노예로 역군을 삼았다(왕상 9:20-21, 대하 8:7-8). ⑤ 에스겔 선지자는 우상 숭배와 음란에 빠져 타락한 예루살렘을 책망할 때 "네 아비는 아모리 사람이요 네 어미는 헷 사람이라"라고 하였다(겔 16:3, 45). 포로 귀환 기에도 이들과 통혼한 사람들이 있었다(스 9:1-2).
5 브리스 족속 פְּרִזִּי ΦΕΡΕΖΑΙΟΥΣ Perizzite	① 성경에서 브리스 족속에 대한 최초 기록은 창세기 13:7인데, 아브라함의 목자들과 롯의 목자들이 다툴 때, 그 땅에 가나안 사람과 브리스 사람이 거했다고 기록하고 있다. ② 브리스 사람은 노아 후손의 족보 명단에 나오지 않으므로 어느 혈통에 속한 족속인지 분명치 않다. 단, '브리스'가 '성벽 없는 촌락'(신 3:5)을 의미하는 '페라자'(פְּרָזוֹ)에서 유래한 것으로 보아, 이곳저곳으로 방랑 생활하는 유목민이었을 것으로 추정된다. ③ 가나안 사람과 함께 기록된 벧엘(창 13:3-7), 세겜(창 34:30),

인 물	내 용
브리스 족속 פְּרִזִּי ΦΕΡΕΖΑΙΟΥΣ Perizzite 광활한 평야	베섹(삿 1:4-5)과 여호수아 17:15의 기록을 볼 때, 세겜과 벧엘이 포함된 중앙 산간 지역에 거주했을 것으로 추정된다. ④ 모세가 진멸하라고 명한 족속 중 하나이며(신 20:16-17), 여호수아가 정복하였으나(수 3:10), 완전히 멸절시키지는 못했다(왕상 9:20-21, 대하 8:7-8). ⑤ 이 족속과 혼합해서 사는 것이 금지되었으나(출 23:23-24), 사사 시대에 이스라엘 자손은 그들과 통혼하고 그들의 신을 섬겼다(삿 3:5-7). 바벨론 포로 귀환기에도 이들과 통혼한 사람들이 있었다(스 9:1-2). ⑥ 솔로몬 통치 시, 이스라엘 영토 내에 남아 있던 브리스 사람을 노예로 역군을 삼았다(왕상 9:20-21, 대하 8:7-8).
6 **르바 족속** רָפָא 또는 רְפָה Rephaim (Rephaite) 거인들, 원기 왕성함	① 가나안 남부 사해 부근의 다섯 왕들(소돔, 고모라, 아드마, 스보임, 소알)과 그돌라오멜을 중심한 가나안 북부 바벨론 부근의 네 왕들(시날, 엘라살, 엘람, 고임)이 싯딤 골짜기(염해)에서 전쟁을 개시할 때(창 14:1-9), 그돌라오멜과 동맹한 왕들이 아스드롯 가르나임에서 르바 족속을 쳤다(창 14:5). ② 요단 북동편에 거했던 족속(르바임)으로, 하나님이 암몬 족속 앞에서 그들을 멸하셨다(신 2:20-21). 이들은 아낙 사람과 비교될 정도로 키가 큰 거인들이었는데(신 2:21), 르바임 족속 최후의 왕으로 기록된 바산 왕 '옥'은 사람의 보통 규빗으로 그 장이 9규빗(4.1m), 광이 4규빗(1.8m)의 철제 침상을 사용했다(신 3:11). 다윗과 그 신복들이 물리친 블레셋의 거인들은 "장대한 자"(르바 족속)의 후손들이었다(삼하 21:16, 18, 20, 22, 대상 20:6, 8). ③ 이들이 거했던 "아스드롯 가르나임"이라는 지명으로 보아 아스다롯 여신을 섬겼을 것으로 추정된다(창 14:5). ④ 르바임 골짜기(거인들의 평야)는 예루살렘 남쪽의 골짜기이며, 여호수아가 이스라엘 자손의 분파대로 땅을 분배할 때(수 18:10), 유대와 베냐민의 경계를 나타내는 곳이었다(수 15:8, 18:16). 이곳은 매우 비옥한 곳이었다(사 17:5).

인 물	내 용
7 **아모리 족속** אֱמֹרִי αμμορραιους Amorite 산, 산악 지방 사람	① 아모리의 어원은 '아무르'이며, 이는 그들이 주신으로 섬긴 '달 신'의 이름이다. ② 주전 2100년경부터 메소포타미아의 대부분을 점령했던 민족으로, 주전 2000년경 수메르의 우르 제3왕조를 멸망시켰다. 메소포타미아에서 이들이 세운 대표적인 국가는 '고대 바벨론 제국'으로, 인류 최초의 법전을 만든 함무라비 왕이 유명하다. ③ 성경에서 '아모리'는 가나안의 후손 중 한 족속으로(창 10:15-16), 가나안 전 지역에 살고 있는 모든 원주민을 통칭하기도 하고(창 15:16, 신 1:27, 수 24:15, 겔 16:3), 한 부족을 지칭하기도 한다(출 3:8 등). ④ 키가 매우 컸으며(암 2:9), 우상을 숭배했다(삿 6:10, 왕상 21:26, 왕하 21:11). ⑤ 사해 서쪽 산간지대(민 13:29, 신 1:44, 수 10:6)와 요단 동편부터 북편의 바산 왕국에 이르는 지역에 살았다(민 21:13, 25-26, 32-34, 수 2:10, 삿 10:8, 11:21-22). 일부는 중북부 수리아에 거주하였다. ⑥ 여호수아에게 패했으나(수 10:1-43), 완전히 근절되지 않아 이스라엘이 그들과 통혼했다(삿 1:34-36, 3:5-6). 바벨론 포로 귀환기에도 이들과 통혼한 사람들이 있었다(스 9:1-2). ⑦ 솔로몬 통치 시, 이스라엘 영토 내에 남아 있던 아모리 사람을 노예로 역군을 삼았다(왕상 9:20-21, 대하 8:7-8). ⑧ 사무엘 시대에 이스라엘과 아모리 사이에 평화를 유지했다(삼상 7:14).
8 **가나안 족속** כְּנַעֲנִי χαναναιους Canaanite	① 가나안은 노아의 손자이며, 함의 넷째 아들이며(창 10:6), 가나안 7족속의 조상이다(창 10:15-19, 대상 1:13-16). ② '가나안'은 팔레스타인 전체를 대표하는 이름으로, '저지(低地)' 혹은 '자주의 땅'으로 불렸다. 가나안에 속한 동지중해안이 뿔고동 껍질에서 추출하는 자색 염료의 유명한 산지였기 때문에 '자색'(보라색)을 뜻하는 '페니키아'(Phoenicia)라는 명칭이 붙여졌다. 고대 셈어에서는

인 물	내 용
가나안 족속 כְּנַעֲנִי χαναναιους Canaanite 자주 빛, 낮은 땅, 상인, 무역업자	가나안이 '장사꾼'(상고, 商賈)을 의미하기도 한다(^{참고-}욥 41:6, 사 23:8, 겔 17:4). ③ 가나안 족속은 동지중해에서 수리아, 팔레스타인을 포함하는 내륙 지대까지 광범위하게 흩어져 살았는데, 시돈에서 가사까지 이르는 해안 지대와 내륙 지방으로는 요단 계곡을 따라 사해 남단의 소돔과 고모라를 지나 라사까지 이르렀다(창 10:19, ^{참고-}민 34:1-12). ④ 가나안의 대표적인 무역 도시는 시돈(Sidon)과 두로(Tyre)였다. 이곳에서 화폐를 가장 먼저 만들어 사용했다. 시돈에 대하여 "바다에 왕래하는 시돈 상고..."(사 23:2)라고 말씀하였고, 해상무역을 통해 재물을 쌓고 교만해진 두로에 대하여 "그의 바다 권세를 치시리니..."(슥 9:3-4)라고 말씀하였고, "네 큰 지혜와 장사함으로 재물을 더하고 그 재물로 인하여 네 마음이 교만하였도다"(겔 28:5)라고 말씀하였다.
9 **기르가스 족속** גִּרְגָּשִׁי γεργεσαιους Girgashite 진흙 땅에 사는	① 노아의 손자이며, 함의 아들인 가나안의 후손이다(창 10:15-16, 15:21, 대상 1:13-14). ② 가나안 7족속 중 하나로(신 7:1 등), 이들의 거주 지역은 거의 알려진 것이 없고, 다만 갈릴리 바다 부근에 살았을 것으로 추정된다. ③ 여리고 시민과 협력하여 이스라엘에 대항했지만, 결국 정복되었다(수 3:10, 24:11).
10 **여부스 족속** יְבוּסִי ιεβουσαιους Jebusite	① 노아의 손자이며, 함의 아들인 가나안의 후손이다(창 10:15-16, 15:21, 대상 1:13-14). ② 여부스는 예루살렘의 옛 이름이며(수 18:28, 삿 19:10, 삼하 5:6, 대상 11:4-5), 과거 아브라함 시대 이전부터 소왕국이 형성된(창 14:18) 유서 깊은 성읍이다. 사해 서쪽 약 25㎞ 지점에 있다. ③ 이스라엘의 가나안 정복 전쟁 당시 예루살렘(여부스) 왕 아도니세덱은 여호수아에 대항하는 아모리 족속의 연합

인 물	내 용
여부스 족속 יְבוּסִי Ιεβουσαιους Jebusite 짓밟힌 곳, 타작마당	을 주도하였으나(수 10:1-5), 결국 여호수아에게 죽임을 당했다(수 10:23-27). ④ 그들의 영토는 베냐민 자손의 것이 되었고(수 18:28), 그 후 그들의 성읍은 유다 사람들에게 점령되어 불살라졌다(수 15:8, 삿 1:8). ⑤ 여호수아는 여부스 지역을 잠시 정복하였으나, 그 성의 천연적 요새와 같은 지형 때문에 다시 여부스 족속의 수중에 들어갔다(수 15:63, 삿 1:21). ⑥ 다윗 왕의 시온성 정복을 계기로 마침내 여부스 족속이 예루살렘에서 추방되었으며(삼하 5:6-9), 이후 여부스 족속이 위치해 있던 예루살렘은 이스라엘의 수도가 되었다(수 18:28, 삿 19:10, 대상 11:4-8). ⑦ 솔로몬 통치 시, 이스라엘 영토 내에 남아 있던 여부스 사람을 노예로 역군을 삼았다(왕상 9:20-21, 대하 8:7-8). 포로 귀환기에도 이들과 통혼한 사람들이 있었다(스 9:1-2).

횃불 언약의 미래적 전망

Conclusion:
The Future Outlook of
the Covenant of the Torch

횃불 언약의 미래적 전망
THE FUTURE OUTLOOK OF THE COVENANT OF THE TORCH

1. 저주 받은 땅과 가나안의 약속
A cursed land and the promise of Canaan

(1) 땅의 저주와 가나안

본래 땅은 하나님께서 창조하시고 하나님의 형상으로 지음 받은 인간들로 하여금 거하게 하신 공간이었습니다. 이사야 45:12에서 "내가 땅을 만들고 그 위에 사람을 창조하였으며..."라고 말씀하고 있으며, 이어서 18절에서도 "여호와는 하늘을 창조하신 하나님이시며 땅도 조성하시고 견고케 하시되 헛되이 창조치 아니하시고 사람으로 거하게 지으신 자시니라"라고 말씀하고 있습니다(참고-사 42:5, 44:24, 렘 51:15, 슥 12:1). 시편 115:16에서도 "하늘은 여호와의 하늘이라도 땅은 인생에게 주셨도다"라고 말씀하고 있습니다.

그러나 에덴 동산에서 아담과 하와의 타락으로 인하여 사람뿐만 아니라 땅도 저주를 받았습니다. 창세기 3:17에서 "땅은 너로 인하여 저주를 받고 너는 종신토록 수고하여야 그 소산을 먹으리라"라고 말씀하고 있습니다. 그리하여 땅은 "가시덤불과 엉겅퀴"를 내게 되었습니다(창 3:18). 사람이 타락한 이후에 사람이 사는 이 세상에는, 가시덤불과 엉겅퀴 같은 괴로움과 고통이 어디에나 있을 것을 말씀하는 것입니다.

땅 위에 존재하는 모든 피조물이 사람으로 인하여 저주 받은 상태를, 로마서 8:22에서는 "피조물이 다 이제까지 함께 탄식하며 함께 고통하는 것을 우리가 아나니"라고 표현하였습니다. 그래서 피조물의 고대하는 바는 "하나님의 아들들의 나타나는 것"(롬 8:19)입니다. 피조물은 하루빨리 "썩어짐의 종노릇한 데서 해방되어 하나님의 자녀들의 영광의 자유에 이르는 것"을 바라고 있습니다(롬 8:21). 사람의 타락으로 인하여 땅이 저주를 받았기 때문에, 사람이 회복될 때 비로소 저주받은 땅과 모든 피조물도 온전히 회복될 것입니다.

하나님께서는 타락한 아담과 하와를 에덴 동산에서 쫓아내신 후 땅을 갈도록 하셨고, 에덴 동산 동편에 그룹들과 두루 도는 화염검을 두어 생명나무의 길을 지키게 하셨습니다(창 3:23-24). 창세기 3:24의 "쫓아내시고"는 히브리어로 '내쫓다, 몰아내다'라는 뜻의 '가라쉬'(שׁ͏ַרָגּ)의 강조형으로, 하나님께서 아담과 하와를 그냥 내보낸 것이 아니라 아주 단호하게 내쫓으셨음을 의미합니다. 이제 생명나무 앞으로 나아가는 길은 그룹들과 두루 도는 화염검에 의하여 차단되었습니다(창 3:24). 그러나 마지막 때 구원받은 성도는 하나님의 은혜로 생명나무 앞으로 다시 나아가게 될 것입니다(계 2:7, 22:14).

가인이 동생 아벨을 죽이고 그의 피를 흘렸을 때, 땅이 그 입을 벌려 아벨의 피를 받았고 가인은 땅에서 심각한 저주를 받게 되었습니다(창 4:11). 하나님께서는 가인에게 "네가 밭 갈아도 땅이 다시는 그 효력을 네게 주지 아니할 것이요 너는 땅에서 피하며 유리하는 자가 되리라"라고 선언하셨습니다(창 4:12). 이 말씀을 들은 가인은 "내 죄벌이 너무 중하여 견딜 수 없나이다"라고 외쳤습니다(창 4:13). 이에 하나님께서는 가인에게 '그가 만나는 누구에게든지 죽임을 면할 수 있는 표'를 주셨지만(창 4:15), 끝내 가인은 여호와의 앞을 떠나고 말았습니다(창 4:16).

노아 시대에도 온 땅이 패괴하고 강포가 가득한 땅이었습니다.

창세기 6:11-13 "때에 온 땅이 하나님 앞에 패괴하여 강포가 땅에 충만한지라 ¹²하나님이 보신즉 땅이 패괴하였으니 이는 땅에서 모든 혈육 있는 자의 행위가 패괴함이었더라 ¹³하나님이 노아에게 이르시되 모든 혈육 있는 자의 강포가 땅에 가득하므로 그 끝날이 내 앞에 이르렀으니 내가 그들을 땅과 함께 멸하리라"

하나님께서는 죄악이 가득한 땅을 마침내 홍수로 심판하셨습니다. 노아의 홍수 심판 때 '땅'이 심판받았음을, 성경 여러 곳에서 증거하고 있습니다.

"땅에 비를 내려"(창 7:4)
"홍수가 땅에 있을 때에"(창 7:6)
"홍수가 땅에 덮이니"(창 7:10)
"비가 땅에 쏟아졌더라"(창 7:12)
"홍수가 땅에 사십 일을 있었는지라"(창 7:17)
"물이 더 많아져 땅에 창일하매"(창 7:18)
"물이 일백 오십 일을 땅에 창일하였더라"(창 7:24)

홍수 후에 노아의 후손들은 시날 땅에 바벨탑을 쌓고 자신들의 이름을 내기 시작하셨습니다. 이에 하나님께서는 언어를 혼잡케 하여 바벨탑 쌓던 자들을 온 지면에 흩어 버리셨습니다(창 11:1-9). 그리고 노아의 후손들 가운데 마침내 아브라함을 찾으시고 그동안 저주 받았던 땅 가운데서 특별히 '가나안 땅'을 주시겠다고 약속하셨던 것입니다(창 12:5-7, 13:14-17, 15:7-8, 18-21, 17:8). 땅에 관한 약속이 가장 선명하게 기록된 것은, 주전 2082년 아브라함과 맺으신 횃불 언약입니다.

(2) 횃불 언약과 가나안

횃불 언약은 크게 두 가지 내용을 담고 있습니다.

하나는 자손에 관한 약속으로, 하나님의 구속사의 주역으로 쓰임 받을 아브라함의 자손들에 대한 약속입니다(창 15:1-6). 하나님께서는 '이스라엘'이라는 하나님의 백성을 형성하시기 위하여 아브라함 한 사람을 택하시고 그의 자손들을 하늘의 별과 같이 많게 하셨습니다. 실로 창세기 15:4-5에서 "여호와의 말씀이 그에게 임하여 가라사대 그 사람은 너의 후사가 아니라 네 몸에서 날 자가 네 후사가 되리라 하시고 그를 이끌고 밖으로 나가 가라사대 하늘을 우러러 뭇별을 셀 수 있나 보라 또 그에게 이르시되 네 자손이 이와 같으리라"라고 말씀하신 그대로 성취가 된 것입니다.

또 하나는 땅에 관한 약속으로, 구속사의 주역으로 쓰임 받을 하나님의 백성에게 가나안 땅이 주어질 것에 대한 약속이었습니다(창 15:7-21). 창세기 15:7에서는 "또 그에게 이르시되 나는 이 땅을 네게 주어 업을 삼게 하려고 너를 갈대아 우르에서 이끌어낸 여호와로라"라고 말씀하고 있습니다. 하나님께서는 아브라함과 횃불 언약을 체결하시면서, 지금 아브라함이 가나안 땅에 살고 있지만, 앞으로 그의 후손들이 이방의 객이 되어 400년 동안 괴로움을 당하게 되고(창 15:13), 하나님께서 그 섬기는 나라를 징치하시므로 이스라엘이 큰 재물을 가지고 나올 것이라고 약속하셨습니다(창 15:14). 그리고 그것은 아브라함부터 4대 만에 성취된다는 것을 약속하셨습니다(창 15:16). 이어 장차 이스라엘이 소유하게 될 가나안의 경계까지도 구체적으로 말씀하셨습니다(창 15:18-21).

결국 횃불 언약의 종착점은 가나안 땅의 회복입니다. 왜 하나님께서는 그토록 가나안 땅의 회복을 원하셨습니까? 그것은 그 땅의 회복을 통해 하나님의 백성이 거처할 공간과 하나님의 주권이 미칠 수 있는 공간을 마련하시고, 그곳에 하나님의 나라를 건설하기 원하셨기 때문입니다. 그리고 가나안의 회복을 통하여 전 세계 저주받은 땅의 회복을 원하셨던 것입니다. 가나안이 전 세계 저주 받은 땅을 회복시키는 수도요 중심지가 되기를 원하셨던 것입니다. 그래서 에스겔 38:12에서는 가나안 땅에 거하는 이스라엘 백성을 "세상 중앙에 거하는 백성"이라고 말씀하셨던 것입니다.

2. 땅의 회복과 예수 그리스도
The restoration of the land and Jesus Christ

하나님께서는 창세기 17:8에서 "내가 너와 네 후손에게 너의 우거하는 이 땅 곧 가나안 일경으로 주어 영원한 기업이 되게 하고 나는 그들의 하나님이 되리라"라고 말씀하셨습니다. 가나안 땅이 "영원한 기업"이 된다는 표현은, 횃불 언약의 영원성을 나타내는 것입니다. 이 구절 속에는 하나님의 나라를 구성하는 세 가지 요소(국민, 영토, 주권)가 다 등장합니다. 아브라함과 그의 후손이 국민입니다. 가나안 땅이 영토입니다. 여호와께서 '그들의 하나님 되심'이 바로 주권입니다. 이처럼 하나님께서는 가나안 땅에서 이스라엘 백성을 하나님의 백성 삼아 하나님의 나라를 건설하기 원하셨습니다.

그러나 이스라엘 백성은 가나안 땅에 들어간 후에 그 땅을 더럽혔습니다. 그들은 살인함으로(민 35:33), 우상 숭배함으로(시 106:38, 겔 36:17-18), 율법을 범하고 범죄함으로(스 9:10-11, 사 24:5), 행음함으로(렘 3:2, 9, 계 19:2) 땅을 더럽혔습니다. 이에 하나님께서는 그들을 가나안 땅에서 토해 내서 바벨론에 포로로 끌려가게 하셨던 것입니다(레 18:25, 28, 26:33, 38, 신 4:25-27). 그 후 하나님의 주권적인 은혜로 이스라엘 백성이 70년 만에 포로되었던 바벨론에서 돌아왔습니다(렘 29:10). 그럼에도 불구하고 그들은 여전히 하나님께 계속해서 범죄하였습니다.

저주 받은 땅, 더럽혀진 땅을 회복하러 오신 분이 바로 예수님이십니다. 예수님만이 저주 받은 땅을 회복하실 수 있는 유일한 분이십니다. 아담의 타락으로 땅이 저주를 받은 후에 피조물은 허무한 데 굴복하고(롬 8:20), 타락한 인간 때문에 함께 탄식하며 함께 고통 당해 왔습니다(롬 8:22). 피조물이 고대하는 것은 "하나님의 아들들의 나타나는 것"입니다(롬 8:19). 그 이유는 아담의 타락으로 땅이 저주를 받았기 때문에, 다시 하나님의 아들들이 회복되어야 땅도 회복되기 때문입니다. 하나님의 아들들의 회복은 오직 예수님으로만 가능한 것입니다. 오직 예수님을 통해서만 죄와 사망의 법으로부터 해방될 수 있는 것입니다. 로마서 8:1-2에서는 "그러므로 이제 그리스도 예수 안에 있는 자에게는 결코 정죄함이 없나니 이는 그리스도 예수 안에 있는 생명의 성령의 법이 죄와 사망의 법에서 너를 해방하였음이라"라고 말씀하고 있습니다.

이제 우리는 예수님을 믿는 성도로서, 하나님께서 이 땅을 고쳐 주시기를 간절히 기도해야 합니다. 역대하 7:14에서는 "내 이름으로 일컫는 내 백성이 그 악한 길에서 떠나 스스로 겸비하고 기도하여 내 얼굴을 구하면 내가 하늘에서 듣고 그 죄를 사하고 그 땅을 고칠지라"라고 말씀하고 있습니다. 이제 주님께서 재림하시는 날, 이 저주받은 땅과 더럽혀진 땅이 완전히 회복되는 최종 완성의 역사가 반드시 일어날 것입니다. 바로 그날에 "또 내가 새 하늘과 새 땅을 보니 처음 하늘과 처음 땅이 없어졌고 바다도 다시 있지 않더라"라고 하신 말씀(계 21:1)과 "보라 내가 만물을 새롭게 하노라"라고 하신 말씀(계 21:5)이 성취될 것입니다.

3. 우리가 가야 할 "찾아 두었던 땅"
The "selected land" that we must enter

횃불 언약의 최종 약속은 바로 가나안 땅에 들어가는 것입니다. 하나님께서는 횃불 언약을 통해 창세기 15:18-21에서 가나안 땅의 경계까지도 정확하게 알려 주셨습니다. 창세기 15:18에서 "그 날에 여호와께서 아브라함으로 더불어 언약을 세워 가라사대 내가 이 땅을 애굽강에서부터 그 큰 강 유브라데까지 네 자손에게 주노니"라고 약속하셨으며, 시편 105:11에서도 "이르시기를 내가 가나안 땅을 네게 주어 너희 기업의 지경이 되게 하리라 하셨도다"라고 말씀하고 있습니다.

하나님께서는 가나안 입성 직전에도 모세를 통해 가나안 땅의 경계를 다시 알려 주셨습니다(민 34:2-12). 민수기 34:2에서 "너는 이스라엘 자손에게 명하여 그들에게 이르라 너희가 가나안 땅에 들어가는 때에 그 땅은 너희의 기업이 되리니 곧 가나안 사방 지경이라"라고 말씀하셨습니다. 그러나 이러한 하나님의 약속은 여호수아를 지도자로 하여 가나안에 입성할 때까지는 아직 완전히 성취되지 못하였습니다. 이스라엘은 가나안에 들어갔지만 하나님께서 약속하신 땅을 완전히 차지하지는 못했기 때문입니다. 그러나 그 약속은 마침내 솔로몬 왕 때에 성취되었습니다. 역대하 9:26에서 "솔로몬이 유브라데강에서부터 블레셋 땅과 애굽 지경까지의 열왕을 관할하였으며"라고 말씀하고 있습니다.

하나님께서 이스라엘 자손에게 약속하신 가나안 땅은, 오늘날 성도들이 들어가야 할 영원한 천국을 바라보게 합니다. 그 약속의 땅은 이스라엘 자손에게 영원한 기업이었습니다(창 17:8). 창세기 48:4에서도 "내가 이 땅을 네 후손에게 주어 영원한 기업이 되게 하리라"라고 말씀하고 있습니다. 마찬가지로, 천국은 성도들에게 주어진 하나님의 영원한 기업입니다. 그 기업은 "썩지 않고 더럽지 않고 쇠하지 아니하는 기업"(벧전 1:4)입니다. 그 기업은 "하나님의 나라"(고전 6:9-10, 15:50, 갈 5:21)요, '하나님을 사랑하는 자들에게 약속하신 나라'(약 2:5)입니다.

하나님께서는 가나안 땅을 "찾아 두었던 땅"이라고 말씀하셨습니다. 에스겔 20:6에서 "그날에 내가 그들에게 맹세하기를 애굽 땅에서 인도하여 내어서 그들을 위하여 찾아 두었던 땅 곧 젖과 꿀이 흐르는 땅이요 모든 땅 중의 아름다운 곳에 이르게 하리라"라고 말씀하고 있습니다. "찾아 두었던 땅"은 히브리어 완료형으로, 하나님께서 이미 예비하셨던 땅임을 가르쳐 주고 있습니다. 그 땅은 "모든 땅 중의 가장 아름다운 곳"입니다. 여기 "아름다운 곳"은 히브리어 '체비'(צְבִי)로 '빛남, 영광'이란 뜻이며, 예레미야 3:19에서도 "아름다운 산업인 이 낙토"는 가나안을 가리키는 표현으로 사용되었습니다(단 8:9, 11:16, 41 '영화로운 땅').

이스라엘 백성에게 가나안 땅을 예비하셨던 하나님께서는, 오늘날 믿음의 성도들에게도 만세 전에 천국을 예비해 놓으셨습니다. 마태복음 25:34에서 "창세로부터 너희를 위하여 예비된 나라를 상속하라"라고 말씀하고 있습니다. 여기 "예비된"은 헬라어 '헤토이마조'(ἑτοιμάζω)의 완료수동태로, 하나님의 나라 역시 하나님의 주권적 역사에 의해 이미 준비된 것임을 나타냅니다. 천국은 세상에서 가장 아름다운 곳, 세상에서 영광과 빛이 가장 충만한 곳입니다. 새 예루살렘 성에 대하여 요한계시록 21:11에서 "하나님의 영광이 있으매 그 성의 빛이 지극히 귀한 보석 같고 벽옥과 수정같이 맑더라"라고 말씀하고 있습니다. 요한계시록 21:23에서도 "그 성은 해나 달의 비침이 쓸데없으니 이는 하나님의 영광이 비취고 어린 양이 그 등이 되심이라"라고 말씀하고 있습니다. 그렇다면 천국은 어떻게 주어집니까?

하나님께서는 "찾아 두었던 땅" 가나안을 미리 예비하시고, 그곳으로 직접 이스라엘 백성을 인도하셨습니다. 그래서 "찾아 두었던"에 해당하는 히브리어 '투르'(תּוּר) 동사는 광야에서 하나님께서 직접 이스라엘 백성을 인도하실 때 사용되었습니다. 이스라엘 백성이 시내산을 출발하여 광야 길을 갈 때 "여호와의 언약궤가 그 삼 일 길에 앞서 행하며 그들의 쉴 곳을 찾았고"(민 10:33)라고 말씀하고 있는데, 여기 "찾았고"가 히브리어 '투르'입니다. 또 신명기 1:33에서 "그는 너희 앞서 행하시며 장막 칠 곳을 찾으시고 밤에는 불로, 낮에는 구름으로 너희의 행할 길을 지시하신 자니라"라고 말씀하

고 있는데, 여기 "찾으시고" 역시 히브리어 '투르'입니다. 하나님께
서는 가나안을 미리 예비하셨을 뿐만 아니라 직접 그곳으로 인도하
셨던 것입니다.

하나님께서는 믿음의 성도들에게도 '천국'을 만세 전에 예비하
셨을 뿐만 아니라, 거기 도착할 때까지 성도들의 발걸음과 여정을
친히 인도하실 것입니다. 그러므로 우리는 마음과 입술로 불평하
지 말고, 오직 감사함으로 하나님의 인도하심에 적극적으로 순종하
며 따라가야 합니다. 이스라엘이 출애굽 할 때에 20세 이상 남자 장
정만 603,550명이었으나(민 1:46), 오직 여호수아와 갈렙 두 사람만
살아서 가나안 땅에 입성하였습니다(민 14:30, 38, 26:65, 32:12). 이 두
사람만이 "온전히 순종"한 자들이었습니다(민 32:12). 그러나 하나
님을 원망한 자들은 전부가 광야에서 엎드러져 죽고 말았습니다(민
14:27-30, 32, 32:11, 신 2:14-16, 고전 10:10).

만세 전에 그리스도 예수 안에서 예정을 입은 성도들에게, 천국
은 확실한 기업입니다. 하나님께서 미리 예비하시고 그 가는 노정
까지 책임을 지고 인도하시기 때문에, 성도들은 반드시 천국에 입
성하고야 말 것입니다. 하나님께서 아브라함과 횃불 언약을 체결하
실 때, "타는 횃불"이 쪼갠 제물 사이로 지나갔습니다(창 15:17). 캄
캄한 어둠을 환히 밝히면서 활활 타올랐던 횃불은 가나안 땅을 반
드시 이스라엘 백성에게 주시겠다는 확실한 보증이었습니다. 이
"타는 횃불"과 같은 이미지를 가진 '구름기둥과 불기둥'이 에담에
서 나타난 이후 광야 생활 약 40년 동안 이스라엘 백성이 가나안
에 입성할 때까지 그들의 앞길을 밝히고 인도하였습니다(출 13:20-
22, 민 14:14, 신 1:33, 느 9:12, 시 105:39). 그렇다면 믿음의 성도들이 천

국 가는 그날까지, 육안으로는 볼 수 없지만 "타는 횃불"과 '구름기둥과 불기둥'은, 결코 사라지지 않고 활활 타올라 성도들의 가는 길을 밝히 인도하실 것입니다. 또한 타는 횃불과 구름기둥, 불기둥으로 역사하시는 그 인도하심 따라 하나님의 말씀에 순종하며 따라가는 자들, 그들이 예수님과 함께 시온산에 설 14만 4천이며 새 노래를 부를 자들이요(계 14:1-5), 반드시 마지막 환란을 이기고 승리할 자들입니다(계 7:2-4, 9:4). 오늘 우리의 나그네 여정 속에서도, 매일 하나님의 "타는 횃불"은 결코 꺼지지 않고 활활 타오르고 있습니다. 오늘 하나님의 말씀이라는 "타는 횃불"(시 119:105, 잠 6:23)은 우리의 가정과 교회와 나라에도 활활 타오르고 있습니다. 이제 영원한 횃불 언약이 완전히 성취되어 하나님께서 "찾아 두었던 땅", 천국의 주인공이 될 때까지, 이 칠흑 같은 어둠을 밝히는 "타는 횃불"만 바라보며 죽도록 충성함으로 생명의 면류관을 다 받아 누리시기를 간절히 소망합니다(계 2:10, ^{참고}약 1:12). 할렐루야!

제 1 장 언약의 중심-햇불 언약

1) John Lightfoot, *The Whole Works of the Rev. John Lightfoot*, vol. 2, ed. John Rogers Pitman (London: J. F. Dove, 1822), 89-90.

2) Erich Sauer, 「세계 구속의 여명」, 권혁봉 옮김 (생명의 말씀사, 2005), 156.

3) Wilhelm Gesenius and Samuel Prideaux Tregelles, *Gesenius' Hebrew and Chaldee Lexicon to the Old Testament Scriptures* (Bellingham, WA: Logos Bible Software, 2003), 263.

4) Walter A. Elwell and Barry J. Beitzel, *Baker Encyclopedia of the Bible* (Grand Rapids, MI: Baker Book House, 1988), 983.

5) "Hobah," in *Holman Illustrated Bible Dictionary*, ed. Chad Brand, Charles Draper, Archie England et al., (Nashville, TN: Holman Bible Publishers, 2003), 771.

6) Gordon J. Wenham, *Genesis* 1-15, vol. 1, Word Biblical Commentary (Dallas: Word, Incorporated, 1998), 314-15.

7) John Lightfoot, *The Whole Works of the Rev. John Lightfoot*, 89.

제 2 장 출애굽 준비

8) Charles Freeman, *Egypt, Greece and Rome: Civilizations of the Ancient Mediterranean* (New York: Oxford University Press, 1996), 33.

9) 강신택, 「히브리어 한글 대역 성경」, 출애굽기 4:25.

그리고 치포라는 돌칼을 취했었다. 그리고 그 여자는 자기 아들의 포피를 베었었다. 그리고 그 여자는 자신을 그(=모쉐)의 양발 앞으로 다가가도록 했었다. 그리고 그 여자는 모쉐에게(할례를 베풀면서) 말했었다. "... 왜냐하면 당신은 나에게 피들의 신랑이시기 때문입니다."

제 3 장 10대 재앙

10) F. F. Bruce, D. Guthrie, A. R. Millard, J. I. Packer and D. J. Wiseman, 「새 성경사전(NBD)」 나용화, 김의원 번역 (기독교문서선교회, 1996), 1122.

11) Gesenius and Tregelles, *Gesenius' Hebrew and Chaldee Lexicon*, 277.

12) William Arndt et al., *A Greek-English Lexicon of the New Testament and Other Early Christian Literature* (3rd ed.; Chicago: University of Chicago Press, 2000), 527.

13) 노세영, 박종수, 「고대근동의 역사와 종교」 (대한기독교서회, 2005), 246-247.

14) John J. Davis, *Moses and the Gods of Egypt: Studies in Exodus* (Grand Rapids, MI: Baker Book House, 1971, 1986), 94-95.

15) Nahum M. Sarna, *Exodus*, The JPS Torah Commentary (Philadelphia, New York, Jerusalem: The Jewish Publication Society, 1991), 38.

16) Terence E. Fretheim, *Exodus*, Interpretation: A Bible Commentary for Teaching and Preaching (Louisville, KY: John Knox Press, 1991), 105.

17) Philip G. Ryken, *Exodus: Saved for God's Glory*, Preaching the Word

Commentary (Wheaton, IL: Crossway Books, 2005), 216.

18) "소안"은 훗날 애굽 21대 왕조에서 23대 왕조까지 애굽의 사실상의 수도였고, 현재의 위치는 북동 델타에 있는 멘잘레 호수의 남쪽 기슭 근처인 '산 엘-하가르'(San el-Hagar)입니다. 그러므로 하나님께서 애굽에 내리신 10대 재앙의 가장 큰 목적지는 바로와 그의 신하들이 거하던 '소안'지역이었고, 거기서 하나님께서 바로 왕과 애굽 백성을 심판하셨던 것입니다.

19) Walter Kaiser, Jr., *Toward an Old Testament Theology* (Grand Rapids, Michigan: Zondervah, 1978), 39.

20) Stelman Smith and Judson Cornwall, *The Exhaustive Dictionary of Bible Names* (North Brunswick, NJ: Bridge-Logos, 1998), 89.

21) 춘분은 새해를 시작하는 데 있어서 매우 중요한 기준이 됩니다. 새해 첫 달 첫 절기인 유월절 저녁의 시기를 "춘분을 지난 첫 보름달"이라고 정의합니다. 기독교 절기 중 하나인 부활절도, "춘분 지나 첫 보름달이 뜬 후 첫 번째 일요일"이라고 정의합니다. 지구의 공전 주기(1년)를 측정하는 기준점으로 사용하는데, 춘분점에서 다음 춘분점까지 걸리는 시간은 365.2422일입니다.

22) Maimonides, *Sanctification of the New Moon*, trans. Solomon Gandz (New Haven, CT.: Yale University Press, 1956), 16-17.

23) '강과 시내'(시 78:44), '파리와 개구리'(시 78:45), '황충과 메뚜기'(시 78:46)가 병행되어 사용된 것과 관련해 문학적 표현상 통일된 형식을 위해 사용된 것으로 보아, 서리를 우박의 일종으로 볼 수 있습니다.

24) Willem VanGemeren, ed., *New International Dictionary of Old Testament Theology & Exegesis*, vol. 4 (Grand Rapids, MI: Zondervan Publishing House, 1997), 240.

25) Jan Assmann, *Death and Salvation in Ancient Egypt*, trans. David Lorton

(Ithaca, NY: Cornell University Press, 2005), 171.

26) Assmann, *Ancient Egypt*, 224.

27) Fruit and vegetable species from selected sites (University College London) http://www.digitalegypt.ucl.ac.uk/foodproduction/fruits.html

28) Maimonides, *Sanctification of the New Moon*, 16-17.

29) Ludwig Koehler, Walter Baumgartner, M. E. J. Richardson and Johann Jakob Stamm, *The Hebrew and Aramaic Lexicon of the Old Testament*, electronic ed. (Leiden; New York: E.J. Brill, 1999), 294.

30) Carl Friedrich Keil and Franz Delitzsch, *Commentary on the Old Testament*, Ex 7:22 (Peabody, MA: Hendrickson, 1996).

31) Bruce et al., 「새성경사전(NBD)」, 1122-1123.

32) 출애굽기 16:1을 볼 때, 이스라엘 백성이 신 광야에 도착한 것은 출애굽 한 그 해 2월 15일입니다. 그리고 그 다음날인 2월 16일부터 만나가 내리기 시작하여(출 16:4, 13) 6일 동안 만나가 내리고(출 16:26) 제 칠일인 22일은 안식일이기 때문에 만나가 내리지 않았습니다(출 16:26, 29). 그러므로 2월 22일은 요일로 따지면 토요일(안식일)이고, 이날을 기준으로 다른 날들의 요일도 추적하여 계산할 수 있습니다.

33) H. Lokier, 「성경연구 올 시리즈 기적」 (서울: 로고스, 1985), 85.

34) Ronald F. Youngblood, "2526 חִנָּה", *in Theological Wordbook of the Old Testament* (ed. R. Laird Harris et al.; electronic ed.; Chicago: Moody Press, 1999), 974.

35) Ryken, *Exodus*, 209-10.

36) Freeman, *Egypt, Greece and Rome*, 33.

37) Elwell and Beitzel, *Baker Encyclopedia*, 728.

38) Douglas K. Stuart, *Exodus*, vol. 2, The New American Commentary (Nashville: Broadman & Holman Publishers, 2006), 251-52.

39)   F. B. Huey, *Jeremiah, Lamentations*, vol. 16, The New American Commentary (Nashville: Broadman & Holman Publishers, 1993), 293.

40)   조영엽, 「기독론」 (기독교문서선교회, 2012), 180-181.

41)   Charles R. Swindoll, 「신약 인사이트, 요한계시록」, 윤종석 옮김 (도서출판 디모데, 2012), 281.

제4장 이스라엘의 출애굽

제5장 광야 노정

42)   Seder Olam: *The Rabbinic View of Biblical Chronology*, trans. Heinrich W. Guggenheimer (Lanham, Maryland: Rowman & Littlefield Publishers, Inc., 1998), 64. Also, Jacob Z. Lauterbach, *Mekhilta De-Rabbi Ishmael*, vol. 1 (Philadelphia: The Jewish Publication Society, 2004), 228.

43)   E. G. Richards, *Mapping Time: the Calendar and its History* (Oxford: Oxford University Press, 1998), 154.

44)   Jacob Neusner, *The Babylonian Talmud: A Translation and Commentary*, vol. 2 (Peabody, MA: Hendrickson Publishers, 2011), 850.

45)   U. Cassuto, *A Commentary on the Book of Exodus* (Jerusalem: The Magnes Press, 1997), 224.

46)   Noel D. Osborn and Howard Hatton, *A Handbook on Exodus*, UBS Handbook Series (New York: United Bible Societies, 1999), 448.

제6장 가나안 입성

47)　제자원 기획편집, 「여호수아 제1-12장」 옥스퍼드 원어성경대전 시리즈 16 (제자원, 2006), 213.
48)　박윤식, 「잊어버렸던 만남」 (휘선, 2008), 348-352.

결론 - 횃불 언약의 미래적 전망

하나님의 구속사적 경륜으로 본

횃불 언약의 성취

10대 재앙과 출애굽 그리고 가나안 입성

초판 1쇄 2013년 10월 3일
2판 2쇄 2023년 5월 17일

저 자   박윤식

발행처   휘선
주 소   08345 서울시 구로구 오류로 8라길 50
전 화   02-2684-6082
팩 스   02-2614-6082
이메일   Huisun@pyungkang.com

등록   제25100-2007-000041호
책값   25,000원

Printed in Korea
ISBN 979-11-89611-16-3
ISBN 979-11-964006-3-7 04230 (세트)

※ 낙장·파본은 교환해 드립니다.
이 도서의 국립중앙도서관 출판예정도서목록(CIP)은 서지정보유통지원시스템 홈페이지(http://seoji.
nl.go.kr)와 국가자료공동목록시스템(http://www.nl.go.kr/kolisnet)에서 이용하실 수 있습니다.
(CIP제어번호: CIP2019042928)

휘선은 '사단법인 성경보수구속사운동센터'의 브랜드명입니다.

휘선(暉宣)은 예수 그리스도의 복음의 참빛이 전 세계 속에 흩어져 있는 수많은 영혼들에게 널리 알려
지고 전파되기를 소원하는 이름입니다.